Das private Baurecht der Schweiz

Das private Baurecht der Schweiz

Beiträge für die Praxis

Konzept und Realisierung:
Professur für Rechtswissenschaft Prof. Dr. Martin Lendi, ETH Zürich

Prof. Dr. Martin Lendi, ETH Zürich
Eva Maria Della Casa-Kaufmann, ETH Zürich

RA Dr. iur. Daniel Trümpy, Forch/ZH

herausgegeben von
Martin Lendi Urs Ch. Nef Daniel Trümpy

vdf Verlag der Fachvereine Zürich

© 1994 vdf Verlag der Fachvereine
an den schweizerischen Hochschulen und Techniken AG, Zürich

ISBN 3 7281 1905 9

Der Verlag dankt dem Schweizerischen Bankverein
für die Unterstützung zur Verwirklichung seiner Verlagsziele

Vorwort

Das Bauen ist ein komplizierter Vorgang. Nicht nur die privaten und öffentlichen Bauherren, die Ingenieure und Architekten, die Unternehmer, Handwerker und Zulieferer, sondern auch die Behörden - sei es in der Funktion des Bauherrn, sei es als Bewilligungsbehörde - und sogar die Gerichte tun sich schwer.

In grossen Kategorien gedacht können unter rechtlichen Gesichtspunkten zwei wesentliche Bereiche ausgemacht werden: Hier das öffentliche Baurecht, dort das private.

Das *öffentliche Baurecht* beginnt beim Raumplanungsrecht, führt hinüber zum Umwelt- und findet seinen Kern beim materiellen und formellen Baupolizeirecht. Es wird begleitet vom "Verwaltungsprozessrecht". Zusätzlich müssen bei der Errichtung öffentlicher Bauten und Anlagen zahlreiche Sonderbestimmungen beachtet werden.

Innerhalb des *privaten Baurechts* sind die sachenrechtlichen - Grundeigentum, Baurecht als Dienstbarkeit, Nachbarrecht - von den obligationenrechtlichen Aspekten zu unterscheiden, das vom Vertragsrecht über das Haftpflichtrecht und das Gesellschaftsrecht bis zum Immaterialgüterrecht reicht. Das privatrechtliche Baurecht wird zudem vom Zivilprozessrecht begleitet.

Dass das öffentliche und das private Baurecht vom *internationalen Recht* beeinflusst werden, das versteht sich in einer kleiner werdenden Welt von selbst.

Kompliziert wird die Materie, weil das Bauen und die Bauwerke alle Seiten des Rechts tangieren können und von ihm berührt werden. Somit können die Rechtsfragen des Bauens und der Bauten letztlich nur von der *Rechtsordnung als einer Einheit* her verstanden werden. Das Beispiel der öffentlichen Hand, die ihre Bauten und Anlagen im Verhältnis zu Architekten, Ingenieuren und Unternehmern nach Normen des Privatrechts erstellen lässt, wobei sie in hohem Masse flankiert wird durch das öffentliche Recht, beispielsweise durch das Nationalstrassenrecht, die Eisenbahngesetzgebung usw., belegt die These.

Das private Baurecht der Schweiz, in der Darstellung dieses Buches, handelt von jenen *privatrechtlichen Rechtsnormen und Rechtsproblemen, die das Bauen zum Gegenstand haben*. Es befasst sich innerhalb des privatrechtlichen Baurechts nicht mit dem Grundeigentum, dem Baurecht als Dienstbarkeit, und nicht mit dem sachenrechtlichen Nachbarschaftsrecht. Es klammert auch die Bezugsfelder zum öffentlichen Baurecht aus. Sein Gegenstand ist, faktisch gesehen, das Bauen, und rechtlich betrachtet, die *Summe aller Rechtsnormen des Privatrechts, die sich mit dem Bauen befassen*, unter Ausschluss sachenrechtlicher Aspekte.

Das hier vorliegende Gemeinschaftswerk schliesst an die Publikation "Schwerpunkte des Bauvertragsrechts" aus dem Jahre 1989 an, die innert kurzer Zeit vergriffen war.

Bei der Neubearbeitung hat sich gezeigt, dass der Themenbereich auszuweiten ist. So entstand ein *neues, umfangreiches Opus*, das zahlreiche Problembereiche des privaten Baurechts der Schweiz anspricht, keineswegs vollständig, aber doch in zentralen Belangen.

Zu den *Autoren* sind neue gestossen. Sie sind alle auf die eine oder andere Weise mit dem Rechtsunterricht an der ETH Zürich verbunden, und wenn sie es noch nicht sind, so würden wir uns freuen, wenn sie künftig mittun würden. Ich benütze gerne die Gelegenheit, den Verfassern der einzelnen Abhandlungen herzlich zu danken. Sie sind die eigentlichen Träger dieses Werkes. Ein besonderer Dank richtet sich an die Herren Professoren Wolfgang Heiermann aus Deutschland und Manfred Straube aus Österreich, die sich bereit gefunden haben, Grundlagen für eine rechtsvergleichende Sicht beizusteuern.

Zu den *Herausgebern* zählt neu Herr Prof. Dr. Urs Ch. Nef, der an der ETH Zürich für das Privatrecht verantwortlich zeichnet. Herr Dr. Daniel Trümpy, bewährtes Mitglied der Herausgeberschaft, ist Lehrbeauftragter der ETH Zürich. Seit Jahren hilft er uns, die Lücke im Unterrichtsangebot zu schliessen. Er hat das Konzept des Werkes entworfen und viele Autoren in die Lehre einbezogen. Persönlich bin ich fachlich nur am Rande engagiert, doch war es mir seit Jahren ein Anliegen, die Vorlesungen an der ETH Zürich in Bauvertragsrecht zu stützen. So kommt es, dass meine Professur, ich denke in diesem Zusammenhang auch an Herrn Dr. Erwin Hepperle, mit den Fragen der Publikation eng verbunden ist.

Eva-Maria Della Casa-Kaufmann, Mitarbeiterin an meinem Lehrstuhl, hat die Autorenbeiträge durchgesehen und die Druckvorlagen erstellt. Sie verdient einen besonders herzlichen Dank.

Das Werk richtet sich an alle Personen, die mit dem Bauen zu tun haben, seien sie *Bauherren* - private und öffentliche!, - *Architekten* oder *Ingenieure, Unternehmer, Handwerker, Zulieferer, Versicherer, Verbandsvertreter*, usw., oder seien sie *Studierende an Hochschulen oder Fachhochschulen*. Es geht immer um das Erkennen der Bedeutung und der Funktion des Rechts für die am Bauen beteiligten Menschen.

Martin Lendi

Zürich, im Herbst 1993

Autorenverzeichnis

BERTI STEPHEN V.,
Dr. iur., Lehrbeauftragter an der Universität Zürich, Zürich/Zollikon

BRINER HANS,
dipl. Bauing. ETH / lic.iur., Büro für Baurecht, Zürich

BUCHSCHACHER HANS-PETER,
lic. iur., Rechtsanwalt, Zürich

EGLI ANTON,
Dr. iur., Rechtsanwalt und Notar, Luzern

GRAWEHR PATRICK,
Dr. iur., Rechtsanwalt, Homburger Rechtsanwälte, Zürich

HEIERMANN WOLFGANG,
Rechtsanwalt, Honorarprofessor, Vorsitzender der Deutschen Gesellschaft für Baurecht e.V., Frankfurt am Main

HENNINGER ANTON,
Dr. iur., LL.M., Rechtsanwalt, Murten und Bern

HEPPERLE ERWIN,
Dr. iur. / dipl. Natw. ETH, Leitender wissenschaftlicher Mitarbeiter der Professur für Rechtswissenschaft (Prof. Lendi), ETH Zürich, Zürich

KARRER PIERRE A.,
Dr. iur., LL.M., AIArb, Partner, Pestalozzi Gmuer & Patry, Zürich

KOLLER BEAT,
Dr. iur., Steuerberater, Zürich

MARBACH EUGEN,
Prof. Dr. iur., Fürsprecher, Bern

NEF URS CH.
Dr. iur., o. Pofessor für Privatrecht an der ETH Zürich, Zürich

PRADER DURI,
lic. iur., Assistent an der Professur für Privatrecht (Prof. Nef) an der ETH Zürich, Zürich

ROBERTO VITO,
Dr. iur., Wissenschaftlicher Mitarbeiter der Professur für Rechtswissenschaft (Prof. Nef), ETH Zürich, Zürich

ROHRER BEAT,
Dr. iur., Rechtsanwalt, Zürich

SCHULIN HERMANN,
Dr. iur., Assessor, Dozent an der Hochschule St.Gallen

SPIESS HANS RUDOLF,
dipl. Bauing. ETH und lic. iur., Büro für Baurecht, Zürich

STRAUBE MANFRED,
Dr. iur., Professor für Rechtswissenschaft, Technische Universität Wien, Wien

TAUSKY ROBERT,
Dr. iur., dipl. Bauingenieur ETH/SIA, Zürich

TRÜMPY BALTHASAR,
Dr. iur., Direktor Einkaufszentrale VSBH, Schwerzenbach

TRÜMPY DANIEL,
Dr. iur., Advokaturbüro Dr. Trümpy, Rechtsanwalt, Lehrbeauftragter ETH Zürich, Forch/ZH

TRÜMPY-JÄGER EVELINE,
lic. iur., Schweizerische Kreditanstalt, Schwerzenbach

WIDMER CHRISTIAN,
Dr. iur., Rechtsanwalt im Büro Widmer Lang & Müller, Zürich

WIRTH MARKUS,
Dr. iur., Rechtsanwalt, Homburger Rechtsanwälte, Zürich

Kurzübersicht

ARCHITEKTEN- UND INGENIEURVERTRÄGE — 3

Wesen und Rechtsnatur von Architekten- und Ingenieurverträgen — 5
ROBERT TAUSKY

Die Architekten- und Ingenieurverträge im einzelnen — 23
HANS BRINER

BAUWERKVERTRÄGE — 65

Submission und Abschluss von Bauverträgen — 67
HANS RUDOLF SPIESS

Die Haftung des Unternehmers für Mängel seines Werkes — 85
ANTON EGLI

Abnahme und Genehmigung von Bauwerken — 103
DANIEL TRÜMPY

Die massgeblichen Leistungen im Generalunternehmer-Vertrag — 119
CHRISTIAN WIDMER

Vorzeitige Beendigung von Bauwerk-Verträgen — 137
EVELINE TRÜMPY-JÄGER

GESELLSCHAFTS- UND VERSICHERUNGSRECHT — 153

Die gesellschaftsrechtliche Organisation des Unternehmens im Bauwesen - unter besonderer Berücksichtigung der paritätischen Zweipersonengesellschaft — 155
URS CH. NEF / DURI PRADER

Das Baukonsortium — 175
HERMANN SCHULIN

Bauversicherungen — 199
ERWIN HEPPERLE

EINZELFRAGEN 215

Technische Normen 217
HANS RUDOLF SPIESS

Haftung des Baumaterialverkäufers 231
BALTHASAR TRÜMPY

Um- und Ausbauten im laufenden Mietverhältnis 251
BEAT ROHRER

Das Urheberrecht des Architekten und des Ingenieurs 267
EUGEN MARBACH

Das Bauhandwerkerpfandrecht 275
HANS-PETER BUCHSCHACHER

Das Recht der ausservertraglichen Schädigung beim Bauen 291
URS CH. NEF / VITO ROBERTO

Baulandverkauf und Steuer 307
BEAT KOLLER

INTERNATIONALE ASPEKTE DES BAUVERTRAGSRECHTS 317

Die (kollisionsrechtlich) anzuwendende Rechtsordnung bei Bauverträgen 319
MARKUS WIRTH / PATRICK GRAWEHR

Das Bauvertragsrecht der Bundesrepublik Deutschland 331
WOLFGANG HEIERMANN

Das private Baurecht in Österreich 343
MANFRED STRAUBE

Europäisches Bauvergabewesen 373
ANTON HENNINGER

Internationale Bauverträge; Streitvermeidung und Schiedsgerichtsbarkeit 391
PIERRE A. KARRER

ZIVILPROZESS UND VOLLSTRECKUNG 401

Aspekte des Bauzivilprozesses 403
BEAT ROHRER

Die Zwangsvollstreckung von Werklohn und Honorar sowie der vertragstypischen Leistungen des Architekten, Ingenieurs und Unternehmers 417
STEPHEN V. BERTI

Ingenieur, Architekt und Unternehmer als Gerichtsexperten 425
CHRISTIAN WIDMER

Inhaltsverzeichnis

	Seite
Vorwort	V
Autorenverzeichnis	VII
Kurzübersicht	IX
Inhaltsverzeichnis	XIII
Einleitung	1
ARCHITEKTEN- UND INGENIEURVERTRÄGE	3

Robert Tausky:
Wesen und Rechtsnatur von Architekten- und Ingenieurverträgen — 5

A) Einleitende Bemerkungen zum Sachverhalt	5
I. Die Raumplanung und ihre Träger	5
II. Phasen der Bauwerksplanung	6
B) Das Recht des Planungsvertrages im allgemeinen	7
I. Begriff und Bezeichnungen des Planungsvertrages	7
II. Der Planer als Rechtssubjekt	7
III. Der Planungsvertrag als Vertrag des Privatrechts	9
IV. Der Planungsvertrag als Vertrag auf Arbeitsleistung	9
V. Der Stellenwert des SIA-Normenwerks	17
VI. Hinweise auf die Tragwerknormen der EG (Eurocodes)	20

Hans Briner:
Die Architekten- und Ingenieurverträge im einzelnen — 23

A) Der Gesamtvertrag	23
I. Begriff, Rechtsnatur und Form	23
II. Rechte und Pflichten der Parteien	27
III. Störungen und vorzeitige Beendigung des Vertrages	42
B) Teilverträge	50
I. Typische Arten von Teilverträgen	50
II. Rechtsnatur der Teilverträge im Lichte der aktuellen Rechtsprechung des Bundesgerichts	51

C) Verträge über Planungsleistungen in Kombination mit andern
Leistungen ... 55
I. Total- und Generalunternehmervertrag ... 55
II. Engineeringvertrag ... 55

D) Stellungnahme zur Rechtsnatur des Planervertrages ... 56
I. Planervertrag i.e.S. als Werkvertrag? ... 56
II. Einheitliche Qualifikation des Planervertrages als Auftrag
oder als auftragsähnlicher Vertrag sui generis ... 60

BAUWERKVERTRÄGE ... 65

Hans Rudolf Spiess:
Submission und Abschluss von Bauverträgen ... 67

A) Submission ... 67
I. Im allgemeinen ... 67
II. Abgrenzungen ... 68
III. Submissionsbedingungen und -unterlagen ... 70
IV. Offerte (Angebot) des Unternehmers ... 72
V. Vertragsverhandlungen ... 76

B) Abschluss des Bauvertrags ... 78
I. Privatrechtliche Natur des Bauvertrages ... 78
II. Vertragsabschluss ... 78
III. Stellung nicht berücksichtigter Unternehmer ... 83

Anton Egli:
Die Haftung des Unternehmers für Mängel seines Werkes ... 85

A) Einleitung ... 85

B) Der Werkmangel ... 86
I. Der Werkmangel - ein rechtlicher, kein technischer Begriff ... 86
II. Das Fehlen der vereinbarten (zugesicherten) Eigenschaften ... 86
III. Das Fehlen von vorausgesetzten Eigenschaften ... 87
IV. Abgrenzungen ... 88
V. Die Werkmängelhaftung ist eine Kausalhaftung ... 88
VI. Die Beweislast ... 89

C) Die Mängelrechte ... 89
I. Wandelung ... 90
II. Minderung ... 90
III. Nachbesserung ... 91
IV. Ersatz des Mangelfolgeschadens ... 93

D) Keine oder nur beschränkte Haftung des Unternehmers bei Selbstverschulden des Bauherrn	93
I. Das Selbstverschulden des Bauherrn	94
II. Die Abmahnungspflicht des Unternehmers	95
III. Folgen des Selbstverschuldens	96
E) Die Verwirkung der Mängelrechte durch ausdrückliche oder fingierte Genehmigung des Werks	97
I. Die tatsächliche Genehmigung	97
II. Die fingierte Genehmigung	97
III. Die Besonderheiten der SIA-Norm 118	99
IV. Keine Verwirkung der Mängelrechte bei absichtlichem Verschweigen der Mängel durch den Unternehmer	100
F) Die Verjährung der Mängelrechte	100

Daniel Trümpy:
Abnahme und Genehmigung von Bauwerken — 103

A) Einleitung	103
B) Abnahme von Bauwerken	104
I. Abnahme von Bauwerken nach gesetzlichem Werkvertragsrecht	104
II. Abnahme von Bauwerken nach SIA-Norm 118	106
C) Genehmigung von Bauwerken	108
I. Genehmigung von Bauwerken nach gesetzlichem Werkvertragsrecht	108
II. Genehmigung von Bauwerken nach SIA-Norm 118	109
D) Zwei Grundsätze für die bauleitende Tätigkeit des Architekten oder Bauingenieurs	111
I. Der bauleitende Architekt/Bauingenieur hat im Normalfall Vertretungsmacht zur Mitwirkung an der Werkabnahme namens des Bauherrn	112
II. Der bauleitende Architekt/Ingenieur hat im Normalfall keine Vertretungsmacht zur Genehmigung des Werkes namens des Bauherrn	112
E) Einzelfragen	113
I. Zur Teilabnahme	113
II. Zum Neubeginn des Fristenlaufes nach Art.176 SIA-Norm 118	113
III. Zur Schlussprüfung nach Art. 177 SIA-Norm 118	114
IV. Ausgewählte Hinweise auf die Beweislast	114
V. Ausgewählte Hinweise auf die amtlich angeordnete Tatbestandsaufnahme nach Art. 367 Abs. 2 OR	115
VI. Hinweise auf die Abnahme und Genehmigung von Geistwerken	115

Christian Widmer:
Die massgeblichen Leistungen im Generalunternehmer-Vertrag 119

A) Grundsätzliches 119
I. Einleitung 119
II. Terminologie 120
III. Rechtsnatur des Generalunternehmer-Vertrages 120

B) Die wesentlichen Leistungen der Parteien 121
I. Die Leistung des Generalunternehmers 121
II. Die Leistung des Bauherrn / Der Werkpreis 124

C) Einzelfragen 131
I. Der Beizug von Subunternehmern 131
II. Das Bauhandwerkerpfandrecht des Subunternehmers 132
III. Die Garantien des Generalunternehmers 132
IV. Die Berücksichtigung der Teuerung 134

Eveline Trümpy-Jäger:
Vorzeitige Beendigung von Bauwerk-Verträgen 137

A) Einleitung 137

B) Kündigung von Bauwerkverträgen 138
I. Im allgemeinen 138
II. Nach dem Gesetz 138
III. Nach SIA-Norm 118 (Art. 184/Art. 190 Abs. 2) 141

C) Rücktritt von Bauwerkverträgen 142
I. Im allgemeinen 142
II. Rücktritte nach gesetzlichem Werkvertragsrecht 142
III. Nach SIA-Norm 118 145
IV. Rücktrittsrecht nach dem Allgemeinen Teil des OR
   (Art. 1 bis 183 OR) 145

D) Vorzeitige Beendigung bei nachträglicher Unmöglichkeit der
   Bauwerkherstellung 146
I. Im allgemeinen 146
II. Nach Gesetz 146
III. Nach SIA-Norm 118 (Art. 185-188) 150

GESELLSCHAFTS- UND VERSICHERUNGSRECHT 153

Urs Ch. Nef / Duri Prader:
Die gesellschaftsrechtliche Organisation des Unternehmens im Bauwesen - unter besonderer Berücksichtigung der paritätischen Zweipersonengesellschaft 155

A) Strukturen des schweizerischen Gesellschaftsrechts 155
    I. Die Gesellschaft als Interessengemeinschaftsverhältnis 155
    II. Der numerus clausus zulässiger Gesellschaftsformen 156
    III. Zwei Strukturelemente des Gesellschaftsrechts 157

B) Kriterien für die Wahl der Gesellschaftsform 159
    I. Allgemeines 159
    II. Bestimmungen über das kaufmännische Unternehmen 159
    III. Bestimmungen über die Haftung der Gesellschafter für Gesellschaftsschulden 161
    IV. Vorschriften über die Finanzierung der Gesellschaft 161
    V. Vorschriften bezüglich der Steuerbelastung 162
    VI. Weitere Kriterien 163

C) Zur Problematik der paritätischen Zweipersonengesellschaft 165
    I. Die paritätische Zweipersonengesellschaft im Bauwesen 165
    II. Die AG als Zweipersonengesellschaft 166
    III. Die einfache Gesellschaft als Zweipersonengesellschaft 169

Hermann Schulin:
Das Baukonsortium 175

A) Einleitung 175

B) Gesellschaftsart 176
    I. Einfache Gesellschaft 176
    II. Kein kaufmännisches Unternehmen 176
    III. Keine Rechtspersönlichkeit 177
    IV. Keine Firma, kein Handelsregistereintrag 177

C) Entstehung 178
    I. Gesellschaftsvertrag 178
    II. Konsens 178
    III. Keine Form 178
    IV. Zweck 179

D) Innenverhältnis 179
    I. Beitragsleistungen 180
    II. Treuepflicht 182
    III. Gewinn- und Verlustbeteiligung 183

IV. Beschlussfassung	184
V. Geschäftsführung	185
VI. Sorgfaltspflicht	187
VII. Kontrollrecht	188

E) Aussenverhältnis	188
I. Vertretung	188
II. Haftung	193

F) Beendigung	194
I. Auflösungsgrund	194
II. Liquidationsgesellschaft	195
III. Liquidationsverfahren	196

Erwin Hepperle:
Bauversicherungen 199

A) Wesen der Sach- und Vermögensversicherungen	199
B) Bautenbezogene Sachversicherungszweige	200
I. Überblick	200
II. Bauwesenversicherung	202
III. Montageversicherung	203
IV. Maschinenkaskoversicherung	204
V. Maschinenversicherung	204
C) Haftpflichtversicherung der am Bau Beteiligten	205
I. Allgemeines und Überblick	205
II. Versicherte Personen und Deckung von Haftpflichtansprüchen Versicherter gegenüber anderen Versicherten	207
III. Weitere durchwegs vorkommende Klauseln	208
IV. Besonderheiten der Bauherrenhaftpflichtversicherung	210
V. Besonderheiten der Berufshaftpflichtversicherung von Ingenieuren und Architekten	211
VI. Besonderheiten der Betriebshaftpflichtversicherung von Hoch- und Tiefbauunternehmungen	212
D) Regress des Sachversicherers auf den Haftpflichtigen	213

EINZELFRAGEN 215

Hans Rudolf Spiess:
Technische Normen 217

A) Organisation des schweizerischen Normenwesens 217

B) Technische Normen 217
I. Begriff 217
II. Die Normen des SIA im besonderen 218
III. Normen anderer Fachverbände 219
IV. Das Verfahren im SIA 219

C) Rechtliche Bedeutung der technischen Normen 220
I. Norm als allgemeine Vertragsbedingung 220
II. Norm als anerkannte Regel der Technik 222
III. Sorgfaltspflicht und Normen 223

D) Europäische Normierung im Bauwesen 225
I. Grundlagen 225
II. Verfahren zum Erlass von europäischen Normen und technischen Vorschriften 227
III. Einfluss der europäischen Normierung auf das Schweizerische Normenwesen 227

Balthasar Trümpy:
Haftung des Baumaterialverkäufers 231

A) Baumaterialkauf 231

B) Wirkungen des Kaufvertrages im allgemeinen 232
I. Pflichten des Verkäufers 232

II. Nicht- und nicht gehörige Erfüllung 233
III. Abgrenzung von Schlechterfüllung und Erbringung einer andern Leistung 234

C) Rechtsgewährleistung 235
I. Begriff und Bedeutung 235
II. Voraussetzungen 236
III. Rechtsgewährleistungsansprüche 236

D) Sachgewährleistung 237
I. Begriff 237
II. Voraussetzungen 237
III. Sachgewährleistungsansprüche 241

E) Sonderfragen 245

I.	Haftungswegbedingung	245
II.	Produktehaftung	245
III.	Wiener Kaufrecht	248

Beat Rohrer:
Um- und Ausbauten im laufenden Mietverhältnis — 251

A) Einleitung		251
B)	Um- und Ausbauten des Vermieters	251
I.	Unterhalt der Mietsache	251
II.	Rechtsbehelfe des Mieters zur Durchsetzung der Unterhaltspflicht des Vermieters	253
III.	Das Recht des Vermieters zur Vornahme von Erneuerungen und Änderungen	254
IV.	Um- und Ausbauten zulasten der bisherigen Benützungsrechte des Mieters	256
C)	Um- und Ausbauten des Mieters	258
I.	Grundsatz	258
II.	Erfordernis der Zustimmung durch den Vermieter	258
III.	Wiederherstellung des ursprünglichen Zustandes bei Mietende / Entschädigungsanspruch	259
IV.	Exkurs: Bauhandwerkerpfandrecht bei durch den Mieter veranlassten Einbauten	260
D)	Mietzinsanpassungen nach Vornahme von Erneuerungen und Änderungen durch den Vermieter	261
I.	Unterhaltsleistungen des Vermieters	261
II.	Wertvermehrende Investitionen	261
III.	Zum Kapitalisierungssatz bei der Überwälzung von Mehrleistungen	262
IV.	Umfassende Überholungen	263

Eugen Marbach:
Das Urheberrecht des Architekten und des Ingenieurs — 267

A) Das Urheberrecht des Architekten und des Ingenieurs		267
I.	Die Legaldefinition	267
II.	Individualität als qualitative Schutzvoraussetzung	267
III.	Individualität des Bauwerkes	268
B) Gegenstand des Urheberrechtsschutzes		269
C) Entstehung des Urheberrechtes		270
D)	Inhalt des Urheberrechtes	271
I.	Verwertungsrechte	271

II. Ideelle Befugnisse	272
E) Alternative Anspruchsgrundlagen	273

Hans-Peter Buchschacher:
Das Bauhandwerkerpfandrecht 275

A) Einleitung	275
B) Die geschützten Bauarbeiten	276
I. Die Vertragsarten	276
II. Die Bauarbeiten	276
III. Einzelfragen	277
C) Die pfandberechtigten Rechtspersonen	278
I. Allgemeines	278
II. Unmittelbare und mittelbare Baugläubiger	278
III. Abtretung der gesicherten Forderung	279
D) Das belastete Grundstück	280
E) Der belastete Grundeigentümer	281
I. Allgemeines	281
II. Der Schutz gegen Doppelzahlung	281
F) Die Dreimonatefrist	283
I. Allgemeines	283
II. Die Vollendung der Arbeiten	283
III. Mehrere Bauwerke / mehrere Grundstücke	284
G) Das Eintragungsprozedere	284
I. Das Eintragungsverfahren	284
II. Feststellung der Pfandsumme	284
H) Die Sicherheitsleistung	285
I) Das Vorrecht	285

Urs Ch. Nef / Vito Roberto:
Das Recht der ausservertraglichen Schädigung beim Bauen 291

A) Einführung	291
B) Die allgemeine Haftungsnorm (Art. 41 OR)	292
I. Allgemeines	292
II. Schaden	292
III. Widerrechtlichkeit	293
IV. Adäquater Kausalzusammenhang	294
V. Verschulden	295

VI. Gerichtsurteile 295

C) Die Geschäftsherrenhaftung (Art. 55 OR) 296
I. Allgemeines 296
II. Die Beteiligten 296
III. Anwendungsbereich, Abgrenzungen 297
IV. Der Sorgfaltsbeweis 297
V. Gerichtsurteile 297

D) Die Werkeigentümerhaftung (Art. 58 OR) 298
I. Allgemeines 298
II. Das Werk 298
III. Der Mangel 298
IV. Die Beteiligten 299
V. Gerichtsurteile 299

E) Die Grundeigentümerhaftung (Art. 679 ZGB) 300
I. Allgemeines 300
II. Die Eigentumsüberschreitung 300
III. Einwirkung von Baustellen 300
IV. Die Beteiligten 301
V. Gerichtsurteile 301

F) Verjährung (Art. 60 OR) 302

G) Mehrheit von Haftungsgründen 302
I. Der Grundsatz 302
II. Vertragliche und ausservertragliche Ansprüche 302

H) Mehrheit von Ersatzpflichtigen 303
I. Allgemeines 303
II. Aussenverhältnis 304
III. Innenverhältnis 304

Beat Koller:
Baulandverkauf und Steuer 307

A) Einführung 307

B) Baulandverkauf und Interessenlage 308

C) Normaler Baulandverkauf 309
I. Notariats- und Grundbuchgebühr 309
II. Handänderungssteuer 309
III. Grundstückgewinnsteuer 309
IV. Bundessteuer 310
V. Sozialversicherungsbeiträge 310

D) Verkauf mit Architekturprojekt 311

E) Verkauf mit Baumeister- oder Architekturverpflichtung	312
F) Verkauf mit GU-Auftrag	312
G) Kettenhandel	315

INTERNATIONALE ASPEKTE DES BAUVERTRAGSRECHTS — 317

Markus Wirth / Patrick Grawehr:
Die (kollisionsrechtlich) anzuwendende Rechtsordnung bei Bauverträgen — 319

Vorbemerkungen	319
A) Einführung	319
B) Staatsverträge und Konventionen	320
I. Überblick	320
II. Wiener Kaufrecht-Übereinkommen	320
III. Haager Übereinkommen	321
IV. FIDIC-Conditions	321
C) Subjektive Anknüpfung	321
I. Überblick	321
II. Gültigkeit der Rechtswahl	322
III. Zeitpunkt der Rechtswahl	323
IV. Schweigen auf einen Rechtswahlantrag	323
V. Form des Rechtswahlvertrages	323
D) Objektive Anknüpfung	324
I. Überblick	324
II. Grundsatz	324
III. Ausnahme	325
E) Sonderfragen	325
I. Umfang der Verweisung	325
II. Form der Bauverträge	326
III. Öffentlich- und privatrechtliche Bauvorschriften des Lageortes	327
IV. Submission	327
V. Subunternehmer	328

Wolfgang Heiermann:
Das Bauvertragsrecht der Bundesrepublik Deutschland — 331

A) Grundlagen	331
I. Das Verhältnis von öffentlichem und privatem Baurecht	331

II. Gesetzliches Werkvertragsrecht und Verdingungsordnung
     für Bauleistungen (VOB) 331
III. Einschränkungen der Vertragsfreiheit durch das Gesetz zur Regelung
     des Rechts der Allgemeinen Geschäftsbedingungen (AGB-Gesetz) 333

B) Die Rechtsbeziehungen der am Bau Beteiligten 335
I.   Allgemeines 335
II. "Auftraggeber" und "Auftragnehmer" als Partner des Bauvertrags 335
III. Einzelne Unternehmereinsatzformen 336
IV. Die Vertragsgestaltung 337

C) Die Vertragsabwicklung 339
I.   Herstellung des vereinbarten Werks 339
II. Vergütung von Bauleistungen 339
III. Abnahme 340
IV. Gewährleistung 340
V.   Ansprüche bei Leistungsstörungen 341

Manfred Straube:
Das private Baurecht in Österreich
A) Einleitung 343

B) Rechtsgrundlagen des Bauvertrages 344
I.   Vereinbarte Vertragsinhalte (Willensübereinstimmung) 344
II. Allgemeine Geschäftsbedingungen (AGB) 344
III. Gesetzliche Regelungen 345

C) Die Baubeteiligten 346
I.   Übersicht 346
II. Verhältnis Bauherr/Generalunternehmer und
     Generalunternehmer/Subunternehmer 346

D) Vertragstypen 348
I.   Übersicht 349
II. Abgrenzung des Werkvertrages vom Kaufvertrag 349
III. Abgrenzung des Werkvertrages vom Bevollmächtigungsvertrag
     (Auftrag) 350

E) Der Vertragsabschluss 351
I.   Das Verfahren in Österreich laut ABGB 351
II. Haftungsfragen bei Vertragsabschluss 352

F) Rechte und Pflichten der Vertragsparteien 353
I.   Überblick 353
II. Warnpflicht 354
III. "Abnahmeobliegenheit-Abnahmepflicht" 357
IV. Abrechnungsprobleme 358

V. Gewährleistung und Schadenersatz	362
G) Zusammenfassung	371

Anton Henninger:
Europäisches Bauvergabewesen 373

A) Einführung	373
I. Begriff	373
II. Ziel	373
III. Ökonomische Aspekte	374
IV. Liberalisierung neben EG-/EWR-Vertrag	375
B) Die Grundlagen des europäischen Bauvergabewesens	376
I. Gesamtübersicht	376
II. Die Allgemeinen Bestimmungen des EWG-/EWR-Vertrages	377
III. Die Vergaberichtlinien	378
IV. Flankierende Massnahmen	380
V. Durchsetzung und Rechtsschutz	382
C) Die Situation der Schweiz	383
I. Die Schweiz ohne EWR-Vertrag	383
II. Die Schweiz als EFTA-Mitglied	384
III. Die Schweiz als GATT-Vertragspartei	385
IV. Revitalisierungs- und Liberalisierungsprogramme	385

Pierre A. Karrer:
Internationale Bauverträge; Streitvermeidung und Schiedsgerichtsbarkeit 391

A) Besonderheiten Internationaler Bauverträge	391
I. Beteiligte Parteien	392
II. Submission	392
III. Vertragsdokumentation	393
B) Streitvermeidung	394
I. Probleme der Vertragsabwicklung	394
II. Methoden der Streitverhinderung und -erledigung	395
C) Internationale Schiedsgerichtsbarkeit	396
I. Typen	396
II. Besonderheiten der Bauschiedsgerichtsbarkeit	397
III. Mehrparteienschiedsgerichtsbarkeit	398

ZIVILPROZESS UND VOLLSTRECKUNG 401

Beat Rohrer:
Aspekte des Bauzivilprozesses 403

A) Das Verfahren des Bauzivilprozesses im allgemeinen 403
I. Einleitende Vorbemerkungen 403
II. Kein besonders ausgestaltetes Bauzivilprozessrecht 403
III. Aufwendiges Verfahren mit langer Dauer und hohen Kosten 404

B) Die am Prozess beteiligten Parteien 405
I. Das Problem 405
II. Die Streitgenossenschaft 406
III. Streitverkündung und Nebenintervention 407

C) Wie verschafft sich das Gericht die für die Urteilsfindung
   erforderlichen Fachkenntnisse? 408
I. Der zu beurteilende Prozessstoff 408
II. Die Rechtsanwendung von Amtes wegen 409
III. Die Bedeutung des Beweises im Zivilprozess 409
IV. Fachgericht oder Beizug von Sachverständigen von Fall zu Fall? 411

D) Die vorsorgliche Beweisabnahme 412
I. Voraussetzungen 412
II. Die Vorteile der vorsorglichen Beweisabnahme 413
III. Beweissicherung auf privater Basis? 414

E) Schlussbemerkungen 415

Stephen V. Berti:
Die Zwangsvollstreckung von Werklohn und Honorar sowie der vertragstypischen Leistungen des Architekten, Ingenieurs und Unternehmers 417

A) Zum Wesen der Zwangsvollstreckung 417

B) Das System der Zwangsvollstreckung nach schweizerischem Recht
   ("Überblick") 417

C) Die bundesrechtliche Zwangsvollstreckung von Geldforderungen 418

D) Die kantonalrechtliche Zwangsvollstreckung anderer als auf
   Geldleistung gerichteter Forderungen 420

E) Praktische Fragen der Zwangsvollstreckung im schweizerischen
   Bauvertragsrecht 421

Christian Widmer:
Ingenieur, Architekt und Unternehmer als Gerichtsexperten 425

A) Der Begriff Gerichtsxeperte 425
I. Einleitung 425
II. Der Parteigutachter 426
III. Der Schiedsgutachter 427
IV. Der amtliche Befund 428

B) Die Bestellung des Gerichtsexperten 429
I. Die vertragliche Grundlage des Gutachtervertrages 429
II. Die vorsorgliche Beweisabnahme 429
III. Der Gutachter im Prozess 431

C) Die Aufgabe des Gerichtsexperten 432
I. Der Gutachtensauftrag 432
II. Der Aufbau einer Expertise 433
III. Die Anforderungen an ein Gutachten 434
IV. Die Mitwirkung des Gerichtsexperten im Verfahren 435

D) Die Verantwortlichkeit und Honorierung des Gerichtsexperten 436
I. Die Verantwortlichkeit des Gutachters 436
II. Die Honorierung des Gutachters 437

Einleitung

Die vorliegende Publikation geht von einem Begriff des Baurechts aus, welcher die *Gesamtheit der dem Privatrecht zuzuordnenden Normen umfasst, die den Sachverhalt des Bauens betreffen*. Er handelt nicht vom Baurecht als einer Dienstbarkeit und nicht von den baulichen Aspekten des Grundeigentums und Nachbarrechts.

In einem *ersten Teil* der Publikation werden die *Architekten- und Ingenieurverträge* angesprochen. Der Publikationsteil umfasst zwei Beiträge: einen solchen zum Wesen der Architekten- und Ingenieurverträge und einen solchen zu den einzelnen Architekten- und Ingenieurverträgen.

Zum (klassischen) Kern des privaten Baurechts gehören die *im zweiten Teil* des Buches dargestellten *Bauwerkverträge*. Derselbe leitet ein mit einem Beitrag zur Submission und zum Abschluss von Bauverträgen und schliesst mit einer Erörterung über die vorzeitige Beendigung von Bauwerkverträgen. Zentral ist die Haftung des Unternehmers für Mängel seines Werkes. An diesen Text schliesst ein solcher zur Abnahme und Genehmigung von Bauwerken an. Eine weitere Abhandlung hat die massgeblichen Leistungen im Generalunternehmervertrag zum Gegenstand.

Mit Fragen des *Gesellschafts-* und des *Versicherungsvertragsrechts* beschäftigt sich der *dritte Teil* der Publikation. Wurde die fehlerhafte Baute durch die Teilhaber eines Baukonsortiums erstellt, so kann der betroffene Bauherr gegebenenfalls eine Solidarhaftung in Anspruch nehmen. Im Falle der Erstellung der Baute durch einen als Aktiengesellschaft organisierten Totalunternehmer steht zwar dessen Haftbarkeit fest, aber das Haftungssubstrat (die Haftungsbasis) kann ungenügend sein. Steht die vertragsrechtliche und/oder deliktsrechtliche Verantwortlichkeit eines Baubeteiligten fest, so ist überdies zu prüfen, ob er den ihm aufgrund seiner Haftpflicht erwachsenen Schaden auf einen Versicherer abwälzen kann und Deckung besteht.

Besonders wichtigen *Einzelfragen* ist der *vierte Teil* gewidmet. So ist bei der Abklärung der Haftungsvoraussetzungen häufig mitzuprüfen, ob (bestimmte) Regeln der Technik einzuhalten waren und bei Nichteinhaltung derselben eine Sorgfaltspflichtverletzung eines Baubeteiligten vorliegt und/oder dem Werk eine Eigenschaft fehlt, welche es nach dem abgeschlossenen Werkvertrag aufweisen müsste. An diesen Aufsatz schliesst sich ein kaufrechtlicher zur Haftung des Baumaterialverkäufers und ein mietrechtlicher zu Um- und Ausbauten im laufenden Mietverhältnis an. Das Urheberrecht des Architekten und die Übertragung von Urheberrechten sind Gegenstand einer weiteren wichtigen Einzelfrage. Haben Handwerker oder Unternehmer Arbeit oder Arbeit und Material zu Bauten oder andern Werken auf einem Grundstück geliefert, so sind sie mit der Frage konfrontiert, ob sie legalhypothekarischen Schutz für ihre Werklohnforderung beanspruchen und das Bauhandwerkerpfandrecht zur Eintragung ins Grundbuch durchsetzen lassen wollen. Wenn infolge eines Bautenfehlers ein Dritter Schaden erleidet, ist die Frage nach der deliktsrechtlichen (haftpflichtrechtlichen) Verantwortlichkeit eines oder mehrerer Baubeteiligter mitsamt derjenigen des Grund- oder Werkeigentümers gestellt. Abschliessend werden die Steuerfolgen bei Handänderungen infolge von Baulandverkäufen aufgezeigt.

Die *internationalen Aspekte* des Bauvertragsrechts, von wachsender Bedeutung, finden sich *in einem fünften Teil* der Publikation. Weist ein Bauvertrag mit mehreren Rechtsordnungen Berührungspunkte auf, so stellt sich die Frage nach der kollosionsrechtlich anzuwendenden Rechtsordnung. Rechtsvergleichende Einblicke wollen die zwei Beiträge zum bundesdeutschen und österreichischen Bauvertragsrecht ermöglichen. Auch wenn die Schweiz der EG und dem EWR nicht beigetreten ist, so sind für uns dennoch die europäischen Anforderungen an die Submissions(ver)ordnungen von grossem Interesse. Internationale Bauverträge, Streitvermeidung und Schiedsgerichtsbarkeit bilden den abschliessenden Beitrag.

Gegenstand des *sechsten Teils* sind *Zivilprozess und Vollstreckung*. Da der massgebliche Sachverhalt bestritten sein kann, rechtliche Fragen mitunter unterschiedlich beantwortet werden und es auch am Willen zur Einhaltung privatrechtlicher Normen fehlen kann, ist die gerichtliche Austragung von Baustreitigkeiten gelegentlich unvermeidlich. Von der Arbeitslast der staatlichen Gerichte her betrachtet kommen Bauzivilprozesse häufig vor. Eine besondere Problematik des Bauprozesses besteht darin, dass er - wie jeder Zivilprozess - grundsätzlich Zweiparteiencharakter hat, wogegen an der Errichtung einer Baute zumeist mehrere Baubeteiligte mitwirken und für einen Bautenfehler mitunter nicht nur ein Baubeteiligter, sondern mehrere Baubeteiligte als Verantwortliche in Frage kommen. Wichtig bei Bautenfehlern ist auch die Beweissicherung (vorsorgliche Beweisaufnahme). Eine besondere Aufgabe im Rahmen des Bauprozesses erfüllen schliesslich Bausachverständige, welche durch das Gericht als Experten ernannt werden. Gerichtsurteile werden von der unterliegenden Partei bisweilen nicht freiwillig erfüllt, sondern müssen (zwangs)vollstreckt werden.

Martin Lendi/Daniel Trümpy

Architekten- und Ingenieurverträge

Wesen und Rechtsnatur von Architekten- und Ingenieurverträgen

Robert Tausky

A) Einleitende Bemerkungen zum Sachverhalt

I. Die Bauplanung und ihre Träger

Architekten- und Ingenieurverträge sind die geläufigen Bezeichnungen für denjenigen Bereich der Bauverträge, die *planerische Leistungen* zum Gegenstand haben. Es sind dies *immaterielle* Leistungen, darauf gerichtet, dass ein *Bauwerk* oder ein Teil eines solchen *planmässig* körperlich *erstellt* oder *verändert* werde.

Die Architekten- und Ingenieurverträge bilden somit innerhalb des Bauvertragsrechts das Gegenstück zu den *Bauwerkverträgen*, welche *unmittelbar* auf die *körperliche* Herstellung oder Veränderung eines Bauwerks oder eines Bestandteils desselben gerichtet sind. Gegenstand der Architekten- und Ingenieurverträge ist die Darstellung der Ideen und die Information über das körperlich zu Erstellende, die Anleitung über Art und Weise der Herstellung und deren Überwachung. Man kann sagen, die Architekten- und Ingenieurverträge bezögen sich auf die *geistige Substruktur* der Bauwerke.

Die geläufige Bezeichnung deutet auf das *Berufsbild* des Leistungsträgers hin. Der Beruf sowohl des Architekten (des "Oberbaumeisters") wie des (Bau)-Ingenieurs lässt sich bis in die Antike zurückverfolgen. Dieser war etwa zuständig für Infrastruktur- und Verteidigungsbauten, jener für alle anderen Bauwerksarten. Technische Entwicklung und Spezialisierung führten dazu, dass sich Architekt und Bauingenieur in die Planung desselben Bauwerks teilten, wobei je nach Bauwerksart dem einen oder dem andern ausser seinen fachspezifischen Tätigkeiten die Gesamtleitung und Koordination der Planung übertragen wurde. In späteren Schritten wurden Ingenieure weiterer Fachrichtungen an der Planung von Bauwerken beteiligt.

Hinter der noch immer gängigen Bezeichnung "Architekten- und Ingenieurverträge" verbirgt sich somit ein Geflecht verschiedenster planerischer Aufgaben und wechselnder Beziehungen ihrer Träger zueinander. Sachlich treffender ist die Bezeichnung *"Planungsverträge"*.

II. Phasen der Bauwerksplanung

1. Vorbereitung, Planung im engern Sinn, Realisierung und Abschlussarbeiten

Die genannten vier Phasen umschreiben das System der *herkömmlichen* Bauwerksplanung. Sie bildet die geistige Substruktur zur körperlichen Erstellung eines neuen oder Änderung eines bestehenden Bauwerks. Es ist ein zeitlich *geschlossenes* System, einsetzend mit der Bekanntgabe der Bauabsicht, endend mit der Überwachung der Behebung von Garantiemängeln.

2. Erweiterung der Bauwerksplanung auf die Phase der Nutzung

Ausgangspunkt für die Erweiterung des Planungssystems auf die Nutzungsphase war die Erfahrung zu Beginn der siebziger Jahre, wonach viele private und öffentliche Bauten nach unerwartet kurzer Gebrauchsdauer reparatur- oder sanierungsbedürftig wurden. Umfang und Komplexität der erforderlichen Instandsetzungen zeigten die Notwendigkeit auf, auch diese körperlichen Arbeiten zu *planen*, d.h. mit einer geistigen Substruktur auszustatten.

3. Integration der Nutzungsplanung in das System der Bauwerksplanung

Die Ergebnisse der Schadenanalysen an sanierungsbedürftigen Bauwerken lenkten die Aufmerksamkeit der Planer von Neubauten auf die Notwendigkeit der *Schadenprävention*. Daraus ergab sich eine neue *Zielsetzung* für alle Phasen der Bauwerksplanung. Die Zielpflöcke waren weiter zu stecken als bis anhin, von der mängelfreien Erstellung des Bauwerks hinüber in dessen *Nutzungsdauer*.

Das *Planungssystem* war damit neu konzipiert und weist, abgesehen von der veränderten Zielsetzung und der Erweiterung auf fünf Phasen, zwei Unterschiede zum bisherigen System auf.

Es stellt ein zeitlich *offenes* System dar, indem die wirkliche Nutzungsdauer im vornherein nicht feststeht. Sie ist jedoch immerhin *planbar*.

Während im früheren System der Vertragspartner des Planers, nennen wir ihn hier den *Bauherrn*, von Anfang bis Ende in der Regel identisch blieb, ist im neuen System beim Übergang von den Erstellungphasen auf die Nutzungsphase und innerhalb derselben mit *Partnerwechseln* zu rechnen. Dem Planer erwächst daraus eine akzentuierte Pflicht zur *Dokumentation* der Nutzungsgrundlagen und der Massnahmen, welche zur Gewährleistung der Gebrauchstauglichkeit während der Nutzung zu beachten sind.

Die Tendenz, das System der Bauwerksplanung im beschriebenen Sinn zu erweitern, lässt sich in vielen Ländern beobachten. Die SIA Norm 160, Ausgabe 1989, "Einwirkungen auf Tragwerke" ist eine Realisierung dieser Neukonzeption. Dasselbe gilt vom Generalkonzept der Eurocodes für den konstruktiven Ingenieurbau. Erste Teile des Eurocode 1 "Grundlagen für Entwurf, Bemessung und Konstruktion und Einwirkungen auf Bauwerke" sind für 1994 zur Veröffentlichung als Vornorm vorgesehen.

Die beschriebene Integration der Nutzungsplanung in das bisherige Planungssystem, das sich auf die *Erstellung* des Bauwerks richtete und im wesentlichen beschränkte, wird eine entsprechende Weiterentwicklung des Bauvertragsrechts erfordern.

B) Das Recht des Planungsvertrages im allgemeinen

I. Begriff und Bezeichnungen des Planungsvertrages

Den nunmehr umschriebenen Sachverhalten steht *keine Legaldefinition* des Planungsvertrages gegenüber. Ihre rechtliche Einordnung und Behandlung, ihre *Qualifikation* bereitet etwelche Mühe. In bestimmten Teilbereichen herrscht in Lehre und Rechtsprechung Übereinstimmung; andere Teilbereiche sind umstritten.

In Ermangelung einer Legaldefinition verwendet die Rechtssprache die Bezeichnungen "Architekten- und Ingenieurverträge" und "Planungsverträge" nebeneinander. Oft spricht man verkürzt vom "Architektenvertrag". In der Tat sind die Erkenntnisse von Lehre und Praxis zum Vertrag des Architekten *mutatis mutandis* auf die Verträge aller anderen Planer anwendbar.

II. Der Planer als Rechtssubjekt

1. Natürliche Personen und Rechtsgemeinschaften

Sofern es sich beim Träger der charakteristischen Hauptleistung um eine natürliche Person oder um eine in Rechtsgemeinschaft verbundene Mehrzahl von solchen handelt, wird die Hauptleistung des Planungsvertrages ausnahmslos in *selbständiger* Tätigkeit erbracht. Ihre Träger sind Angehörige der sog. *liberalen Berufe*.

Bei den zur Erbringung planerischer Leistungen in Frage kommenden Rechtsgemeinschaften sind zwei Arten zu unterscheiden. In der einen erfolgt der Zusammenschluss von Planern ad hoc, mit dem Zweck, eine bestimmte Planungsaufgabe mit gemeinsamen Kräften und Mitteln zu lösen. Die Gemeinschaft wird dann in der Rechtsform der *einfachen Gesellschaft* nach OR 530 ff. tätig. Sie verfügt über keine eigene Rechtspersönlichkeit. Das Gesellschaftsvermögen steht allen Mitgliedern gemeinschaftlich zu. Sie haften für Verbindlichkeiten der Gesellschaft je persönlich und mit ihrem gesamten Vermögen. Sie haften überdies je *solidarisch*, unter Vorbehalt anderer Vereinbarung (OR 544 III).

Unter Planern entsteht eine einfache Gesellschaft, wenn eine Bauaufgabe, z.B. wegen ihrer Grösse oder zufolge regionaler Gegebenheiten, auf verschiedene Träger derselben

Planungssparte verteilt wird. Oder sie entsteht, wenn sich Planer verschiedener Fachgebiete zusammenschliessen, um für ein bestimmtes Bauobjekt die Gesamtplanung oder einen wesentlichen Teil derselben zu besorgen (oder auch, um sich für eine solche zu bewerben).

Darüber hinaus können Planer auch mit Unternehmern zwecks Bewältigung einer bestimmten Bauaufgabe als *Totalunternehmer* eine einfache Gesellschaft gründen. - Rechtzeitig zu bedenken ist, dass die erwähnten Haftungsrisiken der einfachen Gesellschaft mit zunehmender Heterogenität der Gesellschafter grösser und im voraus schwieriger abschätzbar werden.

Nach aussen treten die einfachen Gesellschaften als sog. *Arbeitsgemeinschaften* (ARGE) auf. Ihre Mitglieder können natürliche oder juristische Personen oder wiederum Rechtsgemeinschaften sein.

Die andere Art von Rechtsgemeinschaften, die nur aus *natürlichen* Personen bestehen kann, ist *auf Dauer* angelegt. Sie bietet planerische Leistungen - handle es sich um Einzel- oder zusammengefasste Leistungen (Generalplanungen) - laufend, nicht nur für ein einzelnes Projekt, an. Sie betreibt zu diesem Zweck ein nach kaufmännischen Grundsätzen geführtes Unternehmen, eine *Kollektivgesellschaft* nach OR 532 ff., welche nach aussen selbständig, unter eigener Firma, auftritt. Haben sich die Beteiligten darauf - formfrei, somit auch bloss durch konkludentes Handeln - geeinigt, ist die Kollektivgesellschaft entstanden, sogar wenn sich die Gesellschafter dessen nicht bewusst sind. Im Unterschied zur einfachen Gesellschaft verfügt die Kollektivgesellschaft über ein Gesellschaftsvermögen, welches das primäre Haftungssubstrat darstellt. Sekundär haften die Gesellschafter persönlich solidarisch mit ihrem gesamten eigenen Vermögen. Die Kollektivgesellschaft ist, wiederum im Unterschied zur einfachen Gesellschaft, handlungsfähig, prozess- und betreibungsfähig.

2. Juristische Pesonen

Auch *juristische Personen* können Träger der Hauptleistung von Planungsverträgen sein. Damit wird die Identität zwischen dem fachlich zuständigen Planer und dem Rechtssubjekt als Vertragspartner, die bereits bei der Kollektivgesellschaft gelockert sein kann, vollends fallen gelassen. Mit der Entflechtung angestrebt wird die Kontinuität des Rechtssubjekts über die Wechselfälle persönlicher Schicksale hinaus, in Kauf genommen wird ein möglicher Verlust an persönlicher Prägung der planerischen Leistungen.

Beim Zusammenschluss zu einer Körperschaft wird in der Schweiz meistens die Rechtsform der Aktiengesellschaft gewählt. Sie bietet Vorteile im Hinblick auf die Kreditwürdigkeit und die Beschränkung der Haftung auf das Gesellschaftsvermögen.

III. Der Planungsvertrag als Vertrag des Privatrechts

Architekten- bzw. Planungsverträge sind *ausnahmslos privatrechtliche* Verträge. Dies trifft auch dann zu, wenn es sich beim einen der Vertragspartner, zumeist beim Bauherrn, um ein Gemeinwesen, um einen seiner Verwaltungszweige oder um einen ausgegliederten Verwaltungsbetrieb mit einem gewissen Autonomiebereich handelt; dasselbe gilt für die öffentlichrechtlichen Betriebe des Bundes und der Kantone. Als Partei im Planungsvertrag treten sie ihrem Partner nicht in hoheitlicher, sondern in grundsätzlich gleichberechtigter Stellung entgegen.

An der privatrechtlichen Natur des Planungsvertrages ändert die Tatsache nichts, dass der Bauherr als Subjekt des öffentlichen Rechts in bestimmten Situationen über eine *stärkere rechtliche Stellung* verfügt als sein Vertragspartner, und auch über eine stärkere rechtliche Stellung, als wenn er selbst eine Person des Privatrechts wäre. Es betrifft dies den Fall von Streitigkeiten über die Auslegung eines Planungsvertrages.

Bedarf ein Vertrag der richterlichen Auslegung, so ist bei der Ermittlung des Vertragswillens das öffentliche Interesse eines der ergänzenden Auslegungsmittel. Da das Handeln im öffentlichen Interesse eine allgemeine Voraussetzung jeder staatlichen Tätigkeit darstellt, wird im Streitfall vermutet, dass der Vertragswille des "öffentlichrechtlichen Bauherrn" dem öffentlichen Interesse entsprochen hat. Damit verschafft ihm die Rechtsordnung einen gewissen Stellungsvorteil gegenüber dem Vertragspartner.

IV. Der Planungsvertrag als Vertrag auf Arbeitsleistung

1. Fragestellung

Vertrag auf Arbeitsleistung - diese Umschreibung des Planungsvertrages bildet den kleinsten gemeinschaftlichen Nenner aller Arten von Planungsverträgen für alle Sparten und Teilbereiche von Bauplanungen sowie für die Kennzeichnung der vertraglichen Hauptleistungspflicht. Die Umschreibung lässt jedoch manche Fragen allgemeiner Natur offen, die vorab zu behandeln sind.

Klar ist nach dem oben Gesagten, dass die vertragliche Arbeitsleistung in selbständiger Tätigkeit, nicht unter Eingliederung in eine fremde Arbeitsorganisation, erfolgt. Der Planungsvertrag ist mithin zwar ein Vertrag auf Arbeitsleistung, jedoch kein Arbeitsvertrag i.S.v. OR 319 ff.

Nachdem weder der Planungsvertrag als solcher noch einzelne Arten desselben gesetzlich geregelt sind - sei es im Besonderen Teil des Obligationenrechts, sei es in einem Spezialgesetz -, verbleiben unter den gesetzlich geregelten Verträgen als mögliche sedes materiae das *Werkvertragsrecht* nach OR 363 ff. und das *Recht des einfachen Auftrags* nach OR 394 ff. Wir werden uns deshalb im folgenden zunächst allgemein fragen, ob die Regelungen jenes Titels bzw. dieses Abschnitts dem Lebenssachverhalt *Planen von Bauwerken* gerecht werden und wo die Schwachstellen liegen.

Anschliessend wenden wir uns der Frage zu, ob und allenfalls in welchen Fällen Planungsverträge als *Innominatverträge* zu betrachten sind, sei es als *gemischte*, sei es als Verträge *eigener Art*.

2. Planungsverträge als Werkvertrag

a) Grundsätzliches

Der Bauwerkvertrag bildet das Kernstück des privaten Baurechts und zugleich eine der wichtigsten Erscheinungsformen des Werkvertrages (GAUCH, Nr. 167). Es liegt daher nahe zu versuchen, auch die Bauwerks*planung*, die Erarbeitung der geistigen Substruktur der Bauwerke, dem Werkvertragsrecht zuzuordnen.

Unzweifelhaft orientiert sich dessen Konzeption, wie aus dem Wortlaut des essentiale *Herstellung eines Werkes* (OR 363) hervorgeht, an der Vorstellung eines körperlichen Werkes. Die Frage, ob auch die Herstellung von Plänen und Berechnungen, somit vorwiegend künstlerische und wissenschaftliche Leistungen, Gegenstand eines Werkvertrages sein könnten, wurde in der Geltungszeit des OR sowohl von der Lehre wie von der Rechtsprechung unterschiedlich beantwortet. Heute hat sich die Auffassung durchgesetzt, dass auch immateriellen Arbeitserfolgen der Charakter von Werken zukommt, sofern sie auf einem stofflichen Träger zur Darstellung gelangen (TAUSKY S. 123; 129).

Die Bauwerksplanung als Gesamtheit betrachtet und manche ihrer Teilleistungen erfüllen die genannte Bedingung. Denn die Planung ist auf die körperliche Erstellung des Bauwerks gerichtet, und der Übergang von der geistigen Substruktur zum Bauwerk selbst erfordert *kommunikative Brücken*: Was der Planer im Sinne führt, bedarf der Erläuterung und Information, der Genehmigung und Bewilligung, der Anweisung und Dokumentation. Die Kommunikation zwischen Planern, Bauherren, Behörden und Unternehmern kann nicht ohne stoffliche Träger der Planungsergebnisse stattfinden.

Die heutige Auffassung erlaubt somit, Pläne, Kostenvoranschläge, Berechnungen und Untersuchungen aller Art, soweit sie sich auf einem stofflichen Träger niederschlagen, dem Werkvertragsrecht zuzuordnen.

Andere wesentliche planerische Leistungen, insbesondere die *Bauleitung*, erfüllen jedoch die genannte Bedingung nur zum Teil und können deshalb nicht Gegenstand werkvertraglicher Leistungen sein.

b) Strukturelle Schwachstellen

Beim Versuch, die Planung von Bauwerken insgesamt dem Werkvertragsrecht zuzuordnen, entsteht nach dem Gesagten eine *Dichotomie*, eine "Entzweischneidung": Bestimmte Planungsbereiche oder planerische Teilleistungen lassen sich, nach heute gefestigter Lehre und Rechtsprechung, werkvertraglich behandeln, andere nicht. Da die Rechtsfolgen mit der rechtlichen Zuordnung der Tatbestände verbunden sind, stellt eine

Schnittstelle innerhalb derselben eine grundsätzliche *Schwachstelle* bei der rechtlichen Behandlung der Bauwerksplanung dar.

Die Lehrmeinungen über die genaue Lage der Schnittstelle innerhalb des Ablaufes einer Planung gehen auseinander, und die Rechtsprechung ist nicht einheitlich. Zudem sind im Planungsablauf mehrere solche Schnittstellen auszumachen (näheres siehe "Die Architektur- und Ingenieurverträge im einzelnen"). Dies führt zu *Grauzonen der Unsicherheit*.

Die entstehende Rechtsunsicherheit verschärft sich, wenn ein Planungsvertrag einen unvorhergesehen Lauf nimmt. Es kann vorkommen, dass dieselben planerischen Leistungen verschieden zu qualifizieren sind, je nachdem, ob sie Gegenstand eines Teilvertrages oder Teil eines Gesamtvertrages bilden. Dies wird dann stossend, wenn sich während der Planung ein Teilvertrag zu einem Gesamtvertrag auswächst oder ein Gesamtvertrag zufolge irgendwelcher Umstände vorzeitig beendet wird (PERRIN, S. 21, 28 f.).

c) Starrheit des Werkbegriffes

Ein objektiv wesentlicher Punkt des Werkvertrages ist das bestimmte oder zumindest genügend bestimmbare *Werk* (GAUCH, Nr. 283 f.). Der Spielraum zwischen Bestimmtheit und genügender Bestimmbarkeit kann aufgrund eines vertraglich ausbedungenen Rechts einseitig oder durch Vereinbarung während der Werkserstellung ausgefüllt werden. Der Spielraum, die sog. Konkretisierung, ist relativ eng.

Änderungen, die weiter gehen als die Konkretisierung des genügend bestimmbaren Werks, sind *Bestellungsänderungen* (GAUCH, Nr. 538 ff.). Sie bedürfen entweder der Einräumung eines Gestaltungsrechts an den Besteller im ursprünglichen Werkvertrag oder eines Abänderungsvertrages.

Die rekapitulierten Regelungen des Werkvertragsrechts zeigen einmal mehr, dass der Gesetzgeber eindeutig von der Vorstellung eines *materiellen* Werkes ausging. Für die Anpassung oder Änderung *immaterieller* Werke - will man Pläne als solche bezeichnen - sind die Instrumente der Konkretisierung bzw. Bestellungsänderung schwerfällig. Die dem körperlichen Werk vorangehende Fixierung auf (geduldigem) Papier muss ihrem Sinn und ihrer Funktion nach möglichst lange möglichst flexibel sein.

Diesem Erfordernis trägt, im Unterschied zum Werkvertragsrecht, das Weisungsrecht des Auftraggebers im einfachen Auftrag mit OR 397 Rechnung (FELLMANN, Nr. 53 zu OR 397). Die erteilte Weisung ist *bis zu ihrer Ausführung abänderbar* (GAUTSCHI, Nr. 6a zu OR 397 I). Die Weisungsbefugnis ist umfassender als das Recht zur Bestellungsänderung, selbst wenn dieses vertraglich als Gestaltungsrecht ausbedungen wurde. So kann der Auftraggeber im Planungsvertrag den Beauftragten anweisen, die vereinbarten Termine zu erstrecken, planerische Leistungen zu etappieren, die Planung zu unterbrechen oder überhaupt einzustellen. Das Weisungsrecht in der Hand des Auftraggebers ist in jedem Fall ein geschmeidigeres Instrument zur Steuerung der Planung als das Recht des Bestellers im Werkvertrag zu einseitiger Bestellungsänderung.

d) Enge Fassung des Mangelbegriffes

Weist ein (materielles) Werk einen Mangel auf, so ist es in einem *vertragswidrigen Zustand* (GAUCH, Nr. 916ff.), sei es, dass ihm eine vereinbarte oder eine vorausgesetzte Eigenschaft abgeht. Jene bezieht sich auf den Vertragsinhalt, diese auf die objektiven Kriterien der Wertqualität (Normalbeschaffenheit) und der Gebrauchstauglichkeit.

Übertragen auf die Planung ist vom Kriterium der *Gebrauchstauglichkeit* einer planerischen Leistung auszugehen. Sie ist dann tauglich, wenn sie geeignet ist, das Geplante in mängelfrei Körperliches umzusetzen. Ist sie dies nicht, sprechen wir von einem *Planfehler*. Qualifizieren wir die Aufstellung eines Kostenvoranschlages als werkvertragliche Leistung, so bildet die fehlerhafte Kostenerfassung die Entsprechung zum Planfehler. Als Oberbegriff sprechen wir von *Unstimmigkeiten*.

Zu diesen objektiven planerischen Mängeln treten nun aber andersgeartete Mängel, welche vom Besteller subjektiv als solche empfunden werden, nach den oben aufgeführten objektiven Kriterien jedoch keine Mängel im Sinne des Werkvertragsrechts darstellen. Im Unterschied zu den Unstimmigkeiten sind sie als *Missfälligkeiten* zu bezeichnen (TAUSKY, S. 243 f.).

Unterlässt der Besteller die Prüfung der als werkvertragliche Leistungen qualifizierten Pläne und Kostenvoranschläge, so entgehen ihm solche subjektiven Missfälligkeiten. Sie materialisieren sich im Bauwerk und stellen keine rechtlich fassbaren Mängel dar. Sie sind vom Besteller hinzunehmen.

3. Planungsverträge als einfacher Auftrag

a) Grundsätzliche Argumente für die auftragsrechtliche Zuordnung

Will man aufgrund der aufgezeigten Schwachstellen und Fragwürdigkeiten davon absehen, planerische Leistungen dem Werkvertragsrecht zuzuordnen, kommt als Alternative die Zuordnung zum Recht des *einfachen Auftrags* nach OR 394 - 406 in Frage. Zwei Gründe sprechen dafür:

Der erste Grund kann als *positiv* bezeichnet werden, nämlich die vermehrte Rechtssicherheit für den Architekten, die ihm als Angehörigem des "premier et le plus noble des métiers de la construction" (PERRIN, S. 21) gebührt. In der Tat ist der Auftrag das Arbeitsrecht der selbständig ausgeübten freien Berufe (GAUTSCHI, Vorbemerkungen Nr. 8).

Der zweite Grund ist demgegenüber *negativ*. OR 394 II statuiert das Prinzip der *Subsidiarität*: Verträge über Arbeitsleistung, die keiner besonderen Vertragsart dieses Gesetzes unterstellt sind, stehen unter den Vorschriften über den Auftrag.

b) Grundsätzliche Argumente gegen die auftragsrechtliche Zuordnung

Die Vielfalt der planerischen Leistungen und ihrer Kombinationsmöglichkeiten in einem Planungsvertrag lässt einen demgegenüber zögern, alle diesbezüglichen Verträge über einen Leisten zu schlagen und sie in Bausch und Bogen dem Auftragsrecht zuzuordnen. So wäre es wohl fragwürdig, die Vornahme einer Kostenschätzung aufgrund statistischer Unterlagen, das Erstellen von Werkstattzeichnungen nach vorliegenden Projektplänen oder das Nachführen von Werkleitungsplänen auftragsrechtlich zu qualifizieren - mindestens dann, wenn die beispielsweise aufgeführten Planungsleistungen den Hauptinhalt eines Vertrages ausmachen.

Einerseits tragen nicht alle unumgänglichen Planungsschritte den PERRIN'schen Stempel der *noblesse*. Andererseits ist die Möglichkeit, auch immaterielle Leistungen werkvertragsrechtlich zu behandeln, durch Lehre und Rechtsprechung abgesichert. Damit ist die Durchschlagskraft der für eine durchgängige auftragsrechtliche Qualifikation sprechenden Argumente relativiert.

c) OR 404 als Argument gegen die auftragsrechtliche Zuordnung?

OR 404 I statuiert die Befugnis beider Parteien, die Handlungspflicht des Beauftragten jederzeit zu beenden. Die Bestimmung bezeichnet einen der grundlegenden Wesenszüge des Auftrags (KNOEPFLER/GUINAND, SJK 327,3). Das Bundesgericht hat bisher an der zwingenden Natur der Bestimmung festgehalten. Ihre Rechtsfolgen erschienen oft als unangemessen, was zur Folge hatte, dass in der Rechtsanwendung die systematisch-logische Grenze zwischen Auftrag und Werkvertrag zugunsten des letzteren verschoben wurde. Man sprach von der *Flucht aus dem Auftrag* (PEYER, S. 166 f.).

Dem Verfasser erscheint jedoch der zwingende Charakter der Bestimmung als dem Wesen der Bauwerksplanung angemessen. Hier stehen sich der Herr des Geschäftes und der Herr der Materie als Vertragspartner mit gleichwertiger Geschäfts- bzw. Sachkompetenz gegenüber. Aus dieser Konstellation ergibt sich die Spannung des echten *Dialogs*. Günstigenfalls führt er zur zunehmenden Identifikation der Partner mit dem als gemeinsam erkannten Planungsziel. Ungünstigenfalls entzweien sie sich, und das Andauern eines auf dem Dialog aufbauenden und ihn voraussetzenden Vertragsverhältnisses ist sinnlos. Deshalb verlangt ein Auftrag zur Erbringung planerischer Leistungen *notwendigerweise* die jederzeit einseitig mögliche Auflösbarkeit durch jeden der beiden Partner. Wäre sie nicht gegeben, verlöre der Dialog seine produktive Spannung im Moment, da sich die eine Vertragspartei über die Dauer ihres Bindungswillens hinaus an die andere gefesselt fühlt.

d) Schadenersatzpflicht des zurücktretenden Teils

OR 404 II verpflichtet die zurücktretende Vertragspartei zu Schadenersatz an den Betroffenen, falls der Rücktritt zur *Unzeit* erfolgt. Nicht der Schaden als solcher, der durch den Rücktritt entstanden ist, unterliegt somit der Ersatzpflicht, sondern nur derjenige Schaden, welcher durch die *Unzeitigkeit der Vertragsbeendigung adäquat kausal* entstanden ist (OSER/SCHÖNENBERGER, Nr. 9 zu Art. 404 OR). Unzeitig ist die Vertragsauflösung, wenn sie *gerade im Hinblick auf den Zeitpunkt* dem Partner Schaden zufügt.

Hinsichtlich des in OR 404 I statuierten Grundsatzes sind die beiden Vertragsparteien *gleichberechtigt*. Darin äussert sich die Gleichstellung der beiden Kontrahenten, des Herrn des Geschäftes auf der einen, des Herrn der Materie auf der andern Seite. Anders verhält es sich bei der Schadenersatzpflicht nach OR 404 II. Die Prävalenz des Auftraggeberwillens (GAUTSCHI, Nr. 3d zu Art. 404 II) erzwingt die Unterordnung der Interessen des Beauftragten unter diejenigen des Auftraggebers.

Vorhandensein eines fremden Interesses ist ein essentiale des einfachen Auftrags (GAUTSCHI, Nr. 3a zu Art. 398 OR). Der Schutz des fremden Interesses ist deshalb Teil der Hauptleistungspflicht des Beauftragten, und er verletzt diese mit seiner unzeitigen Kündigung. Demgegenüber verletzt der Auftraggeber beim unzeitigen Widerruf lediglich die in OR 402 II statuierte Nebenpflicht, den Beauftragten vor Schädigungen bei der Auftragsausübung zu bewahren (HOFSTETTER, S. 66; LEUENBERGER, S. 24). Der Unterschied findet seinen Niederschlag in der unterschiedlichen Ausgestaltung der Schadenersatzpflicht.

Nach ständiger bundesgerichtlicher Rechtsprechung löst der unzeitige Widerruf durch den Auftraggeber lediglich die Pflicht zum Ausgleich *besonderer Nachteile* aus, die der Beauftragte adäquat kausal erlitten hat (TAUSKY, S. 200 ff.). Demgegenüber hat der sein Mandat unzeitig niederlegende Beauftragte *jeden Nachteil* auszugleichen, der dem Auftraggeber daraus adäquat kausal erwächst.

Die Schadenersatzpflicht des zur Unzeit widerrufenden Auftraggebers *entfällt* im vornherein, wenn der Beauftragte seine vertraglichen Pflichten verletzt oder dem Auftraggeber sonstwie einen *sachlich vertretbaren Grund* zum Widerruf gegeben hat (MERZ, S. 181). Demgegenüber begründet die unzeitige Kündigung des Beauftragten grundsätzlich dessen Pflicht zum Ausgleich jedes dem Auftraggeber erwachsenen Schadens. Zu ersetzen ist nach Auffassung der einen Autoren der Vertrauensschaden (GAUTSCHI, Nr. 18b zu Art. 404 OR), nach gegenteiliger Auffassung das positive Interesse (BUCHER, S. 164. Zusammenfassend zur Natur des Schadenersatzanspruchs: FELLMANN, Nr. 70 ff. zu OR 404, zur Schadenersatzbemessung: TAUSKY, 201 ff. bzw. 228 ff.).

Die Lehre führt zwei Ausnahmen von der Schadenersatzpflicht des zur Unzeit kündigenden Beauftragten auf: jene Gründe, welche zur fristlosen Auflösung eines Arbeitsvertrages berechtigen (OR 337 II und 337a), und den Selbstschutz des Beauftragten vor drohendem Schaden aus der Auftragsausübung nach OR 402 II.

Zur *Beweislastverteilung* ist anzumerken: Das Fehlverhalten des Beauftragten, das die Schadenersatzpflicht des zur Unzeit widerrufenden Auftraggebers entfallen lässt, ist von diesem zu *substantiieren*. Umgekehrt muss der unzeitig kündende Beauftragte substantiieren, welche ausnahmsweisen Gründe ihn von der Schadenersatzpflicht befreien. Im übrigen gelten die Regeln des Haftpflichtrechts.

e) Schranken des Weisungsrechts des Auftragggebers

Das Weisungsrecht des Auftraggebers ist Ausfluss von OR 396 I. Wurde der Umfang des Auftrages nicht ausdrücklich bezeichnet - durch übereinstimmende Willenserklärung der Parteien bei Vertragsschluss -, so bestimmt er sich nach der Natur des zu besorgenden Geschäftes. Herr des Geschäfts ist der Auftraggeber, in dessen Interesse der Beauftragte tätig zu werden hat. Deshalb ist der *einseitige Wille* des Auftraggebers für die Auftragsausführung bestimmend (GAUTSCHI, Nr. 2d zu Art. 396 I OR).

Dem Willen zur inhaltlichen Gestaltung des Auftrags setzt die Rechtsordnung die in OR 19 II und OR 20 genannten Schranken. Von gelegentlicher Bedeutung bei Planungsverträgen ist die Teilnichtigkeit von Weisungen mit widerrechtlichem Inhalt, die hier bezüglich einer Fallgruppe näher auszuführen ist.

Erteilt ein Auftraggeber dem Beauftragten eine Weisung, welche die Ausserachtlassung anerkannter Regeln der Baukunde einschliesst, so ist die Weisung ungültig, d.h., sie *gilt als nicht erteilt*. Denn wenn sich eine stark überwiegende Mehrheit der Wissenschaft sowie die Praxis hinter eine technische Regel stellen und sie damit anerkennen, erhält die technische Regel *rechtliche Relevanz*. Durch die umschriebene Anerkennung mutiert sozusagen die technische Regel zu einer Rechtsregel.

Es ist nicht angezeigt, dass der Beauftragte, der eine ungültige Weisung empfängt, sein Mandat niederlege. Er würde sich damit unnötigerweise dem Risiko einer Schadenersatzforderung des Auftraggebers wegen Unzeitigkeit der Kündigung aussetzen. Er muss ihm vielmehr in Erfüllung seiner Informationspflicht nach OR 400 I die Ungültigkeit der erteilten Weisung und deren Nichtbefolgung erläutern. Widerruft darauf der Auftraggeber den Auftrag und erfolgt der Widerruf zur Unzeit, wird der *Auftraggeber* schadenersatzpflichtig, weil die Nichtbefolgung einer nichtigen Weisung keinen sachlich vertretbaren Grund zum Widerruf abgibt.

4. Differenzierte Zuordnung aufgrund systematischer Analyse der Realien

Analysiert man sämtliche vorkommenden planerischen Leistungen aller fünf Planungsphasen, so stellt man fest, dass jede Leistung, gleich welcher Planungssparte, von nicht mehr als vier Typen planerischer Tätigkeiten geprägt ist. Es sind dies: geistig/schöpferische Tätigkeit, Information/Instruktion, Beratung und Überwachung. In jeder planerischen Leistung ist eine der vier Tätigkeiten dominant und allenfalls von einer oder mehreren der übrigen drei begleitet.

Die Analyse der vier Tätigkeiten zeigt, dass die zweite, Information/Instruktion, werkvertragliche Züge trägt, während die anderen drei auftragsrechtlich geprägt sind (TAUSKY, S. 154 ff.).

Für eine planerische Einzelleistung oder eine Abfolge von solchen kann tabellarisch oder graphisch ein *Tätigkeitsprofil* erstellt werden, an dem die werkvertragliche oder auftragsrechtliche Orientierung der planerischen Leistungen ablesbar ist. Die gewonnene Orientierung ermöglicht die entsprechende rechtliche Qualifikation als Werkvertrag oder Auftrag.

5. Innominatverträge

a) Allgemeines

Die in der Bezeichnung *Innominatvertrag* enthaltene Negation führt primär zur *negativen Umschreibung* des Begriffes: Innominatverträge sind solche Verträge, die das Gesetz - der Besondere Teil des OR oder ein Spezialgesetz - *nicht ausdrücklich benennt und ausdrücklich regelt.*

Schwieriger und in der Literatur uneinheitlich ist die positive Umschreibung. Unbestritten ist jedoch (SCHLUEP, S. 765 ff.), dass nur solche Verträge unter den Begriff des Innominatvertrages fallen, welche, obwohl vom Gesetz nicht direkt geregelt, eine *selbständige Vertragseinheit* darstellen.

Eine solche Einheit kann auf zwei Arten zustandekommen: Einerseits durch *Mischung von Hauptleistungen* verschiedener (gesetzlich geregelter oder nicht geregelter) Verträge, welche einer Verschmelzung gleichkommt. Anderseits als eigene Schöpfung des übereinstimmenden Parteiwillens aus Elementen, die mindestens zum Teil gesetzlich nicht geregelt sind oder atypische Tatbestandsmerkmale aufweisen. Entprechend unterscheidet man zwei Unterarten von Innominatverträgen: die *gemischten* Verträge und Verträge *sui generis*.

Die vereinzelt sinkende Bedeutung gesetzlich geregelter und insgesamt steigende Bedeutung von Innominatverträgen spiegelt den Wandel, dem die privatrechtlichen Beziehungen unterliegen. Ihr Motor ist der übereinstimmende Parteiwille zur Einbindung von Interessengegensätzen stets wechselnder Konstellation in ein Rechtsverhältnis; ihre gesetzliche Grundlage bilden Form- und Inhaltsfreiheit nach OR 11 I bzw. OR 19 I.

b) Innominatverträge im Bauplanungsrecht

Es wundert nicht, dass auch im Bauplanungsrecht unter dem Druck der technischen Entwicklung, neuer Organisationsformen und des Wettbewerbs neue Vertragsformen entstehen, die dem Wandel Rechnung tragen. Innominatverträgen kommt deshalb auch hier zunehmende Bedeutung zu. Die neuere Rechtsfigur des Innominatvertrages eröffnet jedoch auch eine neue Optik zur rechtlichen Zuordnung *herkömmlicher* Planungsverträge.

So wird der altbekannte *Gesamtvertrag* nach der einen Lehrmeinung und nach zweien von drei neueren Bundesgerichtsentscheiden als Vertrag *sui generis* aufgefasst.

Der oben skizzierte Charakter des Innominatvertrages als einer adäquaten Rechtsform für dynamische technisch/wirtschaftliche Entwicklungen äussert sich vor allem bei den Engineering-Verträgen. Darin werden oft Leistungen zu einer Einheit zusammengefasst, die den Rahmen der Bauplanung und -erstellung überschreiten, so z.B., wenn der Totalunternehmer einer Industrieanlage im selben Vertrag auch die Schulung des Betriebspersonals verspricht. Sogar der Rahmen eines Vertrages auf Leistung von Arbeit kann in einem Engineering-Vertrag gesprengt sein, indem er z.B. die Planung und Erstellung einer Anlage mit der Einräumung von Lizenzen zu einer selbständigen Vertragseinheit verschmilzt.

V. Der Stellenwert des SIA Normenwerks

1. Begriff, allgemeine rechtliche Bedeutung und Abgrenzung

Das SIA Normenwerk, herausgegeben vom Schweizerischen Ingenieur- und Architekten-Verein, ist ein *privatrechtliches* Regelwerk, dessen Bestandteile jeweils durch *Vereinsbeschluss* zustandekommen. Es kann deshalb im allgemeinen nur dann und nur bezüglich derjenigen Bestandteile den Charakter einer Rechtsquelle aufweisen, wenn und soweit es Gegenstand einer *Vereinbarung* zwischen den Parteien eines Vertrages darstellt. Nur unter dieser Voraussetzung wird ein Bestandteil des SIA Normenwerks zur *Rechtsnorm inter partes*.

Es verhält sich beim SIA Normenwerk somit anders als z.b. bei den vom Schweizerischen Elektrotechnischen Verein SEV herausgegebenen Hausinstallationsvorschriften, auf deren Bestimmungen die Starkstromverordnung des Bundes (SR 734.2) ausdrücklich verweist. Die Verweisung kraft Delegation durch den Gesetzgeber erhebt die Hausinstallationsvorschriften zu einer *Rechtsnorm inter omnes*.

Geltungsgrund des SIA Normenwerks bildet die Aufnahme durch übereinstimmende Willenserklärung der Parteien in ihren Vertrag. Nur die darin aufgenommenen Bestandteile des SIA Normenwerks erlangen Geltung, und sie bezieht sich nur auf den entsprechenden Einzelvertrag. Ihre Qualität entspricht derjenigen von *Allgemeinen Vertragsbestimmungen* bzw. *Allgemeinen Geschäftsbedingungen (AGB)*. Dies bedeutet, dass ihre Geltung durch eine widersprechende Einzelabrede aufgehoben und dass sie durch die Unklarheits- und die Ungewöhnlichkeitsregel relativiert wird.

2. Struktur

Wie aus der Bezeichnung hervorgeht, handelt es sich um ein Normen*werk*, das somit eine *Struktur* aufweist. Es ist deshalb verfehlt, in Bausch und Bogen von *den SIA-Normen* zu sprechen. Dies bedarf der Erläuterung.

Das SIA Normenwerk kann als dreidimensionale Struktur verstanden werden. Thematik und Fachbereiche stellen die horizontalen Dimensionen, die Normstufen die vertikale Dimension dar.

Die *Thematik* beschlägt Bereiche wie die Technik (z.B. Einwirkungen auf Tragwerke, Untertagbau), Leistungen der am Bau Beteiligten (LHO), das Verhalten (z.B. Standesordnung, Ordnung über die Werbung), Verfahren (z.B. vor einem Schiedsgericht oder Ordnungen zur Durchführung von Architektur- und Bauingenieurwettbewerben).

Die *Fachbereiche* decken Berufszweige wie die Architekten und die Ingenieure verschiedener Fachrichtungen ab, jedoch z.B. auch Aufzugshersteller oder Spenglerarbeiten.

Das Normenwerk SIA kennt drei *Normstufen*: die höchste Normstufe wird im Normenwerk oft als Norm (hier somit im engeren Sinn verstanden) bezeichnet. Derselbe Rang kommt den Ordnungen, den Normalien oder den Bedingungen zu. Die mittlere Normstufe wird als *Richtlinie*, die unterste als *Empfehlung* bezeichnet.

3. Anerkannte Regeln der Baukunde

a) Der Begriff der Regel der Baukunde

Wie viele andere Lebensbereiche, so die Heilkunde oder das Spiel, wird auch die Baukunde von Regeln beherrscht. Als Teilgebiet der Technik ist die Baukunde ausgerichtet auf das *Machbare* und *Vorzukehrende*. Wie ist es zu machen?, Was ist dabei vorzukehren? - dies sind jeweils die Grundfragen. Vielfach erfordert die Beantwortung dieser Fragen den Rückgriff auf *wissenschaftliche Erkenntnisse*. Die Regeln der Baukunde bilden einen *Sachverhaltskomplex*. Insgesamt stellen sie sich dar als ein Geflecht von *Theorie und Praxis*. Beides, Theorie und Praxis, hat seine Regeln: jene baut auf wissenschaftliche Gesetzmässigkeiten, diese auf die Erfahrung. Jene gilt, bis sie falsifiziert wird, diese wird aufgegeben, wenn sie sich nicht bewährt.

b) Die Anerkennung einer Regel der Baukunde

Rechtlich relevant werden Regeln der Baukunde, wenn sie anerkannt sind. Die Anerkennung verschafft sozusagen dem Lebenssachverhalt *Regel der Baukunde* den Zutritt zur *Rechtssphäre*. An der Anerkennung sind beide Sphären beteiligt, die *Fachwelt* und die *Rechtsordnung*.

Das erste Wort dabei hat die Fachwelt. Dem oben geschilderten Sachverhalt entsprechend erfordert die Anerkennung sowohl die Zustimmung durch die eindeutige Mehrheit der Vertreter der Theorie, i. a. der Lehre im betr. Fachgebiet, als auch die Zustimmung massgeblicher Baupraktiker, z.B. prominenter oder spezialisierter Unternehmer.

Die Rechtsordnung ihrerseits verfügt über drei Möglichkeiten der Anerkennung: die Anerkennung im Einzelfall durch *richterliches Urteil*, die *widerlegbare* und die *unwiderlegbare Vermutung*.

Eine widerlegbare oder *tatsächliche* Vermutung ist eine solche, welche durch den *Beweis des Gegenteils* umgestossen werden kann. Technischen Regeln, welche in einer *Norm SIA* (Norm i.e.S.) enthalten sind, kommt dieser Charakter zu. Im Streitfall hat somit die daran interessierte Partei zu beweisen, eine solche Regel weise nicht die Eigenschaft einer anerkannten Regel der Baukunde auf, sei es, dass sie nicht durch eine eindeutige Mehrheit von Vertretern der Theorie oder der Praxis getragen werde. - Am ehesten kann ein solcher Beweis dann erbracht werden, wenn eine entsprechende technische Entwicklung seit Herausgabe der betr. Norm nachgewiesen wird.

Die unwiderlegbare Vermutung wird begründet durch eine gesetzliche Verweisung. Eine solche findet sich in der Verordnung des Schweizerischen Bundesrates über die Berechnung, die Ausführung und den Unterhalt der der Aufsicht des Bundes unterstellten Bauten (Baunormen-Verordnung) vom 21. August 1962 (SR 720.1). Sie gilt nach Art. 1 für Bauten, zu deren Ausführung es nach der Bundesgesetzgebung der Genehmigung einer Behörde des Bundes (Aufsichtsbehörde) bedarf. Art. 2 dieser VO bestimmt, dass *die Bauten nach anerkannten Regeln der Technik von Fachkundigen zu projektieren, zu berechnen, auszuführen, zu überwachen und zu unterhalten* sind. Art. 3 Abs. 1 enthält die Verweisung: "......gelten als anerkannte Regeln der Technik die von massgebenden Fachvereinigungen und Organisationen herausgegebenen technischen Normen". Welches diese Normen sind, bestimmen nach Abs. 3 die zuständigen Behörden in ihrem Bereich. - Diese Verweisung verleiht somit technischen Regeln einer Norm SIA für eine Kategorie von Bauten in einem bestimmten Bereich den Rang einer *unwiderlegbaren Vermutung*, es handle sich um *anerkannte* Regeln der Baukunde.

Das Normenwerk SIA enthält *keinen Katalog* der anerkannten Regeln der Baukunde. Solche bestehen auch ausserhalb der Normen und entstehen laufend. Ihnen geht jedoch der Rang einer auch bloss tatsächlichen Vermutung ab. Demzufolge hat, umgekehrt wie dort, im Streitfall die sich auf eine solche Regel berufende Partei zu beweisen, dass es sich um eine durch die eindeutige Mehrheit von Vertretern der Theorie und der Praxis anerkannte Regel der Baukunde handelt.

c) Die Bedeutung der anerkannten Regeln der Baukunde im Bauplanungsrecht

Die Beachtung der anerkannten Regeln der Baukunde bildet Bestandteil der *Sorgfaltspflicht*. Planungsverträge sind ausnahmslos *Verträge auf Leistung von Arbeit*. Das Werkvertragsrecht umschreibt die Sorgfaltspflicht des Unternehmers in OR 364 I, das Recht des einfachen Auftrages diejenige des Beauftragten in OR 398 I.

Mit der Verletzung einer anerkannten Regel der Baukunde verletzt somit der Planer seine Sorgfaltspflicht. Rechtsfolge dieser Pflichtverletzung ist grundsätzlich ein Schadenersatzanspruch des Vertragspartners.

d) Wirtschaftliches versus strafrechtliches Risiko?

Schadenersatzanspruch ist der Anspruch auf wertmässige Wiederherstellung des *wirtschaftlichen* Zustandes vor dem schädigenden Ereignis (OFTINGER, S. 63). In der Sanktionierung dieses Anspruchs durch die staatliche Rechtsordnung bei Verletzung der Sorgfaltspflicht liegt jedoch eine *Missbilligung*, welche der rein wirtschaftlichen Konsequenz eine zusätzliche, anderen wirtschaftlichen Risiken abgehende Dimension verleiht.

Im staatlichen Strafanspruch bei Gefährdung von Leib und Leben von Menschen durch Ausserachtlassung der anerkannten Regeln der Baukunde nach StGB 229 liegt demgegenüber eine *qualifizierte Missbilligung*.

Die Auffassung, die Einhaltung von Sorgfaltspflichten könne vom *Grad der staatlichen Missbilligung* ihrer Verletzung abhängig gemacht werden, ist m.E. aus rechtsstaatlicher Sicht entschieden abzulehnen. Damit würde der Abtrag von Dämmen in Gang gesetzt, dessen Ende nicht abzusehen ist: Er riefe sogleich der Frage, welche weiteren Rechtsverletzungen als nächste auf ihre Risikoqualität zu untersuchen wären, ob sich allenfalls auch eine Busse lohne usw.

Die Unterscheidung nach "Risikoart" ist auch praktisch untauglich. Denn ob sich das im Planungsstadium vermeintlich rein wirtschaftliche Risiko nach Jahr und Tag nicht zu einer Gefährdung von Benutzern einer baulichen Anlage auswächst, ist sehr oft am Zeichentisch noch nicht auszumachen.

Damit soll in keiner Weise dem sturen oder ängstlichen Umgang mit anerkannten Regeln der Baukunde das Wort geredet werden. Jede Regel - nicht nur der Baukunde - hat ihren Geltungsbereich, erfordert vernünftige Handhabung und ist, zumal in Grenzfällen, vom Fachmann unter Einsatz seines Wissens und seiner Persönlichkeit jederzeit zu hinterfragen.

4. Verkehrsüblichkeit

Zahlreiche Bestimmungen des SIA Normenwerks, quer durch Thematik und Fachbereiche, über alle Normstufen hinab, sind Ausdruck der Verkehrsübung, sei es, dass sie eine bereits bestehende Übung übernommen oder eine solche begründet haben. Auch die Übung ist nur dann Bestandteil eines Vertrages, wenn sie die Parteien zum Vertragsinhalt gemacht haben.

Im Streitfall obliegt der Beweis für die Verkehrsüblichkeit einer Bestimmung derjenigen Partei, die sich darauf beruft. Anders als bei den anerkannten Regeln der Baukunde begründet die Aufnahme einer Bestimmung ins Normenwerk SIA, gleich welcher Normstufe, *keine Vermutung* für deren Verkehrsüblichkeit.

Besondere Bedeutung haben Begriff und Umfang der Üblichkeit im Recht des einfachen Auftrages: OR 394 III bestimmt, eine Vergütung sei zu leisten, wenn sie verabredet oder üblich sei. Mit dieser Verweisung wird die Übung *mittelbares Gesetzesrecht*. Die Lehre hat den Grundsatz dahin erweitert, dass auch die *Höhe* der Vergütung davon erfasst wird.

Bezüglich Anerkennung der Üblichkeit von Honoraransätzen, welche von Fachvereinigungen autonom erlassen wurden, urteilen die Gerichte mit grosser Zurückhaltung. Erst recht trifft dies dann zu, wenn die sich darauf berufende Partei der betr. Fachvereinigung nicht angehört.

VI. Hinweise auf die Tragwerknormen der EG (Eurocodes)

Gesetzliche Grundlage bildet die "Entschliessung des Rates vom 7. Mai 1985 über eine neue Konzeption auf dem Gebiet der technischen Harmonisierung und der Normung (85/C 136/01)", somit ein *Rechtsetzungsakt* der EG. Dieser wiederum stützt sich auf Art. 100 des EWG-Vertrages (Richtlinien zur Angleichung gewisser Rechtsvorschriften).

In der genannten Entschliessung ersucht der Rat die EG-Kommission um möglichst rasche Vorlage geeigneter Vorschläge. Er bezeichnet das CEN (Europäisches Komitee für Normung) als zuständig für die Verabschiedung harmonisierter europäischer Normen. Die Schweizerische Normen-Vereinigung SNV ist Mitglied des CEN.

Zur Erarbeitung der Eurocodes gründete das CEN ein neues Technisches Komitee CEN/TC 250. Das laufende Programm umfasst 9 Eurocodes, wobei jeder aus mehreren, getrennt zur Veröffentlichung bestimmten Teilen besteht. Vorgesehen sind insgesamt 59 Veröffentlichungen, von denen im Herbst 1992 27 in Arbeit sind.

Die einzelnen Teile werden vor dem Schlussentscheid des Rates von den nationalen CEN-Mitgliedorganisationen als Vornormen ENV veröffentlicht, um damit erste Erfahrungen zu sammeln und Rückkopplungen an das Technische Komitee zu ermöglichen. Die Allgemeinen Grundsätze jedes Eurocodes bilden die ersten zur Veröffentlichung als Vornormen vorgesehenen Teile. Zwei davon sind 1992 erschienen, die restlichen sieben sowie das "Generalkonzept" (siehe oben, Abschnitt A/3) sollen sukzessive bis Ende 1996 erscheinen.

Als Mitglied des CEN hat sich die SNV zur Übernahme der Eurocodes als Schweizer Norm verpflichtet, und zwar innert sechs Monaten, nachdem der jeweilige Eurocode, allenfalls auch nur ein Teil desselben, vom Ministerrat der EG in der endgültigen Fassung genehmigt und verfügbar ist (Art. 5.2.1.3 Geschäftsordnung CEN, Teil 2 Gemeinsame Regeln für die Normungsarbeit, Rev. Ausg. 2 vom April 1990). Es handelt sich dabei um eine *privatrechtliche (gesellschaftsrechtliche) Verpflichtung* der SNV, losgelöst von der Frage eines Beitrittes der Schweiz zum EWR oder zur EG.

Wäre die Schweiz dem EWR beigetreten, so hätte sie damit die *staatsvertragliche* Verpflichtung zur Transformation der vom Rat erlassenen Eurocodes als Bestandteile des Europäischen Gemeinschaftsrechts in die nationale Rechtsordnung übernommen.

LITERATUR

BUCHER Eugen, Skriptum zum Obligationenrecht, Besonderer Teil, 2. Aufl., Zürich 1983; FELLMANN Walter, Berner Kommentar, Bd. VI, 2. Abt., 4. Teilbd., Der einfache Auftrag, Art. 394-406 OR, Bern 1992; GAUCH Peter, Der Werkvertrag, 3. A., Zürich 1985; GAUTSCHI Georg, Berner Kommentar, Bd. VI, 2. Abt., 4. Teilbd., Der einfache Auftrag, Art. 394-406 OR, 2. Aufl., Bern 1967; HOFSTETTER Josef, Der Auftrag und die Geschäftsführung ohne Auftrag, in: SPR VII/2, Basel/Stuttgart 1979, 1 ff.; KNOEPFLER François und GUINAND Jean, Der einfache Auftrag, in: SJK 327; LEUENBERGER Christoph, Dienstleistungsverträge, ZSR NF 106, 1987, II, 1 ff.; MERZ Hans, Die privatrechtliche Rechtsprechung des Bundesgerichts im Jahr 1984 / 13. Auftrag, ZBJV 122 (1986) 178 ff.; OFTINGER Karl, Schweizerisches Haftpflichtrecht, I. Bd., Allgemeiner Teil, 4. Aufl., Zürich 1975; OSER Hugo und SCHOENENBERGER Wilhelm, Kommentar zum Obligationenrecht, 2. Teil, Art. 184-418, Zürich 1936; PERRIN Jean-François, Le contrat d'architecte, Genève 1970; PEYER Jürg, Der Widerruf im Schweizerischen Auftragsrecht, Diss. Zürich 1974; SCHLUEP Walter R., Innominatverträge, in: SPR VII/2, Basel/Stuttgart 1979, 763 ff.; TAUSKY Robert, Die Rechtsnatur der Verträge über die Planung von Bauwerken, Zürich 1991.

Die Architekten- und Ingenieurverträge im einzelnen

Hans Briner

A) Der Gesamtvertrag

I. Begriff, Rechtsnatur und Form

1. Begriff

Die vielerlei Aufgaben umfassenden und üblicherweise als Architekten- und Ingenieurverträge bezeichneten Bauverträge können als Gegenstück zu den Bau*werk*verträgen aufgefasst werden. Die Bauwerkverträge sind unmittelbar auf die körperliche Herstellung oder Veränderung eines Bauwerks oder eines Bestandteils desselben gerichtet. Demgegenüber haben die Architekten- und Ingenieurverträge die Darstellung der Ideen und die Information über das Bauwerk, die Anleitung über Art und Weise der Erstellung sowie deren Überwachung zum Gegenstand.

Die Leistungen der Architekten und Ingenieure erstrecken sich über mehrere Phasen eines Bauvorhabens; neben der Phase der *Planung* (im engeren Sinn) sind die vorangehende Phase der *Vorbereitung* sowie die nachfolgenden Phasen der *Realisierung*, der *Abschlussarbeiten* und der *Nutzung* zu unterscheiden. Trotzdem sollen alle Leistungen, die typischerweise einem Architekten- bzw. Ingenieurvertrag zugeordnet werden, als Planung (im weiteren Sinn) bezeichnet werden. Damit kann anstelle von Architekten- oder Ingenieurverträgen vereinfacht und allgemeingültig von *Planerverträgen* gesprochen werden (zum Ganzen ausführlicher TAUSKY, vorn). Werden in einem Planervertrag sämtliche Planungsleistungen verschiedener Fachrichtungen für ein Bauvorhaben kombiniert, wird von einem *Generalplanervertrag* gesprochen. Es herrscht Einigkeit darüber, dass Entscheide zu Architekten- bzw. Ingenieurverträgen auf die jeweils andere Fachrichtung übertragbar sind (statt vieler: SCHAUB, S. 72; TAUSKY, Rechtsnatur, S. 115).

Als *Gesamtvertrag* wird im allgemeinen ein Planervertrag bezeichnet, der Leistungen der *Planung* (i.e.S.) und der *Bauleitung* umfasst. Dabei wird allerdings nur von einer groben Einteilung des Projektablaufs in eine Phase der Planung und eine solche der Realisierung ausgegangen. Gestützt auf ein Planungsmodell mit den oben erwähnten fünf Phasen bezeichnet TAUSKY (Rechtsnatur, S. 144) einen Planervertrag dann als Gesamtvertrag, wenn er eine Gesamtheit planerischer Einzelleistungen im Mindestumfang der drei Phasen *Planung i.e.S., Realisierung* und *Abschlussarbeiten* umfasst. Dieser Mindestumfang ist geeignet, um den Gesamtvertrag gleichsam als "Umhüllende" der wichtigsten Arten von typischen Teilverträgen auffassen zu können (vgl. hinten B. I.).

2. Zur Rechtsnatur

a) Die langjährige Kontroverse

Für eine detaillierte Übersicht über die langjährige Kontroverse bezüglich der Rechtsnatur von Planerverträgen kann auf TAUSKY (Rechtsnatur, S. 117 ff.) sowie auf GAUCH (Werkvertrag, S. 13 ff.) verwiesen werden; eine umfängliche Zusammenstellung von Argumenten für und wider die Zuordnung von Gesamt- und Teilverträgen zu den gesetzlich normierten Vertragsarten oder zum Innominatkontrakt mit seinen Unterarten findet sich vorn. Hier sollen in Kürze die wichtigsten Entwicklungsschritte und der heutige Stand der bundesgerichtlichen Rechtsprechung zu den Gesamt- und den Teilverträgen festgehalten werden. Eine Stellungnahme des Schreibenden zur Qualifikationsfrage wird sich an die Behandlung der in diesem Beitrag aufgeworfenen Fragen anschliessen, unter Bezugnahme auf die dabei gewonnenen Erkennntnisse und auf verschiedene Literaturmeinungen (hinten D).

b) Entwicklung der bundesgerichtlichen Rechtsprechung

aa) BGE 63 II 176 ff. und BGE 64 II 9 ff.
Einen ersten wegleitenden Entscheid zur Rechtsnatur des Planervertrages nach Inkrafttreten des geltenden Obligationenrechts am 1.1.1912 fällte das Bundesgericht mit *BGE 63 II 176 ff.* Es sprach sich in diesem Entscheid dafür aus, auf die *Herstellung von Skizzen und Bauprojekten* sowie *von Ausführungs- und Detailplänen* in der Regel die Bestimmungen des *Werkvertrages* anzuwenden. Die *Herstellung von Kostenvoranschlägen*, die *Vergebung der Arbeiten*, die *Oberaufsicht* und die *Revision* bildeten nach Ansicht des Bundesgerichts regelmässig Gegenstand eines gewöhnlichen *Auftrages*. Zu beurteilen war jedoch ein Fall, in dem alle erwähnten Funktionen gemeinsam einem Architekten übertragen worden waren. Das Bundesgericht erachtete praktische Gründe, insbesondere Zweckmässigkeitsgründe, als zwingend für eine grundsätzlich einheitliche Behandlung des ganzen Vertragsverhältnisses. Es unterstellte den Gesamtvertrag dem Auftragsrecht als allgemeinste und weiteste Form des Arbeitsvertrages (im allgemeinen Sinne), was zwanglos möglich sei. Eine Unterstellung unter das Werkvertragsrecht wur-

de dagegen abgelehnt mit der Begründung, dass vorab die Vergebung der Bauarbeiten, die Oberleitung der Bauausführung, die Prüfung der Bauarbeiten sowie die Aufstellung der Schlussrechnung in eine Vertragsform gezwungen würden, mit der sie nichts verbinde. Nötigenfalls sollten für den Gesamtvertrag die Spezialvorschriften des Werkvertrags "aushülfsweise" herangezogen werden dürfen.

Kurz darauf, mit *BGE 64 II 9 ff.*, bestätigte das Bundesgericht seine Rechtsprechung für den Planervertrag i.e.S. Es unterstellte einen Teilvertrag über die Ausarbeitung von Vorprojekt- und Bauprojektplänen mit Rentabilitätsberechnungen dem Werkvertragsrecht.

bb) BGE 98 II 305 ff.
Eine erste Praxisänderung nahm das Bundesgericht mit *BGE 98 II 305 ff.* (= Pra 1973 Nr. 96) vor. Es war die Verletzung einer Architektenklausel in einem Grundstückkaufvertrag zu beurteilen. Das Bundesgericht folgte insbesondere GAUTSCHI (Werkvertrag, N. 5 der Vorbemerkungen zu OR 363 - 379 und N. 43a und b sowie N. 63 zu OR 394) und unterstellte den Architektenvertrag ohne Vorbehalte dem *Auftragsrecht*. Begründet wurde diese eindeutige Unterstellung im wesentlichen damit, dass eine immaterielle Leistung der Sachgewähr entzogen sei. Damit wurde auch für den Planervertrag i.e.S. die alleinige Geltung des Auftragsrechts statuiert.

cc) BGE 109 II 34 ff. und BGE 109 II 462 ff.
Eine zweite Praxisänderung wurde mit *BGE 109 II 34 ff.* (= Pra 1983 Nr. 47) betreffend einen Vertrag über Vermessungsarbeiten eingeleitet. Es waren die Haftungsfolgen der fehlerhaften Übertragung eines Nivellements auf einen Situationsplan zu ermitteln. Das Bundesgericht anerkannte einen derart bearbeiteten Situationsplan als Werk, das dem Vertragspartner einen Nutzen verschaffe. Die charakteristischen Elemente eines Werkvertrages seien gegeben und daher unterstehe die Vereinbarung der Parteien den Vorschriften des Werkvertragsrechts.

Bereits mit *BGE 109 II 462 ff.* (= Pra 1984 Nr. 83) bestätigte das Bundesgericht seine erneute Praxisänderung auch für den Architektenvertrag. Es hatte die Entschädigungsforderung eines Architekturbüros zu beurteilen, die geltend gemacht wurde, nachdem die Bauherrschaft aus ökonomischen Gründen auf die Ausführung eines bereits bewilligten Grossbauprojektes verzichtet und den Gesamtvertrag mit dem Architekturbüro vorzeitig aufgelöst hatte. Das Bundesgericht erklärte unter Berufung auf DUCROT (S. 52 f.), GAUCH (zurück!, S. 135/136) und JÄGGI (S. 303), dass *Ausführungspläne, Kostenvoranschläge* und allenfalls sogar *Ausführungspläne* durchaus auf einem *Werkvertrag* beruhen können, wenn derartige Arbeiten dem Architekten selbständig übertragen sind. Andere Aufgaben wie *Arbeitsvergebung* und *Bauaufsicht* seien nach weitgehend unbestrittener Ansicht in der Literatur *nur als Auftrag* rechtlich fassbar. Als Gründe gegen die einheitliche Subsumtion des Gesamtvertrages unter das Auftragsrecht führte das Bundesgericht unbefriedigende Konsequenzen an, die durch die Rechtsprechung bis dahin einfach in Kauf genommen oder mit Konstruktionen abgewendet worden seien. Allerdings substantiiert das Bundesgericht diese Äusserung in keiner Weise.

Unter Berufung auf BUCHER (S. 286 f., S. 324 Anm. 7) erklärte das Bundesgericht, die Gesetzesmaterialien liessen den Schluss nicht zu, dass der Gesetzgeber mit OR 394 II die in OR 19 II verankerte Vertragsfreiheit habe einschränken wollen. OR 394 II behalte auch als dispositives Recht seine Bedeutung. Nach Ansicht der Mehrheit der Kritiker könne dies die Zulassung von Verträgen sui generis rechtfertigen; auf jeden Fall liessen sich gemischte Verträge, bei denen Elemente eines anderen gesetzlichen Vertragstyps neben solchen des Auftragsrechts gegeben seien, ohne weiteres mit dem Wortlaut des Gesetzes vereinbaren. In der Anerkennung gemischter Verträge erblickte das Bundesgericht eine den Umständen angepasste und der Rechtswirklichkeit besser entsprechende Lösung als eine einheitliche Qualifikation. Bei der Beurteilung nur einzelner Leistungen wie bei der Mängelhaftung sei eine Spaltung der Rechtsfolgen denkbar; die Haftung für einen Planfehler könne sich aus Werkvertrag, jene für unsorgfältige Bauaufsicht aus Auftrag ergeben. Bei einer vorzeitigen Auflösung eines Gesamtvertrages sei dieser Weg jedoch nicht gangbar; dem Vertrauensverhältnis zwischen dem Bauherrn und dem Architekten komme soviel Bedeutung zu, dass die Auflösungsregel von OR 404 den Vorzug verdiene.

dd) BGE 111 II 72 ff. und BGE 114 II 56

In *BGE 111 II 72 ff.* (ausführlicher in Pra 1985 Nr. 179) streifte das Bundesgericht die Qualifikationsfrage nochmals. Es war die Haftpflicht eines Architekten und eines Ingenieurs für Schäden, die durch die Instabilität einer Baugrube entstanden waren, zu beurteilen. In diesem Entscheid erklärte das Bundesgericht, es sei selbst nach der neuesten Rechtsprechung zum Architektenvertrag nicht zu beanstanden, wenn die Vorinstanz die Sorgfalts- und Beratungspflichten der beklagten Baufachleute in der Anfangsphase des Projekts nach Auftragsrecht beurteilt habe. Zusätzlich hielt das Bundesgericht fest, die Aufgaben des Ingenieurs, die Baugrube zu planen und zusammen mit dem Architekten deren Ausführung zu überwachen, erwiesen sich als Verpflichtungen i.S.v. OR 397 ff. (Textstellen nur in Pra publiziert).

In *BGE 114 II 56* (= Pra 1988 Nr. 173) stellte das Bundesgericht klar, dass die Äusserungen in BGE 111 II 72 ff. nicht als Anzeichen einer erneuten Praxisänderung in bezug auf die Rechtsnatur des Architektenvertrages aufzufassen waren. Vielmehr bestätigte das Bundesgericht ausdrücklich die Gültigkeit seiner Äusserungen in BGE 109 II 462 ff.

c) Folgerungen

Bei der Behandlung der einzelnen Fragen zum Gesamtvertrag (und auch der Teilverträge) ist in erster Linie vom gegenwärtigen Stand der bundesgerichtlichen Rechtsprechung auszugehen. Massgeblich ist dabei der Entscheid BGE 109 II 462 ff. Demnach ist der Gesamtvertrag als ein gemischtes Vertragsverhältnis zu betrachten. Wo einzelne Leistungen zur Diskussion stehen, sind auf die Erarbeitung von Projekten, Plänen und Kostenvoranschlägen Werkvertragsrecht, auf die übrigen Leistungen Auftragsrecht anzuwenden. Probleme, die das ganze Vertragsverhältnis beschlagen, sind einheitlich dem geeigneteren Vertragstypus unterzuordnen. Fragen im Bereich der vorzeitigen Auflösung des Gesamtvertrages sind nach der auftragsrechtlichen Regelung von OR 404 zu behandeln.

3. Form des Vertragsabschlusses

Entsprechend dem Fehlen von Formvorschriften im Werkvertrags- und Auftragsrecht können Gesamtverträge (wie auch Teilverträge) formlos abgeschlossen werden (OR 11 I). Für schriftliche Verträge haben Formularverträge, insbesondere diejenigen des Schweizerischen Ingenieur- und Architektenvereins (SIA), weite Verbreitung gefunden. Die SIA-Formularverträge setzen sich aus zwei Teilen zusammen: aus einem knapp gehaltenen Vertragsformular und einer umfänglichen Leistungs- und Honorarordnung (LHO) für die Planer der entsprechenden Fachrichtung (vgl. nachstehend II. 1.). Neu wurde auf das Jahr 1992 für Planergemeinschaften, die sich in der Form einer einfachen Gesellschaft konstituieren, ein Formular "Generalplanervertrag (Vertrag für Gesamtleistungen)", ein Formular für den internen Gesellschaftsvertrag sowie ein erläuternder Kommentar herausgegeben (SIA 1015, 1016 und 1014).

Mitglieder des SIA sind verpflichtet, in alle Planerverträge die ihren Leistungen entsprechenden LHO einzubringen (Art. 6 Abs. 1 der SIA-Statuten). Die Gültigkeit von Verträgen wird jedoch von einer Missachtung dieser vereinsinternen Übernahmeverpflichtung nicht berührt (GAUCH, Qualifikation, N. 60).

Die "Inkraftsetzung" von neuen LHO (vgl. z.B. Art. 11 SIA-LHO 102, Ausgabe 1984) durch den SIA als privaten Verein begründet selbstverständlich keine allgemeine Gültigkeit der betreffenden LHO; sie begründet lediglich die Vermutung, dass die Parteien bei fehlender Bezeichnung der Ausgabe einer LHO die gemäss "Inkraftsetzung" aktuelle Ausgabe als Vertragsbestandteil vereinbaren wollten.

II. Rechte und Pflichten der Parteien

1. Leistungspflichten des Planers

a) Umfang der Leistungspflichten

Die Leistungspflichten des Planers ergeben sich aus den vertraglichen Vereinbarungen mit seinem Vertragspartner. In der Regel ist der Bauherr direkter Vertragspartner des Planers, sodass im folgenden der Einfachheit halber nur vom Bauherrn gesprochen werden soll. Um einen Planervertrag als Gesamtvertrag bezeichnen zu können, haben die Vereinbarungen zumindest eine Gesamtheit von planerischen Leistungen (i.w.S.) aus den Projektphasen der Planung i.e.S., der Realisierung und der Abschlussarbeiten zu umfassen (vgl. oben I. 1.). Dazu können weitere Leistungen aus der ersten und der letzten Projektphase (Vorbereitung und Nutzung) stossen.

Bei der recht komplexen, aber doch weitgehend gleichbleibenden und damit auch einer allgemeingültigen systematischen Erfassung gut zugänglichen Struktur der Planungsleistungen bei Bauprojekten sind vorgeformte Vertragsinhalte für Planerverträge weit verbreitet. Eine dominierende Stellung nehmen dabei die Publikationen des SIA ein. Im Jahr 1972 veröffentlichte der SIA ein Planungsmodell mit einer detaillierten Struktur der Organisation (in mehreren Varianten) und der Einzelleistungen aller Baubeteiligten (SIA-Dokumentation 4). Auf dieser Grundlage erarbeitete der SIA eine neue Generation von Ordnungen für die Leistungen und Honorare (LHO) der verschiedenen Planer, die auf das Jahr 1984 herausgegeben wurden. Es sind dies die LHO 102 für Architekten, die LHO 103 für Bauingenieure sowie die LHO 108 für Maschinen- und Elektroingenieure sowie der Fachingenieure für Gebäudeinstallationen. Gleichzeitig erschien auch die LHO 110 für Raumplaner. Für eine detailliertes Bild der Planungsleistungen kann auf diese LHO (jeweils Kapitel 4) verwiesen werden. Daneben finden sich auch in einzelnen technischen Normen des SIA Beschreibungen von Planungsleistungen (vgl. z.B. die SIA-Norm 161, Stahlbauten, Ziffer 7). Bleiben bei einem Planervertrag die Leistungen der *Gesamtleitung* (Führung und Koordination der Planung und der Bauleitung, Beratung des Vertragspartners, Informationswesen; vgl. Art. 3.3 der SIA-LHO 102, 103 und 108) ausgeklammert, steht dies der Annahme eines Gesamtvertrages nicht entgegen.

Die Publikationen des SIA gehen von der erwähnten Einteilung des Projektablaufs in fünf Phasen aus; allerdings wird die erste Phase der Vorbereitung in der LHO 102 für Architekten zur Phase der Planung geschlagen. Zudem wird in allen erwähnten SIA-Publikationen die Phase der Nutzung nicht berücksichtigt. Die Erkenntnis, dass die Überwachung und der Unterhalt eines Bauwerks während seiner Nutzung schon ab Beginn der Planung systematisch vorbereitet und die Nutzungsphase demnach in den Projektablauf integriert werden sollte, hat sich erst in neuerer Zeit durchgesetzt. Eine entsprechende Ergänzung des SIA-Planungsmodells findet sich bei TAUSKY (Rechtsnatur, S. 95 ff.).

b) Pflicht zur persönlichen Leistungserbringung

Die Frage, in welchem Umfang der Planer verpflichtet ist, die mit dem Bauherrn vereinbarten Leistungen persönlich zu erbringen, wird durch das Gesetz offen gelassen. Das Werkvertragsrecht (OR 364) verweist auf die Natur des Geschäftes, das Auftragsrecht (OR 398 III) auf die Umstände, die Übung und auf die Ermächtigung durch den Auftraggeber. Präzise Vereinbarungen über den Umfang der persönlichen Leistungspflicht sind jedoch selten. Im Streitfall wird demnach zu prüfen sein, ob der Planer bei Vertragsschluss erkennen konnte und musste, dass der Bauherr die Erbringung einer betroffenen Leistung durch ihn selber trotz Stillschweigen als einen wesentlichen Vertragspunkt betrachtete. Unbestritten dürfte sein, dass der Planer in der Regel befugt ist, sämtliche administrativen Arbeiten, die Erstellung von Plänen und Ausführungsunterlagen sowie die Bauleitung Angestellten und Dritten zu übertragen, während er verpflichtet ist, sich der schöpferischen Komponenten der Projektierung und der Aufsicht über die Bauleitung persönlich anzunehmen. Tritt der Planer in den Vertragsverhandlungen als Vertreter einer juristischen Person auf, die nicht durch seine Persönlichkeit allein geprägt wird, ist bei fehlender Vereinbarung auch für diese letztgenannten Leistungen keine persönliche Leistungspflicht anzunehmen.

2. Sorgfalts-, Informations-, Beratungs- und andere Treuepflichten des Planers

a) Sorgfaltspflicht

aa) Massstäbe der Sorgfaltspflicht
Nach dem Wortlaut des Gesetzes trifft den Planer dieselbe Sorgfaltspflicht wie den Arbeitnehmer im Arbeitsverhältnis (OR 364 I/398 I). SCHUMACHER (N. 400) hält diese Gesetzesbestimmungen für verunglückt, da an einen freiberuflichen Architekten als besonders sachkundigen Baufachmann höhere Anforderungen zu stellen seien als an einen Arbeitnehmer. Dem ist zuzustimmen. Die LHO des SIA enthalten in Art. 1.4.1 die Bestimmung, dass der Architekt bzw. der Ingenieur die Interessen des Auftraggebers nach bestem Wissen und Können und unter Beachtung des allgemein anerkannten Wissensstandes seines Fachgebietes zu bewahren habe.

Mit dem "allgemein anerkannten Wissensstand" sind die *anerkannten Regeln* der Baukunde (bzw. der Technik) angesprochen, deren Einhaltung zur (objektivierten) Sorgfaltspflicht jedes Planers gehört. Die anerkannten Regeln der Baukunde werden weitgehend durch die *Normen des SIA, des VSS (Verein Schweizerischer Strassenfachleute) und weiterer Fachverbände* repräsentiert. Dies jedoch mit zwei wichtigen Einschränkungen: einerseits muss eine durch einen Fachverband normierte Regel von einer Mehrheit der Baupraktiker als richtig akzeptiert worden sein, um Geltung als anerkannte Regel der Baukunde beanspruchen zu können; andererseits darf eine Regel von der Baupraxis nicht überholt worden sein (näheres siehe SPIESS, hinten, Technische Normen).

Neben den geschriebenen existieren auch *ungeschriebene anerkannte Regeln* der Baukunde, die denselben Geltungskriterien unterliegen. Ein Unterschied zwischen geschriebenen und ungeschriebenen anerkannten Regeln der Baukunde besteht jedoch beim *Beweis ihres Bestandes*. Ist eine bautechnische Regel durch einen Fachverband normiert worden, so wird dadurch eine natürliche Vermutung begründet, dass es sich um eine anerkannte Regel der Baukunde handelt. Eines Beweises bedarf die gegenteilige Annahme. Eine ungeschriebene anerkannte Regel der Baukunde bedarf hingegen des Beweises ihrer Existenz; bei Fehlen eines Beweises ist anzunehmen, dass sie nicht existiert.

bb) Grenzen der Akzeptierbarkeit von Risiken
Gemäss Art. 2 23 1 der SIA-Norm 160 (Ausgabe 1989) hat der Planer einen Sicherheitsplan zu verfassen, in dem die für das Tragwerk zu berücksichtigenden Gefährdungsbilder zusammengestellt und die Massnahmen, mit welchen den Gefahren begegnet werden soll, festgelegt werden. Bei dieser "unbestimmten Regel der Baukunde" stellt sich jeweils die Frage, welche verbleibenden Risiken akzeptiert werden können und welche nicht. Die *Grenzen der akzeptierbaren Risiken* werden sicher einenteils durch die *Normen des Strafrechts* mit diversen Gefährdungs- und Verletzungstatbeständen gesetzt. Anderenteils wird der Planer (und der Bauherr) im Bereich von Risiken mit einer kleinen Eintrittswahrscheinlichkeit und einem begrenzten Schadenpotential oft nicht darum herumkommen, die *wirtschaftliche Tragbarkeit* von (zusätzlichen) Sicherheitmassnahmen in der Planung zu berücksichtigen.

TAUSKY (vorn, V.3.d) weist darauf hin, dass nicht nur in strafrechtlichen, sondern auch in *haftungsrechtlichen Sanktionen* eine Missbilligung des betroffenen Handelns zu erblicken sei und die Einhaltung der Sorgfaltspflicht des Planers nicht von der Art der rechtlichen Missbilligung abhängig gemacht werden dürfe. Dem ist teilweise zuzustimmen. Wirtschaftliche Überlegungen sind von vornherein im Rahmen der Sorgfaltspflicht anzustellen und haben sich auf Grenzfälle, in denen untragbar werdende Kosten einem tragbaren Schaden mit geringer Eintrittswahrscheinlichkeit gegenüberstehen, zu beschränken. Eine einfache Aufrechnung von Mehrkosten einer Massnahme gegenüber der damit bewirkten Verminderung eines möglichen Schadens Dritter mit gleicher Gewichtung steht nicht zur Diskussion. So steht auch speziell dem Nachbarn das Recht zu, vom Gebäude- bzw. Werkeigentümer Massnahmen zur Abwendung eines drohenden Schadens zu verlangen (OR 59). Ein solcher Anspruch kann auch regelmässig bereits im - öffentlichrechtlichen - Baubewilligungsverfahren geltend gemacht werden.

Ein bewusstes Restrisiko selbst für Dritte, bei dem eine Fahrlässigkeit trotz Bewusstsein des Planers vernünftigerweise nicht mehr angenommen werden kann, muss aber akzeptierbar bleiben. Dem entspricht, dass die Werkeigentümerhaftung nach OR 58 als Kausalhaftung ausgestaltet wurde. Einer reinen Kausalhaftung ist jedoch ein missbilligender Charakter abzusprechen. Andererseits werden die Grenzen, die der Akzeptierung von Risiken durch die Verschuldenshaftung zu setzen sind, bei der Situation des projektierenden Planers durch die Grenzen aufgrund der strafrechtlichen Verantwortung hinreichend abgedeckt. In Anbetracht der - auch von TAUSKY (a.a.O.) angesprochenen - Unbestimmtheit der vom Planer zu entwerfenden Gefährdungsbilder und Schadensszenarien, die eine Trennung von wirtschaftlichen und strafrechtlich relevanten Risiken nicht zulassen, bleibt kein Raum für eine zu missbilligende Spekulation mit Sicherheitsrisiken, die durch das Strafrecht nicht erfasst werden.

Aus den genannten Gründen scheinen m.E. haftungsrechtliche Normen unter Einschluss der Kausalhaftung nicht geeignet und unter Ausschluss der Kausalhaftung nicht erforderlich, um die Grenzen der Akzeptierbarkeit von Risiken zu definieren. Zudem wäre die dauernde Vergegenwärtigung von möglichen haftungsrechtlichen Sanktionen bei Bagatellfällen lediglich geeignet, eine unvorteilhafte Ängstlichkeit des Planers zu fördern.

cc) Sorgfaltspflichten ausserhalb des technischen Bereiches
Den Planer trifft auch ausserhalb des technischen Bereiches eine Sorgfaltspflicht, so z.b. im Bereich der *Projektkosten*. Der Planer hat dabei nicht einfach auf möglichst niedrige Baukosten hinzuarbeiten, sondern er hat festzustellen, welches Kostenziel der Vertragspartner zu erreichen sucht. Die Kostenziele können sehr unterschiedlich sein. So können z.b. die geringsten Baukosten oder die geringste Summe von Bau-, Betriebs- und Unterhaltskosten (bei unterschiedlichen Zinssätzen) angestrebt werden. Der Planer hat auch abzuklären, ob der Bauherr eher eine kostengünstige oder eine kostensichere Lösung wünscht. Über den Genauigkeitsgrad von Kostenschätzungen und -voranschlägen hat der Planer den Bauherrn aufzuklären. Zur Erreichung einer hinreichenden Kostensicherheit ist der Planer gehalten, auch von sich aus Offerten einzuholen.

Zur Sorgfaltspflicht des Planers gehört auch, für den *Einbezug sämtlicher gesetzlicher Vorschriften* in das Projekt zu sorgen; er hat die Baureife sowie die Erschliessung bzw. Erschliessbarkeit des Baugrundstücks sowie die notwendigen Rechte des Bauherrn am Baugrundstück und an den für die Erschliessung beanspruchten Grundstücke zu prüfen (TRÜMPY, S. 47). Ebenfalls hat er für den Einbezug von Bedingungen und Auflagen behördlicher Verfügungen in das Projekt zu sorgen. Sind solche im voraus nicht hinreichend abschätzbar, sind entsprechende Vorentscheide einzuholen. Schliesslich hat der Planer bei Risiken und Problemen, die nicht zu seinem Fachgebiet gehören, dem Bauherrn den Beizug von geeigneten Fachleuten vorzuschlagen (vgl. SCHUMACHER, N. 402).

Generell hat der Planer die Pflicht, jederzeit das optimale Vorgehen zur Erreichung der Ziele des Bauherrn zu ermitteln und danach zu handeln.

b) Informations- und Beratungspflicht

In enger Verbindung zur Sorgfaltspflicht steht die Informations- und Beratungspflicht des Planers. Als Baufachmann und Vertrauensperson des Bauherrn hat er sicherzustellen, dass dieser seine Wünsche und Weisungen aufgrund realistischer Vorstellungen und Kenntnisse von den das Projekt betreffenden Gegebenheiten, Möglichkeiten und Risiken formulieren kann. Der Planer hat den Bauherrn auf Vor- und Nachteile von verschiedenen Entscheidungen aufmerksam zu machen und Lösungsvarianten aufzuzeigen. Typischerweise stehen Bauherr und Planer in ständigem Dialog. Je weniger Baukundigkeit beim Bauherrn vorausgesetzt werden kann, umso intensiver ist die Beratungspflicht. Die Informations- und Beratungspflicht betrifft beispielsweise die Gestaltung, die Konstruktionsweise und Kosten des Projekts, den Beizug von Spezialisten, die Wahl der Unternehmer, den Umfang der Haftung aller Baubeteiligten, Versicherungsfragen, Mängel und Mängelbehebung sowie Rechtsfragen, insbesondere die Erforderlichkeit und Erhältlichkeit von Bewilligungen. Für alle Umstände, die auf die Entscheide des Bauherrn einen Einfluss haben können, trifft den Architekten eine Anzeigepflicht (vgl. SCHUMACHER, N. 412).

Nach Treu und Glauben ist der Planer von den angeführten Informations- und Beratungspflichten soweit entbunden, als er annehmen darf, dass der Bauherr bereits hinreichend informiert und beraten ist, sich durch Dritte hinreichend informieren und beraten lässt oder über ein besseres Fachwissen verfügt als der Planer.

c) Andere Treuepflichten

Als weitere für den Planervertrag typische Treuepflicht ist die Pflicht zur Dokumentation der Planung und der Realisierung zu erwähnen. Ausdrücklich statuiert wird diese Pflicht durch die SIA-LHO (Art. 1.10). Daneben bestehen natürlich auch die allgemeinen vertraglichen Treuepflichten. Zum Ganzen (lit. a, b und c) kann auf SCHUMACHER und ABRAVANEL verwiesen werden.

3. Weisungsrecht des Bauherrn und Abmahnungspflicht des Planers

Das Weisungsrecht des Bauherrn wird durch die werkvertragliche Regel von OR 369 und durch die auftragsrechtliche Regel von OR 397 I ausdrücklich anerkannt. HOFSTETTER (S. 23) weist darauf hin, dass sich die Weisungen im Werkvertrag im Rahmen des bestellten Werkes bewegen müssen. Diese Einschränkung zeitigt jedoch bei einem Planervertrag kaum praktische Konsequenzen. Infolge des grossen schöpferischen Anteils der Leistungen bei der Planung i.e.S. (vgl. TAUSKY, Rechtsnatur S. 176), auf welche gemäss Bundesgericht Werkvertragsrecht anzuwenden ist, kann die Beschreibung des Geist-Werkes bei der Bestellung ohnehin nur vage bleiben. Somit werden spätere Weisungen den nur ungefähr bestimmten Gesamtcharakter des ursprünglich bestellten Werkes nur selten tangieren. Ausserdem dürfte in den meisten Fällen, insbesondere bei frühen Planungsstufen, eine stillschweigende Vereinbarung der Vertragsparteien über den provisorischen Charakter der Beschreibung des Werkes bei der ursprünglichen Bestellung durch den Bauherrn, verbunden mit einem entsprechenden Gestaltungsrecht des Bauherrn, anzunehmen sein.

Aufgrund seiner Informations- und Beratungspflicht darf der Planer die Weisungen des Bauherrn nicht nur passiv abwarten und entgegennehmen. Er hat vielmehr von sich aus dem Bauherrn die zu freien Entscheidungen erforderlichen Unterlagen zukommen zu lassen und ihn zu rechtzeitigen Weisungen zu bewegen (SCHUMACHER, N. 396). Erteilt der Bauherr eine Weisung, deren Zweckmässigkeit oder Erfüllbarkeit in Zweifel steht, hat der Planer sofort die notwendigen Abklärungen zu treffen und gegebenenfalls eine neue Weisung einzuholen. Bis zur Erteilung einer neuen Weisung durch den Bauherrn darf der Planer mit seiner Arbeit nur soweit fortfahren, als sie durch die neue Weisung nicht berührt werden kann (BGE 108 II 198 = Pra 1982 Nr. 207). Erteilt der Bauherr eine nachteilige Weisung oder eine Weisung, die den Regeln der Baukunde widerspricht, hat sie der Planer abzumahnen (SCHUMACHER, N. 393). Hält indessen der Bauherr im Bewusstsein aller Konsequenzen an seiner Weisung fest, hat sie der Planer zu befolgen (anderer Meinung TAUSKY, vorn, B.4.c). Infolge Nichtigkeit *nicht* zu befolgen hat der Planer eine Weisung des Bauherrn indessen dann, wenn sie in erheblicher Weise die Rechte Dritter oder des Planers selbst tangiert oder wenn sie sonst gegen die Rechtsordnung oder die "guten Sitten" verstösst (OR 20). In diesem Falle hat sie der Planer ausdrücklich abzulehnen (SCHUMACHER, N. 394; GAUTSCHI, Auftrag, N. 11a zu OR 397).

4. Prüfungs- und Rügeobliegenheiten des Bauherrn

Die Anwendung von Werkvertragsrecht auf die Erstellung von Projekten, Plänen und Kostenvoranschlägen hat zur Konsequenz, dass bezüglich dieser als Geist-Werke aufzufassenden Arbeitsergebnisse des Planers den Bauherrn die werkvertraglichen Prüfungs- und Rügeobliegenheiten treffen (OR 367 und 370). In dem Umfang, in dem der Besteller eines Werkes diesen Pflichten nicht nachkommt, geht er seiner Mängelrechte verlustig. Von diesem Verlust ist auch der Anspruch auf Ersatz von (Plan-)Mangelfolgeschäden zu zählen. Zu den Mangelfolgeschäden gehören auch die resultierenden Baumängel (SCHUMACHER, N. 593).

TAUSKY (Rechtsnatur, S. 247) erblickt in den resultierenden Baumängeln keine Mangelfolgeschäden; er beurteilt sie angesichts der notwendigen, den "ein/eindeutigen" Kausalzusammenhang unterbrechenden Mitwirkung eines zweiten denkenden Menschen bei der Bauausführung als Sekundärschäden, welche von der Verwirkung der Mängelrechte ausgeschlossen bleiben. M.E. kann diese Auffassung nur teilweise zutreffen und muss deshalb zu heiklen Abgrenzungsproblemen führen. Viele Planmängel können auf der Baustelle gar nicht erkannt werden, weshalb sie trotz ihrer Umsetzung auf der Baustelle "ein/eindeutig" zu Baumängeln führen. Diese Baumängel wären somit als Mangelfolgeschäden aufzufassen und von den Sekundärschäden abzugrenzen. Bei den auf der Baustelle grundsätzlich erkennbaren Planmängeln stellt sich sodann die Frage, ob vom ausführenden Unternehmer die zur Erkennung notwendige Fachkompetenz verlangt werden kann. Wo nicht, sind auch bei grundsätzlich erkennbaren Planmängeln die verursachten Baumängel als "ein/eindeutige" Folge zu betrachten und als Mangelfolgeschaden anzuerkennen. Ein Nebeneinander von Baumängeln, für die der Planer aufgrund eines Planungsfehlers haftet und von Baumängeln, für die der Planer trotz eines Planungsfehlers nicht haftet, ist für die Klärung von Haftungsfragen jedoch untragbar.

Welcher Meinung man auch folgen will - die Konsequenzen, die sich aus der Anwendung der werkvertraglichen Prüfungs- und Rügeobliegenheit auf Planerverträge ergeben, bleiben unbefriedigend. SCHUMACHER (N. 591) kommt zum Schluss, dass angesichts der restriktiven Vorschriften betreffend die Prüfungsfrist vom Bauherrn keine vollständige Prüfung des Planwerks erwartet werden dürfe. Der Bauherr sei dazu meistens überhaupt nicht in der Lage. Deshalb sei es in der Regel weder üblich noch tunlich, dass der Bauherr die Pläne prüfe. Die Prüfungsfrist beginne deshalb oft überhaupt nie zu laufen, und wenn, dann frühestens, wenn ein Unternehmer erfolgreich die Haftung für einen Baumangel abgelehnt habe.

Dieser Meinung ist zuzustimmen. Pläne stellen auf dem Weg zum vollendeten Bauwerk nur ein Zwischenstadium dar; ihre Interpretation stellt entschieden höhere Ansprüche an den Bauherrn als die Begutachtung des vollendeten Bauwerks. Der in der Regel nicht fachlich geschulte Bauherr kann deshalb Abweichungen von seinen Weisungen häufig nur unvollständig aus Plänen erkennen. Ausserdem kann eine Obliegenheit des Bauherrn, Pläne hinsichtlich ihrer Übereinstimmung mit den Regeln der Baukunde zu prüfen, ohnehin nicht angenommen werden, denn es ist ja gerade der Planer, der wegen der üblicherweise fehlenden Fachkundigkeit des Bauherrn und wegen dessen fehlender Detailkenntnisse über das Bauvorhaben regelmässig mit der Abnahme des vollendeten Bauwerks betraut wird. Schliesslich ist es bei grösseren Bauwerken auch organisatorisch nicht praktikabel, dem Bauherrn jeden Plan zur Prüfung einzureichen.

Auch das St. Galler Kantonsgericht lehnte die Prüfungs- und Rügeobliegenheiten des Bauherrn betreffend Baupläne vollständig ab (Entscheid vom 24.1.86, publiziert in St. Gallische Gerichts- und Verwaltungspraxis 1986, Nr. 41, S. 81 ff.). Der Entscheid wurde damit begründet, dass "vom Bauherrn nicht verlangt werden kann, dass er sich bei jeder Leistung des Architekten vergegenwärtigt, ob sie dem Auftrags- oder Werkvertragsrecht unterstehe und ob dementsprechend eine Mängelrüge notwendig oder entbehrlich sei."

5. Vertretungsbefugnis des Planers

a) Grundlagen

Die Befugnis des Planers, den Bauherrn gegenüber Dritten zu vertreten, richtet sich primär nach den Regeln der Stellvertretung von OR 32 ff. Demnach bedarf jede Vertretungshandlung des Planers unabhängig vom bestehenden Vertragsverhältnis einer entsprechenden Ermächtigung durch den Bauherrn. Da der Umfang der dem Planer einzuräumenden Vertretungsbefugnis im Belieben des Bauherrn steht und in der Praxis sehr unterschiedlich festgelegt wird, stehen generelle Regeln über den Umfang der Vertretungsbefugnis des Planers jederzeit unter dem Vorbehalt der Änderung durch den Bauherrn. Es ist jeweils im Einzelfall zu prüfen, wie weit die Vertretungsbefugnis des Planers reicht. Zu beachten ist ferner das mögliche Auseinanderklaffen von erteilter und nach aussen kundgegebener Vollmacht; ausdrücklich oder stillschweigend kundgegebene sowie anscheinsmässige Vollmachten unterliegen dem Gutglaubensschutz Dritter (vgl. OR 34 III).

Generelle Regeln über den Umfang der Vertretungsmacht stützen sich in der Praxis hauptsächlich auf zwei Quellen. Für den Gesamtvertrag gilt einerseits die auftragsrechtliche Regel von OR 396 II, wonach in einem erteilten Auftrag auch die Ermächtigung zu den Rechtshandlungen, die zu dessen Ausführung notwendig sind, enthalten ist. Andererseits enthalten die weit verbreiteten SIA-LHO 102, 103 und 108 (Leistungs- und Honorarordnungen für Architekten, Bauingenieure und Fachingenieure) in Art. 1.4.3 eine pauschale Umschreibung der Vertretungsbefugnis des Planers, ergänzt durch eine Vielzahl von Einzelermächtigungen im detaillierten Leistungsbeschrieb (Art. 4). Ferner enthält auch die SIA-Norm 118, Allgemeine Bedingungen für Bauarbeiten, in Art. 33 Abs. 2 und in Art. 34 Abs. 1 und 2 eine allgemeine Beschreibung der Vertretungsbefugnis der Bauleitung. Diverse Einzelanordnungen finden sich in weiteren Artikeln. Die Bestimmungen der SIA-Norm 118 werden bei ihrer Übernahme in einen Bauwerkvertrag zu einer Kundgabe der vom Bauherrn dem bauleitenden Planer eingeräumten Vertretungsbefugnis.

b) Problematische Regeln der SIA-LHO 102, 103 und 108 sowie der SIA-Norm 118

Besonders problematisch ist, dass der Umfang der Vertretungsbefugnis gemäss SIA-LHO 102, 103 und 108 und der Umfang gemäss SIA-Norm 118 bei weitem nicht übereinstimmen. So erklärt z.B. Art. 33 Abs. 2 der SIA-Norm 118 sämtliche Willensäusserungen des Bauleiters als für den Bauherrn rechtsverbindlich, während Art. 1.4.3 der SIA-LHO 102, 103 und 108 den Umfang der Vertretungsbefugnis des Planers vom Vertrag mit dem Bauherrn (Abs. 1) und von einem üblichen direkten Zusammenhang mit der Auftragserledigung (Abs. 3) abhängig macht. Widersprüche sind zudem auch innerhalb der SIA-Norm 118 selbst auszumachen. So ermächtigt z.B. Art. 33 Abs. 2 die Bauleitung zu Bestellungen; Art. 84 behält dieses Recht jedoch dem Bauherrn vor. Als ungewöhnlich beurteilte das Bundesgericht schliesslich die Regel von Art. 154 Abs. 3 der SIA-Norm 118, wonach der Bauleiter die Schlussrechnung des Unternehmers für den Bauherrn verbindlich anerkennt. Ein unerfahrener Bauherr wird bei globaler Übernahme der SIA-Norm 118 durch diese Bestimmung nicht gebunden (BGE 109 II 452 ff. = Pra 1984 Nr. 151).

Unklar ist das Verhältnis von Art. 1.4.3 Abs. 3 der LHO 102, 103 und 108 zu Abs. 1 desselben Artikels. Es dürfte bei der Auslegung von Planerverträgen oft fraglich sein, ob neben einer Umschreibung der Vertretungsbefugnis des Planers in der Vertragsurkunde die weiteren Festlegungen von Art. 1.4.3 Abs. 3 einer als allgemeine Vertragsbedingungen übernommenen LHO überhaupt Bestand haben.

Aufgrund von OR 396 II ist mit dem Abschluss eines Gesamtvertrages normalerweise die stillschweigende Einräumung folgender einzelner Vertretungsbefugnisse des bauleitenden Planers gegenüber den Unternehmern verbunden: die Anordnung von kleineren Regiearbeiten, die Erteilung von Weisungen in Ausfüllung von offenen Gestaltungsspielräumen in Unternehmerverträgen, die Entgegennahme von Erklärungen, die Entgegennahme der Ablieferung des Werkes (bzw. der Erklärung der Vollendung des Werkes), die Prüfung auf Mängelfreiheit und die Rüge von Mängeln, die Aufnahme des Ausmasses, die Unterzeichnung von Regierapporten sowie die Entgegennahme und Prüfung der Schlussrechnung.

Nicht "automatisch" ermächtigt ist der bauleitende Planer jedoch etwa zur Vergabe von Arbeiten und zur Anordnung von grösseren Regiearbeiten, zur Genehmigung des abgelieferten Werkes, zur Ausübung des Wahlrechtes des Bauherrn bezüglich dessen Mängelrechte, zur Genehmigung der Schlussrechnung oder zu Änderungen von Unternehmerverträgen (zum Ganzen vgl. SCHWAGER, N. 789 ff. und BGE 118 II 313 ff. mit Hinweisen).

6. Vergütungsansprüche des Planers

a) Gesetzliche Grundlagen

Aus dem Entscheid BGE 109 II 462 ff., in welchem das Bundesgericht für Gesamtverträge eine teilweise Spaltung der Rechtsfolgen nach Auftragsrecht und nach Werkvertragsrecht postuliert (vgl. oben I. 1. b), geht nicht hervor, ob die Vergütung der Planungsleistungen und ihre Modalitäten ebenfalls der Spaltung unterliegen sollen (wie die Haftung), oder ob sie einheitlich dem Auftragsrecht unterstehen sollen (wie die vorzeitige Beendigung des Vertrages). Tendenziell scheint aber das Bundesgericht die einheitliche Anwendung von Auftrags- (oder auch Werkvertragsrecht) auf Fragen beschränken zu wollen, die notwendigerweise für das ganze Vertragsverhältnis einheitlich beantwortet werden müssen. Diese Voraussetzung ist bei den Fragen der Vergütung nicht gegeben. Deshalb liegt es nahe, auf die Fragen zur Vergütung von Projekten, Plänen und Kostenvoranschlägen Werkvertragsrecht und auf die Fragen zur Vergütung der übrigen Planungsleistungen Auftragsrecht als anwendbar zu betrachten. Die nachfolgenden Ausführungen gehen von dieser Annahme aus.

Der Anspruch des Planers auf Vergütung der *werkvertraglichen Leistungen* ergibt sich aus OR 363; bei fehlender Vereinbarung hat die Bemessung der Vergütung nach Massgabe der Arbeit und der Aufwendungen des Unternehmers zu erfolgen (OR 374). Für die *auftragsrechtlichen Leistungen* wird der Honoraranspruch des Planers durch OR 394 III begründet. Nach dieser Bestimmung hat der Planer auch bei fehlender Vereinbarung Anspruch auf eine Vergütung, soweit er Leistungen erbringt, die üblicherweise vergütet werden. Auch die Höhe der Vergütung richtet sich über den Wortlaut von OR 394 III hinaus nach der Übung (GAUCH, Qualifikation, N. 17, mit Verweisung auf BGE 101 II 111 = Pra 1975 Nr. 171 und auf abweichende Lehrmeinungen). Ausserdem besteht die natürliche, durch Gegenbeweis zu entkräftende Vermutung, dass zwischen dem Bauherrn und dem Planer, der seine Leistungen im Rahmen seiner Berufsausübung erbringt, stillschweigend eine Vergütung derselben vereinbart ist (GAUCH, Qualifikation, N. 13 f.). Keinen Ausdruck der Übung bezüglich der Höhe der zu leistenden Vergütung stellen die SIA-LHO 102, 103 und 108 dar (BGE 117 II 290; GAUCH, Qualifikation, N. 71; ABRAVANEL, N. 306; EGLI, N. 871 ff.). In der Hauptsache sprechen die Natur der SIA-LHO als private Normierungen eines Interessenverbandes und die Vielfalt und Kompliziertheit der darin enthaltenen Honorarberechnungsmethoden gegen einen Ausdruck der Übung durch diese Publikationen.

b) Objektive und subjektive Wesentlichkeit

Aus den obigen Darlegungen ergibt sich, dass die Höhe der Vergütung der Leistungen des Planers weder nach Werkvertragsrecht noch nach Auftragsrecht einen objektiv wesentlichen Vertragspunkt darstellt. Allerdings wird die Höhe der Vergütung normalerweise für beide Parteien einen subjektiv wesentlichen Vertragpunkt darstellen. Somit kommt bei Nichterreichen einer Einigung über die Höhe der Vergütung in der Regel kein Vertrag zustande.

Ein gesetzlicher Anspruch des Planers auf Ersatz der Nebenkosten besteht sowohl nach Werkvertragsrecht (OR 374 betreffend Aufwendungen des Unternehmers) wie nach Auftragsrecht (OR 402 I betreffend Auslagen und Verwendungen des Beauftragten).

c) Honorarberechnung gemäss den SIA-LHO 102, 103 und 108

aa) Honorarberechnung in Prozenten der Baukosten
Die SIA-LHO 102, 103 und 108 regeln verschiedene Honorarberechnungsmethoden. Die differenzierteste Gestaltung hat die *Honorarberechnung in Prozenten der Baukosten* (Kostentarif; Art. 7) erfahren. Das Honorar des Planers wird aufgrund einer Formel berechnet, mit der der anzuwendende Honorarprozentsatz, die honorarberechtigten Baukosten, die technische Schwierigkeit des Bauvorhabens (Schwierigkeitsgrad n) sowie der Anteil der vereinbarten Leistungen an der von der entsprechenden LHO erfassten Gesamtleistung erfasst werden. In der LHO 102 für Architekten werden durch die Honorarberechnungsformel auch die Ansprüche an die Gesamtorganisation des Projektes (Korrekturfaktor r) erfasst. Die Bestimmung der Faktoren n und r erfolgt aufgrund von Vergleichen mit geeigneten Beispielen in diversen Tabellen.

Entgegen der Bemerkung EGLIs (N. 855), Rechtsprechung und Lehre stünden der Prozentvergütung ablehnend gegenüber, ist die differenzierte Honorarberechnung in Prozenten der Baukosten nach SIA als gute Näherung an die "Honorargerechtigkeit" zu beurteilen. Der als Beleg für die Haltung der Rechtsprechung herangezogene Entscheid BGE 101 II 111 bezieht sich auf die Berechnung des Honorars für ein Rechtsgutachten nach Prozenten eines Interessen- bzw. Streitwertes. Da in einer rechtlichen Auseinandersetzung zwischen dem Streitwert und der Schwierigkeit der involvierten Rechtsfragen kein notwendiger Zusammenhang besteht, ist die Berechnung von Honoraren für Rechtsgutachter und Anwälte in Abhängigkeit von Streitwerten in der Tat höchst fragwürdig. Bei Bauprojekten besteht jedoch zwischen den Baukosten und den Aufwendungen der Planer ein relativ enger Zusammenhang, welcher mit allen Korrekturen der SIA-LHO 102, 103 und 108 eine durchaus taugliche Basis zur Festsetzung der Planerhonorare darstellt.

bb) Honorarberechnung nach dem Zeitaufwand
Bedeutend einfacher sind die Regeln über die *Honorarberechnung nach dem Zeitaufwand* (Zeittarif; Art. 6). Die verschiedenen Funktionen, die die im Rahmen eines Planervertrages beschäftigten Personen wahrnehmen können, werden unter Berücksichtigung von Können und Erfahrung einer von sieben Honorarkategorien zugeordnet. Der SIA veröffentlicht für jedes Kalenderjahr ein Blatt mit den gültigen Honoraransätzen. Für die Berechnung des Honorars nach Kostentarif enthält das Tarifblatt die aufgrund der Veränderungen von Löhnen und Baukosten ermittelten Honorar-Prozentansätze, die mit der Höhe der honorarberechtigten Baukosten variieren. Für die Berechnung des Ho-

norars nach Zeittarif enthält das Blatt die massgeblichen Stundenansätze der verschiedenen Honorarkategorien. Die Anpassung der Stundenansätze an neue Tarife erfolgt nicht automatisch; sie muss in jedem Fall im Planervertrag vereinbart werden.

Seit dem Jahr 1990 wird zudem ein sogenannter "Zeit-Mitteltarif" veröffentlicht. Nach diesem Tarif können Planungsleistungen, bei denen höher und minder qualifizierte Leistungen in einem üblichen Verhältnis stehen, ohne Nachweis einer angemessenen Honorarkategorie verrechnet werden. Für entsprechende Verträge besteht ein spezielles Vertragsformular (SIA 1011).

cc) Honorarpauschale oder -globale
Die SIA-LHO sehen auch die Vereinbarung einer *Honorarpauschale oder -globale* vor (Art. 5.2.2), allerdings ohne diese Honorararten zu definieren. Als Lücke erscheint insbesondere die fehlende Definition einer Berechnungsweise des Teuerungsanspruches des Planers beim Globalhonorar. Die LHO 102 regelt zudem eine Honorarberechnung nach dem umbauten Raum (Art. 9), die jedoch keine Verbreitung gefunden hat. Schliesslich finden sich in allen LHO gleichlautende Regeln betreffend die Vergütung von Nebenkosten, Spezialeinrichtungen und Reisen (Art. 5.5-5.7) sowie betreffend die Zahlungsbedingungen und die Abrechnung (Art.1.13).

dd) Wegfall von Grundleistungen
Häufig ist der Fall, dass ein Planer bei der Erbringung einer vereinbarten Teilleistung gemäss SIA-LHO 102, 103 oder 108 nicht alle im detaillierten Leistungsbeschrieb (Art. 4) aufgeführten Grundleistungen erbringt. Die LHO 102 für Architekten regelt diesen Fall klar; nach Art. 7.1.3 hat der Wegfall von Grundleistungen keine Honorarkürzung zur Folge, wenn die gestellte Aufgabe die betreffenden Grundleistungen nicht erfordert und das Ziel der Teilleistung erreicht wird. In den LHO 103 und 108 fehlt eine solche Bestimmung. Dafür wird im ersten Satz von Art. 7 der LHO 103 festgehalten: "Das Honorar in Prozenten der Baukosten entspricht den für die Erfüllung des Auftrages erforderlichen Grundleistungen ... ." Sollte die Einfügung des Adjektivs *erforderlich* mit der Absicht vorgenommen sein, Honorarkürzungen infolge Wegfalls von nicht erforderlichen Grundleistungen wegzubedingen, so ist das Ziel wohl nicht erreicht worden. Im Gegenteil legt eine unbefangene Auslegung dieser Bestimmung eine Kürzung des Bauingenieur-Honorars bei nicht erbrachten Grundleistungen erst recht nahe.

d) Mehraufwand des Planers

Ergibt sich im Laufe der Vertragserfüllung ein Mehraufwand des Planers, so ist durch Auslegung des Vertrages zu ermitteln, ob dieser Mehraufwand durch die ursprüngliche Honorarvereinbarung abgedeckt ist oder ob der Planer einen Anspruch auf zusätzliche Vergütung geltend machen kann. Die Vereinbarung eines Pauschal- oder Globalhonorars ist im Zweifel dahingehend auszulegen, dass nur das Honorar, nicht jedoch die damit abzugeltenden Leistungen pauschaliert worden sind (EGLI, N. 845; GAUCH,

Werkvertrag, N. 633). Eine Erweiterung der Leistungsbeschreibung begründet somit im Normalfall einen Anspruch auf zusätzliches Honorar.

Wurde eine Pauschale oder eine Globale vereinbart und liegt keine Erweiterung der Leistungsbeschreibung vor (oder wurden auch die Leistungen pauschaliert), so richtet sich bei der Erstellung von Projekten, Plänen und Kostenvoranschlägen der Anspruch des Planers auf eine zusätzliche Vergütung nach OR 373 II. Demnach kann, solange der Mehraufwand nicht auf durch den Bauherrn zu vertretende Umstände zurückzuführen ist, der Planer nur bei Vorliegen von ausserordentlichen Umständen eine (beschränkte) zusätzliche Vergütung beanspruchen. Bei den übrigen Leistungen, die dem Auftragsrecht unterstehen, müsste sich der Planer zur Erhöhung einer Honorarpauschale oder -globale mangels eines gesetzlichen Anspruches auf die clausula rebus sic stantibus berufen (EGLI, N. 992; GAUCH/SCHLUEP, N. 1288 ff.).

Die SIA-LHO 102, 103 und 108 enthalten diverse Klauseln, die den Planer zu einer Honorarerhöhung berechtigen, so etwa für Überzeitarbeit bei Leistungen im Zeittarif (Art. 6.2.2), für Arbeitsunterbrüche (Art. 1.15.2) und für Ausschreibungen ohne Kostenvoranschlag (LHO 102 Art. 7.15; für die LHO 102 vgl. auch EGLI, N. 993 und FN. 140).

Bezüglich des Anspruchs auf Vergütung von Projektvarianten geht die Regelung der SIA-LHO 102 dahin, dass ein Anspruch besteht, wenn die Varianten aufgrund wesentlich abweichender Grundlagen oder Anforderungen ausgearbeitet werden müssen (vgl. die Umschreibung der entsprechenden Grund- und Zusatzleistungen unter Art. 4.1.3 und Art. 4.2.1). Bei den SIA-LHO 103 und 108 fehlt eine entsprechende Regelung.

e) Fälligkeit der Vergütung

Soweit die Leistungen des Planers dem Werkvertragsrecht zu unterstellen sind, werden das Honorar und die Vergütung der Auslagen mit Ablieferung des Werkes fällig (OR 372 I). Ist das Honorar für verschiedene Teile getrennt bestimmt worden, wird die Vergütung für jeden Teil separat fällig (OR 371 II). Das Honorar für die übrigen Leistungen wird mit richtiger Erbringung der letzten vertragsgemässen Leistung fällig (OR 127; EGLI, N. 1011). Die Vergütung von Auslagen im Zusammenhang mit nach Auftragsrecht erbrachten Leistungen wird unmittelbar nach ihrer Tätigkeit fällig (EGLI, N. 1010).

Nach Art. 1.13.3 der SIA-LHO 102, 103 und 108 hat der Planer mangels anderer Vereinbarung Anspruch auf Akontozahlungen von 90% der erbrachten Leistungen. Die Fälligkeit der Vergütung von Auslagen wird durch die SIA-LHO nicht geregelt.

7. Verjährung

a) Ersatzansprüche des Bauherrn

aa) Baumängel
Bei den Ersatzansprüchen des Bauherrn gegenüber dem Planer kommen verschiedene gesetzliche Verjährungsfristen zum Zug. OR 371 II statuiert für die Ansprüche des Bauherrn aus *Baumängeln* bei *unbeweglichen Bauwerken* eine Verjährungsfrist von 5 Jahren seit der Abnahme und lässt diese Frist auch für Ansprüche gegen den Architekten und den Ingenieur gelten. Damit wird der Planer dem Unternehmer gleichgestellt, was vor allem in bezug auf den Rückgriff zwischen Planer und Unternehmer bei solidarischer Haftung von Bedeutung ist. Die Frist von OR 371 II ist vertraglich abänderbar; eine Verkürzung darf jedoch die Rechtsverfolgung durch den Bauherrn nicht in unbilliger Weise erschweren (BGE 108 II 194 ff. = Pra 1982 Nr. 296). *Bei beweglichen Bauwerken* sollte im Sinne einer Lückenfüllung der Gedanke von OR 371 II analog angewendet werden; die Ansprüche des Bauherrn gegenüber dem Planer würden demnach gleichzeitig mit denjenigen gegenüber dem Unternehmer ein Jahr nach der Abnahme verjähren (GAUCH, Werkvertrag, N. 1673 f.).

bb) Unterscheidung von Baumängeln und "reinen Architektenmängeln"?
SCHUMACHER (N. 489 f.) unterscheidet vom Baumangel den *"reinen Architektenmangel"*, der nicht auf eine fehlerhafte Arbeit des Unternehmers, sondern ausschliesslich auf eine Abweichung des Architekten von den Weisungen des Bauherrn zurückzuführen ist und unterstellt diesen der ordentlichen Verjährungsfrist von OR 127 (10 Jahre). Diese Frist beginnt in der Regel nicht erst im Zeitpunkt der Abnahme, sondern bereits im Zeitpunkt der Vertragsverletzung zu laufen (GAUCH/ SCHLUEP, N. 3446; SCHUMACHER, N. 560). M.E. ist eine *Unterscheidung zwischen Baumängeln und "reinen Architektenmängeln"* jedoch *weder notwendig noch angezeigt*.

Rechtlich nicht notwendig ist die Unterscheidung deshalb, weil aus der Formulierung von OR 368 I ("Leidet das Werk an so erheblichen Mängeln oder weicht es sonst so sehr vom Vertrag ab ...") hervorgeht, dass der Gesetzgeber unter einem Baumangel nicht ausschliesslich eine Abweichung des Werkes von den vertraglichen Vereinbarungen zwischen Besteller und Unternehmer verstand. Wenn GAUCH (Werkvertrag, N. 973) diese Meinung vertritt, dann wohl deshalb, weil er seine Betrachtungen auf den Werkvertrag zwischen Besteller und Unternehmer beschränkt und die Funktion des Planers bei der Vertragserfüllung ausser acht lässt. "Reine Architektenmängel" im Sinne SCHUMACHERs lassen sich deshalb ohne weiteres unter den Baumangel im Sinne des Gesetzes subsumieren. *Praktisch nicht notwendig* ist die Unterscheidung deshalb, weil typische "reine Architektenmängel" in sichtbaren Abweichungen der Bauwerksgestaltung von den Weisungen des Bauherrn bestehen. Sichtbare Abweichungen sind aber ohne weiteres erkennbar, weshalb eine längere Verjährungsfrist für solche Mängel keinem Bedürfnis des Bauherrn entspricht.

Nicht angezeigt ist die Unterscheidung einmal deshalb, weil bei grösseren und verzögerten Bauvorhaben auch der Fall eintreten kann, dass eine zehnjährige Frist von OR

127 für "reine Architektenmängel" vor der fünfjährigen Frist von OR 371 II für Baumängel abläuft. Bei verdeckten "reinen Architektenmängeln" wäre dieser Fall für den Bauherrn jedoch sehr nachteilig. Zudem müsste konsequenterweise der "reine Ingenieurmangel" dem "reinen Architektenmangel" gleichgestellt werden, wobei sich aber das Problem der früheren Verjährung nach OR 127 gegenüber OR 371 II noch akzentuieren würde, da der Anteil an verdeckten Mängeln bei Ingenieurleistungen in der Regel grösser ist als bei Architektenleistungen. Insbesondere bei Tiefbauprojekten mit typischerweise langer Planungs- und Bauzeit würde die Haftung des Ingenieurs über Gebühr eingeschränkt.

Ein weiterer wichtiger Grund, der eine Unterscheidung von Baumängeln und "reinen Architektenmängeln" nicht angezeigt erscheinen lässt, ist jedoch der, dass die Verjährung der Schadenersatzpflicht des Architekten bzw. des Planers gegenüber dem Bauherrn davon abhängig würde, ob der Unternehmer den betreffenden Mangel mitverursacht hat. Stellt sich die Situation ein, dass mehr als fünf Jahre nach der Abnahme - also nach Verjährung der Sachgewährleistungspflicht des Unternehmers -, aber vor Ablauf der zehnjährigen Frist nach OR 127 ein Mangel zum Vorschein kommt, müsste zuerst die Mitwirkung des Unternehmers bei der Verursachung des Mangels geklärt werden, bevor eine allfällige Verjährung der Ansprüche des Bauherrn gegenüber dem Architekten festgestellt werden kann. Überdies hätte es der Architekt in der Hand, den Unternehmer zur - falschen - Erklärung einer Mitverursachung zu bewegen, womit der "reine Architektenmangel" als Baumangel erschiene und eine Verjährung der Folgen desselben auch für den Architekten festgestellt werden müsste.

cc) Andere Fehler des Planers
Ohne Zweifel untersteht hingegen jeder *übrige Schaden* aus der Vertragserfüllung (inkl. *Begleitschaden*, den der Planer nicht durch, sondern anlässlich seiner Vertragserfüllung dem Bauherrn zufügt) der zehnjährigen Verjährungsfrist von OR 127. Die zehnjährige Frist von OR 127 kann infolge des Verbotes von OR 129 nicht abgeändert werden. Wie erwähnt, beginnt der Fristenlauf in den meisten Fällen mit dem schädigenden Ereignis (GAUCH/SCHLUEP, N. 3446; SCHUMACHER, N. 560).

Besonderer Beachtung bedarf schliesslich der Fall, in dem der Planer ohne Vollmacht als Vertreter des Bauherrn auftritt. Ersatzansprüche des Bauherrn für einen daraus entstandenen Schaden verjähren nach OR 60 ein Jahr, nachdem der Bauherr vom Schaden Kenntnis erhalten hat.

Die SIA-LHO 102, 103 und 108 wiederholen in Art. 1.8 die gesetzliche Regelung von OR 127 und OR 371 II. Hingegen statuiert Art. 180 Abs. 1 der SIA-Norm 118 (Allgemeine Bedingungen für Bauarbeiten) für bewegliche und unbewegliche Bauwerke eine einheitliche Verjährungsfrist für Werkmängel von fünf Jahren. Demnach ist bei beweglichen Bauwerken eine einheitliche Verjährungsfrist für den Planer und den Unternehmer nicht gegeben, wenn die SIA-LHO 102, 103 und 108 sowie die SIA-Norm 118 parallel verwendet werden.

b) Vergütungsansprüche des Planers

Für Leistungen, die dem Werkvertragsrecht unterstehen, verjähren die Ansprüche des Planers auf Honorar und Auslagen 10 Jahre nach Ablieferung des Werkes (OR 127 i.V.m. OR 372 I). Ist das Honorar für verschiedene Teile getrennt bestimmt worden, verjährt der Honoraranspruch für jeden Teil separat (OR 371 II). Für die übrigen Leistungen verjährt der gesamte Honoraranspruch des Planers 10 Jahre nach richtiger Erbringung der letzten vertragsgemässen Leistung (OR 127; EGLI, N. 1011). Der Anspruch auf Vergütung von Auslagen im Zusammenhang mit nach Auftragsrecht erbrachten Leistungen verjährt zehn Jahre nach ihrer Tätigung (EGLI, N. 1010).

III. Störungen und vorzeitige Beendigung des Vertrages

1. Störungen seitens des Planers

a) Nachträgliche Leistungsunmöglichkeit

Auf den Planervertrag finden die allgemeinen Regeln über die nachträgliche verschuldete und die nachträgliche unverschuldete Leistungsunmöglichkeit (OR 97 und OR 119) ohne nennenswerte Besonderheiten Anwendung, weshalb ohne weiteres auf das Gesetz und die allgemeine Lehre und Rechtsprechung verwiesen werden kann.

b) Leistungsverzug

Für die Folgen des Leistungsverzugs des Planers kann ebenfalls auf die allgemeinen Regeln des Gesetzes (Zurückbehaltung der eigenen Leistung, OR 82; Schuldnerverzug, OR 102 ff.) sowie auf die allgemeine Lehre und Rechtsprechung verwiesen werden.

c) Fehlerhafte Leistungen

aa) Planmängel

Nach Bundesgericht (BGE 109 II 462 ff.; vgl. oben I. 1. b) richten sich die Rechtsfolgen fehlerhafter Leistungen bei der Erstellung von Projekten, Plänen und Kostenvoranschlägen nach den Regeln der kausalen Mängelhaftung des Werkvertragsrechts. Die resultierenden Unterschiede für die Haftung des Planers gegenüber einer reinen Verschuldenshaftung bleiben jedoch gering. Wohl hat der Planer für einen Mangel in einem Plan oder Kostenvoranschlag (Planmangel) auch dann einzustehen, wenn ihn kein Verschulden trifft (vgl. OR 367 f.). Jeder weitere Schaden, der durch den Planfehler verursacht wird, ist jedoch als Mangel*folge*schaden zu behandeln, für welchen der Planer nur bei

Vorliegen eines Verschuldens haftet (OR 368 I; SCHUMACHER, N. 480 ff.). Dies gilt sowohl für Vermögensschäden des Bauherrn (Mehraufwand, Verzögerungsschaden etc.) als auch für Baumängel (anderer Meinung in bezug auf Baumängel TAUSKY, Rechtsnatur, S. 247; vgl. oben II. 4.). Für den Planer beschränken sich deshalb die Folgen eines unverschuldeten Planmangels auf den Aufwand für eine Nachbesserung bzw. auf einen Honorarabzug in der Höhe des Minderwertes des betroffenen Plans (OR 368), wobei auch dieser Minderwert kaum anders als mit dem Aufwand für die Nachbesserung bewertet werden kann.

Der Unterschied zwischen der Kausalhaftung und der Verschuldenshaftung bleibt im Planervertrag auch deshalb gering, weil die Sorgfaltspflicht des Planers durch den generellen Massstab der anerkannten Regeln der Baukunde weitgehend objektiviert ist. Bei (objektiver) Verletzung einer geschriebenen anerkannten Regel der Baukunde wird ein Verschulden des Planers vermutet (vgl. oben II. 2. a. aa), was zur Umkehr der Beweislast für die (subjektive) Pflichtverletzung und Vorwerfbarkeit der Pflichtverletzung führt (vgl. SCHUMACHER, N. 516). Ohne Verschulden haftet der Planer schliesslich auch für fehlerhafte Leistungen seiner Angestellten als Hilfspersonen (OR 101). Die kausale Haftung nach OR 101 erstreckt sich nur teilweise auch auf Leistungen oder Teilleistungen, die der Planer zur selbständigen Bearbeitung Dritten übertragen hat. Nach OR 399 treffen den Planer in solchen Fällen nämlich nur Sorgfaltspflichten. Da es sich bei OR 399 jedoch um eine auftragsrechtliche Regel handelt, ist sie nach BGE 109 II 462 ff. auf die Übertragung der Ausarbeitung von Projekten, Plänen und Kostenvoranschlägen nicht anwendbar.

bb) Über- und Unterschreitung von Kostenlimiten

Über- oder unterschreitet ein richtig berechneter Kostenvoranschlag eine vom Bauherrn gesetzte Kostenlimite in einer nicht zu tolerierenden Weise, werden in der Regel die dem Kostenvoranschlag zugrunde liegenden Projekte und Pläne als mangelhaft zu beurteilen sein. Wurde ein Kostenvoranschlag falsch berechnet, beinhaltet er selbst einen Planmangel. Offen ist die Frage, ob auch zu Papier gebrachte Kostenschätzungen (vor allem in frühen Planungsstadien) Kostenvoranschlägen gleichzustellen sind oder ob ihre Fehlerhaftigkeit nach Auftragsrecht beurteilt werden soll. Die Frage bleibt aber ohne grosse Bedeutung (vgl. oben aa).

Wichtiger ist die Frage nach dem *Mass der dabei zu gewährenden Toleranz*. Nach Lehre und Rechtsprechung gilt die Vermutung, dass bei einer Überschreitung der Baukosten gegenüber dem Kostenvoranschlag von bis zu 10% der Planer seiner Sorgfaltspflicht hinreichend nachgekommen ist. Umgekehrt ist bei einer Überschreitung dieser Grenze zu vermuten, dass der Planer die nötige Sorgfalt vermissen liess. Diese Vermutungen können durch Gegenbeweis umgestossen werden. Sie gelten überdies nur für Neubauten; bei Umbauten sind erheblich höhere Toleranzen anzunehmen (vgl. SCHUMACHER, N. 636 mit Verweisungen). Vorzubehalten sind auch Vereinbarungen zwischen dem Bauherrn und dem Planer, die eine Abweichung von generellen Toleranzen gebieten.

Durch die SIA-LHO 102, 103 und 108 werden die Toleranzgrenzen für Kostenermittlungen in verschiedenen Stadien der Planung genau definiert. So gelten für Kostenschätzungen Toleranzen von 25% und 20%; für Kostenvoranschläge gilt eine Toleranz von 10% (vgl. im einzelnen die Leistungsbeschriebe in Art. 4).

Wie die SIA-LHO äussern sich auch Lehre und Rechtsprechung regelmässig nur über die Einhaltung bzw. Nichteinhaltung der *Gesamtsumme* von Kostenvoranschlägen, nicht jedoch über Abweichungen bei *einzelnen Teilsummen*. Im Einklang damit haben Verschiebungen zwischen einzelnen Teilsummen beim Vergleich von Kostenschätzungen, Kostenvoranschlag und Bauabrechnung als unerheblich zu gelten. Eine Verpflichtung, die üblichen Toleranzen für die Gesamtsumme von Kostenermittlungen auch bei Teilsummen einzuhalten, ist für den Planer nicht tragbar; er ist - das zeigt die Praxis fraglos - auf die Kompensation von unerwarteten Mehrkosten an einem Ort durch Einsparungen und unerwarteten Minderkosten an anderen Orten angewiesen.

In diesem Sinne enthielten die früheren SIA-LHO 102, 103 und 108 (Ausgabe 1969) in Art. 6.1 die Bestimmung, dass der Bauherr Schadenersatzansprüche gegen den Planer nur dann geltend machen kann, wenn dieser die Gesamtsumme des von ihm aufgestellten Kostenvoranschlages wesentlich zu niedrig berechnet hat. Bedauerlicherweise wurde diese Bestimmung in den SIA-LHO von 1984 nicht übernommen, was nicht selten zu Meinungsverschiedenheiten zwischen Bauherr und Planer führt.

Schliesslich ist festzuhalten, dass die Festlegung von Toleranzgrenzen nur die Sorgfaltspflicht des Planers bei der Einschätzung der mutmasslichen Baukosten beschlägt, nicht aber seine übrigen Sorgfaltspflichten. So haftet der Planer z.B. für eine schuldhafte Verursachung von unnötigen Aufwendungen eines Unternehmers auch dann, wenn mit den daraus entstandenen Mehrkosten die Toleranzgrenze des Kostenvoranschlags nicht erreicht wird (SCHUMACHER, N. 641 f.).

cc) Andere Fehler
Für die Folgen von Fehlern, die sich nicht in einem Planmangel manifestieren, haftet der Planer nach Massgabe seiner auftragsrechtlichen Sorgfaltspflicht (OR 398 II), seinen Sorgfaltspflichten bei der Übertragung von Leistungen auf Dritte (OR 399) und der Regelung der Haftung für Hilfspersonen (OR 101). Für von Fehlern beschlagene Leistungen besteht zudem kein Honoraranspruch. Zum Umfang der Sorgfaltspflichten des Planers vgl. oben II. 2. a.

dd) Überlagerung von Planmängeln und anderen Fehlern
Betreffend den Unterschied zur Haftung für Planmängel und für andere Fehler spricht das Bundesgericht in BGE 109 II 466 von einer "Spaltung der Rechtsfolgen" (vgl. oben I. 1. b). SCHUMACHER (N. 375) erachtet eine Spaltung der Rechtsfolgen im Bereich der Haftung als undurchführbar und weist auf den Problemfall hin, in dem ein Konstruktionsfehler bereits in einem Plan enthalten ist und durch eine Weisung des Bauleiters auf der Baustelle wiederholt wird. Dieser Kritik ist jedoch mit TAUSKY (Rechtsnatur, S. 250) entgegenzuhalten, dass es sich bei den gleichzeitig auftretenden Rechtsfolgen nach Werkvertragsrecht und nach Auftragsrecht nicht um eine Spaltung, sondern vielmehr um eine Überlagerung der Rechtsfolgen handelt. Tritt ein Fehler gleichzeitig in einem Plan und in einer Weisung des Planers auf, so hat dies nichts als die einfache Konsequenz, dass zur verschuldensabhängigen Haftung des Planers für den Schaden

des Bauherrn die Sachgewährleistung für den Planmangel hinzutritt. In diesem Sinne überlagern sich auch innerhalb des Werkvertragsrechts die Haftung für Sorgfaltspflichtsverletzungen (OR 364 I) und die Sachgewährleistung für Werkmängel (OR 368).

d) Ermittlung des Schadens

Bei der Berechnung des Schadens, den der Bauherr infolge eines Fehlers des Planers erleidet, sind alle *vermögenswerten Nachteile des Bauherrn* zu berücksichtigen. Dazu gehören die reinen Vermögensschäden (Mehrkosten des Bauwerks gegenüber dem Kostenvoranschlag, nutzlose Aufwendungen von Planern und Ausführenden, Verzögerungsschaden, Schadenersatzansprüche Dritter etc.) sowie direkte physische Schäden (Mängel des Bauwerks, Beeinträchtigung anderen Eigentums des Bauherrn etc.). Zur Entlastung des Planers sind jedoch auch *vermögenswerte Vorteile des Bauherrn*, insbesondere ein Mehrwert des Bauwerks, als *Minderung des Schadens* zu berücksichtigen; ebenso auch Versäumnisse des Bauherrn in bezug auf seine Schadenminderungspflicht (OR 99 III i.V.m. OR 44 I). Für eine detaillierte Darstellung sei auf SCHUMACHER (N. 483 ff., N. 488 und N. 662 ff.) verwiesen.

Die Anrechnung von vermögenswerten Vorteilen und die Annahme von Versäumnissen in bezug auf die Schadenminderungspflicht haben sich jedoch auf das für den Bauherrn subjektiv Zumutbare zu beschränken. So kann vom Bauherrn z.B. nicht verlangt werden, dass er ein Haus, das er zum Eigengebrauch bauen liess, verkauft, um einen darin enthaltenen Mehrwert zu realisieren, wenn mit diesem Mehrwert seine finanziellen Möglichkeiten überschritten werden (SCHUMACHER, N. 677 ff.).

2. Störungen seitens des Bauherrn

a) Fehlende Mitwirkung

Der ständige Dialog zwischen Planer und Bauherr (vgl. oben II. 2. b) umfasst auch die Mitwirkung des Bauherrn bei den Planungsarbeiten, insbesondere die Information des Planers über die Anforderungen an das Bauwerk, die Entscheide über Vorschläge und vorgebrachte Fragen des Planers sowie die Genehmigung von Plänen und Kostenaufstellungen. Kommt der Bauherr seinen Mitwirkungspflichten nicht nach, kann der Planer Schadenersatz infolge positiver Vertragsverletzung fordern (OR 97; GAUCH/ SCHLUEP N. 2606) und im übrigen nach den Regeln über den Schuldnerverzug gegen den Bauherrn vorgehen (OR 95 i.V.m. OR 102 ff.; GAUCH/SCHLUEP, N. 2523 ff.). Streitig ist, ob der Planer in einem solchen Fall Anspruch auf Ersatz nur des negativen oder auch des positiven Vertragsinteresses hat (GAUCH/SCHLUEP, N. 2526). Beim Gesamtvertrag hat es der Bauherr jedoch in der Hand, durch einen rechtzeitigen Rücktritt vom Vertrag den Schadenersatz auf den Schaden infolge Kündigung oder Widerruf zur Unzeit zu begrenzen (OR 404 II; vgl. unten 6. b. aa). Ob eine solche Begrenzung auch Platz greift, wenn der Bauherr eine Kündigung bzw. einen Widerruf unterlässt, ist eine offene Frage.

b) Zahlungsverzug

Bei Zahlungsverzug kann der Planer gleich wie bei fehlender Mitwirkung nach den Regeln des Schuldnerverzugs (OR 102 ff.) gegen den Bauherrn vorgehen. Dazu sei auf die allgemeine Lehre und Rechtsprechung verwiesen.

3. Fehlende Rechte am Baugrundstück und fehlende Baureife

Kann ein Bauprojekt infolge fehlender privater Rechte des Bauherrn am Baugrundstück (oder an anderen durch den Bau beanspruchten Grundstücken) oder wegen fehlender Baulandqualität oder Baureife des Grundstücks nicht realisiert werden, so sind in bezug auf den Planervertrag verschiedene Fälle zu unterscheiden.

Befand sich der Bauherr bei Vertragsschluss in bezug auf die notwendigen Voraussetzungen im Irrtum, kann er den Vertrag nach OR 404 I widerrufen, wobei er grundsätzlich dem Planer das Honorar für die bisher erbrachten Leistungen und Schadenersatz für eine Unzeitigkeit des Widerrufs schuldet (OR 404 II). Da jedoch den Planer ausgedehnte Sorgfalts- und Beratungspflichten treffen, wird er aufgrund von OR 44 I eine Kürzung oder gar Aufhebung seiner Ansprüche hinnehmen müssen, wenn er den Bauherrn zu spät oder gar nicht auf die fehlenden Rechte oder die fehlende Baureife aufmerksam gemacht hat. Allenfalls wird er dem Bauherrn für unnütze Aufwendungen sogar selber haftpflichtig (OR 97). Für den Bauherrn kommt auch eine Berufung auf Grundlagenirrtum (OR 24 I Ziff. 4) in Betracht, die für ihn dann vorteilhaft ist, wenn er sich in bezug auf seinen Irrtum keine Fahrlässigkeit zuschulden kommen liess, da er in diesem Fall von einer Schadenersatzpflicht befreit ist (OR 26 I).

Wurde der Vertrag in Kenntnis von fehlenden Bauvoraussetzungen geschlossen, hat er Bestand. Ist ihre nachträgliche Erlangung vorgesehen und halten sie die Parteien für gesichert, so ist, sofern die Parteien diesen Fall nicht geregelt haben, der Vertrag bei ganzem oder teilweisem Dahinfallen der Erlangungsmöglichkeit nach der clausula rebus sic stantibus anzupassen bzw. aufzulösen (GAUCH/SCHLUEP, N. 1302 f.). Halten die Parteien die Erlangung für nicht gesichert, untersteht der Vertrag nach Treu und Glauben der auflösenden Bedingung der Nichterlangung der fehlenden Bauvoraussetzungen, womit der Anspruch des Planers auf Schadenersatz bei Kündigung des Vertrags durch den Bauherrn zur Unzeit (OR 404 II) ausgeschlossen wird. Setzt hingegen der Bauherr Termine, die den Planer zu Verpflichtungen zwingen, die ihm bei Nichterlangung der fehlenden Bauvoraussetzungen zum Schaden gereichen, bleibt der Anspruch des Planers auf Schadenersatz im Sinne von OR 404 II erhalten.

Treten Änderungen der Rechtslage, die das Baugrundstück oder dessen Erschliessung beschlagen, erst nach Vertragsschluss auf, ist der Planervertrag ebenfalls nach der clausula rebus sic stantibus anzupassen oder aufzulösen (vgl. GAUCH/ SCHLUEP, N.

1288 ff.). In bezug auf die mit der Realisierung verbundenen Leistungen des Planers ist je nach Fall auch eine unverschuldete nachträgliche objektive Leistungsunmöglichkeit anzunehmen (OR 119), welche Schadenersatzansprüche zwischen den Parteien ausschliesst.

4. Naturereignisse und Gewaltanwendung

Wirkt sich ein Naturereignis oder eine Gewalttat Dritter auf das Bauprojekt aus, das Gegenstand des Vertrages bildet, so ist der Vertrag gemäss der clausula rebus sic stantibus an die veränderten Verhältnisse anzupassen oder aufzulösen, wenn die unveränderte Fortführung einer Partei nach Treu und Glauben nicht zugemutet werden kann und die Parteien die Folgen der aufgetretenen Störung nicht vertraglich geregelt haben (vgl. GAUCH/SCHLUEP, N. 1288 ff.). In bezug auf die mit der Realisierung verbundenen Leistungen des Planers kann auch eine unverschuldete nachträgliche objektive Leistungsunmöglichkeit vorliegen (OR 119), welche Schadenersatzansprüche des Planers ausschliesst.

5. Gesetzliche Einschränkungen der Berufsausübung

In verschiedenen Kantonen ist die Berufsausübung von Architekten und Ingenieuren - dabei insbesondere die Einreichung von Plänen zur Erlangung von öffentlichrechtlichen Bewilligungen - von einer Zulassung aufgrund eines Fähigkeitsausweises abhängig (vgl. KNAPP, N. 1424 ff.). Damit stellt sich die Frage nach dem Schicksal von Planerverträgen, die Leistungen beinhalten, die der Planer nach der massgeblichen kantonalen Regelung gar nicht erbringen darf. Das Bundesgericht entschied in BGE 117 II 47 (= Pra 1991 Nr. 205) betreffend einen Architektenvertrag, dass ein solcher Vertrag Bestand hat, jedoch vom Bauherrn wegen Vorliegen eines wesentlichen Irrtums aufgehoben werden kann (OR 23).

6. Rücktritt vom Vertrag

a) Jederzeitiges Rücktrittsrecht

In BGE 109 II 462 ff. unterstellte das Bundesgericht den Gesamtvertrag der auftragsrechtlichen Regel von OR 404, wonach beide Parteien jederzeit durch einseitige Erklärung vom Vertrag zurücktreten können (vgl. oben I. 2. c). Gemäss ständiger Rechtsprechung des Bundesgerichts ist dieses jederzeitige Rücktrittsrecht zwingender Natur (BGE 115 II 464 ff. mit Verweisungen). Die Auflösung des Vertrages erfolgt in jedem

Fall ex nunc mit Wirkungen ausschliesslich für die Zukunft (TERCIER, N. 1162), obwohl das Gesetz in OR 404 I nebst von "kündigen" auch von "widerrufen" spricht.

b) Schadenersatz

aa) Schadenersatzpflicht bei Rücktritt zur Unzeit
Gemäss OR 404 II hat die zurücktretende Partei der anderen den Schaden zu ersetzen, der ihr infolge Rücktritt "zur Unzeit" entsteht. Diese Schadenersatzpflicht umfasst nach TERCIER die unnützen Aufwendungen der von der Kündigung betroffenen Partei und ist mit dem negativen Vertragsinteresse gleichzusetzen (N. 1173, FN. 19 mit Verweisungen). Das negative Vertragsinteresse umfasst jedoch nicht nur die unnützen Aufwendungen der von der Kündigung betroffenen Partei, sondern auch den (zusätzlichen) Gewinn aus anderen - realen oder hypothetischen - Geschäften, die die betroffene Partei wegen der mit dem vorzeitig gekündigten Vertrag eingegangenen Verpflichtungen nicht getätigt hat (vgl. GAUCH/SCHLUEP, N. 2710). Der Gewinn aus nicht getätigten Geschäften gilt jedoch nicht als besonderer Schaden, den das Bundesgericht als Schaden infolge Unzeitigkeit des Vertragsrücktritts anerkennt (BGE 109 II 469 f.). Zudem ist fraglich, ob das negative Vertragsinteresse der Idee des Gesetzgebers betreffend den Umfang der Schadenersatzpflicht nach OR 404 II hinreichend entspricht, denn die Vertragsauflösung ex nunc lässt die vorangegangene Vertragsabwicklung bestehen, während das negative Vertragsinteresse genaugenommen die Betrachtungsweise einer Vertragsaufhebung ex tunc voraussetzt.

TAUSKY (Rechtsnatur, S. 202 f.) postuliert anstelle der unnützen Aufwendungen den *Adaptionsschaden* als Gegenstand der Schadenersatzpflicht im Sinne von OR 404 II. Der Adaptionsschaden kennzeichnet die Vermögenseinbusse, die durch das zeitliche Auseinanderklaffen von Widerruf und Anpassung des Betroffenen entsteht. In der Tat dürfte diese Auffassung vom Gegenstand der Schadenersatzpflicht von OR 404 II der Idee des Gesetzgebers besser entsprechen als die Gleichsetzung dieser Schadenersatzpflicht mit dem negativen Vertragsinteresse oder den unnützen Aufwendungen. Als Anpassung des Betroffenen kommen auf Seiten des Planers zwei Vorgänge in Betracht: Einerseits kann die Anpassung in der Akquisition von Aufträgen als Ersatz für den gekündigten Vertrag bestehen, andererseits im Abbau des Personalbestandes mit der Eliminierung der nutzlosen Personalkosten. In Anbetracht der Zufälligkeiten und Willenseinflüsse, die mit der Akquisition von neuen Aufträgen verbunden sind, befürwortet TAUSKY (a.a.O.) den - gegebenenfalls hypothetischen - Abbau des Personalbestandes als massgeblich für die Ermittlung des Adaptionsschadens.

bb) Ausnahmen von der Schadenersatzpflicht
Verletzt eine Vertragspartei ihre *vertraglichen Pflichten* oder liefert sie der anderen Partei sonst einen sachlich vertretbaren Grund für eine Vertragsauflösung, so ist die andere Partei von der Schadenersatzpflicht für eine Unzeitigkeit der Vertragsauflösung befreit (BGE 104 II 320; TERCIER, N. 1328). Bei geringfügigem Fehlverhalten stellt sich die Frage, ob der Richter auch auf eine teilweise Schadenersatzpflicht erkennen

kann. Dies ist mit TERCIER (N. 1330) zu befürworten; allerdings hat das Bundesgericht im angeführten Entscheid eine Schadenersatzpflicht des Bauherrn gänzlich verneint, obwohl nur ein leichtes Verschulden des Architekten vorlag.

Eine Schadenersatzpflicht entfällt schliesslich, wenn zur vorzeitigen Vertragsauflösung ein *wichtiger Grund* vorliegt (TERCIER, N. 1331 ff.).

cc) Vereinbarung einer Konventionalstrafe
Nach Bundesgericht (BGE 109 II 467 ff.) darf die Vereinbarung einer Konventionalstrafe das Recht der Parteien zum jederzeitigen Rücktritt vom Vertrag (OR 404 I) nicht erschweren. Sie ist deshalb nur für Fälle von Rücktritt zur Unzeit (OR 404 II) zulässig. Ihre Berechnung darf jedoch auch nach schematischen Kriterien erfolgen, welche von der Idee einer möglichst adäquaten Pauschalierung des geschuldeten Schadenersatzes erheblich abweichen. Es obliegt nach Bundesgericht der zahlungspflichtigen Partei, Gründe für eine Herabsetzung einer übermässig hohen Konventionalstrafe darzulegen (OR 163 III).

c) Regelung gemäss den SIA-LHO 102, 103 und 108

Der vorzeitige Rücktritt vom Vertrag wird von den SIA-LHO 102, 103 und 108 in Art. 1.14 geregelt. In Abs. 1, 2 und 4 dieser Bestimmung werden lediglich die aus dem Gesetz (OR 394 ff.) fliessenden Rechte und Pflichten der Parteien wiederholt. In Abs. 3 wird dem Planer für den Fall des Widerrufs zur Unzeit ein Anspruch auf einen Honorarzuschlag in der Höhe des nachgewiesenen Schadens, mindestens aber von 10% des entzogenen Auftragteils, eingeräumt. Diese schematische Untergrenze des Honorarzuschlags ist im Lichte von BGE 109 II 467 ff. (vgl. oben b. cc) als rechtmässig zu betrachten.

d) Das Problem der Architektenklausel

Nicht selten wird dem Erwerber eines Grundstücks oder eines Baurechts vom Veräusserer die Verpflichtung auferlegt, bei der Überbauung einen bestimmten Architekten mit Architekturleistungen zu beauftragen (Architektenklausel). Vorausgesetzt, diese Verpflichtung ist im konkreten Fall durch hinreichende Bestimmtheit und Beachtung der Formvorschriften für den Grundstückkauf bzw. für die Einräumung von Baurechtsdienstbarkeiten formell zustandegekommen (vgl. Entscheid des Obergerichts des Kantons Luzern vom 4.3.1985; GAUCH, Architektenverpflichtung), kommt sie mit der freien Widerrufbarkeit des Gesamtvertrages nach OR 404 in Konflikt. In BGE 98 II 312 entschied das Bundesgericht, dass wegen der zwingenden Natur von OR 404 kein Anspruch auf Erfüllung einer Architektenklausel besteht, da es übertriebener Formalismus wäre, vom Erwerber die Erteilung eines Auftrages zu fordern, den er nachher sofort widerrufen könnte. Folgerichtig lehnte das Bundesgericht auch eine Schadenersatzpflicht des Erwerbers bei Nichterfüllen der Architektenklausel ab. Für Architektenklauseln bei Planerverträgen i.e.S. vgl. unten B.II.2.c.

B) Teilverträge

I. Typische Arten von Teilverträgen

Der stetige Prozess der zunehmenden *fachlichen Arbeitsteilung* im Bauwesen kann rückblickend an der Aufspaltung des ursprünglich ganzheitlichen Berufs des Baumeisters in die vielfältigen Berufsrichtungen der an der Planung und Realisierung von Bauwerken beteiligten Fachleute abgelesen werden. Als *Hauptgründe* für den anhaltenden Bedarf nach fachlicher Aufteilung der Planungsleistungen sind sowohl für die Vergangenheit wie auch für die Gegenwart die Zunahme an erforderlichem Wissen und Können bei zunehmender Komplexität der Bauwerke und ihrer Erstellung sowie die Möglichkeit von spezifischem Einsatz von Erfahrungen, Spezialisierungen und Begabungen anzuführen.

In der heutigen Zeit ist zur fachlichen Arbeitsteilung auch eine zunehmende Tendenz zur Aufteilung von Planungsleistungen getreten, die ihrer Natur und ihrem sachlichen Zusammenhang nach derselben Fachrichtung zuzuordnen sind. Die Hauptgründe für diese *innerfachliche Leistungsaufteilung* bestehen in der zunehmenden Grösse der Bauwerke und in den zunehmenden Risiken, die mit ihnen verbunden sind. Der zunehmenden Grösse von Bauwerken wird mit vermehrter Bildung von Losen begegnet, den zunehmenden Risiken mit einem phasenweisen Vorgehen, das nach jeder erreichten Planungsstufe eine Neubeurteilung und eine Änderung der ursprünglichen Ziele erlaubt und die Verluste bei einer Neuausrichtung oder Aufgabe des Projektes minimiert.

Basis der aktuellen Entwicklung in der Aufteilung von Planungsleistungen bilden in der Hauptsache die systematische und detaillierte Erfassung der Struktur der Planungsleistungen und die Umsetzung des dabei gewonnenen Planungsmodells in allgemein anerkannte, weit verbreitete vorgeformte Vertragsinhalte. In der Schweiz nehmen diesbezüglich das Planungsmodell sowie die Lohn- und Honorarordnungen des SIA (SIA-Dokumentation 4 von 1978 / SIA-LHO 102, 103 und 108, Ausgabe 1984) eine dominante Stellung ein (vgl. oben A. II. 1. a). Daneben sind auch die Aufgaben der Planer während der Nutzung des Bauwerks vermehrt systematisch erfasst und beschrieben worden (vgl. die SIA-Empfehlung 169, Erhaltung von Ingenieur-Bauwerken, Ausgabe 1987). Schliesslich finden sich in den technischen Normen des SIA der jüngeren Zeit vermehrt spezifische Leistungsbeschreibungen (vgl. z.B. die SIA-Norm 161, Stahlbauten, Ausgabe 1991, Ziffer 7).

Die heute *typischen Arten von Teilverträgen* für Architekten- und Ingenieurleistungen ergeben sich aus *fachlicher* und *innerfachlich-phasenbezogener Aufteilung*. In *fachlicher Hinsicht* dominiert nach wie vor die Aufteilung in den Bereich der Planung i.e.S. und den Bereich der Bauleitung inklusive Rechnungswesen. Als separater, wenn auch nur selten unabhängig vereinbarter Bereich ist der Bereich von Kostenvoranschlag,

Ausschreibung und Arbeitsvergebung zu nennen. Öfters werden jedoch die Planungsleistungen der ersten und der letzten Phase von Bauvorhaben (Vorbereitung und Nutzung; vgl. oben I. 1.) separat vereinbart. Hauptsächliche Leistungen der Vorbereitung bilden die Grundlagenbeschaffung und die Projektstudien, hauptsächliche Leistungen während der Nutzungsphase die Überwachung des Bauwerks und die Planung des Unterhalts.

In *innerfachlich-phasenbezogener Hinsicht* wird eine Beschränkung der vertraglichen Vereinbarungen auf die jeweils nächste Planungsstufe (Vorprojekt, Bauprojekt inklusive Bewilligungen, Ausführungsprojekt) immer häufiger.

II. Rechtsnatur der Teilverträge im Lichte der aktuellen Rechtsprechung des Bundesgerichts

1. Typische Teilverträge

Für die aktuelle Rechtsprechung des Bundesgerichts ist nach wie vor der Entscheid BGE 109 II 462 ff. massgebend (BGE 114 II 56; vgl. oben A.I.2.b). Demnach ist bei der Erarbeitung von Projekten, Plänen und Kostenvoranschlägen die Anwendung von Werkvertragsrecht, bei den übrigen Leistungen die Anwendung von Auftragsrecht vorauszusetzen. Probleme, die ein Vertragsverhältnis mit beiden Kategorien von Leistungen als Ganzes beschlagen, sind einheitlich dem geeigneteren Vertragstypus unterzuordnen. Fragen im Bereich der vorzeitigen Vertragsauflösung sind nach der auftragsrechtlichen Regel von OR 404 zu behandeln.

Mit Ausnahme des Vertrages über Planungsleistungen i.e.S. erscheinen demnach sämtliche unter I. erwähnten Arten von typischen Teilverträgen und alle Kombinationen derselben als gemischte Verträge (wie der Gesamtvertrag) oder als reine Aufträge (vgl. auch TAUSKY, Rechtsnatur, S. 137 ff.).

Da die Fragen zur vorzeitigen Auflösung von gemischten Verträgen vom Bundesgericht dem Auftragsrecht unterstellt worden sind, sind auch von solchen Teilaufträgen, die als reine Aufträge zu qualifizieren sind, alle Aspekte im Gesamtvertrag enthalten. Für Verträge, deren Rechtsnatur als reiner Auftrag oder gemischter Vertrag feststeht, kann deshalb im Rahmen dieses Aufsatzes ohne weiteres auf die Ausführungen zu den Gesamtverträgen verwiesen werden. Einiger ergänzender Bemerkungen bedarf hingegen der Planervertrag i.e.S., der als Werkvertrag zu behandeln ist (vgl. nachfolgend 2.).

2. Ergänzende Bemerkungen zum Planervertrag i.e.S.

a) Vertretungsbefugnis des Planers

Gemäss OR 396 II ist in einem Auftrag die Ermächtigung zu Rechtshandlungen enthalten, die zu dessen Ausführungen gehören (vgl. oben A. II. 5. a). Im Werkvertragsrecht fehlt jedoch eine entsprechende Regel. Bei Planerverträgen i.e.S. bedarf deshalb der Planer jeweils einer besonderen Ermächtigung des Bauherrn, um diesen gegenüber Dritten vertreten zu dürfen (OR 33 II). Eine Anzahl von Einzelermächtigungen enthalten die Leistungsbeschreibungen der SIA-LHO 102, 103 und 108 (Art. 4). Dazu wird in den meisten Fällen, in denen mit der Erstellung von Projekten, Plänen und Kostenvoranschlägen für den Bauherrn erkennbar eine Rechtshandlung verbunden ist, eine stillschweigende besondere Ermächtigung des Planers durch den Bauherrn anzunehmen sein.

b) Vorzeitige Vertragsauflösung

aa) Rücktrittsrecht des Bauherrn
Nach OR 377 hat der Besteller das Recht, jederzeit ohne Angabe von Gründen vom Werkvertrag zurückzutreten, allerdings nur gegen "volle Schadloshaltung" des Unternehmers. Tritt der Bauherr von einem Planervertrag i.e.S. zurück und hat er die Gründe dafür selber zu vertreten, hat er nach dieser Regel dem Planer bei Fehlen einer anderslautenden Vereinbarung vollen Schadenersatz in der Höhe des positiven Vertragsinteresses zu leisten (TERCIER, N. 1236; GAUCH, Werkvertrag, N. 397 f.). Diese Regelung unterscheidet sich von der auf die übrigen Planerverträge anwendbaren auftragsrechtlichen Regelung von OR 404 II insbesondere in bezug auf die Vergütung des entgangenen Gewinns für die entzogenen Leistungen (vgl. oben A. III. 6. b. aa). Der Anspruch des Planers auf Vergütung des entgangenen Gewinns entfällt bei Planerverträgen i.e.S. nur in den wohl seltenen Fällen, in denen die Vollendung der vereinbarten Leistungen infolge Zufalls auf Seiten des Bauherrn unmöglich geworden ist (OR 378 I).

Verhält sich der Planer im Rahmen eines Planervertrages i.e.S. auf eine vertragswidrige Weise, richtet sich das Rücktrittsrecht des Bauherrn nach OR 366. Bei Verzug des Planers kann der Bauherr demnach schon vor einem vereinbarten Ablieferungstermin für Projekte, Pläne und Kostenvoranschläge vom Vertrag zurücktreten, wenn die rechtzeitige Vollendung nicht mehr vorauszusehen ist (OR 366 I) und braucht den Ablieferungstermin nicht abzuwarten (vgl. OR 107 f.; oben A.III.1.b). Ungeachtet dessen richtet sich die Schadenersatzpflicht des Planers nach OR 109 II (GAUCH, Werkvertrag, N. 486).

Nach OR 366 II hat der Besteller das Recht, die Fortführung des Werkes auf Kosten und Gefahr des Unternehmers einem Dritten zu übertragen, wenn mit Bestimmtheit vorauszusehen ist, dass die Erstellung des Werkes den vertraglichen Vereinbarungen nicht entspricht. Bei Projekten und Plänen kann diese Regelung jedoch mit den Urheberrechten des Planers in Konflikt geraten (vgl. dazu MARBACH, hinten) und wird oft zu einem erheblichen Mehraufwand führen, da sich der Dritte in die Unterlagen des verabschiedeten Planers einarbeiten muss. Auch werden die vorhandenen Unterlagen oft nicht verwendbar sein. Bei einem Planervertrag i.e.S. muss deshalb - zumindest alternativ zur Regelung von OR 366 II - wie bei den übrigen Planerverträgen dem Bauherrn die Möglichkeit gegeben sein, bei Fehlern des Planers vom Vertrag zurückzutreten und ohne Berücksichtigung der vom Planer geschaffenen Unterlagen Schadenersatz aufgrund positiver Vertragsverletzung (OR 97; GAUCH/SCHLUEP, N. 2606) zu fordern. Dementsprechend erwähnt TERCIER bei der Diskussion des Rücktrittsrechts des Bestellers (N. 1328 ff.) die Regelung nach OR 366 II nicht einmal, obwohl er bei den übrigen Gründen für eine vorzeitige Vertragsauflösung auch die Regeln des Werkvertragsrechts behandelt (N. 1132 ff.).

bb) Eingeschränktes Rücktrittsrecht des Planers
Da das Werkvertragsrecht dem Unternehmer kein Recht einräumt, jederzeit ohne die Angabe von Gründen vom Vertrag zurückzutreten, kann der Planer einen dem Werkvertragsrecht unterstehenden Planervertrag i.e.S. - abgesehen von objektiv zwingenden Gründen - nur dann kündigen, wenn ein wichtiger Grund vorliegt (TERCIER, N. 1331) oder wenn sich der Bauherr auf eine Weise verhält, die eine Fortsetzung des Vertrags für den Planer unzumutbar macht (TERCIER, N. 1328). Bei Verzug des Bauherrn bezüglich seiner Mitwirkungspflichten oder bei Zahlungsverzug greift die Regelung von OR 102 ff. (vgl oben A. III. 2.).

c) Das Problem der Architektenklausel

In BGE 98 II 312 lehnte das Bundesgericht die Verbindlichkeit von sogenannten Architektenklauseln mit dem Argument ab, dass mit ihnen die freie Widerrufbarkeit von Architektenverträgen gemäss den zwingenden Bestimmungen von OR 404 beeinträchtigt würde (vgl. oben A. III. 6. d). Dieser Entscheid setzte allerdings die der damaligen Rechtsprechung des Bundesgerichts entsprechende vorbehaltlose Unterstellung des Architekten- bzw. Planervertrages unter das Auftragsrecht voraus (vgl. oben A. I. 1. b). Demgegenüber muss bei Geltung von OR 377 in Anbetracht der umfassenden Schadenersatzpflicht des Bestellers bei vorzeitiger Auflösung eines Werkvertrages die grundsätzliche Durchsetzbarkeit von Architektenklauseln über Planerverträge i.e.S. angenommen werden.

3. Abgrenzung von reinen Werkverträgen gegenüber gemischten Verträgen

Im Gegensatz zur Abgrenzung der Planerverträge i.w.S., die nach Bundesgericht möglicherweise als reine Aufträge zu qualifizieren sind (insbesondere Bauleitungsverträge), ist die Abgrenzung der Planerverträge, die allenfalls als reine Werkverträge gelten (Planerverträge i.e.S.) gegenüber denjenigen, die das Bundesgericht als gemischte Verträge qualifiziert, von erheblicher Bedeutung. Dies insbesondere wegen der vorstehend unter

2. erwähnten unterschiedlichen Voraussetzungen und Rechtsfolgen der vorzeitigen Vertragsauflösung. Die Entscheide BGE 109 II 462 ff. und BGE 111 II 72 ff. haben in bezug auf diese Abgrenzung jedoch wichtige Fragen offen gelassen.

So stellt sich einmal die Frage, in welchem Masse sich ein Planervertrag auf die Erstellung von Werken zu beschränken hat, um in den Augen des Bundesgerichts als Werkvertrag gelten zu können. Als Beispiele von Leistungen, die Gegenstand eines Werkvertrags sein können, nennt das Bundesgericht in BGE 109 II 465 Ausführungspläne, Kostenvoranschläge und Bauprojekte. Ein Planervertrag, der Leistungen der Gesamtleitung umfasst, lässt sich jedoch - auch für die Projektphase der Planung i.e.S. - nicht auf die Erstellung der genannten Unterlagen allein beschränken. Dies belegen auch die Leistungsbeschreibungen der SIA-LHO 102 für Architekten (Art. 4.1 bis 4.3) und der SIA-LHO 103 für Bauingenieure (Ingenieur als Gesamtleiter; Art. 4.1.2 bis 4.1.4). Damit bleibt unklar, ob Verträge, die sich auf die Phase der Planung i.e.S. beschränken, jedoch auch Aufgaben der Gesamtleitung beinhalten, als Werkverträge oder als gemischte Verträge aufzufassen sind. Auch GAUCH (Qualifikation, N. 29 ff.), der ebenfalls den Planervertrag i.e.S. dem Werkvertragsrecht unterstellen will, geht nicht auf diese Frage ein.

Zum zweiten stellt sich die Frage nach der Einordnung von Planerverträgen, deren Umfang nachträglich abgeändert wird. Es kommt häufig vor, dass ein Planervertrag ursprünglich nur die Erstellung von Plänen, Projekten und Kostenvoranschlägen beinhaltet und erst später auf andere Leistungen ausgedehnt wird. Umgekehrt können auch Gesamtverträge nachträglich auf die genannten Leistungen reduziert werden. In konsequenter Anwendung der bundesgerichtlichen Äusserungen in BGE 109 II 462 ff. (vgl. oben A I. 2. b.) ändern Planerverträge mit einer solchen nachträglichen Änderung ihres Umfangs ihre Rechtsnatur. Dies erscheint jedoch insbesondere im Hinblick auf die Folgen einer vorzeitigen Vertragsauflösung als reichlich problematisch, wie das folgende Beispiel belegen mag: Will ein Bauherr einen Vertrag über die Erstellung von Plänen vorzeitig auflösen, so schuldet er dem Planer bei Geltung von OR 377 den gesamten entgangenen Gewinn aus den dahingefallenen Leistungen. Erweitert er jedoch zunächst im Einvernehmen mit dem Planer den Vertrag zu einem Gesamtvertrag und tritt er erst nach dieser Erweiterung vom Vertrag zurück, so schuldet er dem Planer lediglich den Schaden infolge Rücktritts zur Unzeit (OR 404 II). Diese Konstellation läuft dem Rechtsempfinden zuwider und lädt bei Fehlen von vertraglichen Vereinbarungen über den geschuldeten Schadenersatz bei Rücktritt vom Vertrag zu rechtsmissbräuchlichen Vertragserweiterungen ein.

Auf die unbefriedigende Situation bei der Erweiterung eines Planervertrages i.e.S. zu einem Gesamtvertrag weisen auch MERZ (S. 210) und TAUSKY (Rechtsnatur, S. 256, bezugnehmend auf PERRIN) hin.

C) Verträge über Planungsleistungen in Kombination mit anderen Leistungen

I. Total- und Generalunternehmervertrag

Bei einem Totalunternehmervertrag verpflichtet sich der Unternehmer nebst der gesamten Planung auch zur umfassenden Ausführung einer - zumeist grösseren - Baute (vgl. GAUCH, Werkvertrag, N. 183 f. und 194). Bei einem Generalunternehmervertrag beschränken sich die Leistungen des Unternehmers im wesentlichen auf die Ausführung, doch werden zumeist auch erhebliche planerische Leistungen erbracht. Beide Verträge gelten als reine Werkverträge, da in ihrem Rahmen die Planung als unmittelbare Vorbereitung der Werkerstellung erscheint und damit in dieser aufgeht (vgl. GAUCH, Werkvertrag, N. 191 und 196; BGE 115 II 57 = Pra 1988 Nr. 173 S. 629).

II. Engineeringvertrag

Für hochqualifizierte planerische Leistungen ist in jüngerer Zeit die Bezeichnung "Engineering" aufgekommen. Genaue Konturen hat dieser Begriff bis heute allerdings noch nicht erhalten. Es wird in der Hauptsache zwischen dem Projektengineering einerseits und dem Beratungs- und Gutachtenengineering andererseits unterschieden (TAUSKY, Rechtsnatur, S. 267).

Das hier in erster Linie interessierende Projektengineering zeichnet sich insbesondere durch eine maximal systematisierte, Lückenlosigkeit anstrebende Vorgehensweise und einen interdisziplinären Charakter aus. Neben den diversen Fachrichtungen der Bauplaner umfasst es typischerweise auch das ökonomische Management von Bauvorhaben (vgl. SCHAUB, S. 5). Mit dem Projektengineering wird zudem die Verbindung mit anderen Planungssystemen (z.B. die Produktionsplanung von Unternehmungen als Benützer von Bauwerken) angestrebt.

Hochtechnisierte Produktionsanlagen sind nebst Infrastrukturanlagen typische Objekte des Engineering (TAUSKY, Rechtsnatur, S. 269). Häufig ist mit den planerischen Leistungen für spezifische Produktionsanlagen auch die Vergabe von Lizenzen durch denselben Leistungsträger gekoppelt; wegen der inhaltlichen Vielfalt von Lizenzen können in diesem Bereich keine typischen Leistungsbilder beschrieben werden (SCHAUB, S. 44 f.). Im übrigen unterscheiden sich Engineering und Planungstätigkeit ihrer Natur nach nicht, jedoch werden im Bereich der Vergabe von Lizenzen die Leistungen des

Projektengineering und Leistungen, die zur Werkerstellung gehören, häufig vom selben Leistungsträger erbracht (vgl. TAUSKY, Rechtsnatur, S. 268 und 270 f.).

Dem Konglomerat von verschiedenartigen Leistungen, die in jeweils wechselnder Zusammensetzung im Rahmen desselben Vertragsverhältnisses erbracht werden, wird allein eine Auffassung des Engineeringvertrags als Innomminatkontrakt gerecht. Insbesondere können auch bei Vereinbarung von körperlichen Bauleistungen die ausgreifenden planerischen Tätigkeiten nicht in einem als Werkvertrag aufzufassenden Totalunternehmervertrag aufgehen (vgl. oben I.). TAUSKY (Rechtsnatur, S. 272) erblickt in allen Ausprägungen des Engineeringvertrages Verträge sui generis, SCHAUB (S. 121) betrachtet sie als gemischte Verträge, die bei Einschluss einer Lizenzerteilung einen Vertragsteil sui generis enthalten.

D) Stellungnahme zur Rechtsnatur des Planervertrages

I. Planervertrag i.e.S. als Werkvertrag?

1. Die hauptsächlichen Argumente

Nachdem das Bundesgericht mit BGE 98 II 305 ff. den Architektenvertrag vorbehaltlos dem Auftragsrecht unterstellt hatte, erklärte es in BGE 109 II 462 ff. in erneuter Änderung seiner Meinung, dass Ausführungspläne, Kostenvoranschläge und allenfalls sogar Ausführungspläne durchaus auf einem Werkvertrag beruhen können, wenn derartige Arbeiten dem Architekten selbständig übertragen sind (vgl. oben A. I. 2. b). Diese These wird von verschiedenen Autoren gestützt. Dazu die folgende Auswahl aus zahlreichen Literaturstellen:

JÄGGI (S. 301 ff.) vertritt die Meinung, dass der reine Projektierungsvertrag ohne Bedenken dem Werkvertragsrecht unterstellt werden dürfe. In bezug auf die Haftung des Architekten stellt er fest, dass nicht einzusehen sei, warum (wie vom Bundesgericht in BGE 98 II 305 ff. geäussert) die Anwendung des Sachgewährleistungsrechtes auf Projekte zum vornherein ausgeschlossen sein sollte.

Nach PEDRAZZINI (S. 506) sind die Ausführungs- und Detailpläne einer Erfolgshaftung des Werkvertragsrechts zugänglich.

SCHLUEP (S. 904) weist darauf hin, dass die Legaldefinition von OR 363 die Unterstellung von Geistwerken unter das Werkvertragsrecht nicht ausschliesse; eine Sachgewährleistung für mangelhafte Projektierung erscheine als möglich und wirtschaftlich sinnvoll.

STEFFEN (S. 50) ist der Meinung, dass Architektenpläne sehr wohl nach objektiver Fehlerhaftigkeit oder Fehlerlosigkeit gemessen werden könnten; solchen Fehlern sei mit der Haftung nach OR 367 ff. besser beizukommen als mit der allgemeinen Sorgfaltshaftung nach OR 398, die ja nicht den Arbeitserfolg, sondern die Arbeitsweise beschlage.

GAUCH (Werkvertrag, N. 31 ff.) erklärt, der verpflichtete Architekt schulde einen unkörperlichen Arbeitserfolg, der dauernde Gestalt in einer Sache annehme und deshalb (bei Entgeltlichkeit) Gegenstand einer werkvertraglichen Unternehmerleistung sei (N. 48). Das gelte sinngemäss auch für den Ingenieurvertrag (N. 45). Für den Ausschluss werkvertraglicher Bestimmungen über Mängelhaftung bestehe kein Grund (N. 36). Der Einbezug des unkörperlichen geistigen Werkes in den Werkvertrag entspreche nicht nur der Ergänzungsbotschaft zur Revision des Obligationenrechts (Bundesblatt 1909, III, S. 752), vielmehr sei sie bis BGE 98 II 311 auch vom Bundesgericht in langjähriger Rechtsprechung immer wieder vertreten worden.

TRÜMPY (S. 38 f.) erachtet die werkvertragsrechtliche Prüfungs- und Rügeobliegenheit des Bauherrn (OR 367 und 370) sowie die werkvertragsrechtliche Kündigungsordnung (OR 377) bei einem Projektierungsvertrag als angemessen, soweit er sich auf körperliche Arbeitsergebnisse beschränkt.

2. Massgeblichkeit der Rechtsfolgen für die Unterstellung unter das Werkvertragsrecht oder das Auftragsrecht

Nach heute vorherrschender Auffassung sind die gesetzlichen Vertragstypen nicht als "klassenlogische" Begriffe zu verstehen. Die Auffassung von gesetzlichen Vertragstypen als "Vertragsklassen" hätte zur Folge, dass ein konkretes Vertragsverhältnis einem bestimmten gesetzlichen Vertragstyp schon dann zwingend zu unterstellen ist, wenn es sich unter dessen Legaldefinition mit spezifischen Merkmalen subsumieren lässt. Eine Unterstellung unter einen anderen gesetzlichen Vertragstyp, dessen Legaldefinition ebenfalls passt, aber weniger spezifische Merkmale aufweist, käme nicht in Frage.

Dem vorzuziehen ist eine Unterstellung, die bei Vorhandensein von mehreren nach ihrer Legaldefinition passenden Vertragstypen eine nach Wertungsgesichtspunkten optimale Angemessenheit der Regeln bzw. Rechtsfolgen, welche die gesetzlichen Vertragstypen an die von ihnen erfassten Vertragsmerkmale knüpfen, anstrebt (JÄGGI, S. 303; SCHAUB, S. 81; TRÜMPY, S. 17 ff. unter Bezugnahme auf SCHLUEP). M.E. sind auch häufig vorkommende, typische Fälle von Vertragsänderungen im Auge zu behalten.

Mit dieser Auffassung wird jedoch den häufigsten Argumenten für die Unterstellung des Planervertrages i.e.S. unter das Werkvertragsrecht, nämlich, dass die (geistigen) Arbeitsergebnisse des Planers, wie Pläne, Projekte und Kostenvoranschläge als Werke im Sinne des Werkvertragsrechts aufgefasst werden können und dass die werkvertraglichen Regeln über die Mängelhaftung auf diese (Geist-)Werke anwendbar sind (vgl. die erwähnten Literaturstellen), die Stichhaltigkeit genommen. Dass sich Pläne, Projekte und Kostenvoranschläge als Werke auffassen und behandeln lassen, heisst nur, dass eine Unterstellung des Planervertrages i.e.S. unter das Werkvertragsrecht möglich ist, nicht aber, dass diese Unterstellung zwingend ist.

Eine zwingende Unterstellung von Planerverträgen i.e.S. unter das Werkvertragsrecht erscheint auch deshalb verfehlt, weil die Erstellung von Plänen gegenüber den vorangehenden Tätigkeiten des Planers mit schöpferischem und beratendem Charakter oft nur einen nebensächlichen Aufwand darstellt (vgl. REBER, S. 244 und TAUSKY, Rechtsnatur, S. 176). Andererseits weist TAUSKY (Rechtsnatur, S. 149 ff.) mit seiner einlässlichen und differenzierten Analyse der planerischen Tätigkeiten klar nach, dass die informativen und instruktiven Tätigkeiten, für welche allein eine Unterstellung unter das Werkvertragsrecht in Frage kommt, in allen Phasen eines Bauvorhabens auftreten. Selbst GAUCH anerkennt diesen Umstand (Werkvertrag, N. 49). Dass er den Bauleitungsvertrag und den Gesamtvertrag dennoch als Auftrag qualifiziert (Werkvertrag, N. 51 f. und 56), hält ihm MERZ (S. 210) zu Recht als Inkonsequenz vor.

Ob der Planervertrag i.e.S. eher dem Werkvertragsrecht oder eher dem nach Legaldefinition ebenfalls möglichen Auftragsrecht unterstellt werden soll, ist auschliesslich durch eine Prüfung der Rechtsfolgen zu ermitteln.

3. Prüfung der Rechtsfolgen

a) Prüfungs- und Rügeobliegenheiten des Bauherrn

Mit SCHUMACHER (N. 591) ist festzustellen, dass der Bauherr zu einer vollständigen Prüfung des Planwerks meistens überhaupt nicht in der Lage ist. Der in der Regel nicht fachlich geschulte Bauherr kann Abweichungen von seinen Weisungen häufig nur unvollständig aus Plänen erkennen. Auch kann keine Obliegenheit des Bauherrn, Pläne hinsichtlich ihrer Übereinstimmung mit den Regeln der Baukunde zu prüfen, angenommen werden. Schliesslich ist bei grösseren Bauvorhaben die Prüfung sämtlicher Pläne durch den Bauherrn auch organisatorisch nicht praktikabel (vgl. zum Ganzen oben A. II. 4.). Die Anwendung der werkvertraglichen Prüfungs- und Rügeobliegenheit des Bestellers (OR 367 I) auf Planerverträge ist deshalb - entgegen den oben erwähnten Literaturmeinungen - nicht zweckmässig; hingegen ist sie geeignet, erhebliche Rechtsunsicherheiten hervorzurufen.

Eine Pflicht des Planers, dem Bauherrn alle Pläne, die ihn interessieren und bei seinen Entscheidungen beeinflussen können, vorzulegen und zu erläutern ergibt sich bereits aus den allgemeinen vertraglichen Sorgfalts- und Treuepflichten (vgl. oben A. II. 2. b). Die Entlastung des Planers für planerische Festlegungen und ihre Folgen, die er dem Bauherrn zur Genehmigung unterbreitet hat und die der Bauherr erkennen konnte und musste, ist sodann direkt aus dem Gebot von Treu und Glauben (ZGB 2) abzuleiten.

b) Sachgewährleistung des Planers

Wenn SCHLUEP (vgl. oben 1.) die Sachgewährleistung des Planers als wirtschaftlich sinnvoll erachtet, ist dem entgegenzuhalten, dass die wirtschaftlichen Unterschiede zu einer Sorgfaltshaftung minim sind; dies insbesondere deshalb, weil Mängel am fertigen

Bauwerk als Mangelfolgeschäden von Planmängeln erscheinen und deshalb auf jeden Fall nur der Sorgfaltshaftung unterstehen. Die Sachgewährleistung beschlägt nur das Planwerk selbst (vgl. oben A. III. 1. c. aa). Überdies sind die Fälle, in denen der Planer beweisen kann, dass ihn kein Verschulden trifft (OR 97 I), ohnehin wenig zahlreich, da die Sorgfaltspflicht der Baufachleute mit den anerkannten Regeln der Baukunde weitgehend objektiviert ist.

Durch die weitgehende Objektivierung des Verschuldens von Bauplanern durch die anerkannten Regeln der Baukunde wird auch das Argument STEFFENs, dass Architektenplänen mit der Haftung nach OR 367 ff. besser beizukommen sei als mit der allgemeinen Sorgfaltshaftung nach OR 398 (vgl. oben 1.), erheblich entkräftet.

c) Voraussehbare mangelhafte Werkerstellung

Nach OR 366 II hat der Besteller das Recht, die Fortführung des Werkes auf Kosten und Gefahr des Unternehmers einem Dritten zu übertragen, wenn mit Bestimmtheit vorauszusehen ist, dass die Erstellung des Werkes den vertraglichen Vereinbarungen nicht entspricht. Diese Regelung ist dem Planervertrag jedoch wenig angemessen und ruft nach einer - zumindest alternativen - Regelung, die es dem Bauherrn wie bei den übrigen Planerverträgen erlaubt, unter Schadenersatzpflicht des Planers vom Vertrag zurückzutreten (vgl. oben B. II. 2. b. aa).

d) Recht der Parteien zum Vertragsrücktritt ohne Angabe von Gründen

Ob dem Planervertrag i.e.S. die Kündigungsordnung des Werkvertragsrechts oder des Auftragsrechts angemessener ist, kann nicht einheitlich entschieden werden. Bei einem umfassenden Vertrauensverhältnis zwischen Bauherr und Architekt scheint die beidseitige freie Widerrufbarkeit nach OR 404 angemessen, bei einem Vertrag zwischen Ingenieur und Unterakkordant, der für den Ingenieur nur Ausführungspläne ausfertigt, die einseitige Kündigungsmöglichkeit des Bestellers unter Auferlegung einer umfänglichen Schadenersatzpflicht nach OR 377. Die Literaturmeinungen sind uneinheitlich (statt vieler: TAUSKY, vorn, B.IV.3.c; TRÜMPY, S. 118 ff.). Für die Unterstellung des Planervertrages i.e.S. unter das Werkvertragsrecht spricht natürlich, dass OR 377 (ebenso OR 366) im Gegensatz zu OR 404 nicht zwingender Natur ist und somit den Parteien die Möglichkeit belässt, eine individuelle Kündigungsordnung zu vereinbaren. Allein die dispositive Natur der werkvertragsrechtlichen Kündigungsordnung darf jedoch kein Grund dafür sein, den Planervertrag i.e.S. als Ganzes dem Werkvertragsrecht zu unterstellen, während die übrigen Planerverträge an die zwingende auftragsrechtliche Kündigungsordnung von OR 404 gebunden bleiben (vgl. BGE 109 II 462 ff.). Das Nebeneinander von unterschiedlichen gesetzlichen Kündigungsordnungen innerhalb der Planerverträge ist stossend und kann zu rechtsmissbräuchlichen Vertragserweiterungen verleiten (vgl. oben B. II. 3.).

e) Rechts- und Verkehrssicherheit

Im Verhältnis zwischen Bauherr und Planer führt die Anwendung von Werkvertragsrecht auf Planerverträge i.e.S. zu erheblichen Rechtsunsicherheiten. Dies einerseits, weil diverse Regeln des Werkvertragsrechts, insbesondere diejenigen über die Mängelhaftung (vgl. oben a - c), für eine Anwendung auf den Planervertrag schlecht geeignet sind, ohne dass die Rechtsprechung die Anwendbarkeit dieser Regeln hinreichend geklärt hätte. Andererseits dürfte angesichts der inhaltlichen Vielfalt der Planerverträge in vielen Fällen unklar bleiben, ob der Vertrag als reiner Werkvertrag zu betrachten ist oder nicht. Mit sukzessiven Änderungen des Vertragsumfanges kann das anwendbare Recht auch plötzlich ändern, ohne dass für die Parteien der massgebliche Zeitpunkt hinreichend erkennbar wäre. Dieser Umstand ist insbesondere im Hinblick auf die unterschiedlichen Regeln über die vorzeitige Vertragsauflösung von OR 377 und OR 404 höchst unbefriedigend (vgl. oben B. II. 3.).

Negativ beeinflusst wird auch die Verkehrssicherheit unter Einbezug der Beziehungen der Vertragsparteien zu Dritten. So fehlt beispielsweise dem Werkvertragsrecht die generelle Bevollmächtigung des Beauftragten für Rechtshandlungen, die zur Ausführung des Auftrags gehören (OR 396 II; vgl. oben B. II. 2. a).

II. Einheitliche Qualifikation des Planervertrages als Auftrag oder als auftragsähnlicher Vertrag sui generis

Angesichts der soeben unter I. 3. betrachteten Rechtsfolgen ist festzustellen, dass die Anwendung von Werkvertragsrecht auf Planerverträge i.e.S. mit zahlreichen Nachteilen, jedoch mit keinerlei Vorteilen behaftet ist. Dasselbe ist von der gesonderten Anwendung der Regeln über die Mängelhaftung auf die Erstellung von Plänen, Projekten und Kostenvoranschlägen im Rahmen von umfassenderen Planerverträgen zu sagen.

Auf der anderen Seite sind bei der einheitlichen Unterstellung aller Planerverträge unter das Auftragsrecht keine Nachteile, sondern nur Vorteile ersichtlich, insbesondere im Hinblick auf die Rechts- und Verkehrssicherheit. Die geringe Regelungsdichte des Auftragsrechts ist durch die Leistungs- und Honorarordnungen des SIA für Architekten, Bauingenieure und Fachingenieure (SIA-LHO 102, 103 und 108) hinreichend aufgefüllt worden. Viele wichtige Fragen sind auch durch Lehre und Rechtsprechung geklärt worden.

Sorge bereitet lediglich die zwingende Natur der freien vorzeitigen Kündbarkeit von Aufträgen nach OR 404, die nicht allen Planerverträgen angemessen ist (vgl. auch GAUCH, Art. 404 OR). Die Lösung könnte darin bestehen, dass das Bundesgericht - in Änderung seiner bisherigen Praxis - dieser Bestimmung die zwingende Natur aberkennt oder den Planervertrag als auftragsähnlichen Vertrag sui generis anerkennt, für den die Regeln von OR 404 nur dispositive Geltung besitzen. Mit einer Anerkennung des Planervertrages als Vertrag sui generis wäre auch einer kontinuierlichen rechtlichen Erfassung des Engineeringvertrages der Boden bereitet.

RECHTSQUELLEN
Bund:
ZGB Schweizerisches Zivilgesetzbuch (SR 210).
OR Obligationenrecht (SR 220).
Schweizerischer Ingenieur- und Architektenverein:
SIA-LHO 102: Ordnung für Leistungen und Honorare der Architekten.
SIA-LHO 103: Ordnung für Leistungen und Honorare der Bauingenieure.
SIA-LHO 108: Ordnung für Leistungen und Honorare der Maschinen- und Elektroingenieure sowie der Fachingenieure für Gebäudeinstallationen.
SIA-Norm 118: Allgemeine Bedingungen für Bauarbeiten.
SIA 1002: Vertrag für Architekturleistungen.
SIA 1003: Vertrag für Bauingenieurleistungen.
SIA 1003-G: Vertrag für Leistungen und Honorare der Geotechnik-Ingenieure.
SIA 1003-1: Vertrag für Bauingenieurleistungen, vereinfachtes Vertragsformular.
SIA 1008: Vertrag für Ingenieurleistungen von Maschinen- und Elektroingenieuren sowie Fachingenieuren für Gebäudeinstallationen.
SIA 1011/2: Vertrag für Leistungen im Zeit-Mitteltarif.
SIA 1014: Kommentar zum Generalplanervertrag (Vertrag für Gesamtleistungen, SIA 1015) und zum Gesellschaftsvertrag (SIA 1016).
SIA 1015: Generalplanervertrag (Vertrag für Gesamtleistungen).
SIA 1016: Gesellschaftsvertrag des Generalplanerteams/Arbeitsgemeinschaft.
STANDARDREGELUNGEN über die Aufgaben der an Bauvorhaben beteiligten Fachleute sind auch in vielen technischen Normen, Richtlinien und Empfehlungen des SIA enthalten.

JUDIKATUR
BGE 115 II 456 (Pra 1990 Nr. 189; Baurecht 1990/4 S. 99): Die Verjährungsfrist für Ansprüche des Bauherrn gegenüber dem Architekten wegen Baumängeln beginnt nicht erst mit der Ablieferung der gesamten Werkarbeit zu laufen. OR 371 II will verhindern, dass für den Architekten eine längere Verjährungsfrist gilt als für den Unternehmer und ihm verunmöglicht wird, auf diesen Rückgriff zu nehmen. Die Abnahme von Teilwerken von Unternehmern tritt im Normalfall ohne weiteres dann ein, wenn andere Unternehmer die vorangehende Arbeit als Grundlage benutzen. Ein besonderer Abnahmewille des Bauherrn oder seines Vertreters ist nicht erforderlich.
Kantonsgericht Graubünden, 10.10.1989, Praxis des Kantonsgerichts von Graubünden 1989 Nr. 32 (Baurecht 1991/1 S. 41): Weder aus OR 396 II noch aus der SIA-Ordnung 102 für Leistungen und Honorare der Architekten ist eine generelle Ermächtigung des

Architekten zur Eingehung von finanziellen Verpflichtungen für den Bauherrn abzuleiten. Der Architekt muss sich auf eine ausdrückliche Vollmacht abstützen können. Eine vom Architekten anerkannte Schlussabrechnung ist somit nicht ohne weiteres als Anerkennung durch den Bauherrn zu qualifizieren.

Kantonsgericht St.Gallen, 24.1.1986, St.Gallische Gerichts- und Verwaltungspraxis 1986 Nr. 41 (Baurecht 1988/1 S. 11; SCHAUMANN Nr. 1): Die Ausarbeitung von Plänen stellt ein werkvertragliches Element im Planervertrag dar. Eine Rügeobliegenheit des Bauherrn für die Pläne des Architekten ist abzulehnen. Es kann vom Bauherrn nicht verlangt werden, dass er sich bei jeder Leistung des Architekten vergegenwärtigt, ob sie dem Auftrags- oder dem Werkvertragsrecht unterstehe und ob dementsprechend eine Mängelrüge entbehrlich oder notwendig sei.

BGE 111 II 72 ff. (Pra 1985 Nr. 179; Baurecht 1986/3 S. 61; SCHAUMANN Nr. 45): Es gehört zur allgemeinen Beratungspflicht des Architekten, den Bauherrn auf unkalkulierbare Gefahren und auf die Notwendigkeit einer Bauherrenhaftpflichtversicherung hinzuweisen.

Kantonsgericht Schwyz, 17.9.1985, Entscheide der Gerichts- und Verwaltungsbehörden des Kantons Schwyz 1985, Nr. 34 f (Baurecht 1987/1 S. 15; SCHAUMANN Nr. 71): Lehre und Rechtsprechung betrachten eine Kostenüberschreitung von mehr als 10% als eine haftungsbegründende Sorgfaltspflichtverletzung. Die Toleranzsumme von 10% der Summe des Kostenvoranschlages ist vom Betrag der Kostenüberschreitung abzuziehen. Wenn sich der Bauherr bei Änderungswünschen über das Ausmass von Mehrkosten im klaren war, trifft den Architekten keine Haftpflicht.

Obergericht Luzern, 4.3.1985, Luzerner Gerichts- und Verwaltungsentscheide, I. Teil, Obergericht, 1985, Nr. 12 (Baurecht 1986/4, S. 80 ff.; SCHAUMANN Nr. 35): Formvorschriften für Verträge erstrecken sich nicht nur auf die objektiv, sondern auch auf die subjektiv wesentlichen Vertragspunkte. Ist eine Architektenverpflichtung eine unabdingbare Voraussetzung zum Verkauf eines Grundstückes, muss sie in den öffentlich beurkundeten Vertrag übernommen werden; andernfalls ist sie mangels öffentlicher Beurkundung ungültig.

Bundesgericht, 3.2.1984 (Baurecht 1986/1 S. 13; SCHAUMANN Nr. 46): Der Architekt ist nicht verpflichtet, alle Leistungen von Unternehmern, die Spezialisten ihrer Branche sind, zu kontrollieren. Bei erhöhtem Risiko und bei Verdacht auf schlechte Ausführung muss der Architekt jedoch aktiv werden, nötigenfalls unter Beizug von Spezialisten.

BGE 109 II 462 (Pra 1984 Nr. 83; Baurecht 1985/1 S. 14 f.; SCHAUMANN Nr. 2: Die Ausarbeitung von Plänen, Kostenvoranschlägen und allenfalls auch Projekten kann Gegenstand eines Werkvertrages sein. Der Bauleitungsvertrag ist ein Auftrag, der Gesamtvertrag ein gemischter Vertrag, der der zwingenden Auflösungsregel von OR 404 untersteht. Konventionalstrafen mit Charakter eines pauschalierten Schadenersatzes wegen einseitiger Vertragsauflösung zur Unzeit sind mit OR 404 II vereinbar. Unzeitig ist auch ein Widerruf des Bauherrn, für den der Architekt keinen sachlich vertretbaren Grund geliefert hat.

Obergericht Kanton Zürich, 25.11.1983, Blätter für Zürcherische Rechtsprechung 1984 Nr. 91 (Baurecht 1985/1 S. 14; SCHAUMANN Nr. 199): Eine konkludente Erhebung

der SIA-Ordnung 102 für Leistungen und Honorare der Architekten zum Inhalt eines Architektenvertrages kann nicht angenommen werden, wenn im Vertrag nur betreffend die Honorierung auf den "SIA-Tarif" verwiesen wird. Dies würde selbst dann gelten, wenn die früheren Beziehungen zwischen den Parteien nach der SIA-Ordnung 102 geordnet gewesen wären. Auch aus einer Regelung über Honorarfälligkeiten in Abweichung der SIA-Ordnung 102 kann nicht geschlossen werden, im übrigen gelte diese Ordnung.
BGE 98 II 305 ff. (Pra 1973 Nr. 96; SCHAUMANN Nr. 4): Da der Architektenvertrag als frei widerruflicher Auftrag zu würdigen ist, kann eine Architektenverpflichtung praktisch nicht erzwungen werden. Deshalb besteht weder ein Anspruch auf Erfüllung der Architektenklausel noch ein Anspruch auf Schadenersatz bei ihrer Nichterfüllung.

LITERATUR
ABRAVANEL Philippe, La qualification du contrat d'achitecte / Les devoirs généraux de l'architecte, bei GAUCH Peter/TERCIER Pierre, Das Architektenrecht, Freiburg 1986; BRINER Hans, Nutzungs-/Sicherheits-/Kontrollplan, Rechtliche Fragen und Antworten zur Norm SIA 160 (1989), in: Schweizer Ingenieur und Architekt, 1992, Nr. 26, S. 525 ff. und Nr. 35, S. 633 ff.; BUCHER Eugen, Hundert Jahre Schweizerisches Obligationenrecht: Wo stehen wir heute im Vertragsrecht?, in: Zeitschrift für Schweizerisches Recht, 1983 II, S. 251 ff.; DUCROT Michel, La qualification juridique de l'activité du géomètre, in: Baurecht 1983/3, S. 50 ff.; EGLI Anton, Das Architektenhonorar, bei GAUCH Peter/TERCIER Pierre, Das Architektenrecht, Freiburg 1986; FELLMANN Walter, Der einfache Auftrag, Berner Kommentar Bd. 6, 2. Abteilung, 4. Teilband, Bern 1992; GAUCH Peter, Art. 404 OR - Sein Inhalt, seine Rechtfertigung und die Frage seines zwingenden Charakters, in: recht 1992, S. 9 (GAUCH, Art. 404 OR); DERS., Überschreitung des Kostenvoranschlages, Notizen zur Vertragshaftung des Architekten (oder Ingenieurs), in: Baurecht 1989/4, S. 79 ff.; DERS., Vom Formzwang des Grundstückkaufes und seinem Umfang - Ausdehnung auf eine Architektenverpflichtung des Käufers und auf konnexe Werkverträge?, in: Baurecht 1986/4, S. 80 ff. (GAUCH, Architektenverpflichtung); DERS., Vom Architekturvertrag, seiner Qualifikation und der SIA-Ordnung 102, bei GAUCH Peter/TERCIER Pierre, Das Architektenrecht, Freiburg 1986 (GAUCH, Qualifikation); DERS., Der Werkvertrag, 3. Aufl., Zürich 1985 (GAUCH, Werkvertrag); DERS., Die "Requalifizierung" des Architekturvertrages - Praxisänderung des Bundesgerichts, in: Baurecht 1984/3, S. 49 ff.; DERS., Zurück zum Geist-Werkvertrag!, in: recht 1983, S. 132 ff. (GAUCH, zurück!); GAUCH Peter/SCHLUEP Walter, Schweizerisches Obligationenrecht, Allgemeiner Teil, 2 Bde., 5. Aufl., Zürich 1991; GAUTSCHI Georg, Berner Kommentar, Bd. 6, 2. Abteilung, 3. Teilband, Der Werkvertrag, Bern 1967 (GAUTSCHI, Werkvertrag); DERS., Berner Kommentar, Bd. 6, 2. Abteilung, 4. Teilband, Der einfache Auftrag, Bern 1971 (GAUTSCHI, Auftrag); HESS-ODONI Urs, Das Tragwerk - Ein neuer Schlüsselbegriff des Bauhaftpflichtrechts, in: Baurecht 1992/1, S. 3 ff.; DERS., Rechtliche Konsequenzen, Der Architekt - der Verantwortliche für die Sicherheit und Gebrauchstauglichkeit von Bauwerken, bei: SCHWEIZERISCHER INGENIEUR- UND ARCHITEKTEN-

VEREIN, Die Rolle des Architekten in den neuen Tragwerksnormen des SIA, Referate der Studientagung vom 11. April 1991 in Zürich, SIA-Dokumentation D 072, Zürich 1991; HOFSTETTER Josef, Schweizerisches Privatrecht, Bd. VII/2, Der Auftrag und die Geschäftsführung ohne Auftrag, Basel 1979; JÄGGI Peter, Bemerkungen zu einem Urteil über den Architektenvertrag, in: Schweizerische Juristen-Zeitung, Heft 20/1973, S. 301; KNAPP Blaise, La profession d'architecte en droit public, bei GAUCH Peter/TERCIER Pierre, Das Architektenrecht, Freiburg 1986; KOLLER Alfred, Der Architekturwettbewerb, bei GAUCH Peter/TERCIER Pierre, Das Architektenrecht, Freiburg 1986; MERZ Hans, Die Qualifikation des Architektenvertrages, bei FORSTMOSER Peter/ TERCIER Pierre/ZÄCH Roger, Festgabe zum 60. Geburtstag von Walter Schluep, Zürich 1988; PEDRAZZINI Mario M., Schweizerisches Privatrecht, Bd. VII/1, Werkvertrag, Verlagsvertrag, Lizenzvertrag, Basel 1977; PERRIN François, Le contrat d'architecte, Genève 1970; REBER Hans J., Rechtshandbuch für Bauunternehmer, Bauherr, Architekt und Bauingenieur, 4. Aufl., Zürich/Dietikon 1983 (REBER); DERS., Haftung mehrerer für Baumängel, in: Baurecht 1981/3, S. 43 ff.; RIKLIN Franz, Zur strafrechtlichen Verantwortung des Architekten, bei GAUCH Peter/TERCIER Pierre, Das Architektenrecht, Freiburg 1986; DERS., Zum Straftatbestand des Art. 229 StGB (Gefährdung durch Verletzung der Regeln der Baukunde), in: Baurecht 1985/3, S. 44 ff.; SCHAUB Rudolf P., Der Engineeringvertrag, Rechtsnatur und Haftung, Diss. Zürich 1979; SCHAUMANN Claudia, Rechtsprechung zum Architektenrecht, Freiburg 1988; SCHLUEP Walter R., Schweizerisches Privatrecht, Bd. VII/2, Innominatverträge, Basel 1979; SCHUMACHER Rainer, Die Haftung des Architekten aus Vertrag, bei GAUCH Peter/TERCIER Pierre, Das Architektenrecht, Freiburg 1986; SCHWAGER Rudolf, Die Vollmacht des Architekten, bei GAUCH Peter/TERCIER Pierre, Das Architektenrecht, Freiburg 1986; SCHWANDER Werner, Die Haftpflichtversicherung des Architekten, bei GAUCH Peter/TERCIER Pierre, Das Architektenrecht, Freiburg 1986; STEFFEN Robert, Bemerkungen zur Qualifikation des Architektenvertrages, in: Baurecht 1982/3, S. 48 ff.; TAUSKY Robert, Die Rechtsnatur der Verträge über die Planung von Bauwerken, Diss. Zürich 1991; TERCIER Pierre, La formation du contrat et les clauses d'architecte / l'extinction prématurée du contrat, bei GAUCH Peter/TERCIER Pierre, Das Architektenrecht, Freiburg 1986 (TERCIER); DERS., Encore la nature juridique du contrat d'architecte!, in: Baurecht 1979/1, S. 8 ff.; TRÜMPY Daniel, Architektenvertragstypen, Diss. Zürich 1989; WERRO Franz, La distinction entre le pouvoir et le droit de résilier: La clé d'interprétation de l'art. 404 CO, in: Baurecht 1991/3, S. 55 ff.

Bauwerkverträge

Submission und Abschluss von Bauverträgen

Hans Rudolf Spiess

A) Submission

I. Im allgemeinen

Das Submissionsverfahren (die Submission) spielt in der Baupraxis eine wichtige Rolle. Die Submission ist ein in der Praxis entwickeltes Verfahren zur Vergabe von Bauarbeiten. Im täglichen Sprachgebrauch wird mit Submission die Vergabe von Bauarbeiten schlechthin bezeichnet.

In der Submission treten der Ausschreiber und der Unternehmer in ein Rechtsverhältnis, das sogenannte Vertragsverhandlungsverhältnis. Das begründet einerseits die aus Art. 2 ZGB fliessende Pflicht zum Verhalten nach Treu und Glauben. Dazu gehören insbesondere die Pflicht zum ernsthaften Verhandeln und die aus dem sogenannten Gefahrensatz entwickelte vorvertragliche Sorgfaltspflicht, wonach eine besondere Sorgfaltspflicht zu erfüllen hat, wer einen Zustand schafft, der einen andern schädigen könnte (vgl. dazu ausführlicher SCHAERER Heinz, Vertragsverhandlungsvereinbarungen, Seite 20 ff., bei TERCIER Pierre, In Sachen Baurecht). Anderseits wird das Vertragsverhandlungsverhältnis konkretisiert durch private Normen, insbesondere die SIA-Normen 117 (Submissionsverfahren) und 118 (Allgemeine Bedingungen für Bauarbeiten), Ausschreibungsbedingungen privater und öffentlicher Bauherren und durch die Submissionsordnungen der öffentlichen Hand. Diese privaten und öffentlichen Normen regeln zum Teil nur das Submissionsverfahren, andere enthalten Verfahrens- und Inhaltsbestimmungen. Sowohl private als auch öffentliche Submissionsnormen erlangen erst mit ihrer Übernahme durch die Parteien Geltungskraft für das Submissionsverhältnis. Zu beachten ist dabei, dass die Übernahme auch stillschweigend erfolgen kann, indem der Ausschreiber auf bestimmte Normen verweist oder das Gemeinwesen eine Submissionsordnung ordentlich publiziert hat und der Unternehmer ohne Vorbehalt offeriert.

Die Submission läuft in der Regel wie folgt ab: Der Ausschreiber (potentielle Besteller) schreibt die Bauarbeiten aus, d.h., er beschreibt deren Umfang und die Ausführungsanforderungen und gibt die Vertragsbedingungen bekannt. Die Unternehmer kalkulieren darauf ihre Angebote (Offerten) und reichen sie innert der vom Besteller geforderten Frist ein. Der Besteller prüft die Angebote. Darauf folgen meist eine oder mehrere "Bereinigungsverhandlungen". Diese dienen dazu, Unklarheiten, Ungereimtheiten oder Widersprüche in der Offerte oder in der Ausschreibung zu klären. Gleichzeitig mit der Bereinigungsverhandlung oder darauf folgen eine oder mehrere sogenannte "Abgebotsrunden": der Ausschreiber verhandelt über Preisnachlässe für einzelne Positionen oder für den gesamten Auftrag, insbesondere über Rabatte. Manchmal unterbreitet der Ausschreiber seinerseits dem Unternehmer ein Gegenangebot, z.B. die Vergabe zu einem bestimmten Pauschalpreis. Mit der Annahme der "bereinigten" Offerte durch den Ausschreiber bzw. der Annahme des Gegenangebots durch den Unternehmer kommt der Vertrag grundsätzlich formfrei zustande, es sei denn, eine Partei habe eine bestimmte Form (in der Regel die Schriftform) als Gültigkeitsvoraussetzung ausdrücklich vorbehalten.

Nach dem Kreis der Adressaten sind zu unterscheiden: Die offene (öffentliche) Ausschreibung, die sich an irgendwelche Unternehmer richtet; die begrenzte Ausschreibung, die sich an einen bestimmten Kreis (z.B. ortsansässige Unternehmer) richtet; die Submission auf persönliche Einladung richtet sich an eine bestimmte Zahl von Unternehmern, die der Ausschreiber nach persönlichen Kriterien ausgewählt hat; die Einladung kann sich im Extremfall auf ein einzigen Unternehmer beschränken. Der private Ausschreiber ist in der Wahl der einzuladenden Unternehmer frei. Öffentliche Bauherren sind an ihre publizierten Submissionsverordnungen gebunden.

Im EG/EWR-Raum sind öffentliche Aufträge über einem bestimmten Schwellenwert öffentlich im ganzen Raum auszuschreiben (siehe hinten, HENNINGER). Für die Vergabe öffentlicher Bauaufträge gilt gemäss Baukoordinierungsrichtlinie ein Schwellenwert von 5 Mio. Ecu (ca. 9 Mio. Franken).

Nicht nur bei Bauarbeiten im engern Sinn, sondern häufig auch für Architektur- und Ingenieurleistungen werden Submissionsverfahren durchgeführt. Die Problemstellungen sind grundsätzlich dieselben. Besondere Fragen stellen sich hier einerseits mit Bezug auf die anbietenden Architekten und Ingenieure hinsichtlich ihrer Standesregeln und der damit verbundenen Bindung an die vom SIA herausgegebenen Tarife und anderseits mit Bezug auf das Kartellrecht. Im EG/EWR-Raum beträgt der Schwellenwert für die Ausschreibung öffentlicher Dienstleistungsaufträge 200'000 Ecu (ca. 350'000 Franken).

II. Abgrenzungen

1. Präqualifikation

Die Präqualifikation der Submissionsteilnehmer ist eine Vorstufe der Submission. Sie hat ihre Bedeutung vorab in internationalen Submissionsverfahren. Die EG Baukoordinierungsrichtlinie legt in den Art. 24 - 26 fest, welche Qualifikationsnachweise vom Unternehmer verlangt werden dürfen hinsichtlich der beruflichen Anforderungen, der finanziellen, wirtschaftlichen und technischen Leistungsfähigkeit.

Der private Ausschreiber kann einem beliebigen offenen oder beschränkten Kreis von Unternehmern mitteilen, dass er für bestimmte Arbeiten ein Submissionsverfahren durchzuführen gedenkt. Er lädt zur Präqualifikation ein und gibt dabei bekannt, welche Nachweise die Unternehmer oder die Konsortien zu erbringen haben, um zur Submission zugelassen zu werden. Öffentliche Ausschreiber sind in der Festlegung der Qualifikationskriterien weniger frei. Sie haben sich an die eigenen Submissionsverordnungen zu halten. Im EG/EWR-Raum können keine weitergehenden Nachweise verlangt werden als in den Art. 24 - 26 Baukoordinierungsrichtlinie festgehalten.

Der Ausschreiber bestimmt grundsätzlich, in welcher Form die Leistungsnachweise erbracht werden müssen. Für den EG/EWR-Raum legt die Baukoordinierungsrichtlinie auch fest, welche Formen des Nachweises jeweils dem Ausschreiber zu genügen haben. Sie will damit sichern, dass der offene Wettbewerb nicht durch überspitzte Formerfordernisse des Ausschreibers beschränkt wird und bestimmte, meist lokale Bewerber nicht unzulässig bevorteilt werden.

2. Vorsubmission

Die Vorsubmission für Subunternehmer kommt vor allem bei Generalunternehmersubmissionen oder bei grossen Bauvorhaben zur Anwendung. Der Besteller führt vor der eigentlichen (Haupt-) Submission für einzelne Arbeitsgattungen (z.B. Baugrubenabschlüsse, Vorspannung) ein vorgängiges Submissionsverfahren durch.

In der Hauptausschreibung stellt der Ausschreiber zur Bedingung, dass der (Haupt-) Unternehmer den in der Vorsubmission Ausgewählten als Subunternehmer in Vertrag zu nehmen hat, und zwar zu den Bedingungen des in der Vorsubmission ausgehandelten Vertrags. Die Besonderheit der Vorsubmission liegt darin, dass der Vertrag über die in der Vorsubmission ausgeschriebenen Leistungen nicht zwischen dem Ausschreiber und dem Vorsubmittenten zustande kommt, sondern der spätere (Haupt-) Unternehmer Vertragspartner des Vorsubmittenten wird.

Da der (Haupt-) Unternehmer anstelle des Ausschreibers in den Vertrag eintritt (sogenannter Parteiwechsel), ist es erforderlich, dass der Subunternehmer im voraus dieser Vertragsübernahme zustimmt (dazu: BUCHER, OR Allgemeiner Teil, Seite 539).

Möglich ist auch der Abschluss eines Vorvertrags zwischen dem Ausschreiber und dem Vorsubmittenten des Inhalts, dass dieser sich verpflichtet, mit einem noch nicht bekannten Unternehmer einen Subunternehmervertrag nach Massgabe des Angebots abzuschliessen.

3. Submissionswettbewerb

Der Submissionswettbewerb unterscheidet sich vom gewöhnlichen Submissionsverfahren dadurch, dass der Veranstalter von den Konkurrenten die Einreichung eines Bauprojekts mit Angebot für die Ausführung verlangt. Die (gewöhnliche) Submission setzt dagegen ein hinreichend klares Projekt voraus (Art. 5 Abs. 1 SIA-Norm 118) und beschränkt sich auf Angebote zur Ausführung dieses Projekts.

III. Submissionsbedingungen und -unterlagen

1. Begriffe

Unter den Bezeichnungen "Submissionsbedingungen", "Submissionsunterlagen" und "Ausschreibungsunterlagen" finden wir in der Submission meist eine stattliche Anzahl von vorformulierten oder individuellen Bestimmungen vielfältigen Inhalts. "Submissionsbedingungen" regeln das Verfahren der Submission von der Einladung bis zum Vertragsschluss. "Submissionsunterlagen", gleichbedeutend "Ausschreibungsunterlagen", beziehen sich auf den Inhalt des abzuschliessenden Vertrags; sie sind die Kalkulationsgrundlagen des Unternehmers und die Verhandlungsgrundlage des Ausschreibers.

Sowohl Submissionsbedingungen als auch Ausschreibungsunterlagen erlangen im individuellen Rechtsverhältnis des Ausschreibers zum Unternehmer Geltung durch rechtsgeschäftliche Übernahme. Diese kann ausdrücklich oder stillschweigend erfolgen. Die eingeladenen Unternehmer dürfen darauf vertrauen, dass sich der Ausschreiber an die von ihm anwendbar erklärten Bedingungen und Unterlagen hält. Durch die vorbehaltlose Einreichung des Angebots stimmt der Unternehmer den Submissionsbedingungen und -unterlagen zu und erklärt, die Offerte auf diesen Grundlagen gerechnet zu haben.

2. Submissionsordnungen der öffentlichen Hand

Viele Gemeinwesen und Körperschaften des öffentlichen Rechts haben eigene Submissionsordnungen erlassen. Wir finden sie in verschiedenen Rechtsformen: Vom Gesetzgeber erlassene Gesetze und Verordnungen, von der Exekutive erlassene Verordnungen, verwaltungsinterne Dienstanweisungen. Nach ihrem Inhalt unterscheiden wir: Bestimmungen, die das Verfahren regeln, solche für die Vergabe und den Abschluss des Vertrags sowie eigentliche allgemeine Geschäftsbedingungen (Inhaltsbestimmungen).

Nach zutreffender Auffassung sind die Bestimmungen der öffentlichen Submissionsordnungen keine "Rechtsätze" (BGE 103 Ib 157; GAUCH, Werkvertrag, N354). Ihre Verbindlichkeit richtet sich nach den Regeln des Privatrechts. Sie werden zwischen den Parteien der Submission mit der rechtsgeschäftlichen Übernahme verbindlich. Dazu genügt es, dass das Gemeinwesen eine Submissionsordnung ordentlich publiziert und der Unternehmer aufgrund dieser allgemein bekannten Submissionsordnung seine Offerte vorbehaltlos einreicht (anderer Auffassung: KÖLZ, Seite 153; GALLI, Seite 79 ff.).

Die Verwaltung ist bei der Durchführung der Submission an die Submissionsordnung gebunden. Daran ändert auch die Qualifikation des Submissionsverhältnisses zwischen dem öffentlichen Ausschreiber und dem Unternehmer als ein privatrechtliches nichts. Der Grundsatz der gesetzmässigen Verwaltung verlangt zwingend, dass diese nach der Submissionsordnung vorzugehen und die Arbeiten zu vergeben hat. Weder im Submissionsverfahren noch bei der Vergebung steht der Verwaltung ein beliebiger Spielraum offen. Soweit ihr die Submissionsordnung ein Ermessen einräumt, kann sie diesen Spielraum in den Schranken des Willkürverbots nutzen.

3. Das Submissionsverfahren nach SIA-Norm 118

Die SIA-Norm 118 regelt in den Art. 4 bis 18 und 22 die Ausschreibung und erwähnt für das Submissionsverfahren im einzelnen die SIA-Norm 117. Art. 4 Abs. 3 SIA-Norm 118 erwähnt aber lediglich, dass sich die Norm 117 mit dem Submissionsverfahren "befasst". Es bedarf daher eines ausdrücklichen Verweises des Ausschreibers auf die SIA-Norm 117, damit diese als Submissionsbedingung auf das Verfahren anwendbar wird.

Die SIA-Norm 118 selbst befasst sich ausführlich mit dem Inhalt der Ausschreibung und der Rangordnung der Ausschreibungsunterlagen. Sie auferlegt dem Ausschreiber (Bauherrn) Vorbereitungspflichten.

Die Ausschreibung setzt ein hinreichend klares Projekt voraus (Art. 5 Abs. 1 SIA-Norm 118). Die Norm selbst sagt nichts darüber aus, was unter "hinreichend klar" zu verstehen ist. Diese Umschreibung ist unglücklich gewählt und trifft das Wesentliche kaum. Entscheidend ist, dass der Unternehmer sich aufgrund der Ausschreibung hinreichend Klarheit über die auszuführende Aufgabe verschaffen kann. Das kann er tun, ohne dass ein gezeichnetes Projekt vorliegt, indem er die Aufgabe (z.B. einen Umbau oder Anbau) an Ort und Stelle mit dem Bauherrn im Detail bespricht. Der Ausschreiber hat weiter die örtlichen Gegebenheiten, insbesondere die Beschaffenheit des Baugrunds entsprechend den Anforderungen der auszuführenden Arbeit, zu ermitteln und dem Unternehmer in den Ausschreibungsunterlagen bekanntzugeben (Art. 5 Abs. 2 SIA-Norm 118).

Die Ausschreibung hat alle Anforderungen zu enthalten, die der Bauherr an das Angebot stellt. Dazu zählen insbesondere die Eingabefrist, der Stichtag für die Kostengrundlage, die Dauer der Verbindlichkeit des Angebots, verlangte Beilagen, wie Bauprogramm, Pläne für Baustelleneinrichtungen etc. Weiter gehören zu den Ausschreibungsunterlagen alle allgemeinen und speziellen Vertragsbedingungen, damit sich der Unternehmer Klarheit über den Inhalt des beabsichtigten Vertrags verschaffen kann, speziell die Art der zu vereinbarenden Preise, die Höhe von Pauschalabzügen, Auflagen, die den Preis oder Termin beeinflussen etc.

4. Widersprüchliche Ausschreibungsunterlagen

Ein Hauptmangel vieler Ausschreibungen, insbesondere grösserer Bauvorhaben, sind widersprüchliche Ausschreibungsunterlagen. Die Ursache ist darin zu suchen, dass bei komplexeren Bauaufgaben eine grössere Zahl von Planern mitwirkt. Jeder Planer reicht dem Bauherrn, in der Absicht Gutes zu tun, neben den technischen Unterlagen zur Ausschreibung auch noch allgemeine Vertragsbedingungen ein, die er als nützlich erachtet, oft, weil er entweder sie bereits einmal erfolgreich angewendet oder von einem anerkannten Bauherrn übernommen hat. Das kann leicht dazu führen, dass zur gleichen

Frage (Beispiel: Dauer der Offertbindung) in Ausschreibungsunterlagen mehrere sich widersprechende Bestimmungen zu finden sind. Solche Widersprüche sind ohne besondere Regelung in den Ausschreibungsunterlagen selbst nach den Regeln über widersprüchliche Vertragsbestimmungen zu entscheiden (dazu: JÄGGI/GAUCH, Zürcher Kommentar, N 433 ff. zu Art. 18 OR), d.h., die widersprüchlichen Bestimmungen sind grundsätzlich nichtig.

Die SIA-Norm 118 enthält in Art. 7 Abs. 3 eine Regel über die Rangordnung der Ausschreibungsunterlagen bei Widersprüchen. Sie ist identisch mit der Widerspruchsregel der Rangordnung der Vertragsbestandteile (Art. 21 SIA-Norm 118). Zu beachten ist dabei: das Leistungsverzeichnis bzw. der Baubeschrieb hat Vorrang vor den Plänen; nicht geregelt ist die Reihenfolge zwischen Leistungsverzeichnis und Baubeschrieb; Bestimmungen in andern SIA-Normen betr. Zahlungsvereinbarungen gelten vor der SIA-Norm 118; mit Bezug auf die Dauer der sogenannten Garantiefrist (Art. 172 SIA-Norm 118) gehen andere Normen des SIA oder im Einvernehmen mit dem SIA aufgestellte Normen anderer Fachverbände, wenn sie Vertragsbestandteil sind, vor.

5. Prüfungspflicht des Unternehmers

Der Unternehmer hat die ihm übergebenen Pläne und den von ihm zu bearbeitenden Baugrund nur dann zu prüfen, wenn der Bauherr weder durch eine Bauleitung vertreten, noch selbst sachverständig, noch durch einen beigezogenen Sachverständigen beraten ist (Art. 25 Abs. 3 SIA-Norm 118). Dieser auf durchschnittliche Verhältnisse ausgerichteten Bestimmung der SIA-Norm 118 sind einige Vorbehalte entgegenzustellen.

Das Mass der Sorgfalt, das der Unternehmer bei der Prüfung der Ausschreibungsunterlagen aufzuwenden hat, bestimmt sich nach Art. 364 Abs. 1 OR. Nach richtiger Auffassung sind an die Prüfungspflicht des Unternehmers umso höhere Anforderungen zu stellen, je qualifizierter der Unternehmer und je unerfahrener der Besteller ist. Verfügt der Unternehmer über besondere Kenntnisse und Erfahrung, die ihn als überdurchschnittlich qualifizieren, so trifft ihn eine erhöhte Sorgfaltspflicht (objektivierte Sorgfalt; dazu: GAUCH Werkvertrag N589 ff.). Die Tätigkeit des fachkompetenten Unternehmers bei der Ausarbeitung der Offerte darf sich nicht darauf beschränken, lediglich aufgrund seiner Erfahrung die Einheitspreise zu kalkulieren. Vielmehr hat er als Spezialist (z.B. Spezialtiefbau) die Ausschreibungsunterlagen soweit zu prüfen, dass er aufgrund seines Wissens und seiner Erfahrung Mängel oder die Untauglichkeit der gewählten Lösung ausschliessen kann.

IV. Offerte (Angebot) des Unternehmers

1. Bindung des Unternehmers an die Offerte

Mit der vorbehaltlosen Einreichung der Offerte anerkennt der Unternehmer die Submissionsbedingungen und Ausschreibungsunterlagen, die damit Bestandteil seiner Offerte werden. Während der in den Submissionsbedingungen aufgeführten Frist (z.B. Art. 17

SIA-Norm 118: 30 Tage) ist der Unternehmer an seine Offerte gebunden. Es liegt für diese Dauer einzig und allein beim Ausschreiber, die Offerte anzunehmen oder nicht. Mit der Erklärung der Annahme kommt der Vertrag ohne weiteres Dazutun des Unternehmers zustande. Die Dauer der Bindung des Unternehmers an seine Offerte kann vom Ausschreiber grundsätzlich frei oder durch Verweis auf allgemeine Geschäftsbedingungen (z.B. SIA-Norm 118) festgelegt werden. Regeln die Submissionsbedingungen die Annahmefrist nicht, richtet sich diese nach den gesetzlichen Bestimmungen (Art. 4 f. OR).

Entgegenzutreten ist der weitverbreiteten Auffassung, dass der Unternehmer vor der Annahme der Offerte durch den Besteller unter Hinweis auf mangelnde Kapazitäten wegen andern Aufträgen oder andere Gründe von seiner Offerte zurücktreten könne. Der Unternehmer, der eine Offerte vorbehaltlos einreicht und bei Annahme innert Frist nicht gewillt oder in der Lage ist, das Werk auszuführen, wird schadenersatzpflichtig (Art. 97 ff. OR).

Heikel kann die Situation für einen Unternehmer werden, der sich einer sehr langen Bindungsdauer der Offerte unterwirft (z.B. 6 Monate oder länger), insbesondere, wenn das offerierte Werk einen verhältnismässig grossen Teil seiner Kapazitäten beanspruchen würde. Einerseits ist es verständlich, dass der Unternehmer mit Blick auf den Arbeitsvorrat auch während der Dauer der Offertbindung weitere Aufträge annimmt. Anderseits bleibt er an seine Offerte während der Frist gebunden, und er tut gut daran, vor Einreichen der Offerte die Folgen einer Auftragserteilung zu bedenken, um allenfalls mit der Offerte geeignete Vorbehalte anzubringen (z.B. Vorbereitungsdauer ab Auftragserteilung).

2. Bedingungen und Vorbehalte des Unternehmers

Eine Offerte, der vom Unternehmer eigene allgemeine Vertragsbedingungen oder Vertragsbedingungen von Fachverbänden oder Vorbehalte (z.B. bezüglich Ausführungstermine) beigefügt wurden oder deren Leistungsverzeichnis vom Unternehmer (z.B. hinsichtlich vorgeschriebener Qualitäten oder Fabrikate) eigenmächtig geändert wurde, ist submissionswidrig. Sie verletzt Anforderungen, die der Ausschreiber an die Angebote gestellt hat. Die Angebote sind nicht mehr vergleichbar. Der Ausschreiber kann daher den betreffenden Unternehmer vom Wettbewerb ausschliessen.

In berechtigten Fällen (z.B. lange Bindungsdauer oder unklare Leistungsbeschreibung) sind Vorbehalte des Unternehmers angebracht. Sie dienen der Klarstellung, und es gehört zur Pflicht jedes sorgfältigen Unternehmers, auf Unstimmigkeiten der Ausschreibung hinzuweisen. In jedem Fall hat der Unternehmer, der seiner Offerte spezielle Bedingungen, Vorbehalte etc. beifügt und damit von den Ausschreibungsunterlagen abweicht, dies so deutlich zum Ausdruck zu bringen, dass der Ausschreiber die Abweichung ohne weiteres erkennen kann. Andernfalls kommt der Vertrag nach Massgabe der Ausschreibungsunterlagen zustande. Auf keinen Fall geht es an, dass der Unternehmer einzelne Blätter oder Ausschreibungsunterlagen durch eigene Bedingungen ersetzt und die so "ergänzten" Unterlagen als Offerte fein säuberlich gebunden wieder einreicht. Dem Ausschreiber kann nicht zugemutet werden, dass er die mit der Offerte zurückerhaltenen Ausschreibungsunterlagen nach Ergänzungen und Änderungen des Unternehmers durchforscht.

3. Unternehmervariante

Mit der sogenannten Unternehmervariante bietet der Unternehmer die Ausführung eines von den Ausschreibungsunterlagen abweichenden Werks an, oder er offeriert eine abweichende Ausführungsmethode. Ein solches Angebot ist gültig, vorausgesetzt, dass der Ausschreiber es als Unternehmervariante ohne weiteres erkennen kann. Nimmt der Ausschreiber das Angebot mit Unternehmervariante an, kommt der Vertrag mit diesem Inhalt zustande.

Eine Vergütung für die Ausarbeitung der Unternehmervariante steht dem Unternehmer grundsätzlich nicht zu. Einerseits setzt die Entschädigung für ein Projekt (das nach der neuesten bundesgerichtlichen Rechtsprechung als "Geistwerk" zu qualifizieren wäre) den Abschluss eines (Werk-) Vertrags voraus. Anderseits betreibt der Unternehmer den damit verbundenen Aufwand, um seine Chancen in der Submission zu erhöhen, auf eigenes Risiko. Verlangt hingegen der Ausschreiber von einem einzigen oder von einzelnen Unternehmern zusätzlich die Ausarbeitung einer Angebotsvariante, die mit erheblichem Planungs- und Berechnungsaufwand verbunden ist, liegt nicht bloss eine Einladung zur Offertstellung, sondern ein Angebot zum Vertragsschluss über die Erarbeitung einer (Projekt-) Variante vor. Die Frage der Vergütung ist nach dem Inhalt dieses separaten Vertrags zu beurteilen.

4. Preisabsprachen

Preisabsprachen und sogenannte "Schutzofferten" bezwecken, entweder einem bestimmten Unternehmer den Zuschlag zu ermöglichen oder ein bestimmtes Preisniveau zu halten. Preisabsprachen können in Verbänden oder individuell zwischen Unternehmern eines bestimmten Gebiets oder einer bestimmten Sparte getroffen werden.

Preisabsprachen in Verbänden, insbesondere die Festlegung von verbindlichen Verbandstarifen oder von Mindestpreisen, aber auch die Bindung von Mitgliedern an eine bestimmte Offert- oder Vergebungspolitik sind unter kartellrechtlichen Gesichtspunkten zu beurteilen (dazu: DESCHENAUX).

Verdeckte Preisabsprachen zwischen Unternehmern dienen oft dazu, einem bestimmten Konkurrenten den Zuschlag zu einem "guten Preis" zu ermöglichen. Sie reichen, in Absprache mit diesem Mitbewerber, höhere Offerten, sogenannte "Schutzofferten", ein. Gegenüber dem Ausschreiber erwecken sie den Anschein von Konkurrenz, d.h. von unabhängig errechneten Angebotspreisen. Der Ausschreiber, der ein Angebot mit abgesprochenem, geschütztem Preis annimmt, braucht den Vertrag gegen sich nicht gelten zu lassen. Der Vertrag ist für ihn wegen Täuschung (Art. 28 OR), meist auch wegen Grundlagenirrtum (Art. 23 und 24 Abs. 1 Ziff. 4 OR) unverbindlich (GAUCH, Werkvertrag, N 345).

5. Kalkulationsfehler

Zu unterscheiden ist zwischen einem Kalkulationsfehler und einem (blossen) Rechnungsfehler, denn nach der bundesgerichtlichen Rechtsprechung steht dem Unternehmer nach Vertragsabschluss nur bei Rechnungsfehlern der Anspruch zu, zu korrigieren (Art. 24 Abs. 3 OR), nicht aber bei Kalkulationsfehlern (BGE 102 II 82).

Rechnungsfehler nach Art. 24 Abs. 3 OR sind Fehler, die "in den übereinstimmenden Willensäusserungen der Parteien zutage treten, d.h. Versehen, die den Parteien in der Umrechnung vertraglicher Grundlagen gemeinsam unterlaufen sind" (BGE 102 II 82). Dazu zählen insbesondere Multiplikations- oder Additionsfehler in der Offerte. Es sind in der Regel Fehler, die auch Nichtfachleute bei einfachem Nachrechnen der Offerte ohne weiteres feststellen können (Beispiele: Falsches Zusammenzählen der einzelnen Positionen; falsches Multiplizieren von Menge x Einheitspreis).

Ein Kalkulationsfehler, der dem Unternehmer keinen Anspruch auf Korrektur gibt, liegt dann vor, wenn er sich in den Grundlagen verrechnet hat und dies in der Offerte nicht ohne weiteres erkannt werden kann. Ein Kalkulationsfehler ist insbesondere die fehlerhafte Berechnung eines Einheitspreises. Der Besteller oder der ausschreibende Ingenieur oder Architekt kann nicht ohne weiteres feststellen, dass ein bestimmter Einheitspreis falsch, d.h. meist zu tief, kalkuliert wurde; er sieht lediglich eine einzige Zahl zu der von ihm ausgeschriebenen Textposition. Das Bundesgericht ging im zitierten Entscheid soweit, dass der Ausschreiber nicht verpflichtet ist, "nach Fehlern des Unternehmers zu forschen". Im konkreten Fall (BGE 102 II 82) hatte sich ein Fehler von rund Fr. 40'000.-- wegen eines falschen Einheitspreises in einer einzigen Position eingeschlichen bei einer Gesamtoffertsumme von rund Fr. 100'000.--. Das Bundesgericht liess das Argument des Unternehmers nicht gelten, der Besteller hätte bei einem einfachen Quervergleich der Positionen ohne weiteres feststellen müssen, dass bei der strittigen Position im Vergleich zu den andern Offerten etwas nicht stimmen konnte. Der Entscheid des Bundesgerichts ist insofern zu begrüssen, als bei einem Fehler in der Berechnung von Festpreisen, wo dem Ausschreiber die detaillierten Berechnungsgrundlagen in der Regel nicht zur Verfügung stehen, der offerierende Unternehmer voll für seinen Fehler einzustehen hat. Damit wird auch ausgeschlossen, dass absichtlich Fehler eingebaut werden, um nachträglich (nach Vertragsabschluss) den Werkpreis "nach oben" korrigieren zu können. Anderseits sind die Anforderungen an die Sorgfaltspflicht des Ausschreibers, der immerhin fachkompetent vertreten war, zu tief angesetzt worden. Bei offensichtlichem Abweichen einzelner Positionen, die den Werkpreis wesentlich beeinflussen, kann man von fachkompetent vertretenen Ausschreibern erwarten, dass sie die wesentlichen Offertpositionen quer vergleichen und sich bei grossen Abweichungen zumindest nach den Ursachen erkundigen. Die Frage, ob dem Unternehmer ein Anspruch auf Verbesserung eines (für ihn ungünstigen) Kalkulationsfehlers zusteht, sollte im Einzelfall beantwortet werden. Bei offenkundigen Abweichungen einzelner Positionen, die den Werkpreis wesentlich beeinflussen, sollte man dem Unternehmer gegenüber dem fachkompetent vertretenen Bauherrn eine Korrektur zugestehen.

V. Vertragsverhandlungen

1. Prüfung der Angebote durch den Ausschreiber

Der Ausschreiber ist frei, die Angebote detailliert zu prüfen oder sich auf die Offertsumme (Totalsumme) zu verlassen. Nach dem vorn (IV. / 5.) Gesagten überprüft er mit Vorteil die Offerten rein rechnerisch, da dem Unternehmer nach Art. 24 Abs. 3 OR ein Anspruch auf Korrektur von Rechnungsfehlern zusteht (BGE 102 II 82). Dem fachkompetent vertretenen Ausschreiber ist darüber hinaus zuzumuten, dass er die wesentlichen Positionen der Offerte im Quervergleich prüft und, wenn er unbegründete grosse Abweichungen feststellt, den entsprechenden Offerenten darauf aufmerksam macht.

Art. 18 SIA-Norm 118 schreibt ausdrücklich vor, dass der Bauherr die Angebote während der Zeit, in der sie verbindlich sind, zu prüfen hat. Der Unternehmer hat ihm auf Verlangen zusätzliche Auskünfte, insbesondere Analysen einzelner wichtiger Preise abzugeben.

2. Offertbereinigung

Häufig folgt in der Praxis eine Phase der Offertbereinigung. Diese kann in zweierlei Hinsicht erfolgen. Der Ausschreiber gibt den Unternehmern aufgrund verbesserter oder geänderter Ausschreibungsunterlagen Gegelenheit, ihre Offerte zu überprüfen und gegebenenfalls anzupassen. Bei Unternehmervarianten oder Produktevarianten überprüft der Besteller diese auf ihre Eignung und Qualität. Er kann aber auch einzelnen oder allen Unternehmern Gelegenheit geben, einzelne Positionen (meist solche, die ihm zu hoch erscheinen) zu überprüfen und eine neue (Teil-) Offerte einzureichen.

3. Gegenangebot

Mit dem Gegenangebot teilt der Ausschreiber einem Unternehmer mit, dass er sein Angebot unter bestimmten Bedingungen annehmen würde. Als Gegenangebot ist auch eine sogenannte "Annahmeerklärung" des Ausschreibers unter Bedingungen, zu denen der Unternehmer bisher weder ausdrücklich noch stillschweigend sein Einverständnis erklärt hatte, zu verstehen. Der Vertrag kommt zustande mit der Annahme des Gegenangebots durch den Unternehmer.

Legt der Ausschreiber seiner Annahmeerklärung allgemeine oder spezielle Vertragsbedingungen bei, von denen der Unternehmer bisher keine Kenntnis hatte, kommt der Vertrag nicht zustande, wenn diese objektiv oder subjektiv wesentliche Vertragspunkte betreffen. Beschlagen sie nur Nebenpunkte, kommt der Vertrag grundsätzlich zustande (Art. 2 Abs. 1 OR).

Es stellt sich die Frage, ob durch ein Gegenangebot des Ausschreibers die Bindung des Unternehmers an seine Offerte entfällt, wenn die in den Ausschreibungsbedingungen genannte Bindungsfrist noch nicht abgelaufen ist. Es kommt hier auf die Willensäusserung des Ausschreibers an, insbesondere aber darauf, wie der Unternehmer diese verstehen durfte. Hat der Ausschreiber mit dem Gegenangebot dem Unternehmer zu verstehen gegeben, dass ein Vertragsabschluss nur zu diesen Bedingungen in Frage kommt, entfällt die weitere Bindung des Unternehmers an sein (ursprüngliches) Angebot. Ist das Gegenangebot so zu verstehen, dass seitens des Ausschreibers durchaus noch Verhandlungsspielraum besteht (z.b. bei der Verhandlung von Rabatten), bleibt die Bindung des Unternehmers an die Offerte bzw. an sein letztes Angebot für die ausgeschriebene Dauer bestehen.

4. Schadenersatzpflicht bei Verletzung vorvertraglicher Pflichten

Verletzt ein Verhandlungspartner seine Pflicht, sich während der Verhandlungen nach Treu und Glauben zu verhalten, wird er dem andern schadenersatzpflichtig (sogenannte culpa in contrahendo). Diese Schadenersatzansprüche können sowohl beim späteren Zustandekommen des Vertrags als auch selbständig, wenn kein Vertrag zustande kommt, geltend gemacht werden. Der Schadenersatzanspruch setzt grundsätzlich ein Verschulden voraus. Zu beachten ist, dass der Verhandlungspartner auch für das Verhalten seiner Hilfspersonen einzustehen hat (Art. 101 OR; BGE 108 II 422).

Beispiele von Verletzungen vorvertraglicher Treuepflichten sind:

- Der Ausschreiber, der nicht ernsthaft verhandelt, weil er bereits genau weiss, mit welchem Unternehmer er den Vertrag "zu Konkurrenzpreisen" abschliessen will, und der lediglich weitere Offerten einholt, um den Werkpreis zu drücken, ohne dass ein anderer offerierender Unternehmer eine reelle Chance zum Vertragsabschluss hätte.
- Der Ausschreiber, der unrichtige Angaben über die zu erwartenden Mengen macht, z.B. viel zu grosse Mengen angibt, um einen günstigeren Einheitspreis zu erhalten, und in den allgemeinen Vertragsbedingungen festlegt, dass auch bei grösseren Mengenänderungen die Einheitspreise nicht ändern.
- Der Ausschreiber, der den Unternehmer ungebührlich lange hinhält und dann den Vertrag wegen einer unbedeutenden Formalität scheitern lässt (Beispiel: Genehmigung durch den Verwaltungsrat, BGE 105 II 79).
- Der Ausschreiber, der nach erfolgter Vergabe nicht berücksichtigte Unternehmer nicht rechtzeitig orientiert und diese mit Blick auf reelle Auftragschancen grössere Kapazitäten reserviert halten und auf mögliche andere Aufträge verzichten.
- Preisabsprachen und Schutzofferten.

Der Schaden besteht im Vermögensnachteil, den eine Partei aus der Pflichtverletzung der Gegenpartei erleidet. Zu ersetzen ist das sogenannte negative Vertragsinteresse, d.h., der Geschädigte ist so zu stellen, wie wenn er sich nicht auf die Ausschreibung eingelassen hätte bzw. wie wenn der Ausschreiber die Submission nicht durchgeführt hätte.

Bei ernsthaft geführten Verhandlungen steht dem Unternehmer mangels anderweitiger Abrede kein Anspruch auf die Kosten der Offertstellung und der Vertragsverhandlungen (z.B. Reisespesen) zu. Dies gilt auch dann, wenn die Verhandlungen ohne Vertragsschluss in einem fortgeschrittenen Stadium abgebrochen werden (dazu: GAUCH, Werkvertrag, N 358 ff.).

B) Abschluss des Bauvertrags

I. Privatrechtliche Natur des Bauvertrags

Der Bauvertrag untersteht in jeder Hinsicht ausschliesslich dem Privatrecht. Dies gilt auch dann, wenn das Gemeinwesen Vertragspartei ist (dazu: GAUCH, Werkvertrag, N174 mit Verweisen; BGE 103 Ib 156). Der öffentliche Bauherr tritt seinem Vertragspartner (Unternehmer, Ingenieur, Architekt) beim Abschluss und bei der Abwicklung des Vertrags als gleichgestelltes Rechtssubjekt gegenüber. Dies gilt unabhängig von der Art und dem Zweck des auszuführenden Bauwerks. Zwei Ausnahmen von diesem Grundsatz sind anzumerken. Nach herrschender Lehre und Rechtsprechung kann der private Unternehmer auf Grundstücken, die zum Verwaltungsvermögen des Gemeinwesens gehören (Grundstücke, die unmittelbar öffentlichen Zwecken dienen, z.B. Schulhäuser), kein Bauhandwerkerpfandrecht eintragen lassen (BGE 108 II 305). Weiter ist bei der Auslegung eines Bauvertrags, bei dem das Gemeinwesen Vertragspartei ist, zu berücksichtigen, dass der Vertrag in der Regel im öffentlichen Interesse abgeschlossen wurde. Soweit dieser Umstand Rückschlüsse auf den Willen des Gemeinwesens als Vertragspartei erlaubt, ist er als ergänzendes Auslegungsmittel zu berücksichtigen (dazu: GAUCH, Werkvertrag, N176).

II. Vertragsabschluss

1. Abschluss

Der Ausschreiber ist grundsätzlich frei, Vertragsverhandlungen ohne Vertragsabschluss abzubrechen, vorausgesetzt, dass die Verhandlungen ernsthaft geführt wurden (BGE 105 II 279). Dem Unternehmer entsteht dadurch kein Anspruch auf irgendwelchen Schadenersatz.

Mit dem Einreichen der Offerte steht diese Freiheit dem Unternehmer nicht mehr zu. Während der in den Submissionsbedingungen oder in der Offerte festgesetzten Frist (mangels einer solchen Bestimmung, in der nach Art. 5 OR geltenden) ist der Unternehmer an seine Offerte gebunden. Der Vertragsabschluss ist in dieser Frist einzig vom Willen (genauer von der Willensäusserung) des Ausschreibers abhängig.

Submissionsbedingungen, insbesondere Submissionsordnungen der öffentlichen Hand, regeln oft auch die Vergabe. Sie bestimmen einerseits, welche Angebote (z.B. das höchste und das tiefste) aus dem Wettbewerb ausscheiden, und anderseits, nach welchen Kriterien unter den verbleibenden Bewerbern der Auftrag vergeben werden soll. Meist sind diese Vergebungsvorschriften so gefasst, dass dem Ausschreiber ein bestimmter Ermessensspielraum zusteht. Sie bestimmen z.B., unter welchen Voraussetzungen die Arbeiten überhaupt nicht vergeben werden oder dass keine Pflicht zum Vertragsabschluss besteht (z.B. Art. 7 Abs. 5 SIA-Norm 117).

Mit der Bekanntgabe der Submissionsbedingungen bindet sich der Ausschreiber. Die Bewerber haben Anspruch darauf, entsprechend diesen Vergaberegeln den Zuschlag zu erhalten. Verletzt der Ausschreiber bei der Vergebung diese Regeln, haftet er den nicht berücksichtigten Bewerbern für den aus der Teilnahme an der Submission entstandenen Schaden. Der Schadenersatz des nicht berücksichtigten Unternehmers setzt jedoch voraus, dass dieser eine sachlich begründete Chance auf den Zuschlag hatte. Sofern dies auf mehrere Bewerber zutrifft, ist jeder von ihnen ersatzberechtigt (GAUCH, Werkvertrag, N363).

2. Form

Bauverträge können grundsätzlich formfrei, d.h. schriftlich, mündlich oder durch stillschweigende Erklärung (konkludente Handlung) abgeschlossen werden.

Es steht den Parteien frei, für den Vertragsabschluss wie auch für Vertragsänderungen eine bestimmte Form (meist einfache Schriftlichkeit) vorzubehalten. Im Einzelfall ist zu prüfen, ob die vorbehaltene Form Gültigkeitsvoraussetzung für das Zustandekommen des Vertrags ist oder ob sie lediglich der Beweissicherung dient. Art. 16 Abs. 1 OR stellt die (widerlegbare) gesetzliche Vermutung auf, dass die Parteien nicht verpflichtet sein wollen, bevor die vertraglich vorbehaltene Form erfüllt ist (BGE 105 II 277).

Den Vorbehalt der Schriftform finden wir häufig in privaten und öffentlichen Submissionsbedingungen. Als Gültigkeitsvoraussetzung für das Zustandekommen des Vertrags muss er entsprechend klar formuliert sein. Art. 20 SIA-Norm 118 legt die Schriftform nicht als Gültigkeitsvoraussetzung fest, sondern die Ausfertigung der Vertragsurkunde dient (lediglich) der Beweissicherung.

3. Inhalt

Die Parteien des Bauvertrags können dessen Inhalt grundsätzlich frei bestimmen. Nimmt der Ausschreiber nach durchgeführter Submission eine bestimmte Offerte an, ist in der Regel eine Einigung über die objektiv und subjektiv wesentlichen Vertragspunkte zustande gekommen.

Fehlt eine Einigung über einen objektiv wesentlichen Punkt (für den Werkvertrag beispielsweise die Bezeichnung des auszuführenden Werks oder die Entgeltlichkeit der Werkausführung; dazu: GAUCH, Werkvertrag, N283), ist kein Vertrag zustande gekommen. Kein objektiv wesentlicher Punkt des Werkvertrags ist die Höhe der Vergütung. Vorausgesetzt, die Parteien haben sich über die grundsätzliche Entgeltlichkeit geeinigt (ausdrücklich oder stillschweigend), bestimmt Art. 374 OR, dass der Werkpreis "nach Massgabe des Werts der Arbeit und der Aufwendungen des Unternehmers" festgesetzt wird.

Fehlt es an der Einigung über einen subjektiv wesentlichen Punkt (sogenannte conditio sine qua non), hat der Richter den Bestand des Vertrags nicht von Amtes wegen, sondern nur dann zu verneinen, wenn eine Partei das Zustandekommen bestreitet (dazu: GAUCH, Werkvertrag, N282). Damit ein Vertragspunkt als subjektiv wesentlich für eine Partei gilt, wird vorausgesetzt, dass er als solcher für die Gegenpartei bei Vertragsabschluss erkennbar war, d.h., der Vorbehalt genügend deutlich zum Ausdruck gebracht wurde. Subjektiv wesentliche Punkte können z.B. sein: Der Beizug bestimmter Subunternehmer, die Einhaltung bestimmter Fristen und Termine, der Bestand von Sicherheiten.

Der individuellen Vereinbarung zwischen den Partein entzogen sind die zwingenden gesetzlichen Bestimmungen des privaten und des öffentlichen Rechts. Öffentlichrechtliche Vorschriften sind grundsätzlich zwingender Natur. Ob der Unternehmer verpflichtet ist, die Bestimmungen und Auflagen der Baubewilligung zu kennen und die Ausführung danach zu richten, hängt davon ab, ob ihm die Baubewilligung im Detail bekanntgegeben wurde und ob er sich im Vertrag verpflichtet hat, die Ausführung entsprechend der Baubewilligung vorzunehmen. Im Normalfall wird sich der Bauunternehmer darauf verlassen können, dass die Weisungen des Bauherrn bzw. der Bauleitung im Einklang mit der Baubewilligung stehen.

Zwingende Bestimmungen des Obligationenrechts sind im Bereich des Bauvertragsrechts selten. Von Bedeutung sind etwa:

- Art. 100 OR: Keine Wegbedingung der Haftung für grobe Fahrlässigkeit;
- Art. 129 OR i.V.m. Art. 127 f. OR: Unabänderliche Verjährungsfristen;
- Art. 404 Abs. 1 OR: Jederzeitiger Widerruf des Auftrags (umstritten).

Verstösst eine Vertragsbestimmung gegen zwingendes Gesetzesrecht, ist nicht der ganze Vertrag, sondern nur die widerrechtliche Bestimmung nichtig, sofern anzunehmen ist, dass der Vertrag auch ohne die nichtige Bestimmung abgeschlossen worden wäre (Art. 20 Abs. 2 OR). Die nichtige Vertragsbestimmung wird durch die gesetzliche Vorschrift ersetzt.

4. Unternehmerklauseln

Grundstückverkäufe können mit Klauseln versehen werden des Inhalts, dass sich der Käufer verpflichtet, einen bestimmten Dritten (Unternehmer, Architekt, Ingenieur oder Lieferant) bei der Vergebung von Arbeiten und/oder Lieferungen zu berücksichtigen. Die Klausel begründet die Verpflichtung des Käufers zum Abschluss eines künftigen Vertrags über die betreffenden Arbeiten oder Lieferungen. In der Regel handelt es sich um einen Vorvertrag oder einen Vorvertrag zugunsten eines Dritten.

Damit die Unternehmerklausel gültig ist, muss sie alle objektiv und subjektiv wesentlichen Punkte des künftigen Vertrags regeln bzw. diese müssen zumindest bestimmbar sein. Eine Unternehmerklausel für einen Werkvertrag muss bestimmbar das zu erstellende Werk, d.h. die Leistung des Unternehmers nach Arbeitsgattung und Umfang, festlegen. Für Architekten- und Ingenieurklauseln bedeutet dies, dass Art und Umfang der Leistung des Architekten oder Ingenieurs bestimmbar sein müssen.

Die reale Durchsetzung von Unternehmerklauseln bzw. Architekten- oder Ingenieurklauseln ist praktisch ausgeschlossen. Nach Art. 377 OR kann der Käufer als künftiger

Besteller jederzeit, d.h. auch vor der Ausführung des Werks, vom Werkvertrag zurücktreten, sofern dieses Rücktrittsrecht nicht wegebdungen wurde. Er schuldet dann dem Unternehmer volle Schadloshaltung (Art. 377 OR), d.h., er hat den entstandenen Schaden sowie den entgangenen Gewinn zu ersetzen. Die Beweislast für die Höhe des Schadens und des entgangenen Gewinns liegt beim Unternehmer.

Für Architekten- und Ingenieurverträge, deren Beendigung sich nach Auftragsrecht richtet, scheitert die Durchsetzung an Art. 404 OR. Danach kann der Auftraggeber jederzeit vom Vertrag zurücktreten. Schadenersatz (entstandener Schaden, sogenanntes negatives Vertragsinteresse) schuldet er nur, wenn der Rücktritt zur Unzeit erfolgt. Nach herrschender Lehre und Rechtsprechung ist dies der Fall, wenn sich der Widerruf auf keinen sachlich vertretbaren Grund stützen lässt und der Beauftragte bereits nicht mehr rückgängig zu machende Dispositionen getroffen hat.

Die Unternehmerklausel beim Grundstückkauf bedarf der öffentlichen Beurkundung, wenn der Werkpreis bzw. das Honorar einen Teil der Gegenleistung für den Grundstückserwerb bildet.

Unternehmerbindungsverpflichtungen unterliegen der Verjährung. Die Verjährungsfrist beträgt 10 Jahre nach Eintritt der Fälligkeit (Art. 127, 130 und 75 OR). Bei einer aufschiebend bedingten Unternehmerverpflichtung wird der Fristenlauf erst mit Eintritt der Bedingung ausgelöst (Bauentscheid des Käufers oder Rechtsnachfolgers). Dies kann dann zu einer "ewigen" Belastung des jeweiligen Grundeigentümers führen. Die Frage stellt sich daher, ob eine solche Klausel nicht unsittlich und deshalb nichtig ist (GAUCH, Werkvertrag, N316).

5. Abschluss durch die Bauleitung in Stellvertretung des Bauherrn

Bauverträge werden nicht selten durch die Bauleitung in Vertretung des Bauherrn abgeschlossen. Von grosser praktischer Bedeutung sind die Fragen, ob und in welchem Umfang die Bauleitung in Vertretung des Bauherrn ermächtigt ist, Verträge mit Unternehmern, Planern und weiteren Dritten abzuschliessen oder während der Abwicklung eines Vertrags Vertragsänderungen zuzustimmen.

Im internen Rechtsverhältnis zwischen dem Bauherrn (Vertretener) und der Bauleitung (Vertreter) werden die Vertretungsbefugnisse geregelt. Diese interne Ermächtigung regelt die Vertretungsbefugnis an und für sich und dem Umfang nach. Die SIA-Ordnungen 102 (Architekten), 103 (Bauingenieure) und 108 (Ingenieure der Gebäudetechnik) regeln die Vertretungsbefugnisse gleich (Art. 1.4.3 dieser SIA-Ordnungen). Danach richten sich Inhalt und Umfang der Vertretungsbefugnisse nach dem Vertrag. Die zugehörigen SIA-Vertragsformulare Nrn. 1002 (Architekt), 1003 (Bauingenieur) und 1008 (Gebäudetechnik) regeln diese Frage nicht, sondern beschränken sich darauf, Raum für eine individuelle Regelung offen zu lassen (Ziff. 11 dieser Vertragsformulare).

Art. 1.4.3 dieser SIA-Ordnungen ist in sich widersprüchlich. Nach Abs. 2 ist der Architekt bzw. Ingenieur verpflichtet, im Zweifelsfall "die Weisung des Auftraggebers einzuholen für alle rechtsgeschäftlichen Vorkehren sowie für Anordnungen, die terminlich, qualitativ und finanziell wesentlich sind". Nach Abs. 3 desselben Artikels ist er gegenüber Dritten wie Behörden, Unternehmern, Lieferanten und weiteren Beauftragten berechtigt, den Auftraggeber rechtsverbindlich zu vertreten "soweit es sich um Tätigkeiten handelt, die mit der Auftragserledigung üblicherweise direkt zusammenhängen". Einerseits muss er also für alle wesentlichen Anordnungen die Zustimmung des Bauherrn einholen (Abs. 2), anderseits ist er berechtigt, den Bauherrn rechtsverbindlich zu verpflichten, soweit die Tätigkeiten üblicherweise mit der Auftragserledigung direkt zusammenhängen (Abs. 3).

Aus dem gesamten Inhalt der SIA-Ordnungen, insbesondere aus den Leistungsbeschreibungen (Art. 4 der SIA-Ordnungen), ergibt sich, dass weder der Architekt noch der Ingenieur berechtigt sind, ohne spezielle Ermächtigung des Bauherrn stellvertretend für ihn Verträge mit Dritten abzuschliessen oder Vertragsänderungen zuzustimmen. Im Leistungsbeschrieb (Art. 4.4 der SIA-Ordnung) wird die Unterzeichnung von Verträgen mit Dritten ausdrücklich dem Bauherrn vorbehalten. Die Leistungen des Architekten bzw. des Ingenieurs beschränken sich auf das "Aufstellen der Verträge". Daran ändert auch nichts, wenn die SIA-Ordnung 102 für Architekten die Zusatzleistung "aufstellen von Verträgen, die besondere juristische und wirtschaftliche Kenntnisse voraussetzen" vorsieht. Die Ordnungen 103 und 108 für Ingenieure führen eine solche Zusatzleistung mit Recht nicht auf, denn der Architekt, der diese Zusatzleistung anbietet, muss auch über diese "besonderen jursitischen und wirtschaftlichen Kenntnisse" verfügen, sonst haftet er dem Bauherrn für allfälligen, aus seiner Unkenntnis entstandenen Schaden.

Aus den SIA-Ordnungen 102, 103 und 108 ergibt sich demnach mit genügender Klarheit, dass weder der Architekt noch der Ingenieur, sei es als Planer oder als Bauleiter, ohne spezielle Ermächtigung befugt ist, in Vertretung des Bauherrn, d.h. in dessen Namen und auf dessen Rechnung, Verträge mit Dritten abzuschliessen oder zu ändern.

Die SIA-Norm 118 regelt in Art. 33 Abs. 2 die Vollmacht der Bauleitung. Diese Bestimmung sieht eine praktisch uneingeschränkte Vertretungsmacht der Bauleitung vor: "Alle Willensäusserungen der Bauleitung, die das Werk betreffen, sind für den Bauherrn rechtsverbindlich, insbesondere Weisungen, Bestellungen, Bestätigungen und Planlieferungen; auch nimmt die Bauleitung Mitteilungen und Äusserungen des Unternehmers, die das Werk betreffen, für den Bauherrn rechtsverbindlich entgegen" (Art. 33 Abs. 2 SIA-Norm 118).

Vor Vertragsabschluss des Bauherrn mit dem Unternehmer ist die SIA-Norm 118 noch nicht Vertragsbestandteil, sondern, falls sie für die Submission als anwendbar erklärt wurde, Submissionsbedingung und -unterlage. Erst nach Abschluss des Werkvertrags ist sie Vertragsbestandteil, wenn sie von den Parteien übernommen wurde (was im folgenden vorausgesetzt sei). Sie ist dann verbindlich im Verhältnis zwischen Besteller und Unternehmer. Das interne Verhältnis vom Besteller zur Bauleitung beeinflusst sie nur indirekt, indem ihr aus Sicht des Unternehmers die Bedeutung einer Anscheinsvollmacht zukommen kann. Danach kann sich der Unternehmer unter Umständen nach Treu und Glauben auf die weitgehende Vollmacht der Bauleitung nach SIA-Norm 118 berufen, wenn er berechtigterweise annehmen kann und darf, dass der Besteller den Inhalt der SIA-Norm 118 kennt.

Das Bundesgericht hat im BGE 109 II 452 ff. den Leitsatz formuliert, dass Art. 154 Abs. 3 SIA-Norm 118, der der Bauleitung die Vollmacht einräumt, die Schlussabrechnung gegenüber dem Unternehmer rechtsverbindlich für den Bauherrn anzuerkennen, für einen branchenfremden, unerfahrenen Bauherrn ungewöhnlich und daher unverbindlich sei (sogenannte Ungewöhnlichkeitsregel). Die Ungewöhnlichkeitsklausel gilt m.E. a fortiori auch für die weitgehende Vollmacht des Art. 33 SIA-Norm 118. Ein unerfahrener Bauherr muss sich weder in der Submission noch bei späteren Vertragsänderungen diese Regelung entgegenhalten lassen. Für einen erfahrenen Bauherrn oder einen Bauherrn, der den Anschein von Erfahrung gibt (Bsp: Immobilien AG), gilt diese Einschränkung nicht. Hier kann sich der Unternehmer auf die weitgehende Vollmacht der SIA-Norm 118 verlassen, und er kann darauf vertrauen, dass der Besteller davon weiss und der Bauleitung die entsprechende Ermächtigung eingeräumt hat oder sie im Sinn der Norm gewähren lässt.

III. Stellung nicht berücksichtigter Unternehmer

Grundsätzlich hat der nicht berücksichtigte Unternehmer gegenüber dem Ausschreiber keinerlei Ansprüche. Dies gilt auch dann, wenn für die Ausarbeitung der Offerte ein erheblicher Aufwand geleistet werden musste. Ob in Submissionen der öffentlichen Hand den nicht berücksichtigten Teilnehmern Rechtsmittel zur Verfügung stehen, und gegebenenfalls welche, ist umstritten (dazu die Übersicht bei: GAUCH, Werkvertrag, N370).

Im EG/EWR-Raum wird die Vergabe öffentlicher Bauaufträge nach den Bestimmungen der Baukoordinierungsrichtlinie mit der Rechtsmittelrichtlinie durchgesetzt. Verstösse gegen das EG-Recht werden im sogenannten Nachprüfverfahren beurteilt. Die zuständige Instanz kann den Vergebungsentscheid aufheben oder Schadenersatz zusprechen.

RECHTSQUELLEN
BG vom 30. März 1911 betreffend die Ergänzung des Schweizerischen Zivilgesetzbuches (Fünfter Teil; Obligationenrecht), SR 220 (OR).
Verordnung über die Vergebung von Arbeiten und Lieferungen für den Staat vom 19. Dezember 1968 (Submissionsverordnung des Kantons Zürich).
Ordnung für Leistungen und Honorare der Architekten, SIA-Ordnung 102, Ausgabe 1984 (SIA-Ordnung 102).
Ordnung für Leistungen und Honorare der Bauingenieure, SIA-Ordnung 103, Ausgabe 1984 (SIA-Ordnung 103).
Ordnung für Leistungen und Honorare der Maschinen- und Elektroingenieure sowie der Fachingenieure für Gebäudeinstallationen, SIA-Ordnung 108, Ausgabe 1984 (SIA-Ordnung 108).
Norm für die Ausschreibung und Vergebung von Arbeiten und Lieferungen bei Bauarbeiten (Submissionsverfahren), SIA-Norm 117, Ausgabe 1972 (SIA-Norm 117).
Allgemeine Bedingungen für Bauarbeiten, SIA-Norm 118, Ausgabe 1977/1991 (SIA-Norm 118).

JUDIKATUR
BGE 109 II 452 ff.: Anwendung der Ungewöhnlichkeitsregel.
ZR 84 (1985) Nr. 103, S. 253 f.: Anwendung der Ungewöhnlichkeitsregel, Immobilien AG.
BGE 108 II 422 ff.: Schadenersatzpflicht aus culpa in contrahendo.
BGE 108 II 305 ff.: Unmöglichkeit der Errichtung eines Bauhandwerkerpfandrechtes an Grundstücken des öffentlichen Verwaltungsvermögens.
BGE 105 II 75 ff.: Vorbehaltene Schriftlichkeit.
BGE 103 Ib 154 ff.: Rechtsnatur der öffentlichen Submissionsordnungen und des Bauvertrages.
BGE 102 II 81 ff.: Kalkulationsirrtum.

LITERATUR
BUCHER Eugen, Schweiz. Obligationenrecht, Allgemeiner Teil ohne Deliktsrecht, 2. Aufl., Zürich 1988 (BUCHER OR Allgemeiner Teil); DESCHENAUX Henri, La concurrence dans la mise en soumission de travaux de construction en droit privé commun et en droit des cartels, in: Freiburger Festgabe zum Schweizerischen Juristentag 1980, Freiburg 1980 (DESCHENAUX); GALLI Peter, Die Submission der öffentlichen Hand im Bauwesen, Zürich 1981 (GALLI); GAUCH Peter, Die Submission im Bauwesen - privatrechtliche Aspekte, in: Freiburger Festgabe zum Schweizerischen Juristentag 1980, Freiburg 1980 (GAUCH, Submission); GAUCH Peter und MITAUTOREN, Kommentar zur SIA-Norm 118, Art. 38 - 156, Zürich 1992; GAUCH Peter, Kommentar zur SIA-Norm 118, Art. 157 - 190, Zürich 1991; DERS., Der Werkvertrag, 3. Aufl., Zürich 1985 (GAUCH, Werkvertrag); GAUCH Peter/TERCIER Pierre (Hrsg.), Das Architektenrecht, Freiburg 1986 (GAUCH/TERCIER); JÄGGI Peter/GAUCH Peter, Obligationenrecht, Kommentar zur 1. und 2. Abteilung (Artikel 1 - 529 OR), Teilband V Ib (enthaltend Kommentar zu Art. 18 OR), 3. Aufl., Zürich 1980 (JÄGGI/GAUCH); MERZ Hans, Vertrag und Vertragsschluss, Freiburg 1988; SCHÖNENBERGER Wilhelm/JÄGGI Peter, Obligationenrecht, Kommentar zur 1. und 2. Abteilung (Art. 1 - 529 OR), Teilband V Ia (enthaltend Kommentar zu Art. 1 - 17 OR), 3. Aufl., Zürich 1973 (SCHÖNENBERGER/JÄGGI); STIERLI Bruno, Die Architektenvollmacht, Freiburg 1988 (STIERLI).

Die Haftung des Unternehmers für Mängel seines Werkes

Anton Egli

A) Einleitung

Der Unternehmer, der einen Werkvertrag abschliesst, verpflichtet sich gegenüber dem Besteller (nachfolgend Bauherr genannt) zur Herstellung eines Werkes (Art. 363 OR). Erfüllt der Unternehmer seine eingegangenen Verpflichtungen nicht oder nicht richtig, *verletzt er* also *den Vertrag*, so hat er dafür einzustehen. Er *"haftet"*. Nun gibt es zahlreiche Tatbestände möglicher Vertragsverletzungen:
- Der Unternehmer stellt das Werk überhaupt nicht her.
- Er stellt das Werk zwar her, aber
  .er liefert es mit Verspätung ab (Verzug),
  .er arbeitet mangelhaft, mit der Folge, dass sein Werk Mängel aufweist.
- Er hält sich nicht an sonstwie vereinbarte Abmachungen (z.B. das Werk persönlich oder unter seiner Leitung auszuführen; Art. 364 Abs. 2 OR).
- Er fügt dem Bauherrn nebst Werkmängeln und Mangelfolgeschäden einen weiteren Schaden zu (z.B. dadurch, dass er die Anzeigepflicht verletzt, den ihm gelieferten Stoff unsorgfältig behandelt [vgl. Art. 365 Abs. 2 und 3 OR], oder einen Begleitschaden verursacht).

Je nach Art der Vertragsverletzung sind die *Voraussetzungen* der Haftung *und* die *Rechte* des Bauherrn gegenüber dem Unternehmer *unterschiedlich*. Nachfolgend behandle ich nur die Haftung des Unternehmers für Mängel seines Werkes (Mängelhaftung). Mitunter spricht man statt von der Mängelhaftung von der Gewährleistung des Unternehmers (für Mängel seines Werks).

Soweit ein Architekt oder Ingenieur nur Pläne oder ein Gutachten erstellt und seine Leistungen nicht dem Auftrags-, sondern dem Werkvertragsrecht unterstehen (vgl. BGE 114 II 55), beurteilt sich auch dessen Haftung danach. Auf diese Besonderheiten gehe ich nachfolgend jedoch nicht ein. Ebenfalls nicht Gegenstand der nachfolgenden Ausführungen sind die ausservertragliche Haftung des Unternehmers (vgl. dazu GAUCH, Deliktshaftung der Baubeteiligten, Baurechtstagung 1989, Tagungsunterlage I, S. 2 ff.) und die strafrechtliche Haftung wegen Verletzung der Regeln der Baukunde nach Art. 229 StGB.

B) Der Werkmangel

I. Der Werkmangel - ein rechtlicher, kein technischer Begriff

Anders als beim Kaufvertrag, bei dem der Verkäufer dem Erwerber eine bereits bestehende, meist serienmässig hergestellte und vertretbare Sache übergibt, muss beim Werkvertrag der Unternehmer den Gegenstand auf entsprechende Bestellung hin erst noch *individuell durch Arbeit herstellen* (daher spricht man von einem Werk), bevor er diesen dem Bauherrn übergeben kann.

In Hinblick auf diese Herstellung macht sich der Bauherr bzw. sein Architekt/Ingenieur meist schon vor Auftragserteilung seine Vorstellungen darüber, mit welchen Eigenschaften das Werk ausgestattet sein soll. Inhalt und Umfang dieser von ihm gewünschten Eigenschaften hängen weitgehend vom Zweck (Funktion) und der erwarteten Lebensdauer des Werkes ab (z.B. einer Skulptur, eines Einfamilienhauses, einer Fabrikhalle, eines Tunnels). Je umsichtiger der Bauherr ist, desto mehr Gedanken macht er sich über die Eigenschaften des zu erstellenden Werkes, soll es doch seine Funktion erst recht dann richtig erfüllen, wenn keine Dritten (Unternehmer, Planer) für Mängel haftbar gemacht werden können.

Der Unternehmer schuldet denn auch dem Bauherrn nicht bloss ein Tätigwerden, eine Arbeitsleistung, sondern einen Arbeitserfolg, das Werk "mit den vertraglich geforderten (vereinbarten und vorausgesetzten) Eigenschaften" (GAUCH, N 17).

Weil das Werk erst noch individuell geschaffen werden muss, beurteilt sich die richtige Erfüllung des Werkvertrages (die Mängelfreiheit) nicht nach technischen Kriterien und Normen (sie sind allerdings von Bedeutung in bezug auf die vorausgesetzten Eigenschaften, vgl. hinten), sondern nach dem *(juristischen) Kriterium, ob das Werk dem Vertrag entspricht* oder von ihm abweicht (BGE 114 II 244). Die Abweichung vom Vertrag besteht darin, dass das Werk

- eine vereinbarte (zugesicherte) Eigenschaft (vgl. nachstehend II.), oder
- eine nach Treu und Glauben vorausgesetzte Eigenschaft (vgl. nachstehend III.) nicht aufweist. Vgl. im übrigen die illustrative Umschreibung in Art. 166 Abs. 2 der SIA-Norm 118.

Ob ein Werkmangel im Einzelfall vorliegt, ist *durch Vergleich* des Ist-Zustandes (des abgelieferten Werkes) mit dem Soll-Zustand (gemäss Inhalt des abgeschlossenen Vertrages) zu ermitteln. Ist eine Differenz *festzustellen*, so liegt ein Werkmangel vor.

II. Das Fehlen der vereinbarten (zugesicherten) Eigenschaften

Meistens *vereinbaren* die Parteien *im Vertrag, welche Eigenschaften* das zu erstellende Werk aufweisen soll.

So umschreibt der Bauherr bzw. der von ihm beigezogene Architekt/Ingenieur im Ausschreibungsverfahren die Eigenschaften des Werkes in den Plänen, in den durch das Bauobjekt bedingten, besonderen Bestimmungen, im Leistungsverzeichnis oder im Baubeschrieb, durch Verweis auf technische Normen usw. (vgl. Art. 6 Abs. 2, 7, 8 Abs. 2, 10, 12 und 21 der SIA-Norm 118). Der Unternehmer ergänzt oder korrigiert sie, indem er seinem Angebot eine entsprechende Beilage beifügt (Art. 15 Abs. 3 der SIA-Norm 118).

Die Vereinbarung kann in beliebiger *Form* erfolgen: durch ausdrückliche (schriftliche, mündliche) oder stillschweigende Erklärung. Eine Formvorschrift besteht hiefür nicht. Wesentlich ist nur, dass eine Vereinbarung durch übereinstimmende gegenseitige Willenserklärung der Parteien (Art. 1 Abs. 1 OR) zustandekommt (GAUCH, Kommentar, N 6 zu Art. 166 der SIA-Norm 118 und DERS., N 919 ff.).

Erklärt der Unternehmer (von sich aus oder auf Veranlassung des Bauherrn im Ausschreibungsverfahren), dass sein Werk bestimmte Eigenschaften aufweisen werde, so spricht man häufig von *"Zusicherungen"*. Rechtlich liegt aber nichts anders als eine Eigenschaftsvereinbarung vor. Daran ändert auch nichts, dass in Art. 166 Abs. 2 der SIA-Norm 118 zwischen "zugesicherten" und "sonstwie vereinbarten" Eigenschaften die Rede ist (GAUCH, Kommentar, N 6 zu Art. 166 der SIA-Norm 118).

Bei den vereinbarten Eigenschaften handelt es sich entweder um *allgemeine Merkmale* des Werkes (Form, Ausführung, Farbe, also z.B.: Tischplatte rund, in Ahorn massiv; Holzdecke weiss lasiert; Rohfasertapete; Hartbetonbelag) oder um *besondere Merkmale* des Werkes (Undurchlässigkeit eines Ausgleichsbeckens; Raumtemperatur von 20°C bis zu einer tiefsten Aussentemperatur von -15°C; bestimmte Tragfähigkeit eines Pfahls; Würfeldruckfestigkeit des Betons).

Eigenschaftsvereinbarungen können auch den Sinn von *Minimalanforderungen* haben (vgl. GAUCH, N 946) oder die Eigenschaften des Werkes anhand von Toleranzgrenzen nur ungefähr bestimmen (vgl. GAUCH, N 948).

Fehlen einem Werk die *vereinbarten Eigenschaften*, so liegt immer ein *Werkmangel* vor, mag das Werk technisch noch so einwandfrei sein.

Dies wird anschaulich illustriert am Fall eines Sport-Schwimmbeckens, das zwar bautechnisch in Ordnung war, jedoch anstelle einer vereinbarten Länge des Beckens von 25 m (mit einer Toleranz von ± 1 cm) tatsächlich eine Länge von 24,92-24,94 m aufwies (BGE 93 II 324). Den vom Unternehmer gegen das Nachbesserungsbegehren vorgetragenen Einwand des offenbaren Rechtsmissbrauches wies das Bundesgericht ab, weil ohne Einhaltung einer Länge von 25 m sportliche Wettkämpfe oder wenigstens Trainingsschwimmen für solche zufolge ungenauer Zeitmessungen nicht durchgeführt werden könnten.

III. Das Fehlen von vorausgesetzten Eigenschaften

Häufig legen die Parteien nicht alle Eigenschaften des Werkes im Vertrag fest oder sie treffen überhaupt keine Vereinbarung darüber. Das bedeutet indessen nicht, dass der

Unternehmer ein mangelhaftes Werk abliefern dürfte, ohne dafür einstehen zu müssen. Der Bauherr darf nämlich *auch ohne Vereinbarung erwarten* (voraussetzen), dass das bestellte Werk *gewisse Eigenschaften* aufweist. Massstab seiner Erwartung ist der Grundsatz von Treu und Glauben.

So darf er erwarten, dass
- das Werk eine *Wertqualität aufweist, die einer normalen Beschaffenheit entspricht* (GAUCH, N 952 ff.). Massstab dafür ist, "was für ein Werk der betreffenden Art und Gebrauchsbestimmung üblich ist" (GAUCH, N 953). So hat der Unternehmer mindestens ein Werk mit durchschnittlicher Qualität abzuliefern;
- das Werk *zum Gebrauch tauglich* ist. Massstab dafür ist "der Gebrauchszweck, dem das Werk dienen soll". Ist nicht ein besonderer Vertragszweck ausdrücklich oder stillschweigend vereinbart worden, muss es "für denjenigen Gebrauch taugen, der üblicherweise von einem Werk der betreffenden Art gemacht wird" (GAUCH, N 960).

So darf der Bauherr erwarten, dass ein Dach undurchlässig ist, der Putz auf dem Mauerwerk haftet, der Schallschutz eines Wohngebäudes durchschnittlichen Wohnkomfort gewährleistet, das Werk den Vorschriften des öffentlichen Rechts (z.B. Lärmschutz- und Luftreinhalteverordnung) entspricht.

Wichtige Hinweise darauf, was der Bauherr in guten Treuen unter den Gesichtspunkten der normalen Wertqualität und der üblichen Gebrauchstauglichkeit erwarten darf, ergeben sich aus den *anerkannten Regeln der Technik* im Zeitpunkt der Werkausführung (dazu einlässlich GAUCH, N 591 ff.).

IV. Abgrenzungen

Kein Werkmangel liegt vor, wenn der Unternehmer ein *völlig anderes Werk* abliefert oder wenn er sein versprochenes Werk *noch gar nicht vollendet* hat (vgl. dazu GAUCH, N 978 f.). In diesen Fällen gelangen nicht die Vorschriften über die Prüfungs- und Rügepflicht nach Art. 370 (vgl. hinten) und über die (kurze) Verjährung von Art. 371 OR (vgl. hinten) zur Anwendung, sondern die Regeln des allgemeinen Teils des OR. Zum Sonderfall der nachträglichen Verschlechterung des abgelieferten Werkes und zum sogenannten Sekundärmangel vgl. GAUCH, N 985, 998 f.

V. Die Werkmängelhaftung ist eine Kausalhaftung

Der Unternehmer haftet für Mängel seines Werkes *unabhängig davon*, ob ihn ein *Verschulden* trifft, und unabhängig von den *Ursachen* des Mangels (ob dieser auf unsorgfältige Arbeit, Anwendung einer überholten Technik, Verwendung mangelhaften Materials, auf Dritteinwirkung usw. zurückzuführen ist; vgl. auch Art. 165 Abs. 2 der SIA-Norm 118). Der Unternehmer haftet für Werkmängel also kausal. Eine *Ausnahme* besteht indessen für das Recht auf Ersatz des *Mangelfolgeschadens*: Dieses setzt (wie die übrigen auf der ersten Seite aufgeführten Haftungstatbestände) ein Verschulden voraus, es sei denn, die kausale Haftung für Hilfspersonen nach Art. 101 OR greife Platz.

VI. Die Beweislast

Wer das Vorhandensein eines Werkmangels behauptet und daraus Mängelrechte ableitet, hat gemäss Art. 8 ZGB zu beweisen, dass ein Werkmangel vorliegt; die Last des Beweises liegt also *beim Bauherrn*. Anders jedoch nach Art. 174 Abs. 3 der *SIA-Norm 118*: Bestreitet der Unternehmer, dass ein Mangel vorliegt, so liegt die Beweislast bei ihm (vgl. dazu GAUCH, Kommentar, N 8 zu Art. 174 der SIA-Norm 118). Für sog. verdeckte Mängel vgl. aber Art. 179 Abs. 5 bzw. hinten.

C) Die Mängelrechte

Liegt bei oder nach Ablieferung des Werks ein Werkmangel vor, so stehen dem Bauherrn gemäss Art. 368 OR *folgende Rechte* zu: Er kann *in freier Wahl* entweder Wandelung (nachfolgend I), Minderung (nachfolgend II) oder Nachbesserung (nachfolgend III) und zusätzlich zu einem der drei genannten Mängelrechte Ersatz des Mangelfolgeschadens verlangen (nachfolgend IV). Hat er unter den drei alternativen Mängelrechten bereits gewählt, so kann er auf eine getroffene Wahl später nicht mehr zurückkommen. Hat er Nachbesserung verlangt und führt der Unternehmer diese nicht oder nur mangelhaft aus, so lebt sein Wahlrecht jedoch wieder vollumfänglich auf (BGE 109 II 41; hinten). Zu beachten ist, dass der Bauherr nicht anstelle der eben aufgeführten Mängelrechte alternativ Schadenersatz nach Art. 97 ff. OR verlangen kann (Pra 81/1992, S. 594, und BGE 100 II 32).

Lässt sich schon *vor Beginn der Arbeitsausführung oder während derselben* eine mangelhafte oder sonst vertragswidrige Erstellung bestimmt voraussehen, so braucht der Bauherr nicht bis zur Ablieferung tatenlos zuzuwarten, um seine Mängelrechte hernach geltend zu machen; vielmehr stehen ihm die Rechtsbehelfe nach *Art. 366 Abs. 2 OR* zu. Danach kann er dem Unternehmer eine angemessene Frist zur Abhilfe ansetzen, und im Unterlassungsfall die Verbesserung oder die Fortführung des Werkes auf Gefahr und Kosten des Unternehmers einem Dritten übertragen, ohne dafür die Ermächtigung beim Richter einholen zu müssen (vgl. dazu GAUCH, N 605 ff. und 1763 ff. und BGE 113 II 422).

I. Wandelung (Art. 368 Abs. 1 OR; Art. 169 Abs. 1, Ziff. 3 der SIA-Norm 118)

Wandelung heisst: Der Bauherr kann durch einseitige Erklärung (Gestaltungsrecht) den *Werkvertrag* mit rückwirkender Kraft *aufheben*. Wandelung beinhaltet somit Rücktritt (so die SIA-Norm 118) vom (ganzen) Vertrag.

Die Wandelungserklärung des Bauherrn hat zur *Folge*, dass die gegenseitigen Leistungspflichten der Parteien erlöschen und jede Partei Anspruch auf Rückgabe des bereits Geleisteten hat (GAUCH, Kommentar, N 21 zu Art. 169 der SIA-Norm 118). Bei Werken auf Grund und Boden hat der Unternehmer das Recht, nicht aber die Pflicht, das mangelhafte Werk zu entfernen und mitzunehmen. Tut er es nicht, ist der Bauherr berechtigt, das Werk auf Kosten des Unternehmers zu entfernen (nach Art. 169 Abs. 1 Ziff. 3 der SIA-Norm 118 hat der Bauherr dem Unternehmer aber in Abweichung vom Gesetz zuvor eine angemessene Frist für die Entfernung anzusetzen).

Der Bauherr kann die Wandelung jedoch nur verlangen, wenn das Werk so *erhebliche Mängel* aufweist, dass ihm dessen Annahme billigerweise nicht zugemutet werden kann.

Unzumutbar ist ihm die Annahme immer dann, wenn das Werk für den Bauherrn vollständig und unreparierbar unbrauchbar ist (vgl. GAUCH, Nr. 1082 ff.). Die Unbrauchbarkeit ist entgegen dem Wortlaut von Art. 368 Abs. 1 OR aber nur ein Anwendungsfall der Unzumutbarkeit, nicht eine alternative Voraussetzung für das Wandelungsrecht (GAUCH, Nr. 1074 ff.). Im Streitfall hat der Richter in Würdigung der Umstände des Einzelfalls eine Interessenabwägung nach den Grundsätzen der Billigkeit vorzunehmen (vgl. dazu GAUCH, Nr. 1077 ff., und ZINDEL/PULVER, in: Honsell, Vogt, Wiegand, N 15 zu Art. 368 OR).

Eine Besonderheit gilt für *Werke, die auf Grund und Boden* errichtet sind: Können diese "ihrer Natur nach nur mit unverhältnismässigen Nachteilen entfernt werden", so kann der Bauherr gemäss Art. 368 Abs. 3 OR den Vertrag nicht wandeln, sondern nur Minderung oder Nachbesserung und Schadenersatz verlangen. Die unverhältnismässigen Nachteile der Entfernung beurteilen sich anhand der Umstände des Einzelfalls, insbesondere nach dem Wert, den das Werk in Verbindung mit dem Grundstück hat, und nach der Wertverminderung, die es im Falle einer Trennung erlitte (BGE 98 II 123). Beinhaltet das mangelhafte Werk eine Gefahr für Leib und Leben der Benützer, so spricht dies für eine Wandelung (BGE 20 S. 645).

II. Minderung (Art. 368 Abs. 2 OR; Art. 169 Abs. 1 Ziff. 2 der SIA-Norm 118)

Mindern heisst: Der Bauherr kann durch einseitige Erklärung (Gestaltungsrecht) die dem Unternehmer vertragliche geschuldete *Vergütung* (Werklohn) entsprechend dem durch den Werkmangel verursachten Minderwert *herabsetzen*. Hat der Bauherr den Werklohn noch nicht oder noch nicht ganz bezahlt, so kann er von der Vergütung einen entsprechenden Abzug machen. Hat er den Unternehmer bereits bezahlt, so kann er den (um den Minderwert) zuviel bezahlten Betrag nebst Zins zurückverlangen.

Voraussetzung für die Ausübung des Minderungsrechts ist jedoch, dass das *Werk* infolge seiner Mangelhaftigkeit *objektiv weniger wert* ist als das mängelfrei gedachte (GAUCH, N 1139), aber für den Bauherrn auch nicht völlig wertlos ist (im letzteren Fall sind die Voraussetzungen für eine Wandelung erfüllt). Der Minderwert ist zu unterscheiden vom merkantilen Minderwert (Verminderung des Verkaufswerts des Bauwerks trotz vollständiger Mängelbeseitigung); bei letzterem handelt es sich um einen Mangelfolgeschaden.

Bei der Minderung wird die Vergütung "um soviel Prozente herabgesetzt, als das Werk prozentual weniger wert ist" (GAUCH, Kommentar, N 18 b zu Art. 169 der SIA-Norm 118). Diese sogenannte *relative Methode* ist kompliziert, weshalb in der Praxis häufig (so Pra 81/1992, S. 592) die Vergütung für das ganze Werk einfach um den Betrag der *Verbesserungskosten* reduziert wird. Dies ist allerdings nicht durchwegs richtig (vgl. BGE 116 II 314; GAUCH, N 1184 ff.).

III. Nachbesserung (Art. 368 Abs. 2 OR; Art. 169 Abs. 1 der SIA-Norm 118)

Nachbesserung verlangen heisst: Der Bauherr kann durch einseitige Erklärung (Gestaltungsrecht) den Unternehmer verpflichten, die *Mängel* des abgelieferten Werkes *unentgeltlich zu beheben*. Die Nachbesserungsschuld des Unternehmers wird durch die Erklärung des Bauherrn ausgelöst.

Mit dieser Erklärung setzt der Bauherr in der Regel dem Unternehmer gleichzeitig eine Frist für die Nachbesserung (*Verbesserungsfrist*) an. Diese muss angemessen sein. Sie ist danach anzusetzen, wieviel Zeit ein Unternehmer erfahrungsgemäss für die einwandfreie Beseitigung des Mangels braucht, wenn er sofort damit beginnt und sie zügig zu Ende führt (GAUCH, Kommentar, N 5 a zu Art. 169 der SIA-Norm 118). Läuft die Verbesserungsfrist ab, ohne dass der Unternehmer den Mangel vollständig beseitigt hat, so gerät er mit Ablauf dieser Frist in Verzug (im Sinne von Art. 102 ff. OR), ohne dass noch eine Mahnung erforderlich wäre. Hat der Bauherr dem Unternehmer keine Verbesserungsfrist gesetzt, so gerät der Unternehmer erst in Verzug, wenn er ihn gemahnt hat. Bei Unfähigkeit oder entschiedener Weigerung des Unternehmers, die verlangte Nachbesserung vorzunehmen, kann der Bauherr schon vor Eintritt des Verzugs sein Wahlrecht ausüben (GAUCH, N 1268 und Art. 169 Abs. 2 der SIA-Norm 118).

Im Einzelfall zu prüfen ist, ob der Bauherr dem Unternehmer, wenn dieser mit der Nachbesserung in Verzug geraten ist, nochmals eine Frist (sogenannte *Nachfrist*) für die Nachbesserung ansetzen muss. Dies ist dann zu verneinen, wenn sich die Ansetzung der Frist nach Art. 108 Ziff. 1 OR als unnütz erweisen würde: So, wenn der Unternehmer zur Nachbesserung unfähig ist; wenn er sich klar weigert, die Nachbesserung vorzunehmen; "und wohl auch dann, wenn der Unternehmer eine zum vornherein angesetzte (angemessene) Verbesserungsfrist völlig untätig verstreichen lässt" (GAUCH, N 1267). Haben die Parteien die SIA-Norm 118 vereinbart, so ist die Ansetzung einer Nachfrist nicht erforderlich (Art. 169 Abs. 1).

Läuft die Verbesserungsfrist (oder die Nachfrist, falls eine solche anzusetzen war) ab, ohne dass der Unternehmer den Mangel überhaupt oder vollständig beseitigt hat, so lebt das *ursprüngliche Wahlrecht* des Bestellers wieder auf: Der Bauherr kann weiterhin auf der Nachbesserung beharren, stattdessen - wenn die entsprechenden Voraussetzungen erfüllt sind (vgl. vorn) - Minderung oder Wandelung verlangen. Alternativ kann er jetzt aber auch den Mangel auf Kosten und Gefahr des säumigen Unternehmers selbst nachbessern oder durch einen Dritten nachbessern lassen *(Ersatzvornahme)* und vom Unternehmer (gestützt auf Art. 107 Abs. 2 OR) den Ersatz des ihm aus der Nichterfüllung der Nachbesserung entstandenen Schadens, mithin der Verbesserungskosten, verlangen. Gemäss BGE 107 II 55 (a.M. GAUCH, N 1272 ff. und N 1285 ff.) und nach Art. 169 Abs. 1 Ziff. 1 der SIA-Norm 118 muss er für die Ersatzvornahme nicht die Ermächtigung (nach Art. 98 OR) beim Richter einholen. Greift der Bauherr aber zur Ersatzvornahme, so hat dies für ihn meistens den Nachteil, dass er den Schadenersatz auf dem Klageweg beim fehlbaren Unternehmer geltend machen muss.

Der Bauherr kann indessen *nur dann* vom Unternehmer die Nachbesserung verlangen, wenn sie diesem *nicht übermässige Kosten* verursacht. Die Übermässigkeit beurteilt sich nach dem Nutzen - der auch nicht-wirtschaftlicher Natur sein kann -, den die Mängelbeseitigung dem Bauherrn bringt. Sie beurteilt sich aber nicht nach dem Verhältnis der voraussichtlichen Nachbesserungskosten zum vertraglichen Werklohn (BGE 111 II 174). Verursacht die Nachbesserung dem Unternehmer übermässige Kosten, so darf er die Nachbesserung verweigern. Zur Behelfslösung vgl. GAUCH, N 1245.

Durch die Nachbesserung soll der Bauherr nicht schlechter, aber auch nicht besser gestellt werden.

Auf der einen Seite hat der Unternehmer nicht nur die Arbeits- und Materialkosten samt Teuerung der Nachbesserung, sondern auch sämtliche Begleitkosten zu tragen (wie die Kosten der Vorbereitung und der Wiederherstellung; Schäden, die infolge der Mängelbehebung an den Arbeiten anderer Unternehmer entstanden sind; allfällige Mehrkosten der Bauleitung; vgl. Art. 170 Abs. 1 der SIA-Norm 118). Auf der andern Seite hat der Bauherr dem Unternehmer die Kosten zu ersetzen, die auch bei ursprünglich mängelfreier Ausführung entstanden wären (sogenannte Sowiesokosten; Art. 170 Abs. 2 der SIA-Norm 118). Bei einem Mitverschulden des Bauherrn (vgl. hinten) sind die Nachbesserungskosten zwischen Unternehmer und Bauherrn angemessen zu verteilen (so Art. 170 Abs. 3 der SIA-Norm 118). Spart der Bauherr wegen der Nachbesserung Unterhaltskosten ein, so schuldet er dafür dem Unternehmer keine Ausgleichszahlung, es sei denn, der Grundsatz von Treu und Glauben gebiete dies (z.B., wenn durch die Nachbesserung die Lebensdauer eines Werkes wesentlich verlängert wird; vgl. GAUCH, N 1225).

Eine wichtige *Besonderheit* gilt bei vereinbarter *SIA-Norm 118*: Nach Art. 169 Abs. 1 hat der Bauherr bei Vorliegen eines Werkmangels entgegen der gesetzlichen Regelung kein Wahlrecht zwischen den verschiedenen Mängelrechten, sondern er muss dem Unternehmer zunächst Gelegenheit zur Nachbesserung geben (auch wenn diese dem Unternehmer voraussichtlich übermässige Kosten verursacht). Tut dies der Bauherr nicht, so verliert er alle seine Mängelrechte gegenüber dem Unternehmer (BGE 116 II 311 f. und 450 ff.; GAUCH, Kommentar, N 7 zu Art. 169 der SIA-Norm 118).

IV. Ersatz des Mangelfolgeschadens (Art. 368 Abs. 1 und 2 OR; Art. 171 der SIA-Norm 118)

Erleidet der Bauherr wegen des Werkmangels trotz Wandelung, Minderung oder Nachbesserung einen *Schaden*, so hat der Unternehmer ihm diesen zu ersetzen. Dieser Schadenersatzanspruch tritt zusätzlich (kumulativ) zu den übrigen Mängelrechten hinzu. Der Schaden, den es zu ersetzen gilt, tritt als weitere Folge des Mangels ein. Deshalb spricht man von Mangelfolgeschaden. Beispiele: ein Brandschaden oder Schaden infolge Betriebsstörung (Art. 171 Abs. 1 der SIA-Norm 118); Ausfall an Mietzinsen; merkantiler Minderwert, der trotz tadelloser Nachbesserung verbleibt.

Der Mangelfolgeschaden ist zu unterscheiden von weiteren Schäden, die zwar ebenfalls auf ein vertragswidriges Verhalten des Unternehmers zurückzuführen sind, sich aber nicht aus einem Werkmangel herleiten (Verspätungsschaden, Begleitschäden bei der Ausführung, Schaden aus mangelhafter Instruktion des Bauherrn usw.). Diese Tatbestände unterliegen den Regeln des allgemeinen Teils des OR (vgl. vorne), währenddessen die Mangelfolgeschäden den speziellen Regeln der Verwirkung von Art. 370 OR (vgl. nachfolgend) und der kurzen Verjährung von Art. 371 OR (vgl. hinten) unterliegen.

Der Unternehmer schuldet dem Bauherrn indes Schadenersatz nicht schon bei blossem Eintritt eines Schadens der eben umschriebenen Art, sondern nur, *wenn* er diesen *verschuldet* hat, d.h. ihm "die Mangelhaftigkeit des Werkes zum Vorwurf gereicht, weil er entweder vorsätzlich gehandelt hat oder fahrlässig, unter Verletzung der von ihm verlangten Sorgfalt" (GAUCH, N 1328). Der Unternehmer trägt die Beweislast, dass ihn kein Verschulden trifft (so auch Art. 171 Abs. 2 der SIA-Norm 118). Hat eine Hilfsperson den Schaden verursacht (z.B. ein Arbeitnehmer oder ein Subunternehmer), so haftet der Unternehmer nach Art. 101 OR auch, wenn ihn selbst kein Verschulden trifft. Er kann sich von seiner Haftung nur befreien, wenn er nachweist, dass ihm selber, hätte er gleich gehandelt wie seine Hilfsperson, kein Verschulden vorgeworfen werden kann (so auch Art. 171 Abs. 2 der SIA-Norm 118; GAUCH, N 1333 ff.).

Die *Höhe des Schadenersatzes* richtet sich (im Maximum) nach der Höhe des effektiv eingetretenen Schadens (Art. 42 ff. OR, auf die Art. 99 Abs. 3 OR verweist). Zu berücksichtigen sind die Umstände des Einzelfalls und die Grösse des Verschuldens.

D) Keine oder nur beschränkte Haftung des Unternehmers bei Selbstverschulden des Bauherrn (Art. 369 OR und Art. 166 Abs. 4 der SIA-Norm 118)

Trotzdem der Unternehmer für Werkmängel (ausgenommen Schadenersatz wegen Mangelfolgeschäden) unabhängig vom Verschulden und unabhängig von deren Ursachen, also kausal, haftet, *fallen die Mängelrechte dahin oder werden eingeschränkt* (nachfolgend III), wenn der Bauherr bzw. seine Hilfsperson (Architekt/Ingenieur) einen Mangel ganz oder zum Teil selbst verschuldet (nachfolgend I) und der Unternehmer - wenn er dazu verpflichtet war - abgemahnt hat (nachfolgend II).

I. Das Selbstverschulden des Bauherrn

Ein *"Selbstverschulden"* des Bauherrn liegt vor, wenn er an der *Entstehung des Werkmangels mit einer adäquaten Ursache beteiligt ist* (GAUCH, Nr. 1356). Es kommt nicht darauf an, ob den Bauherrn ein Verschulden im engern Sinne (vorwerfbares Verhalten) trifft, sondern darauf, ob er eine Ursache des Mangels gesetzt hat, die nach der Natur des Werkvertrages in seinem Risikobereich liegt. Dies ist nicht nach naturwissenschaftlich-kausalen Kriterien zu beurteilen; vielmehr sind die jeweiligen Beiträge (von Bauherrn und Unternehmer) am Zustandekommen des Mangels zu gewichten und gegeneinander abzuwägen (GAUCH, N 1357). Je nach dieser Gewichtung hat der Bauherr den Mangel allein oder nur teilweise verschuldet. Im ersten Fall spricht man von Selbstverschulden, im zweiten Fall von beschränktem Selbstverschulden oder von Mitverschulden (so Art. 169 Abs. 1 Ziff. 2 der SIA-Norm 118). Dem Bauherrn wird das Verhalten und die Fachkenntnis (von Bedeutung für die Abmahnung, vgl. nachfolgend II) der von ihm für das Bauvorhaben beigezogenen Hilfspersonen (Architekt/Spezialplaner usw.) wie sein eigenes angerechnet (vgl. Art. 166 Abs. 4 der SIA-Norm 118).
Häufigste Fälle, die dem Bauherrn als Selbstverschulden angerechnet werden, sind:
- Fehlerhafte Weisungen des Bauherrn bzw. des von ihm beigezogenen Architekten/Ingenieurs über die Ausführung des Werks.

  Diese können in beliebiger Form erfolgen (durch Abgabe eines Leistungsverzeichnisses, eines Ausführungsplanes, mündliche oder schriftliche Anordnung; vgl. Art. 99 f. der SIA-Norm 118), vor oder während der Bauausführung ergehen und sich auf alle Aspekte des Bauvorhabens beziehen (z.B. auf das zu verwendende Material, die Art der Ausführung, die Reihenfolge der Arbeiten usw.). Unterbreitet der Unternehmer dem Bauherrn eine sogenannte Projekt- oder Herstellungsvariante, so übernimmt er damit auch die Haftung für allfällige Werkmängel (vgl. Art. 167 der SIA-Norm 118).
- Vom Bauherrn selbst gelieferter mangelhafter Werkstoff.
- Mangelhafter Baugrund.
- Vom Bauherrn vorgeschriebener Subunternehmer, falls er die Arbeit mangelhaft ausführt und der Unternehmer nachweist, dass er ihn richtig eingesetzt und gehörig beaufsichtigt hat (vgl. BGE 116 II 305; vgl. dazu auch Art. 29 Abs. 5 der SIA-Norm 118).
- Die mangelhafte Arbeit des Vor-Unternehmers.

Nicht als Selbstverschulden (auch nicht als beschränktes) können dem Bauherrn angerechnet werden, wenn:
- der Unternehmer unfähig ist, das betreffende Werk mängelfrei herzustellen, es sei denn, der Bauherr hätte dessen Unfähigkeit gekannt;

- der Bauherr mit dem Unternehmer einen günstigen Werklohn vereinbart hat;
- der Bauherr (bzw. seine Bauleitung) den Werkmangel durch eine sorgfältige Überwachung hätte verhindern können, es sei denn, er habe sich ausnahmsweise zu einer Bauaufsicht verpflichtet (Art. 34 Abs. 2 der SIA-Norm 118 beinhaltet keine solche Verpflichtung).

Zum Ganzen vgl. GAUCH, N 1471 ff.

II. Die Abmahnungspflicht des Unternehmers

Das Selbstverschulden des Bauherrn führt nur dann zu einer ganzen oder teilweisen Befreiung des Unternehmers von seiner Haftung, wenn er (der Unternehmer) seine *Anzeige- und Abmahnungspflicht* erfüllt hat.

Der gesetzlichen Ordnung liegt die Auffassung zugrunde, dass von den beiden Parteien des Werkvertrages der Unternehmer, nicht der Besteller, der sachverständige Teil sei (BGE 116 II 309 und 456). Daraus ergibt sich die Pflicht des Unternehmers, den Bauherrn darauf aufmerksam zu machen, wenn Tatbestände eintreten (vgl. vorstehend), die ihm bei Eintritt eines Werkmangels als Selbstverschulden angerechnet werden könnten. Diese Regel gilt dann nicht uneingeschränkt, wenn der Bauherr selber sachverständig oder durch einen Sachverständigen (Architekt/Ingenieur) vertreten oder beraten ist.

Die *Abmahnung* besteht darin, dass der Unternehmer dem Bauherrn oder seinem Vertreter mitteilt, dass ein solcher Fehltatbestand vorliege und er dessetwegen die vorgeschriebene Ausführung des Werks ablehne (BGE 116 II 308). Mit der Abmahnung soll der Bauherr (sein Vertreter) Gelegenheit erhalten, noch rechtzeitig das Entstehen eines Werkmangels zu verhindern (durch Widerruf seiner Weisungen usw.). Die Abmahnung muss daher rechtzeitig und ausdrücklich, d.h. bestimmt, deutlich und klar erfolgen (vgl. Art. 25 der SIA-Norm 118 und GAUCH, N 1381). Der Unternehmer kann sie wahlweise an den Bauherrn persönlich oder an seinen Vertreter (Bauleitung) richten. Verschliesst sich die Bauleitung einer Abmahnung, so muss sich der Unternehmer nur dann direkt an den Bauherrn persönlich wenden, wenn er mit der Abmahnung auf einen Fehler hinweisen muss, den die Bauleitung begangen hat (GAUCH, N 1377).

Eine Abmahnung *kann unterbleiben*, wenn sie nutzlos wäre, oder der Bauherr bzw. seine Bauleitung von den betreffenden Verhältnissen bereits schon Kenntnis hat. Letzteres hat der Unternehmer im Streitfall nachzuweisen (vgl. Art. 25 Abs. 1 der SIA-Norm 118 und GAUCH, Kommentar, N 16 b zu Art. 166 der SIA-Norm 118). Eine Pflicht zur Abmahnung entfällt unter Umständen dann, wenn der Bauherr selber sachverständig oder durch einen Bausachverständigen vertreten ist. Dann gilt folgende Grundregel: Der Unternehmer hat dann keine Abmahnungspflicht, wenn er die Fehlerhaftigkeit einer sachverständig erteilten Weisung (bzw. die Mangelhaftigkeit des vorgeschriebenen bzw. vom Bauherrn gelieferten Baustoffs, des Baugrundes, der Arbeit des Vorunternehmers) nicht erkannte und auch nicht erkennen musste. Hat er die Fehler- bzw. Mangelhaftigkeit jedoch erkannt oder hätte er sie erkennen müssen, so muss der Unternehmer abmahnen (es sei denn, er könne nachweisen, dass der Mangel trotz Abmahnung eingetreten wäre). Vgl. GAUCH, N 1388 ff.

In folgenden Fällen *"muss"* der Unternehmer die *Fehlerhaftigkeit erkennen*:
- Wenn die Fehlerhaftigkeit der sachverständig erteilten Weisung *offensichtlich*, d.h. ohne Nachprüfung erkennbar ist. Das gilt analog für die Mangelhaftigkeit des gelieferten/vorgeschriebenen Baustoffs oder des Baugrundes, für die Unzuverlässigkeit des vorgeschriebenen Herstellers oder Lieferanten oder für die Unfähigkeit des vorgeschriebenen Subunternehmers oder des Vorunternehmers.
- Wenn der Unternehmer *zur Nachprüfung verpflichtet* ist und der von ihm objektiv zu erwartende Sachverstand ausreicht, die Fehlerhaftigkeit der sachverständig erteilten Weisung bzw. die Mangelhaftigkeit des gelieferten/vorgeschriebenen Baustoffs oder des Baugrundes usw. zu erkennen.

Bei einer sachverständig erteilten *Weisung* ist der Unternehmer nur ausnahmsweise zur Nachprüfung verpflichtet. Das ist der Fall, wenn er sie versprochen hat oder wenn sie von ihm in guten Treuen erwartet werden durfte (so, wenn sein Sachverstand bedeutend weiter reicht als derjenige des sachverständigen Bauherrn oder seines Vertreters; BGE 116 II 456; GAUCH, N 1408 ff.). In bezug auf den *Baugrund*, den vom Bauherrn gelieferten/vorgeschriebenen *Werkstoff* und in bezug auf die *Arbeit des Vorunternehmers* ist der Unternehmer (nach Abschluss des Werkvertrages) grundsätzlich zur Nachprüfung des Baugrunds, des Werkstoffs und der Arbeit des Vorunternehmers verpflichtet. Von dieser Nachprüfungspflicht ist der Unternehmer dann befreit, wenn der Bauherr bzw. seine Bauleitung die sachverständige Prüfung selbst übernommen hat (so in bezug auf den Baugrund bei vereinbarter SIA-Norm 118, Art. 25 Abs. 3; bezüglich Werkstoff vgl. Art. 136 Abs. 2 und 3 der SIA-Norm 118) oder er in guten Treuen annehmen dürfte, eine Nachprüfung werde von ihm nicht erwartet (GAUCH, N 1437 und N 1461). Zu Nachforschungen über den vorgeschriebenen Hersteller, Lieferanten bzw. Subunternehmer ist der Unternehmer nicht verpflichtet (GAUCH, N 1448 und N 1454).

III. Folgen des Selbstverschuldens

Hat der Bauherr den Werkmangel *allein* im eben dargelegten Sinne *verschuldet*, so fallen alle seine Mängelrechte dahin, und ist der Unternehmer vollständig *von seiner Haftung befreit* (Art. 369 OR).

Hat der Bauherr den Mangel *nicht allein verschuldet*, sondern ist dieser noch auf weitere, im Risikobereich des Unternehmers liegende Ursachen zurückzuführen (beschränktes Selbstverschulden des Bauherrn), so wird der Unternehmer *nur teilweise von seiner Haftung befreit*. Dies ist in Art. 369 OR zwar nicht geregelt, aber als Grundsatz anerkannt (BGE 116 II 458 und GAUCH, N 1478).

Dementsprechend führt das beschränkte Selbstverschulden des Bauherrn:
- bei Ausübung des Nachbesserungsrechts zu einer Pflicht des Bauherrn, einen Teil der Nachbesserungskosten dem Unternehmer zu vergüten;

- bei Ausübung des Minderungsrechts und bei der Geltendmachung von Schadenersatz wegen Mangelfolgeschäden zu einer Reduktion des Minderungsbetrags bzw. Schadenersatzes (vgl. Art. 169 Abs. 1 Ziff. 2 der SIA-Norm 118).
- Bei der Wandelung ist das beschränkte Selbstverschulden in die Beurteilung, ob der Bauherr die Annahme des Werks verweigern darf, miteinzubeziehen; wenn ihm Wandelung zuzugestehen ist, darf der Unternehmer einen Teil des Werklohns behalten (vgl. GAUCH, N 1483).

E) Die Verwirkung der Mängelrechte durch ausdrückliche oder finigerte Genehmigung des Werks

Der Bauherr *verwirkt* alle unter C dargestellten *Mängelrechte* (auch den Ersatzanspruch für Mangelfolgeschäden), und der Unternehmer wird von seiner Haftung völlig befreit, *wenn* der Bauherr *das Werk genehmigt*. Diese Genehmigung ist entweder eine tatsächliche (nachfolgend I) oder eine bloss fingierte (indem das Gesetz die unwiderlegbare Vermutung aufstellt, der Bauherr habe das Werk genehmigt; nachfolgend II).

Die Verwirkung gilt nur für die unter C vorstehend dargestellten Mängelrechte, nicht jedoch für die übrigen Ansprüche, die der Bauherr gegenüber dem Unternehmer hat.

I. Die tatsächliche Genehmigung

Sie besteht darin, dass der Bauherr in Kenntnis eines Werkmangels ausdrücklich oder stillschweigend *erklärt, er lasse das Werk als vertragsgemäss gelten* (Art. 370 Abs. 1 OR).

II. Die fingierte Genehmigung

Diese fingierte Genehmigung "kommt dadurch zustande", dass das Gesetz (Art. 370 Abs. 2 OR) dem Bauherrn *eine Genehmigungserklärung unterschiebt*, wenn er es unterlässt, das abgelieferte Werk zu prüfen (nachfolgend Ziff. 1) und allfällig festgestellte Mängel sofort zu rügen (nachfolgend Ziff. 2). Das Werk gilt als genehmigt, auch wenn der Bauherr keinen Genehmigungswillen hatte (GAUCH, N 1512).

1. Die unterlassene Prüfung des Werks

Art. 367 Abs. 1 OR verlangt vom Bauherrn, dass er das *Werk nach Ablieferung* (welche ihrerseits die Vollendung voraussetzt) *prüft*, und zwar sobald es nach dem üblichen Geschäftsgang tunlich ist. Der Bauherr hat das Werk also sorgfältig auf allfällige Mängel hin zu prüfen. Den Ursachen braucht er indessen nicht nachzugehen. Die Sorgfalt, die von ihm verlangt wird, hängt vom Umfang und von der Komplexität des bestellten Werks und von der Aufmerksamkeit ab, die von einem durchschnittlichen Bauherrn verlangt werden darf. Jede Partei kann (Art. 367 Abs. 2 OR) - muss aber nicht - dafür einen Sachverständigen beiziehen.

Was die *Frist* anbetrifft, innert der der Bauherr das Werk zu prüfen hat, so verweist das Gesetz auf die Verkehrs- bzw. Branchenübung (falls eine solche im Kreis der Beteiligten besteht) und auf die Tunlichkeit (d.h. darauf, wieviel Zeit ein Bauherr bei einer sorgfältigen Prüfung im konkreten Einzelfall objektiverweise benötigt). Im allgemeinen ist die Prüfungsfrist grosszügig zu bemessen (GAUCH, N 1523).

Die Prüfungspflicht besteht *nur im* unmittelbaren *Anschluss an die Abnahme* und kann sich naturgemäss nur auf die offenen Mängel beziehen, die entweder offensichtlich sind, d.h. ohne Prüfung ins Auge springen, oder bei sorgfältiger Prüfung erkennbar sind. Nach der Abnahme und Prüfung besteht keine Pflicht des Bauherrn, das Werk periodisch auf allfällige weitere, d.h. geheime Mängel zu prüfen.

2. Die unterlassene sofortige Mängelrüge

Der Bauherr verwirkt seine Mängelrechte ferner dann, wenn er nach Ablieferung des Werks *erkannte Mängel nicht sofort* dem Unternehmer *anzeigt*. Das gilt sowohl in bezug auf die bei der ordnungsgemässen Prüfung festgestellten (offenen) Mängel wie für die erst später zutage tretenden geheimen Mängel (Art. 367 Abs. 1 und 370 Abs. 3 OR). Der Bauherr hat den Mangel konkret zu bezeichnen (Erscheinungsform und Lage; z.B. "Wassereinbruch beim Küchenfenster unseres Einfamilienhauses") und dabei zum Ausdruck zu bringen, dass er den Mangel nicht hinzunehmen bereit ist. Er muss ihn also "rügen". Welches Mängelrecht er wählt, muss er noch nicht mitteilen. Die Wahl wird aber häufig mit der Rüge verbunden. Die Rüge kann in beliebiger *Form* erfolgen (mündlich, schriftlich oder gar konkludent); aus Gründen der Beweissicherung empfiehlt sich jedoch eine schriftliche Anzeige. Vor allem muss sie sofort erfolgen, wobei dem Bauherrn jedoch eine kurze Überlegungsfrist zusteht. Das Bundesgericht hielt es bislang mit der sofortigen Mängelrüge sehr streng (BGE 107 II 176). In zwei neuen Entscheiden zeigte es sich etwas grosszügiger:

Danach wird die Rügefrist weder durch die objektive Erkennbarkeit des Mangels in Gang gesetzt, noch durch die Feststellung der ersten Mängelspuren, sofern der Bauherr nach Treu und Glauben davon ausgehen darf, es handle sich bloss um übliche Erscheinungen, die keine Abweichung vom Vertrag darstellten, wie das insbesondere für wachsende Mauerrisse oder Schwindrisse in der Hausfassade zutreffen kann. Der Bauherr war daher bei Auftreten dieser kleinen Schwindrisse noch nicht zur Rüge verpflichtet, sondern erst, als diese als steinkonforme Haarrisse in Erscheinung traten (BGE 117 II 427). Somit beginnt die Rügefrist ab dem Zeitpunkt zu laufen, in dem der Besteller die Bedeutung und Tragweite eines Mangels erfassen kann. "Bei nach und nach zum Vorschein kommenden Mängeln darf deshalb eine Entdeckung erst angenommen werden, wenn der ernsthafte Charakter des Zustands deutlich wird" (BGE 118 II 149).

III. Die Besonderheiten der SIA-Norm 118

Zur Prüfung und zur fiktiven Genehmigung des Werkes enthält die SIA-Norm 118 folgende Besonderheiten:
1) Sie sieht eine *gemeinsame Prüfung* von Bauherrn und Unternehmer vor der Abnahme vor (Art. 158 ff.; aber 164. Zu weiteren Besonderheiten der Abnahme, wie z.B. die vorgezogene Mängelbeseitigung; vgl. den Aufsatz von Daniel Trümpy). *Verzichtet die Bauleitung* bei dieser *gemeinsamen Prüfung* auf die Geltendmachung offensichtlicher oder tatsächlich erkannter Mängel, was auch stillschweigend geschehen kann (und wofür dem beidseitig unterzeichneten Prüfungsprotokoll eine besondere Bedeutung zukommt), so gilt das Werk für die entsprechenden Mängel als genehmigt (Art. 163).
2) Sie sieht eine sogenannte *Garantiefrist* von zwei Jahren seit der Abnahme des Werks vor, innert der der Bauherr in Abweichung vom Gesetz Mängel aller Art jederzeit rügen kann, also nicht sofort rügen muss (Art. 172 f.). Vergrössert sich ein Mangel, weil der Bauherr nicht sofort gerügt hat, so hat er den weiteren Schaden zu tragen, der bei der unverzüglichen Behebung hätte vermieden werden können (Art. 173 Abs. 2). Die Garantiefrist ist nur eine *Rügefrist*, keinesfalls und entgegen einer weitverbreiteten Meinung eine Verjährungsfrist. Mängel, die schon während der Garantiefrist offensichtlich waren, können nach Ablauf der Garantiefrist nicht mehr gerügt werden (Art. 178 Abs. 2). Auf Verlangen einer Partei ist vor Ablauf der Garantiefrist der Zustand des Werkes durch die sog. Schlussprüfung gemeinsam festzustellen (Art. 177).
3) Nach Ablauf der Garantiefrist gelten folgende Besonderheiten:
- Mängel, die der Bauherr erst nach Ablauf der Garantiefrist entdeckt (in der Norm als "verdeckte Mängel" bezeichnet), sind sofort zu rügen.
- Werden Mängel, die die Bauleitung schon bei der gemeinsamen Prüfung hätte erkennen können (die aber nicht offensichtlich waren), erst nach Ablauf der Garantiefrist tatsächlich entdeckt, so entfällt die Haftung des Unternehmers, es sei denn, er habe sie absichtlich verschwiegen (Art. 179 Abs. 3).
- Erfolgte die Abnahme ohne gemeinsame Prüfung, und entdeckt der Bauherr die Mängel, die er durch selbständige Prüfung des Werkes vor Ablauf der Garantiefrist hätte erkennen können, erst nach Ablauf dieser Frist, so entfällt die Haftung des Unternehmers, ausser, er habe sie absichtlich verschwiegen (Art. 179 Abs. 4).
4) Die Beweislast für verdeckte Mängel liegt - anders als bei Mängeln, die während der Garantiefrist festgestellt werden - beim Bauherrn (Art. 179 Abs. 5).

IV. Keine Verwirkung der Mängelrechte bei absichtlichem Verschweigen der Mängel durch den Unternehmer

Der Unternehmer hat zwar keine Pflicht, dem Bauherrn bei der Aufdeckung von Mängeln behilflich zu sein. *Verschweigt er* indessen *bei der Abnahme ihm bekannte Mängel*, die der Bauherr seinerseits nicht erkannt hat, *bewusst und arglistig*, so verwirkt der Bauherr die Mängelrechte (trotz Nichteinhaltens der Prüfungs- und Rügepflicht) nicht (Art. 370 Abs. 1 OR; Art. 179 Abs. 3 und 4 der SIA-Norm 118). Arglistig ist ein Verschweigen dann, wenn der Unternehmer damit eine Treuepflicht verletzt, was von den Umständen des Einzelfalls abhängt. Muss der Unternehmer damit rechnen, dass der vom Bauherrn beigezogene Architekt/Ingenieur einen ihm bekannten Mangel dem Bauherrn nicht weiterleitet (weil er selbst dafür mitverantwortlich ist), so muss er den Bauherrn persönlich über den Mangel aufklären (vgl. GAUCH, N 1505). Zur Verjährungsfrist bei absichtlichem Verschweigen von Mängeln vgl. nachfolgende Ausführungen.

F) Die Verjährung der Mängelrechte (Art. 371 OR und Art. 180 der SIA-Norm 118)

Nach Ablauf einer bestimmten Frist (Verjährungsfrist) kann der Bauherr seine sämtlichen Mängelrechte nicht mehr durchsetzen, wenn der Unternehmer seinen Forderungen auf Nachbesserung, Minderung usw. die *Einrede der Verjährung* entgegenhält. Die Mängelrechte verjähren.

Die *Verjährungsfrist* beginnt mit der Ablieferung bzw. Abnahme des vom betreffenden Unternehmer hergestellten Werks zu laufen (vgl. den Aufsatz von Daniel Trümpy). Die Verjährungsfrist beträgt:
- ein Jahr bei beweglichen Werken,
- fünf Jahre bei unbeweglichen Werken,
- zehn Jahre, wenn der Unternehmer einen Mangel absichtlich verschwiegen hat (Art. 180 Abs. 2 der SIA-Norm 118; Pra 78/1989, S. 804).

Für die übrigen Ansprüche wegen Vertragsverletzung (vgl. erste Seite) gelten die Verjährungsregeln von Art. 127 ff. OR.

Schwierigkeiten bietet die *Abgrenzung zwischen beweglichem und unbeweglichem Werk*. Dabei handelt es sich um rechtliche, nicht um technische Begriffe.

Ein *unbewegliches* Bauwerk liegt dann vor, wenn es sich um eine "durch Verwendung von Material und Arbeit in Verbindung mit dem Erdboden hergestellte unbewegliche Sache" handelt, und das Werk so beschaffen ist, dass sich erst nach längerer Zeit (mehr als ein Jahr seit der Ablieferung) feststellen lässt, ob es den Anforderungen der Festigkeit oder den geologischen und atmosphärischen Verhältnissen standhält (BGE 113 II 268; zum Ganzen vgl. GAUCH, Nr. 1599 ff.).

Gehen Mängel eines unbeweglichen Bauwerks auf den *vom Unternehmer gelieferten Stoff* zurück, so gilt auch hiefür eine Verjährungsfrist von fünf Jahren und nicht bloss von einem Jahr, auch wenn der Stofflieferant dem Unternehmer (aufgrund des Kaufvertrags) nur während einer Frist von einem Jahr seit Ablieferung des Stoffs haftet (BGE 117 II 428).

Die schwierige Abgrenzung zwischen beweglichem und unbeweglichem Werk fällt dahin, wenn die Parteien die *SIA-Norm 118* vereinbart haben. Nach deren Art. 180 gilt die Verjährungsfrist von fünf Jahren sowohl für bewegliche wie unbewegliche Werke und Werkteile (GAUCH, N 2010 ff.).

Die Verjährung kann *stillstehen* (vgl. Art. 134 OR) oder wird *unterbrochen* (Art. 135 ff. OR). Unterbrochen wird die Verjährung durch eine Anerkennungshandlung des Unternehmers (die auch konkludent, z.B. durch Nachbesserung, erfolgen kann) oder durch eine qualifizierte Rechtsverfolgung seitens des Bauherrn gegenüber dem Unternehmer (Klage, Einrede vor Gericht, Betreibung, Eingabe im Konkurs, Ladung zu einem Sühneversuch). Die Mängelrüge unterbricht die Verjährung nicht.

RECHTSQUELLEN

Schweizerisches Obligationenrecht vom 30. März 1911, SR 220.

SIA-Norm 118 (Ausgabe 1977), Allgemeine Bedingungen für Bauarbeiten. Dabei handelt es sich um eine vom Schweizerischen Ingenieur- und Architektenverein (SIA) herausgegebene allgemeine Geschäftsbedingung zum Bauwerkvertrag, die nur dann zwischen zwei Parteien gilt, wenn sie von ihnen rechtsgeschäftlich übernommen worden ist.

JUDIKATUR

BGE 93 II 326: Nachbesserungspflicht des Unternehmers bei einem Sportschwimmbecken, das statt der vereinbarten Länge von 25 m (mit einer Toleranz von ± 1 cm) lediglich eine Länge von 24,92-24,94 m aufwies; kein Rechtsmissbrauch, wenn der Besteller auf Nachbesserung beharrte.

BGE 95 II 51: Abmahnung: Verlangt wird nicht eine schriftliche, hingegen eine ausdrückliche Abmahnung. Inhalt und Adressat der Abmahnung.

BGE 98 II 122: Ob Wandelung oder bloss Minderung zulässig ist, hängt von den gegenseitigen Interessen ab, die nach Billigkeit gegeneinander abzuwägen sind; Wandelung bejaht bei technischen Mängeln einer Tankanlage.

BGE 107 II 55: Der Besteller (Bauherr) darf das mangelhafte Werk auf Kosten des Unternehmers durch einen Dritten nachbessern lassen, ohne dafür eine richterliche Ermächtigung nach Art. 98 OR einzuholen.

BGE 107 II 175: Die Mängelrüge ist an keine besondere Form gebunden. Hingegen muss der Bauherr die Mängel nennen und zum Ausdruck bringen, dass er das Werk als nicht vertragsgemäss anerkennen will.

BGE 109 II 41 = Pra 72/1983, S. 312: Wahlrecht des Bauherrn bei Werkmängeln. Hat der Bauherr Nachbesserung gewählt, leistet sie der Unternehmer indes nur mangelhaft, so steht ihm das freie Wahlrecht nach Art. 368 erneut zu.
BGE 113 II 267: Ein Lehrgerüst für den Bau einer Brücke stellt kein unbewegliches Bauwerk dar.
BGE 114 II 244: Mangelhaft ist ein Werk, wenn es vom Vertrag abweicht, wenn ihm eine zugesicherte oder nach dem Vertrauensprinzip vorausgesetzte oder voraussetzbare Eigenschaft fehlt.
BGE 116 II 305: Abmahnungspflicht bei einem vom Bauherrn vorgeschriebenen Subunternehmer. Haben die Parteien die SIA-Norm 118 vereinbart, steht dem Unternehmer das Recht auf Nachbesserung zu. Der Bauherr verliert seine Ansprüche auf Wandelung oder Minderung, wenn er dem Unternehmer keine Gelegenheit zur Nachbesserung gibt. Die Berechnung des Minderwerts bei Minderung - Verhältnis zu den Nachbesserungskosten.
BGE 116 II 454: Beschränktes Selbstverschulden des Bauherrn. Abmahnungspflicht desjenigen Unternehmers, dessen Sachverstand bedeutend weiter reicht als der des Bestellers.
BGE 117 II 425: Wenn Mängel eines unbeweglichen Bauwerks auf den vom Unternehmer gelieferten Stoff zurückzuführen sind, gilt die fünfjährige Verjährungsfrist.
BGE 118 II 148: Bemessung der (sofortigen) Mängelrüge.

LITERATUR
GAUCH Peter, Der Werkvertrag, 3. Aufl., Zürich 1985 (zit.: GAUCH, N...); GAUCH Peter (Hrsg.), Kommentar zur SIA-Norm 118, Art. 38-156, Zürich 1992; DERS., Kommentar zur SIA-Norm 118, Art. 157-190, Zürich 1991 (zit.: GAUCH, Kommentar); GUHL/MERZ/KOLLER, Das schweizerische Obligationenrecht, 8. Aufl., Zürich 1991, S. 477 f. (Der Werkvertrag); HONSELL Heinrich, Schweizerisches Obligationenrecht, Besonderer Teil, Bern 1992, S. 209 ff. (Der Werkvertrag); HONSELL/ VOGT/WIEGAND (Hrsg.), Kommentar zum schweizerischen Privatrecht, Obligationenrecht I, Basel und Frankfurt a.M. 1992, Art. 367-371 OR; TERCIER Pierre, La partie spéciale du Code des obligations, Zürich 1988, S. 307 ff. (Le contrat d'entreprise).

Abnahme und Genehmigung von Bauwerken

Daniel Trümpy

A) Einleitung

Werkabnahme und Werkgenehmigung werden häufig miteinander verwechselt. *Sie müssen* aber im schweizerischen Recht *streng auseinandergehalten* werden (GAUCH, Werkvertrag, Nr. 92 f. und 1931 ff.).

Bei der Werkabnahme und der Werkgenehmigung sind zwei Fragestellungen auseinanderzuhalten, nämlich:
- *Wann ist ein Werk abgenommen, und wann ist es genehmigt?*
- *Welches sind die Rechtsfolgen der Werkabnahme und welches diejenigen der Werkgenehmigung?*

Grosse Bedeutung hat im gegebenen Zusammenhang die Frage, wem die Beweislast (Art. 8 ZGB) für Werkabnahme und Werkgenehmigung obliegt (siehe dazu nachstehend E IV).

An dieser Stelle geht es um die Abnahme und Genehmigung von im Werkvertrag hergestellten Bauwerken (zu den Geistwerken siehe nachstehend E VI). Bauwerke entstehen durch die Ausführung von körperlichen Bauarbeiten (GAUCH, Werkvertrag, Nr. 30). Im Zusammenhang mit dem Abnahmevorgang nach gesetzlichem Werkvertragsrecht ist zu unterscheiden zwischen Bauwerken, welche körperlich übertragen werden können, und körperlich nicht übertragbaren Bauwerken auf Grund und Boden des Bauherrn (GAUCH, Werkvertrag, Nr. 83 und 86). Diese Unterscheidung ist nicht identisch mit der unter dem Gesichtspunkt der Verjährung (Art. 371 OR) vorzunehmenden Differenzierung zwischen beweglichen und unbeweglichen Bauwerken (siehe zu den letztern GAUCH, Werkvertrag, Nr. 1601 ff.).

Der Abnahmevorgang und das Rechtsgeschäft der Genehmigung sowie die Abnahme- und Genehmigungsfolgen richten sich nach der zur Anwendung kommenden *Rechtsquelle*. Dargestellt werden hier die Abnahme und Genehmigung *nach gesetzlichem Werkvertragsrecht* und *nach der SIA-Norm 118*. Bei der SIA-Norm 118 handelt es sich um standardisiertes Bauwerkvertragsrecht, also um Allgemeine Geschäftsbedingungen bauwerkvertraglichen Inhalts. Um Wirkung zu entfalten, muss die SIA-Norm 118 von den Parteien in den Werkvertrag übernommen worden sein, und es müssen die einzelnen Klauseln überdies vor den von der Rechtsprechung und der Literatur entwikkelten Regeln zur Kontrolle Allgemeiner Geschäftsbedingungen Bestand haben (z.B. vor der Ungewöhnlichkeitsregel; siehe exemplarisch unter anderen den "leading case" BGE 109 II 462: Ungewöhnlichkeitsregel und Kundgabe externer Vollmacht in der SIA-Norm 118). Werden "missbräuchliche Geschäftsbedingungen verwendet", so liegt ein lauterkeitsrechtlich relevanter Tatbestand vor (Art. 8 UWG), und es kommen die Rechtsbehelfe des UWG in Betracht und zum Zug (etwa die Klage auf Beseitigung einer bestehenden Verletzung nach Art. 9 Abs. 1 UWG, welche gemäss GAUCH/ SCHLUEP I Nr. 1157 allerdings nur erforderlich ist, wenn die missbräuchlichen Geschäftsbedingungen nicht bereits aus einem anderen Grund unwirksam sind).

Neben der ausdrücklichen und der stillschweigenden Willenserklärung gibt es die *fingierte Willenserklärung* (VON TUHR/PETER, S. 165 f.). Bei letzterer handelt es sich um eine unwiderlegbare Vermutung (praesumptio iuris et de iure), welche ein Rechtssatz oder eine standardisierte Norm vornehmen. Es kann dabei namentlich auch ein Geschäftswille vermutet werden, den eine Partei tatsächlich nicht oder zumindest nicht sicher hat (Beispiel: fiktive Werkgenehmigung nach Art. 370 Abs. 2 OR).

B) Abnahme von Bauwerken

I. Abnahme von Bauwerken nach gesetzlichem Werkvertragsrecht

Hat ein Unternehmer in einem Werkvertrag, dessen Wirkungen vom dispositiven Werkvertragsrecht (Art. 363 ff. OR) bestimmt werden, ein Bauwerk zu erstellen, so fragt sich, wann dieses abgenommen ist. Abnahme und Ablieferung sind ein und derselbe Vorgang von zwei Seiten her betrachtet. Von Ablieferung spricht das Gesetz aus der Sicht des Unternehmers, von Abnahme aus der Sicht des Bestellers (Bauherrn). *Ablieferung und Abnahme sind korrelative Begriffe* (zum Ganzen GAUCH, Werkvertrag, Nr. 90). Gefragt ist zunächst danach, welche Voraussetzungen erfüllt sein müssen, damit ein Bauwerk (im Sinne des Gesetzes) abgeliefert bzw. abgenommen ist (vgl. BGE 89 II 409).

Erste Voraussetzung der Abnahme ist die *Vollendung des Bauwerks* (vgl. zur Vollendung BGE 98 II 116; 111 II 171f.; 113 II 267; 115 II 458). Vollendung bedeutet, dass alle vereinbarten Arbeiten getätigt sind. Sie bedeutet Fertigstellung des Werkes (OR-ZINDEL/PULVER, N 3 zu Art. 367). Sie bedeutet hingegen nicht, dass das Bauwerk mängelfrei sein muss. Erfolgt der Einzug des Bauherrn ins Bauwerk vor dessen Fertigstellung, so ist es dennoch nicht abgenommen (BGE 94 II 164). (Siehe zur Werkvollendung als Voraussetzung der Abnahme GAUCH, Werkvertrag, Nr. 94 ff.).

Zweite Voraussetzung der Abnahme ist die *körperliche Übertragung des vollendeten Werkes* (GAUCH, Werkvertrag, Nr. 83). Bei Bauarbeiten auf Grund und Boden des Bauherrn wird die körperliche Übertragung durch die Vollendungsanzeige ersetzt (vgl.

BGE 113 II 267). Der Unternehmer teilt dem Bauherrn die Vollendung ausdrücklich oder stillschweigend mit (GAUCH, Werkvertrag, Nr. 86).

Die Parteien können kraft der Vertragsinhaltsfreiheit (Art. 19 Abs. 1 OR) die *Voraussetzungen der Werkabnahme* in Abweichung von der Abnahme nach gesetzlichem Werkvertragsrecht (körperliche Übertragung/Vollendungsanzeige bei tatsächlich fertiggestelltem Werk) individuell festlegen. GAUCH (Werkvertrag, Nr. 97) führt als Beispiele zusätzlicher Voraussetzungen die Erteilung einer amtlichen Betriebsbewilligung oder die Durchführung der gemeinsamen Prüfung des Werkes an (siehe auch ZR 79 (1980) Nr. 20 S. 49 f.).

Einen ersten Sonderfall bildet die sogenannte *Teilabnahme von Bauwerken* (GAUCH, Werkvertrag, Nr. 98). Das Gesetz gibt dem Unternehmer weder das Recht, noch auferlegt es ihm die Pflicht, das geschuldete Werk in Teilen abzuliefern. Mit Ausnahme von Art. 372 Abs. 2 OR kennt es nur die Ablieferung/Abnahme des ganzen Werkes. Die Parteien können aber kraft der Vertragsinhaltsfreiheit eine Teilablieferungspflicht des Unternehmers vereinbaren (siehe dazu nachstehend unter E I).

Ein zweiter Sonderfall ist *der vom Unternehmer zu vertretende nicht mögliche Zutritt des Bauherrn zum vollendeten Werk* (GAUCH, Werkvertrag, Nr. 87). Trotz tatsächlicher Werkvollendung und erfolgter Vollendungsanzeige ist das Bauwerk auf Grund und Boden des Bauherrn solange nicht abgenommen, als der Bauherr die tatsächliche Gewalt über dieses aus vom Unternehmer zu vertretenden Gründen nicht ausüben kann. GAUCH (Werkvertrag, Nr. 87) erwähnt den Fall der Verweigerung der Herausgabe der Schlüssel zum fertiggestellten Neubau durch den Unternehmer.

Ein dritter Sonderfall ist die *Ingebrauchnahme des vollendeten Bauwerkes durch den Bauherrn* bei nicht oder später abgegebener Vollendungsanzeige (GAUCH, Werkvertrag, Nr. 87). Hier ist das Werk auf Grund und Boden des Bauherrn bereits im Zeitpunkt der Ingebrauchnahme abgenommen. Beispiele sind der Weiterbau, der Einzug in ein vollendetes Haus oder das Einziehenlassen von Mietern (GAUCH, Werkvertrag, Nr. 87).

Den vierten Sonderfall bilden *Bauwerke, bei welchen lediglich ganz unbedeutende Arbeiten noch nicht erbracht worden sind* (GAUCH, Werkvertrag, Nr. 95). Hier wird bei erfolgter Vollendungsanzeige/Übertragung trotz nicht völliger Fertigstellung des Werkes Abnahme bereits dann angenommen, wenn gesagt werden kann und muss, die Berufung des Bauherrn auf die Nicht-Abnahme wäre rechtsmissbräuchlich (Art. 2 Abs. 2 ZGB).

An die erfolgte Werkabnahme knüpft das Gesetz eine Reihe von *Rechtsfolgen* an.

Eine erste Rechtsfolge der erfolgten Werkabnahme ist die dispositivrechtliche *Fälligkeit der Vergütungsforderung* nach Art. 372 Abs. 1 OR. Aufgrund des dispositiven Gesetzesrechts ist der Bauherr nachleistungspflichtig (GAUCH, Werkvertrag, Nr. 789). Zum - auf die Einrede des nicht erfüllten Vertrages (Art. 82 OR) gestützten - Rückbehaltungsrecht des Bauherrn bei Ablieferung eines mangelhaften Werkes durch den Unternehmer und Ausübung des Nachbesserungsrechts durch den Bauherrn siehe GAUCH, Werkvertrag, Nr. 1719 ff.

Eine zweite Rechtsfolge der Werkabnahme ist der *Beginn des Fristenlaufs für die Prüfungs- und Rügefrist* (GAUCH, Werkvertrag, Nr. 1515 f.). Gemäss Art. 367 Abs. 1

OR hat der Besteller (der Bauherr) nach Ablieferung des Werkes, sobald es nach dem üblichen Geschäftsgang tunlich ist, dessen Beschaffenheit zu prüfen (Näheres zur Prüfungspflicht des Bestellers, zu den zeitlichen Voraussetzungen und zu den sachlichen Anforderungen bei GAUCH, Werkvertrag, Nr. 1517 ff. und bei OR-ZINDEL/PULVER, N 3 ff. zu Art. 367) und den Unternehmer von allfälligen Mängeln (Abweichungen des Werkes vom Vertrag; GAUCH, Werkvertrag, Nr. 915) unverzüglich (sofort) in Kenntnis zu setzen (d.h. die Mängel zu rügen); (Näheres zur Rügepflicht bei GAUCH, Werkvertrag, Nr. 1529 ff. und bei OR-ZINDEL/PULVER, N 17 ff. zu Art. 367). Sind die besonderen Voraussetzungen eines der drei Rechte gegeben, so kann der Bauherr gleichzeitig oder nach erfolgter Mängelrüge eines der drei kausalen (alternativen) Mängelrechte (Wandelung, Minderung, Nachbesserung) durch Gestaltungserklärung ausüben. Überdies steht ihm (bei gegebenen Voraussetzungen) der (kumulative) verschuldensabhängige Anspruch auf Ersatz des Mangelfolgeschadens zu (Art. 368 OR).(Näheres zu den Mängelrechten bei GAUCH, Werkvertrag, Nr. 1046 ff.).

Dritte Rechtsfolge der Bauwerkabnahme ist der *Übergang der (Vergütungs-) Gefahr* vom Unternehmer auf den Bauherrn nach Art. 376 Abs. 1 OR (GAUCH, Werkvertrag, Nr. 810 ff.). Der Terminus "Übergabe" in Art. 376 Abs. 1 OR ist als "Abnahme" auszulegen. Bis zur Abnahme trägt der Unternehmer die Vergütungsgefahr bei zufälligem Werkuntergang (z.B. durch Blitzschlag), nach der Abnahme liegt die Vergütungsgefahr beim Bauherrn. Zu den Ausnahmen von diesem Grundsatz (vor allem Annahmeverzug des Bestellers und Fälle von Art. 376 Abs. 3 OR) sowie zur Abgrenzung der Vergütungsgefahr gegenüber der Leistungsgefahr siehe GAUCH, Werkvertrag, Nr. 819 ff. und 828 ff.

Nach Art. 371 Abs. 1 OR verjähren die Ansprüche des Bestellers (Bauherrn) wegen Mängeln des Werkes gleich den entsprechenden Ansprüchen des Käufers. Der kaufrechtliche Art. 210 OR legt fest, dass die Klagen auf Gewährleistung wegen Mängel der Sache mit Ablauf eines Jahres *nach der Ablieferung* verjähren. Gemäss Abs. 2 von Art. 371 verjährt der Anspruch des Bestellers (Bauherrn) eines unbeweglichen Bauwerkes wegen allfälliger Mängel des Werkes mit Ablauf von fünf Jahren *seit der Abnahme*. *Demnach beginnt mit der Abnahme* des beweglichen oder des unbeweglichen Bauwerkes die einjährige oder die fünfjährige *Verjährungsfrist für die Mängelrechte zu laufen* (GAUCH, Werkvertrag, Nr. 1621 ff.).

II. Abnahme von Bauwerken nach SIA-Norm 118

Haben die Parteien in ihren Bauwerkvertrag die Ausgabe 1977 der SIA-Norm 118 übernommen, so ist für den *Normalfall* der Werkabnahme zusätzlich zur Werkvollendung (Art. 157 Abs. 1) und zur Vollendungsanzeige (Art. 158 Abs. 1) die *gemeinsame Prüfung des Werkes* durch Bauleitung (Bauherrn) und Unternehmer vorausgesetzt (Art. 158 Abs. 2). Die (gemeinsame) Abnahmeprüfung hat innert Monatsfrist seit der Vollendungsanzeige zu erfolgen. Bei der gemeinsamen Prüfung dürfen sich keine wesentlichen Werkmängel zeigen, ansonsten grundsätzlich die Abnahme zurückgestellt wird

(Art. 161) (siehe aber auch die Fälle der Abnahme trotz wesentlicher Mängel in Art. 162). (Näheres bei GAUCH, Werkvertrag, Nr. 1900 ff. sowie GAUCH, Kommentar zu den angeführten Artikeln).

Die SIA-Norm 118 kennt allerdings *zwei Ausnahmefälle*, bei deren Vorliegen das Werk abgenommen ist, obwohl keine gemeinsame Abnahmeprüfung stattgefunden hat (GAUCH, Werkvertrag, Nr. 1923 ff.). Der erste Ausnahmefall liegt vor, wenn nach der Vollendungsanzeige die gemeinsame Prüfung deswegen unterbleibt, weil keine der Parteien die Prüfung verlangt. Der zweite Ausnahmefall liegt vor, wenn nach der Vollendungsanzeige die gemeinsame Prüfung innert Monatsfrist deswegen unterbleibt, weil von seiten des Bauherrn die Mitwirkung unterlassen wird. In beiden Fällen gilt das Werk mit Ablauf der Monatsfrist als abgenommen (Art. 164 Abs. 1). Unterlässt hingegen der Unternehmer die Mitwirkung, so ist die Werkabnahme nach Art. 164 Abs. 2 nicht erfolgt.

Hinsichtlich der Rechtsfolgen der Werkabnahme bestimmt Art. 157 Abs. 2 folgendes: "Mit der Abnahme ist das Werk (oder der Werkteil) abgeliefert. Es geht in die Obhut des Bauherrn über; dieser trägt fortan die Gefahr. Sowohl die Garantie- als auch die Verjährungsfrist für Mängelrechte des Bauherrn beginnen zu laufen (Art. 172 Abs. 2, Art. 180 Abs. 1)."

Eine Rechtsfolge, auf welche an dieser Stelle näher einzugehen ist, ist der *Beginn der zweijährigen Garantiefrist* (Art. 172) (GAUCH, Werkvertrag, Nr. 1966). Diese ist zunächst eine Rügefrist, innert welcher Mängel aller Art - für die das Werk nicht bereits genehmigt ist - jederzeit rechtswirksam angezeigt (gerügt) werden können (GAUCH, Werkvertrag, Nr. 1974 ff.). Die Möglichkeit jederzeitiger Mängelrüge innerhalb der zwei Jahre bedeutet, dass der Bauherr, der den Mangel erkennt, diesen nicht sogleich nach dessen Feststellung anzeigen muss. Die zweijährige Garantiefrist ist aber nicht nur eine Rügefrist, sondern sie hat darüber hinaus Bedeutung für die Beweislast (Art. 174 Abs. 3), für das Recht des Unternehmers auf Besichtigung (Art. 175) und für die Sicherheitsleistung des Unternehmers (Art. 181). (Näheres zu den letzteren drei Bedeutungen bei GAUCH, Werkvertrag, Nr. 1987 ff.). Sogenannte verdeckte Mängel können i.d.R. noch nach Ablauf der zweijährigen Garantiefrist wirksam gerügt werden (Art. 179).

Mit der Werkabnahme beginnt nicht nur die zweijährige Garantiefrist, sondern auch die *fünfjährige Verjährungsfrist* zu laufen (Art. 180 Abs. 1). Diese gelangt bezüglich aller Werke zur Anwendung. Die Verjährung bezieht sich auf die Mängelrechte der SIA-Norm 118. Das System der Mängelrechte der SIA-Norm 118 unterscheidet sich von demjenigen des dispositiven Werkvertragsrechts besonders dadurch, dass das (kausale) Verbesserungsrecht im Vordergrund steht und der Bauherr zwischen den drei kausalen Mängelrechten nur dann wählen kann, wenn der Unternehmer den Mangel innerhalb der vom Bauherrn angesetzten Frist nicht behebt (Art. 169 Abs. 1) (BGE 110 II 53). Die Rechte aus Mängeln, die der Unternehmer absichtlich verschwiegen hat, verjähren nach Art. 180 Abs. 2 in 10 Jahren. (Näheres bei GAUCH, Werkvertrag, Nr. 2010 ff.).

C) Genehmigung von Bauwerken

I. Genehmigung von Bauwerken nach gesetzlichem Werkvertragsrecht

Im gesetzlichen Werkvertragsrecht ist zwischen *vier Kategorien von Werkgenehmigungen* zu unterscheiden, nämlich: der ausdrücklichen Genehmigung nach Art. 370 Abs. 1 OR, der stillschweigenden Genehmigung nach Art. 370 Abs. 1 OR, der fiktiven Genehmigung nach Art. 370 Abs. 2 OR und der fiktiven Genehmigung nach Art. 370 Abs. 3 OR.

Die *ausdrückliche Werkgenehmigung* von Art. 370 Abs. 1 OR bezieht sich auf Mängel, die bei der Abnahme und der ordnungsgemässen Prüfung (Art. 367 Abs. 1 OR) erkennbar waren. Dies sind die sog. *offenen Mängel*. Ihnen gleichzustellen sind die vom Bauherrn tatsächlich erkannten Mängel. Die ausdrückliche Werkgenehmigung ist eine Erklärung durch Worte oder Zeichen, soweit der Genehmigungswille des Bauherrn unmittelbar aus diesen hervorgeht (zur ausdrücklichen Erklärung vgl. GAUCH/SCHLUEP I, Nr. 188). (Näheres zur ausdrücklichen Werkgenehmigung für offene Mängel bei GAUCH, Werkvertrag, Nr. 1502, 1497 und 1489).

Die *stillschweigende Werkgenehmigung* nach Art. 370 Abs. 1 OR für offene und tatsächlich erkannten Mängel erfolgt durch Schweigen, durch konkludentes Verhalten (Kundgabe des Genehmigungswillens durch Willensbetätigung) oder als mitverstandener Inhalt einer anderen Erklärung (GAUCH, Werkvertrag, Nr. 1502). Keine stillschweigende Werkgenehmigung ist die Inbesitznahme des Werkes durch den Bauherrn. Demgegenüber kann die vorbehaltlose Bezahlung der Unternehmerrechnung in concreto als Werkgenehmigung ausgelegt werden (zu beiden Fällen GAUCH, Werkvertrag, Nr. 1502).

Nach Abs. 2 von Art. 370 OR wird stillschweigende Genehmigung angenommen, wenn der Besteller die gesetzlich vorgeschriebene Prüfung und Anzeige (Rüge) unterlässt. Bei dieser gesetzlichen Annahme einer stillschweigenden Genehmigung handelt es sich nicht um eine Genehmigung durch Schweigen, konkludentes Verhalten oder als Inhalt einer andern Erklärung (oben N 26), sondern um eine unwiderlegbare Genehmigungsvermutung (Fiktion; praesumptio iuris et de iure). Der Besteller kann die Vermutung nicht dadurch zerstören, dass er nachweist, seine Nichtvornahme der rechtzeitigen Mängelanzeige habe unter den gegebenen Umständen nicht die Bedeutung einer Werkgenehmigung gehabt (da er etwa wegen Ferienabwesenheit die Prüfung und Rüge nicht habe rechtzeitig vornehmen können). Die *fiktive Genehmigung des Werkes bezieht sich auf die offenen Mängel, die der Bauherr nicht rechtzeitig angezeigt hat* (GAUCH, Werkvertrag, Nr. 1548). Hinsichtlich der Rechtzeitigkeit der Prüfung und Rüge bestimmt Art. 367 Abs. 1 OR, dass der Besteller nach Ablieferung des Werkes - sobald es nach dem üblichen Geschäftsgang tunlich ist - dessen Beschaffenheit zu prüfen und den Unternehmer von allfälligen Mängeln unverzüglich (sofort) in Kenntnis zu setzen habe.

Nun gibt es nicht nur die fiktive Genehmigung des Werkes für offene Mängel, sondern auch die *fiktive Werkgenehmigung für geheime Mängel* (Art. 370 Abs. 3 OR). Geheime Mängel sind solche, die bei der Abnahme und ordnungsgemässen Prüfung des Werkes nicht erkennbar sind. Mängel, die der Bauherr weder bei der ordnungsgemässen Werkprüfung tatsächlich erkannt hat, noch hätte erkennen müssen, kann er während der Verjährungsfrist der Mängelrechte noch wirksam rügen. Allerdings muss er sie sofort nach der Entdeckung anzeigen (GAUCH, Werkvertrag, Nr. 1370) (vgl. auch BGE 107 II 176 f.). Rügt er nicht sofort nach der Entdeckung, so ist das Werk auch für diese Mängel fiktiv genehmigt.

Wirkung der Genehmigung des Bauwerkes für (bestimmte) Mängel ist die Befreiung des Unternehmers von seiner Haftpflicht. Befreiung von der Haftpflicht bedeutet aus der Sicht des Bauherrn *Verwirkung der Mängelrechte aus den genehmigten Mängeln*. Es sind einerseits alle vier Mängelrechte verwirkt, also auch der verschuldensabhängige Anspruch auf Ersatz des Mangelfolgeschadens, andererseits sind aber nur die Mängelrechte verwirkt (also beispielsweise nicht der Anspruch des Bauherrn gegenüber dem Unternehmer auf Ersatz des Verspätungsschadens). (Näheres bei GAUCH, Werkvertrag, Nr. 1496 ff.).

Trotz Werkgenehmigung durch den Bauherrn erfolgt nach dem Wortlaut von Art. 370 Abs. 1 OR keine Befreiung von der Haftpflicht, wenn der Tatbestand des *absichtlichen Verschweigens von Mängeln durch den Unternehmer* vorliegt. GAUCH, Werkvertrag, Nr. 1504 und 1505: "- Damit eine absichtliche ("arglistige") Verschweigung in Betracht kommt, müssen verschiedene Grundvoraussetzungen erfüllt sein. Vorausgesetzt ist zunächst ein Werkmangel, der dem Besteller unbekannt und auch nicht offensichtlich ... ist ... Sodann ist vorausgesetzt, dass der Unternehmer diesen Mangel im Zeitpunkt der Ablieferung kennt und die Aufklärung des Bestellers bewusst (nicht aus Nachlässigkeit) unterlässt ... - Sind die erwähnten Voraussetzungen ... erfüllt, so ist die Verschweigung allein deswegen noch nicht "arglistig". Vielmehr verlangt das Element der "Arglistigkeit", dass die Verschweigung ausserdem gegen Treu und Glauben verstösst ...".

II. Genehmigung von Bauwerken nach SIA-Norm 118

Im standardisierten (vorgeformten) Werkvertragsrecht der SIA-Norm 118 sind *vier Genehmigungskategorien* auseinanderzuhalten:

Nach Art. 163 Abs. 1 ist das Werk zunächst dann genehmigt, *wenn die Bauleitung in für den Bauherrn verbindlicher Weise bei der gemeinsamen Abnahmeprüfung ausdrücklich oder stillschweigend auf die Geltendmachung eines erkannten Mangels verzichtet hat*. Wirkung dieser Genehmigung ist das Entfallen der Unternehmerhaftung für den erkannten Mangel (1. Kategorie).

Abs. 2 von Art. 163 vermutet unwiderleglich einen stillschweigenden Verzicht (fingiert ihn also) auf die Geltendmachung offensichtlicher Mängel, die bei der gemeinsamen Prüfung nicht geltend gemacht wurden. Da Abs. 1 an den stillschweigenden Verzicht die Wirkung der Genehmigung knüpft, handelt es sich nicht nur um einen fiktiven Verzicht auf die Geltendmachung, sondern um eine *fiktive Genehmigung des Werkes für offensichtliche Mängel* (2. Kategorie). Nach GAUCH (Werkvertrag, Nr.1934; GAUCH,

N 16b zu Art. 163) sind den offensichtlichen Mängeln die vom Bauherrn (bzw. der Bauleitung) während der Prüfung tatsächlich erkannten Mängel gleichzustellen (weshalb der Verzicht unwiderlegbar vermutet werde, falls der Mangel bei der gemeinsamen Prüfung nicht gerügt worden sei; GAUCH, Werkvertrag, N 15 zu Art. 163). Wirkung der Genehmigung ist das Entfallen der Unternehmerhaftung für diese Mängel. Keine Genehmigungsfiktion, sondern lediglich eine widerlegbare Genehmigungsvermutung stellt die SIA-Norm 118 hingegen auf für erkannte Mängel, die ein allfälliges Prüfungsprotokoll nicht aufführt (Art. 163 Abs. 2 Halbsatz 1).

In den zwei Ausnahmefällen der *Abnahme ohne gemeinsame Prüfung* (Art. 164) kann der Bauherr sämtliche Mängel bis zum Ablauf der Garantiefrist wirksam rügen (Art. 173 und Art. 174), bestimmte Mängel auch noch später (Art. 179) (GAUCH, Werkvertrag, Nr. 1937).

Die SIA-Norm 118 ordnet des weitern eine Haftungsbefreiung des Unternehmers an oder erklärt das Mängelrügerecht des Bauherrn für erloschen, wenn der *Bauherr bestimmte Mängel nicht bis zum Ablauf der mit der Werkabnahme beginnenden zweijährigen Garantiefrist gerügt hat* (GAUCH, Werkvertrag, Nr. 1981). Es sind dies nach GAUCH (Werkvertrag, Nr. 1982 ff.):

- "Mängel, die der Bauherr vor Ablauf der Garantiefrist entdeckt hat (Art. 178 Abs. 1; ...);
- Mängel, die schon während der Garantiefrist offensichtlich waren (Art. 178 Abs. 2;...);
- Mängel, welche der Bauherr (bzw. die Bauleitung) bereits bei der gemeinsamen Abnahmeprüfung des Werkes ... hätte erkennen können, es sei denn, der Unternehmer habe sie absichtlich verschwiegen (Art. 179 Abs. 3;...);
- Mängel eines ohne gemeinsame Prüfung abgenommenen Werkes (Art. 164), welche der Bauherr bis zum Ablauf der Garantiefrist erkennen kann, wenn er das abgenommene Werk selbständig prüft, es sei denn, der Unternehmer habe die Mängel absichtlich verschwiegen (Art. 179 Abs. 4;...)."

Bei dem durch die SIA-Norm 118 für diese Mängelkategorien angeordneten Erlöschen des Mängelrügerechts oder der angeordneten Haftungsbefreiung des Unternehmers (vgl. GAUCH, Werkvertrag, Nr. 1981 und 1996) handelt es sich in der Sache um nichts anderes als um die Rechtsfolge (Wirkung) einer fiktiven *Werkgenehmigung für diese Mängel* (3. Kategorie).

Der Bauherr kann verdeckte Mängel grundsätzlich noch nach Ablauf der zweijährigen Garantiefrist rügen. Verdeckte Mängel sind solche, die der Bauherr erst nach Ablauf der Garantiefrist entdeckt (Art. 179 Abs. 1). Von diesem Grundsatz gibt es allerdings Ausnahmen (vgl. Art. 178 Abs. 2, 179 Abs. 3 und 4). Den später entdeckten Mangel muss der Bauherr sofort nach dessen Feststellung rügen, ansonsten der Unternehmer für ihn nicht haftet (Art. 179 Abs. 2 Satz 1 e contrario) (vgl. GAUCH, Werkvertrag, Nr. 2004; GAUCH, Kommentar, N 9 zu Art. 179). Auch diese Haftungsbefreiung des Unternehmers bei Unterlassung der sofortigen Rüge durch den Bauherrn ist die Wirkung einer *fiktiven Genehmigung des Werkes für diese Mängel (4. Kategorie)*.

Keine Befreiung des Unternehmers von der Haftpflicht erfolgt nach Art. 179 Abs. 3 und 4, *wenn der Unternehmer die Mängel absichtlich* (gemeint ist nach GAUCH,

Werkvertrag, Nr. 2009, auch hier "arglistig") *verschwiegen* hat. Aufgrund des Wortlautes kann man sich in dogmatischer Hinsicht fragen, ob die SIA-Norm 118 bei absichtlicher Täuschung überhaupt keine Werkgenehmigung fingiert oder ob sie zwar Werkgenehmigung fingiert, aber die Fälle absichtlicher Täuschung von der Genehmigungswirkung ausnimmt. In der Sache besteht kein Grund, die Rechtsfolge der absichtlichen Täuschung rechtskonstruktiv anders zu behandeln als nach dem Wortlaut von Art. 370 Abs. 1 OR. Es trifft demnach letzteres zu.

D) Zwei Grundsätze für die bauleitende Tätigkeit des Architekten oder Bauingenieurs

In der Praxis ist es die Regel, dass der Bauherr nicht selbst am Vorgang der Bauwerkabnahme teilnimmt, sondern die Mitwirkung auf einen bauleitenden Architekten/Bauingenieur überträgt. Der Architekt/Bauingenieur tritt alsdann als Vertreter des Bauherrn in dessen Werkvertragsbeziehung zum Unternehmer auf. Rechtswirkungen für den Bauherrn zeitigen die Handlungen des Architekten/Bauingenieurs dann, wenn sie mit Vertretungsmacht und im Namen des Bauherrn vorgenommen werden (GAUCH/ SCHLUEP I, Nr. 1317 ff.; SCHWAGER, bei GAUCH/TERCIER, Nr. 214 ff.).

Im Zusammenhang mit der Mitwirkung des Architekten/Bauingenieurs als Vertreter des Bauherrn an der Bauwerkabnahme stellen sich schwierige juristische Fragen stellvertretungsrechtlicher, haftungsrechtlicher, AGB-rechtlicher Natur. Ihre Beantwortung ist einerseits von der konkreten Ausgestaltung der (internen) Vertragsbeziehung des Architekten/Bauingenieurs zum Bauherrn (mitsamt der allenfalls erfolgten individuellen (einseitigen) Bevollmächtigung des Architekten/Bauingenieurs zu bestimmten Rechtshandlungen durch den Bauherrn; siehe dazu SCHWAGER, bei GAUCH/TERCIER, Nr. 757 ff.) (siehe auch Art. 396 Abs. 2 OR und den im Sinne letzterer Bestimmung auszulegenden Art. 1.4.3. Abs. 3 SIA-Ordnung 102 und 103) und andererseits von der konkreten Ausgestaltung der Vertragsbeziehung zwischen dem Bauherrn und dem Unternehmer (mitsamt einer allenfalls erfolgten (externen) Kundgabe einer Vollmacht des Architekten/Ingenieurs; siehe dazu SCHWAGER, Nr. 773 ff.) abhängig. Möglich ist in casu auch, dass Anscheins- oder Duldungsvollmacht vorliegt.

Es sollen an dieser Stelle nicht alle denkbaren Fallkonstellationen erörtert werden. Da sich die vorliegende Publikation auch an den juristisch nicht vorgebildeten Leser richtet, beschränke ich meine Ausführungen auf die Darstellung von zwei Grundsätzen, welche sich auf den Normalfall beziehen.

I. Der bauleitende Architekt/Bauingenieur hat im Normalfall Vertretungsmacht zur Mitwirkung an der Werkabnahme namens des Bauherrn

Die Mitwirkung an der Bauwerkabnahme gehört im Normalfall zu den Pflichten des bauleitenden Architekten/Bauingenieurs. Er ist dazu auch ermächtigt (zu beiden Feststellungen siehe SCHWAGER, bei GAUCH/TERCIER, Nr. 802). Richtet sich der Abnahmevorgang nach dem gesetzlichen Werkvertragsrecht, so ist der bauleitende Architekt/Bauingenieur zur Entgegennahme des Werkes oder bei Bauarbeiten auf Grund und Boden zur Entgegegennahme der Vollendungsanzeige ermächtigt (sog. passive Vertretung; SCHWAGER, BR 1980/3 S. 39). Richtet sich der Abnahmevorgang nach der SIA-Norm 118, so ist der bauleitende Architekt/Bauingenieur ebenfalls zur Entgegennahme der Vollendungsanzeige ermächtigt. Er ist auch ermächtigt, die Abnahmeprüfung gemeinsam mit dem Unternehmer durchzuführen (SCHWAGER, bei GAUCH/ TERCIER, Nr. 803).

II. Der bauleitende Architekt/Bauingenieur hat im Normalfall keine Vertretungsmacht zur Genehmigung des Werkes namens des Bauherrn

Die Genehmigung des Bauwerks bewirkt Haftungsbefreiung des Unternehmers und steht nicht im Interesse des Bauherrn. Der bauleitende Architekt/Bauingenieur ist deshalb im Normalfall nicht ermächtigt, eine ausdrückliche oder stillschweigende Genehmigungserklärung namens des Bauherrn dem Unternehmer gegenüber abzugeben (SCHWAGER, bei GAUCH/TERCIER, Nr. 804). Entgegen dem Wortlaut von Art. 163 SIA-Norm 118 ist eine Vollmacht, auf die Geltendmachung von Mängeln zu verzichten, für das interne Verhältnis zwischen Bauleitung und Bauherrn atypisch (GAUCH, N 1a zu Art. 163). Der bauleitende Architekt/Bauingenieur darf auch normalerweise aufgrund des internen Verhältnisses nicht auf die Geltendmachung von Mängeln, die er bei der gemeinsamen Abnahmeprüfung erkannt hat, verzichten (ähnlich SCHWAGER, bei GAUCH/TERCIER, Nr. 805). (Denkbar sind allerdings Fälle, bei denen das "Können" des Architekten/Bauingenieurs infolge externer Kundgabe einer Vollmacht weitergeht als das "Dürfen"; siehe dazu GAUCH, Kommentar, N 1a zu Art. 163). Nach dem Inhalt des mit dem Bauherrn abgeschlossenen Architekten- oder Bauingenieurvertrages kann die Werkprüfung und die Erhebung von (bestimmten) Mängelrügen (als Abwehrmassnahme gegen den Eintritt einer fiktiven Bauwerkgenehmigung) vielmehr vom Architekten/Bauingenieur gerade geschuldet sein.

E) Einzelfragen

I. Zur Teilabnahme

Nach dem Wortlaut von Art. 157 Abs. 1 SIA-Norm 118 (sie gilt nur bei Übernahme in den Vertrag) kann *Gegenstand der Abnahme auch ein in sich geschlossener vollendeter Werkteil* (zum Begriff des "in sich geschlossenen Werkteils" GAUCH, Kommentar, N 5 zu Art. 157) sein. Dies gilt dann nicht, wenn die Parteien individuell oder in einem rangmässig übergeordneten Vertragsbestandteil etwas anderes vereinbart haben (GAUCH, Kommentar, N 4 zu Art. 157). *Das gesetzliche Werkvertragsrecht sieht demgegenüber keine Teilabnahme* (Abnahme nur eines Werkteils) vor (GAUCH, Kommentar, N 7 zu Art. 157; GAUCH, Werkvertrag, Nr. 94 und 98). Möglich ist aber selbstverständlich, dass die Parteien kraft der Vertragsinhaltsfreiheit (Art. 19 Abs. 1 OR) Teillieferungen vereinbaren, und zwar entweder in dem Sinne, *dass der Unternehmer zur Teilablieferung nur berechtigt, oder* aber in dem Sinne, dass er dazu *sogar verpflichtet ist* (GAUCH, Werkvertrag, Nr. 98). Kommt die SIA-Norm 118 zum Zug, so steht es *im Belieben des Unternehmers*, ob eine Teilabnahme stattfinden soll oder nicht (GAUCH, Kommentar, N 7 zu Art. 157 und N 6 zu Art. 158).

II. Zum Neubeginn des Fristenlaufes nach Art. 176 SIA-Norm 118

Gemäss dem Wortlaut von Art. 176 Abs 1 SIA-Norm 118 findet nach Behebung eines während der Garantiefrist gerügten Mangels für den instandgestellten Teil auf Anzeige des Unternehmers eine Prüfung und Abnahme nach Massgabe der Art. 157 ff. statt. *Die hier gemeinte Abnahme bezieht sich auf den "instandgestellten Teil"* (GAUCH, Kommentar, N 5 zu Art. 176). "Die Art. 157 ff. kommen sinngemäss zur Anwendung, auch was z.B. die Monatsfrist (Art. 158 Abs. 2), den Verzicht auf die Geltendmachung eines Mangels (Art. 163) und die Abnahme ohne gemeinsame Prüfung (Art. 164) betrifft" (GAUCH, Kommentar, N 6 zu Art. 176). Gemäss Abs. 2 von Art. 176 beginnt *mit dem Tag der Abnahme die Garantiefrist für den instandgestellten Teil neu zu laufen*. Bezog sich die Verbesserung allerdings auf einen *unwesentlichen Mangel*, so beginnt die Garantiefrist für diesen Mangel *nicht neu zu laufen* (GAUCH, Kommentar, N 13 zu Art. 177). Gemeint ist mit "Neubeginn des Fristenlaufes" ein Neubeginn des Laufes der Garantiefrist und nicht der Verjährungsfrist (der Mängelrechte). Beginnt der Unternehmer mit der verlangten Mängelbeseitigung oder erklärt er sich bereit, die verlangte Mängelbeseitigung vorzunehmen, so bedeutet dies aber im Normalfall eine Anerkennung der Mängelhaftung durch den Unternehmer (GAUCH, Werkvertrag, Nr. 1635; GAUCH, Kommentar, N 6 zu Art. 180) und es wird damit die Verjährung unterbrochen (Art. 135 Ziff. 1 OR)(vgl. BGE 116 II 313). Mit der Unterbrechung beginnt die Verjährung von neuem (Art. 137 Abs. 1 OR).

III. Zur Schlussprüfung nach Art. 177 SIA-Norm 118

Die SIA-Norm 118 kennt die sogenannte Schlussprüfung. Gemäss Art. 177 ist *auf Verlangen der einen oder anderen Partei vor Ablauf der Garantiefrist der Zustand des Werkes zur Beweissicherung gemeinsam festzustellen.* Über diese Schlussprüfung wird ein Protokoll aufgenommen und von den Beteiligten unterschriftlich anerkannt. Führt dieses Protokoll einen Werkmangel auf, so spricht eine tatsächliche Vermutung dafür, dass dieser Mangel vom Bauherrn vor Ablauf der Garantiefrist erkannt und eine weitere tatsächliche (widerlegbare) Vermutung dafür, dass dieser Mangel auch gerügt wurde. Ist ein Werkmangel im Protokoll nicht enthalten, so spricht eine tatsächliche (widerlegbare) Vermutung dafür, dass dieser Werkmangel bis zum Abschluss der Prüfung nicht erkannt wurde (Näheres bei GAUCH, Kommentar, N 5 zu Art. 177). Dies ist namentlich in dem Zusammenhang von Bedeutung, als mit dem Ablauf der zweijährigen Garantiefrist das Recht des Bauherrn, vorher entdeckte Mängel zu rügen, erlischt (Art. 178 Abs. 1 SIA-Norm 118).

IV. Ausgewählte Hinweise auf die Beweislast

Der Bauherr hat den *Werkmangel als rechtsbegründende Tatsache zu beweisen* (Art. 8 ZGB). So hat er beispielsweise zu beweisen, "dass der angebliche Mangel keine nachträgliche Verschlechterung des in vertragsgemässem Zustand abgelieferten Werkes darstellt" (GAUCH, Werkvertrag, Nr. 1029). Der Unternehmer trägt die *Behauptungslast* dafür, dass keine rechtzeitige Mängelrüge erhoben wurde (GAUCH, Werkvertrag, Nr. 1562). Behauptet der Unternehmer, die Mängelrüge sei verspätet, *so obliegt die Beweislast für die Rechtzeitigkeit dem Bauherrn* (GAUCH, Werkvertrag, Nr. 1563; BGE 107 II 176; 107 II 54; 118 II 147). Auch für den *gehörigen Inhalt der Mängelrüge trägt der Bauherr die Beweislast* (OR-ZINDEL/PULVER, N 32 zu Art. 367). *Die Beweislast für das Datum und die Ausführung der Werkablieferung liegt beim Unternehmer* (OR-ZINDEL-PULVER, N 33 zu Art. 367).

Ist bei Vorliegen einer Werkvertragsbeziehung, deren Inhalt sich nach der SIA-Norm 118 richtet, streitig, ob ein vom Bauherrn behaupteter und während der Garantiefrist gerügter Mangel eine Vertragsabweichung darstellt und daher ein Mangel im Sinne der Norm ist, so liegt die *Beweislast beim Unternehmer* (Art. 174 Abs. 3 SIA-Norm 118; GAUCH, Kommentar, N 8 zu Art. 174; GAUCH, Werkvertrag, Nr. 1988). *Diese Beweislastumkehr gilt aber nicht auch für verdeckte Mängel* (Art. 179 Abs. 5; GAUCH, Kommentar, N 20 zu Art. 179).

V. Ausgewählte Hinweise auf die amtlich angeordnete Tatbestandsaufnahme nach Art. 367 Abs. 2 OR

Gemäss Art. 367 Abs. 2 OR ist jeder Teil berechtigt, auf seine Kosten eine Prüfung des Werkes durch Sachverständige und die Beurkundung des Befundes zu verlangen. Es ist die Aufgabe anderer Beiträge in diesem Buch, auf die amtlich angeordnete Tatbestandsaufnahme nach Art. 367 Abs. 2 OR vertieft einzugehen, weshalb ich mich an dieser Stelle auf einige ausgewählte Hinweise beschränke. Der amtlich ernannte Sachverständige hat grundsätzlich *Sach- und nicht Rechtsfragen* zu beantworten (OR-ZINDEL/ PULVER, N 24 zu Art. 367; GAUCH, Werkvertrag, Nr. 1041). "Zur Aufgabe des Sachverständigen gehört es, dass er einen bestimmten Zustand des Werkes (z.B. Risse in der Mauer), dessen Ursachen (z.B. Baugrundsenkung) und ähnliche Tatsachen (z.B. erforderliche Verbesserungsmassnahmen) feststellt" (GAUCH, Nr. 1041). Die amtliche Zustellung des Prüfungsbefundes an den Unternehmer vermag die Mängelrüge nicht zu ersetzen (GAUCH, Werkvertrag, Nr. 1539). Der Sachverständige wird von der zuständigen Behörde am Ort der Ablieferung des Werkes amtlich ernannt (BGE 96 II 270; GAUCH, Werkvertrag, Nr. 1036). Die Kosten der Begutachtung sind von demjenigen Teil zu tragen, der die Prüfung verlangt hat, wobei der Bauherr dieselben allerdings vom Unternehmer als Mangelfolgeschaden einverlangen kann, sofern die diesbezüglichen Voraussetzungen gegeben sind (GAUCH, Werkvertrag, Nr. 1042 f.).

VI. Hinweise auf die Abnahme und Genehmigung von Geistwerken

Das Bundesgericht hat in BGE 109 II 465 Erw. c) wie folgt entschieden: "Was nach BGE 109 II 34 ff. für die Tätigkeit eines Geometers gilt, ist in gleicher Weise für den Architekten, der Ausführungspläne und Kostenvoranschläge zu erstellen hat, von Bedeutung, allenfalls sogar, wenn er Bauprojekte ausarbeiten muss. Im Gegensatz zu BGE 98 II 310 E. 3 können derartige Arbeiten, wenn sie dem Architekten selbständig übertragen sind, durchaus auf einem Werkvertrag beruhen". Nach GAUCH (Qualifikation, Nr. 29 f.) ist nicht nur der entgeltliche Planungsvertrag, der sich auf die Herstellung von Bauplänen (von "Skizzen und Bauprojekten, ... Ausführungs- und Detailplänen") beschränkt, ein Werkvertrag, sondern es sind (bei vorausgesetzter Entgeltlichkeit) auch die Herstellung eines schriftlichen Kostenvoranschlages oder die Ausarbeitung eines Gutachtens, aber auch das Erstellen der Protokolle, das Führen des Baujournals und der Baubuchhaltung oder das Aufstellen, Nachprüfen und Bereinigen der Schlussabrechnung bei selbständiger Übertragung (als Einzelaufgabe) auf den Architekten dem Werkvertragsrecht zuzuordnen. Ist hingegen "der Architekt mit der Projektierung und Ausführung der Baute insgesamt beauftragt" (wobei mit "Ausführung der Baute" selbstverständlich nicht die körperliche Erstellung gemeint ist), so "gilt" mit Bezug auf dessen Haftung nach der vom BGer in BGE 109 II 465 f. Erw. d. zum Ausdruck gebrachten und in BGE 114 II 56 bestätigten Rechtsprechung was folgt: "Wo, wie bei der Mängelhaftung, nur einzelne Leistungen des Architekten zu beurteilen sind, ist eine Spaltung der Rechtsfolgen denkbar, indem sich etwa die Haftung für einen Planfehler aus Werkvertrag, jene für unsorgfältige Bauaufsicht aus Auftrag ergeben kann." Siehe aus historischem Interesse im gegebenen Zusammenhang aber auch die dieser Rechtsprechung vorausgegangenen leading cases wie BGE 98 II 305 ff. und BGE 63 II 176 ff. Näheres zudem bei GAUCH/TERCIER, TAUSKY, TRUEMPY und OR-ZINDEL/PULVER mit weiteren Verweisungen.

Eine wichtige Konsequenz der Anwendung von Werkvertragsrecht auf unkörperliche Arbeitserfolge ist nun die, dass auch geistige Werke den (gesetzlichen) Normen über die Abnahme und Genehmigung unterstehen. Es ist die persönliche und eigene wissenschaftliche Auffassung des Schreibenden, dass kein Rigorismus am Platz ist und die Anforderungen an Umfang, Methode und Intensität der erforderlichen Geistwerkprüfung und an die Rechtzeitigkeit der Rüge von Geistwerkmängeln nicht überspannt werden sollten (vgl. in diesem Zusammenhang auch SJZ 83 (1987) Nr. 32 S. 367 f.). Denn für die Feststellung von Mängeln solcher Geistwerke braucht es häufig einen Sachverstand, der dem Geistwerk-Besteller gerade fehlt. Zudem wird von Geistwerk-Bestellern mitunter als lebensfremd empfunden, dass sie von intellektuellen Fachleuten verursachte Geistwerkmängel unter Rechtsverwirkungsfolge bei Unterlassung rügen müssen. Der Schreibende möchte aber deutlich darauf hinweisen, dass dies lediglich seine persönliche Auffassung ist. Er fordert alle Geistwerk-Besteller ausdrücklich auf, bei Prüfung und Rüge in jeder Beziehung sorgfältig vorzugehen. Sowohl der sachverständige als auch der unsachverständige Geistwerkbesteller sind insbesondere auch zur umfassenden Geistwerkprüfung und zur sachgerecht substanziierten, rechtzeitigen und beweisbaren Rüge von Geistwerkmängeln aufgefordert.

RECHTSQUELLEN

Schweizerisches Zivilgesetzbuch vom 10. Dezember 1907, SR 210 (ZGB).
BG vom 30. März 1911 betreffend die Ergänzung des Schweizerischen Zivilgesetzbuches (Fünfter Teil: Obligationenrecht), SR 220 (OR).
BG gegen den unlauteren Wettbewerb vom 19. Dezember 1986, SR 241 (UWG).
Ordnung für Leistungen und Honorare der Architekten, SIA-Ordnung 102, Ausgabe 1984 (SIA-Ordnung 102).
Ordnung für Leistungen und Honorare der Bauingenieure, SIA-Ordnung 103, Ausgabe 1984 (SIA-Ordnung 103).
Allgemeine Bedingungen für Bauarbeiten, SIA-Norm 118, Ausgabe 1977 (SIA-Norm 118).

JUDIKATUR

BGE 89 II 409: Voraussetzungen der Bauwerkabnahme.
BGE 98 II 116; 111 II 171f.; 113 II 267; 115 II 458: Vollendung des Werkes als (eine) Voraussetzung der Abnahme.

BGE 94 II 164: Keine Ablieferung, sondern lediglich Inbesitznahme bei Einzug des Bestellers vor Vollendung aller Arbeiten.
BGE 113 II 267: "Abgeliefert wird das Werk sodann durch Übergabe oder durch die Mitteilung des Unternehmers, das Werk sei vollendet".
ZR 79 (1980) Nr. 20 S. 49 f.: Individuelle Vereinbarung von Abnahmevoraussetzungen.
BGE 107 II 176 f.: Verspätete Rüge eines nachträglich auftretenden Werkmangels.
BGE 100 II 33 f.: (zu Art. 370 Abs. 3) Rügepflicht sogar bei Entdeckung eines arglistig verschwiegenen Mangels.
BGE 107 II 176; 107 II 54: Beweislast für die Rechtzeitigkeit der Mängelrüge.
BGE 107 II 176: Beweislast dafür, "wann der gerügte Mangel für ihn erkennbar geworden ist, wie und wem er ihn mitgeteilt hat".
BGE 109 II 462 ff., insbesondere Erw. c und d: Entscheidstellen zit. in Nr. 49 dieses Beitrags; Entscheid bestätigt in BGE 114 II 56; (siehe aus historischem Interesse im gegebenen Zusammenhang aber auch die dieser Rechtsprechung vorausgegangenen leading cases wie BGE 98 II 305 ff. und BGE 63 II 176 ff.).

LITERATUR
GAUCH Peter, Der Werkvertrag, 3. Aufl., Zürich 1985 (GAUCH, Werkvertrag); DERS., Kommentar zur SIA-Norm 118, Art. 157 - 190 (Ausgabe 1977), Zürich 1991; GAUCH Peter/SCHLUEP Walter R., Schweizerisches Obligationenrecht, Allgemeiner Teil, Bd. I, 5. Aufl., Zürich 1991 (GAUCH/SCHLUEP I); GAUCH Peter, Vom Architekturvertrag, seiner Qualifikation und der SIA-Ordnung 102, bei GAUCH Peter/ TERCIER Pierre (Hrsg.), Das Architektenrecht/Le droit de l' architecte, Fribourg 1986 (GAUCH, Qualifikation); DIES. (Hrsg.), Das Architektenrecht/Le droit de l' architecte, Fribourg 1986; SCHWAGER Rudolf, Die Vollmacht des Architekten, bei GAUCH Peter/TERCIER Pierre (Hrsg.), Das Architektenrecht/Le droit de l' architecte, Fribourg 1986 (SCHWAGER, bei GAUCH/TERCIER); DERS., Der Umfang der Architektenvollmacht, Baurecht/droit de la construction 1980/3, S. 36 ff. (SCHWAGER, BR 1980/3, S. 36 ff.); TAUSKY Robert, Die Rechtsnatur der Verträge über die Planung von Bauwerken, Diss. Zürich 1991; TRUEMPY Daniel, Architektenvertragstypen, Eine Untersuchung der Projektierungs-, Bauleitungs- und Gesamtverträge zwischen dem Architekten und dem Bauherrn, unter Mitberücksichtigung der Ausgabe 1984 der SIA-Ordnung 102; VON TUHR Andreas/PETER Hans, Allgemeiner Teil des Schweizerischen Obligationenrechts, Bd. I, 3. Aufl., Zürich 1974/79; ZINDEL Gaudenz G./PULVER Urs, Der Werkvertrag, bei HONSELL Heinrich/VOGT Nedim Peter/WIEGAND Wolfgang, Kommentar zum schweizerischen Privatrecht, Obligationenrecht I, Art. 1 - 529 OR, Basel 1992 (OR-ZINDEL/PULVER).

Die massgeblichen Leistungen im Generalunternehmer-Vertrag

Christian Widmer

A) Grundsätzliches

I. Einleitung

Gegenüber dem traditionellen Bauen unterscheidet sich das Bauen mit einem Generalunternehmer (GU) namentlich dadurch: Der Bauherr hat neben dem Architekten und ev. Bauingenieur nicht mehrere Unternehmer als Vertragspartner. Der GU übernimmt die gesamte Ausführung des Bauwerkes (BGE 114 II 54). Im Normalfall ist es dann der Generalunternehmer seinerseits, der mit den Einzelunternehmern (sog. Subunternehmern) in Werkvertragsbeziehungen tritt. Der Gegenstand des Generalunternehmer-Vertrages besteht darin, dass sich der GU verpflichtet, ein vom Besteller vorgegebenes Gesamtwerk gegen Entgelt zu errichten (BGE 114 II 54, EGLI, S. 68).

Das Werk muss nicht unbedingt ein Bauwerk sein. Der GU-Vertrag hat sich zwar ursprünglich im Bauwesen entwickelt, doch auch ein EDV-Anbieter kann gegenüber seinem Kunden als GU auftreten. Sodann muss es sich bei dem zu errichtenden Werk nicht zwingend um ein neues oder eigenständiges Bauwerk handeln. Auch der mit einer Renovation beauftragte Unternehmer oder der Ersteller des Wintergartens kann ein GU sein (PRA 1989, S. 497; EGLI, S. 68).

Das Bauen mit einem GU hat für den Bauherrn den Vorteil, dass seine Aufgabe wesentlich erleichtert wird, da er trotz mehrerer am Bau beteiligter Unternehmer lediglich einen Vertragspartner hat (GAUCH, Werkvertrag, N 183). Im Hinblick auf Werkmängel ist dieser Vorteil von grosser Bedeutung. Zudem übernimmt der GU normalerweise nicht nur die Verpflichtung zur Errichtung der Baute, sondern garantiert dem Bauherrn zusätzlich die Fertigstellung an einem gewissen Termin (Termingarantie) zu einem festen Preis (Werkpreisgarantie). Wer mit der Bauausführung vertraut ist weiss, dass der Bauherr gut beraten ist, sich diesen Vorteil auch etwas kosten zu lassen (GU-Honorar). Ein guter GU bringt es aber fertig (eingespielte und zuverlässige Subunternehmer usw.), dem Bauherrn ein Angebot zu machen, welches kaum vom konventionellen Bauen abweicht. Die Werkpreisgarantie sowie die Geltendmachung von Mängeln bei lediglich einem Unternehmer (dem GU) mit einer einheitlichen und klaren Garantiefrist usw. ist der Vorteil, den der GU dem Bauherrn anbieten kann. Bei grösseren Bauten mit langer Ausführungsdauer kann auf den GU oder zumindest den Baumanager heute kaum mehr verzichtet werden.

II. Terminologie

Was ein Generalunternehmer ist, wurde erläutert. Vom Generalunternehmer unterscheidet sich der *Totalunternehmer* nun dadurch, dass er auch die Planungsarbeiten, namentlich die Projektierungsarbeiten für das vom Bauherrn bestellte Bauwerk übernimmt (BGE 114 II 55). Zusätzlich zur Errichtung und Planung der Baute tritt der Totalunternehmer oft auch noch als Verkäufer des Baulandes auf. Es ist aber nicht ausgeschlossen, dass der GU ebenfalls Planungsarbeiten übernimmt. Macht der GU aber die gesamte Planung (Architektur- und Ingenieurleistung), so spricht man eben von einem Totalunternehmer. Führt der GU die übernommenen Bauarbeiten nicht selber (mit eigenen Arbeitskräften) aus, so spricht man von einem *Generalübernehmer* (GAUCH, Werkvertrag, N 191). In der Bundesrepublik Deutschland hingegen ist ein Generalübernehmer, der nicht zumindest einen Teil der Arbeit selber ausführt, kein GU wie in der Schweiz.

Kein Generalunternehmer, sondern ein Beauftragter im Sinne von Art. 394 OR ist, wer sich lediglich dazu verpflichtet hat, die Werkausführung im Namen und auf Rechnung des Bauherrn zu vergeben und die Arbeiten in technischer und wirtschaftlicher Hinsicht zu betreuen, namentlich zu kontrollieren. Bei einer solchen Verpflichtung handelt es sich um einen *Baubetreuungs-* oder auch *Baumanagementvertrag* (GAUCH, Werkvertrag, N 191).

Von selbst versteht sich, dass derjenige Unternehmer, der nur einen Teil des Gesamtwerkes herzustellen hat, der sog. *Teilunternehmer* sowie der *Subunternehmer*, die mit dem Bauherrn in keinem Vertragsverhältnis stehen, keine Generalunternehmer sind.

III. Rechtsnatur des Generalunternehmer-Vertrages

Der Generalunternehmer verspricht als Hauptleistung die Errichtung einer Baute (also eines Werkes). Nach der Doktrin handelt es sich beim typischen Generalunternehmer-Vertrag um einen Werkvertrag im Sinne von Art. 363 ff. OR. Da der GU aber auch den Baustoff mitzuliefern hat, handelt es sich dabei um einen sogenannten Werklieferungsvertrag (GAUCH, Werkvertrag, N 191; EGLI, S. 90; BGE 114 II 45). Auch derjenige GU-Vertrag, bei welchem der GU zusätzlich zur Werkausführung die Bauleitung innehat, ist ein Werkvertrag; dies, obwohl der reine (isolierte) Bauleitungsvertrag als Auftrag im Sinne von Art. 394 ff. OR qualifiziert wird. Erbringt der GU über die Bauleitung hinaus gewisse Planerleistungen, "so ist dieser Vertrag ebenfalls als Werkvertrag zu qualifizieren" (EGLI, S. 90; BGE 114 II 55). Nicht die entsprechenden Teilleistungen, sondern die Gesamtleistung als solche ist massgebend für die Zuordnung und die Normen des Werkvertrages (EGLI, S. 91). Ein reiner Werkvertrag bleibt der Vertrag auch dann, wenn der GU die übernommenen Arbeiten nicht selber ausführt (also beim Generalübernehmer) (GAUCH, Werkvertrag, N 191).

Auch der Totalunternehmervertrag ist ein Werkvertrag. Das Bundesgericht hält in BGE 114 II 55 ff. fest: "Unterstehen sowohl die Planung wie die Ausführung des Bauwerkes den Regeln über den Werkvertrag, so hat das zwangsläufig auch für den diese Leistungen gesamthaft umfassenden Totalunternehmervertrag zu gelten (GAUCH, Werkvertrag, N 196 ff.)". Eine Besonderheit gilt für den Fall, wo der Unternehmer neben der Planung und der Erstellung des Werkes zusätzlich auch noch das Bauland verkauft. Umfasst hier die vereinbarte Entschädigung für dieses Gesamtangebot (Leistung plus Land) auch den Preis für das Land, so liegt nach Auffassung des Bundesgerichtes kein Werkvertrag, sondern ein Kaufvertrag über eine künftige Sache vor (BGE 94 II 162; BGE 117 II 259 ff.). Diese Rechtsauffassung wird von GAUCH nicht geteilt (GAUCH, Werkvertrag, N 193; GAUCH in: Baurecht 1992, S. 97 N 162).

Der Baubetreuungs- oder auch Baumanagervertrag, der keine Pflicht zur Herstellung des Bauwerkes begründet, ist nach schweizerischem Recht kein Werkvertrag (im Gegensatz zum deutschen Recht). Dieser Vertrag untersteht den Normen des Auftragsrechtes (Art. 394 ff. OR). Das gilt auch dann, wenn der Betreuer die zu vergebenden Arbeiten zwar im eigenen Namen, aber auf Rechnung seines Vertragspartners vergibt (GAUCH, Werkvertrag, N 191).

B) Die wesentlichen Leistungen der Parteien

I. Die Leistung des Generalunternehmers

1. Grundsatz

Beim GU-Vertrag ist das Bauwerk durch die Vorgabe des Bauherrn definiert. Der Bauherr hat ein Projekt (also die Pläne, wenn möglich schon die Detailpläne), und der GU führt dieses innert der vorgegebenen Zeit und (meistens) zum vereinbarten Preis aus. Die primäre Leistung des GU besteht somit darin, mit eigenen oder fremden Kräften die vom Besteller verlangte Baute zu erstellen (GAUCH, Werkvertrag, Nr. 185).

2. Spezifikation der Leistung

Von enormer Wichtigkeit ist nun, dass die Leistung des GU's klar definiert ist. Die häufigsten Probleme neben den Mängeln entstehen dadurch, dass die Leistung des GU interpretationsbedürftig ist. Im Zeitpunkt der Vertragsunterzeichnung sind die Projektunterlagen oft in einem sehr oberflächlichen Zustand. Bekanntlich werden die Detailpläne im Rahmen des Baufortschrittes erarbeitet. Dabei tauchen dann die Fragen auf, wie die Bauausführung genau auszusehen hat und welchen Qualitätsansprüchen das Werk entsprechen muss. Der Baubeschrieb alleine ist daher vielfach (insbesondere bei grösseren Bauten) nicht ausreichend, die Leistung des GU's zu beschreiben. So bilden in der Praxis zusätzliche Dokumente, wie das Bauprogramm, die Baubewilligung, Gutachten über die Baugrundbeschaffenheit, Unternehmerofferten usw. Bestandteil des Leistungsbeschriebs des GU's.

Die Leistung des GU's wird aber auch durch Normen, wie z.B. SIA Norm 118, Bauordnungen der Gemeinden und fakultative Regeln des Obligationenrechtes umschrieben. Bei den diversen Unterlagen, welche die Leistung des GU's definieren, kann es daher vorkommen, dass widersprüchliche Angaben vorliegen. Es kann sich daher die Frage stellen, ob die Baubewilligung oder der Baubeschrieb massgebend ist. In der Praxis wird daher im GU-Vertrag erklärt, welche Dokumente und Normen rangmässig vorgehen, falls widersprüchliche oder unklare Angaben enthalten sind. Eine oft verwendete Formulierung lautet: "Es gelten folgende Grundlagen in nachstehender Reihenfolge". Es ist aber zu beachten, dass eine solche Rangfolge lediglich im Rahmen des fakultativen Rechts zulässig ist. Zwingende gesetzliche Bestimmungen können nicht durch Vereinbarung abgeändert werden.

3. Der Baubeschrieb

Ob der Bauherr nun Anspruch auf goldene Türklinken hat oder nicht, lässt sich kaum aus den Projektplänen und schon gar nicht aus der Baubewilligung erkennen. Die Qualitätsumschreibung des Bauwerkes im Baubeschrieb ist daher sehr problematisch. Der GU, der seine Leistung (in der Praxis sehr häufig) aufgrund eines Pauschalpreises erbringt, ist bestrebt, möglichst billig zu bauen. Andererseits hat der Bauherr das Bestreben, möglichst qualitativ gut und luxuriös zu bauen. Wenn daher im GU-Vertrag nicht klar geregelt ist, wie die Baute sein muss, so sind die Differenzen unvermeidlich. Sollte der Vertrag aber alle Details bereits regeln, so würde das den Rahmen einer Vereinbarung, die auch oft unter Zeit-, Kosten- und Konkurrenzdruck zustande kommt, sprengen.

Die Projektverfasser und der Bauherr versuchen oft, dem Problem mit Generalklauseln zu begegnen. Dabei stellt sich die Frage, ob solche Begriffe wie, "best mögliche Qualität", "höchste Ansprüche", "erstklassig" überhaupt rechtsverbindlich sind (siehe dazu EGLI, S. 72). Solche Formulierungen bringen eben gerade keine Klarheit! Es gibt aber durchaus einfache Umschreibungen einer Leistung, die weniger missverständlich sind. So weiss der GU, der laut Vertrag ein Fünfsternhotel zu bauen hat, bereits ziemlich klar, welchen Ansprüchen das Werk bezüglich Bauqualität, Akustik, Innenausbau usw. genügen muss. Nützliche Hilfe als Ergänzung des Baubeschriebes bilden dabei z.B. auch das Raumbuch (verbale Detailbeschreibung aller Räume hinsichtlich Einrichtungsstandard, Qualität, Materialien, Marke usw.) sowie der Beschrieb der Funktionen einzelner Einrichtungsgegenstände hinsichtlich Leistungswerten (z.B. Lüftung,

Heizung), Wärmefähigkeit, Schallisolation usw. (siehe dazu die Muster-Verträge des VSGU und SIA).

4. Der Baukostenplan als Teil des Baubeschriebes

Ein sehr hilfreiches Mittel, die Qualitätsansprüche im Baubeschrieb zu definieren, bietet der in der Praxis sehr häufig verwendete Baukostenplan (BKP), herausgegeben durch die Schweizerische Zentralstelle für Baurationalisierung (CRB) mit Sitz in Zürich, ein Zusammenschluss der Trägerverbände BSA, SIA und des Schweiz. Baumeisterverbandes (Schweizer Norm Nr. 506 500; Neuste Ausgabe 1989/Nachdruck 1990, heute auch auf Datenträger erhältlich). Der BKP ist eine allgemein angewendete, einheitliche Gliederung der Baukosten wie auch der Qualität. Daraus ist ersichtlich, welche Arbeiten nach welchen Kriterien ausgefertigt werden. Zudem wird in der Praxis auch die Baukostenanalyse (BKA), eine planungsorientierte Kostengliederung, als Zusatzinstrument zum BKP für die mengen- und kostenmässige Auswertung von Bauobjekten im Hochbau verwendet. Der BKP wird ergänzt (verfeinert) durch den Normpositionenkatalog (NPK), das Standardwerk für die Ausschreibung von Bauleistungen (Submissionen). Im NPK werden die diversen Arbeitsgattungen (z.B. für Baumeister, Schreiner usw.) genau erfasst. Durch das Einsetzen von Menge und Einheitspreis im NPK wird der Baubeschrieb minutiös ergänzt. Da dieses normierte Gerippe eines Bauablaufes auch auf EDV zu erhalten ist, sollte es dem Projektverfasser möglich sein, dem GU einen detaillierten Baubeschrieb vorzulegen. Die Leistung des GU wird dadurch ziemlich genau definiert. Gestützt auf diesen klaren Leistungsbeschrieb kann der GU somit auch viel seriöser seinen Aufwand und somit sein Honorar abschätzen.

5. Abgrenzung der Leistung des GU's gegenüber dem Baubeschrieb

Auch ein umfassender Baubeschrieb definiert die Leistung des GU's aber noch nicht abschliessend. Es muss im Vertrag zusätzlich genau gesagt werden, welche der im Baubeschrieb genannten Leistungen Vertragsbestandteil sind. Der GU muss z.B. wissen, ob die Erschliessung, der Abbruch oder Aushub, die Bauleitung, die Betriebseinrichtung, die Umgebung, Behördenkontakte, Abschluss von Versicherungen usw. Teil seiner Leistung sind oder nicht. In jüngster Zeit kommt es auch oft vor, dass der GU nicht nur die Errichtung des Bauwerkes, sondern zusätzlich sogar noch die Vermietung oder den Verkauf der Liegenschaft als Teil seiner Leistungspflicht übernimmt. Voraussetzung eines klaren Leistungsbeschriebes ist daher nicht nur der genaue Beschrieb des Bauwerkes. Genauso wichtig ist auch die Abgrenzung der zu erbringenden und honorarberechtigten Leistung. In der Praxis werden hiezu (als integrierender Bestandteil des Werkvertrages) Tabellen erstellt (in Anlehnung an die Arbeitsgattungen des NPK, also an den Baubeschrieb), woraus detailliert ersichtlich ist, welche Leistungen Teil des Werkvertrages sind (siehe SIA-Vertragsmuster). Dazu gehört auch die Abgrenzung der

Leistung gegenüber derjenigen des Bauherrn, des Architekten, des Ingenieurs oder des Lieferanten usw.

II. Die Leistung des Bauherrn / Der Werkpreis

1. Der Pauschalpreis

Der garantierte Werkpreis ist einer der Hauptvorteile, den der GU dem Besteller anbieten kann. Entsprechend lautet der Slogan: "Nur mit dem GU sind Sie sicher, dass am Schluss Ihre Rechnung stimmt" (EGLI, S. 78). Der Pauschalpreis garantiert dem Besteller die Erstellung des vereinbarten Werkes zu einer zum voraus genau bestimmten Geldsumme (GAUCH, Werkvertrag N 629). Der Pauschalpreis ist demnach ein fester Preis. Er ist unabhängig von den tatsächlichen Erstellungskosten des Werkes und den ausgeführten Mengen, auch wenn diese höher oder geringer sind als bei Vertragsschluss (GAUCH, Werkvertrag N 630, BGE 71 II 242 ff.). In der Praxis hat sich der Pauschalpreis dort eingebürgert, wo die Leistung von allem Anfang an sowohl bezüglich Umfang als auch Zeit überblickbar ist (siehe SIA 118 Art. 41 Abs. 2; GAUCH, Kommentar SIA 118 Art. 38-156 zu Art. 40 und 41). Bei Bauwerken von grösserem Umfang mit Bauzeiten von zwei und mehr Jahren birgt der Pauschalpreis für den GU zu grosse Risiken (Bauteuerung, Konjunkturentwicklung usw.). Ein seriöser GU wird sich daher nur dann auf einen Pauschalpreis einlassen, wenn er seinen Aufwand und die von ihm versprochene Leistung genau absehen kann. Dies kann er um so besser, je genauer und eindeutiger seine Leistung umschrieben ist. Vor allem bei Renovationen von Altliegenschaften birgt daher ein Pauschalpreis auch für kleinere Objekte oft ein zu grosses Risiko. Hinsichtlich kleineren Neubauten, wie z.B. ein Einfamilienhaus, Anbauten, Garagen usw. ist der Pauschalpreis insbesondere für den Bauherrn eine beliebte Preisvariante. Obwohl der Pauschalpreis auf den ersten Blick teurer erscheint (zusätzliches GU-Honorar) als beim Bau nach Aufwandabrechnung, schützt die Preisgarantie den Bauherrn vor Baukostenüberschreitungen, was ein nicht zu unterschätzender Vorteil bedeutet und sich daher oft bezahlt macht.

Vom Grundsatz der festen Preisbindung gibt es Ausnahmen. So kann auch der Pauschalpreis nur dann garantiert werden, wenn die vertraglich vereinbarte Leistung des GU's während der Werkausführung nicht verändert wird. Entscheidend ist somit, dass sich das Preis-Leistungsverhältnis gemäss Vereinbarung auch nach Vorliegen der Schlussabrechnung noch entspricht (EGLI, S. 78). Dieses Gleichgewicht kann während der Bauausführung durch verschiedene Vorkommnisse gestört werden. Es gilt daher primär abzuklären, wer diese Störung des Preis-Leistungsgleichgewichtes gemäss Vertrag verursacht hat. Ist dies der GU, der Besteller oder sind es Gründe, die von den beiden Parteien nicht vorausgesehen werden konnten, wie dies in Art. 373 Abs. 2 OR gesetzlich verankert ist? Je nachdem hat der GU Anspruch auf Vergütung des Mehraufwandes.

a) Nachträgliche Abänderung des Pauschalpreises infolge Baukostenüberschreitung

aa) Vom GU verursachte Baukostenüberschreitung
Wird das Preis-Leistungsverhältnis durch Gründe, die dem GU angelastet werden müssen, verursacht, so hat dieser kein Anrecht auf eine Preiserhöhung. Dazu gehört insbesondere eine Kostenüberschreitung infolge falscher Kalkulation, Teuerung, Nichteinhaltung der Termine und vor allem höherer Kosten der Subunternehmer usw., denn dies sind ja die typischen Merkmale der Preisgarantie des GU's. Der GU hat sich daher grundsätzlich an den vereinbarten Pauschalpreis zu halten, auch wenn die von ihm beauftragten Subunternehmer teurer als vorgesehen bauen. Der GU ist daher gut beraten, wenn er mit seinen Subunternehmern ebenfalls Pauschalpreise vereinbart, ansonsten er Gefahr läuft, dass seine Kalkulation nachträglich nicht mehr stimmt und er dadurch zu Verlust kommt.

Sodann übernimmt der GU mit dem Pauschalpreis auch das Risiko einer "normalen" Bauteuerung. Lediglich wenn aufgrund unvorhergesehener Ereignisse der "Grosswetterlage" eine Teuerung eintritt, die von den Parteien nicht eingeplant werden konnte (wie z.B. Krieg, Börsenkollaps, Ölschock, Generalstreik usw.), hat der GU Anspruch, diese unvorhergesehene Teuerung trotz Pauschalpreis nachträglich geltend zu machen. Eine "normale" Teuerung, die sich im Rahmen einer linearen Bewegung zur Teuerung der vergangenen fünf bis zehn Jahre bewegt, ist im Pauschalpreis aber enthalten und kann nachträglich nicht gefordert werden. Lediglich wenn die Teuerungskurve plötzlich massiv ansteigt (und sich das z.B. auch bei den SIA-Honoraren niederschlägt), gibt dies dem GU das Recht, diese unnatürliche - nicht vorhergesehene - Teuerung zusätzlich in Rechnung zu stellen, d.h., der Pauschalpreis erhöht sich prozentual gleich wie die übermässige Teuerung.

bb) Vom Besteller verursachte Baukostenüberschreitungen
Der Besteller kann an einer Baukostenüberschreitung genauso schuld sein wie der GU. Dies ist besonders dann der Fall, wenn er seine vertraglichen Verpflichtungen verletzt oder seine Obliegenheiten, wie z.B. die rechtzeitige Abgabe der Pläne durch den vom Besteller beauftragten Architekten, oder seine Vorleistungen (z.B. Abbruch, Baubewilligung, ev. Aushub usw.) nicht oder nicht rechtzeitig erbringt. Das Verschulden des Bestellers an einer Bauteuerung liegt somit grundsätzlich darin, dass er die vertraglichen - oder aufgrund der Usanz (Gepflogenheit, allg. verbindliche Normen usw.) von ihm zu erwartenden - Verpflichtungen oder Obliegenheiten nicht erfüllt (siehe dazu GAUCH, Werkvertrag N 898 ff.). Dazu gehört insbesondere auch die Bestellungsänderung. Grundsätzlich ist der GU nicht verpflichtet, Änderungswünsche des Bestellers zu akzeptieren (Ausnahme: Rücktritt nach Art. 377 OR, siehe GAUCH, Werkvertrag, N 543 ff.). Ist hingegen SIA-Norm 118 Vertragsbestandteil, so hat der Besteller das Recht, nachträglich Bestellungsänderungen zu verlangen (siehe Art. 84 SIA 118 sowie GAUCH, Kommentar zu SIA 118 Art. 84).

Die Bestellungsänderung durch den Besteller ist in der Praxis sehr häufig anzutreffen. Die Abgrenzung, ob tatsächlich eine Mehrleistung durch Bestellungsänderungen vorliegt, ist daher auch ein häufiger Streitfall. Die Beweispflicht, ob eine vom GU erbrachte Leistung eine Bestellungsänderung mit Anrecht auf Mehrvergütung darstellt, liegt grundsätzlich beim GU (GAUCH, Werkvertrag N 633). Falls der GU feststellt, dass der Besteller Änderungen wünscht, so ist er gut beraten, wenn er dem Besteller vor der Ausführung der Änderung schriftlich (Beweis!) mitteilt, dass diese Leistung als Änderung verstanden wird und zusätzlich honoriert werden muss. In den GU-Verträgen des SIA und des VSGU ist daher vorgesehen, dass Änderungen schriftlich bekanntgegeben werden müssen. So sind beide Parteien gehalten, schriftlich zu reagieren. Der Besteller kann dann auf der Baustelle nicht einfach diktieren, wie er es gerne hätte. Anderseits ist der GU verpflichtet, sofort schriftlich abzumahnen, wenn er eine zusätzliche Leistung als Änderung betrachtet, ansonsten er Gefahr läuft, dass er eine Leistung erbringt, die über die vertragliche hinausgeht und zudem nicht zusätzlich honoriert wird. Vertragsklauseln wie: "Die Änderung wird nur dann ausgeführt, wenn diese den Baufortschritt nicht behindert und die vom Besteller schriftlich erstellte Offerte von beiden Parteien angenommen worden ist" sind daher sehr nützlich (siehe dazu auch die Allg. Bedingungen zum GU-Mustervertrag des VSGU, Art. 21 ff., sowie die Reglementierung zu den Bestellungsänderungen, die vom GU gewünscht worden waren, Art. 22 ff.).

cc) Ausserordentliche Umstände im Sinne von Art. 373 Abs. 2 OR und Art. 59 ff. SIA 118

Der Pauschalpreis bezieht sich primär auf die vertraglich festgelegte Leistung und die Termine für die Bauausführung (siehe dazu die allg. Bedingungen für den GU-Werkvertrag des VSGU, Art. 15.2). Wenn der GU das Risiko einer Kostenüberschreitung eingrenzen will, so hat er im Vertrag genau festzulegen, welche der von ihm zu erbringenden Leistungen innerhalb der vorgeschriebenen Zeit Bestandteil des Pauschalpreises sind. Dadurch kann er allfälligen Streitigkeiten, was nun voraussehbar war oder nicht, aus dem Wege gehen. Es empfiehlt sich daher erneut, einen klaren und genauen Leistungsbeschrieb zu verfassen. In weiser Voraussicht wird daher oft vereinbart, dass z.B. eine ausserordentliche Fundation, Wasserhaltung oder Baugrubensicherung, die über die im Baubeschrieb enthaltene Leistung hinausgeht, nicht Bestandteil des Pauschalpreises ist und separat vergütet werden muss. Hier lässt sich ein breites Spektrum von Anlässen auflisten, die womöglich als "unvorhergesehene" Ereignisse eintreten könnten, und die gemäss Vertrag Bestandteil - oder eben nicht - des Pauschalpreises sind.

Der ausserordentliche Fall, der nach Treu und Glauben bei der Vertragsunterzeichnung nicht vorausgesehen werden konnte (gemäss Art. 373 Abs. 2 OR), liegt immer dann vor, wenn sich Umstände ergeben, welche die Ausführung durch den GU übermässig hindern und somit verteuern. Art. 373 Abs. 2 OR ist somit ein Schutz, der dem Unternehmer zugute kommt. Treten z.B. Umstände ein, welche dem GU die Arbeit unverhältnismässig erleichtern oder verbilligen, so hat der Besteller kein Recht auf Preisreduktion, ausser eine solche sei im Vertrag vorgesehen worden. Die ausserordentlichen Fälle sind in SIA 118 Art. 59 bis 61 (nicht abschliessend!) aufgezählt. Auch bei Gauch lassen sich zahlreiche Beispiele solcher aussergewöhnlicher Ereignisse finden (GAUCH Werkvertrag N 718 - 764). Im VSGU-Mustervertrag wird zudem erklärt, dass der GU Anspruch auf Mehrkosten "infolge Erhöhung bestehender, Einführung neuer indirekter Steuern oder bei Ausdehnung bestehender Steuern auf bisher nicht pflichtige Leistungen" (Art. 15.3) hat. Das Thema "ausserordentlicher Fall" im Sinne von Art. 373 Abs. 2 OR kann hier nicht abschliessend behandelt werden.

Als übergeordnetes Abgrenzungsmerkmal muss primär unterschieden werden, ob dieser aussergewöhnliche Umstand von einer der Parteien oder deren Subunternehmer (Architekt, Ingenieur, Baumeister usw.) tatsächlich nicht verursacht wurde oder vorausgesehen werden konnte. Erst wenn diese Frage verneint werden kann, muss geklärt werden, ob dieser Umstand derart aussergewöhnlich und kostenteuernd war, dass sich eine Preiserhöhung (oder allenfalls ein Vertragsrücktritt) rechtfertigt. Tritt dieser ausserordentliche Umstand im Sinne von Art. 373 Abs. 2 OR aber ein, so hat der GU die Pflicht (Obliegenheit), dem Besteller dies unmittelbar mitzuteilen und die Preiserhöhung anzukünden (BGE 116 II 315; Baurecht 1990, S. 44 und 45). Der GU kann somit nicht erst am Schluss (bei der Abrechnung) kommen und erst dann aussergewöhnliche Umstände geltend machen (ausgenommen, die aussergewöhnlichen Gründe sind ihm nach objektivem Ermessen erst dann bekannt). Es ist seine Pflicht, dem Unternehmer während der Bauausführung anzuzeigen, dass der Bau teurer wird! Wenn der GU aussergewöhnliche Umstände als Grund einer Kostenüberschreitung geltend machen will, so obliegt ihm die Beweispflicht (Art. 8 ZGB).

b) Vertragliche Wegbedingung von Art. 373 Abs. 2 OR

Die vertragliche Wegbedingung von Art. 373 Abs. 2 OR ist denkbar. Nach der herrschenden Lehre ist Art. 373 Abs. 2 OR dispositives Recht (siehe GAUCH, Werkvertrag N 779 und die dort zitierte Lehre). Dies bedeutet wiederum, dass im Vertrag bereits vorbestimmt werden kann, welche ausserordentlichen Ereignisse eine Erhöhung des Pauschal-/Globalpreises rechtfertigen. Die Wegbedingung von Art. 373 Abs. 2 OR findet ihre Schranken in Art. 27 Abs. 2 ZGB (GAUCH, Werkvertrag N 781). Doch kann sich der Vertragspartner, der einer Wegbedingung von Art. 373 Abs. 2 OR zugestimmt hat, lediglich in den krassesten Fällen auf Art. 27 Abs. 2 ZGB berufen, denn nicht jede Verpflichtung, welche die wirtschaftliche Existenz des Schuldners gefährdet, verstösst gegen Art. 27 Abs. 2 ZGB (BGE 95 II 57; GAUCH, Werkvertrag N 781). Der Beweis dafür, dass die Rechte von Art. 373 Abs. 2 OR durch Vereinbarung ausgeschlossen wurden, obliegt dem Besteller, der sich darauf beruft (GAUCH, Werkvertrag N 781).

c) Der Anspruch auf zusätzliche Vergütung

Wurde im Vertrag nicht vereinbart, nach welchen Kriterien berechtigte Mehrkosten honoriert werden sollen, so richtet sich die zusätzliche Vergütung nach Art. 374 OR oder Art. 89 (bei GU-Verträgen mit Einheitspreis nach Art. 84 ff.) SIA-118. Bei Bestellungsänderungen durch den Bauherrn hat der GU grundsätzlich Anspruch auf eine "angemessene Mehrvergütung", wobei sich die Mehrvergütung aber in dem Umfang verringert, als Mehrleistungen durch Minderleistungen kompensiert werden können (GAUCH, Werkvertrag, N 633/549). Die Mehrvergütung wird allenfalls durch den

Richter festgelegt (Art. 374 OR). Bestellungsänderungen, die lediglich eine Leistungsreduktion zur Folge haben, geben dem Besteller nicht das Recht, den Pauschal- oder Globalpreis herabzusetzen (Art. 373 Abs. 3 OR). Der GU hat aber nicht nur Anspruch, seine durch die Bestellungsänderung hervorgerufenen Mehrkosten vergütet zu bekommen, er kann auch ein höheres GU-Honorar fordern. Es ist daher bereits im GU-Vertrag zu regeln, nach welchen Kriterien sich das GU-Honorar berechnet. Da die Änderungen im voraus nicht bestimmbar sind, kann dafür auch kein zusätzliches Pauschalhonorar vereinbart werden. In der Praxis wird daher oft festgelegt, dass sich das GU-Honorar nach Aufwand und SIA-Tarif (z.B. 102 oder 103) berechnet, oder noch öfters X % des zusätzlichen (honorarberechtigten) Bauvolumens beträgt.

Falls der Grund der Pauschalpreiserhöhung darin liegt, dass ausserordentliche Umstände im Sinne von Art. 373 Abs. 2 OR vorliegen, so hat der GU das Recht auf Preiserhöhung oder auf Vertragsauflösung. Diese Rechte werden ausschliesslich vom Richter gewährt (GAUCH, Werkvertrag, N 775). Die Preiserhöhung gibt dem GU aber keinen Anspruch, sämtliche zusätzlichen Mehrkosten (sog. Folgekosten) in Rechnung zu stellen. Die Preiserhöhung hat lediglich zur Folge, dass das Gleichgewicht zwischen Preis und Leistung gemäss Vertrag wieder hergestellt wird (BGE 114 II 317; GAUCH, Werkvertrag N 768). Dies gilt überdies auch dann, wenn Art. 59 Abs. 2 SIA-118 zur Anwendung kommt (GAUCH, Werkvertrag, N 768). Die Vertragsauflösung und die Folgen davon werden nach dem Ermessen des Richters festgesetzt (GAUCH, Werkvertrag N 770). Danach kann der Richter dem GU einen beschränkten (Berücksichtigung des Wegfalls der Leistung und der besonderen Umstände) Anspruch auf Ersatz des durch die Auflösung erlittenen Schadens zubilligen.

2. Der Globalpreis

Was zum Pauschalpreis gesagt wurde, gilt mit einer Ausnahme auch für den Globalpreis. Der Globalpreis unterscheidet sich vom Pauschalpreis lediglich darin, dass die allgemeine Teuerung (also nicht die ausserordentliche im Sinne von Art. 373 Abs. 2 OR) nicht im Preis enthalten ist (GAUCH, Werkvertrag, N 634; siehe dazu auch Art. 41 Abs. 1 SIA 118 und den Kommentar dazu; N 4). Der Globalpreis ist somit ein Pauschalpreis mit vertraglichem Teuerungsvorbehalt.

Darüber, wie diese Teuerung zusätzlich berechnet wird, gibt SIA Norm 118 detailliert Auskunft (Art. 64 bis 82). In der Praxis findet diese umfassende Berechnung der Teuerung aufgrund der einzelnen Kostenträger nur dann Anwendung, wenn nichts anderes vereinbart worden war. Eine vertragliche Regelung ist aber sehr zu empfehlen; so ist die Berechnung der Teuerung beim Globalpreis nach den Grundsätzen von SIA-118 zwar sehr genau, anderseits aber - im Hinblick auf das Ergebnis - zu aufwendig und praktisch fast nicht durchführbar.

Einfache Formulierungen im Vertrag sind z.B.: "Die Globalpreiserhöhung wird auf der Basis der tatsächlichen Erstellungskosten, multipliziert mit dem Prozentsatz der Teuerung im Zeitraum zwischen Vertragsabschluss und Bauabnahme (Schlussabrechnung) gemäss Baukostenindex (ev. Lebenskostenindex, Index der Wohnbaukosten des

Kantons X usw.) berechnet". Da die Teuerung den GU bei langjährigen Bauten insbesondere in der inaktiven Zeit zwischen Vertragsunterzeichnung und Baubeginn treffen, wird in der Praxis auch oft vereinbart, dass die Teuerung in der Zeit zwischen Vertragsunterzeichnung bis zum Baubeginn zu 100% und von da an bis zur Bauabnahme durch den Besteller zu 50% (Basis Baukostenindex usw.) in Rechnung gestellt wird. Diese Teuerungsvariante kann je nach Bau oder Bauzeit auch weiter verfeinert werden. Mit solchen Vereinbarungen muss der GU nach Abschluss der Arbeiten nicht noch mühsam ausrechnen, wie hoch die Preiserhöhung infolge Teuerung nach SIA-118 nun wirklich war. Im Ergebnis kommen solche Teuerungsberechnungen nach diesem einfachen Muster den genauen Berechnungen nach SIA 118 ziemlich nahe, so dass sich die Anwendung solcher Formulierungen im Vertrag rechtfertigt.

3. Die offene Abrechnung mit Kostendach

Neben dem Pauschal- und Globalpreis ist beim GU-Vertrag die Kostendachabrechnung ebenso häufig anzutreffen. Die Kostendach-Variante ist eine Abrechnung nach Aufwand mit Einheitspreisen und einem garantierten Höchstpreis. Ist das Kostendach fest (also inklusive Teuerung), so verwendet man den Begriff "Pauschalkostendach". Kann die Teuerung zusätzlich in Rechnung gestellt werden, so spricht man in der Praxis vom "Globalkostendach". Die Vergütung nach Aufwand mit Kostendachgarantie rechtfertigt sich immer dann, wenn es den Parteien aufgrund des Leistungsbeschriebes nicht möglich oder zu riskant ist, einen Pauschal- oder Globalpreis zu nennen. Die Kostendachgarantie ist daher vor allem bei grösseren Bauten anzutreffen. Die Abrechnung nach Aufwand mit garantiertem Kostendach ist für den Besteller immer häufiger eine gute Lösung. So hat er den Vorteil einer Kostendachgarantie. Anderseits (im Gegensatz zum Pauschal- und Globalpreis) hat der Besteller die Möglichkeit, noch billiger zu bauen als ihm dies garantiert worden war (Kostendachunterschreitung). Die Kostendach-Variante bedarf aber eines genauen Leistungs-Einheitspreis-Beschriebes, ansonsten Streitigkeiten über die Qualitätsansprüche der Baute vorprogrammiert sind. Von den GU wird die Globalkostendach-Variante vielfach bevorzugt.

Doch nicht nur der GU, sondern auch der Besteller tendiert oft zum Kostendachpreis. Dadurch hat der Besteller Einblick in die Bauabrechnung des GU's. Die Kostendach-Variante setzt nämlich voraus, dass der GU dem Besteller nach Abschluss der Baute eine offene, detaillierte Abrechnung vorlegt (EGLI S. 79). Sodann zahlt der Besteller bei Unterschreitung des Kostendaches lediglich den effektiven Preis gemäss Abrechnung (Abrede vorbehalten). Damit der GU möglichst kostengünstig baut, wird in der Praxis daher oft vereinbart, dass bei einer Kostendach-Unterschreitung die Differenz (Minderpreis) zu einem gewissen Teil dem GU zugut kommt (z.B. 50%). Der garantierte Höchstpreis (Kostendach) lässt sich mangels gegenteiliger Abrede nur dann überschreiten, wenn dieselben Gründe vorliegen, die den Pauschal- und Globalpreis abändern lassen (siehe dazu die Ausführungen unter a) Der Pauschalpreis). Wird im Vertrag nicht gesagt, ob es sich um ein Global- oder Pauschalkostendach handelt, so muss das Kostendach als absolute Garantie (wie der Pauschalpreis) verstanden werden. Der GU kann dann nicht zusätzlich die "normale" Teuerung fordern. Die Unterscheidung in Global- oder Pauschalkostendach im Vertrag ist daher wichtig. Bei Bauten mit längerer Ausführungsdauer sollte die Globalkostendach-Variante angewendet werden.

Wenn nichts anderes vereinbart ist, bestimmt sich bei der Kostendach-Variante das GU-Honorar grundsätzlich nach Aufwand (Art. 374 OR). In den meisten Fällen verlangt der GU sein Honorar aber in Prozenten der honorarberechtigten Bausumme. Im Vertrag wird dann vereinbart, das GU-Honorar beträgt z.B. 5 % des effektiven Bauvolumens. Dabei wird auch gesagt, welche Leistungen honorarberechtigt sind und welche nicht.

In der Praxis wird die Kostendach-Variante oft auch mit einer Festpreisvereinbarung kombiniert (siehe dazu die Ausführungen unter d) Festpreis). Dadurch wird der Preis für die geleistete Einheit (z.B. Sichtmauerwerk usw.) bestimmt (siehe dazu auch die Ausführungen unter d) Abrechnung nach Aufwand mit Festpreisen). Der Vorteil dieser Preis-Variante besteht darin, dass der Besteller Gewissheit hat, welche Preise der GU bei der Abrechnung verwendet. Dadurch hat der Besteller nicht nur eine Maximalgarantie (Kostendach), sondern auch Klarheit über die vom GU verwendeten Einheitspreise, was für die Unterschreitung des Kostendachs für den Besteller von Interesse ist.

4. Abrechnung nach Aufwand mit und ohne Festpreise

Diese Preisvarianten sind bei Generalunternehmern nicht häufig anzutreffen. Die Preisgarantie ist gerade der Vorteil des Bauens mit einem Generalunternehmer. Der Einheitspreis bestimmt die Vergütung für eine einzelne Leistung, die im Leistungsverzeichnis als besondere Position vorgesehen ist (Art. 39 SIA-118). Der Einheitspreis ist fest und unabänderlich, ähnlich dem Pauschalpreis (GAUCH, Werkvertrag, N 647/649). Da die Einheitspreise nun vertraglich fixiert sind, hat der GU somit lediglich über die geleistete Menge (Einheiten) abzurechnen.

Vereinbaren die Parteien eine offene Abrechnung ohne Kostendach und Festpreis, so sollte der Besteller vom GU aber zumindest eine Kostenschätzung (Offerte) verlangen (EGLI, S. 80). Ohne Preisabsprache regelt der Richter den Werklohn nach Massgabe des Wertes der Arbeit und der Aufwendungen des Unternehmers (Art. 374 OR).

5. Die Werkpreissicherung

Der Generalunternehmer hat bei seiner Arbeit meistens ein grosses finanzielles Risiko. Geht der Bauherr Konkurs, so haftet der GU den Subunternehmern für deren Werklöhne. Der GU hat daher ein grosses Interesse, dass seine finanziellen Vorleistungen abgesichert sind. Nach Art. 372 OR ist der Werkpreis erst nach Abschluss der Arbeiten geschuldet. Der GU muss daher im Vertrag fordern, dass er bereits während der Bauausführung für seinen Aufwand entlöhnt und honoriert wird. In der SIA Norm 118 wird diesem Problem nur zu einem gewissen Teil Rechnung getragen (Art. 144 bis 148). Diese Bestimmungen geben dem GU aber kaum die notwendige Sicherheit, dass er nicht doch Vorleistungen erbringen muss, die er dann nachträglich nicht einbringen kann. In der Praxis wird daher meistens ein Zahlungsplan vereinbart. Der Zahlungsplan - Bestandteil des GU-Vertrages - hält fest, dass die Werkpreiszahlung parallel zum Baufortschritt zu erfolgen hat. Ein geeigneter Zahlungsplan gibt dem GU den Vorteil, dass er für den Bauherrn nicht Kredit gewähren muss und somit erst nach Abschluss seiner Arbeit, wenn er die Subunternehmer oder Lieferanten längstens bezahlt hat, zu seinem Geld kommt, oder eben auch nicht!

C) Einzelfragen

I. Der Beizug von Subunternehmern

Eine Besonderheit des GU-Vertrages liegt darin, dass der GU die geschuldeten Bauarbeiten nicht mit eigenen Arbeitskräften erbringt, sondern (in der Praxis fast ausschliesslich) durch Dritte, sog. Subunternehmer ausführen lässt. Der Unternehmer und somit auch der GU ist gemäss Obligationenrecht zwar grundsätzlich verpflichtet, die vereinbarte Werkleistung persönlich zu erbringen, mit der Ausnahme, wo es nach der Natur des Geschäftes auf persönliche Eingenschaften des Unternehmers (GU) nicht ankommt (Art. 364 Abs. 2 OR). Diese Vorschrift ist nicht zwingend. Bauherr und GU können kraft Vertragsfreiheit daher selber bestimmen, ob, in welcher Form und durch wen der GU seine Leistung durch Dritte ausführen lassen darf. So hat der Bauherr ein Interesse, dass die ihm genehmen Handwerker bei der Arbeitsvergabe berücksichtigt werden. Anderseits ist der GU bestrebt, bei der Auswahl der Subunternehmer frei zu sein. Dadurch kann er sich diejenigen Subunternehmer auswählen, die ihm den optimalsten Preis (Preis-Leistungsverhältnis) anbieten. Das Mitspracherecht des Bauherrn bei der Wahl der Subunternehmer ist daher auch eine Preisfrage, da der Auserwählte des Bestellers eventuell eine andere Werkpreisvorstellung hat als derjenige des GU.

Wird im Vertrag diesbezüglich nichts geregelt, so ist primär davon auszugehen, dass der Besteller das Werk von keinem anderen als dem von ihm ausgewählten GU ausführen lassen will. Insofern kann der GU die ihm übertragene Leistung (typische GU-Leistung) ohne explizites Einverständnis des Bestellers nicht einem anderen GU abtreten. Im Falle eines Baumeisters hat das Bundesgericht entschieden, dass es nicht in der Natur des Geschäftes liegt, dass der Baumeister die ihm übertragene Arbeit einem Dritten weitervergibt. Dem Besteller muss es daher nicht egal sein, welcher Baumeister die geforderte Arbeit ausführt (BGE 103 II 56). Dies gilt auch für den GU! Der Besteller hat sich für einen gewissen GU entschieden; es ist ihm daher wichtig, dass dieser sein Werk ausführt und nicht ein ihm unbekannter Dritter. Insofern kann der GU die ihm übertragene Leistung nicht partout einem anderen GU übertragen.

Hingegen kann der GU grundsätzlich Subunternehmer beiziehen. Nach Art. 29 Abs. 3 SIA Norm-118 ist dieser Beizug von Subunternehmern aber nur beschränkt möglich (wenn dessen Arbeiten nur einen unwesentlichen Teil der Leistung des Unternehmers betreffen). Dieser SIA-Artikel ist aber eher auf den "einfachen" Unternehmer und nicht auf den typischen GU zugeschnitten. Ein Besteller, der einen GU beizieht, weiss, dass der GU nicht gleichzeitig Baumeister, Zimmermann, Elektriker, Sanitär usw. ist. Es liegt somit in der Natur des Geschäftes (im Sinne von Art. 364 Abs. 2 OR), dass der GU teilweise oder sogar sämtliche Arbeiten an Subunternehmer vergibt. Der GU ist somit berechtigt, Subunternehmer nach seiner Wahl beizuziehen, falls im Vertrag diesbezüglich nichts geregelt ist (BGE 94 II 162 ff.). Er hat dabei darauf zu achten, dass der Subunternehmer die vom Besteller geforderte Leistung erbringen kann.

II. Das Bauhandwerkerpfandrecht des Subunternehmers

Aufgrund des Zivilgesetzbuches haben sowohl der GU als auch der Subunternehmer Anspruch gegenüber dem Besteller auf Errichtung eines Bauhandwerkerpfandrechtes (Art. 837 Abs. 1 Ziff. 3 ZGB; BGE 116 II 537 ff.; Baurecht 4/92 Nr. 182). Das überbaute Grundstück des Bauherrn dient dabei als Pfand.

Die Ablieferung eines Werkes, welches mit Pfandrechten der Subunternehmer belastet ist, stellt eine vertragliche Schlechterfüllung im Sinne von Art. 97 ff. OR seitens des GU dar. Sie berechtigt den Besteller, einen entsprechenden Abzug am Werklohn des GU's vorzunehmen (BGE 116 II 537; Baurecht 4/92 Nr. 182; GAUCH, Werkvertrag N 150). Hat der Bauherr den GU bereits vollumfänglich bezahlt und ist somit keine Verrechnung mehr möglich, besteht die Gefahr, dass der Besteller das Werk des GU's teilweise doppelt bezahlt, um die Zwangsverwertung des Grundstückes zu vermeiden (Zum Schutz gegen Doppelbezahlungen vgl. BGE 95 II 91 ff., R. Schumacher, Bauhandwerkerpfandrecht, Nr. 486 ff.; Gauch, Werkvertrag, N 152).

Ist der Bauherr die öffentliche Hand (z.B. eine Gemeinde oder der Kanton), so besteht laut Doktrin kein gesetzliches Pfandrecht. Das gilt sowohl für den GU als auch für den Subunternehmer (BGE 116 Ib 367 ff; GAUCH, Werkvertrag N 153; Baurecht 4/92 Nr. 184; Baurecht 4/87, Nr. 128). Dies hat nicht nur für den GU, sondern vor allem auch für den Subunternehmer Folgen. Geht der GU während der Bauausführung in Konkurs, so hat der Subunternehmer keine Pfandsicherheit und geht womöglich leer aus. In diesem Fall empfiehlt sich für den Subunternehmer, zusätzlich Sicherheiten (einen geeigneten Zahlungsplan; direkte Zahlungen durch den Besteller; Bankgarantie des Bestellers usw.) zu verlangen.

III. Die Garantien des Generalunternehmers

1. Termingarantie

Wird vom GU der Abgabetermin nicht eingehalten, so richten sich die Folgen grundsätzlich nach dem Recht des Schuldnerverzuges (Art. 102 ff. OR). Die vereinbarte Terminklausel (Fertigstellung des Werkes bis ....) unterscheidet sich somit von der in der

Praxis häufig angewendeten Termingarantie. Dabei wird neben dem Abgabetermin zusätzlich eine weitere Leistung versprochen, für den Fall, dass der Termin nicht eingehalten wird. Diese zusätzliche "Garantie" besteht dann z.B. in einer Konventionalstrafe, die sich mit der Fortdauer der Überschreitung erhöht usw. Es wird aber auch oft eine Bankgarantie als Sicherheit für die Einhaltung des Endtermins verlangt. Werden für den Fall der Terminüberschreitung solche zusätzlichen Leistungen versprochen, so handelt es sich beim Terminversprechen tatsächlich auch um eine Termingarantie.

Die Terminüberschreitung kann aber nicht nur durch Verschulden des GU, sondern insbesondere durch Dritteinflüsse oder durch das Handeln des Bauherrn, die der GU bei der Vertragsunterzeichnung nicht voraussehen konnte, verursacht werden. Aus der Sicht des GU's empfiehlt sich daher, bereits im GU-Vertrag mögliche Ereignisse zu bestimmen, welche das Verschulden des GU einschränken, so dass später keine Zweifel aufkommen können, ob die Terminüberschreitung nun vom GU verursacht worden war oder nicht. Andererseits ist der Bauherr bemüht, den GU zu verpflichten, schriftlich abzumahnen, falls dieser feststellt, dass Ereignisse eingetroffen sind, welche ihm die Einhaltung des Termins verunmöglichen.

Eine wichtige Klausel zum Schutz des GU's ist die sogenannte "höhere Gewalt"-Klausel (siehe dazu auch die Ausführungen bei GAUCH, Werkvertrag N 484, 745). Was solche ausserordentlichen Umstände sind, wird sodann auch in Art. 59 und 60 der SIA-Norm 118 (nicht abschliessend) aufgezählt (s. GAUCH/PRADER/EGLI/SCHUMACHER, Kommentar zur SIA-Norm 118, Art. 59 und 60).

2. Qualitätsgarantie

Qualitätsklauseln sind Eigenschaftsvereinbarungen mit Bezug auf die vom GU abzuliefernde Baute. Es handelt sich um zugesicherte Werkeigenschaften. Entspricht die vom GU dem Bauherrn abgelieferte Baute nicht der Qualitätsklausel, so weicht das Werk vom Vertrag ab und es hat einen Mangel (GAUCH, Werkvertrag, N 916 ff.). Die Folgen des Werkmangels richten sich nach Art. 367 ff. OR, oder bei Übernahme von SIA-Norm 118 nach Art. 165 ff.

Die Qualitätsgarantie des GU ist einer der wesentlichen Vorteile des Bauens mit einem Generalunternehmer. Der Bauherr hat im Falle eines Werkmangels nicht abzuklären, welcher Teilunternehmer den Werkmangel verursacht hat, denn der GU hat eine mängelfreie Baute versprochen. Beim konventionellen Bauen hat der Bauherr zudem das Problem, dass die Garantie- oder Haftungsfristen unterschiedlich lange dauern. Grundsätzlich beginnt die Verjährungsfrist für die Geltendmachung von Mängeln mit der Abnahme des Werkes und dauert fünf Jahre (Art. 371 Abs. 2 OR). Die Abnahme des Werkes des Aushubunternehmers findet daher üblicherweise einiges früher statt als diejenige des Umgebungsgestalters (Gärtners). Bei grösseren Bauten mit mehreren Teilunternehmern und einer längeren Bauzeit ist ein einheitlicher Fristbeginn für die Haftungsfristen ein wesentlicher Vorteil.

Es liegt nun am GU, die Verwirkungsfristen gegenüber seinen Subunternehmern (z.B. vertraglich vereinbarter Fristbeginn/siehe BGE 118 II 149) derart zu gestalten, dass seine Haftung gegenüber dem Bauherrn zumindest länger dauert als die entsprechenden Fristen seiner Subunternehmer. Andernfalls läuft der GU Gefahr, für einen Mangel haften zu müssen, ohne dass er den fehlbaren Unternehmer zur Rechenschaft ziehen kann.

Eine Besonderheit ist sodann auch die zweijährige Garantiefrist nach Art. 172 ff. SIA-Norm 118, welche im Werkvertragsrecht des Obligationenrechtes nicht vorkommt. Diese zweijährige Garantiefrist gibt dem Bauherrn einen zusätzlichen Schutz. Während dieser zweijährigen Garantiefrist nach SIA - ganz im Gegensatz zur Haftung nach OR, wo der Bauherr unmittelbar nach dem Erkennen eines Mangels rügen muss - kann der Bauherr einen erkannten Mangel jederzeit rügen, ohne dass er sich dabei seine Mängelrechte verwirkt. Eine weitere Besonderheit der Haftung nach SIA liegt darin, dass der Beweis des Vorliegens eines Mangels nicht - wie bei der Haftung nach OR - vom Bauherrn zu erbringen ist. Nach Art. 174 Abs. 3 SIA-Norm 118 hat - auf entsprechende Mängelrüge des Bauherrn hin - der Unternehmer zu beweisen, dass kein Mangel vorliegt, sein Werk somit vertragskonform ist (GAUCH, Kommentar zu Art. 157-190, Art. 174, N 8).

IV. Die Berücksichtigung der Teuerung

Bei GU-Verträgen mit Global- oder Festpreis mit Kostendach empfiehlt es sich vertraglich zu regeln, nach welchen Kriterien die Teuerung zusätzlich berücksichtigt wird. Ein oft verwendeter Massstab ist der Index der Wohnbaukosten des Statistischen Amtes einer Stadt (z.B. Zürich oder Bern).

Es fragt sich nun, wie die Teuerung berechnet wird. Macht man es genau, so müsste der GU für jede einzelne Teilleistung die Teuerung zwischen Vertragsabschluss mit einem Subunternehmer bis zur Zahlung der entsprechenden Werkleistungen, Material etc. ermitteln und schliesslich summieren und dem Bauherrn in Rechnung stellen. Ungenau, dafür praktisch ist es, wenn man die Teuerung für die Zeitspanne zwischen Vertragsunterzeichnung (GU-Bauherr) und der Fertigstellung des Bauwerkes (resp. Datum der Werkabnahme) festlegt und zum Werkpreis addiert (Teuerung in Prozenten vom letztlich abgerechneten Werkpreis).

Mit dieser letzten Methode wird der Bauherr aber kaum zufrieden sein, fallen dem GU die Kosten doch nicht erst gegen Ende der Fertigstellung an, sondern schön verteilt über die Bauzeit (Zahlung der Subunternehmerrechnungen). In der Praxis wird daher meistens vereinbart, dass die Teuerung in der Zeitspanne zwischen Vertragsunterzeichnung (GU-Bauherr) und Baubeginn voll (zu 100%) berücksichtigt wird, hingegen für die Dauer zwischen Baubeginn und -fertigstellung lediglich zu 50%. Wird die Teuerung im GU-Vertrag nicht geregelt, so bleibt dem GU keine andere Wahl, als dem Bauherrn seinen Teuerungsanspruch minuziös für jede einzelne Leistung auszuweisen. Dieses Streitpotential kann mit einer klaren Teuerungsregelung im Vertrag ausgegrenzt werden.

RECHTSQUELLEN
Schweizerisches Zivilgesetzbuch vom 10. Dezember 1907, SR 210 (ZGB).
Schweizerisches Obligationenrecht vom 30. März 1991, SR 220 (OR).
SIA-Norm 118.

JUDIKATUR
BGE 71 II 242 ff.: Der Pauschalpreis ist ein fester Preis.
BGE 94 II 162 ff.: Der GU kann Subunternehmer beiziehen. Kein Werkvertrag, wenn zusätzlich auch das Land verkauft wird.
BGE 95 II 57: Unsittlicher Vertrag i.S. von Art. 27 Abs. 2 ZGB.
BGE 95 II 91: Schutz des Bestellers vor Doppelzahlungen des Werklohnes infolge Pfandbelastungen durch den Subunternehmer.
BGE 114 II 45: Der Generalunternehmervertrag ist ein Werkvertrag.
BGE 114 II 54: Gegenstand des GU-Vertrages.
BGE 114 II 317: Recht auf Preiserhöhung i.S. von Art. 373 Abs. 2 OR.
BGE 116 II 315: Pflicht des GU, Preiserhöhungen frühzeitig bekanntzugeben.
BGE 116 Ib 367: Kein gesetzliches Pfandrecht, wenn der Staat Bauherr ist.
BGE 116 II 537: Auch der Subunternehmer hat ein gesetzliches Pfandrecht.
BGE 117 II 259: GU-Vertrag mit Landkauf ist kein Werkvertrag.
BGE 118 II 142: Beginn der Verjährungsfrist kann vertraglich vereinbart werden.
Praxis 1989, S. 497: Inhalt des GU-Vertrages.
Baurecht 91, S. 41, Nr. 56: GU-Vertrag-Architekturvertrag.

MUSTERVERTRÄGE
Verein Schweizerischer Generalunternehmer (VSGU): Generalunternehmer-Werkvertrag mit Allg. Bedingungen (AVB), Ausgabe 1992.
Schweizerischer Ingenieur- und Architektenverein (SIA): *Werkvertrag für Generalunternehmer mit Pauschal- oder Globalpreis* (Nr. 1024, Ausgabe 1982); *Werkvertrag für Generalunternehmer mit offener Abrechnung mit und ohne Kostendach* (Nr. 1025, Ausgabe 1982).

LITERATUR
BAURECHT, Zeitschrift der Universität Freiburg; EGLI Anton, Die General- und Totalunternehmer, in: Baurechtstagung 1991, hrsg. von der Universität Freiburg; GAUCH Peter, Der Werkvertrag, 3. Aufl., Zürich 1985; DERS., Der Totalunternehmervertrag, in: Baurecht 1989, S. 39 ff.; DERS., Kommentar zur SIA-Norm 118, Art. 157-190, Zürich 1977; DERS./PRADER Duri/EGLI Anton/SCHUMACHER Rainer, Kommentar zur SIA-Norm 118, Art. 38-156, Zürich 1992; MOSIMANN Rudolf, Der Generalunternehmervertrag im Baugewerbe, Diss. Zürich 1972; SCHLUEP Walter/SCHAUB Rudolf, Der Architekturvertrag, der Ingenieurvertrag, der Generalunternehmervertrag, der Totalunternehmervertrag, bei Frank Vischer, Schweiz. Privatrecht, Bd. VII/2, Ba-

sel/Stuttgart 1979, S. 900 ff.; SCHNEWLIN Bliss, Zur Rechtsnatur des Bauvertrages, insbesondere des Generalunternehmervertrages, ZBGR S. 365 ff.; SCHUMACHER Rainer, Das Bauhandwerkerpfandrecht.

Vorzeitige Beendigung von Bauwerk-Verträgen

Eveline Trümpy-Jäger

A) Einleitung

Der Bauwerkvertrag ist eine Erscheinungsform des Werkvertrages, dessen besonderes Merkmal darin besteht, dass der Werkunternehmer (als Vertragspartner des Bauherrn bzw. des Werkbestellers) "die Leistung von Bauarbeiten mit oder ohne Lieferung von Werkstoff schuldet" (GAUCH, N. 168).

Das Werk, das der Unternehmer als Ergebnis seiner Arbeit schuldet, kann ein körperlicher wie ein unkörperlicher Arbeitserfolg sein; beim Bauwerkvertrag indes geht es immer um körperliche Werke, entweder um einen mit dem Erdboden verbundenen Bau oder um ein bewegliches Bauwerk (GAUCH, N. 169). Ausgenommen sind hier die geistigen Arbeitsergebnisse, insbesondere Pläne, die nach bundesgerichtlicher Rechtsprechung ebenso Gegenstand des Werkvertrages sind (BGE 109 II 37 ff.).

Im Normalfall werden Bauwerkverträge ordentlich beendet, d.h., das Werk wird vertragsgemäss hergestellt und abgeliefert sowie die geschuldete Vergütung bezahlt. Es gibt nun aber Fälle, bei denen es gar nicht zu einer ordentlichen Beendigung eines Bauwerkvertrages kommt, d.h., dieser vorzeitig beendet wird.

Die vorzeitige Beendigung hat zwei Hauptursachen:

- einerseits die Abgabe einer Gestaltungserklärung, die einseitig erfolgen kann, und
- andererseits die nachträgliche Unmöglichkeit der Werkherstellung, wo der Vertrag bei Eintritt eines derartigen Umstandes von selbst beendet wird.

Im Bereich der Rechtsquellen, nach welchen sich die vorzeitige Beendigung richtet, haben wir es mit einer Norm-Trias zu tun. Unterschieden wird zwischen:

- individuell vereinbarten Beendigungsnormen, die die Parteien kraft der Vertragsinhaltsfreiheit von Art. 19 Abs. 1 OR selbst bestimmen,
- standardisierten Beendigungsnormen, wie sie sich etwa in der SIA-Norm 118 finden. Diese müssen, um verbindlich zu sein, von den Parteien in den Individualvertrag übernommen werden, und
- gesetzlichen Beendigungsbestimmungen (Art. 375 ff. OR).

Nicht näher eingetreten wird auf den contrarius actus, d.h. den konsensualen Vertragsaufhebungsvertrag, in welchem sich beide Parteien mit der vorzeitigen Aufhebung des Vertrages einverstanden erklären und gegebenenfalls die Folgen festlegen.

Im Zusammenhang mit der vorzeitigen Beendigung von Bauwerkverträgen ist darauf aufmerksam zu machen, dass der Ausdruck "Zurücktreten" oder "Rücktritt" sowohl im Gesetz als auch in der SIA-Norm 118 manchmal in einem technischen, manchmal in einem untechnischen Sinn verwendet wird.

Technisch und damit juristisch-dogmatisch korrekt ist, wenn damit gemeint ist, dass der Vertrag mit Wirkung ex tunc aufgelöst wird.

Unkorrekt, aber trotzdem z.B. in Art. 377 OR oder auch in Art. 184 der SIA-Norm 118 anzutreffen, ist das Wort "zurücktreten" im Sinne von kündigen, also das Vertragsverhältnis für die Zukunft aufzulösen und nicht rückwirkend zu "vernichten" (GAUCH, N 391). Es ist daher sinnvoll, sich bei der Lektüre dieser Normen Klarheit darüber zu verschaffen, in welchem Sinn jeweils das Wort "zurücktreten" zu verstehen ist.

B) Kündigung von Bauwerkverträgen

I. Im allgemeinen

"Kündigung" kann allgemein definiert werden als einseitige Vertragsaufhebungserklärung mit Wirkung für die Zukunft (VON TUHR/ESCHER, S. 167 f.). Zwischen Abschluss des Bauwerkvertrages und dem Eintritt der Kündigungswirkung gilt der Vertrag als bestehend, so dass während dieser Zeit erbrachte Arbeitsleistungen und Vergütungen, sofern sie ausgetauscht wurden, vertragsgemäss erbracht sind.

Festzuhalten ist, dass der Allgemeine Teil des OR keine Kündigungsbestimmungen enthält.

Im Bereich der Kündigung von Bauwerkverträgen hat der Unternehmer kein freies Kündigungsrecht, sondern nur - und auch dies lediglich aufgrund der Literatur - ein Kündigungsrecht aus wichtigem Grund (GAUCH, N 419).

Was ist ein wichtiger Grund? Ein wichtiger Grund liegt dann vor, wenn es der kündigenden Partei unzumutbar ist, den Vertrag fortzuführen. Eine solche Situation darf zwar nicht selbstverschuldet sein, kann aber sowohl in der Sphäre des Unternehmers als auch in derjenigen des Bauherrn eintreten.

II. Nach dem Gesetz

Klassisch für das Bauvertragsrecht ist, dass der Bauherr ein ordentliches, ohne Angaben von Gründen und jederzeit erklärbares Kündigungsrecht hat (BGE 68 II 142), solange das Werk unvollendet ist (Art. 377 OR). Art. 377 spricht hier untechnisch von Rücktritt, obwohl es sich sinngemäss um ein Kündigungsrecht handelt (GAUCH, N 387 und N 391).

Der Kündigungswille bedarf zwar keiner besonderen Form (GAUCH, N 389), doch muss der Auflösungswille des Bauherrn dem Unternehmer gegenüber unmissverständlich und unwiderruflich zum Ausdruck kommen (GAUTSCHI, N 8 zu Art. 377 OR). Ansonsten entscheidet sich nach Vertrauensprinzip, ob eine Kündigungserklärung vorliegt (GAUCH/SCHLUEP, N 206 ff.).

Der Bauherr kann den gültig abgeschlossenen Werkvertrag nur bis zur Vollendung des Werkes (BGE 48 II 50 f.), nicht bis zu dessen Ablieferung jederzeit auflösen; danach entfällt das Kündigungsrecht ungeachtet allfälliger Werkmängel (GAUCH, N 388; vgl. auch BGE 98 II 166). Ist die Vollendung unmöglich geworden, so richtet sich die Rechtslage nach den Bestimmungen über die nachträgliche Leistungsunmöglichkeit.

Folgen einer Kündigung ohne wichtigen Grund sind:
- Der Werkvertrag wird durch die fristlose Auflösung "ex nunc" beendet, d.h. für die Zukunft und ohne rückwirkende Kraft, und
- es entsteht die Pflicht des Bauherrn zum Ersatz des positiven Vertragsinteresses.

Das positive Vertragsinteresse ist die Differenz zwischen dem Vermögensstand, wie er sich im Kündigungszeitpunkt präsentiert, und dem Vermögensstand, der bestünde, wenn der Vertrag ordnungsgemäss erfüllt worden wäre (KELLER, S.4).

Das Gesetz spricht in Art. 377 OR von Vergütung der bereits geleisteten Arbeit und voller Schadloshaltung des Unternehmers. Diese beiden Elemente zusammen bilden das positive Vertragsinteresse. Vom Unternehmer aus gesehen heisst das, dass er nicht nur Anspruch auf Vergütung seiner bereits aufgewendeten Arbeit und Auslagen hat (GAUCH, N 392), sondern auch Anspruch auf Vergütung eines ihm durch den Entzug der noch nicht geleisteten Arbeit entstandenen Vermögensnachteils (GAUCH, N 395). Oberste Grenze der Schadenersatzpflicht ist aber immer der Vergütungsbetrag, der für das vollendete Werk geschuldet worden wäre (GAUCH, N 399).

Für die Berechnung des geschuldeten Schadenersatzes gibt es zwei Methoden: die Additionsmethode und die Abzugsmethode. Während die Additionsmethode vom Wortlaut des Art. 377 OR ausgeht, wo die volle Schadloshaltung zur Vergütung des Geleisteten hinzutritt, geht die Abzugsmethode davon aus, die volle Schadloshaltung gelte gleichzeitig auch die Vergütung für die bereits geleistete Arbeit ab (GAUCH, N 398 ff.; PEDRAZZINI, S. 549). Vorrang im Sinne einer "schweizerischen Lösung" (GAUCH, N 401) hat die Additionsmethode (eingehende Argumentation bei GAUCH, N 401).

Art. 377 OR umfasst aber auch die Situation, dass der Bauherr einen wichtigen Grund auf seiner Seite hat, ihm also die Vertragsfortführung unzumutbar ist. Der Bauherr muss den Bauwerkvertrag in diesem Fall zwar nach Art. 377 OR kündigen, doch rechtfertigt es sich - wenn er nachweist, dass ein wichtiger Grund zur Kündigung vorlag -, ihn ganz oder teilweise von der Schadenersatzpflicht zu befreien (vgl. dazu BGE 69 II 142 ff.). Art. 377 OR enthält zwar keinen solchen Vorbehalt, der den Bauherrn von der Schadenersatzpflicht befreit, wenn er den Vertrag aus wichtigem Grund auflöst; es wäre aber zumindest dann geradezu rechtsmissbräuchlich, wenn der Unternehmer auf voller

Schadloshaltung beharren könnte, während der wichtige Grund auf seinem vertragswidrigen Verhalten beruht.

Einen Sonderfall im Zusammenhang mit der Kündigung regelt Art. 375 Abs. 2 OR, wenn dem Vertrag ein ungefährer Kostensatz zugrunde gelegt ist. Voraussetzung ist neben der unverhältnismässigen Überschreitung des Kostensatzes die Errichtung von Bauten auf Grund und Boden des Bauherrn (vgl. BGE 98 II 303). Ferner darf das Werk noch nicht vollendet sein (GAUCH, N 675). Ausserdem kann der Bauherr nur gegen "billigen Ersatz der bereits ausgeführten Arbeiten" vom Vertrag zurücktreten (Art. 375 Abs. 2 OR). Gemäss Art. 374 OR besteht der 'billige Ersatz' in der vollen Vergütung der Arbeit und der Aufwendungen bis zum Zeitpunkt der Vertragsauflösung (GAUCH, N 671).

Obwohl eine Vertragsauflösung "ex nunc" analog zu Art. 375 Abs. 2 OR den Wortlaut von Art. 375 Abs. 1 OR sprengt, ist mit GAUCH (N 685) nicht einzusehen, warum dem Bauherrn in den Fällen von Abs. 1 nur die Möglichkeit zustehen soll, die übermässige Kostenüberschreitung zu tolerieren und zu bezahlen oder gänzlich auf das Werk zu verzichten. Einer analogen Anwendungen von Art. 375 Abs. 2 OR, also der Annahme einer Kündigung mit Wirkung "ex nunc", steht somit nichts entgegen (GAUCH, N 685 a.E.).

Kriterium der Übermässigkeit einer Kostenüberschreitung ist "Treu und Glauben im Geschäftsverkehr" (Art. 24 Abs. 1 Ziff. 4 OR). Einen genauen Richtwert gibt es zwar nicht; immerhin wird als Faustregel allgemein anerkannt, dass die Grenze bei 10% liegt (GAUCH, N 678; GAUTSCHI, N 2c und N 7 zu Art. 374 OR).

Das OR enthält keine ausdrückliche Bestimmung über die Anzeigepflicht des Unternehmers bei sich abzeichnender Kostenüberschreitung. Diese ergibt sich aber dennoch aus der Vorschrift über die allgemeine Sorgfaltspflicht (Art. 364 Abs. 1 OR) (PEDRAZZINI, S. 540). "Damit soll der Besteller zur Vermeidung von Schäden frühzeitig in die Lage kommen, den Vertrag durch Rücktritt (nach Art. 375 Abs. 1 und 2 OR) aufzulösen" (GAUCH, N 689).

Die Vertragsauflösung durch den Bauherrn kann der Unternehmer allerdings verhindern, indem er sich vertraglich bindend bereit erklärt, auf die die Toleranzgrenze überschreitende Forderung zu verzichten (GAUTSCHI, N 5a zu Art. 375 OR). "Eine solche Verzichtserklärung beseitigt sogar die bereits eingetretene Vertragsauflösung, wenn der Unternehmer sie unmittelbar nach Erhalt der Rücktrittserklärung abgibt" (GAUCH, N 688). Diese Abwendung steht "in Einklang mit dem Grundgedanken von Art. 25 Abs. 2 OR" (GAUCH, N 688).

Schwierig wird es, wenn der Bauherr die übermässige Kostenüberschreitung in irgendeiner Weise genehmigt, sei es durch ein ausdrückliches Einverständnis, oder in Kenntnis der Sachlage Zahlungen leistet, die die Toleranzgrenze überschreiten (GAUCH, N 682). Die Genehmigungswirkung liegt darin, dass die Rechtsbehelfe des Art. 375 OR entfallen (GAUCH, N 682).

Der Sache nach eine Kündigung stellen auch jene Schuldnerverzugsfälle dar, in denen der Unternehmer mit der Ausführung des Werkes schon begonnen und der Bauherr am bereits ausgeführten Werkteil - soweit für ihn brauchbar - ein Interesse hat (GAUCH, N 489). Dieses aus den Verzugsbestimmungen (Art. 107 Abs. 2 oder 366 Abs. 1 OR) hergeleitete Ausflösungsrecht des Bauherrn führt zur Befreiung des Unternehmers von der Pflicht zur Vollendung des Werkes und befreit den Bauherrn von der Vergütungspflicht für den noch nicht ausgeführten Werkteil (GAUCH, N 488; vgl. hinten Nr. 49).

III. Nach SIA-Norm 118 (Art. 184 / Art. 190 Abs. 2)

Zentrale Bestimmung ist Art. 184 in der SIA-Norm 118. Auch hier hat der Bauherr ein ordentliches, d.h. ohne Angabe eines Grundes oder sogar wichtigen Grundes ausübbares Kündigungsrecht. Selbstverständliche Folge ist ebenfalls die Aufhebung des ganzen Bauwerkvertrages für die Zukunft. In sinngemässer Anwendung des Art. 377 OR und durch Art. 84 Abs. 3 der SIA-Norm 118 bestätigt, steht dem Bauherrn aber auch ein Teilrücktrittsrecht zu (GAUCH, SIA 118, N 7 zu Art. 184).

In Abs. 2 des Art. 184 der SIA-Norm 118 werden die Folgen einer ordentlichen Kündigung festgelegt. Geschuldet ist grundsätzlich der gesamte Werklohn, von dem die ersparten Aufwendungen abzuziehen sind (Abzugsmethode; vgl. vorn, Nr. 18). Damit aber der Bauherr einen derartigen Abzug vornehmen kann, muss er auch einen solchen nachweisen, d.h., der Unternehmer kann zunächst einmal die gesamte Vergütung beanspruchen, und es liegt dann am Bauherrn nachzuweisen, dass der Unternehmer Einsparungen machen konnte (GAUCH, N 401).

Während der Wortlaut von Art. 184 Abs. 2 der SIA-Norm 118 nur vom Abzug der tatsächlich ersparten Aufwendungen spricht, ist mit GAUCH (GAUCH, SIA 118, N 10 zu Art. 184) davon auszugehen, dass auch in Abzug gebracht werden kann, was der Unternehmer bei pflichtgemässer Sorgfalt hätte einsparen können. Denn nach dem allgemeinen Schadenersatzrecht (GUHL, S. 79 f.) trifft den Geschädigten eine Schadenminderungspflicht, d.h., der Unternehmer ist nach Treu und Glauben (Art. 2 ZGB) gehalten, den bei ihm entstandenen Schaden möglichst gering zu halten. Werden, obwohl möglich und zumutbar, durch den Vertragsrücktritt des Bauherrn freigewordene Kapazitäten nicht anderweitig ausgefüllt, kann der Richter die Ersatzpflicht des Bauherrn herabsetzen (vgl. dazu GAUCH, SIA 118, N 10 b a.E. zu Art. 184).

In der Schadenersatzberechnung liegt denn auch der gewichtige Unterschied zwischen Art. 377 OR und Art. 184 SIA-Norm 118, indem Art. 377 OR klar zwischen der Vergütung des Geleisteten und der Schadloshaltung unterscheidet (Additionsmethode), wogegen in Art. 184 der SIA-Norm der Vergütungsanspruch im Schadenersatzanspruch aufgeht.

Ein anderes Rücktrittsrecht des Unternehmers ist dasjenige im Zahlungsverzug des Bauherrn nach 190 Abs. 2 SIA-Norm 118. Leistet der Bauherr die fälligen Zahlungen nicht innerhalb der Zahlungsfrist, kann ihn der Unternehmer durch Mahnung in Verzug setzen. Nach unbenütztem Ablauf einer allfällig eingeräumten Nachfrist hat der Unternehmer das Recht, durch unverzügliche Erklärung den Vertrag aufzulösen. "Diese Vertragsauflösung entspricht dem Rücktritt nach Art. 107 Abs. 2 / Art. 109 OR" (GAUCH, SIA 118, N 20 zu Art. 190), wirkt jedoch - aufgrund des unternehmerischen Vergütungsanspruches auf die erbrachte Leistung (samt Verzugszins) gegen Überlassung des bereits hergestellten Werkteiles - "ex nunc" und ist somit eine Kündigung. Bei Verschulden des Bauherrn hat der Unternehmer überdies Anspruch auf Ersatz des wegen der vorzeitigen Beendigung entgangenen Gewinnes (GAUCH, SIA 118, N 24 zu Art. 190).

C) Rücktritt von Bauwerkverträgen

I. Im allgemeinen

Der Kündigung und dem Rücktritt gemeinsam ist die Tatsache, dass der Vertrag durch die Gestaltungserklärung einer Partei aufgelöst wird.

Der Unterschied besteht darin, dass bei der Kündigung der Vertrag für die Zukunft aufgehoben wird, d.h. bis zum Eintritt der Wirkung der Aufhebungserklärung Bestand hat, wogegen beim Rücktritt der Vertrag als Ganzes rückwirkend auf den Zeitpunkt des Abschlusses aufgelöst wird.

Das Rücktrittsrecht zielt auf die "Herstellung des vorvertraglichen Zustandes" (GAUCH, N 484) ab. Die neuere Lehrmeinung und seit BGE 114 II 157 f. nun auch das Bundesgericht verstehen die Rückleistungspflichten als vertragliche Leistungspflichten, da der aufgehobene Vertrag zunächst als vertragliches Abwicklungsverhältnis (Umwandlungstheorie) weiterbesteht (GAUCH/SCHLUEP, N 1570 ff.).

Eine Besonderheit bei den Verträgen über Werke auf Grund und Boden ist der Grundsatz der Rücktrittsfeindlichkeit. Er ist an zwei Stellen speziell kodifiziert, nämlich in Art. 368 Abs. 3 OR und in Art. 375 Abs. 2 OR.

II. Rücktritte nach gesetzlichem Werkvertragsrecht

Ein wichtiges Rücktrittsrecht ist das Wandelungsrecht von Art. 368 Abs. 1 OR. Der Bauherr hat nach dieser Bestimmung das Recht, den Werkvertrag als Ganzes mit rückwirkender Kraft aufzulösen. Damit erlöschen die gegenseitigen noch bestehenden Forderungen der beiden Parteien, und es ergeben sich hinsichtlich des bereits Geleisteten Rückleistungspflichten (GAUCH, N 1053 f.).

Bei Werken auf Grund und Boden des Bauherrn hat der Unternehmer das Recht, "das mangelhafte Werk aus dem Grundstück zu entfernen und das mitzunehmen, was vom Werk nach der Entfernung übrig bleibt" (GAUCH, N 1062). Die Kosten einer solchen Entfernung - auch wenn diese vom Besteller selbst vorgenommen wurde - gehen zu Lasten des Unternehmers (GAUCH, N 1064, vgl. BGE 98 II 123).

Das Wandelungsrecht steht dem Bauherrn allerdings nur dann zu, wenn zusätzlich zur begründeten Mängelhaftung des Unternehmers dem Bauherrn die Annahme des

Werkes nicht zugemutet werden kann (GAUCH, N 1073 ff.). "Dabei ist gleichgültig, ob die Unzumutbarkeit der Annahme auf der Unbrauchbarkeit des Werkes oder auf einem anderen Grund beruht" (GAUCH, N 1076; vgl. auch BGE 98 II 122). Wichtig ist, dass Art und Ausmass so bedeutsam sind, dass sie "eine Vertragsauflösung rechtfertigen und damit das Wandelungsrecht des Bestellers sachlich begründen " (GAUCH, N 1978).

Bei Werken auf Grund und Boden des Bestellers entfällt das Wandelungsrecht (Art. 368 Abs. 3 OR), wenn die Entfernung des Werkes nur mit "unverhältnismässigen Nachteilen" für den Unternehmer verbunden ist. Ob und wann solche unverhältnismässigen Nachteile vorhanden sind, ist eine Ermessensfrage (Art. 4 ZGB) (GAUCH, N 1091; vgl. BGE 98 II 123).

Die Wandelungserklärung ist unwiderruflich und lässt ein allfälliges Minderungs- und Nachbesserungsrecht des Bauherrn erlöschen (GAUCH, N 1100 ff.).

Ein weiterer Tatbestand, der zu einem Rücktritt führen kann, ist die Überschreitung des ungefähren Kostenansatzes, dem wir bei der Kündigung schon einmal begegnet sind (vgl. vorn). Allerdings handelt es sich dort um Werke, die auf Grund und Boden des Bestellers errichtet werden. Hier sind jedoch andere, bewegliche Bauwerke (z.B. für ein konkretes Bauwerk speziell hergestellte Armierungseisen) gemeint. Der Bauherr hat die Möglichkeit, vom Vertrag zurückzutreten, wenn der verabredete ungefähre Kostenansatz vom Unternehmer unverhältnismässig überschritten wird.

Beide Parteien sind verpflichtet, bereits erhaltene Leistungen im Rahmen der vertraglichen Abwicklungspflichten zurückzuerstatten (GAUCH, N 670). "Wurde der Stoff vom Besteller geliefert, so hat der Unternehmer (da ihm das bereits ausgeführte Werk zufällt) für den verwendeten Stoff wertmässigen Ersatz zu leisten" (GAUCH, N 670).

Ein drittes Rücktrittsrecht ist ein im gesetzlichen Werkvertragsrecht speziell geregelter Schuldnerverzugsfall. Art. 366 OR befasst sich mit der Verzögerung während der Herstellung des vereinbarten Werkes.

Die Verzögerung liegt gemäss Abs. 1 von Art. 366 OR in einem nicht rechtzeitigen Beginn des Werkes oder in der Tatsache, dass der Unternehmer derart im Rückstand ist, dass die rechtzeitige Vollendung in Frage steht, ferner aber auch in einer vertragswidrigen Verzögerung der Ausführung. Um gegen den säumigen Unternehmer vorgehen zu können, braucht der Besteller daher nicht bis zum Ablieferungstermin zu warten (GAUCH, N 478).

"Ist die Zeit für den Beginn der Werkausführung weder durch Vertrag noch durch die Natur des Rechtsverhältnisses bestimmt, so muss der Unternehmer mit der Herstellung des Werkes sogleich beginnen" (Art. 75 OR) (GAUCH, N 481). Wird indes ein bestimmter Ablieferungstermin vereinbart, so dass die termingerechte Ausführung im Vordergrund steht, kann der Unternehmer den Arbeitsbeginn frei festlegen. Dies gilt allerdings nur unter der Voraussetzung, dass die verbleibende Zeit zur termingerechten Ausführung noch reicht. Nach GAUCH entspricht diese freie Verfügungsmöglichkeit des Unternehmers dem "hypothetischen Parteiwillen" (GAUCH, N 481).

Weigert sich der Unternehmer jedoch, überhaupt mit dem Werk anzufangen, so hat der Besteller die Möglichkeit, die Verzugsfolgen (Art. 102 f. OR) geltend zu machen, ohne dass, bzw. noch bevor die Voraussetzungen zu Art. 366 Abs. 1 OR bestehen (BGE 69 II 243 ff.; GAUCH, N 480).

Zwar setzt der Verzug nach Art. 366 Abs. 1 OR kein Verschulden voraus; vorausgesetzt ist aber eine Mahnung mit einer angemessenen Nachfristansetzung, nach deren Ablauf der Bauherr den Rücktritt erklären kann (Art. 107 Abs. 2 OR; BGE 98 II 115), wenn er dies nicht schon mit der Fristansetzung angedroht hat (GAUCH, N 482). Der sich schuldhaft in Verzug befindende Unternehmer ist bei Rücktritt zur Leistung von Schadenersatz nach Art. 109 Abs. 2 OR verpflichtet.

Von Art. 366 OR angesprochen ist auch der Fall, in dem der Unternehmer mit der Ablieferung des Werkes schon vor dem Ablieferungstermin in Schuldnerverzug gerät (GAUCH, N 483). Die Verzögerung muss (objektiv) pflichtwidrig sein (GAUTSCHI, N 4d zu Art. 366 OR; GAUCH, N 483). Es gilt daher, jene Situation im Auge zu behalten, in der das Erfordernis der Pflichtwidrigkeit fehlt, insbesondere im Fall der nachträglichen (objektiven) Unmöglichkeit, weil hier die Leistungspflicht erloschen ist (GAUCH/SCHLUEP, N 2932 ff., GAUCH, N 483).

Rechtfertigungsgründe für eine Verzögerung sind die berechtigte Arbeitseinstellung gestützt auf Art. 82 oder Art. 83 OR, aber auch der Umstand, dass sich der Bauherr im Gläubigerverzug befindet (GAUCH, N 484). Die gesetzliche Umschreibung (Art. 366 Abs. 1 OR), dass sich der Unternehmer ohne Schuld des Bauherrn im Rückstand befinden müsse, ist etwas missverständlich. Damit der Schuldnerverzug des Unternehmers entfällt, genügt es nämlich, "dass die Verzögerung dem Besteller anzulasten ist", d.h. "aus dem Risikobereich des Bestellers stammt" (GAUCH, N 484).

Befindet sich der Unternehmer im Schuldnerverzug, so hat der Bauherr das Recht, vom Vertrag zurückzutreten, entweder nach Art. 107 Abs. 2 OR oder nach Art. 366 Abs. 1 OR. In jedem Fall aber wird der Vertrag mit Wirkung "ex tunc" aufgelöst (Art. 109 Abs. 1 OR), d.h., die Leistungspflichten der Parteien erlöschen und es entsteht die Pflicht der Parteien zur Rückerstattung des bereits Erhaltenen. Trotz der Vertragsauflösung "ex tunc" entsteht dem Unternehmer aus dem Rücktritt des Bestellers kein Anspruch auf Schadloshaltung (vgl. Art. 377 OR; GAUCH, N 486 und 490). Vielmehr ist der Unternehmer verpflichtet, gemäss Art. 109 Abs. 2 OR Schadenersatz zu leisten (GAUCH, N 486 und 490).

Hat der Unternehmer im Zeitpunkt des Rücktritts bereits mit der Ausführung des Werkes begonnen und möchte der Bauherr diesen Werkteil beanspruchen, steht ihm auch die Möglichkeit offen, gegen Vergütung der bereits geleisteten Arbeit den Vertrag "ex nunc" aufzulösen (vgl. Art. 377 OR) (GAUCH, N 488). "Verlangt der Besteller diese Auflösung, so ist sein Rücktritt der Sache nach eine Kündigung, die nicht zur Rückabwicklung des Vertrages, aber dazu führt, dass der Unternehmer von der Pflicht zur Vollendung des Werkes und der Besteller von der Vergütungspflicht für den noch nicht ausgeführten Werkteil befreit wird" (GAUCH, N 488). Ist der bereits ausgeführte Werkteil für den Bauherrn brauchbar, ist nicht einzusehen, warum dem Bauherrn keine Kündigung (mit Wirkung "ex nunc") zustehen soll. Immerhin scheint es doch in jenen Fällen klar zu sein, in denen "die Vertragsauflösung "ex tunc" den Unternehmer mit unverhältnismässigen Nachteilen belastet" (GAUCH, N 489).

III. Nach SIA-Norm 118 (Art. 169 Ziff. 3)

Die SIA-Norm 118 kennt in Art. 169 Ziff. 3 ebenfalls ein Wandelungsrecht. Dieses Wandelungsrecht unterscheidet sich jedoch dahingehend vom gesetzlichen, als gemäss SIA-Norm 118 die Nachbesserung im Vordergrund steht und dem Wandelungs- wie auch dem Minderungsrecht nur subsidiäre Bedeutung zukommt (GAUCH, N 1955). Nur wenn der Unternehmer seiner Nachbesserungsschuld innert angemessener Frist (GAUCH, SIA 118, N 5 zu Art. 169) nicht nachkommt (unabhängig von einem Verschulden des Unternehmers an der Nichteinhaltung der Frist (GAUCH, SIA 118, N 10 zu Art. 169)), kann sich der Bauherr für die Ausübung des Wandelungsrechts entscheiden (BGE 116 II 453 f). Wurde das Werk auf Grund und Boden des Bauherrn errichtet, gilt analog zu Art. 368 Abs. 3 OR auch bei Übernahme der SIA-Norm 118 der Grundsatz der Rücktrittsfeindlichkeit (GAUCH, N 1159 und 1089; vgl. GAUCH, SIA 118, N 23 zu Art. 169).

IV. Rücktrittsrecht nach dem Allgemeinen Teil des OR (Art. 1 bis 183 OR)

Die Rücktrittsrechte des Allgemeinen Teils kommen aufgrund ihres generellen Charakters nur dann zur Anwendung, wenn der Gesetzgeber im Besonderen Teil des OR, also im Werkvertragsrecht, keine den gleichen Sachverhalt regelnde spezielle Norm aufgestellt hat.

Zu erwähnen ist zunächst der Rücktritt bei Mängeln des Vertragsabschlusses (Art. 23 ff.). Dazu gehören der Grundlagenirrtum, wenn sich der Bauherr oder der Unternehmer bei der Bildung des Vertragswillens über einen grundlegenden Sachverhalt im Irrtum befunden haben; alsdann der wesentliche Erklärungsirrtum einer Partei. Beide sind in Art. 24 OR geregelt. Zu dieser Gruppe gehören aber auch die Rücktritte, die in der Folge von Täuschung (Art. 28 OR), Drohung (Art. 29 OR) oder Übervorteilung (Art. 21 OR) erklärt werden können.

Anzuführen ist des weiteren der Rücktritt im Schuldnerverzug nach Art. 107 Abs. 2 OR. Die Voraussetzungen dieses Rücktritts liegen darin, dass die Forderung fällig geworden ist, ohne Erfolg gemahnt und Nachfrist angesetzt wurde. Der bereits erwähnte Grundsatz der Rücktrittsfeindlichkeit bei Werken auf Grund und Boden gilt auch hier.

Schliesslich steht der Rücktritt auch dem Vertragspartner derjenigen Partei offen, die sich im Annahme- (Gläubiger-)verzug befindet. Die betreffende Partei hätte eine Vorbereitungs- oder Mitwirkungshandlung zu erbringen gehabt, hat diese aber ungerechtfertigterweise unterlassen. Die Gegenpartei kann in diesem Fall vom Vertrag zurücktreten. Paradefall ist der, dass der Bauherr die Obliegenheit hat, dem Unternehmer Pläne zu übergeben oder die notwendigen Weisungen zu erteilen, was er beides ungerechtfertigterweise unterlässt. Der Unternehmer ist alsdann berechtigt, den Vertrag nach Art. 95 OR aufzulösen.

Abschliessend ist auf den Sonderfall von Art. 83 OR hinzuweisen. Hier kann dann vom Vertrag zurückgetreten werden, wenn der Vertragsgegner im Verlauf der Vertragsabwicklung zahlungsunfähig wird und seine Leistung auch nicht anderweitig sichergestellt ist.

Der Rücktritt zeitigt neben der Auflösung des Vertrages "ex tunc" die Wirkung, dass diejenige Partei, die den Rücktrittsgrund schuldhaft gesetzt hat, ihrem Vertragspartner das negative Vertragsinteresse ersetzen muss. Das negative Vertragsinteresse ist der Schaden, der in der Differenz zwischen dem Vermögensstand liegt, wie er sich im Zeitpunkt des Rücktritts darstellt, und dem Vermögensstand, wie er bestünde, wenn gar nie von einem Vertrag die Rede gewesen wäre (KELLER, S. 5 und S. 180). Die verschuldensabhängige Pflicht zum Ersatz des negativen Vertragsinteresses besteht aber nur dann, wenn vom Gesetzgeber beim konkreten Rücktrittsgrund nicht eine andere Folge besonders normiert worden ist. Das ist z.B. bei der Wandelung der Fall, wo der Unternehmer die verschuldensabhängige Pflicht zum Ersatz des Mangelfolgeschadens hat.

D) Vorzeitige Beendigung bei nachträglicher Unmöglichkeit der Bauwerkherstellung

I. Im allgemeinen

In den hier erörterten Fällen wird der Bauwerkvertrag nicht durch Abgabe einer Aufhebungserklärung, sei es einer Kündigungs- oder einer Rücktrittserklärung, von Seiten einer Partei aufgelöst.

Im gesetzlichen Werkvertragsrecht sind namentlich drei Gründe aufgeführt, die "automatisch" zur Beendigung des Vertrages führen, nämlich:
- der Werkuntergang (Art. 376 OR)
- die Unmöglichkeit der Erfüllung aus Verhältnissen des Bestellers (Art. 378 OR)
- der Tod sowie die Unfähigkeit des Unternehmers zur Vollendung des Werkes (Art. 379 OR).

II. Nach Gesetz

Der Untergang im Sinne von Art. 376 Abs. 1 OR besteht in einem Zugrundegehen des Werkes. Erweist sich die Zerstörung als vollständig, so handelt es sich um einen totalen Untergang (z.B. das völlige Niederbrennen des Hauses), der aber in der Praxis selten vorkommt (KOLLER, S. 2 f.). Weit häufiger ist der nur teilweise Untergang des Werkes, der mit KOLLER sowohl die qualitative Verschlechterung des Werkes wie den quantitativen Untergang umfasst. In diesem Zusammenhang ist fraglich, ob Art. 376 Abs. 1 OR - dessen Wortlaut eben nur soweit einen Sinn gibt, als das Werk vollständig untergeht - auch den teilweisen Untergang des Werkes betrifft. Eine analoge Anwendung ist sicher gerechtfertigt, insbesondere sprechen Sinn und Zweck sogar für eine unmittelbare Anwendung der Vorschrift auf den teilweisen Untergang (KOLLER, S. 3 f.; GAUCH, N 813).

Wesentlich ist, ob der Untergang auf einem Umstand beruht, den die Parteien zu vertreten haben oder nicht. Stellt sich heraus, dass der Untergang des Werkes von den Parteien nicht zu vertreten ist, enthält Art. 376 Abs. 1 OR eine Regelung für die Frage, ob der Unternehmer auch dann eine Vergütung verlangen kann, wenn die von ihm erbrachte Leistung zerstört wurde (KOLLER, S. 6). Zufall im Sinne des Art. 376 Abs. 1 OR liegt also nur dann vor, wenn der Untergang des Werkes von den Parteien nicht zu vertreten ist.

Gemäss Art. 376 Abs. 1 OR verhält es sich grundsätzlich so, dass der Unternehmer bei einem zufälligen Untergang keinerlei Vergütung verlangen kann. Ist das Werk allerdings nur teilweise untergegangen, "besteht die Rechtsfolge von Art. 376 Abs. 1 OR darin, dass der Unternehmer für den zerstörten Teil des Werkes keinen Lohn verlangen kann" (KOLLER, S. 19). Eine Ausnahme hierzu enthält Art. 376 Abs. 1 OR selbst. Danach geht die Vergütungsgefahr auf den Bauherrn über, wenn er sich mit der Annahme in Verzug befindet. Bedeutsam ist jedoch, dass der Bauherr die Vergütungsgefahr nur dann trägt, "wenn der Zufall das Werk während seines Annahmeverzuges noch vor Ablieferung trifft (GAUCH, N 819 f.).

Mit dem zufälligen Untergang des Stoffes befasst sich Abs. 2 von Art. 376 OR, der sich im Zusammenhang mit Abs. 1 versteht und den Tatbestand regelt, bei dem mit der zufälligen Zerstörung des Werkes vor seiner Übergabe auch der Stoff zugrunde geht (KOLLER, S. 219). In diesem Fall trägt der Stofflieferant einen allfälligen Verlust des Werkstoffes. Der Unternehmer kann, was sich bereits aus Abs. 1 von Art. 376 OR ergeben hat, für den von ihm gelieferten Stoff keine Vergütung verlangen, schuldet aber seinerseits dem Bauherrn auch nichts, wenn der von diesem gelieferte Stoff untergeht. KOLLER weist in diesem Zusammenhang darauf hin, dass der Bauherr gemäss Art. 365 Abs. 3 OR in Verbindung mit Art. 376 Abs. 2 und 3 OR nur dann als Stofflieferant gilt, wenn er diesen kostenlos geliefert hat (KOLLER, S. 23).

Bei Verschulden des Unternehmers (Art. 97 OR i.V.m. Art. 364 Abs. 1 und Art. 365 Abs. 2 OR) oder bei dessen Verzug (Art. 102 ff. OR) handelt es sich um eine Frage der Haftung und nicht der Gefahrtragung (KOLLER, S. 24 f.).

Befindet sich der Bauherr mit der Annahme in Verzug, wird der Unternehmer sowohl von der Preis- wie von der Stoffgefahr befreit (KOLLER, S. 26).

Auch Abs. 3 von Art. 376 handelt vom zufälligen Untergang des Werkes, allerdings aufgrund spezifischer Ursachen (KOLLER, S. 27 f.), die es - in Abweichung von der Regel des Abs. 1 - rechtfertigen, dem Bauherrn die Gefahrtragung zu überbinden. Diese, dem Risikobereich des Bauherrn zuzurechnenden Gründe, sind:

- Ein Mangel des vom Besteller gelieferten Stoffes oder des angewiesenen Baugrundes: " Dieser Mangel besteht in der Untauglichkeit des Stoffes oder des Baugrundes für das vorgesehene Werk, und zwar in dem Sinne, dass Stoff oder Baugrund zum (totalen oder teilweisen) Untergang des Werkes führen" (KOLLER, S. 28).

- Weisungen des Bestellers: Es handelt sich hierbei um "Ausführungsvorschriften" des Bauherrn, die adäquat kausal den Untergang des Werkes verursacht haben müssen und in diesem Sinne "von den gewöhnlichen Regeln der Baukunst abweichen" (KOLLER, S. 32). Der Unternehmer als "Fachmann" hat den Bauherrn "auf diese Gefahren" aufmerksam zu machen (KOLLER, S. 34), wobei für eine allfällige Pflichtverletzung nur ausschlaggebend ist, ob der Unternehmer die Mangelhaftigkeit des Stoffes oder des Baugrundes oder die Unmöglichkeit der Ausführungsvorschriften gekannt hatte oder hätte kennen müssen (KOLLER, S. 35).

Die Rechtsfolge besteht in der Vergütungspflicht des Bauherrn. Damit weicht Art. 376 Abs. 3 OR einmal vom Grundsatz des Abs. 1 ab, aber auch von der Regel des Abs. 2, da in den zu vergütenden Auslagen auch das vom Unternehmer gelieferte Material inbegriffen ist (zur Vergütungshöhe vgl. KOLLER, S. 37 ff.).

Neben der Vergütung der bereits geleisteten Arbeit und der zusätzlichen Auslagen kann der Unternehmer ausserdem Schadenersatz verlangen, wenn den Bauherrn am Untergang des Werkes ein Verschulden trifft (Art. 376 Abs. 3 OR). "Gemeint ist das positive Vertragsinteresse; den Ersatz des "lucrum cessans" hat der letzte Teil der Bestimmung des Art. 376 Abs. 3 OR vor allem im Auge" (KOLLER, S. 40). Verletzt der Unternehmer allerdings seine ihm auferlegte Anzeigepflicht gegenüber dem Bauherrn, kann er die "vorgesehenen Ansprüche nicht mehr geltend machen" (KOLLER, S. 41).

Ohne Gestaltungserklärung wird der Bauwerkvertrag überdies beendet, wenn die Vollendung bzw. Ausführung des Werkes durch einen beim Bauherrn eingetretenen Zufall unmöglich wird (Art. 378 OR). "Dass die Vertragsauflösung von Gesetzes wegen eintritt, erklärt sich aus dem Tatbestand der nachträglichen Leistungsunmöglichkeit, die den Unternehmer auch nach Art. 119 Abs. 1 OR von der Leistungspflicht befreien würde" (GAUCH, N 512). Dagegen vertreten GAUTSCHI (N 4, 8 f. und 11 zu Art. 378/379 OR) und REBER (S. 187) die Auffassung, Art. 378 OR gebe dem Bauherrn bei unzumutbarer Vertragsfortsetzung ein Auflösungsrecht aus wichtigem Grund.

Die Unmöglichkeit der Vollendung von Art. 378 Abs. 1 OR wird der Unmöglichkeit der Ausführung von Abs. 2 gleichgestellt und bedeutet sowohl, dass weder das noch nicht begonnene Werk ausgeführt noch das bereits begonnene Werk fertiggestellt werden kann (GAUCH, N 503). Es handelt sich dabei um eine objektive Unmöglichkeit (GAUCH, N 499), die gemäss Art. 378 OR aus den Verhältnissen des Bauherrn (vgl. Marginale zu Art. 378 OR) zu rühren hat, namentlich "aus Gründen, die in der Person des Bauherrn, in seinem Verhalten, dem Verhalten seiner Hilfsperson oder sonst einem vertraglichen Risikobereich" (GAUCH, N 504) liegen. Art. 378 OR ist daher aus Gründen, die über den Bereich der Mitwirkungshandlungen des Bauherrn hinausgehen, anwendbar. Bedeutsam ist aber immer, dass für das Leistungshindernis nicht Umstände verantwortlich sind, die (auch) der Unternehmer zu vertreten hat (GAUCH, N 505; vgl. SJZ 50 (1954), S. 361 f.).

Hinsichtlich der Rechtsfolge ist zu unterscheiden, ob die Vollendung des Werkes durch einen beim Besteller eingetretenen Zufall unmöglich geworden ist (Art. 378 Abs. 1 OR), oder ob den Besteller für den Eintritt der Unmöglichkeit ein Verschulden trifft (Art. 378 Abs. 2 OR).

Nach Abs. 1 hat der Unternehmer einzig Anspruch auf Vergütung der geleisteten Arbeit und der im Preis nicht inbegriffenen Auslagen. Da die gegenseitigen Ansprüche der Parteien nur in Bezug auf den noch nicht entstandenen Werkteil erlöschen, hat der Besteller nach Erfüllung seiner gemäss Art. 378 Abs. 1 OR bestehenden Vergütungspflicht Anspruch auf das bereits ausgeführte Werk (GAUCH, N 511).

"Die Pflicht des Bestellers zur Teilvergütung (Abs.1) und die Schadenersatzpflicht, die bei dessen Verschulden hinzutritt (Abs.2), entsprechen der Vergütungs- und Schadenersatzpflicht nach Art. 377 OR" (GAUCH, N 507); einzig, dass Art. 378 Abs. 1 OR die Vergütungspflicht der im Preis nicht inbegriffenen Auslagen eigens erwähnt (GAUCH, N 509). Die Festsetzung der Höhe der zu leistenden Vergütung erfolgt nach Massgabe von Art. 374 OR, wenn nicht bestimmte, vertragliche Preisabreden erfolgt sind (vgl. ZR 32 Nr. 22 und REBER, S. 188).

Hat der Unternehmer bereits Vergütungsleistungen zum voraus erhalten, so muss er nach Abzug der Arbeitsvergütung sowie der darin inbegriffenen Auslagen das zuviel Erhaltene zurückgeben (GAUCH, N 507).

Mit der in Art. 378 Abs. 2 OR dem Bauherrn bei Verschulden auferlegten Schadenersatzpflicht befindet sich dieser hinsichtlich der Rechtsfolgen in der gleichen Situation, als wäre er gemäss Art. 377 OR vom Vertrag zurückgetreten. GAUCH spricht in diesem Zusammenhang von einer Obliegenheit des Bestellers, "zur Vermeidung der Schadenersatzpflicht die Vollendung des Werkes nicht selber unmöglich zu machen" (GAUCH, N 513). Kein Verschulden indes stellt der Tod des Bestellers dar (GAUCH, N 514).

Zu einer vorzeitigen Vertragsbeendigung führen schliesslich der Tod oder die Unfähigkeit des Unternehmers zur Vollendung des Werkes. Gemäss Art. 379 Abs. 1 OR erlischt das Vertragsverhältnis ohne weitere Vorkehren des Bestellers von Gesetzes wegen, sofern der Vertrag mit Rücksicht auf die persönlichen Eigenschaften des Unternehmers eingegangen war (BGE 103 II 55).

Was die Voraussetzung der persönlichen Eigenschaften des Unternehmers betrifft, ist auf Art. 364 Abs. 2 OR zu verweisen, der darunter die "persönliche Ausführung", aber auch die "persönliche Leistung" versteht (BGE 103 II 56 f.). Ist diese Voraussetzung nicht erfüllt, so besteht "kein Grund, der den Werkvertrag erlöschen lässt, da die Leistung von einem Dritten erbracht werden kann" (GAUCH, N 527). Da der Unternehmer sowohl für die persönliche Leistung Hilfspersonen oder Unterakkordanten beiziehen kann und es damit bei der Erfüllung von Werkverträgen immer weniger auf die Person des Unternehmers ankommt, ist die Anwendung von Art. 379 OR in der Praxis eher selten (vgl. dazu REBER, S. 189; GAUTSCHI, N 15 zu Art. 378/379 OR).

Die Unfähigkeit des Unternehmers hat nach Vertragsabschluss einzutreten und darf nicht nur vorübergehend sein. Der Tod des Unternehmers ist somit "das augenfälligste Beispiel eines Unfähigkeitsgrundes" (GAUCH, N 528). Art. 379 OR erfasst nach seinem Wortlaut nur jene Fälle, in denen der Unternehmer "ohne seine Schuld zur Vollendung des Werkes unfähig" wird (BGE 103 II 58); diese Unterscheidung wird aber erst mit Bezug auf die Folgen der Vertragsauflösung bedeutsam. Der Vertrag erlischt somit auch dann nach Art. 379 OR, wenn den Unternehmer ein Verschulden trifft (BGE 103 II 58). Unfähigkeit im Sinne von Art. 379 Abs. 1 OR liegt allerdings bei blosser Mittellosigkeit des Schuldners nicht vor; insbesondere ist auch der Konkurs kein Erlöschungsgrund (GAUCH, N 529).

"Mit dem Erlöschen des Werkvertrages gehen die beidseitigen Ansprüche der Vertragsparteien (der Anspruch auf Herstellung und auf Vergütung) hinsichtlich der noch nicht ausgeführten Werkarbeit unter" (GAUCH, N 533). Hat der Unternehmer bereits einen Teil des Werkes ausgeführt, ist der Bauherr nach Art. 379 Abs. 2 OR verpflichtet, diesen Teil, soweit er für ihn brauchbar ist, anzunehmen und zu bezahlen. Die Beweislast für die Unbrauchbarkeit liegt beim Bauherrn (GAUCH, N 534). Die Höhe der Bezahlung richtet sich nach der geleisteten Arbeit sowie den tatsächlich entstandenen Aufwendungen und entspricht der Teilvergütung, die auch nach Art. 378 Abs. 1 OR zu leisten wäre (GAUCH, N 534; GAUTSCHI, N 17 zu Art. 378/379 OR).

In diesem Zusammenhang stellt sich die Frage, in wessen Eigentum das Werk bzw. der Werkteil ist, um entscheiden zu können, zu welchen Rechtsmitteln Bauherr oder Unternehmer bzw. dessen Erben bei einer zwangsweisen Durchsetzung ihrer Ansprüche greifen müssen (vgl. OSER/SCHÖNENBERGER, N 2 zu Art. 379 OR).

Der Bauherr hat dann Anspruch auf Ersatz des Erfüllungsinteresses, wenn der Unternehmer seine Unfähigkeit selbst verschuldet oder sich in jenem Zeitpunkt im Schuldnerverzug (unter Vorbehalt von Art. 103 Abs. 2 OR) befunden hat (GAUCH, N 537).

Die werkvertraglichen Bestimmungen zur Unmöglichkeit der Werkherstellung werden ergänzt durch die folgenden beiden Bestimmungen des Allgemeinen Teils des OR: Art. 97 und 119 OR.

III. Nach SIA-Norm 118 (Art. 185 bis 188)

In der SIA-Norm 118 stimmen mit Bezug auf das Vorliegen der Gründe die Bestimmungen weitgehend mit dem Gesetz überein. Zum Teil werden jedoch andere Termini verwendet (SIA-Norm 118, Art. 185 - 188).

Die SIA-Norm 118 stellt zunächst in einem Grundsatz fest, dass die gesetzlichen Beendigungsgründe, insbesondere diejengen des Allgemeinen Teils des OR, subsidiär zur Anwendung kommen (Art. 183 SIA-Norm 118).

Den Art. 378 und 379 OR entsprechen die Art. 185 und 186 der SIA-Norm 118 über die Unmöglichkeit der Erfüllung aus Verhältnissen des Bauherrn und den Eintritt besonderer Umstände auf Seiten des Unternehmers. Art. 185 der SIA-Norm 118 befasst sich mit der "Unmöglichkeit der Werkvollendung" (Ganz- oder Teilunmöglichkeit) (GAUCH, SIA 118, N 1 b und N 4 zu Art. 185), die eine objektive ist. Demgegenüber handelt es sich in Art. 186 SIA-Norm 118 um die subjektive Unfähigkeit des Unternehmers, die einerseits dem Bauherrn ein Beendigungsrecht einräumt (GAUCH, SIA 118, N 4) und andererseits das automatische Erlöschen des Vertrages bewirkt, weil sie mit der Unmöglichkeit der persönlichen Leistungspflicht zur objektiven Unmöglichkeit der Vertragserfüllung wird (GAUCH, SIA 118, N 7 b).

Art. 187 und 188 der SIA-Norm 118 behandeln den zufälligen Werkuntergang bzw. denjenigen, der vom Bauherrn selbst verursacht worden ist und betreffen - wenn auch etwas ausführlicher - den gleichen Sachverhalt wie Art. 376 OR (GAUCH, SIA 118, S. 157 ff.).

RECHTSQUELLEN
Schweizerisches Zivilgesetzbuch vom 10. Dezember 1907, SR 210 (ZGB).
BG vom 30. März 1911 betreffend Ergänzung des Schweizerischen Zivilgesetzbuches (Fünfter Teil: Obligationenrecht), SR 220 (OR).
Allgemeine Bedingungen für Bauarbeiten, SIA-Norm 118, Ausgabe 1977 (SIA-Norm 118).

JUDIKATUR
BGE 109 II 37 ff.: Körperliche und unkörperliche Arbeitsergebnisse als Gegenstand des Werkvertrages.
BGE 68 II 142: Jederzeitige, ohne Angabe von Gründen mögliche Kündigung.
BGE 48 II 50 f.: Vollendung des Werkes.
BGE 98 II 116: Kündigungsrecht bis zur Vollendung des Werkes.
BGE 69 II 142 ff.: Befreiung von der Schadenersatzpflicht bei Kündigung aus wichtigem Grund.
BGE 98 II 303: Superficies solo cedit.
BGE 98 II 123: Kostentragung bei Entfernen des Werkes.
BGE 98 II 122: Abwägung der Parteiinteressen bei in Frage stehender Unzumutbarkeit der Werkannahme für den Besteller.
BGE 98 II 123: Beurteilung unverhältnismässiger Nachteile für den Unternehmer bei Werkentfernung.
BGE 69 II 243: Geltendmachung der Verzugsfolgen, bevor die Voraussetzungen zu Art. 366 Abs. 1 OR gegeben sind.
BGE 98 II 115: Nachfristansetzung für den Rücktritt nach Art. 366 Abs. 1 OR.
SJZ 50, 1954, S. 361 f.: Vom Unternehmer verursachtes Bauverbot.
ZR 32, Nr. 22: Höhe der Vergütung im Falle von Art. 378 Abs. 1 OR bei vereinbarter Pauschalsumme.
BGE 103 II 55 f.: Persönliche Eigenschaften des Unternehmers in Art. 379 Abs.1 OR.
BGE 114 II 157 f.: Inhaltliche Umgestaltung des Vertragsverhältnisses beim Rücktritt; Umwandlungstheorie.
BGE 116 II 453 f.: Vorrang der Nachbesserung gegenüber Minderung und Wandelung gemäss Art. 169 der SIA-Norm 118.

LITERATUR
GAUCH Peter, Der Werkvertrag, 3. Aufl., Zürich 1985 (GAUCH); GAUCH Peter, Kommentar zur SIA-Norm 118, Art. 157 - 190, Zürich 1991 (GAUCH, SIA 118); GAUCH Peter (Hrsg.)/AEPLI Viktor/CASANOVA Hugo, Schweizerisches Obligatio-

nenrecht, Rechtsprechung des Bundesgerichts, Besonderer Teil, 2. Aufl., Zürich 1990; GAUCH Peter, /SCHLUEP Walter R., Schweizerisches Obligationenrecht, Allgemeiner Teil ohne ausservertragliches Haftpflichtrecht, 2 Bde., 5. Aufl., Zürich 1991 (GAUCH/ SCHLUEP); GAUTSCHI Georg, Berner Kommentar zum Schweizerischen Privatrecht, Bd. VI. 2. Abt., 3. Teilbd., Der Werkvertrag, Bern 1972 (GAUTSCHI); GUHL Theo, Das Schweizerische Obligationenrecht mit Einschluss des Handels- und Wertpapierrechts, 8. Aufl., Zürich, 1991 (GUHL); KELLER Max, Das negative Interesse im Verhältnis zum positiven Interesse, Diss. Zürich 1948 (KELLER); KOLLER Jo, Der Untergang des Werkes nach Art. 376 OR, Diss. Freiburg/Winterthur 1983 (KOLLER); OSER Hugo/SCHÖNENBERGER Wilhelm, Obligationenrecht, Die einzelnen Vertragsverhältnisse, Bd. V/2, 2. Aufl., Zürich 1936 (OSER/SCHÖNENBERGER); PEDRAZZINI Mario M., Schweizerisches Privatrecht VII/Band 1, Basel und Stuttgart 1977 (PEDRAZZINI); REBER Hans J., Rechtshandbuch für Bauunternehmer, Bauherr, Architekt und Bauingenieur, 4.Aufl., Zürich/Dietikon 1983 (REBER); TUOR Peter/SCHNYDER Bernhard, Das Schweizerische Zivilgesetzbuch, 10. Aufl., Zürich 1986 (TUOR/SCHNYDER); VON TUHR Andreas/ESCHER Arnold, Allgemeiner Teil des Schweizerischen Obligationenrechts, Bd. II, 3. Aufl., Zürich 1974.

Gesellschafts- und Versicherungsrecht

Die gesellschaftsrechtliche Organisation des Unternehmens im Bauwesen - unter besonderer Berücksichtigung der paritätischen Zweipersonengesellschaft

Urs Ch. Nef / Duri Prader

A) Strukturen des schweizerischen Gesellschaftsrechts

I. Die Gesellschaft als Interessengemeinschaftsverhältnis

Das privatrechtliche Gesellschaftsrecht bildet einen Teil des Schuldrechts (Obligationenrechts). Es ist in den Titeln 23 ff. des Obligationenrechts geregelt. Das Gesellschaftsrecht hat relative Rechte zum Gegenstand. Diese regeln die Beziehungen zwischen Gläubiger und Schuldner. Relative Rechte richten sich nicht unmittelbar gegen Dritte. Immerhin können relative Rechte mittelbar auch Rechtspositionen Dritter tangieren. Dies kommt besonders ausgeprägt im Gesellschaftsrecht zum Ausdruck; die zwischen den Gesellschaftern getroffenen Entscheidungen können die Rechtsstellung z.B. von Gesellschaftsgläubigern beeinträchtigen. Da am Gesellschaftsvertrag in der Regel eine Mehrzahl von Personen beteiligt ist, zählt das Gesellschaftsrecht zum *Vertragsrecht im weiteren Sinne* (mehrseitiger Vertrag).

In der Lehre zum Obligationenrecht werden drei Kategorien von Verträgen unterschieden: die *Interessengegensatzverträge*, die *Interessenwahrungsverträge* und die *Interessengemeinschaftsverträge* (MEIER-HAYOZ/FORSTMOSER, §1 N 37 ff.). Zur ersten Kategorie, den Interessengegensatzverträgen, zählen jene Vertragsfiguren, welche die Ausmarchung gegensätzlicher Parteiinteressen zum Gegenstand haben. Der Kaufvertrag bildet den Grundtypus des Interessengegensatzvertrages: der Käufer will den Kaufgegenstand zu einem möglichst billigen Preis erwerben; umgekehrt will der Verkäufer für die Kaufsache einen möglichst hohen Preis realisieren. Jede Partei versucht, bei den Vertragsverhandlungen unter Einhaltung des Grundsatzes von Treu und Glauben (Art. 2 Abs. 1 ZGB) ihren eigenen Interessen zum Durchbruch zu verhelfen. Bei der zweiten Kategorie, den Interessenwahrungsverträgen (z.B. Arbeitsvertrag, einfacher Auftrag) ist in der Regel eine Dienstleistung geschuldet, welche im Rahmen der vertraglichen Abmachungen vom Schuldner der Dienstleistung den Anforderungen und Bedürfnissen der Gegenpartei anzupassen ist. So ist der bauleitende Architekt gehalten, bei der Ausführung seiner Arbeit die Interessen des Bauherrn wahrzunehmen, indem er z.B. alle ihm zumutbaren Vorkehrungen trifft, um Bauverzögerungen zu verhindern und drohenden Schaden abzuwenden. Die dritte Kategorie der Interessengemeinschaftsverträge ist im *Gesellschaftsrecht* verwirklicht. Mehrere Personen schliessen sich aufgrund eines Vertrages (Gesellschaftsvertrag) zur Verfolgung gemeinsamer Zwecke zusammen. Der Gesellschaftsvertrag ist auf die *private, kollektive Zweckverfolgung* zugeschnitten. Die Leistungen werden nicht unter den Vertragsparteien ausgetauscht, sondern zur Erreichung eines gemeinsamen Zwecks zusammengelegt (BGE 104 II 112). Mit dem Zusammenschluss kann die Begründung einer juristischen Person beabsichtigt sein, welche ihrerseits das Ziel der Gesellschafter übernimmt, einen gemeinsamen Zweck zu verfolgen. Im Innenverhältnis werden die Beziehungen der *Gesellschafter untereinander* bzw. von diesen gegenüber der Gesellschaft vom Gesellschaftsrecht beherrscht; im Aussenverhältnis erfasst das Gesellschaftsrecht die Rechtsverhältnisse der Gesellschaft bzw. der Gesellschafter *gegenüber Dritten* (insbesondere die Vertretung und die Haftung).

II. Der numerus clausus zulässiger Gesellschaftsformen

Im allgemeinen Teil des Obligationenrechts ist der Grundsatz der *Vertragsfreiheit* (Art. 19 Abs. 1 OR) niedergelegt, d.h. der Freiheit der Vertragsparteien, aufgrund ihrer auf freiem Willen beruhenden Willensbetätigung subjektive Rechte zu begründen, zu ändern oder aufzuheben. Ordnungspolitisch ist die Vertragsfreiheit in der liberalen Wirtschaftsverfassung verankert (Handels- und Gewerbefreiheit, Art. 31 BV). Der Grundsatz der Vertragsfreiheit konkretisiert sich in sechs verschiedenen Richtungen: in der Freiheit, einen Vertrag abzuschliessen *(Abschlussfreiheit)*, ihn wieder aufzuheben *(Aufhebungsfreiheit)*, in der *Partnerwahlfreiheit*, in der *Typenwahlfreiheit*, in der Freiheit der inhaltlichen Ausgestaltung des Vertrages *(Vertragsinhaltsfreiheit)* sowie in der *Formfreiheit* (vgl. E. A. KRAMER, Berner Kommentar, Allgemeine Bestimmungen, Art. 19-20 OR, Bern 1990, N 13 ff.).

Die drei letztgenannten Freiheiten erfahren im Gesellschaftsrecht spezifische *Einschränkungen*. Die Gesellschafter sind bei der Wahl der Gesellschaft auf eine der sieben vom Gesellschaftsrecht zur Verfügung gestellten Gesellschaftsformen beschränkt (numerus clausus der zulässigen Gesellschaftsformen). Dies sind: die *einfache Gesellschaft*, die *Kollektivgesellschaft*, die *Kommanditgesellschaft*, die *Aktiengesellschaft* (AG), die *Kommanditaktiengesellschaft* (K-AG), die *Gesellschaft mit beschränkter Haftung* (GmbH) und die *Genossenschaft*. Den Gesellschaftern steht es sodann im Grundsatz nicht zu, die genannten, vom Gesetzgeber vorgeformten Gesellschaften mit typenfremden Elementen zu durchsetzen oder gar neue Gesellschaftsformen zu bilden. Die zahlreichen zwingenden Bestimmungen des Gesellschaftsrechts schränken die Gesellschafter im Bestreben ein, die von ihnen gewählte Gesellschaftsform ihren speziellen Bedürfnissen dienstbar zu machen (zwingende Ausgestaltung der Gesellschaftsformen). Die verschiedenen Gesellschaftsformen sind allerdings unterschiedlich stark mit zwingenden Bestimmungen durchsetzt. Währenddem das Genossenschaftsrecht vom zwingenden Recht besonders geprägt ist, weist die einfache Gesellschaft eine grosse Elastizität auf. Innerhalb der Kapitalgesellschaften gewährt die AG individuellen Regelungsbedürfnissen den grössten Spielraum. Schliesslich haben die Gesellschafter die im Gesellschaftsrecht vorgesehenen Formvorschriften zu befolgen (Formzwang). So schreibt das Gesetz z.b. für die Gründung der AG deren Eintrag ins Handelsregister vor (Registrierungspflicht, Art. 640 ff. OR); oder bei der Erhöhung des Aktienkapitals ist das vom Gesetz vorgesehene Verfahren einzuhalten (Art. 650 ff. OR). Numerus clausus, die gesetzlich zwingende Ausgestaltung der Gesellschaftsformen sowie der Formzwang entspringen nicht gesetzgeberischer Willkür, sondern dem berechtigten Anliegen der *Verkehrssicherheit*. Die Dritten (namentlich Lieferanten und Kunden) sollen sich darauf verlassen können, dass die für eine bestimmte Gesellschaftsform charakteristischen Merkmale (z.B. die Haftung der Gesellschafter für Gesellschaftsschulden) auch bei der konkreten Gesellschaft verwirklicht sind, mit der diese Dritten Rechtsbeziehungen unterhalten *(Gläubigerschutz)*. Sodann soll die Minderheit der Gesellschafter minimale Rechte geniessen *(Minderheitenschutz)*.

III. Zwei Strukturelemente des Gesellschaftsrechts

1. Personengesellschaften und Körperschaften

Die Gesellschaften sind entweder als Personengesellschaften oder als Körperschaften ausgestaltet. Bei den *Personengesellschaften* sind die Gesellschafter die Rechtsträger. Das Gesetz regelt die Beziehung unter ihnen und gegenüber Dritten (z.B. die Organisation der Gesellschaft, die Willensbildung in der Gesellschaft oder die Haftung der Gesellschafter im Aussenverhältnis). Rechte und Pflichten aus dem Gesellschaftsverhältnis stehen den einzelnen Gesellschaftern gemeinschaftlich zu. Namentlich bestehen gemeinsame Rechte und Pflichten bzw. Gesamteigentum aller Gesellschafter an den Gesellschaftsaktiven (Art. 646 ff. ZGB).

Bei den *Körperschaften* tritt die Gesellschaft als *juristische Person* mit eigener Rechtspersönlichkeit in Erscheinung. Die juristische Person verfügt über das Gesellschaftsvermögen; in sachenrechtlicher Hinsicht übt sie Alleineigentum aus. Sodann haftet die Gesellschaft ihren Gläubigern primär mit dem ganzen Vermögen. Die einzelnen Gesellschafter haften je nach Gesellschaftsform für die Verbindlichkeiten der Gesellschaft nicht, beschränkt oder unbeschränkt. Die Geschäftsführung und die Vertretung der Gesellschaft erfolgen durch die von den Gesellschaftern gewählten Organe.

Die einfache Gesellschaft, die Kollektivgesellschaft und die Kommanditgesellschaft wurden vom Gesetzgeber als Personengesellschaften, die AG, die K-AG, die GmbH und die Genossenschaft als Körperschaften ausgestaltet. Die Kollektiv- und die Kommanditgesellschaft treten allerdings im Aussenverhältnis, für Personengesellschaften atypisch, wie Körperschaften auf. Kollektiv- und Kommanditgesellschaft sind unter ihrer Firma handlungs-, betreibungs- und prozessfähig (Art. 562; 602 OR).

Personengesellschaften			Körperschaften			
typisch	atypisch					
einfache Gesellschaft	Kollektiv-gesellschaft	Kommandit-gesellschaft	AG	K-AG	GmbH	Genossen-schaft
Art. 530ff. OR	Art. 552ff. OR	Art. 594ff. OR	Art. 620ff. OR	Art. 764ff. OR	Art. 772ff. OR	Art. 828ff. OR

2. Mitgliederbezogene und kapitalbezogene Gesellschaften

Die Gesellschaften weisen entweder eine mitgliederbezogene oder eine kapitalbezogene Struktur auf. Bei den mitgliederbezogenen Gesellschaften steht bezüglich der Verfolgung des Gesellschaftszwecks die *persönliche Aktivität* der Gesellschafter im Vordergrund. Jedes Mitglied hat grundsätzlich die gleichen Rechte und Pflichten (z.B. Stimmrecht, Anteil am Gewinn); die Beziehung unter den Mitgliedern ist von der Treuepflicht geprägt (z.B. Konkurrenzverbot). Im Unterschied dazu knüpft der Gesetzgeber bei den kapitalbezogenen Gesellschaften Rechte und Pflichten der Gesellschafter an deren Beteiligung am *Gesellschaftskapital* an. Insbesondere werden bei den kapitalbezogenen Gesellschaftsformen die Mitgliedschaftsrechte nach Kapitalanteilen bemessen. Die Mitglieder haben beschränkte finanzielle Pflichten (z.B. Liberierungspflicht bei der AG und der GmbH). Sodann wird von ihnen keine persönliche Mitwirkung in den Gesellschaftsorganen verlangt; sie können eine Mitwirkung auch nicht beanspruchen. Das Mitglied kann seine Mitgliedschaftsrechte ohne Zustimmung der übrigen Gesellschafter auf Dritte übertragen.

Neben den Personengesellschaften zählt auch die Genossenschaft zu den mitgliederbezogenen Gesellschaften. GmbH und K-AG weisen zum Teil mitgliederbezogene, zum Teil kapitalbezogene Elemente auf. Die AG repräsentiert die typische Kapitalgesellschaft. Mit ihr wurde der Grundstein für die moderne Industriegesellschaft gelegt. Bei der AG können umfangreiche Kapitaleinlagen einer grossen Zahl von Aktionären einem gemeinsamen Zweck dienstbar gemacht werden. Die in der Anonymität verharrenden Aktionäre (société anonyme) sind von der persönlichen Haftung für Gesellschaftsschulden befreit (Art. 620 Abs. 2; Art. 680 Abs. 1 OR). Die AG nach schweizerischem Recht ist aber auch eine für kleinere Unternehmen beliebte Gesellschaftsform; sie kann durch eine entsprechende Ausgestaltung (z.B. im Rahmen von Aktionärsbindungsverträgen, durch Einräumung von gegenseitigen Erwerbsrechten oder durch Einführung von Stimmrechtsaktien und vinkulierten Namenaktien) einen stark mitgliederbezogenen Charakter annehmen.

Mitgliederbezogene Gesellschaftsformen				Mischformen		Kapitalbezogene Gesellschaftsform
einfache Gesellschaft	Kollektivgesellschaft	Kommanditgesellschaft	Genossenschaft	GmbH	K-AG	AG
Art. 530ff. OR	Art. 552ff. OR	Art. 594ff. OR	Art. 828ff. OR	Art. 772ff. OR	Art. 764ff. OR	Art. 620ff. OR

B) Kriterien für die Wahl der Gesellschaftsform

I. Allgemeines

Die zwingenden Rechtsnormen, welche die einzelne Gesellschaftsform begrenzen, bilden einen vom Gesetz vorgegebenen, *unabänderlichen Raster*. Dem Unternehmer stehen bei der Gründung bzw. bei einer Neuorganisation seines Unternehmens wahlweise sieben derartige Raster zur Verfügung. Der Unternehmer trifft seinen Entscheid zugunsten eines Rasters und damit einer bestimmten Gesellschaftsform aufgrund seiner betriebswirtschaftlichen Vorgaben. Schwierigkeiten bereitet der Entscheid vorwiegend kleinen und mittleren Unternehmen, welche sich sowohl als Personengesellschaft als auch als Körperschaft, sowohl als mitglieder- als auch als kapitalbezogene Gesellschaft entwickeln können. Ist die zweckmässige Gesellschaftsform gefunden, müssen die rechtlichen Freiräume, welche sich zwischen dem Normenraster und den unternehmerischen Vorgaben öffnen, mit vertraglichen (Gesellschaftsvertrag) bzw. statutarischen Bestimmungen (Statuten) ausgefüllt werden. Die Ausarbeitung von Gesellschaftsvertrag und Statuten bildet einen anspruchsvollen Akt *privatautonomer Rechtsschöpfung*.

Die gesellschaftsspezifischen Normenraster lassen sich in einzelne Elemente aufgliedern, welche in den verschiedenen Gesellschaftsformen wiederkehren. Diese Elemente bilden die mehr oder weniger unmittelbaren Kriterien für die Wahl einer bestimmten Gesellschaftsform. Im folgenden soll skizzenhaft auf einige dieser Kriterien eingetreten werden.

II. Bestimmungen über das kaufmännische Unternehmen

Der Begriff des kaufmännischen Gewerbes greift über die Gesellschaftsformen des Obligationenrechts hinaus. Neben der Gesellschaft kann auch ein Einzelkaufmann oder eine Stiftung oder eine Körperschaft des öffentlichen Rechts ein kaufmännisches Gewerbe betreiben.

Die Geschäftstätigkeit der operativ aktiven Wirtschaftssubjekte im Bauwesen ist regelmässig auf *wirtschaftliche Ziele* ausgerichtet. Die gewerblich-industriellen Aktivitäten können fünf aufeinander folgenden Stufen zugeordnet werden. Zunächst werden die Rohstoffe (z.B. Kies, Mergel, Kalk) abgebaut und aufbereitet. Aus diesen werden die Baumaterialgrundstoffe hergestellt (z.B. Zement, Isolierstoffe). Die Grundstoffe werden sodann zu Baumaterialien verarbeitet (z.B. zu Zementwaren, Backsteinen oder Bauhilfsstoffen). Der Baumaterialhandel nimmt ihre Verteilung auf die Bauunternehmer und die Bauhandwerker vor, welche im Hoch- und Tiefbau die Bauwerke erstellen.

Die wirtschaftliche Ausrichtung erlaubt es den Unternehmen im Bauwesen, für ihre Organisation eine der *sieben Gesellschaftsformen* des Obligationenrechts in Anspruch zu nehmen. In der Regel werden die Geschäfte in der Absicht betrieben, für die Gesellschaft einen Gewinn zu erzielen. Gewinnstrebige Unternehmen können in den Formen der Erwerbsgesellschaften (Kollektivgesellschaft, Kommanditgesellschaft, AG, K-AG und GmbH) sowie der einfachen Gesellschaft organisiert sein. Nicht gewinnorientiert ist hingegen die Genossenschaft; sie ist im Interesse ihrer Mitglieder tätig, indem sie ihnen sachliche Vorteile (z.B. günstige Bezugspreise) verschafft. In der Baubranche treten Genossenschaften eher selten in Erscheinung. Immerhin ist das grösste schweizerische Unternehmen im Baumaterialhandel genossenschaftlich organisiert.

Für die operativ tätigen Wirtschaftssubjekte im Bauwesen tritt das kaufmännische Unternehmen in den Mittelpunkt des rechtlichen Interesses. Das Gesetz spricht in diesem Zusammenhang von Handels-, Fabrikations- und von anderen nach kaufmännischer Art geführten Gewerben (Art. 934 Abs. 1 OR). Art. 52 Abs. 3 ff. der Handelsregisterverordnung (HRV) umschreibt das kaufmännische Gewerbe als eine *"selbständige, auf dauernden Erwerb gerichtete wirtschaftliche Tätigkeit"*. Eine selbständige Tätigkeit übt aus, wer in zeitlicher oder organisatorischer Hinsicht seine Arbeit frei gestalten kann und seine geschäftlichen Aktivitäten auf eigenes Risiko betreibt (BGE 91 I 143). Das Erfordernis der dauernden Erwerbstätigkeit liegt nach der Praxis des Bundesgerichts vor, sobald die Geschäftstätigkeit repetitiv in einem organisatorischen Rahmen abgewickelt wird (BGE 104 Ib 262 f.).

Die Wirtschaftssubjekte im Bauwesen *erfüllen regelmässig die gesetzlichen Voraussetzungen des kaufmännischen Gewerbes*. Sie zählen zu den Fabrikations- oder Handelsgewerben. Sie sind, sofern sie einen Umsatz von über Fr. 100'000.-- erzielen, ins Handelsregister einzutragen (Art. 54 HRV), sie haben eine Firma zu bilden (Art. 944 ff. OR) und unterstehen den besonderen Vorschriften über die kaufmännische Buchführung (Art. 957 ff. OR). Der Eintrag ins Handelsregister hat seinerseits zur Folge, dass das eingetragene Unternehmen der Betreibung auf Konkurs unterliegt (Art. 957 OR), einen erhöhten Firmenschutz geniesst (Art. 956 OR) und in bestimmten Kantonen der Handelsgerichtsbarkeit untersteht (z.B. Kantone Zürich oder St. Gallen).

Alle Erwerbsgesellschaften können ihre Zwecke im Rahmen eines kaufmännischen Unternehmens verfolgen; die betreffenden Vorschriften sind aber auch auf die nicht gewinnstrebige Genossenschaft anzuwenden. Hingegen ist umstritten, ob die einfache Gesellschaft ein kaufmännisches Unternehmen betreiben darf. Für kaufmännische Unternehmen sieht Art. 934 OR nämlich die Pflicht zum Eintrag ins Handelsregister vor. Da die einfache Gesellschaft nicht rechts-, vermögens-, partei- oder prozessfähig ist (BGE 96 III 103), kann sie selbst nicht Inhaberin eines kaufmännischen Unternehmens sein und als solche auch nicht ins Handelsregister eingetragen werden (Art. 10 HRV). Trotzdem *duldet die Praxis*, dass mehrere Gesellschafter, und zwar sowohl natürliche wie juristische Personen, im Rahmen einer *einfachen Gesellschaft gemeinsam ein kaufmännisches Unternehmen führen* (BGE 79 I 179). Sofern an der einfachen Gesellschaft nur natürliche Personen beteiligt sind, entsteht allerdings gemäss Art. 552 OR unabhängig vom Willen der Beteiligten eine Kollektivgesellschaft (Art. 934 Abs. 1 OR, MEIER-HAYOZ/FORSTMOSER, §4 N 59 ff.; W. VON STEIGER, S. 334).

III. Bestimmungen über die Haftung der Gesellschafter für Gesellschaftsschulden

Das Gesetz sieht je nach Gesellschaftsform unterschiedliche Vorschriften für die Haftung der Gesellschafter gegenüber Dritten vor. Der einfache Gesellschafter haftet wie der Einzelkaufmann für Gesellschaftsschulden primär und unbeschränkt mit seinem ganzen Vermögen (W. VON STEIGER, S. 381). Die Mitglieder der anderen Personengesellschaften haften subsidiär neben dem Gesellschaftsvermögen, aber ebenfalls unbeschränkt, mit Ausnahme des Kommanditärs (Art. 605 ff. OR), welcher lediglich beschränkt haftet (vgl. die Zusammenstellung bei MEIER-HAYOZ/FORSTMOSER, §2 N 70). In der GmbH haften die Mitglieder persönlich und beschränkt (Art. 802 und 568 OR). Bei der Genossenschaft können die Statuten eine persönliche Haftung der Gesellschafter vorsehen (Art. 869 f. OR). Die Mitgliedschaftspflichten des Aktionärs erschöpfen sich in der Liberierung der von ihm gezeichneten Aktien (Art. 620 Abs. 2 und 680 Abs. 1 OR). Der *Ausschluss der persönlichen Haftung* des Aktionärs bildet oft den entscheidenden Grund für die Wahl der AG als Gesellschaftsform.

IV. Vorschriften über die Finanzierung der Gesellschaft

Eine Erhöhung der *Eigenfinanzierung* kann entweder durch neue Einlagen bisheriger bzw. neuer Kapitalgeber oder durch die Einbehaltung von erarbeiteten Gewinnen im Gesellschaftsvermögen (Reserven) erfolgen. Bei den Personengesellschaften kann eine Neufinanzierung auf dem Wege der personellen Erweiterung der Gesellschafter nur im Einverständnis aller Gesellschafter vorgenommen werden. Bei der Kollektivgesellschaft ist die Äufnung stiller Reserven beschränkt, da jeder Gesellschafter ohne anderslautende Abmachung im Gesellschaftsvertrag den Anspruch auf eine Verzinsung seiner Kapitaleinlage sowie auf Ausrichtung seines Anteils am Gewinn erheben kann (Art. 558 f. OR). Bei der GmbH muss der Beschluss über die Kapitalerhöhung einstimmig gefasst werden (Art. 784 Abs. 3 OR). Die Äufnung stiller Reserven wird bei der Abnahme der Gewinn- und Verlustrechnung durch die Gesellschafterversammlung beschlossen (Art. 808 Abs. 2 OR). Für die AG entscheidet die einfache bzw. qualifizierte Mehrheit der Stimmen in der Generalversammlung (GV) über die Bildung stiller Reserven sowie über eine Kapitalerhöhung (Art. 650 ff. OR).

Für die *Fremdfinanzierung* des Unternehmens spielt in der Praxis bei einer Bonitätsprüfung die Rechtsform der Gesellschaft eine untergeordnete Rolle. Sie ist nur insofern von Bedeutung, als die gesetzlichen Vorschriften über die Haftung der Gesellschafter für Gesellschaftsschulden einen Teil des Risikos der Gläubiger widerspiegeln. Für die Kreditwürdigkeit eines Unternehmens entscheidender sind die Sicherheiten, welche dem Kreditgeber gestellt werden. Neben Pfandrechten und Bürgschaften stehen ein guter Geschäftsgang mit gesicherten Einnahmen sowie eine solvente Kundschaft im Vordergrund. Leistet bei einer Aktiengesellschaften ein Hauptaktionär gegenüber dem Kreditgeber persönliche Sicherheiten, wird der gesetzliche Haftungsausschluss für den betreffenden Aktionär ausgehöhlt. Bei kleinen Aktiengesellschaften gewähren nicht selten die Aktionäre der Gesellschaft Darlehen oder Vorschüsse. Solche Aktionärsdarlehen stehen in einem Konkurs der Gesellschaft in der fünften Klasse (Art. 219 SchKG). Obwohl diese Darlehen gegenüber dem Aktienkapital eine bevorzugte Behandlung erfahren, sind sie faktisch als Eigenkapital zu betrachten, umsomehr, als bei einer Überschuldung der Gesellschaft die Darlehensgeber häufig eine Rangrücktrittserklärung abgeben müssen (Art. 725 Abs. 2 OR).

V. Vorschriften bezüglich der Steuerbelastung

Bei der Wahl der Gesellschaftsform für die Organisation eines gewinnstrebigen Unternehmens steht oft das Motiv der *Steuerersparnis* im Vordergrund. Nach den schweizerischen Steuergesetzgebungen sind neben den natürlichen auch die juristischen Personen Steuersubjekte. Sie werden in der Regel auf dem Ertrag und auf dem Eigenkapital veranlagt. Hingegen sind Personengesellschaften, insbesondere auch die einfache Gesellschaft, nicht steuerpflichtig, und zwar auch dann nicht, wenn sie ein kaufmännisches Unternehmen betreiben. Vorbehalten bleibt allerdings die Besteuerung am Ort, an dem die einfache Gesellschaft eine Betriebsstätte unterhält (zum Spezialsteuerdomizil: BLUMENSTEIN/LOCHER, System des Steuerrechts, Zürich 1992, S. 53 f.).

Sowohl die AG wie der Aktionär unterliegen der Steuerpflicht, zunächst die AG als juristische Person, sodann der Aktionär als Empfänger der Dividende. Diese Regelung führt einerseits zu einer Doppelbesteuerung der Beteiligung an einer AG, sofern die Gesellschaft Gewinne in Form von Dividenden ausschüttet; anderseits wird dem im Unternehmen tätigen Aktionär die Möglichkeit geboten, Arbeitsentgelt und Gewinn auf zwei

Steuersubjekte zu verteilen und so die Steuerprogression zu brechen. Deshalb verzichten die Aktionäre gelegentlich auf eine Gewinnausschüttung. Sie müssen aber im Auge behalten, dass bei einer späteren Ausschüttung bzw. anlässlich einer Liquidation der Gesellschaft ein dannzumal zu realisierender Gewinn voll zu versteuern ist.

Beim Verkauf des Unternehmens auf dem Wege der Übertragung der Aktien auf Dritte bleiben die stillen Reserven unangetastet. Der Verkäufer kann beim Verkauf der Aktien zum Verkehrswert einen Kapitalgewinn realisieren, auf dem in den meisten Kantonen keine Steuer erhoben wird. Bezüglich der latenten Steuern auf den realisierbaren Buchgewinnen ist jedoch beim Verkauf von Aktien die Vereinbarung üblich, dass der Käufer im Umfang des halben Steuersatzes einen Abzug vom Kaufpreis machen kann.

VI. Weitere Kriterien

1. Die vom Gesetz vorgeschriebene Organisationsstruktur

Am einfachsten sind die Verhältnisse beim Einzelunternehmer. Ihm steht die alleinige Geschäftsführung und Vertretung zu. Er handelt autonom. Die Personengesellschaften sind weitgehend frei in der Gestaltung ihrer Führungsstruktur. Immerhin wäre ein reines "Fremdmanagement" unzulässig, da nach herrschender Meinung mindestens einem unbeschränkt haftenden Gesellschafter die Vertretungsmacht zustehen muss (GUHL/ KUMMER/DRUEY, S. 590, 620). *Problematisch ist die Regelung der Vertretung bei der einfachen Gesellschaft.* Der geschäftsführende Gesellschafter ist nach dem allgemeinen Stellvertretungsrecht zur Vertretung berechtigt (Art. 543 Abs. 3 OR; Art. 32 ff. OR). Ein durch die geschäftliche Tätigkeit seines Mitgesellschafters geschädigter Teilhaber kann sich deshalb nicht auf die Überschreitung der Vollmacht berufen, es sei denn, der Dritte habe den Mangel gekannt (U. Ch. NEF, S. 81). Bei den Personengesellschaften bleibt grundsätzlich die persönliche Haftung bestehen, auch wenn ein Mitglied keinen oder nur beschränkten Einfluss auf die Geschäftsführung nehmen kann.

Für die AG stellt das Gesetz zwingende Vorschriften betreffend die Geschäftsführung und die Vertretung auf, wobei das Prinzip der Drittorganschaft eine vollständige Delegation der Führungsaufgabe an Dritte ermöglicht (vgl. aber Art. 718 Abs. 3 OR). Die AG bildet infolgedessen die ideale Rechtsform, wenn sich der Hauptaktionär nicht aktiv an der Unternehmensführung beteiligen will.

2. Verwaltungskosten aufgrund der gesetzlich vorgeschriebenen Organisationsstruktur

Die Verwaltungskosten bei operativ tätigen Gesellschaften mit Drittorganschaft sind in der Regel höher als bei Gesellschaften mit Selbstorganschaft. Die Organe haben die für die Willensbildung der Gesellschaft notwendigen Zusammenkünfte abzuhalten; die Organträger und die Hilfskräfte des Organs (Sekretariat) müssen entlöhnt werden.

Erhebliche finanzielle Aufwendungen erfordert das *betriebliche Rechnungswesen*. Es sind die Vorschriften über die kaufmännische Buchführung (Art. 957 ff. OR) einzuhalten, wenn die Firma im Handelsregister eingetragen ist. Die AG hat neben der Jahresrechnung einen Geschäftsbericht vorzulegen; die Anforderungen an diese Aufzeichnungen sind in den erweiterten Bestimmungen des Aktienrechts geregelt (Art. 662 ff. OR).

3. Vorschriften betreffend den Wechsel im Mitgliederbestand

Bei Personengesellschaften gilt das Prinzip der festen Mitgliederzahl. Neueintritte sind nicht vorgesehen, und der Austritt eines Gesellschafters führt in der Regel zur Auflösung der Gesellschaft. Durch den Gesellschaftsvertrag können aber abweichende Vereinbarungen getroffen werden. Bei der Genossenschaft ist die Mitgliedschaft nicht übertragbar. Bei der AG kann die Aktionärseigenschaft durch die Übertragung von Aktien erworben werden. Persönliche Aspekte fallen beim Mitgliederwechsel grundsätzlich ausser Betracht.

4. Vorschriften bezüglich des Stimmrechts

Bei den mitgliederbezogenen Gesellschaftsformen wird das Stimmrecht vom Gesetz allen Gesellschaftern gleichmässig zugeteilt. Massgebend ist der Grundsatz *"one man one vote"*. In der Genossenschaft ist der Grundsatz sogar zwingend vorgeschrieben (Art. 885 OR). Bei den Personengesellschaften sind abweichende Vereinbarungen zulässig (Art. 534 OR).

Bei den kapitalbezogenen Gesellschaftsformen bemisst sich die Zahl der Stimmen nach der Höhe des gezeichneten Kapitals ("Kapitalherrschaft"). Von diesem Grundsatz kann in verschiedener Hinsicht abgewichen werden. Bei der AG ist durch statutarische Vorschriften die Einführung von Vorzugs- oder Stimmrechtsaktien möglich. An die Stelle der *"Kapitalherrschaft"* tritt die *"Feudalherrschaft"* des Hauptaktionärs oder einiger weniger einflussreicher Aktionäre.

5. Gesetzliche Rahmenbedingungen für die Unternehmensnachfolge

Unternehmensgründer, welche den Betrieb selber führen, müssen früher oder später die Nachfolge im Unternehmen regeln. Die Wahl der Rechtsform hängt davon ab, ob der Unternehmer unter seinen Erben einen geeigneten Nachfolger hat, der fähig und willig ist, die Geschicke des Unternehmens in die Hand zu nehmen, oder ob der Unternehmer im Laufe der Jahre ein Privatvermögen bilden konnte, welches ihm erlaubt, die güter- und erbrechtlichen Vorschriften zu erfüllen, ohne sein Geschäftsvermögen antasten zu müssen. In der Praxis steht bei der Regelung der Unternehmensnachfolge die Umwandlung eines Einzelunternehmens oder einer Personengesellschaft in eine AG im Vordergrund. Dabei wird oft übersehen, dass sich grundsätzlich alle Gesellschaftsformen zur Sicherung des Geschäftsbetriebs und des Gesellschaftsvermögens eignen. Die

Flucht in die AG beruht oft auf einem voreiligen Entscheid. Sachgerecht ist die AG als Gesellschaftsform z.B. dann, wenn der Unternehmer im Hinblick auf sein Erbe bestrebt ist, über ein *beliebig teilbares Geschäftsvermögen zu verfügen* oder einem *Kapitalrückzug* durch die Erben zuvorzukommen (Art. 680 Abs. 2 OR).

C) Zur Problematik der paritätischen Zweipersonengesellschaft

I. Die paritätische Zweipersonengesellschaft im Bauwesen

In der schweizerischen Baubranche weisen die für die Wirtschaftsentwicklung bedeutsamen Indikatoren, wie Auftragseingang, Bauvolumen, Preise und Personalbestand im Vergleich zu früheren Jahren deutlich tiefere Werte auf. Die Abnahme der Bautätigkeit im Hoch- und Tiefbau zwingt die Unternehmer zu einem Kapazitätsabbau und zur betriebswirtschaftlichen Reorganisation ihrer Betriebe. Kooperationen zwischen Unternehmen, Unternehmensfusionen, Betriebsaufgaben, aber auch Konkurse prägen das Bild. Eine Tendenz zu grösseren Betriebseinheiten macht sich bemerkbar. Bei Betriebszusammenschlüssen stellt sich regelmässig die Frage nach der Gesellschaftsform, in welcher die neue Betriebseinheit organisiert werden soll. Im Vordergrund steht die AG, sei es als *Holdinggesellschaft* im Rahmen eines wirtschaftlichen Zusammenschlusses von Aktiengesellschaften, sei es als *Betriebsgesellschaft* bei der Zusammenlegung der operativen Tätigkeiten von bestehenden Betrieben. Häufig suchen zwei Unternehmer einen Schulterschluss in einer neuen Aktiengesellschaft. Das Aktienkapital wird insbesondere dann, wenn kein Partner bereit ist, dem andern die Mehrheit am Kapital bzw. an der Entscheidungsmacht zu überlassen, unter beiden Partnern hälftig aufgeteilt. Bei der paritätischen Zweipersonen-AG (hinten II./1.) kann das Gleichgewicht der Stimmen die Entscheidfindung in der Gesellschaft gefährden. Die Gefährdung wird dann manifest, wenn zwischen den Gesellschaftern unüberwindbare Meinungsverschiedenheiten über *grundsätzliche unternehmerische Entscheide* aufbrechen. Die Vorschriften des Aktienrechts bieten auch unter der Ordnung der seit dem *1. Juli 1992* in Kraft gesetzten Novelle eine nur unbefriedigende Grundlage für die Lösung eines Stimmenpatts (hinten II./2.) sowie zur fairen Mobilisierung des Aktienwertes des verkaufswilligen Aktionärs (hinten II./3.) bei der Zweipersonen-AG.

Im folgenden soll kurz auf mögliche Regelungen zur Bewältigung der beiden Problemkreise bei der Zweipersonen-AG eingegangen werden. Die beschriebenen Lösungen befriedigen nicht in jeder Beziehung. Einerseits benachteiligen die in der Praxis für die Trennung der Teilhaber entwickelten Verfahren oft denjenigen Aktionär, der sich von seinen Anteilen trennen will; anderseits gestaltet sich die Auflösung der AG in der Regel langwierig und kompliziert (Art. 736 ff. OR). Diese Vorbehalte gegenüber der Zweipersonen-AG können Unternehmer von einem im Interesse der Betriebe gebotenen

Zusammenschluss abhalten. Es wird deshalb abschliessend die Frage aufgeworfen, ob unter gewissen Voraussetzungen *die einfache Gesellschaft* nicht eine zweckmässige Gesellschaftsform für Betriebszusammenschlüsse bilden könnte (hinten III.).

II. Die AG als Zweipersonengesellschaft

1. Allgemeines

Bei der Gründung der AG verlangt das Gesetz mindestens drei Personen (Art. 625 Abs. 1 OR). Nach der Gründung werden jedoch auch Gebilde wie die Ein- und die Zweipersonen-AG geduldet. Immerhin könnte der Richter gemäss Art. 625 Abs. 2 OR auf Begehren eines Aktionärs oder eines Gläubigers die Auflösung der Gesellschaft verfügen, wenn die Zahl der Aktionäre nicht wieder auf die vom Gesetz geforderten drei Personen ergänzt wird. In der Praxis sind jedoch Ein- und Zweipersonen-Aktiengesellschaften häufig anzutreffen. Bei der Zweipersonen-AG mit einem stimmenmässig dominierenden Aktionär wird die Willensbildung vom Hauptaktionär beherrscht. Dem Minderheitsaktionär bleibt, sofern der Hauptaktionär nicht über mindestens zwei Drittel der Stimmen verfügt, der Einfluss auf wichtige Beschlüsse vorbehalten (Sperrminorität, Art. 704 OR). *Bei paritätischen Machtverhältnissen ist die Entscheidfindung komplizierter.*

Die Vorschriften über die Organisation der AG (Einberufung und Abhaltung der GV, Traktandierung der Geschäfte, Abfassung des Protokolls, vgl. Art. 699 ff. OR) sind trotz Einsitz beider Aktionäre im Verwaltungsrat (VR) auch bei der Zweipersonen-AG einzuhalten. Oft antizipiert der VR die Beschlüsse der GV. Die anschliessend durchzuführende GV wird dann in der vereinfachten Form der Universalversammlung (Art. 701 OR) abgehalten. Durch Verlassen der Universalversammlung kann jeder der beiden Aktionäre die Einberufung einer formellen Generalversammlung erzwingen. Die Rolle der GV wird in der Zweipersonen-AG relativiert. Deckt sich die Stimmkraft beider Aktionäre, so wird die Durchführung der GV auf einen *reinen Formalakt* reduziert.

2. Das Stimmenpatt

Die Beschlussfassung bei paritätischer Stimmkraft erhält mit Blick auf eine langfristige Ausrichtung des Gesellschaftszwecks eine besondere Brisanz. Unstimmigkeiten müssen in der paritätischen Zweipersonengesellschaft so lange diskutiert werden, bis Einstimmigkeit erzielt wird, es sei denn, ein Gesellschafter ist bereit, sich seiner Stimme zu enthalten. Das Mehrheitsprinzip (Art. 703 und 713 Abs. 1 OR) weicht faktisch dem *Einstimmigkeitsprinzip*. Beharren beide Aktionäre auf ihren unterschiedlichen Standpunkten, so kommt kein Beschluss zustande. Das Stimmenpatt (Deadlock) verhindert die Entscheidfindung. In der paritätischen Zweipersonengesellschaft wird die *Konsensfähigkeit* zur Grundvoraussetzung der Funktionsfähigkeit. Immerhin können Meinungsdifferenzen unter den Beteiligten, sofern sie über eine konstruktive Dialogfähigkeit verfügen, in besonders durchdachte Entscheide ausmünden. Meinungsunterschiede werden in diesem Fall als Chance für das Wohlergehen des Unternehmens wahrgenommen.

Dauernde Unstimmigkeiten oder Differenzen über einen Grundsatzentscheid (z. B. über die Expansion eines Betriebes) gefährden den Bestand des Unternehmens und damit die Interessen beider Aktionäre. Als Rechtsbehelf für die Überwindung des Stimmenpatts steht beiden Aktionären die *Auflösungsklage* zur Verfügung (Art. 736 Ziff. 4 OR). Bei Vorliegen "wichtiger Gründe" kann auf Begehren eines Aktionärs die Gesellschaft durch den Richter aufgelöst werden. Nach der höchstrichterlichen Rechtsprechung liegt ein "wichtiger Grund" i.S.v. Art. 736 OR dann vor, wenn nach Treu und Glauben der Weiterbestand der AG dem klagenden Aktionär nicht mehr zugemutet werden kann. Bei der Beurteilung des "wichtigen Grundes" werden grundsätzlich nur sachliche Gründe herangezogen (BGE 67 II 164). Immerhin kann der Richter auch persönliche Gründe berücksichtigen, wenn der VR oder die GV dauernd beschlussunfähig geworden sind (BGE 105 II 114 ff.; BGE 84 II 49 ff.).

Im Zuge der Revision des Aktienrechts wurde dem Richter die Möglichkeit eingeräumt, anstelle der Auflösung der AG *andere sachgemässe und den Beteiligten zumutbare Lösungen* zu treffen. Der Richter kann somit auch bei Vorliegen eines "wichtigen Grundes", etwa zum Schutze von Drittinteressen (z.B. der Arbeitnehmer), von einer Auflösung der AG absehen. In der Literatur werden als richterliche Massnahmen u.a. der Aktienrückkauf durch die Gesellschaft, die Kapitalherabsetzung, der Eingriff in die Dividendenpolitik oder die Berufung eines zusätzlichen Verwaltungsrates genannt (P. BÖCKLI, N 1941 ff.). Es wäre denkbar, dass der Richter zur Realisierung von solchen zumutbaren Lösungen GV- oder VR-Beschlüsse und sogar Statutenbestimmungen abändert.

Um bei einer Pattsituation einen unter Umständen schwerwiegenden richterlichen Eingriff in die Autonomie einer Gesellschaft abzuwenden, werden in der Lehre *weitere Massnahmen* diskutiert, mit denen der Beschluss eines Gesellschaftsorgans erzwungen werden kann. Zunächst sieht das revidierte Aktienrecht in einer dispositiven Bestimmung den Stichentscheid des Vorsitzenden im VR vor (Art. 713 Abs. 1 OR). Er kann in den Statuten auch für die GV vorgesehen werden. In Gesellschaften mit breit gestreuten Aktien erscheint der Stichentscheid des Vorsitzenden als gangbarer Weg zur Überwindung eines einmaligen Stimmenpatts. Dieser kann auf zwei Arten realisiert werden: Entweder wird der Stimme des Vorsitzenden doppelte Stimmkraft verliehen, oder es wird ihm der Stichentscheid in der Weise vorbehalten, dass er in einem zweiten Verfahren neu und definitiv entscheidet. Zur Sicherstellung der Willensbildung in der paritätischen Zweipersonen-AG erscheinen jedoch bei einem Stimmenpatt über eine Grundsatzfrage beide Arten des Stichentscheides als unpraktikabel. *Sie führen eher zur Verschleierung als zur Lösung der Funktionsstörung.*

Auf den ersten Blick überzeugender erscheint der Vorschlag, Pattsituationen durch Einsetzen eines Schiedsmanns (dritten Manns) zu überwinden. Doch bereits bei der Wahl des Schiedsmanns kann die Pattsituation wieder hervorbrechen. Hinzu kommt, dass bei einem aussenstehenden Dritten, der nicht auf den vollen Rückhalt beider Aktionäre zählen kann, die Entscheidung in Frage gestellt ist. Zusammenfassend sei festgehalten, dass zur dauerhaften Sicherstellung der Beschlussfähigkeit in der paritätischen

Zweipersonen-AG *kein allgemein taugliches Instrument* gefunden werden kann. Sobald die Kooperationsbereitschaft beider Mitaktionäre nicht mehr vorhanden ist, bleibt nur der Austritt eines Aktionärs aus der Gesellschaft oder die Liquidation der AG übrig (H. C. VON DER CRONE, S. 41).

3. Die Mobilisierung des Aktienwertes

Jeder Aktionär sollte die Möglichkeit haben, *seine Anteile zum wirklichen Wert zu veräussern*, wenn er den Gesellschaftszweck nicht mehr mittragen kann oder will. Bei einer Zweipersonen-AG *fehlt jedoch in der Regel ein funktionsfähiger Markt* für die Aktien der Gesellschaft, so dass der verkaufswillige Aktionär zum "Gefangenen" der eigenen Gesellschaft werden kann.

Grundsätzlich stehen dem verkaufswilligen Aktionär zwei Wege offen. Entweder tritt ein Dritter als Käufer der Aktien auf, oder der verkaufswillige Aktionär bietet seine Anteile dem Mitaktionär zum Kaufe an. Lässt sich kein aussenstehender Dritter als Käufer ausfindig machen und zeigen sich beide Aktionäre am Kauf der Aktien des Mitaktionärs nicht interessiert, so gelingt es dem verkaufswilligen Aktionär nicht, sich aus seiner unbefriedigenden Lage zu befreien. Auf der anderen Seite hat der in der Zweipersonen-AG verbleibende Aktionär ein legitimes Interesse, nicht jeden beliebigen Käufer als Mitaktionär akzeptieren zu müssen. Den Bedürfnissen beider Partner kann die Möglichkeit entgegenkommen, die ohnehin eingeschränkte Käuferwahlfreiheit durch *Übertragungserschwerungen* der Aktien (Vinkulierungsbestimmungen) zusätzlichen Beschränkungen zu unterwerfen (Art. 685 ff. OR). Als Folge davon verschlechtert sich allerdings die Handelbarkeit der Aktien und demzufolge auch die Verhandlungsposition des verkaufswilligen Aktionärs weiter. In der Praxis wird im Rahmen von Aktionärbindungsverträgen (ABV) ein *Interessensausgleich* zwischen beiden Aktionären durch die Vereinbarung von *Erwerbsrechten* bzw. *Erwerbspflichten* gesucht, welche sich auf sämtliche Aktien des Partners beziehen. Ob derartige Abmachungen unter dem revidierten Aktienrecht auch auf statutarischer Ebene geregelt werden dürfen, ist unklar (Art. 685 b Abs. 7 OR). Das Handelsregisteramt Zürich lehnt statutarische Vorkaufs- und Vorhandrechte unter Verweis auf Art. 685 b Abs. 7 OR ab (P. BÖCKLI, N 755 ff.; Zum alten Recht differenzierter: E. SALZGEBER-DÜRIG; K.W. HERREN).

In einer Zweipersonen-AG wird der vertragliche Mechanismus von Erwerbsrechten verbunden mit Erwerbspflichten in einem ABV nach folgendem Muster aufgebaut: Ein bedingtes Kaufsrecht wird mit einem bedingten Andienungsrecht verknüpft. Beide Parteien haben das Recht, entweder die Aktien des anderen Aktionärs zu kaufen oder die eigenen Aktien dem anderen zu verkaufen. Die Unsicherheit, ob die Festsetzung des Preises für den Aktionär als Kauf- oder Verkaufspreis zum Zuge kommt, verhindert die Veranschlagung eines zu hohen Kaufpreises. Entweder machen beide Aktionäre in einem versteigerungsähnlichen Verfahren abwechslungsweise Kaufangebote für die Aktien des Mitaktionärs; in diesem Fall erhält diejenige Partei den Zuschlag, welche das höchste Angebot unterbreitet (versteigerungsähnliches Verfahren, G. CLOPATH, S. 157), oder der Aktionär, welcher eine Klärung der Situation anstrebt, muss dem anderen

Aktionär die Aktien offerieren, worauf dieser wählen kann, ob er zu diesem Preis kaufen oder verkaufen will (Offertverfahren). Es kann aber auch vereinbart werden, dass der Preis der Aktien durch einen unabhängigen Treuhänder bestimmt wird.

Die Ausübung von Erwerbsrechten bzw. Erwerbspflichten durch den Mitaktionär hat zum Ziel, die von schweren Zerwürfnissen geplagte Zweipersonen-AG in eine entscheidfähige Einpersonen-AG überzuführen. Dadurch soll die Funktionstüchtigkeit des Unternehmens wieder hergestellt werden. Allerdings benachteiligen sowohl das Versteigerungs- wie das Offertverfahren den verkaufswilligen Aktionär, weil dieser sich hüten wird, ein zu hohes Angebot abzugeben. Sodann bleibt zu bedenken, dass Übernahmevereinbarungen nur zum Erfolg führen können, wenn wenigstens einer der beiden Aktionäre über die finanziellen Mittel verfügt, den anderen auszukaufen.

III. Die einfache Gesellschaft als Zweipersonengesellschaft

1. Grundgedanke

Sowohl die Problematik des Stimmenpatts (vorne II./2.) wie die Favorisierung des kapitalkräftigeren Teilhabers bei einer Trennung der Partner (vorne II./3.) sind jeder paritätischen Zweipersonengesellschaft immanent. Durch gesellschaftsrechtliche Eingriffe sind die Mängel grundsätzlich nicht aus der Welt zu schaffen. Hingegen könnten sie im Rahmen einer Gesellschaftsform entschärft werden, in der nur die für die unternehmerische Zweckverfolgung *notwendigen operativen Entscheide* gefasst werden müssen, und in der bei einer Trennung der Gesellschafter nur der *Goodwill der Gesellschaft zu übertragen* bzw. zu verwerten ist. In einer Gesellschaft, die über kein Vermögen (z.B. Immobilien, Produktionsanlagen, Fahrzeuge) verfügt, muss weder über Abschreibungen und Rückstellungen noch über die Vermögensverwaltung Beschluss gefasst werden. Die Willensbildung in der Gesellschaft konzentriert sich auf die Geschäftsführung im engeren Sinne.

Das geringere Konfliktpotential reduziert die Gefahr eines Stimmenpatts; treten trotzdem schwerwiegende Differenzen unter den Gesellschaftern auf, so gestaltet sich die Liquidation einer einfachen Gesellschaft weniger kompliziert, als dies bei einer AG der Fall ist.

2. Die Praxis in der Baubranche

Für *zeitlich begrenzte, projektorientierte Unternehmenszwecke* - namentlich für Baukonsortien - wird in der Praxis die einfache Gesellschaft als Gesellschaftsform herangezogen (A. EGLI, S. 27 ff.; W. R. SCHLUEP, S. 320). Ihre *Vorteile* sind vielfältig. Sie können hier nur stichwortartig erwähnt werden (siehe in diesem Sammelband den Beitrag von SCHULIN). Zu einer einfachen Gesellschaft können sich sowohl natürliche wie juristische Personen (namentlich Aktiengesellschaften) zusammenschliessen. Die Kündigung des Gesellschaftsverhältnisses kann individuell vereinbart werden (Art. 546

OR; BGE 106 II 226). Im Unterschied zur Aktiengesellschaft, bei welcher das Ausscheiden eines Teilhabers den Bestand der Gesellschaft nicht gefährdet, führt ein Austritt zur Auflösung der einfachen Gesellschaft und tangiert demzufolge beide Gesellschafter in gleicher Weise (Art. 545 Abs. 1 Ziff. 6 OR). Die Auflösung kann mit der Zerstörung erheblicher gemeinsamer Vermögenswerte verbunden sein, was dem behutsamen Umgang mit dem Mitgesellschafter förderlich ist. Die Gründung der einfachen Gesellschaft ist sodann nicht an Formvorschriften gebunden. Sie kann im Unterschied zur AG rasch und ohne grosse Formalitäten vereinbart werden. Beim Zusammenschluss von zwei Unternehmen zu einer einfachen Gesellschaft entfallen sowohl die Schätzung wie die Überführung von Vermögenswerten auf die Gesellschaft; zumeist entfällt auch die Anstellung von Arbeitnehmern. Die Organisation des Innenverhältnisses der Gesellschaft unterliegt keinen zwingenden Gesetzesnormen. Schliesslich bedarf die einfache Gesellschaft keines Eintrages ins Handelsregister, was aber zugleich einen Mangel darstellt (vorne B/II. und hinten 3.).

Bei der einfachen Gesellschaft können die Aktivitäten auf die Verfolgung der im Gesellschaftsvertrag umschriebenen operativen Tätigkeiten konzentriert werden. Die einfache Gesellschaft verfügt weder über eigene Betriebsmittel, noch gebietet sie über eigenes Personal. Die für den Geschäftsbetrieb notwendigen Entscheide werden im Gesellschaftsvertrag weitgehend vorweggenommen. Ferner muss der Gesellschaftsvertrag Auskunft geben über die Konditionen, zu denen die Teilhaber ihre Anlagen der Gesellschaft zur Verfügung stellen. In Frage kommt die Miete oder die Pacht von Liegenschaften. Die Errichtung eines Baurechtes (Art. 675; Art. 779 ff. ZGB) auf der Liegenschaft eines Teilhabers zugunsten beider Gesellschafter kann der Gesellschaft eine höhere Dauerhaftigkeit verleihen. Sodann müssen die Geschäftsführung und die Bedingungen vereinbart werden, unter denen das Personal beschäftigt wird, das von den Gesellschaftern, die weiterhin als die formellen Arbeitgeber fungieren, zur Verfügung gestellt wird. Den Arbeitnehmern bleibt damit u.a. der Wechsel der Pensionskasse erspart, welcher für sie mit erheblichen finanziellen Nachteilen verbunden sein kann. Ferner haben sich die Gesellschafter über die Sicherheiten zu einigen, welche sie, jeder für sich, bei der Aufnahme von Fremdkapital zur Verfügung stellen. Schliesslich ist der Schlüssel für die Verteilung des Ertrags bzw. für die Aufteilung eines allfälligen Verlustes auszuhandeln (Art. 532 f. OR). Ein Geschäftsertrag fliesst in jedem Fall nach Ablauf des Geschäftsjahres an die Gesellschafter zurück, welche, jeder für seine Anlagen, die notwendigen Abschreibungen vornehmen. Die einfache Gesellschaft bildet grundsätzlich keine Reserven. Sie führt jedoch eine Buchhaltung. Bei Bedarf können die Gesellschafter für die Beschlussfassung in der Gesellschaft ein "Organ" mit der Geschäftsführung betrauen (zur Verantwortlichkeit des Geschäftsführers, B. KRATZ, S. 13 ff.).

3. Der Zusammenschluss auf unbestimmte Zeit

In konjunkturempfindlichen Wirtschaftszweigen wie der Baubranche muss den Unternehmern eine Gesellschaftsform zur Verfügung stehen, welche es ihnen erlaubt, ohne erhebliche Kosten, mit geringem organisatorischem Einsatz und ohne grosse Risiken einzugehen, mit einem Geschäftspartner oder bisherigen Konkurrenten ein Gemeinschaftsunternehmen (Joint Venture) zu gründen. Die einfache Gesellschaft erscheint aufgrund der grossen rechtlichen Freiräume, welche sie den Gesellschaftern einräumt, auch für operativ tätige Gesellschaften mit einem *zeitlich nicht im voraus begrenzten Gesellschaftszweck* als grundsätzlich attraktive Gesellschaftsform. Dazu sind aber *auch ernsthafte Vorbehalte* anzumelden.

Zunächst erheben sich Bedenken gegenüber der unbeschränkten und solidarischen Haftung der Gesellschafter für Gesellschaftsschulden (Art. 544 Abs. 3 OR). Treten juristische Personen als Teilhaber der einfachen Gesellschaft auf, so erscheint der Nachteil der unbeschränkten Haftung für beide Partner noch erträglich, da ihr Vermögen auch bei der Weiterführung ihres eigenen Geschäfts den Gläubigern als Haftungssubstrat zur Verfügung gestanden hätte. Dass aber die einzelne AG als Gesellschafterin solidarisch, d.h. auch für das Handeln der Organe der Partnerin, einzustehen hat, könnte für die Aktionäre einen ernsthaften Grund bilden, von der Beteiligung an einer einfachen Gesellschaft Abstand zu nehmen. Verzichtet jedoch ein Gesellschafter darauf, im Aussenverhältnis der Gesellschaft aufzutreten, kann er sich als *stiller Teilhaber* am Gewinn und Verlust der Gesellschaft beteiligen, ohne dass er für das Verhalten der Vertreter der Gesellschaft einstehen muss. Die Zahl der in der Schweiz aktiven stillen Gesellschaften liegt deshalb im Dunkeln.

Der entscheidende Vorbehalt, welcher gegenüber der Rechtsform der einfachen Gesellschaft für operativ tätige Unternehmen anzubringen ist, besteht darin, dass sie keinen besonderen Firmenschutz geniesst. Die Führung eines kaufmännischen Unternehmens wird von der Praxis lediglich geduldet, *der Eintrag der Gesellschaft im Handelsregister von der Rechtsordnung aber ausgeschlossen* (vorne B/II./1.). Damit wird eine der Bedeutung der Geschäftstätigkeit angemessene Regelung der Vertretungsverhältnisse verunmöglicht. Für die Führung eines kaufmännischen Unternehmens erscheint die einfache Gesellschaft deshalb als ungeeignet (MEIER-HAYOZ/FORSTMOSER, §8 N 26). Sie wurde vom Gesetzgeber nicht als Erwerbsgesellschaft konzipiert. Ein erfolgreiches Auftreten auf dem Markt setzt voraus, dass die Gesellschaft in die kaufmännischen Publizitätseinrichtungen eingebunden ist. Immerhin könnte man sich vorstellen, dass eine einfache Gesellschaft ein kaufmännisches Unternehmen betreibt, sofern sie nicht oder nur ausnahmsweise in den *Rechtsverkehr mit Dritten* eintritt. Als Beispiele dafür seien der gemeinsame Betrieb eines Betonmischwerks, einer Kiesanlage, einer Schreinerei oder eines Baumaschinendepots durch zwei Bauunternehmer erwähnt, wenn als Abnehmer bzw. Benützer ausschliesslich die Gesellschafter fungieren.

Bei immer kürzeren Produktionszeiten wird die betriebswirtschaftliche Beweglichkeit zum Gebot der Stunde. Die Unternehmer sind auf *flexible Gesellschaftsformen* im besonderen Masse angewiesen, welche ihnen erlauben, noch nicht gefestigte wirtschaftliche Aktivitäten in einem kaufmännisch korrekten und rechtlich transparenten Rahmen abzuwickeln. Betriebszusammenschlüsse, welche mit erheblichen wirtschaftlichen Risiken verbunden sind, sollten, wenn der geschäftliche Erfolg ausbleibt, ohne allzu grosse Nachteile für Gesellschafter, Arbeitnehmer und Dritte kurzfristig und ohne grosse Kosten wieder rückgängig gemacht werden können. Die Errichtung einer Betriebs-AG erscheint bei kleinen Betriebseinheiten oft zu anspruchsvoll und zu aufwendig. *Es bleibt deshalb das Anliegen an den Gesetzgeber, die einfache Gesellschaft kaufmännischen Unternehmen ausdrücklich zugänglich zu machen und ihnen im Rahmen ihrer unternehmerischen Aktivitäten das Recht einzuräumen, sich im Handelsregister eintragen zu lassen.*

RECHTSQUELLEN

Revidiertes Bundesgesetz über das Obligationenrecht vom 1. Juli 1992, insbesondere Art. 530-964, SR 220 (OR).

Schweizerisches Zivilgesetzbuch vom 10. Dezember 1907, SR 210 (ZGB).

Handelsregisterverordnung, in Ausführung der Art. 929 und 936 OR, SR 221.411 (HRV).

JUDIKATUR

a) Entscheidsammlungen:

Nobel Peter: Aktienrechtliche Entscheide, 2. Auflage, Bern 1991.

Pedrazzini Mario M.: Gesellschaftsrechtliche Entscheide, 3. Auflage, Bern 1989.

b) Urteile:

BGE 67 II 250: Die Grundsätze über die Auflösung aus "wichtigen Gründen" bei den Personengesellschaften können im Aktienrecht nicht beigezogen werden.

BGE 79 I 179: Nach geltendem Recht kann die einfache Gesellschaft als solche nicht im Handelsregister eingetragen werden; möglich ist nur die Eintragung der Gesellschafter persönlich als Einzelfirmen.

BGE 84 II 44: Begriff der "wichtigen Gründe"; bei einer kleinen AG bestehen notwendigerweise auch persönliche Beziehungen zwischen den Aktionären; der innere Zerfall der Gesellschaft legitimiert zur Auflösungsklage.

BGE 88 II 172: Grundsätzliche Zulässigkeit von Aktionärbindungsverträgen im Rahmen der Vertragsfreiheit (Art. 19 OR).

BGE 91 I 139: Begriff der "selbständigen Tätigkeit" i. S. von Art. 52 Abs. 3 HRV.

BGE 95 II 555: Paritätische Zweipersonen-AG; der Stichentscheid des Vorsitzenden in der GV verstösst nicht gegen zwingendes Recht.

BGE 96 III 100: Die Beschwerde (in casu Art. 17 SchKG) einer Organisation, die als einfache Gesellschaft nicht partei- und prozessfähig ist, ist unwirksam.

BGE 104 Ib 261: Eintragspflicht für das Handelsregister; Begriff der auf dauernden Erwerb gerichteten wirtschaftlichen Tätigkeit (Art. 52 Abs. 3 HRV).

BGE 104 II 108: Qualifikation als Gesellschaftsvertrag; Bedeutung der affectio societatis; gleiche Art der Interessen; Vereinbarung einer Gewinnverteilung; Art der Aufgabenverteilung.

BGE 105 II 114: Auflösung einer Zweipersonen-AG aus "wichtigen Gründen"; Missachtung der Kontrollrechte; schwere finanzielle Benachteiligung; Grundsatz der Subsidiarität der Auflösungsklage.

BGE 106 II 226: Die Kündigungsfrist von sechs Monaten bei der einfachen Gesellschaft auf unbestimmte Dauer (Art. 546 Abs. 1 OR) ist nicht zwingender Natur; die Abrede einer Mindestdauer hindert die Geltendmachung ausserordentlicher Beendigungsgründe jedoch nicht.

BGE 115 Ib 263: Umwandlung einer Einzelfirma in eine AG; Voraussetzung steuerneutraler Übertragung stiller Reserven auf Liegenschaften bei Aufspaltung einer Einzelfirma in eine Betriebs- und eine Immobiliengesellschaft.

LITERATUR

BOTSCHAFT des Bundesrates an die Bundesversammlung über die Revision des Aktienrechts vom 23. Februar 1983, Separatdruck (vgl. auch BBl 135 II [1983], S. 745 ff.); BÖCKLI Peter, Das neue Aktienrecht, Zürich 1992; CLOPATH Gion, Wie können Pattsituationen bei Zweimanngesellschaften behoben werden?, SJZ 89 (1993), S. 157; EGLI Anton, Probleme von und mit Baukonsortien, Seminar für Schweizerisches Baurecht, Baurechtstagung, Freiburg 1989; FORSTMOSER Peter, Aktionärbindungsverträge, in: Innominatverträge, Festgabe zum 60. Geburtstag von Walter R. Schluep, Zürich 1988, S. 359 ff.; FORSTMOSER Peter/MEIER-HAYOZ Arthur, Einführung in das Schweizerische Aktienrecht, 2./3. Aufl., Bern 1980/1983; GLATTFELDER Hans, Die Aktionär-Bindungsverträge, ZSR 78 (1959) II 141a ff.; GUHL Theo, Das Schweizerische Obligationenrecht, 8. Aufl., Zürich 1991, aufgrund der Ausgabe von Hans Merz und Max Kummer neubearb. von Alfred Koller und Jean Nicolas Druey, S. 581-787; HERREN Klaus W., Statutarische Berechtigung zum Erwerb von Aktien und GmbH-Anteilen, Bern 1973; HOMBURGER Eric, Leitfaden zum neuen Aktienrecht, 2. Aufl., Zürich 1992; KRATZ Brigitta, Die Verantwortlichkeit des Geschäftsführers der einfachen Gesellschaft, Neues zum Gesellschafts- und Wirtschaftsrecht, zum 50. Geburtstag von Peter Forstmoser, Zürich 1993, S. 13 ff.; MEIER-HAYOZ Arthur/FORSTMOSER Peter, Grundriss des Schweizerischen Gesellschaftsrechts, 7. Aufl., Bern 1993; MEIER-SCHATZ Christian J., Statutarische Vorkaufsrechte unter neuem Recht, SZW (1992), S. 224 ff.; MEYER Norwin, Die Einmann- und die Zweimann-Aktiengesellschaft in der Praxis, SAG 43 (1971), S. 241 ff.; MÜLLER Hannes, Die Arbeitsgemeinschaft, Rechtliche Struktur der ARGE des Baugewerbes, Diss. Zürich 1981; NEF Urs Ch., Obligationenrecht für Ingenieure und Architekten, 2. Aufl., Zürich 1993; OERTLE Matthias, Das Gemeinschaftsunternehmen (Joint Venture) im schweizerischen Recht, Diss. Zürich 1990; PATRY Robert, Grundlagen des Handelsrechts, SPR, Bd. VIII/1, Basel 1976, S. 1 ff.; PEYER Hans-Konrad, Die Zweimann-Aktiengesellschaft, Diss. Zürich 1963; PORTMANN Robert, Die Wahl der Rechtsform als betriebswirtschaftliches Problem für Klein- und Mittelbetriebe, Schriftenreihe der Schweiz. Treuhand- und Revisionskammer 81, Winterthur 1988; SALZGEBER-DÜRIG Erika, Das Vorkaufsrecht und verwandte Rechte an Aktien, Diss. Zürich 1970; SCHLUEP Walter R., Privatrechtliche Probleme der Unternehmenskonzentration und -kooperation, ZSR 92 (1973) II 155 ff.; SCHOCH Rolf, Die Zweimann-Aktiengesellschaft, SAG (1959/60), S. 235 f.; VON DER CRONE Hans Caspar, Lösung von Pattsituationen bei Zweimanngesellschaften, SJZ 89 (1993), S. 37 ff.; VON STEIGER Fritz, Das Recht der Aktiengesellschaft in der Schweiz, 4. Aufl., Zürich 1970; VON STEIGER Werner, Gesellschaftsrecht, Allgemeiner Teil und Personengesellschaften, SPR, Bd. VIII/1, Basel/Stuttgart 1976, S. 211 ff.

Das Baukonsortium

Hermann Schulin

A) Einleitung

Im Baugewerbe sind häufig Baukonsortien oder Arbeitsgemeinschaften (ARGE) von mehreren Bauunternehmen, die an einer Baustelle zusammenarbeiten, anzutreffen. Der Zusammenschluss solcher Bauunternehmen ist kein dauernder, sondern richtet sich nach der Bauzeit des gemeinsam auszuführenden Bauprojekts. Man spricht daher bei solchen Zusammenschlüssen auch von Gelegenheitsgesellschaften. Es ist möglich, dass der Bauherr oder Bauingenieure neben den Bauunternehmern Mitglieder des Baukonsortiums sind.

Die Gründe für solche Zusammenschlüsse können sehr verschiedenartig sein. So kann z.B. der Bau eines grösseren Geschäftshauses, einer umfangreichen Fabrikanlage, eines Kraftwerkes oder eines Strassentunnels die Kapazität eines einzelnen Bauunternehmens bei weitem übersteigen. Um sich trotzdem an einem solchen Bauvorhaben beteiligen zu können, bemüht sich ein Bauunternehmen darum, ein anderes Bauunternehmen zu finden, das bereit ist, mit ihm zusammenzugehen. Nur durch einen Zusammenschluss schaffen sie sich im Konkurrenzkampf reelle Chancen, bei der Ausschreibung berücksichtigt zu werden. Ferner kommt es vor, dass sich Bauunternehmer mit Eigentümern von Bauland zusammenschliessen, um eine Überbauung vorzunehmen und dann das überbaute Grundstück zu nutzen oder zu veräussern (BGE 110 II 287 ff.; Obergericht Luzern in SJZ 71, 1975, S. 94 ff.). Auch bei der Beschaffung von Bauland zum Zwecke der Überbauung kann es für einen ortsfremden Bauunternehmer von Vorteil sein, wenn er sich mit einem Ortsansässigen, der mit den örtlichen Verhältnissen vertraut ist, zusammenschliesst; denn diesem kann es aufgrund seiner Beziehungen und seines örtlichen Bekanntheitsgrades eher gelingen, das Grundstück zu erwerben, als dem Ortsfremden und Unbekannten. Es gibt ferner Arbeitsgemeinschaften, die nach aussen als solche gar nicht erkennbar sind. So kann z.B. nur der Grundstückeigentümer als Bauherr nach aussen auftreten, im Innenverhältnis jedoch gemeinsam mit den Bauunternehmern die Überbauung durchführen. Oder es sprechen sich vorher mehrere Bauunternehmen darüber ab, dass sich nur einer von ihnen um die Ausschreibung bewerben soll, sie jedoch gemeinsam in einer Arbeitsgemeinschaft das Bauprojekt ausführen wollen, wobei dann nur der sich bewerbende Bauunternehmer nach aussen auftreten soll, wenn er den Bauauftrag erhalten hat. Durch solche Absprachen können die betreffenden Bauunternehmer dem Konkurrenzkampf entgegenwirken, indem sie sich nicht gegenseitig unterbieten.

Im folgenden soll aufgezeigt werden, wie solche Arbeitsgemeinschaften rechtlich aufzufassen sind, wie sie entstehen und sich konstituieren, welche Ordnung sie sich für ihr rechtsrelevantes Handeln geben, welcher Haftung ihre Mitglieder unterworfen sind und wie sie sich auseinandersetzen, wenn der angestrebte Zweck erreicht worden ist.

B) Gesellschaftsart

I. Einfache Gesellschaft

Bei dem Baukonsortium oder der Arbeitsgemeinschaft handelt es sich um eine *einfache Gesellschaft* im Sinne von Art. 530 Abs. 1 OR oder um eine atypische einfache Gesellschaft, nämlich die stille Gesellschaft, auf die die Vorschriften über die einfache Gesellschaft entsprechend anzuwenden sind. In Art. 28 Abs. 1 SIA-Norm 118 (Ausgabe 1977/1991) wird bestimmt, dass eine Bauarbeit mehreren Unternehmern, die sich zu einer Arbeitsgemeinschaft zusammenschliessen, durch Abschluss eines gemeinsamen Werkvertrages vergeben werden kann. In Art. 28 Abs. 2 SIA-Norm 118 heisst es weiter, dass die Arbeitsgemeinschaft eine einfache Gesellschaft im Sinne des Art. 530 ff. OR ist. Da es sich bei der SIA-Norm 118 um Allgemeine Geschäftsbedingungen handelt (GAUCH, Werkvertrag, Nr. 218 ff.), kommt sie nur zur Anwendung, wenn die Vertragsparteien sie durch ausdrückliche oder stillschweigende Abrede in ihren Werkvertrag übernommen haben. Ist das der Fall, so ist es den Parteien unbenommen, im Vertrag von Art. 28 SIA-Norm abzuweichen und eine stille Gesellschaft vorzusehen.

II. Kein kaufmännisches Unternehmen

Eine Personen*handelsgesellschaft* (Kollektiv- und Kommanditgesellschaft) kommt nicht in Betracht; denn die Beteiligten wollen mit dem Zusammenschluss in der Regel nicht ein kaufmännisches Unternehmen betreiben, das auf eine Wiederholung von gleichartigen Geschäften zum Zwecke des Erwerbs gerichtet sein müsste (MEIER-HAYOZ/FORSTMOSER, §4 N. 37, S. 86). Vielmehr wollen die Beteiligten das vorgesehene Bauprojekt nur ein einziges Mal ausführen. Insbesondere liegt kein Fabrikationsgewerbe im Sinne von Art. 53 B HRegV vor, worunter solche Gewerbe zu verstehen sind, die durch Bearbeitung von Rohstoffen und anderen Waren mit Hilfe von Maschinen oder anderen technischen Hilfsmitteln neue oder veredelte Erzeugnisse herstellen. Nur wenn sich die Bauunternehmer zu dem Zwecke zusammengeschlossen haben sollten, immer wieder die gleichen Geschäftshäuser oder Reihenhäuser an mehreren Orten zu erstellen, könnte von einem kaufmännischen Unternehmen die Rede sein. Da es sich bei den Bauunternehmen oft um juristische Personen handelt (z.B. Aktiengesellschaft, Genossenschaft), wäre solchen die Gründung einer Kollektivgesellschaft, bei der die Gesellschafter ausschliesslich natürliche Personen sein können (Art. 552 Abs. 1 OR), nicht möglich. Bei der Kommanditgesellschaft kann eine juristische Person zwar Kommanditär, nicht aber Komplementär sein (Art. 594 Abs. 2 OR).

III. Keine Rechtspersönlichkeit

Dem Baukonsortium als einfache Gesellschaft kommt keine Rechtspersönlichkeit zu; es ist keine juristische Person. Das Baukonsortium hat daher nicht die Fähigkeit, Träger von Rechten und Pflichten zu sein; es fehlt ihm die Rechtsfähigkeit im Sinne von Art. 11 Abs. 2 ZGB (GUHL/KUMMER/DRUEY, §59 I 1, S. 584; MEIER-HAYOZ/ FORSTMOSER, §8 N. 13, S. 197). Vielmehr haben die einzelnen Mitglieder des Baukonsortiums, soweit es sich dabei um natürliche oder juristische Personen handelt, Rechtspersönlichkeit und sind damit rechtsfähig.

IV. Keine Firma, kein Handelsregistereintrag

Das Baukonsortium kann als einfache Gesellschaft weder einen Firmennamen tragen (GUHL/KUMMER/DRUEY, §59 I 1, S. 584; MEIER-HAYOZ/FORSTMOSER, §8 N. 58, S. 208), noch sich im Handelsregister eintragen lassen, weil eine einfache Gesellschaft grundsätzlich kein kaufmännisches Unternehmen betreiben kann (Art. 934 Abs. 1 OR; MEIER-HAYOZ/FORSTMOSER, §4 N. 58, S. 92 und §8 N. 62, S. 210).

Die *einzelnen Mitglieder* eines Baukonsortiums können aber ihrerseits unter einer Firma auftreten und sich im Handelsregister eintragen lassen, wenn sie ein kaufmännisches Unternehmen betreiben (Art. 934 Abs. 1 OR). Als Mitglied einer einfachen Gesellschaft können sie entweder eine natürliche Person (z.B. Einzelkaufmann) oder eine juristische Person (z.B. AG, GmbH, Genossenschaft) oder selbst eine Rechtsgemeinschaft wie einfache Gesellschaft, Kollektiv- oder Kommanditgesellschaft sein (GUHL/ KUMMER/DRUEY, §59 I 1, S. 584; MEIER-HAYOZ/FORSTMOSER, §8 N. 12, S. 197).

C) Entstehung

I. Gesellschaftsvertrag

Das Baukonsortium entsteht mit Abschluss eines *Gesellschaftsvertrages* zwischen zwei oder mehreren Personen. Der Gesellschaftsvertrag ist dadurch gekennzeichnet, dass die Vertragsschliessenden einen gemeinsamen Zweck verfolgen und diesen mit gemeinsamen Kräften oder Mitteln zu erreichen versuchen (Art. 530 Abs. 1 OR). Bei der Arbeitsgemeinschaft versuchen die Mitglieder mit Gewinnabsicht gemeinsam das Bauprojekt zu verwirklichen.

Die Zweckerreichung hat jedes Mitglied der Arbeitsgemeinschaft in irgendeiner Weise zu begünstigen, "sei es in Geld, Sachen, Forderungen oder Arbeit", wie es in Art. 531 Abs. 1 OR heisst. Für die Annahme eines Gesellschaftsvertrags genügt es, dass sich aus der Vereinbarung der Wille der Gesellschafter zur Beitragsverpflichtung ergibt; nicht erforderlich ist, dass bereits darin die Art und der Umfang der Beitragsleistung bestimmt sind (VON STEIGER W., SPR VIII/1, §27 I 3, S. 325).

II. Konsens

Damit ein Gesellschaftsvertrag konsensmässig zustandekommt, müssen übereinstimmende gegenseitige Willensäusserungen der Parteien (Art. 1 Abs. 1 OR) über den Zweck und über die Verpflichtung, einen Beitrag zur Erreichung dieses Zweckes zu leisten, vorliegen (VON STEIGER W., SPR VIII/1, §28 I 3, S. 357). Legen die Vertragsschliessenden Wert darauf, sich über die Art und Höhe der Beiträge, die Geschäftsführung, die Gewinn- und Verlustbeteiligung zu verständigen, kommt ein Vertrag erst zustande, wenn über alle diese Punkte eine Einigung erzielt worden ist (VON TUHR/ PETER, §24 V, bei N. 67, S. 190).

III. Keine Form

Der Gesellschaftsvertrag bedarf zu seiner Gültigkeit *keiner Form*. Er kann mündlich oder stillschweigend (Art. 1 Abs. 2 OR) abgeschlossen werden (GUHL/KUMMER/ DRUEY, §59 I 2, S. 585). Die Parteien können aus Beweisgründen oder als Gültigkeitserfordernis die Schriftform bestimmen. Haben die Parteien Schriftform vereinbart, so wird vermutet, dass sie vor Einhaltung der Form nicht verpflichtet sein wollen (Art. 16 Abs. 1 OR). Bei gewillkürter Schriftform sind die gleichen Formerfordernisse wie bei der gesetzlichen Schriftform einzuhalten; alle Gesellschafter haben den Vertrag zu unterschreiben, da sie durch ihn verpflichtet werden sollen (Art. 16 Abs. 2 in Verbindung mit Art. 13 Abs. 1 OR). Will sich eine Partei verpflichten, ihr Grundstück zu Eigentum in die Arbeitsgemeinschaft einzubringen, so bedarf es zur Gültigkeit des Verpflichtungsgeschäftes der öffentlichen Beurkundung (Art. 657 Abs. 1 ZGB; SCHULIN/VOGT, Bes. Teil, Tafel B 8). Ist diese Form nicht eingehalten worden, so ist der Teil des Gesellschaftsvertrages über die Einbringung des Grundstücks wegen Formmangels nichtig (SCHULIN/VOGT, Allg. Teil, Tafel 24 B; VON TUHR/PETER, §29 II, bei N. 15, S. 225 und §30 III, bei N. 25, S. 237). Es stellt sich hierbei die Frage, ob dadurch der ganze Gesellschaftsvertrag als nichtig anzusehen ist. Das hängt davon ab, ob die Parteien den Gesellschaftsvertrag auch ohne den nichtigen Teil, nämlich die Verpflichtung zur Einbringung des Grundstücks, geschlossen hätten. Entspricht das nicht dem Willen der Parteien, so ist der ganze Gesellschaftsvertrag nichtig, und es ist keine Gesellschaft gültig entstanden. Das Gesetz geht demgegenüber in Art. 20 Abs. 2 OR von der Vermutung aus, dass der Gesellschaftsvertrag nur bezüglich der Verpflichtung zur Einbringung des Grundstücks nichtig, im übrigen aber gültig ist, so dass eine Gesellschaft entstehen kann. Es ist also Sache der Vertragsparteien, diese Vermutung zu entkräften. Im übrigen kann ohne öffentlich beurkundeten Vertrag kein Grundbucheintrag über den Eigentumswechsel vorgenommen werden. Aus der Verweigerung des Grundbucheintrags erfahren die Vertragsparteien den Formmangel des Gesellschaftsvertrages, den sie beheben können.

IV. Zweck

Aufgrund der Vertragsfreiheit (Art. 19 Abs. 1 OR) ist es den Beteiligten überlassen, den *Zweck* selbst zu bestimmen. Der verfolgte Zweck darf aber kein rechtswidriger sein. Wird mit einer Arbeitsgemeinschaft der gemeinsame Zweck verfolgt, ein gegen zwingende Rechtsvorschriften (z.B. Bauvorschriften) verstossendes Bauprojekt zu erstellen, so ist ein solcher Gesellschaftsvertrag wegen widerrechtlichen Inhalts nach Art. 20 Abs. 1 OR nichtig.

D) Innenverhältnis

Das Innenverhältnis betrifft die Rechte und Pflichten der Gesellschafter untereinander. Dabei ist es gleichgültig, ob es sich bei dem Baukonsortium um eine einfache Gesellschaft oder um eine atypische einfache Gesellschaft (stille Gesellschaft) handelt. Zu den Rechten und Pflichten gehören insbesondere die Beitrags-, Treue- und Sorgfaltspflichten, die Gewinn- und Verlustbeteiligung, die Willensbildung, die Geschäftsführung und das Kontrollrecht. In erster Linie ergeben sie sich aus dem Gesellschaftsvertrag. Haben die Gesellschafter keine vertragliche Regelung getroffen, so kommen die gesetzlichen Vorschriften der Art. 531 bis 542 OR subsidiär zur Anwendung. Die meisten gesetzlichen Vorschriften über die einfache Gesellschaft sind dispositiver Natur und können daher durch eine vertragliche Regelung abgeändert werden.

I. Beitragsleistungen

Wie bereits erwähnt, ist der Gesellschaftsvertrag dadurch gekennzeichnet, dass sich die einzelnen Gesellschafter bei der gemeinsamen Zweckverfolgung mit einem Beitrag beteiligen müssen. Hat sich jemand nicht zu einem Beitrag verpflichtet, so kann er nicht als Gesellschafter in Betracht kommen. Insofern handelt es sich bei der gesetzlichen Vorschrift des Art. 531 Abs. 1 OR, nach der jeder Gesellschafter einen Beitrag zu leisten hat, um eine unabänderbare Bestimmung (umstritten, *ebenso* MEIER-HAYOZ/ FORSTMOSER, §8 N. 30, S. 201; *anders* BECKER, Berner Kommentar, N. 1 zu Art. 531 OR).

1. Art

Die Beiträge der Gesellschafter können in irgendwelchen Leistungen bestehen, nicht nur in Vermögenswerten (Geld, Sachen, Forderungen) und Arbeit, wie es in Art. 531 Abs. 1 OR aufgeführt ist, sondern auch in Immaterialgüterrechten (z.B. Erfindungen), Nutzungsrechten, Unterlassungen, Übernahme von Haftungen usw.; die Aufzählung ist in Art. 531 Abs. 1 OR nicht abschliessend (MEIER-HAYOZ/FORSTMOSER, §1 N. 37, S.12 und §8 N. 33, S. 202; VON STEIGER W., SPR VIII/1, §29 I, S. 368 f.).

2. Einbringung

Verpflichtet sich ein Bauunternehmer als Gesellschafter zu einem vermögensrechtlichen Beitrag, so kann er ihn unter verschiedenen Rechtstiteln in die Arbeitsgemeinschaft einbringen:

Zum einen kann er eine Sache zu *Eigentum* geben. Hierbei fällt sie in das Gesellschaftsvermögen, und es entsteht aus dem Alleineigentum des einbringenden Bauunternehmers ein *Gesamteigentum* aller Gesellschafter (Art. 652 ZGB). Erforderlich hierfür ist, dass bei einer beweglichen Sache eine Übergabe an alle Gesellschafter stattfindet (Art. 714 Abs. 1 in Verbindung mit Art. 922 Abs. 1 ZGB) und dass bei einer unbeweglichen die Anmeldung beim Grundbuchamt (Art. 963 Abs. 1 ZGB) und die Eintragung aller Gesellschafter als Gesamteigentümer im Grundbuch (Art. 656 Abs. 1, 972 Abs. 1 und Abs. 2 ZGB) aufgrund eines öffentlich beurkundeten Gesellschaftsvertrages (Art. 657 Abs. 1 ZGB) erfolgt (SCHULIN/VOGT, Bes. Teil, Tafel B 8). Weder der bisherige Alleineigentümer noch die anderen Gesellschafter können über das nun im Gesamteigentum stehende Grundstück alleine verfügen. Wollen sie das Grundstück belasten oder veräussern, so müssen sie darüber *gemeinsam* verfügen oder dem Verfügenden Vollmacht einräumen (MEIER-HAYOZ/FORSTMOSER, §2 N. 48, S. 38; TUOR/SCHNYDER, §89 II a, S. 622 f.)

Der einbringende Bauunternehmer kann aber auch mit den anderen Gesellschaftern *Miteigentum* an der eingebrachten Sache vereinbaren, wie das bisweilen in der Praxis anzutreffen ist (BGE 110 II 287 ff., 290). Hierbei ist es dem einzelnen Gesellschafter möglich, über seinen Miteigentumsanteil an der Sache alleine zu verfügen, was sich jedoch für die Gesellschaft nachteilig auswirken kann (GUHL/KUMMER/DRUEY, §59 II 2, S. 589; MEIER-HAYOZ/FORSTMOSER, §2 N. 46 f., S. 38; TUOR/SCHNYDER, §89 II b 1, S. 624). Widerspricht die Verfügung über den Miteigentumsanteil dem Zweck der Gesellschaft (was meist der Fall sein wird), so ist die Verfügung zwar wirksam, der verfügende Gesellschafter ist aber den anderen Gesellschaftern wegen Verletzung des Gesellschaftsvertrages nach Art. 97 OR zu Schadenersatz verpflichtet (MEIER-HAYOZ/FORSTMOSER, §8 N. 15, S. 198.).

Haben die Bauunternehmer bei ihrem Zusammenschluss eine *stille Gesellschaft* bevorzugt, so gelangen die von den stillen Gesellschaftern eingebrachten Sachen in das Alleineigentum desjenigen Bauunternehmers, der als Hauptgesellschafter auftritt, da diese Gesellschaftsart kein Gesellschaftsvermögen kennt (MEIER-HAYOZ/FORSTMOSER, §11 N. 17 und N. 18, S. 255; VON STEIGER W., SPR VIII/1, § 46 II 1 a, S. 655; Obergericht Luzern in SJZ 71, 1975, S. 94 ff.). Es wird aber nur sehr selten vorkommen, dass ein Bauunternehmer sich als stiller Gesellschafter verpflichtet, sein Grundstück dem Hauptgesellschafter zu übereignen, da er hierdurch nicht nur das Eigentum daran verliert, sondern weil ausserdem das auf diesem Grundstück gemeinsam errichtete Bauwerk als dessen Bestandteil aufgrund des Akzessionsprinzips nach Art. 671 Abs. 1 ZGB (TUOR/SCHNYDER, §91 II a 1 ß, S. 639 f.) ins Eigentum des Hauptgesellschafters gelangt.

Zum anderen kann sich der Gesellschafter verpflichten, die Sache den Gesellschaftern zum blossen *Gebrauch* zu überlassen (GUHL/KUMMER/DRUEY, §9 II 2, S. 588 f.; BGE 105 II 204 ff.). Hierbei bleibt der betreffende Gesellschafter weiterhin Alleineigentümer. Diese Art der Einbringung eignet sich für Gelegenheitsgesellschaften und damit für ein Baukonsortium (VON STEIGER W., SPR VIII/1, §29 I 2, S. 369). Vor allem werden die nicht unerheblichen Kosten einer doppelten Eigentumsübertragung des Grundstücks vermieden. Allerdings ist zu bedenken, dass das gemeinsam zu errichtende Bauwerk als Bestandteil aufgrund des Akzessionsprinzips ins Alleineigentum des Grundstückseigentümers und nicht als Gesamteigentum ins Gesellschaftsvermögen fällt. Den Gesellschaftern stehen für ihre Auslagen nur schuldrechtliche Ansprüche gegen den Gesellschafter, auf dessen Grundstück das Bauwerk errichtet worden ist, zu. Gerät jedoch der Gesellschafter, dem das Baugrundstück gehört, in Konkurs, so werden sie mit ihren Auslagenforderungen nur in Höhe einer Konkursquote (Fünftklassforderung nach Art. 219 Abs. 4 SchKG) abgefunden. Um dieses Risiko zu mindern, empfiehlt es sich für die Gesellschafter, ihre Auslagenforderungen durch Bestellung von Grundpfandrechten an diesem Grundstück aufgrund eines öffentlich beurkundeten Pfandvertrages (Art. 799 Abs. 2 ZGB) und Eintragung im Grundbuch (Art. 799 Abs. 1 ZGB) sichern zu lassen, falls sie nicht bereits in der Eigenschaft als Bauhandwerker einen gesetzlichen Anspruch auf Errichtung eines Grundpfandrechts (Bauhandwerkerpfandrechts) nach Art. 837 Abs. 1 Ziff. 3 ZGB haben, das einen besonderen Rangvorteil gemäss Art. 841 ZGB gegenüber allfällig vorher eingetragenen vertraglichen Grundpfandrechten hat, das aber erst mit Eintragung in das Grundbuch entsteht (Art. 799 Abs. 1; 839 ZGB; SCHULIN/VOGT, Bes. Teil, Tafel H 9A und H 9B).

Zum weiteren kann eine Einbringung einer Sache auch darin bestehen, dass der Gesellschafter das Verfügungsrecht an dieser Sache den Gesellschaftern einräumt. Hierbei bleibt der betreffende Gesellschafter vorerst Besitzer und Eigentümer der Sache; er hat aber die Verfügungshandlungen, z.B. Eigentumsübertragung, vorzunehmen, sobald die Gesellschafter von ihrem Verfügungsrecht Gebrauch machen (VON STEIGER W., SPR VIII/1, §29 I 2, S. 369). Diese Art der Einbringung kann für ein Baukonsortium zweckmässig sein, da auch hierbei die Kosten einer doppelten Übertragung vermieden werden. Im übrigen bestehen aber bei den Bauunternehmern, denen das Grundstück nicht gehört, dieselben Bedenken bezüglich des Risikos, die bei der Einbringung eines Grundstücks zum Gebrauch erwähnt worden sind.

Schliesslich kann ein Gesellschafter sein Grundstück auch in der Weise einbringen, dass er es lediglich als Pfandobjekt zur Sicherung eines Darlehens zugunsten der Gesellschaft zur Verfügung stellt (MEIER-HAYOZ/FORSTMOSER, §8 N. 34c, S. 203).

3. Umfang

Die Art und der Umfang der einzelnen Beiträge sollte nach Möglichkeit im Gesellschaftsvertrag festgehalten werden. Leistet jemand einen höheren Beitrag als die anderen Gesellschafter, so kann dies durch eine entsprechend vergrösserte Beteiligung am Gewinn wieder ausgeglichen werden. Die im Vertrag festgelegten Beiträge können nur mit Zustimmung aller Gesellschafter erhöht werden (VON STEIGER W., SPR VIII/1, §29 I 3, S. 371). Sagt der Vertrag nichts Näheres über die Beitragsleistung aus, so ist nach der gesetzlichen Bestimmung des Art. 531 Abs. 2 OR vorzugehen. Danach haben die Gesellschafter gleiche Beiträge zu leisten, und zwar in der Art und dem Umfang, wie der vereinbarte Zweck es erheischt. Es ist hierbei nach Treu und Glauben auszulegen, was an Beiträgen von den Gesellschaftern aufgrund des Gesellschaftszwecks zu leisten ist (VON STEIGER W., SPR VIII/1, §29 I 3, S. 371).

4. Geltendmachung

Kommt ein Gesellschafter seiner Beitragsleistung nicht nach, so können die übrigen Gesellschafter gemeinsam mit der sogenannten Gesellschaftsklage (auch Gesamthandsklage genannt) den Beitrag einklagen. Weigert sich einer der Gesellschafter, sich an der Gesellschaftsklage zu beteiligen, so besteht die Möglichkeit, dass ein Gesellschafter allein die sogenannte Gesellschafterklage (actio pro socio) im eigenen Namen und auf eigenes Risiko gegen den säumigen Gesellschafter erhebt; er kann aber den Beitrag nicht an sich, sondern nur an die Gesellschaft einklagen (MEIER-HAYOZ/FORSTMOSER, §8 N. 34d, S. 203; VON STEIGER W., SPR VIII/1, §29 I 5, S. 377 ff.).

II. Treuepflicht

Aufgrund der Verpflichtung der Gesellschafter, mit gemeinsamen Kräften und Mitteln einen gemeinsamen Zweck zu verfolgen, wird bei einem Baukonsortium eine enge Bindung geschaffen. Das verpflichtet zu einem loyalen Verhalten der Mitglieder untereinander. Sie sind daher gehalten, die Interessen des Baukonsortiums wahrzunehmen und alles zu unterlassen, was diesen Interessen zuwiderlaufen würde. Die Treuepflicht ist im Recht der einfachen Gesellschaft gesetzlich nicht ausdrücklich festgehalten, ergibt sich aber aus Einzelbestimmungen, wie insbesondere aus dem Konkurrenzverbot des Art. 536 OR (MEIER-HAYOZ/FORSTMOSER, §8 N. 50, S. 206).

III. Gewinn- und Verlustbeteiligung

Nach Art. 532 OR ist der Gesellschafter verpflichtet, den Gewinn, der der Gesellschaft zukommt, mit den anderen Gesellschaftern zu teilen. Wenn nichts anderes vereinbart worden ist, hat jeder Gesellschafter gleichen Anteil an Gewinn und Verlust, und dies gilt unabhängig von der Art und Grösse des geleisteten Beitrages (Art. 533 Abs. 1 OR). Diese gesetzliche Regelung erscheint bei einem Baukonsortium, bei dem seine Mitglieder in der Regel keine gleich hohen Beiträge leisten, nicht als gerecht und ausgewogen. Es empfiehlt sich daher, die Gewinn- und Verlustbeteiligung im Gesellschaftsvertrag auf die Art und Grösse der Beiträge abzustimmen, um auf diese Weise einen Ausgleich zu erreichen. Wird im Vertrag nur eine Regelung über die Gewinnbeteiligung getroffen, so gilt diese auch für die Verlustbeteiligung (Art. 533 Abs. 2 OR). Es würde der gemeinsamen Zweckverfolgung mit gemeinsamen Mitteln und Kräften widersprechen, wenn nicht alle Gesellschafter einen eingetretenen Verlust gemeinsam zu tragen hätten. Nur für den Fall, dass der Beitrag eines Gesellschafters in einer Arbeitsleistung besteht, ist eine Vereinbarung nach dem Gesetz zulässig, nach der dieser Gesellschafter nur am Gewinn, nicht aber am Verlust zu beteiligen ist (Art. 533 Abs. 3 OR); denn bei einem eingetretenen Verlust erhält dieser Gesellschafter nichts für seine Arbeitsleistung, und er würde sich im Vergleich zu den andern schlechter stellen, wenn er auch noch am Verlust teilzunehmen hätte. Die Befreiung von der Verlustbeteiligung wird auch für den Fall zugelassen, wenn der Beitrag sowohl in einer Sachleistung als auch in einer Arbeitsleistung besteht, die Arbeitsleistung jedoch überwiegt (umstritten, *ebenso* VON STEIGER W., SPR VIII/1, §29 II 3, S. 388 f.; SIEGWART, Zürcher Kommentar, N. 8 zu Art. 533 OR). Sobald aber der Gesellschafter keine Arbeit als Beitrag erbringt, ist ein Ausschluss der Verlustbeteiligung unzulässig (umstritten, *ebenso* BECKER, Berner Kommentar, N. 11 zu Art. 533 OR; MEIER-HAYOZ/FORSTMOSER, §8 N. 36 und N. 37, S. 203 f.; SIEGWART, Zürcher Kommentar, N. 8 zu Art. 533 OR).

Ein Baukonsortium, das zur Errichtung eines Bauprojekts zwecks späteren Verkaufs gegründet worden ist, wird erst bei der Zweckerreichung, also mit Vornahme des Verkaufs und damit im Zeitpunkt seiner Auflösung, feststellen, ob es mit Gewinn oder Verlust gewirtschaftet hat. Ergibt sich ein Verlust und haben alle Bauunternehmer als Gesellschafter ihren Beitrag neben Sachleistungen überwiegend in Arbeit geleistet, so wäre es kaum sinnvoll, eine vertragliche Befreiung eines jeden von der Verlustbeteiligung zuzulassen. Da ein Ausschluss der Verlustbeteiligung im Innenverhältnis nicht die Haftung des Gesellschafters gegenüber den Gesellschaftsgläubigern im Aussenverhältnis tangieren kann, sind es die Gesellschafter selbst, die den Verlust zu tragen haben.

Hierbei könnten nur die Bauunternehmen vom Verlust befreit werden, die auschliesslich einen Beitrag in Form von Arbeit geleistet haben.

IV. Beschlussfassung

Bei einem Baukonsortium ist es angebracht, im Gesellschaftsvertrag eine Regelung darüber zu treffen, wie der massgebliche Wille zustandekommt, wie also Gesellschaftsbeschlüsse gefasst werden. Ist darüber keine Vereinbarung getroffen worden, so gilt nach dem Gesetz das *Prinzip der Einstimmigkeit*. In Art. 534 Abs. 1 OR heisst es, dass Gesellschaftsbeschlüsse nur mit Zustimmung *aller* Gesellschafter gefasst werden. Im Gesellschaftsvertrag kann aber für das Zustandekommen von Beschlüssen *Stimmenmehrheit* vorgesehen werden. Ist das der Fall, so gilt nach Art. 534 Abs. 2 OR das *Kopfstimmrecht*: Die Mehrheit ist nach der Personenzahl zu berechnen. Abweichend hiervon kann die Stimmkraft der Gesellschafter vertraglich nach anderen Kriterien geregelt werden (GUHL/KUMMER/DRUEY, §59 II 4 b, S. 590; MEIER-HAYOZ/FORSTMOSER, §8 N. 40, S. 204; VON STEIGER W., SPR VIII/1, §29 III 3 b, S. 396). So kann die Stimmkraft nach der Höhe der Beiträge, nach der Quote der Gewinn- und Verlustbeteiligung oder nach persönlichen Gesichtspunkten festgelegt sein. Den Senior-Partnern kann eine Stimmkraft von zwei Stimmen, den Junior-Partnern nur eine solche von einer Stimme zukommen. Wenn auch eine unterschiedliche Stimmkraft vereinbart werden kann, darf die vertragliche Regelung aber nicht so weit gehen, dass dadurch einem Gesellschafter das Stimmrecht entzogen wird. Das Gesellschaftsverhältnis setzt ein Mindestmass von Mitbestimmungsrecht voraus. Jedem Gesellschafter muss daher mindestens eine Stimme verbleiben (VON STEIGER W., SPR VIII/1, §29 III 3 b, S. 396).

Es ist zweckmässig, im Gesellschaftsvertrag die Gegenstände zu nennen, die einem Gesellschaftsbeschluss unterliegen sollen. Dabei geht es um Gegenstände, die die Grundlagen des Baukonsortiums betreffen, wie z.B. die Abänderung oder Ergänzung des Gesellschaftsvertrages, Übertragung der Geschäftsführung auf einzelne Gesellschafter oder auf Dritte. Vom Gesetz wird ausdrücklich die Aufnahme neuer Mitglieder (Art. 542 Abs. 1 OR) und die Auflösung der Gesellschaft (Art. 545 Abs. 1 Ziff. 4 OR) der Beschlussfassung unterstellt. In beiden Fällen handelt es sich bei den gesetzlichen Vorschriften um nachgiebiges Recht. Im Gesellschaftsvertrag kann daher sowohl für die Aufnahme eines neuen Gesellschafters als auch für die Auflösung der Gesellschaft ein Mehrheitsbeschluss vorgesehen sein (MEIER-HAYOZ/FORSTMOSER, §8 N. 72, S. 212; VON STEIGER W., SPR VIII/1, §29 IV 4, S. 412 und §31 II 2 a, S. 455). Einen einstimmigen Beschluss verlangt das Gesetz bei der Bestellung eines Generalbevollmächtigten und bei Rechtshandlungen, die über den gewöhnlichen Betrieb der gemeinschaftlichen Geschäfte hinausgehen, sofern nicht Gefahr im Verzug liegt (Art. 535 Abs. 3 OR). Was unter aussergewöhnlichen Rechtshandlungen zu verstehen ist, ist eine Ermessensfrage und kann nur für den konkreten Fall unter Berücksichtigung der rechtlichen und tatsächlichen Umstände beantwortet werden (MEIER-HAYOZ/FORSTMOSER, §8 N. 41, S. 204; VON STEIGER W., SPR VIII/1, §29 III 1 a, S. 394). Wenn beispielsweise der Gesellschaftszweck durch eine Rechtshandlung überschritten wird,

wird es sich um eine aussergewöhnliche handeln. Die Vorschrift des Art. 535 Abs. 3 OR kann abgeändert werden: Im Gesellschaftsvertrag kann der Kreis der aussergewöhnlichen Rechtshandlungen erweitert oder eingeschränkt werden (VON STEIGER W., SPR VIII/1, §29 III 1 a, S. 394).

V. Geschäftsführung

1. Einzelgeschäftsführung

Die Geschäftsführung erstreckt sich auf tatsächliche und rechtliche Handlungen, die auf die gemeinsame Verfolgung des Gesellschaftszwecks gerichtet sind. Nach Art. 535 Abs. 1 OR steht allen Gesellschaftern die Geschäftsführung zu. Das schweizerische Gesetz geht nicht vom Grundsatz der Gesamtgeschäftsführung, sondern der *Einzelgeschäftsführung* aus: Jeder Gesellschafter ist für sich allein zur Führung der Geschäfte berechtigt und verpflichtet (GUHL/KUMMER/DRUEY, §59 II 4 b, S. 590; MEIER-HAYOZ/FORSTMOSER, §8 N. 43, S. 205). Man spricht hierbei von einer sogenannten Selbstorganschaft, weil jedem Mitglied eine Organeigenschaft zukommt (MEIER-HAYOZ/FORSTMOSER, §2 N. 85, S. 49). Wie aus Art. 535 Abs. 2 OR hervorgeht, kann, wenn die Geschäftsführung allen oder mehreren Gesellschaftern zusteht, jeder von ihnen ohne Mitwirkung der übrigen handeln.

2. Umfang

Die Geschäftführung umfasst alle Tätigkeiten, die zum gewöhnlichen Betrieb gehören und die auf die Förderung und Verwirklichung des gemeinsamen Zwecks gerichtet sind. In Betracht kommen zum Beispiel: Einziehung der Beiträge, Führung der Bücher, Aufstellung der Bilanz, Ausübung des Vetorechts, Anstellung von Personal, Miete von Geschäftsräumen usw. Diejenigen Rechtshandlungen jedoch, die über den gewöhnlichen Betrieb der gemeinschaftlichen Geschäfte hinausgehen, fallen nicht hierunter (Art. 535 Abs. 3 OR).

3. Vetorecht

Um der dem Grundsatz der Einzelgeschäftsführung innewohnenden Gefahr, die Verfolgung des gemeinsamen Zwecks nicht einzuhalten, entgegenwirken zu können, steht jedem geschäftsführungsberechtigten Gesellschafter ein gesetzliches Widerspruchsrecht (Vetorecht) zu: Er kann die Geschäftsführungshandlung des anderen verhindern, solange sie nicht vollendet ist (Art. 535 Abs. 2 OR). Widerspricht ein geschäftsführungsberechtigter Gesellschafter, so stehen sich zwei gleichwertige Geschäftsführungsakte gegenüber; denn die Ausübung des Vetorechts gehört zur Geschäftsführung und kann daher nicht von den von der Geschäftsführung ausgeschlossenen Gesellschaftern geltend gemacht werden. Halten die anderen geschäftsführungsberechtigten Gesellschafter die Ausübung des Vetorechts für unberechtigt, so müssen sie darüber durch Gesellschaftsbeschluss entscheiden (VON STEIGER W., SPR VIII/1, §29 III 2 c, S. 403 f.).

4. Vertragliche Regelung

Im Gesellschaftsvertrag kann von der gesetzlichen Regelung abgewichen werden: So kann eine Gesamtgeschäftsführung vereinbart werden; es kann ein Gesellschafter oder es können mehrere Gesellschafter von der Geschäftsführung ausgeschlossen werden; ferner kann die Geschäftsführung auch ausschliesslich an einen Dritten, also einen Nichtgesellschafter, übertragen oder ein Dritter kann neben den anderen Gesellschaftern in die Geschäftsführung eingeschaltet werden (Art. 535 Abs. 1 OR; GUHL/KUMMER/DRUEY, §59 II 4 b, S. 590; MEIER-HAYOZ/FORSTMOSER, §8 N. 46, S. 205; VON STEIGER W., SPR VIII/1, §29 III 2 b, S. 398 f.). Übertragen alle Gesellschafter ihre Geschäftsführungsbefugnis an einen Dritten, so ist dieser nur zur Führung der gewöhnlichen Geschäfte befugt; bei den aussergewöhnlichen Geschäften bedarf der Dritte jedoch der Zustimmung aller Gesellschafter nach Art. 535 Abs. 3 OR (VON STEIGER W., SPR VIII/1, §29 III 2 S. 399). An sich könnte man aus der Verpflichtung der Gesellschafter zur Ausübung der Geschäftsführung folgern, dass sie von ihnen selbst wahrgenommen werden müsste. Der Gesetzgeber lässt aber die Übertragung der Geschäftsführung an Dritte zu, wenn es die Gesellschafter so vereinbaren oder beschliessen (Art. 535 Abs. 1 OR), und folgt damit einem in der Praxis bestehenden Bedürfnis. Bei einem Baukonsortium ist allerdings das Bedürfnis gering, einem Dritten die Geschäftsführung zu übertragen.

5. Beendigung der Geschäftsführung

Eine *auf Vertrag beruhende* Geschäftsführung kann einem Gesellschafter nur entzogen oder beschränkt werden, wenn ein wichtiger Grund gegeben ist (Art. 539 Abs. 1 OR; GUHL/KUMMER/DRUEY, §59 II 4 b, S. 590). Jeder Gesellschafter ist bei Vorliegen eines wichtigen Grundes zum Entzug auch dann berechtigt, wenn der Gesellschaftsvertrag etwas anderes bestimmt (Art. 539 Abs. 2 OR). Es handelt sich hierbei um ein unentziehbares und unverzichtbares Recht eines jeden Gesellschafters (VON STEIGER W., SPR VIII/1, §29 III 2 b, S. 400); Art. 539 Abs. 2 OR ist eine zwingende Vorschrift (MEIER-HAYOZ/FORSTMOSER, §8 N.44, S. 205). Ein wichtiger Grund liegt z.B. vor, wenn sich der Gesellschafter bei der Geschäftsführung einer groben Pflichtverletzung schuldig gemacht oder die Fähigkeit zu einer guten Geschäftsführung verloren hat (Art. 539 Abs. 3 OR).

Bei einer *auf dem Gesetz beruhenden* Geschäftsführung wird die Frage des Entzugs vom Gesetz nicht geregelt. Der Entzug ist auch hier zuzulassen, wenn ein wichtiger Grund gegeben ist (umstritten, *ebenso* VON STEIGER W., SPR VIII/1, §29 III 2 b, S. 400 f.; *anders* GUHL/KUMMER/DRUEY, §59 II 4 b, S. 590). Allerdings wird in einem solchen Fall zu prüfen sein, ob nicht einer Auflösung des Baukonsortiums aus wichtigem Grund durch richterliches Urteil der Vorzug zu geben ist (Art. 545 Abs. 1 Ziff. 7 OR).

6. Geschäftsführung bei der stillen Gesellschaft

Bildet das Baukonsortium eine stille Gesellschaft, so liegt es nahe, dass der Hauptgesellschafter (auch Komplementär genannt, vgl. VON STEIGER W., SPR VIII/1, §46 I, S. 653) die Geschäftsführung innehat. Es kann aber vertraglich abgemacht sein, dass auch dem stillen Gesellschafter die Geschäftsführung zustehen soll. Im Normalfall nimmt dabei der Hauptgesellschafter die wichtigere Stellung ein (MEIER-HAYOZ/ FORSTMOSER, §11 N. 29). Ob der stille Gesellschafter bezüglich der Geschäftsführungsbefugnis dem Hauptgesellschafter gleichgestellt sein oder sogar ihm gegenüber eine Vorrangstellung einnehmen kann, ist umstritten. Nach einem Teil der Lehre kann ihm im Vertrag ein gewisses Übergewicht zugestanden werden (MEIER-HAYOZ/ FORSTMOSER, §11 N. 32, S. 258). Meines Erachtens ist es zulässig, dem stillen Gesellschafter die Geschäftsführung teilweise oder ganz zu übertragen (*ebenso* VON STEIGER W., SPR VIII/1, §46 III 1, S. 660). Für aussergewöhnliche Geschäfte jedoch braucht sowohl der Hauptgesellschafter als auch der stille Gesellschafter die Zustimmung des anderen (Art. 535 Abs. 3 OR; MEIER-HAYOZ/FORSTMOSER, §11 N. 29, S. 257).

VI. Sorgfaltspflicht

Die Mitglieder des Baukonsortiums sind verpflichtet, bei der Wahrnehmung ihrer Geschäftsführung sorgfältig vorzugehen. Der Massstab der Sorgfalt ist bei der einfachen Gesellschaft besonders geregelt. Nach Art. 538 Abs. 1 OR hat der geschäftsführende Gesellschafter in der Besorgung gesellschaftlicher Angelegenheiten den Fleiss und die Sorgfalt anzuwenden, die er in seinen eigenen anzuwenden pflegt (diligentia quam in suis). Im Unterschied hierzu ist der Sorgfaltsmassstab im Auftragsrecht ein strengerer; denn er bestimmt sich nach objektivierten Faktoren, nämlich nach dem berufsspezifischen Durchschnittsverhalten auf seiten des Beauftragten (diligentia in abstracto). Es werden dabei sowohl die Art und der Schwierigkeitsgrad der vereinbarten Tätigkeit als auch die dazu erforderlichen Fachkenntnisse berücksichtigt (OR-WEBER, Basler Kommentar, Art. 398 N. 27). Dieser strengere Sorgfaltsmassstab wird auf den geschäftsführenden Gesellschafter dann angelegt, wenn er für seine Tätigkeit eine Vergütung bezieht (Art. 538 Abs. 3 OR; MEIER-HAYOZ/FORSTMOSER, §8 N. 47, S. 206; VON STEIGER W., SPR VIII/1, §29 III 2 e, S. 405).

Verletzt ein Mitglied des Baukonsortiums in schuldhafter Weise die Sorgfaltspflicht bei seiner Geschäftsführungstätigkeit und entsteht dadurch dem Baukonsortium ein Schaden, so haftet er seinen Mitgesellschaftern gegenüber auf Schadenersatz (Art. 538 Abs. 2 OR).

Eine Haftung für grobe Fahrlässigkeit und Vorsatz kann nicht zum voraus wegbedungen werden; eine solche Vereinbarung wäre nichtig (Art. 100 Abs. 1 OR; VON STEIGER W., SPR VIII/1, §29 III 2 e, S. 406).

VII. Kontrollrecht

Da dem von der Geschäftsführung ausgeschlossenen Gesellschafter weiterhin ein Mitwirkungsrecht bei aussergewöhnlichen Geschäften und bei solchen Angelegenheiten verbleibt, die für die Gesellschaft grundlegend sind, gibt ihm das Gesetz das Recht, sich von den Geschäftsangelegenheiten Kenntnis zu verschaffen (VON STEIGER W., SPR VIII/1, §29 III 2 d, S. 404).

Nach Art. 541 Abs. 1 OR hat er "das Recht, sich persönlich von dem Gang der Gesellschaftsangelegenheiten zu unterrichten, von den Geschäftsbüchern und Papieren der Gesellschaft Einsicht zu nehmen und für sich eine Übersicht über den Stand des gemeinschaftlichen Vermögens anzufertigen." Bei dieser Vorschrift handelt es sich um eine zwingende; eine entgegenstehende Vereinbarung ist nichtig (Art. 541 Abs. 2 OR).

E) Aussenverhältnis

I. Vertretung

Beim Tätigwerden für das Baukonsortium sind Geschäftsführung und Vertretung zu unterscheiden. Während die Geschäftsführung die Aktivitäten im Innenverhältnis betrifft, bezieht sich die Vertretung auf ein rechtsgeschäftliches Handeln für das Baukonsortium nach aussen. Auf die Vertretung des Baukonsortiums als einfache Gesellschaft gegenüber Dritten kommen die allgemeinen Vorschriften zum Stellvertretungsrecht, Art. 32 ff OR, zur Anwendung (Art. 534 Abs. 2 OR). Es kann sich dabei entweder um die direkte (unmittelbare oder echte) Stellvertretung oder um die indirekte (mittelbare oder unechte) Stellvertretung handeln.

1. Direkte Stellvertretung

a) Handeln im Namen der anderen Gesellschafter

Tritt der Gesellschafter im Namen des Baukonsortiums oder sämtlicher Mitglieder des Baukonsortiums gegenüber einem Dritten auf und schliesst er mit ihm ein Rechtsgeschäft ab, so werden die übrigen Mitglieder "dem Dritten gegenüber nur insoweit berechtigt und verpflichtet, als es die Bestimmungen über die Stellvertretung mit sich bringen", wie es in Art. 543 Abs. 2 OR heisst. Da dem Baukonsortium in der Form der einfachen Gesellschaft keine Rechtspersönlichkeit, wie oben ausgeführt, zukommt, kann es genau genommen nicht selbst, sondern es können immer nur seine Mitglieder vertreten werden (MEIER-HAYOZ/FORSTMOSER, §8 N. 58a, S. 208). Trotzdem spricht man von der Vertretung des Baukonsortiums und meint damit die Vertretung seiner Mitglieder.

b) Vertretungsmacht

Damit die Mitglieder des Baukonsortiums aus der Vertreterhandlung berechtigt und verpflichtet werden, ist nach den allgemeinen Bestimmungen des Stellvertretungsrechts entweder Vertretungsmacht des Vertreters (Art. 32 Abs. 1 OR) oder nachträgliche Genehmigung des Rechtsgeschäfts (Art. 38 Abs. 1 OR) durch die vertretenen Mitglieder des Baukonsortiums erforderlich. Vertretungsmacht liegt beim Vertreter dann vor, wenn er von dem vertretenen Mitglied oder den vertretenen Mitgliedern ermächtigt, ihm also Vollmacht erteilt worden ist. Bei der Vollmachtserteilung handelt es sich um eine einseitige, formlose, empfangsbedürftige, nicht aber zustimmungsbedürftige Willenserklärung (SCHULIN/VOGT, Allg. Teil, Tafel 31 A; VON TUHR/PETER, §42 I, S. 355). Das Mitglied des Baukonsortiums besitzt Vollmacht, wenn sie aus dem Gesellschaftsvertrag, aus einem Gesellschaftsbeschluss oder aus einem konkludenten (schlüssigen) Verhalten sämtlicher Mitglieder hervorgeht (VON STEIGER W., SPR VIII/1, §30 I 1 a, S. 431).

c) Gegenstand der Vertretungsmacht

Gegenstand der Vertretungsmacht sind Rechtsgeschäfte; darunter fallen die einseitigen Rechtsgeschäfte (wie Rücktritt, Kündigung, Verrechnungserklärung) und die zweiseitigen Rechtsgeschäfte (Vertrag) sowie die rechtsgeschäftsähnlichen Handlungen (wie Mahnung, Fristsetzung nach Art. 107 Abs. 1 OR, Annahmeverweigerung, Mängelrüge).

Vom Gesetz wird die Vertretung nur insoweit geregelt, als jemand mit Wirkung für einen anderen eine Willenserklärung abgibt (*aktive Vertretung*).

Es finden sich aber im Gesetz keine Vorschriften über den Fall, dass jemand als Vertreter eine Willenserklärung eines Dritten mit Wirkung für den Vertretenen entgegennimmt (*passive Vertretung*). Die Vertretungsmacht bezieht sich jedoch auch auf den Fall der passiven Vertretung (VON TUHR/PETER, §41 I bei N. 6, S. 348), sodass ein Dritter einem vertretungsberechtigten Gesellschafter gegenüber eine Kündigung, Rücktrittserklärung nach Art. 107 Abs. 2 OR oder Verrechnungserklärung mit Wirkung für und gegen sämtliche Gesellschafter abgeben kann. Das gleiche gilt, wenn ein Gesellschaftsgläubiger eine rechtsgeschäftsähnliche Willenserklärung wie Mängelrüge des Werkes (Art. 367 Abs. 1, 370 Abs. 3 OR) gegenüber einem geschäftsführenden Mitglied eines Baukonsortiums abgibt.

Ist nach dem Gesellschaftsvertrag z.B. jeweils für zwei Gesellschafter *Kollektivvollmacht* bestimmt, so dass stets zwei Gesellschafter beim Rechtsgeschäft mitwirken müssen, so wird zur Erleichterung des Rechtsverkehrs angenommen, dass die passive Vertretungsmacht ihnen einzeln zustünde; somit reicht die Abgabe der Willenserklärung an einen der Gesellschafter aus, um Wirkungen für und gegen die vertretenen übrigen Gesellschafter herbeizuführen (VON TUHR/PETER, §42 X bei N. 117, S. 376).

Auch bei der *Erfüllung* eines Verpflichtungsgeschäfts muss, soweit eine Rechtshandlung in Betracht kommt, bei der Vornahme des Verfügungsgeschäfts Vertretungsmacht gegeben sein, wenn jemand für einen anderen die Verfügung vornimmt. Haben die Mitglieder eines Baukonsortiums aufgrund eines Kaufvertrages eine Forderung auf Lieferung eines Baustoffes, so steht ihnen diese Forderung gegen den Verkäufer zur gesamten Hand zu (Art. 544 Abs. 1 OR). Bei dieser Lieferungsforderung handelt es sich um eine Gesamthandsforderung; sie fällt ins Gesellschaftsvermögen der Mitglieder des Baukonsortiums und steht diesen als ein ungeteiltes gemeinsames Recht zu (VON TUHR/ESCHER, §89 V bei N. 20, S. 292). Über diese Lieferungsforderung können nur alle Mitglieder des Baukonsortiums gemeinsam verfügen; sie können sich aber bei der Verfügungshandlung durch einen anderen vertreten lassen. Der Verkäufer kann seiner Lieferungsverpflichtung nur wirksam nachkommen und sich von ihr befreien, wenn er entweder allen Mitgliedern des Baukonsortiums gegenüber erfüllt oder die Lieferung an ein vertretungsberechtigtes Mitglied vornimmt (VON TUHR/ESCHER, §89 V bei N. 23, S. 293). In der Entgegennahme des gekauften Baustoffes liegt auf seiten der Mitglieder des Baukonsortiums insofern eine Verfügung, als dadurch ihre Lieferungsforderung unmittelbar aufgehoben wird.

d) Vermutung der Vertretungsmacht

Kann dem Gesellschaftsvertrag keine Bestimmung über die Vertretungsmacht entnommen werden, so kommt Art. 543 Abs. 3 OR zum Zuge, wonach eine Ermächtigung eines einzelnen Gesellschafters, die Gesellschaft oder sämtliche Gesellschafter Dritten gegenüber zu vertreten, *vermutet* wird, sobald ihm die Geschäftsführung überlassen ist. Aufgrund dieser Bestimmung kann von einer *gesetzlichen Vertretungsmacht* ausgegangen werden. Es soll hierdurch erreicht werden, dass sich im Innenverhältnis der geschäftsführende Gesellschafter gegenüber seinen Mitgesellschaftern auf die gesetzliche Vertretungsmacht berufen kann und im Aussenverhältnis der Dritte, der meist mit einem geschäftsführenden Gesellschafter verkehrt, in seinem Vertrauen auf die Vertretungsmacht aus Verkehrssicherheitsgründen geschützt wird (VON STEIGER W., SPR VIII/1, §30 I 1 a, S. 432). Fehlt es an einer Vertretungsmacht des geschäftsführenden Gesellschafters, so sind die vertretenen Mitgesellschafter nur dann nicht an das abgeschlossene Rechtsgeschäft gebunden, wenn sie die Vermutung der Vertretungsmacht entkräften können. Sie müssen nachweisen, dass der Dritte entweder von dem Mangel der Vertretungsmacht Kenntnis hatte oder bei Beachtung der im Verkehr gebotenen Sorgfalt davon hätte Kenntnis haben müssen; denn nur der gutgläubige Dritte (Art. 3 Abs. 2 ZGB) soll geschützt werden (MEIER-HAYOZ/FORSTMOSER, §8 N. 52, S. 207; VON STEIGER W., SPR VIII/1, §30 I 1 a, S. 433).

Das Vorliegen der Vertretungsmacht wird nur im Umfang der dem Gesellschafter zustehenden Geschäftsführung vermutet. Die Vermutung bezieht sich demnach nur auf die Geschäfte, die zum gewöhnlichen Betrieb der gemeinschaftlichen Geschäfte gehören.

Hingegen werden die aussergewöhnlichen Geschäfte, also diejenigen, die über den gewöhnlichen Betrieb der gemeinschaftlichen Geschäfte hinausgehen, nicht von der Geschäftsführung erfasst (wie oben ausgeführt worden ist) und somit kann sich hierauf auch nicht die Vermutung der Vertretungsmacht erstrecken (VON STEIGER W., SPR VIII/1, §30 I 1 b, S. 435 f.).

e) Handeln ohne Vollmacht

Handelt ein Mitglied des Baukonsortiums beim Vertragsabschluss mit einem Dritten ohne Vollmacht oder überschreitet es dabei den Umfang der Vollmacht, so befindet sich der Vertrag in einem Schwebezustand, während dessen Dauer der Dritte gebunden ist, die vertretenen Mitglieder hingegen nicht gebunden sind. Diese haben die Möglichkeit, den Vertrag zu genehmigen. Mit der *Genehmigung*, die auf den Zeitpunkt des Vertragsabschlusses zurückwirkt, endet der Schwebezustand und die vertretenen Mitglieder werden aus dem Vertrag berechtigt und verpflichtet (Art. 38 Abs. 1 OR; SCHULIN/VOGT, Allg. Teil, Tafel 31 F; VON TUHR/PETER, §45 II, S. 401 f.). Nimmt ein Gesellschafter ein einseitiges Rechtsgeschäft (wie Rücktritt, Kündigung usw.) ohne Vollmacht vor, so ist Art. 38 OR analog anzuwenden (VON TUHR/PETER, §45 II bei N. 24, S. 402); mit der Genehmigung durch die übrigen Gesellschafter wird das einseitige Rechtsgeschäft rückwirkend wirksam. Doch ist dabei zu beachten, dass z.B. bei der Kündigung die Genehmigung nur bis zu dem Zeitpunkt möglich ist, bis zu dem das Kündigungsrecht selbst spätestens ausgeübt werden konnte; ist die Genehmigung erst danach erfolgt, so ist die Kündigung unwirksam (N. P. VOGT, Diss. Zürich, S. 41 f.).

Verweigern jedoch die vertretenen Gesellschafter die Genehmigung, so sind die vom vollmachtlosen Gesellschafter vorgenommenen Rechtshandlungen rückwirkend unwirksam.

Da aber der vollmachtlose Gesellschafter als Mitglied des Baukonsortiums die Rechtshandlung zugleich auch im eigenen Namen vorgenommen hat, kann sie unter Umständen allein zwischen ihm und dem Dritten wirksam werden. So kann ein Vertrag zwischen ihm und dem Dritten gültig zustandekommen, und nur er allein (nicht aber die von ihm vertretenen Gesellschafter) wird daraus gegenüber dem Dritten berechtigt und verpflichtet. Der Dritte kann sich aber von dem Vertrag durch Anfechtung lösen, wenn es ihm darauf ankam, einen Vertrag nur mit der Gesamtheit der Gesellschafter abzuschliessen (VON STEIGER W., SPR VIII/1, §30 I 1 c, S. 437). Genehmigen die Gesellschafter ein vom vollmachtlosen Mitgesellschafter vorgenommenes einseitiges Rechtsgeschäft (wie Rücktritt vom Vertrag) nicht, so tritt auch keine Wirkung zwischen dem zugleich im eigenen Namen handelnden Gesellschafter und dem Dritten ein, da nur eine einheitliche Wirkung zwischen sämtlichen Gesellschaftern und dem Dritten sinnvoll ist.

Ist dem Dritten durch das Auftreten des vollmachtlosen Gesellschafters und durch die Verweigerung der Genehmigung der vertretenen Gesellschafter ein Schaden entstanden, so kann er ihn vom vollmachtlosen Gesellschafter nach Art. 39 Abs. 1 und Abs. 2 OR ersetzt verlangen.

2. Indirekte Stellvertretung

Bei der indirekten Stellvertretung handelt der Vertreter in eigenem Namen auf fremde Rechnung (SCHULIN/VOGT, Allg. Teil, Tafel 31 B). Nach Art. 543 Abs. 1 OR wird ein Gesellschafter, der zwar für Rechnung der Gesellschaft, aber in eigenem Namen mit einem Dritten Geschäfte abschliesst, allein dem Dritten gegenüber berechtigt und verpflichtet.

Nach aussen ist für den Dritten ein "Vertretungsverhältnis" nicht erkennbar. Ihm ist nur klar, dass der Gesellschafter im eigenen Namen berechtigt und verpflichtet sein will. Selbst wenn der Dritte weiss oder es aus den Umständen hätte entnehmen können, dass der Gesellschafter für Rechnung der Gesellschaft handelt, und wenn der Dritte hiermit einverstanden ist, treten die Wirkungen des Rechtsgeschäfts dennoch nur zwischen ihm und dem in eigenem Namen handelnden Gesellschafter ein (VON STEIGER W., SPR VIII/1, §30 I 2, S. 438).

Der im eigenen Namen handelnde Gesellschafter benötigt für die Wirksamkeit seiner Rechtshandlungen mit dem Dritten keine Ermächtigung der anderen Gesellschafter. Haben die Gesellschafter einen unter ihnen beauftragt, ein Rechtsgeschäft in eigenem Namen auf Rechnung der Gesellschaft mit einem Dritten vorzunehmen, so sind sie internrechtlich einander gegenüber verpflichtet (VON STEIGER W., SPR VIII/1, §30 I 2, S. 438): Die nicht handelnden Gesellschafter sind verpflichtet, die vom handelnden Gesellschafter gegenüber dem Dritten eingegangenen Verpflichtungen mitzuübernehmen. Entweder befreien sie ihn entsprechend der Verlustbeteiligung von seiner Schuld gegenüber dem Dritten (Art. 175 OR), oder sie treten neben dem handelnden Gesellschafter in dessen eingegangene Verpflichtung ein (Schuldbeitritt), indem sie einen Schuldmitübernahmevertrag mit dem Dritten als Gläubiger abschliessen und diesem gegenüber gemeinsam mit dem handelnden Gesellschafter solidarisch haften. Im Gegenzug dazu hat der handelnde Gesellschafter die Forderung, die er aus dem Rechtsgeschäft gegen den Dritten erlangt hat, in der Weise an seine Mitgesellschafter schriftlich abzutreten (Art. 165 Abs. 1 OR), dass sie allen gemeinschaftlich, d.h. zur gesamten Hand (Gesamthandsforderung) zusteht (Art. 544 Abs. 1 OR).

3. Vertretung bei der stillen Gesellschaft

Da die stille Gesellschaft eine Innengesellschaft ist und nach aussen nicht als Gesellschaft erscheint, tritt der Hauptgesellschafter allein in eigenem Namen oder unter seiner eigenen Firma, nicht aber im Namen der Gesellschaft auf (MEIER-HAYOZ/ FORSTMOSER, §11 N. 36 und N. 38, S. 259; VON STEIGER W., SPR VIII/1, §46 IV 1, S. 662). Der stille Gesellschafter kann nur im Namen des Hauptgesellschafters nach aussen auftreten, wenn ihm dieser dazu eine Vollmacht oder Prokura erteilt hat. Handelt er im Namen der Gesellschaft, so widerspricht das der stillen Gesellschaft, und es kommt eine andere Personengesellschaft in Betracht (MEIER-HAYOZ/FORSTMOSER, §11 N. 36 f., S. 259).

Bei einem Baukonsortium ist es denkbar, dass aufgrund des Gesellschaftsvertrages sich z.B. der Bauherr als Hauptgesellschafter und die Bauunternehmer bzw. Bauingenieure als stille Gesellschafter betätigen wollen.

II. Haftung

Für Gesellschaftsschulden haften die Gesellschafter einer einfachen Gesellschaft primär, unbeschränkt und solidarisch (Art. 544 Abs. 3 OR; GUHL/KUMMER/DRUEY, §59 III 2, S. 591 f.; MEIER-HAYOZ/FORSTMOSER, §8 N. 27 und N. 55, S. 200 und 208; VON STEIGER W., SPR VIII/1, §30 II 1 und 2, S. 443 f.).

Unter Gesellschaftsschulden werden nicht nur die aus Rechtsgeschäften hervorgehenden Verpflichtungen, sondern auch die sich aus gemeinsam begangenen unerlaubten Handlungen (Art. 50 OR) sowie aus gesetzlichen Kausalhaftungen (z.B. Art. 55 Abs. 1, 58 OR) ergebenden Schadenersatzverpflichtungen verstanden.

Anders als bei den Personenhandelsgesellschaften steht es dem Gesellschaftsgläubiger frei, seine Forderung direkt (*primär*) beim einzelnen Gesellschafter geltend zu machen, ohne sich zunächst an das Gesellschaftsvermögen halten zu müssen.

Dem Gesellschaftsgläubiger haftet der Gesellschafter *unbeschränkt*, d.h. mit seinem ganzen Vermögen, das sich aus seinem persönlichen Vermögen und seiner Beteiligung am Gesellschaftsvermögen zusammensetzt.

Die Gesellschaftsschulden sind Gesamthandsschulden. An und für sich können Gesamthandsschulden nur gegen alle Gesamtschuldner gemeinsam geltend gemacht werden. Zur Erleichterung des Rechtsverkehrs bestimmt das Gesetz aber im Gesellschaftsrecht, dass die Gesellschafter *solidarisch* haften. Der Gesellschaftsgläubiger kann nach seiner Wahl einen der Gesellschafter wegen eines Teils der Forderung oder wegen der ganzen Forderung in Anspruch nehmen (Art. 144 Abs. 1 OR). Soweit einer der Gesellschafter die Leistung erbracht hat, sind auch die übrigen befreit (Art. 147 Abs. 1 OR).

Hat ein Gesellschafter die Gesellschaftsschuld ganz oder teilweise getilgt, so kann er gegen seine Mitgesellschafter *Rückgriff* nehmen, soweit er mehr geleistet hat, als er im Innenverhältnis aufgrund der vertraglichen Verlustbeteiligung hätte leisten müssen. Enthält der Gesellschaftsvertrag keine Regelung über die Verlustbeteiligung, so hat jeder Gesellschafter ohne Rücksicht auf die Art und Grösse seines Beitrages einen gleichen Anteil am Verlust zu tragen (Art. 533 Abs. 1 OR).

Die gesetzliche Haftungsregelung des Art. 544 Abs. 3 OR ist nachgiebiges Recht. Die Gesellschafter können mit den Gesellschaftsgläubigern jeweils eine andere Vereinbarung treffen, z.B. die Haftung auf das Gesellschaftsvermögen beschränken (VON STEIGER W., SPR VIII/1, §30 II 2, S. 444 f.).

Hat ein Gesellschafter im eigenen Namen (wie bei der indirekten Stellvertretung, vgl. oben) oder hat er ohne Vollmacht (vgl. oben) gehandelt, so haftet er allein für die eingegangenen Verbindlichkeiten (Art. 543 Abs. 1 OR; MEIER-HAYOZ/FORSTMOSER, §8 N. 56, S. 208).

Bei der *stillen Gesellschaft* haftet der Hauptgesellschafter allein unbeschränkt mit seinem Vermögen, worunter auch das fällt, was der stille Gesellschafter als Einlage eingebracht hat (umstritten, *ebenso* MEIER-HAYOZ/FORSTMOSER, §11 N.22 f., S. 256; VON STEIGER W., SPR VIII/1, §46 IV 2, S. 662 ff.).

F) Beendigung

I. Auflösungsgrund

Ist das Bauvorhaben fertiggestellt, so ist in den meisten Fällen der vereinbarte Zweck des Baukonsortiums erreicht. Der Auflösungsgrund des Art. 545 Abs. 1 Ziff. 1 OR ist damit verwirklicht, die bisherige Zweckverfolgung ist beendet und die Gesellschaft ist aufzulösen.

Als Zweck des Baukonsortiums kann aber nicht nur die Erstellung des Bauprojekts, sondern auch die Veräusserung des bebauten Grundstücks vereinbart worden sein. Das kann dann der Fall sein, wenn der Grundstückseigentümer als Bauherr dem Baukonsortium angehört. In solchen Fällen liegt der Auflösungsgrund erst mit der Veräusserung des bebauten Grundstücks vor.

Denkbar ist auch, dass sich das Baukonsortium trotz Zweckerreichung nicht auflösen will, z.B. weil es unter der gleichen Besetzung der Mitglieder ein neues Bauprojekt durchführen will. Für die Fortsetzung der Gesellschaft bedarf es aber eines einstimmigen Gesellschaftsbeschlusses (VON STEIGER W., SPR VIII/1, §31 II 1 a, S. 451), da das neue Bauprojekt einen neuen Zweck darstellt, der vom bisherigen Gesellschaftsvertrag nicht erfasst wurde.

Im Gesellschaftsvertrag des Baukonsortiums können auch andere Auflösungsgründe als die Zweckerreichung vereinbart werden. Haben die Gesellschafter keine weiteren Auflösungsgründe im Gesellschaftsvertrag genannt, so können die in Art. 545 Abs. 1 OR aufgezählten Auflösungsgründe in Betracht kommen. So wird z.B. das Baukonsortium aufgelöst, wenn die Erreichung des Zwecks unmöglich geworden ist. Das ist unter anderem dann der Fall, wenn keine Baugenehmigung wegen Auszonung des Grundstücks erteilt wird oder wenn der Gesellschafter sein Grundstück für das zu erstellende Bauwerk nicht mehr zur Verfügung stellen kann, weil er es inzwischen veräussert hat. Die Gesellschafter des Baukonsortiums können auch vor Zweckerreichung durch gegenseitige Übereinkunft (Art. 545 Abs. 1 Ziff. 4 OR) die Gesellschaft wieder auflösen. Fällt ein Mitglied des Baukonsortiums in Konkurs oder gelangt sein Liquidationsanteil zur Zwangsverwertung, so wird das Baukonsortium nach Art. 545 Abs. 1 Ziff. 3 OR aufgelöst. Möglich ist auch, dass ein Gesellschafter die Auflösung des Baukonsortiums wegen eines wichtigen Grundes durch richterliches Urteil verlangt (Art. 545 Abs. 1 Ziff. 7 und Abs. 2 OR; GUHL/KUMMER/DRUEY, §59 IV 3 d, S. 594; SCHULIN/ VOGT, Bes. Teil, Tafel E 6).

II. Liquidationsgesellschaft

Mit Eintritt des Auflösungsgrundes wandelt sich das Baukonsortium in eine *Liquidationsgesellschaft* um. Neuer Zweck ist von jetzt an derjenige der Liquidation des Gesellschaftsvermögens. Es entsteht dadurch keine neue Gesellschaft, sondern es handelt sich dabei um die Fortsetzung derselben Gesellschaft, deren Zweck sich aber nun geändert hat (VON STEIGER W., SPR VIII/1, §31 I, S. 450). Erst mit abgeschlossener Liquidation hört das Baukonsortium auf zu bestehen.

Die Auflösung wird von den Liquidatoren durchgeführt. Wer als Liquidator in Betracht kommt, kann im Gesellschaftsvertrag oder durch Gesellschaftsbeschluss geregelt werden. Dort können die Gesellschafter des Baukonsortiums zum voraus ein Mitglied, mehrere oder alle Mitglieder oder auch Dritte (z.B. Treuhandgesellschaften) als Liquidatoren bestimmen und deren Rechte und Pflichten festlegen (VON STEIGER W., SPR VIII/1, §31 III 1 b, S. 463). Den vertraglich bestimmten Liquidatoren kann Einzel- oder Gesamtgeschäftsführungsbefugnis sowie Einzel- oder Gesamtvertretungsmacht eingeräumt werden. Sind sie einzelgeschäftsführungsbefugt, so wird nach Art. 543 Abs. 3 OR vermutet, dass sie auch zur Vertretung der Gesellschafter der Liquidationsgesellschaft berechtigt sind (VON STEIGER, SPR VIII/1, §31 III 1 a, S. 463).

Enthält der Gesellschaftsvertrag keine Bestimmungen darüber, wer Liquidator sein soll, so kommt Art. 550 Abs. 1 OR zur Anwendung. Nach dieser Vorschrift ist die Auseinandersetzung *von allen Gesellschaftern gemeinsam* vorzunehmen. Das bedeutet zum einen, dass von jetzt an, d.h. mit Eintritt des Auflösungsgrundes auch diejenigen Gesellschafter an der Geschäftsführung beteiligt sind, die vorher ausgeschlossen waren. Zum anderen tritt an die Stelle der Einzelgeschäftsführung (Art. 535 Abs. 2 OR) die *Gesamtgeschäftsführung*, wonach Rechtshandlungen nur von allen gemeinsam vorgenommen werden können (MEIER-HAYOZ/FORSTMOSER, §8 N. 65, S. 210 f.; VON STEIGER W., SPR VIII/1, §31 III 1 a, S. 462). Mit der Gesamtgeschäftsführungsbefugnis wird die in Art. 535 Abs. 3 OR vorgesehene Unterscheidung zwischen gewöhnlichen und aussergewöhnlichen Rechtshandlungen hinfällig. Folge der Gesamtgeschäftsführung ist, dass die Liquidatoren auch nach aussen gegenüber Dritten nicht Einzel-, sondern Gesamtvertretungsmacht haben, d.h., sie müssen bei der Vertretung der Liquidationsgesellschaft ebenfalls gemeinsam handeln. In einem solchen Fall tritt die Wirksamkeit eines Rechtsgeschäfts erst ein, wenn alle zur Mitwirkung berufenen Liquidatoren ihre Zustimmung abgegeben haben.

Handelt es sich beim Baukonsortium um eine *stille Gesellschaft*, so ändert sich mit Eintritt des Auflösungsgrundes nichts an der bisherigen Einzelgeschäftsführung des Hauptgesellschafters: Er, der bisher im eigenen Namen und auf gemeinsame Rechnung Rechtsgeschäfte abgeschlossen hat, soll diese Geschäfte auch nach der Auflösung der Gesellschaft allein erledigen (Art. 550 Abs. 2 OR, GUHL/KUMMER/DRUEY, §59 V, S. 595; VON STEIGER W., SPR VIII/1, §31 III 1 a, S. 463).

III. Liquidationsverfahren

Im Liquidationsverfahren werden die Rechtsverhältnisse der Gesellschafter untereinander und zu Dritten aufgelöst. Zunächst sind die gemeinschaftlichen Schulden gegenüber den Gesellschaftsgläubigern aus dem Gesellschaftsvermögen zu begleichen und Rückstellungen für noch nicht fällige und umstrittene Schulden zu machen. Daraufhin sind den Gesellschaftern die Auslagen und Verwendungen (Art. 537 OR) zu ersetzen (Art. 549 Abs. 1 OR). Es folgt die Rückerstattung der Einlagen der Gesellschafter. Nach Art. 548 Abs. 1 OR hat der Gesellschafter kein Recht, die zu Eigentum eingebrachten Gegenstände zurückzuverlangen, sondern hat nur Anspruch auf den Wert, für den sie in das Gesellschaftsvermögen übernommen worden sind (Art. 548 Abs. 1 und Abs. 2 OR; MEIER-HAYOZ/FORSTMOSER, §8 N. 67, S. 211; VON STEIGER W., SPR VIII/1, §31 III 2 b, S. 466). Hingegen kann der Gesellschafter Gegenstände, die er zum Gebrauch überlassen hat, mit dem Eigentumsherausgabeanspruch zurückverlangen (GUHL/KUMMER/DRUEY, §59. V, S. 595; MEIER-HAYOZ/FORSTMOSER, §8 N. 67, S. 211; VON STEIGER W., SPR VIII/1, §31 III 2 b, S. 466; BGE 105 II 204 ff., 208).

Bleibt nach Ausrichtung der genannten Posten ein Überschuss, so ist er unter den Gesellschaftern als Gewinn entsprechend der vereinbarten Gewinnbeteiligung zu verteilen (Art. 549 Abs, 1 OR). Haben die Gesellschafter nicht vereinbart, in welcher Höhe sie zu beteiligen sind, so haben sie ohne Rücksicht auf die Art und Grösse ihrer Beiträge gleichen Anteil am Gewinn (Art. 533 Abs. 1 OR). Sollte das Gesellschaftsvermögen nicht ausreichen, die Gesellschaftsschulden und Auslagen der Gesellschafter zu decken, so haben die Gesellschafter den Fehlbetrag nach der vereinbarten Verlustbeteiligung oder, wenn der Gesellschaftsvertrag nichts darüber enthält, zu gleichem Anteil zu tragen (Art. 549 Abs. 2 in Verbindung mit 533 Abs. 1 OR; MEIER-HAYOZ/FORSTMOSER, §8 N. 68, S. 211; VON STEIGER W., SPR VIII/1, §31 III 2 b, S. 467).

Handelt es sich beim Baukonsortium um eine *stille Gesellschaft*, so besteht kein Gesamthandsvermögen; vielmehr ist der Hauptgesellschafter Alleinberechtigter am Gesellschaftsvermögen. Somit kann kein Gesamthandsvermögen liquidiert werden. Es entsteht daher lediglich ein *Abrechnungsverhältnis* (MEIER-HAYOZ/FORSTMOSER, §11 N. 44, S. 260 f.; VON STEIGER W., SPR VIII/1, §46 V 2, S. 666 f.). Hiernach behält der Hauptgesellschafter die Gegenstände in seinem Alleineigentum; der stille Gesellschafter hat aber gegen ihn einen obligatorischen Anspruch auf Ersatz seiner Auslagen und Verwendungen (Art. 537 OR) sowie des Wertes seiner Einlagen (Art. 548 Abs. 2 OR) und auf Auszahlung der Gewinnbeteiligung (Art. 549 Abs. 1 OR). Sollte sich ein Verlust herausstellen, so trägt der stille Gesellschafter diesen, wenn es so im Gesellschaftsvertrag vereinbart ist, bis zur Höhe seiner Einlage (GUHL/KUMMER/DRUEY, §59 I 5, S. 588). Liegt darüber keine Vereinbarung vor, so haben sowohl der Hauptgesellschafter als auch der stille Gesellschafter gleichen Anteil am Verlust, wobei der stille Gesellschafter unter Umständen den entsprechenden Betrag dem Hauptgesellschafter noch nachzahlen muss (Art. 533 Abs. 1 OR; VON STEIGER W., SPR VIII/1, §46 V 2, S. 667). Da die gesetzliche Regelung des Art. 533 Abs. 1 OR für die stille Gesellschaft nicht immer angemessen ist, wird in der Lehre die analoge Anwendung des Art. 601 Abs. 2 OR, eine Vorschrift aus dem Recht der Kommanditgesellschaft, befürwortet, wonach das Gericht nach freiem Ermessen über die Verlustbeteiligung entscheidet (MEIER-HAYOZ/FORSTMOSER, §11 N. 25, S. 257; VON STEIGER W., SPR VIII/1, §46 V 2, N. 59, S. 667).

RECHTSQUELLEN
BG vom 30. März 1911 / 18. Dezember 1936 betreffend die Ergänzung des Schweizerischen Zivilgesetzbuches (Fünfter Teil: Obligationenrecht), SR 220 (OR).
Schweizerisches Zivilgesetzbuch vom 10. Dezember 1907, SR 210 (ZGB).
Bundesgesetz über Schuldbetreibung und Konkurs vom 11. April 1889, SR 101 (SchKG).
Verordnung über das Handelsregister vom 7. Juni 1937, SR 221.411 (HRegV).

JUDIKATUR
BGE 105 II 204 ff.
BGE 110 II 287 ff.
Obergericht Luzern in SJZ 71 (1975) S. 94 - 96.

LITERATUR
BECKER H., Berner Kommentar, Band. VI: Obligationenrecht, 2. Abteilung: Die einzelnen Vertragsverhältnisse (Art. 184 - 551), 1. Aufl., Bern 1934; GAUCH Peter, Der Werkvertrag, 3. Aufl., Zürich 1985; GUHL Theo/KOLLER Alfred/DRUEY Jean Nicolas, Das Schweizerische Obligationenrecht, 8. Aufl., Zürich 1991; HONSELL Heinrich/VOGT Nedim Peter/WIEGAND Wolfgang, Basler Kommentar zum Schweizerischen Privatrecht, Basel 1992; MEIER-HAYOZ Arthur /FORSTMOSER Peter, Grundriss des Schweizerischen Gesellschaftsrechts, 7. Aufl., Bern 1993; SCHULIN Hermann/VOGT Nedim Peter, Tafeln Zum Schweizerischen Obligationenrecht I, Allgemeiner Teil ohne Deliktsrecht, 3. Aufl., Zürich 1993; DIES., Tafeln Zum Schweizerischen Obligationenrecht II, Besonderer Teil ohne Arbeitsrecht, 1. Aufl., Zürich 1983; SIEGWART Alfred, Zürcher Kommentar, Band V: Das Obligationenrecht, 4. Teil: Die Personengesellschaften (Art. 530 - 619 OR), 1. Auflage, Zürich 1938; VON STEIGER Werner, Gesellschaftsrecht, Besonderer Teil: Die Personengesellschaften, in: Schweizerisches Privatrecht, Band VIII, 1. Halbband, Basel und Stuttgart 1976, S. 211 ff.; VON TUHR Andreas/PETER Hans, Allgemeiner Teil des Schweizerischen Obligationenrechts, Band I, 3. Aufl., Zürich 1974/1979; VON TUHR Andreas/ESCHER Arnold, Allgemeiner Teil des Schweizerischen Obligationenrechts, Band II, 3. Aufl., Zürich 1974; TUOR Peter/SCHNYDER Bernhard, Das Schweizerische Zivilgesetzbuch, 10. Aufl., Zürich 1986; VOGT Nedim Peter, Die Zustimmung des Dritten zum Rechtsgeschäft, Diss. Zürich 1982.

Bauversicherungen

Erwin Hepperle

A) Wesen der Sach- und Vermögensversicherungen

Eine breite Palette von Versicherungszweigen steht den am Bau Beteiligten zum Schutz gegen die Risiken zur Verfügung, die mit der Erstellung einer Baute verbunden sind. Gemeinsames Merkmal dieser Versicherungen ist, dass sich der Versicherer mit dem Abschluss des Versicherungsvertrages verpflichtet, dem Versicherten im Rahmen des Vertrages die ihn allenfalls treffenden finanziellen Folgen eines Schadenereignisses zu vergüten. Solche Vermögenseinbussen sind entweder deshalb zu gewärtigen, weil sie nicht auf Dritte abgewälzt werden können, oder weil dem ursprünglich Geschädigten dessen Schaden oder ein Teil davon ersetzt werden muss.

Schon mit dieser Feststellung wird angetönt, dass sich die Versicherungszweige in zwei Hauptgruppen aufteilen lassen: In diejenigen, die eine *Sache* zum Gegenstand haben - versichert sind jeweils die Kosten für die Wiederinstandsetzung oder den Ersatz der beschädigten Sache - und in diejenigen, die das Einstehenmüssen für den Schaden, der einem anderen entstanden ist, also das *Vermögen* des Versicherten zum Gegenstand haben - angesprochen sind die Haftpflichtversicherungen. In der heute üblichen Terminologie werden dementsprechend die ersten als Sach- und die zweiten als Vermögensversicherungen bezeichnet (MAURER, S. 153, 405).

Die einzelnen Versicherungstypen unterscheiden sich zum einen im *versicherten Gegenstand*, d.h. im Objekt, auf das sich die Versicherung erstreckt, zum andern im Tatbestand, dessen Eintreten eine Leistungspflicht des Versicherers auszulösen vermag. Man spricht von der *versicherten Gefahr*; das Versicherungsvertragsgesetz nennt sie das befürchtete Ereignis (vgl. z.B. Art. 9, 14, 38 und 61 VVG). Beides - Gegenstand und versicherte Gefahr - wird vertraglich in den standardisierten Allgemeinen und Besonderen Vertragsbedingungen umfassend umschrieben. Individuelle Abreden haben daneben Seltenheitswert.

Obschon im folgenden nicht näher darauf eingetreten werden kann, sei daran erinnert, dass bei der Prüfung, ob Versicherungsschutz besteht, jeweils auch die vertraglich vereinbarten *zeitlichen*, *örtlichen* und *summenmässigen Schranken* zu beachten sind.

In der Lehre ist die Anwendbarkeit der sog. *Unklarheitenregel* auf Versicherungsverträge stark umstritten. Danach sind unklare Formulierungen zuungunsten desjenigen Vertragspartners auszulegen, der den Text verfasst hat, mithin zum Nachteil des Versicherers (näheres bei BÜRGI, S. 176 ff., vgl. auch BGE 99 II 90 E.3). Für einen Teilbereich, nämlich die versicherte Gefahr, wurde indessen diese Auslegungsregel gesetzlich verankert: Art. 33 Abs. 2 VVG verlangt, dass der Ausschluss einzelner Ereignisse in bestimmter, unzweideutiger Fassung zu erfolgen hat (vgl. BGE 116 II 345: Eine Klausel, die vom versicherten Erdrutsch-Risiko allen schlechten Baugrund ausschliesst, der rutschen oder von einem Erdrutsch betroffen sein könnte, erfüllt die Anforderungen von Art. 33 VVG an die Bestimmtheit und Unzweideutigkeit nicht). Die verwendeten Ausdrücke sind so auszulegen, wie sie im täglichen Sprachgebrauch verstanden werden (BGE 116 II 347, 104 II 283). Die Versicherer sehen sich daher gezwungen, möglichst ausführliche und lückenlose Vertragsbedingungen zu formulieren, was deren Lesbarkeit oft sehr beeinträchtigt (MAURER, S. 231). Die vorliegende Darstellung kann denn auch das Studium der jeweils massgeblichen Versicherungsbedingungen nicht ersetzen; sie will lediglich einige wesentliche Eigentümlichkeiten sowie die typischen Unterscheidungsmerkmale der einzelnen Vertragswerke aufzeigen, um dem Benützer die Orientierung etwas zu erleichtern.

Unbestrittenermassen auf Versicherungsvertragswerke anwendbar ist dagegen die *Ungewöhnlichkeitsregel*, doch dürfte sie wegen der strengen Kontrolle, der die Allgemeinen Versicherungsbedingungen durch die Aufsichtsbehörden unterworfen werden, kaum praktische Bedeutung erlangen (MAURER, S. 146 Anm. 297a).

B) Bautenbezogene Sachversicherungszweige

I. Überblick

Sachversicherungen drängen sich da auf, wo kostspielige Objekte einer besonderen Gefahr ausgesetzt sind. Auf einer Baustelle ist dies zunächst einmal das in Entstehung begriffene Werk selbst. Im Rahmen der Versicherungsbedingungen deckt die *Bauwesen-Versicherung* unvorhergesehene unfallmässige (d.h. unerwartete und plötzlich eintretende) Beschädigungen oder Zerstörungen der versicherten Bauleistungen unter Einschluss der verwendeten Baustoffe und -teile, für welche die beteiligten Unternehmer, Handwerker oder Subunternehmer einzustehen haben. Auf besondere Vereinbarung können zudem diejenigen Schäden mitversichert werden, die nach den SIA-Normen zu Lasten des Bauherrn, des Geologen, der Architekten oder der Ingenieure gehen. Die Lastenverteilung gemäss SIA-Normen gilt - selbst wenn sie von der gesetzlichen Regelung abweichen - bei Standardversicherungsverträgen auch in denjenigen Fällen, in denen die Normen nicht Bestandteil der Bauverträge bilden (HAAG, S. 53). Indessen besteht in keinem Fall Deckung für Vermögensschäden wie Vertragsstrafen wegen Nichteinhaltung von Fristen.

Einen in den Grundzügen analogen Aufbau weist die *Montageversicherung* auf. Sie unterscheidet sich von der Bauwesen-Versicherung durch den versicherten Gegenstand: Bezieht sich jene dem Grundsatz nach auf ein Bauwerk, d.h. auf eine an Ort und Stelle neu anzufertigende, ober- oder unterirdisch mit dem Boden verbundene Sache, so kommen als Gegenstand der Montageversicherung in erster Linie vorgefertigte Maschinen, maschinelle und elektrische Einrichtungen, technische Anlagen oder Konstruktionen aus vorfabrizierten Elementen, die jeweils am Bestimmungsort noch zu einer Einheit zusammengefügt bzw. mit dem Grundstück verbunden werden müssen, in Frage. Die Montageobjekte sind einzeln im Versicherungsvertrag aufzuführen.

Die Frage, ob schon während der Bauzeit von den kantonalen Gebäudeversicherungsanstalten bzw. den in entsprechender Funktion tätigen privaten Versicherern Schutz gegen *Feuer- und Elementarereignisse* gewährt wird, ist höchst unterschiedlich zu beantworten (HAAG, S. 176 f.). Oftmals ist die Möglichkeit auf der Basis eines Fakultativums vorgesehen. Ferner bieten die privaten Versicherungsgesellschaften ergänzende Feuer- und Elementarschadenversicherungen an, die mit einer Wasserschaden- und einer Glasbruchversicherung kombinierbar sind. Sie können bereits für den Rohbau abgeschlossen werden.

Neben der zu errichtenden Sache selbst sind auch die für die Arbeiten eingesetzten Bau- und anderen Maschinen versicherbar. Dies geschieht mehrheitlich im Rahmen der *Maschinenkasko-* resp. der *Maschinenversicherung* (letztere ist auch unter dem etwas irreführenden Namen Maschinenbruchversicherung bekannt).

Eine Leistungspflicht des Versicherers besteht immer nur dann, wenn der Eintritt des Schadenereignisses plötzlich erfolgt und nicht vorhergesehen werden konnte. *Plötzlichkeit* bedeutet nicht, dass das Geschehnis in sekundenschnelle abläuft; namentlich im bautechnischen Bereich kommt es immer wieder zu Vorfällen, die sich über einen gewissen Zeitraum erstrecken und dennoch unabwendbar sind. Doch soll mit dieser Voraussetzung bedeutet werden, dass nur solche Ereignisse gedeckt werden, die so überraschend und unentrinnbar eintreten, dass sie sich durch keine wirtschaftlich zumutbare Abwehrmassnahme mehr abwenden lassen (HAAG, S. 26).

Der Begriff rückt damit ganz in die Nähe der zweiten Vorbedingung, nämlich der *Unvorhergesehenheit*. Unvorhergesehene Schäden sind nicht dasselbe wie unvorhersehbare Schäden. Es handelt sich vielmehr um ein subjektives Merkmal und besagt, dass die Möglichkeit eines Schadenfalles nicht oder nicht rechtzeitig erkannt wurde, weil das Geschehen gar nicht vermutet wurde oder weil man davon ausging, dass es für die versicherten Objekte keine Bedrohung darstellen würde (näheres bei HAAG, S. 29 ff.).

II. Bauwesenversicherung

Der Deckungsbereich der Bauwesenversicherung kann den Bedürfnissen im Einzelfall entsprechend weiter oder enger vereinbart werden. Im Schadenfall ist jeweils abzuklären, auf welche *Bauleistungen* sich der Versicherungsschutz erstreckt: Versicherbar sind alternativ entweder alle Baumeisterarbeiten oder alle Baumeisterarbeiten zuzüglich weitere im einzelnen bezeichnete Bauleistungen für den Rohbau oder sämtliche vom Bauherrn vergebenen und selbst erbrachten Bauleistungen für das schlüsselfertige Bauwerk.

Gewisse Werke, Kosten, Materialien, Gerätschaften usw. sind nur aufgrund einer *besonderen Abmachung* mitversichert. Zu nennen sind bestehende Bauten, Gerüst-, Spriess-, Spund- und Schalungsmaterial, Hilfsbauten, Baracken, Einwandungen und Abschrankungen, Fahrhabe sowie Baugrund und Bodenmassen, die nicht Bestandteil der versicherten Bauleistung sind. Durch die gesonderte Deklaration sollen nicht zuletzt Doppelversicherungen vermieden werden. Dies gilt mit Blick auf die für Maschinen zur Verfügung stehenden Versicherungstypen, namentlich auch für die neuerdings ebenfalls nur auf besondere Willenskundgebung hin mitversicherten Baugeräte, Werkzeuge und Baumaschinen. Kranen, Motor- und Luftfahrzeuge sowie selbstfahrende oder schwimmend eingesetzte Objekte werden von der Bauwesenversicherung überhaupt nicht erfasst. Im übrigen weisen die Bedingungen der verschiedenen Versicherungsgesellschaften noch spezifische, hier nicht erwähnte Eigenheiten auf.

Versichert sind die vereinbarten Bauleistungen und deklarierten Objekte gegen Beschädigung oder Zerstörung durch *Bauunfälle*. Als solche gelten Ereignisse, die mit dem zu errichtenden Bauwerk und/oder der damit verbundenen Tätigkeit des Bauens in Beziehung stehen und die versicherten Objekte unerwartet treffen. Nicht erforderlich ist, dass das Geschehen auf gewaltsam einwirkende äussere Ursachen zurückzuführen ist (HAAG, S. 28). Das Vorliegen eines Bauunfalles muss vom *Anspruchsberechtigten* mit genügender Wahrscheinlichkeit nachgewiesen werden (HAAG, S. 28).

Wegen Abgrenzungsschwierigkeiten zu anderen Versicherungszweigen, namentlich den mancherorts ausschliesslich und obligatorisch bei kantonalen Brandversicherungsanstalten abzudeckenden Risiken, sind Schäden, die durch Feuersbrunst oder ähnliche Vorfälle sowie durch gewisse Elementarereignisse verursacht werden, nur auf besondere Vereinbarung hin versicherbar. Ebenfalls bedarf die Deckung von Schäden infolge *fehlerhafter Bauleitung*, *Planung* und *Berechnung* einer *speziellen Abmachung*.

Der Versicherer wird nur leistungspflichtig, wenn die Schäden an der versicherten Bauleistung durch ein versichertes Ereignis entstanden sind. Aufwendungen zur reinen *Mängelbehebung* sind daher nicht zu vergüten, wie dies in den Allgemeinen Versicherungsbedingungen klargestellt wird. Besonderheiten gelten, wenn ein Mangel zu einem unvorhergesehenen Bauunfall führt: Von der Entschädigung werden diejenigen Kosten abgezogen, die auch ohne Bauunfall zur Mangelbeseitigung hätten aufgewendet werden müssen. Dieser Teil des Unternehmerrisikos ist somit *nicht versicherbar*.

Nicht gedeckt sind Schäden, die durch normale Witterungseinflüsse, mit denen nach der Jahreszeit und den örtlichen Verhältnissen zu rechnen ist, verursacht werden: Sie sind voraussehbar. Es handelt sich um eine unechte Ausschlussbestimmung, weshalb hier - im Gegensatz zu den echten Ausschlüssen, wo die Beweispflicht beim Versicherer liegt - der *Anspruchsberechtigte* den Nachweis einer anormalen Einwirkung zu erbringen hat (HAAG, S. 124, 130).

Die Bauwesenversicherung kennt im weiteren die Klausel, dass sie nicht für solche Schäden aufkommt, die vom *Haftpflichtversicherer* eines an der Erstellung des Bauwerks Beteiligten, der auch bauwesenversichert ist, übernommen werden. Die Bauwesenversicherung will sich also nicht als verkappte Haftpflichtversicherung, bezogen auf die Bauleistung, verstehen.

Da die Abklärung der Haftung und der Höhe des zu erbringenden Schadenersatzes mitunter viel Zeit beansprucht und der Haftpflichtversicherer oftmals nicht für den ganzen Schaden aufzukommen hat, gilt indessen die Regelung, dass die von ihm zu erbringende Leistung vom Bauwesenversicherer *bevorschusst* wird. Die Ausmarchung der endgültigen Lastentragung bleibt dann eine Angelegenheit unter Versicherungsgesellschaften, die den Bauwesenversicherten nicht mehr berührt (SOUTTER, S. 47).

III. Montageversicherung

In Verbindung mit den einzelnen Montageobjekten können auf *besondere Vereinbarung* hin Montageausrüstungsgegenstände, wie Hilfsmaschinen, Werkzeuge und Baracken mitversichert werden. Dasselbe gilt für andere gefährdete Sachen sowie für Bauleistungen, Erd- und Bauarbeiten. *Ausgeschlossen* bleiben allerdings Krane, Motor-, Luft- und Wasserfahrzeuge sowie selbstfahrende oder schwimmend eingesetzte Objekte. Für sie stehen Maschinen- und Maschinenkaskoversicherungen zur Verfügung. Keine Deckung bietet die Montageversicherung ferner für Betriebs- und Hilfsstoffe, die keine konstruktiven Elemente darstellen (Brennstoffe, Kühl- und Lagergut etc.), sowie für auswechselbare, starkem Verschleiss ausgesetzte Werkzeuge (Bohrer, Sägeblätter u.ä.).

Die Montageversicherung erstreckt sich auf Schäden an oder Verluste von versicherten Sachen, die *zu Lasten der* an der Montage *beteiligten Unternehmer und Subunternehmer* gehen. Sie kann auf besondere Vereinbarung hin auf Schäden, die *zu Lasten des Bestellers* gehen, ausgedehnt werden. Andererseits kann sie auf das reine Herstellerrisiko und/oder das Montageinstruktionsrisiko beschränkt werden. Auch kann die Deckung des Herstellerrisikos wegbedungen werden.

Bezüglich der Beseitigung von *Mängeln* besteht dieselbe Regelung, wie sie für die Bauwesen-Versicherung gilt. Eine Analogie findet sich auch bei den unechten Ausschlüssen: Sind dort die normalen witterungsbedingten Einwirkungen von der Deckung ausgenommen, so sind es hier die *voraussehbaren stetigen Betriebseinflüsse*. Komplizierter ist die Regelung bei Schäden infolge *vorzeitiger Abnützung*: Kein Versicherungsschutz besteht dann, wenn die Schäden darauf zurückzuführen sind, dass wohl Berechnung und Konstruktion richtig durchgeführt wurden, diese sich aber später als den Betriebsanforderungen nicht gewachsen erweisen. Nämliches gilt, wenn ein an sich fehlerfreier Werkstoff den Betriebsbedürfnissen auf die Länge nicht standhält. Plötzlich eintretende unvorhergesehene Schäden infolge von Planungs-, Konstruktions-, Berechnungs-, Material- oder Fabrikationsfehlern sind jedoch gedeckt; diese Ursachen sind sogar für mehr als die Hälfte des Schadenaufwandes verantwortlich (BERNET, S. 165).

IV. Maschinenkaskoversicherung

Die Maschinenkaskoversicherung steht für *fahrbare* Maschinen zur Verfügung. Sie unterscheidet sich durch ein wesentliches Kriterium von den übrigen hier vorgestellten Sachversicherungszweigen: Ihre Deckung erstreckt sich nur auf Schäden, die durch *gewaltsame äussere Einwirkung* verursacht werden, ja es gilt sogar die Regelung, dass *innere Betriebsschäden*, wie insbesondere Bruch-, Riss-, Deformations- oder Abnützungsschäden jedenfalls *ausgeschlossen* bleiben, gleichgültig auf welche Ursache sie zurückzuführen sind.

Gewisse Risiken sind über die Geschäftsversicherung des Betriebes versicherbar; daher bedarf es einer *besonderen Vereinbarung*, wenn sie ausnahmsweise für die einzelnen Maschinen über die Maschinenkaskoversicherung abgedeckt werden sollen. Angesprochen sind Schäden durch Diebstahl, Brand, Blitzschlag, Explosion und bestimmte Elementarereignisse. Soll sich die Versicherung auch auf Ereignisse erstrecken, welche die Sache anlässlich eines schwimmenden Einsatzes treffen, so muss dies ebenfalls besonders deklariert werden; dasselbe trifft zu, wenn der Einsatz auf Gerüsten an Ufern von Gewässern erfolgt.

Eine ganze Reihe von *Deckungsausschlüssen* soll das subjektive Kriterium der Unvorhergesehenheit objektivieren: Danach sind Schäden nicht versichert, wenn sie auf eine der folgenden Ursachen zurückzuführen sind: Bedienung der Maschine durch nichtqualifizierte Personen oder Personen ohne behördlich vorgeschriebene Ausbildung; Sprengungen, ohne dass die Maschine in normalerweise genügend sichere Entfernung gebracht wurde; Überborden oder Auslaufen gestauter Gewässer; Fehler und Mängel, die dem Versicherungsnehmer oder der Betriebsleitung bekannt sein mussten sowie vorsätzlich schädigende Handlungen von Leuten aus diesem Personenkreis; Weiterverwendung der Maschine nach Eintritt eines Schadens.

V. Maschinenversicherung

Maschinenversicherungen kennen besondere örtliche Beschränkungen, indem die Deckung sich grundsätzlich auf einen *bestimmten Versicherungsort* beschränkt. Sie können für betriebsfertig aufgestellte Sachen abgeschlossen werden, wobei gilt, dass diese, wenn sie einmal betriebsfertig aufgestellt wurden, auch während einer Reinigung, Überholung usw. versichert bleiben, selbst wenn sie zu diesem Zweck demontiert werden müssen. Doch ist für Maschinen mit wechselnden Einsatzorten auch eine generelle Erstreckung der Deckung auf Montage, Demontage und Transport möglich.

Sollen Formen, Stempel, Matrizen und - hier besonders interessierend - Fundamente mitversichert sein, ist dies *gesondert zu deklarieren*. Kein Versicherungsschutz kann dagegen für auswechselbare Werkzeuge wie Bohrer etc., die einem raschen Verschleiss unterworfen sind, erlangt werden.

Die Maschinenversicherung will dem Unternehmer eine genaue Kalkulation der Abschreibung ermöglichen, indem die finanziellen Unsicherheitselemente, die durch menschliches Versagen bei der Bedienung, Maschinenmängel und andere Störfaktoren verursacht werden, durch eine im voraus bekannte Versicherungsprämie ersetzt werden (BERNET, S. 150). Keine Kostenüberwälzung ist jedoch auch hier für *normale Abnützungsschäden* möglich, bleiben doch die Kriterien der Unvorhergesehenheit und der Plötzlichkeit des Ereignisses bestehen. Die Versicherungsbedingungen enthalten jeweils einen Katalog der häufigsten Schadenursachen, der indessen nicht abschliessend zu verstehen ist.

Selbstverständlich ist auch für diesen Versicherungszweig der Versicherungsumfang nicht frei von *Einschränkungen*. Bezüglich bekannter Fehler und Mängel, vorsätzlich schädigender Handlungen und Weiterverwendung nach Eintritt eines Schadens gelten die nämlichen Ausschlüsse wie für die Maschinenkaskoversicherung. Ebensowenig versichert sind Schäden durch Diebstahl, abstürzende Luftfahrzeuge und Überborden oder Auslaufen gestauter Gewässer sowie Feuer- und Elementarschäden. Als nicht unvorhergesehen und daher nicht gedeckt gelten ferner Schäden infolge dauernder voraussehbarer Einflüsse mechanischer, thermischer, chemischer oder elektrischer Art oder von übermässigem Ansatz von Rost, Schlamm, Kesselstein oder anderen Ablagerungen. Dasselbe trifft zu, wenn die normale Beanspruchung der Sache versuchsweise absichtlich überschritten wird.

Haftet der Verkäufer, Vermieter, die Reparatur- oder die Wartungsfirma aus Gesetz oder Vertrag für einen Schaden, so gewährt die Maschinenversicherung keinen Versicherungsschutz.

Die hier skizzierte grundsätzliche Regelung kann durch eine grosse Zahl *zusätzlich zu vereinbarender Klauseln* ergänzt und *den individuellen Bedürfnissen angepasst* werden.

C) Haftpflichtversicherungen der am Bau Beteiligten

I. Allgemeines und Überblick

Im Haftpflichtversicherungsvertrag verspricht der Versicherer dem Versicherten im Rahmen der Deckung für begründete *Schadenersatzansprüche* eines geschädigten Dritten aufzukommen und *unbegründete Ansprüche abzuwehren* (SCHWANDER, N 1554). Die Versicherungsgesellschaften verpflichten sich regelmässig nur zu Leistungen, wenn eine Haftung aufgrund *gesetzlicher* Haftpflichtbestimmungen besteht; geht der Versicherungsnehmer vertraglich eine darüber hinausgehende Haftpflicht ein, so ist diese nicht versichert. Gedeckt sind also beispielsweise Ansprüche des Bauherrn gegenüber seinen Vertragspartnern, die sich auf Art. 97 ff. OR stützen lassen, nicht aber Ersatzansprüche, die daraus resultieren, dass sich diese etwa dazu verpflichtet haben, seine Haftung als Grund- oder Werkeigentümer zu übernehmen.

Die Versicherungsbedingungen sind so aufgebaut, dass sie zunächst in der Form einer Generalklausel den grundsätzlichen Deckungsumfang bestimmen, unter besonderer Erwähnung einzelner versicherter Risiken; danach werden die Sondergefahren genannt, die nur auf entsprechende Vereinbarung hin gegen Prämienzuschlag versichert sind, und schliesslich folgt ein grösserer Katalog von Deckungsausschlussklauseln. *Es wird im folgenden nur auf diejenigen Vertragsbestimmungen eingegangen, die mit den spezifisch durch die Bautätigkeit ausgelösten Gefahren in engem Zusammenhang stehen.*

Die übliche Grobunterteilung der Haftpflichtversicherungszweige in Bauherren-, Berufs- und Betriebshaftpflichtversicherungen ergibt sich aus den im Vordergrund stehenden Risiken. Beim Bauherrn sind es Ersatzansprüche, die sich auf die Verwirklichung gesetzlicher Kausalhaftungstatbestände, wie sie namentlich ZGB Art. 679 und OR Art. 58 umschreiben, stützen. Die Haftpflichtversicherungen der Bauingenieure und Architekten (zusammengefasst in der Bezeichnung Berufshaftpflichtversicherungen) sowie diejenigen der Bauunternehmer werden dagegen zumeist wegen vertraglicher oder ausservertraglicher Verschuldenshaftung beansprucht, wobei sich die Unterschiede im Risiko aus der Verschiedenheit der Tätigkeiten und der Verantwortlichkeit ergeben.

Die *Betriebe* unterscheiden sich - ihrem Tätigkeitsbereich entsprechend - stark in der Art, Häufigkeit und Höhe der durch sie verursachten Schäden. Die Versicherungsgesellschaften sind bemüht, die Risiken nach Gefahrenquellen zu klassifizieren und diesen entsprechend bei gleichbleibender Grunddeckung unterschiedliche Tarife anzuwenden (vgl. MÜLLER, S. 118 ff.). Namentlich im Baugewerbe muss aber auch eine gewisse Differenzierung innerhalb der den Verträgen zugrunde liegenden Allgemeinen Versicherungsbedingungen erfolgen, soll den verschiedenen Bedürfnissen angemessen Rechnung getragen werden. Versicherungstechnisch werden sie in *fünf Gruppen* unterteilt (vgl. MÜLLER, S. 122):

- Hoch- und Tiefbauunternehmungen
- Fabrikationsbetriebe mit Montage bzw. Installation in Gebäuden und auf Baustellen
- Bauhandwerk und Gebäudeunterhalt
- übrige Betriebe des Baugewerbes
- rechtlich selbständige Generalunternehmungen.

Im folgenden werden nur die Bedingungen für Hoch- und Tiefbauunternehmungen näher betrachtet.

Besondere *Zusatzbedingungen* zu den Allgemeinen Bedingungen für Haftpflichtversicherung von Architekten und Bauingenieuren existieren einerseits für *Geometer, Vermessungs- und Kulturingenieure*, andererseits für *Elektro-, Sanitär-, Heizungs-, Lüftungs- und Klimaingenieure*.

II. Versicherte Personen und Deckung von Haftpflichtansprüchen Versicherter gegenüber anderen Versicherten

Der *Kreis der versicherten Personen* geht über den Versicherungsnehmer, beziehungsweise die ihm gleichgestellten Gesellschafter, Angehörigen einer Gesamthandgemeinschaft und anderen Personen, auf welche die Versicherung lautet, hinaus. Namentlich erstreckt er sich auch auf die Arbeitnehmer und die übrigen Hilfspersonen des Versicherungsnehmers, allerdings mit Ausnahme von selbständigen Unternehmern und Berufsleuten, derer er sich bedient. Diese können eine eigene Versicherung abschliessen. Ausgeschlossen bleiben zudem Regress- und Ausgleichsansprüche Dritter auf die mitversicherten Arbeitnehmer und Hilfspersonen. Nicht unter diese Regelung fallen indessen in der Berufs- und der Betriebshaftpflichtversicherung die Vertreter des Versicherungsnehmers sowie seine Betriebsleiter und Betriebsaufsichtspersonen: VVG Art. 59 schreibt zwingend vor, dass diesen Repräsentanten vollumfänglich Deckung gewährt werden muss.

Die genannten Personen sind jeweils nur in einer *bestimmten Eigenschaft* versichert. Der Versicherungsnehmer ist es als Grundstückeigentümer und Bauherr des in der Police bezeichneten Bauvorhabens (Bauherrenhaftpflichtversicherung) bzw. als Betriebsinhaber und in allfälligen weiteren besonders aufzuführenden Eigenschaften (Berufs- und Betriebshaftpflichtversicherung). Die übrigen Personen sind es für Haftpflichtansprüche aus ihrer Verrichtung für den versicherten Betrieb (gewerbliche Versicherungszweige) bzw. aus ihrer arbeitsvertraglichen oder geschäftlichen Tätigkeit im Zusammenhang mit dem versicherten Bauobjekt und dem dazugehörenden Grundstück (Bauherrenversicherung).

Besitzt der Versicherungsnehmer lediglich ein *Baurecht*, so ist die Haftpflicht des tatsächlichen Grundstückeigentümers ebenfalls gedeckt. Gleiches gilt in der Bauherren-Haftpflichtversicherung - allerdings nur subsidiär zu anderen Haftpflichtversicherungen - zudem, wenn ein Werk auf fremdem Grundstück aufgrund eines Durchleitungs- bzw. Wegrechts erstellt wird.

Die Versicherten können nicht nur gegenüber Dritten, sondern auch untereinander haftpflichtig werden. Es gilt nun die Regelung, dass *Ansprüche des Versicherungsnehmers* aus Schäden, die er selbst erleidet und für die ein Mitversicherter einzustehen hätte, *nicht* von seiner Haftpflichtversicherung *gedeckt* werden (Ausschluss der sogenannten Eigenschäden). Dasselbe gilt für Ansprüche, die zwar nicht von ihm selbst, aber doch wegen der Schädigung seiner Person gestellt werden, so zum Beispiel die Ansprüche von Hinterbliebenen, wenn der Versicherungsnehmer durch das Ereignis umkam (vgl. SCHWANDER, N 1682 ff.).

Kein Versicherungsschutz wird des weiteren den *Familienangehörigen* eines Versicherten für Ansprüche, die sie gegen diesen selbst richten, gewährt.

Eine Besonderheit ergibt sich aus der Privilegierung des Arbeitgebers, dessen Familienangehöriger und Arbeitnehmer durch das BG über die Unfallversicherung, das deren Haftung auf absichtlich oder grobfahrlässig herbeigeführte Berufsunfälle beschränkt (Art. 44 Abs. 2 UVG): Wenn Personen, die für den Versicherungsnehmer aufgrund eines *Arbeiterstellungsvertrages* (Arbeits- oder Dienstmietvertrag) tätig sind, in Ausübung arbeitsvertraglicher oder geschäftlicher Verrichtungen für den versicherten Betrieb verunfallen, so werden sie von den Versicherungsgesellschaften wie gewöhnliche Arbeitnehmer behandelt, das heisst, dass die Haftung der genannten Personen aus gewöhnlicher Fahrlässigkeit nicht versichert ist. Dasselbe gilt mutatis mutandis für Unfälle im Zusammenhang mit den in der Bauherren-Haftpflichtversicherungspolice bezeichneten Bauvorhaben.

Aus Gründen der Gleichstellung ist ferner die Haftpflicht eines Arbeitnehmers des Versicherungsnehmers, der aufgrund eines Arbeiterstellungsvertrages von einem Dritten beschäftigt wird, für Schäden an Sachen dieses Dritten ausgeschlossen.

III. Weitere durchwegs vorkommende Klauseln

Gedeckt sind stets nur Ansprüche aus Schäden, welche die Folge der Tötung, Verletzung oder sonstigen Gesundheitsschädigung von Personen (sog. Personenschäden) oder der Zerstörung, der Beschädigung oder des Verlustes von Sachen (sog. Sachschäden) sind. Vermögenseinbussen, die nicht auf ein derartiges Ereignis zurückgeführt werden können (sog. *reine Vermögensschäden*) sind *nicht versichert* (vgl. die Beispiele bei SCHWANDER, N 1654 und 1657 ff., der auch auf mögliche künftige Ausnahmen von diesem Prinzip in der Berufshaftpflichtversicherung hinweist). In den hier näher betrachteten Allgemeinen Versicherungsbedingungen ist bis heute dieser Grundsatz einzig für Hoch- und Tiefbauunternehmungen und - allgemein - für Schadenverhütungskosten, beides jedoch nur im Rahmen einer prämienzuschlagspflichtigen Sondergefahr und lediglich in beschränktem Umfang, gelockert worden.

Die Haftpflicht aus *vorsätzlich begangenen Verbrechen oder Vergehen* - z.B. vorsätzliches Ausserachtlassen der anerkannten Regeln der Baukunde gemäss StGB Art. 229 Abs. 1 - wird nicht gedeckt. Dieser Ausschluss bezieht sich jedoch nur auf Ansprüche gegen den Täter selbst. Wird die strafbare Handlung durch einen Mitarbeiter verübt, so bleibt der Versicherer beispielsweise für einen allenfalls aus Geschäftsherrenhaftung (OR Art. 55) vom Betriebsinhaber geschuldeten Schadenersatz leistungspflichtig (SCHWANDER, N 1709 f.).

Detaillierte Bestimmungen betreffen die *Abgrenzung gegenüber anderen Haftpflichtversicherungszweigen*, die das Gesetz für obligatorisch erklärt (Motor- und Luftfahrzeuge, Fahrräder, Schiffe, Kernanlagen). Sie bezwecken die Vermeidung von Doppelversicherungen bei dennoch möglichst lückenlosem Schutz

Nicht gedeckt sind Ansprüche für Schäden an Sachen, die durch *allmähliche Einwirkung* von Witterung, Temperatur, Rauch, Staub, Russ, Gasen, Dämpfen oder Erschütterungen entstanden sind, es sei denn, die allmähliche Einwirkung wäre auf ein plötzlich eingetretenes unvorhergesehenes Ereignis zurückzuführen. Für die finanziellen Folgen solcher Ereignisse steht, wie den Darlegungen in Abschnitt 2 entnommen werden kann, auch keine technische Sachversicherung zur Verfügung. Der Grund für die Einschränkung leuchtet indessen ein. Weil es sich bei der Unvorhergesehenheit im Sinne der

Sachversicherungen um ein nach subjektiven Kriterien zu beurteilendes Merkmal handelt, fallen unter ihre Ausschlussbestimmungen nur Tatbestände, bei denen bewusst ein an sich abwendbares Risiko eingegangen wird. Dieses soll nicht auf den Versicherer (und damit letztlich gemeinschaftlich auf alle Versicherungsnehmer) überwälzt werden.

Nahe verwandt mit der eben erwähnten Klausel ist diejenige, welche die Haftpflicht für Schäden, deren Eintritt mit *hoher Wahrscheinlichkeit* erwartet werden musste, von der Versicherung ausschliesst. In der Berufs- und der Betriebshaftpflichtversicherung gilt die Einschränkung allerdings nur für den Versicherungsnehmer und seine Repräsentanten im Sinne des Art. 59 VVG, d.h., die Haftpflicht für Arbeitnehmer und Hilfspersonen bleibt im Rahmen der übrigen Versicherungsbedingungen gedeckt. Den Schäden, die mit hoher Wahrscheinlichkeit zu erwarten sind, werden solche, die im Hinblick auf die Wahl einer bestimmten Arbeitsweise zwecks Kostensenkung oder Beschleunigung der Arbeit in Kauf genommen wurden, gleichgestellt. Der Deckungsausschluss ist in der Praxis nicht immer leicht zu handhaben, denn das Ergreifen von kosten- bzw. zeiteinsparenden Massnahmen ist an sich ja vernünftig. SCHWANDER nennt als für den Versicherungsschutz entscheidende Elemente die Einhaltung der Sicherheitstoleranzen und der Regeln der Baukunst sowie allgemein die Vertretbarkeit des Vorgehens (SCHWANDER, N 1699).

Die sogenannte *Obhutsklausel* schliesst Ansprüche aus Schäden an solchen Sachen aus, die ein Versicherter zum Gebrauch, zur Bearbeitung, Verwahrung oder Beförderung oder aus anderen Gründen übernommen, gemietet oder gepachtet hat. Der Versicherte soll mit diesen Sachen ebenso sorgfältig umgehen wie mit eigenen (MÜLLER, S. 114). Für die praktisch wichtigsten Anwendungsfälle stehen überdies Sachversicherungen zur Verfügung; die Ausschlussbestimmung hat hier zusätzlich eine Abgrenzungsfunktion (in diesem Sinne auch MÜLLER, S. 114). Durch gegenseitiges Vermieten wäre es sonst- namentlich da, wo sich verschiedene juristische Personen faktisch in einer Hand befinden - ein leichtes, die Sachversicherungsprämien zu Lasten der Haftpflichtversicherung einzusparen.

Ebenfalls sehr weittragende Bedeutung hat eine weitere Deckungseinschränkung, die besagt, dass Ansprüche aus *Schäden, die an Sachen infolge Ausführung oder Unterlassung einer Tätigkeit* eines Versicherten *an oder mit ihnen* entstanden sind, nicht versichert sind. Als Tätigkeit gilt die zu einem bestimmten Zweck vorgenommene bewusste und gewollte Einwirkung auf fremde Sachen, wie etwa eine Reparatur (SCHWANDER, N 1703). Jemand ist an der Sache tätig, wenn diese selbst der Gegenstand ist, auf den eingewirkt werden soll; ist sie jedoch nur das Mittel, das Werkzeug, mit dem andere Dinge bearbeitet werden, so handelt es sich um eine Tätigkeit mit ihr (SCHWANDER, N 1704). Auch dieser Klausel liegt der Gedanke zugrunde, dass mit fremden Sachen sorgfältig umgegangen werden soll und der Versicherungsnehmer das Risiko unsachgemässer Handlungen selbst zu tragen hat (MÜLLER, S. 114). Sie gilt überdies nicht für alle Versicherungszweige absolut, so ist sie namentlich in der Architekten- und Ingenieurhaftpflichtversicherung auf Bautenschäden nicht anwendbar (vgl. hinten).

Sowohl die Obhuts- als auch die Tätigkeitsklausel erstrecken sich nur auf Ansprüche aus Mängeln oder Schäden an der fremden Sache selbst. Für Ansprüche aus Folgeschäden, die an anderen Sachen entstehen oder die Personen erleiden, besteht dagegen im

Rahmen der übrigen Vertragsbestimmungen Versicherungsschutz (MÜLLER, S. 115). Analoges gilt für die weiter hinten zu behandelnden Gewährleistungsklauseln der Berufs- und Betriebshaftpflichtversicherungen.

Eine besondere Regelung erfährt die Versicherung von Schäden, die im Zusammenhang mit *Umweltbeeinträchtigungen* stehen. Als solche gelten tatsächliche oder mögliche Einwirkungen auf die menschliche Gesundheit, auf Sachwerte oder auf Ökosysteme, wenn sie die Folge einer nachhaltigen Störung des natürlichen Zustandes von Luft, Boden und Gewässern (mit Einschluss des Grundwassers) sowie von Flora oder Fauna sind, sofern diese Störung durch Immissionen verursacht wurde. Was den Deckungsumfang betrifft, folgen die Sonderbestimmungen in den Grundzügen denselben Überlegungen, die für die Grundversicherung gelten; Abweichungen ergeben sich aus der speziellen Rechtsmaterie.

Die Versicherungsverträge enthalten zudem verschiedene von den Versicherten zu beobachtende *Obliegenheiten*, bei deren Nichtbeachtung sie riskieren, die Deckung zu verlieren. Für Einzelheiten muss hier aus Platzgründen auf die jeweils gültigen Allgemeinen Versicherungsbedingungen verwiesen werden.

IV. Besonderheiten der Bauherrenhaftpflichtversicherung

Im Vordergrund steht bei diesem Versicherungszweig das Risiko der Schädigung eines Nachbarn durch die Bautätigkeit (MÜLLER, S. 170). Versicherungsschutz erhält der Versicherungsnehmer daher nur in seiner Eigenschaft als Bauherr und Grundstückeigentümer und nicht etwa in derjenigen eines Bauunternehmers (MÜLLER, S. 171), weshalb Ansprüche aus Schäden, die ein Versicherter dadurch verursacht, dass er *Planungs-, Bauleitungs-, Bauführungs-, Montage- oder Bauarbeiten* ganz oder teilweise selbst ausführt, nicht gedeckt sind. Dasselbe gilt für *Materialien*, die ein Versicherter beschafft oder geliefert hat.

Ansprüche aus Schäden, die das in der Police bezeichnete *Bauvorhaben* und das dazugehörende Grundstück betreffen, sind analog den Eigenschäden nicht versichert. Die daraus resultierenden Vermögenseinbussen können jedoch weitgehend über eine Bauwesenversicherung abgedeckt werden.

Die Obhuts- und die Tätigkeitsklausel sind anwendbar; als Tätigkeit gelten insbesondere auch die *Projektierung, Leitung, Erteilung von Weisungen und Anordnungen, Überwachung und Kontrolle* und ähnliche Arbeiten sowie *Funktionsproben*, gleichgültig durch wen sie ausgeführt werden. Folgeschäden sind selbstverständlich im Rahmen der übrigen Bestimmungen gedeckt.

Zu erwähnen bleibt noch, dass Ansprüche wegen der Verminderung der Ergiebigkeit oder des Versiegens von *Quellen* nicht versichert sind, mit Ausnahme der Aufwendungen zur Aufrechterhaltung beeinträchtigter Wasserversorgung im Höchstbetrag von 5% der Versicherungssumme.

V. Besonderheiten der Berufshaftpflichtversicherung von Ingenieuren und Architekten

Der markanteste Unterschied der Berufshaftpflichtversicherung für Architekten und Ingenieure im Vergleich mit den übrigen Bauhaftpflichtversicherungen ergibt sich aus dem besonderen Risiko, für das Deckung erwünscht wird: Die Versicherung ergäbe wenig Sinn, wenn die Projektierung und die Leitung von Arbeiten hier ebenfalls unter die Tätigkeitsklausel fallen würde (vgl. MÜLLER, S. 150). Deshalb sind Ansprüche aus Schäden oder Mängeln an Bauten und Bauteilen, die aufgrund von *Planungsarbeiten der Versicherten oder unter deren Leitung* erstellt, umgebaut, renoviert, abgestützt, unterfahren oder unterfangen werden (sog. Bautenschäden), dem Grundsatze nach versichert.

Indessen gilt die Bautenschadendeckung nicht uneingeschränkt. Die Allgemeinen Versicherungsbedingungen enthalten - abschliessend - eine Aufzählung *nicht versicherbarer Bautenschäden*. Dabei geht es um Unsorgfalt bei der Bodenuntersuchung, um reine Vermögensschäden wie die Überschreitung von Voranschlägen usw. (gedeckt sind indes Kostenüberschreitungen als *Folge* von Bautenschäden, was die Ausschlussklausel nicht klar zum Ausdruck bringt, vgl. SCHWANDER, N 1643), um Mängel und Mangelfolgeschäden von technischen Installationen (für auf die Erstellung solcher Anlagen spezialisierte Ingenieure sind besondere Verträge möglich, vgl. vorn sowie MÜLLER, S. 152), um selbst ausgeführte Abbruch-, Erdbewegungs- oder Bauarbeiten und selbst gelieferte Sachen sowie um Bauten, die ganz oder teilweise auf eigene Rechnung erstellt werden. Für Einzelheiten sei auf SCHWANDER, N 1636 ff. verwiesen.

Ist der Versicherungsnehmer *Generalunternehmer* oder Ersteller von Bauwerken für eigene Rechnung, mithin *Bauherr*, so sind Ansprüche für Bautenschäden von der Versicherung ausgeschlossen, soweit sie auf mangelhafte Bauleitung zurückzuführen sind. Dabei ist *zu beachten, dass sich der Begriff des Generalunternehmers im Sinne der Haftpflichtversicherung vom sonst gebräuchlichen unterscheidet*: Versicherungstechnisch gilt als Generalunternehmer, wer mit dem Bauherrn den Preis für das Bauwerk im voraus pauschal oder global vereinbart und die Verträge mit den übrigen am Bau beteiligten Personen und Unternehmungen im eigenen Namen und auf eigene Rechnung abschliesst (Totalunternehmer, vgl. SCHWANDER, N 1580). In einer künftigen Revision sollen die in den Vertragswerken verwendeten Begriffe dem üblichen Sprachgebrauch angepasst werden (SCHWANDER, N 1581).

Ausgeschlossen ist zudem das eigentliche *Bauherrenrisiko*: Für Ansprüche aus Schäden an fremden Grundstücken, Gebäuden und anderen Werken durch Abbruch-, Erdbewegungs- oder Bauarbeiten bleibt er auf die Bauherren-Haftpflichtversicherung angewiesen. Gedeckt bleiben indessen solche Ansprüche, die durch die engere berufliche Verrichtung eines Versicherten verursacht wurden, nämlich wenn dieser solche Arbeiten selbst ausgeführt, die Bauleitung oder -führung ausgeübt oder die Pläne erstellt hat, und die Schäden durch eine solche Tätigkeit *schuldhaft* verursacht wurden (damit bleiben Ansprüche, die sich auf die Kausalhaftung des Grundeigentümers nach ZGB Art. 679 stützen, ausgeschlossen, vgl. SCHWANDER, N 1577).

Wer sich an *Arbeitsgemeinschaften* (Konsortien) beteiligt und dabei haftpflichtig wird, hat keinen Versicherungsschutz. Doch können die Arbeitsgemeinschaften eigene Versicherungen abschliessen.

Nicht gedeckt sind Ansprüche auf Erfüllung von Verträgen oder an deren Stelle tretende Ansprüche auf Ersatzleistungen wegen Nichterfüllung oder nicht richtiger Erfüllung. Es handelt sich hier um die sogenannte *Gewährleistungsklausel*. Sie erstreckt sich namentlich auf Mängel und Schäden an Sachen, die vom Versicherungsnehmer oder in seinem Auftrag hergestellt oder geliefert wurden oder an von ihm oder in seinem Auftrag geleisteten Arbeiten, sofern die Ursache in der Herstellung, Lieferung oder Arbeitsleistung selbst liegt. Werden in Konkurrenz oder anstelle von vertraglichen Ansprüchen solche ausservertraglicher Art gestellt, so wird auch diesen die Deckung verweigert. Der eigentliche Sinn der Gewährleistungsklausel liegt darin, dass die Erfüllung des Vertrages bzw. die Leistung von Schadenersatz im Falle der Nichterfüllung die ureigenste Aufgabe des Versicherten ist und nicht eine Angelegenheit des Haftpflichtversicherers. Die Bestimmung hat indessen dadurch, dass sie auf Bautenschäden keine Anwendung findet, stark an Tragweite verloren (SCHWANDER, N 1707).

VI. Besonderheiten der Betriebshaftpflichtversicherung von Hoch- und Tiefbauunternehmungen

Die in der Berufshaftpflichtversicherung geltende Regelung der Behandlung von Bautenschäden gilt hier nicht, doch erfährt die *Tätigkeitsklausel* andere Anpassungen an die besonderen Bedürfnisse der Bauunternehmungen. So wird sie zunächst in derselben Art wie für den Bauherrn ausgeweitet, indem sie neben der eigentlichen manuellen Tätigkeit ebenso die Projektierung, Leitung, Weisungs- und Anordnungserteilung, Überwachung, Kontrolle und ähnliche Arbeiten sowie Funktionsproben erfasst. Der Deckungsausschluss solcher Tätigkeiten wird jedoch für unbewegliche Sachen auf diejenigen Teile beschränkt, die direkt bearbeitet werden sowie auf diejenigen, die daran angrenzen und sich im unmittelbaren Tätigkeitsbereich befinden.

Eine besondere Behandlung erfahren *Schäden an bestehenden Bauten*: Werden im Zuge von An-, Um- oder Ausbauten, Reparaturen oder Ausbesserungen Arbeiten an stützenden oder tragenden Elementen ausgeführt, die deren Stütz- oder Tragfähigkeit beeinträchtigen können, so gilt stets das gesamte Bauwerk als bearbeitet. Derselben Regelung ist auch das Unterfangen oder Unterfahren von Gebäuden unterstellt, allerdings nur bezüglich des Objektes, an dem die Bauarbeiten ausgeführt werden; müssen auch benachbarte Bauwerke unterfangen oder unterfahren werden, so erhält wieder die generelle Regel Gültigkeit - allerdings ist vor Baubeginn ein Zustandsprotokoll der benachbarten Bauwerke aufzunehmen.

Die *Gewährleistungsklausel* hat für die Bauunternehmungen eine wesentlich grössere Tragweite als für die Architekten und die Ingenieure, denn sie wird in der Betriebshaftpflichtversicherung im Gegensatz zur Berufshaftpflichtversicherung für Bautenschäden nicht durchbrochen.

Abweichend von den Bedingungen der Berufshaftpflicht sind ferner die Bestimmungen formuliert, denen der als *Generalunternehmer* (näheres zu diesem Begriff vorne) oder Bauherr tätige Unternehmer unterliegt: Schäden und Mängel an den von ihm in dieser Eigenschaft erstellten Bauten sind dem Grundsatz nach nicht versichert. Einzige Ausnahme bildet der Generalunternehmer, der gleichzeitig auch als Bauunternehmer an der Errichtung der Baute beteiligt ist. Er erhält in seiner Funktion als Unternehmer im Rahmen der übrigen Vertragsbestimmungen Deckung, auch wenn ihm das Grundstück selbst gehört.

Die eben erwähnte Ausnahmebestimmung hat indessen keine Gültigkeit mehr, wenn der Unternehmer zu Beginn der Arbeiten gleichzeitig *Bauherr* war und erst später den Generalunternehmervertrag abgeschlossen hat. In diesen Fällen gilt wieder die Grundregel, d.h., er erhält überhaupt keinen Versicherungsschutz für Ansprüche aus Schäden und Mängeln an den solchermassen errichteten Bauten. Als Bauherr hat er zudem bei der Schädigung fremder Grundstücke, Gebäude usw. nach derselben Regel wie in der Architektenhaftpflichtversicherung (vorn) für das eigentliche Bauherrenrisiko keine Deckung.

Es sei schliesslich noch erwähnt, dass die Haftpflicht für Sachschäden infolge der *Ermittlung oder Behebung von Mängeln oder Schäden* mit gewissen Einschränkungen als Sondergefahr gegen Prämienzuschlag versicherbar ist. Ebenfalls zuschlagspflichtig ist die Mitversicherung der Haftpflicht aus der Ausführung von Arbeiten im Rahmen von *Arbeitsgemeinschaften*, es sei denn, die Arbeitsgemeinschaft schliesse selbst eine Versicherung ab.

D) Regress des Sachversicherers auf den Haftpflichtigen

Die Allgemeinen Bedingungen für die Haftpflichtversicherungen enthalten Sonderbestimmungen, die den Rückgriff von anderen Leistungspflichtigen auf versicherte Personen betreffen, während in den Sachversicherungen gelegentlich kein Versicherungsschutz für solche Schäden gegeben wird, für die ein Dritter haftbar gemacht werden kann. Diese Deckungseinschränkungen stehen vor dem Hintergrund der bundesgerichtlichen Rechtsprechung zum Rückgriffsverhältnis zwischen dem Sachversicherer, der aufgrund eines Versicherungsvertrags leistungspflichtig ist, und anderen aus Vertrag haftenden Dritten.

Das Bundesgericht gewährt dem Sachversicherer dann - und nur dann - einen Regressanspruch auf den ebenfalls vertraglich haftenden Dritten, wenn die zum Schaden führende Ursache in einer *grobfahrlässigen oder vorsätzlichen Verletzung von Vertragspflichten* liegt, wobei dem Dritten das Verschulden seiner Hilfspersonen nach OR Art. 101 wie eigenes zuzurechnen ist (BGE 80 II 254 ff. = Pra 1955 S. 68 ff.; näheres bei MAURER, S. 399 ff.).

Es liegt auf der Hand, dass bei dieser Sachlage die Sachversicherer versucht sind, im Falle von gewöhnlicher Fahrlässigkeit direkt auf den Arbeitnehmer zu regressieren, denn dieser haftet dem Geschädigten gegenüber aus unerlaubter Handlung, was eine volle Rückgriffsmöglichkeit bietet (VVG Art. 72 Abs. 1). Sie werden solches aber aus sozialen Gründen unterlassen, wenn der aus nur leichtem Verschulden Haftpflichtige keinen Versicherungsschutz beanspruchen kann (MÜLLER, S. 99). Daher schliessen die Haftpflichtversicherungsverträge regelmässig Regress- und Ausgleichsansprüche Dritter auf die Arbeitnehmer und übrigen Hilfspersonen des Versicherungsnehmers von der Deckung aus.

RECHTSQUELLEN
Schweizerisches Zivilgesetzbuch vom 10. Dezember 1907, SR 210 (ZGB).
BG vom 30. März 1911 betreffend die Ergänzung des Schweizerischen Zivilgesetzbuches (Fünfter Teil: Obligationenrecht), SR 220 (OR).
BG vom 2. April 1908 über den Versicherungsvertrag, SR 221.229.1 (VVG).
Allgemeine Versicherungsbedingungen (AVB) für Bauwesenversicherung.
Allgemeine Versicherungsbedingungen (AVB) für Montageversicherung.
Allgemeine Versicherungsbedingungen (AVB) für Maschinenversicherung.
Zusatzbedingungen (ZB) für Maschinenversicherung.
Allgemeine Versicherungsbedingungen (AVB) für Maschinenkaskoversicherung.
Allgemeine Versicherungsbedingungen (AVB) für Bauherren-Haftpflichtversicherung.
Allgemeine Versicherungsbedingungen (AVB) der Haftpflichtversicherung von Architekten und Bauingenieuren.
Allgemeine Versicherungsbedingungen (AVB) für Haftpflichtversicherung von Hoch- und Tiefbauunternehmungen.

JUDIKATUR
BGE 80 II 247 = Pra 1955 Nr. 18 S. 64 ff.
BGE 116 II 345 = Pra 1991 Nr. 231 S. 965 ff.

LITERATUR
BERNET Hans-Jürg, Versicherungs-Management und Sachversicherungen, Diss. St. Gallen 1979; BREHM Roland, Le contrat d'assurance de responsabilité civile, Lausanne 1983; BÜRGI Christoph, Allgemeine Versicherungsbedingungen im Lichte der neuesten Entwicklung auf dem Gebiet der Allgemeinen Geschäftsbedingungen, Diss. Zürich 1985; HAAG Eugen, Die Bauwesenversicherung, Diss. St. Gallen, Winterthur 1971; MAURER Alfred, Schweizerisches Privatversicherungsrecht, 2. Aufl., Bern 1986; MÜLLER Otto Heinrich, Haftpflichtversicherung, Zürich 1985; SCHWANDER Werner, Die Haftpflichtversicherung des Architekten, in: Peter GAUCH/Pierre TERCIER (Hrsg.), Das Architektenrecht, Freiburg 1986, S. 419 ff.; SOUTTER G., Grenzen des Versicherungsschutzes und Erledigung von Bauschäden, in: Risiko - Haftung - Versicherung im Bauwesen, SIA-Dokumentation 33, Zürich 1979, S. 33 ff.

Einzelfragen

Technische Normen

Hans Rudolf Spiess

A) Organisation des schweizerischen Normenwesens

Die Dachorganisation des schweizerischen Normenwesens ist die Schweizerische Normenvereinigung (SNV). Sie bezweckt die Schaffung, Veröffentlichung und Verbreitung schweizerischer Normen, die Koordination der Normungstätigkeit, die Zusammenarbeit mit andern Organisationen gleicher Zielsetzung, die Vertretung der Schweiz in der Internationalen Normenorganisation (ISO), im Europäischen Komitee für die Normung (CEN) und in ähnlichen Organisationen. Die Normungsarbeit erfolgt innerhalb der SNV in sogenannten Fachnormbereichen. Träger dieser Fachnormbereiche sind wiederum private Berufsverbände. Im Bereich "Bauwesen" ist der Schweizerische Ingenieur- und Architekten-Verein (SIA) Träger zusammen mit der Schweizerischen Zentralstelle für Baurationalisierung (CRB). Im Fachnormbereich "Strassenbau und Verkehrstechnik" ist es die Vereinigung Schweizerischer Strassenfachleute (VSS), im Fachnormenbereich "Elektrotechnik" der Schweizerische Elektrotechnische Verein (SEV) etc.

Die SNV ist ihrerseits Mitglied der wiederum privatrechtlich organisierten europäischen Vereinigung (CEN) und der internationalen Vereinigung (ISO).

Im folgenden werde ich mich zuerst mit dem Begriff der Norm auseinandersetzen (B), dann die rechtliche Bedeutung der technischen Normen darlegen (C) und schliesslich einen kurzen Ausblick auf das europäische Normierungswesen und dessen Bedeutung für die schweizerische Bauwirtschaft geben (D).

B) Technische Normen

I. Begriff

Die in der Literatur wohl kürzeste Begriffsumschreibung lautet: "Eine Norm ist die einmalige Lösung einer sich wiederholenden Aufgabe" (MARBURGER, Seite 41). So kurz und schön diese Umschreibung lautet, für die Praxis taugt sie kaum. Praktisch

brauchbarer ist die Begriffsumschreibung der Economic Commission for Europe (ECE) der UNO aus dem Jahr 1974. Eine technische Norm umfasst danach 3 Elemente:
- ein schrifliches Dokument über eine technische Lösung einer Aufgabe;
- ein Verfahren, in welchem interessierte Kreise Einfluss nehmen können;
- eine mit der Normierung betraute und damit speziell befasste Organisation, die die Norm herausgibt.

Unterschieden wird zwischen "technischen Normen" einerseits, deren Einhaltung nicht zwingend vorgeschrieben ist, und sogenannten "technischen Vorschriften" anderseits, deren Einhaltung rechtlich zwingend (Bsp. Brandschutz) geregelt ist. Diese Unterscheidung liegt auch dem europäischen Normenwerk zugrunde.

II. Die Normen des SIA im besonderen

Das Normenwerk des SIA unterscheidet zwischen Normen, Richtlinien und Empfehlungen. Ihr Inhalt und Zweck ist im Reglement für das Normenwerk des SIA (Reglement R35 vom April 1981) wie folgt geregelt:

1. Normen

"Normen sind anerkannte Regeln der Baukunde und beruhen auf Erkenntnissen von Wissenschaft und Technik sowie Erfordernissen der Praxis. Sie fassen diese auf bestimmten Gebieten in konkrete Verhaltensmassregeln und Anordnungen zusammen. Sie bilden die Grundlage für die Sicherheit, die Qualität und die fachgerechte Ausführung von Bauwerken und Anlagen sowie die Qualität der Baustoffe. Sie legen Bedingungen zum Werkvertrag fest."

Als Normen bezeichnet der SIA auch allgemeine Bedingungen für die Ausschreibung von Bauarbeiten, sogenannte Submission (SIA-Norm 117) sowie für Werkverträge (SIA-Norm 118).

Nach dem SIA-Reglement für das Normenwerk sind Normen in der Regel unverändert anzuwenden; wenn besondere Umstände vorliegen, kann (muss!, siehe hinten) von ihnen abgewichen werden.

2. Richtlinien

"Richtlinien sind Erläuterungen zur Anwendung und Auslegung der Normen. Sie können auch Verfahren, Berechnungsmethoden, konstruktive Regeln und Massnahmen festlegen sowie allenfalls Normen in bestimmten Bereichen ergänzen. Richtlinien zu SIA-Normen können im Einvernehmen mit dem SIA auch von Branchenverbänden erlassen werden."

3. Empfehlungen

"Empfehlungen umschreiben Regelungen in Bereichen der Bautechnik, die einer Normung nicht oder noch nicht zugänglich sind oder dafür nicht geeignet sind, wo sich aber solche Regelungen als nützlich erweisen. Empfehlungen können Vorstufe für Normen auf Gebieten sein, die in derart rascher Entwicklung begriffen sind, dass Normen noch nicht erlassen werden können."

III. Normen anderer Fachverbände

Die SIA-Norm 118 spricht von "im Einvernehmen mit dem SIA aufgestellten Normen anderer Fachverbände" als Bestandteile der Ausschreibung bzw. des Vertrags.

Selbst für den erfahrenen Baufachmann ist nicht klar, welche Normen anderer Fachverbände darunter zu verstehen sind. Gemeint sind hier insbesondere Fachnormen aus andern Bereichen der SNV, die ebenfalls für das Bauwesen von Bedeutung sind (z.B. Normen des SEV für elektrische Installationen und der VSS für Strassenbau und Verkehrstechnik).

IV. Das Verfahren im SIA

Die Zentrale Normenkommission (ZNK) des SIA leitet, koordiniert und überwacht im Auftrag des Centralcomité (CC; Exekutivorgan des SIA) die Arbeit am Normenwerk. Sie ist insbesondere verwantwortlich dafür, dass Neubearbeitungen und Revisionen sich auf die Mitarbeit der interessierten Kreise abstützen und dass die Normkommissionen fachlich, sprachlich und interessenmässig ausgewogen zusammengesetzt sind. Sie entscheidet im Vernehmlassungsverfahren über nicht ausgeräumte Differenzen zwischen Einsprechern und Normkommissionen. Ausgearbeitet werden die einzelnen Normen von Normkommissionen, die eigens dafür bestellt werden.

Anträge auf die Ausarbeitung neuer Normen (auch Richtlinien und Empfehlungen) oder auf die Revision bestehender können von allen an der Normung interessierten Kreisen und Privaten dem SIA-Generalsekretariat eingereicht werden. Nach Abklärung der Bedürfnisfrage wird ein Konzept der Neubearbeitung oder Revision festgelegt und in den Vereinsorganen zur Vernehmlassung publiziert. Fällt diese Zweckmässigkeitsabklärung positiv aus, stellt die ZNK dem CC Antrag über das weitere Vorgehen, insbesondere über die Zusammensetzung der Normkommission, Sachbearbeiter, Terminplan etc.

Die Normkommission erarbeitet einen Entwurf der Norm. Dieser geht dann in die Vernehmlassung: zuerst an das Generalsekretariat des SIA, welches ihn interessierten öffentlichen Instanzen, Berufsverbänden sowie den Sektionen und Fachgruppen zustellt. Der Entwurf kann von jedem SIA-Mitglied (gegen Bezahlung eines Unkostenbeitrags) bezogen werden. Innert der Vernehmlassungsfrist sind Anträge einzureichen.

Die Normkommission bereinigt darauf den Entwurf und reicht ihn der ZNK zur Genehmigung ein. Der bereinigte Entwurf wird allen Personen und Verbänden, die eine Stellungnahme eingereicht haben, zugestellt. Dem nicht berücksichtigten Antragsteller steht das Recht zu, seine Anträge vor der ZNK zu begründen. Die ZNK reicht den bereinigten Entwurf dem CC zur Genehmigung weiter. Dieses kann den Entwurf zur Überarbeitung oder Ergänzung zurückweisen oder genehmigen und der Delegiertenversammlung vorlegen. Die Delegiertenversammlung (Legislativorgan des SIA) entscheidet abschliessend über Annahme, Ablehnung oder Rückweisung mit Auflagen.

Die Genehmigung der Richtlinien und Empfehlungen ist insofern einfacher, als die Genehmigungskompetenz beim CC liegt.

C) Rechtliche Bedeutung der technischen Normen

I. Norm als allgemeine Vertragsbedingung

1. Allgemeines

Verschiedene Fachverbände geben allgemeine Vertragsbedingungen unter der Bezeichnung Norm heraus (z.B. SIA-Norm 118). Auch in technischen Normen selbst können Vertragsbedingungen enthalten sein (vgl. als neuestes Beispiel die SIA-Norm 198, Ausgabe 1992, Untertagebau), z.B. in einem organisatorischen Teil neben dem eigentlichen technischen. Solche Vertragsbedingungen sind: Bestimmungen über Ausschreibungsunterlagen, das Submissionsverfahren, die Risikotragung (bspw. bei Unternehmervarianten), Fristanpassungen, das Ausmass und die Vergütung sowie die Aufgaben der beteiligten Fachleute (alles in SIA-Norm 198/1992). Weiter sind anzutreffen: Verweisungen der Norm auf andere Normen und Empfehlungen oder Publikationen von Fachstellen.

2. Geltung nur bei Übernahme durch die Vertragsparteien

Allgemeine Vertragsbedingungen als Normen oder in technischen Normen haben keine allgemeine Verbindlichkeit im Sinne eines Gesetzes oder einer Verordnung und sind auch keine Rechtsquellen eigener Art (GAUCH, Werkvertrag, N 159). Zu ihrer Geltung im konkreten Vertragsverhältnis bedürfen sie der Übernahme durch die Vertragsparteien. Diese kann eine ausdrückliche oder eine stillschweigende sein. Die Übernahme kann durch blossen Verweis auf die betreffende Norm erfolgen. Ohne Übernahme erlangen sie keine Geltung.

Dies gilt auch dann, wenn Normen, die allgemeine Vertragsbedingungen enthalten, unter Mitwirkung verschiedenster Interessenvertreter einer Branche erarbeitet wurden.

Sie sind das Ergebnis vieler praktischer Erfahrungen; Gewohnheitsrecht oder Ausdruck einer Verkehrsübung sind sie i.d.R. nicht. Insbesondere stellen Vorschriften über die Festlegung von Vergütungen (Bsp. Regieansätze) oder Honoraren (Bsp. SIA-Tarife) keine Verkehrsübung dar. Unternehmer, Ingenieure oder Architekten können sich mangels einer Vereinbarung kaum je darauf berufen, dass bestimmte Honorar- oder bestimmte Vergütungsansätze in einer Norm geregelt sind.

3. Geltungseinschränkungen trotz Übernahme

a) Ungewöhnlichkeitsregel

Normen werden in der Regel von einer oder beiden Vertragsparteien global übernommen, d.h. ohne dass sie im Detail gelesen und zur Kenntnis genommen wurden. Dies trifft besonders auf nichtprofessionelle Bauherren zu. Bei einer globalen Übernahme ist zu beachten, dass der unerfahrenen Partei nach der bundesgerichtlichen Rechtsprechung ein besonderer Schutz zukommt (sogenannte Ungewöhnlichkeitsregel; BGE 109 II 217, 109 II 458). Keine Geltung zulasten der global übernehmenden, bauunerfahrenen Partei erlangen:

- Bedingungen, über deren Inhalt sich die betreffende Partei bis zum Vertragsabschluss nicht in zumutbarer Weise informieren konnte (BGE 100 II 209).
- Ungewöhnliche (überraschende) Bestimmungen, mit denen die Partei nach Inhalt oder Plazierung nicht gerechnet hat und aus ihrer Sicht zur Zeit des Vertragsabschlusses auch nicht damit rechnen musste (BGE 109 II 459 betr. Art. 154 Abs. 3 SIA-Norm 118, der die Anerkennung der Schlussabrechnung durch die Bauleitung auch für den Bauherrn als rechtsverbindlich anerkannt festlegt).
- Eine Gerichtsstandsklausel, wonach die global zustimmende Partei auf ihren ordentlichen Gerichtsstand am Wohnsitz verzichtet (Art. 59 BV; BGE 104 Ia 280).

Gegenüber einer erfahrenen, branchenkundigen Partei dagegen erlangen allgemeine Vertragsbedingungen auch bei globaler Übernahme volle Geltung, und zwar auch dann, wenn eine Vertragspartei lediglich den Anschein von Branchenkundigkeit erweckt (Bsp. Immobilien AG; ZR 84 (1985) Nr. 103). Diese kann sich nicht darauf berufen, sie hätte mit einer Bestimmung nicht gerechnet und sich überraschen lassen.

b) Unklarheitsregel

Nach der sogenannten Unklarheitsregel (BGE 107 II 230, 100 II 153) verdient im Zweifelsfall diejenige Auslegung den Vorzug, die für den Verfasser der auszulegenden unklaren Vertragsbestimmungen die ungünstigere ist. Die Unklarheitsregel wird dann nicht angewendet, wenn beide Parteien zur fraglichen Norm (Bsp. SIA-Norm 118) in gleicher Beziehung stehen, weil sie derselben Branche angehören oder zumindest branchenkundig und im Umgang mit der Norm vertraut sind.

II. Norm als anerkannte Regel der Technik

1. Regel und Ausnahme

Als Regeln der Technik (gleichbedeutend: Regeln der Bautechnik, Regeln der Baukunde) geben Normen Lösungen für eine Vielzahl von gleichartigen oder zumindest ähnlichen technischen Problemen. Sie regeln den Normalfall, nicht aber die Ausnahmefälle. Der Anwender hat daher in jedem Einzelfall zu prüfen, ob er es mit einem Normalfall zu tun hat und die Norm anwendbar ist oder ob eine Ausnahmesituation vorliegt. Beispielsweise legte die SIA-Norm 160, Ausgabe 1970 (Norm für die Belastungsannahmen), die Berechnung der Schneelasten in Abhängigkeit der Höhe des Standorts über Meer fest. Jedem erfahrenen Fachmann musste aber bekannt sein, dass es in der Schweiz verschiedene Standorte auf Mittellandniveau (z.B. in den Kantonen Tessin und Glarus) gibt, die beträchtlich höhere Schneemengen und -höhen aufweisen können als andere Standorte gleicher Höhenlagen. Hier lag es am Fachmann (Ingenieur, Unternehmer), den Ausnahmefall festzustellen und entsprechend höhere Schneelasten in die Berechnung einzubeziehen (z.B. durch Nachfrage beim Schweiz. Institut für Schnee- und Lawinenforschung). Die neue SIA-Norm 160, Ausgabe 1989 (Einwirkungen auf Tragwerke), trägt nun den regionalen Klimaunterschieden Rechnung, indem für besondere Lagen die für die Berechnung massgebende Höhe über Meer gegenüber der effektiven erhöht wird (z.B. Sotto Ceneri + 400 m, Glarnerland + 500 m).

2. Anerkannte Regel

Als anerkannt kann eine Regel der Technik dann gelten, wenn sie wissenschaftlich gesichert ist, praktisch erprobt wurde und in breiten Kreisen Anwendung gefunden hat.

Abzugrenzen ist gegenüber dem neuesten Stand der Technik. Neue Forschungs- und Untersuchungsergebnisse von Hochschulen oder modernen Prüfanstalten sind oft Hinweise, dass sich eine bestimmte anerkannte Regel der Technik ändern wird. Beim Durchschnittsanwender darf noch nicht vorausgesetzt werden, dass er diese neuesten Erkenntnisse in der Planung und Ausführung bereits berücksichtigt. Dies kann aber vertraglich vereinbart werden. Neueste Erkenntnisse können eine rasche Verbreitung erfahren und dadurch in sehr kurzer Zeit zu anerkannten Regeln der Technik werden (z.B. die Erkenntnisse über das Korrosionsverhalten von Baustählen nach dem Hallenbad-Unglück in Uster).

Abzugrenzen ist weiter gegenüber veralteten, nicht mehr anerkannten Regeln. Das Verfahren zum Erlass neuer Normen dauert oft sehr lange. Die neuen Erkenntnisse der Forschung finden schneller in der Praxis Eingang als die Anpassung einer alten Norm vorgenommen wird. In diesen Fällen, sobald eine gesicherte technische Erkenntnis in der Praxis Verbreitung gefunden hat, wird eine solche in einer andern Form als einer Norm publizierte Regel zur anerkannten Regel der Technik, auch ohne dass die einschlägige veraltete Norm geändert wurde. Die alte, formell noch gültige Norm entspricht nicht mehr dem anerkannten Stand der Technik.

3. Beweislast

Technische Regeln in der Form von Normen, Empfehlungen und Richtlinien von Fachverbänden, die unter repräsentativer Mitwirkung führender Fachleute ausgearbeitet wurden (GAUCH, Werkvertrag, N 595) und die in breiten Fachkreisen Zustimmung gefunden haben, sei es ausdrücklich (z.B. in einer Vernehmlassung) oder stillschweigend (z.B. durch Anwendung in der Praxis), begründen eine tatsächliche Vermutung (auch natürliche Vermutung genannt), dass sie im Zeitpunkt ihrer Veröffentlichung die anerkannten Regeln der Technik zutreffend wiedergeben. Ebenfalls haben sie die tatsächliche Vermutung für sich, dass der Fachmann, der seine Arbeit nach diesen Normen richtet, die anerkannten Regeln der Technik einhält. Durch Gegenbeweis kann diese Vermutung entkräftet werden (z.B. durch den Beweis, dass eine bestimmte Norm oder ein bestimmter Norminhalt keine anerkannte Regel mehr darstellt, weil die entsprechende Technik bereits wissenschaftlich überholt ist und auch in der praktischen Anwendung in breiten Kreisen durch eine neuere Methode ersetzt wurde). Zum Gegenbeweis taugen Methoden nicht, die sich aus Kosten- oder anderen Gründen (Sorglosigkeit, Fahrlässigkeit) in der Praxis eingeschlichen haben. Solche Umstände sind nicht geeignet, die tatsächliche Vermutung anerkannter Regeln der Technik zu entkräften.

III. Sorgfaltspflicht und Normen

1. Vorausgesetzte Werkeigenschaft

Ingenieur, Architekt und Unternehmer haften als Fachleute ihren Vertragspartnern für die gehörige Erfüllung des Vertrags, insbesondere für die Einhaltung der anerkannten Regeln der Technik. Diese Sorgfaltspflicht besteht ohne besondere vertragliche Vereinbarung.

Hält der Unternehmer sich bei der Ausführung eines Werks nicht an die anerkannten Regeln der Technik, fehlt dem Bauwerk eine Eigenschaft, die der Besteller nach Treu und Glauben ohne weiteres voraussetzen durfte. Das Werk leidet an einem Mangel, und dem Besteller stehen die vertraglichen Mängelrechte (OR 367 ff. oder Art. 165 ff. SIA-Norm 118) zu.

Der Ingenieur- und der Architektenvertrag sind, soweit es sich um reine Planungsverträge handelt, vom Bundesgericht als Werkverträge qualifiziert worden (BGE 109 II 465 ff.); dazu: GAUCH Peter, Vom Architekturvertrag, seiner Qualifikation und der SIA-Ordnung 102, N 28 ff. bei GAUCH/TERCIER). Der Gesamtvertrag, der sowohl Planung als auch Bauleitung umfasst, stellt nach herrschender Auffassung einen gemischten Vertrag dar. Ob sich die vertragliche Haftung für Planungsfehler nun nach Werkvertragsrecht oder nach Auftragsrecht richtet, wurde vom Bundesgericht bis heute noch nicht beantwortet. Die meines Erachtens richtige Auffassung geht dahin, dass für Planungsfehler des Architekten oder des Ingenieurs Auftragsrecht anzuwenden ist. Insbesondere die werkvertragliche Prüfungs- und Rügeobliegenheiten (Art. 367 und 370 OR) würden den unerfahrenen Bauherrn in der Planung überfordern und wären ihm auch nicht zuzumuten. Als Fachleute sind Architekt, Ingenieur und Unternehmer meist die fachkundigere Vertragspartei, und es steht ihnen grundsätzlich frei, ob sie eine bestimmte Arbeit annehmen und ausführen wollen oder nicht. Deshalb ist ein strenger Massstab an die Sorgfaltspflicht zu legen. Sie haften für volle Sorgfalt, d.h. für diejenige Sorgfalt, die nach der Verkehrsanschauung von Fachleuten erwartet wird, die die Planung oder Ausführung eines bestimmten Werks übernehmen (GAUCH, Werkvertrag, N 589). Kriterien für die aufzubringende Sorgfalt sind neben subjektiven, auf die Person bezogenen Grössen, wie Ausbildung, Erfahrung, dem Bauherrn bekannte Fähigkeiten und Eigenschaften (z.B. als Spezialist) objektive, insbesondere die anerkannten Regeln der Technik, d.h. die Normen.

2. Vorausgesetzte Kenntnisse

Fachleute (Architekt, Ingenieur, Spezialisten und Unternehmer) haben die anerkannten Regeln der Technik zu kennen und anzuwenden. Der Auftraggeber (Besteller) kann und darf erwarten, dass sie die neuesten Entwicklungen im Normenwesen kennen und sich mit der Anwendung der Norm vertraut gemacht haben. Dies gilt generell für alle Normen einer bestimmten Branche.

Die Sorgfaltspflicht gebietet jedem Anbieter, dass er die angebotene Leistung nach den im Zeitpunkt der Vertragserfüllung geltenden Normen ausführt. Je spezialisierter der Anbieter und je technisch schwieriger die übernommene Aufgabe ist, desto höher sind die Anforderungen an die Sorgfaltspflicht. Bei schwierigen, spezialisierten Aufgaben kann der Auftraggeber durchaus voraussetzen, dass der Vertragspartner nicht nur die anerkannten Regeln der Technik beherrscht, sondern auch, dass er die neuen Entwicklungen auf diesem Spezialgebiet kennt und alles unternimmt, um seinen Auftraggeber vor Schaden zu bewahren (BGE 111 II 72 ff.).

3. Das "akzeptierte Risiko"

Die neue SIA-Norm 160, Ausgabe 1989, (Einwirkungen auf Tragwerke) spricht vom "akzeptierten Risiko" (Art. 2.23.3 SIA-Norm 160/1989). Es stellt sich die Frage nach der rechtlichen Bedeutung dieses Begriffs.

Vertraglich kann ein Bauherr in den Grenzen von Art. 20 OR (rechts- oder sittenwidrige Vereinbarung; z.B. Gefährdung von Leib und Leben, Art. 229 StGB) ein bestimmtes Risiko akzeptieren und eingehen. Dadurch wird der Vertragspartner als Fachmann von der Haftung befreit unter der Voraussetzung, dass er seine Sorgfaltspflicht bei der Arbeit erfüllt und gehörig auf die Folgen des Akzeptierens hingewiesen hat (sog. Abmahnung).

Ausservertraglich vom "akzeptierten Risiko" zu sprechen ist falsch. Richtig wäre hier der Begriff "akzeptierbares Risiko". Die SIA-Norm 160/1989 geht richtigerweise davon aus, dass bei der Anwendung der Technik auch bei Einhaltung der anerkannten Regeln das Bauen mit einem bestimmten Restrisiko verbunden ist. Eine absolute Sicherheit gibt es nicht. Die Frage stellt sich grundlegend, welches Mass an Restrisiko gerade noch akzeptierbar ist. Die Antwort führt wiederum auf die anerkannten Regeln der Technik. Die Normen selbst schliessen nicht alle Risiken aus. Es obliegt dem Fachmann, bei der Anwendung von Normen das Restrisiko abzuschätzen und auf mögliche Risiken aufmerksam zu machen und alles zu unternehmen, um seinen Vertragspartner oder Dritte vor Schaden zu bewahren (BGE 111 II 17). Im Bereich der Vertragshaftung ist dies eine Frage der vertraglichen Sorgfaltspflicht. In der (ausservertraglichen) Haftpflicht ist bei der Verschuldensfrage zu prüfen, ob der Fachmann alles unternommen hat, um angesichts des (Rest-) Risikos Dritte vor Schaden zu bewahren (Fahrlässigkeit). Insbesondere hat er auf das Restrisiko aufmerksam zu machen und Schadenverhütungs- oder zumindest Schadensbegrenzungsmassnahmen zu ergreifen oder zu empfehlen (z.B. Versicherung).

D) Europäische Normierung im Bauwesen

I. Grundlagen

1. Abbau der Wettbewerbsschranken

Ausgangspunkt sind die Bemühungen der EG zur Liberalisierung des Baumarkts, insbesondere die Richtlinien zum Abbau von Wettbewerbsschranken im Bereich öffentlicher Bauaufträge. Die Baukoordinierungsrichtlinie (BKR) befasst sich mit gemeinsamen Vorschriften auf technischem Gebiet (Art. 10 BKR). Ziel ist es, dass sich die Ausschreibungen öffentlicher Aufträge EG-weit nach denselben technischen Spezifikationen richten. Untersagt ist es, in allgemeinen Vertragsbestimmungen oder Normen bestimmte Fabrikate oder Verfahren vorzuschreiben, die einzelne Unternehmer oder Unternehmergruppen bevorzugen oder ausschliessen (Art. 10 Abs. 6 BKR). Unter den Begriff "technische Spezifikationen" fallen:
- Normen: Das sind technische Spezifikationen, die von einer anerkannten Normenorganisation herausgegeben werden, deren Einhaltung jedoch nicht zwingend vorgeschrieben ist.
- Technische Vorschriften: Das sind technische Spezifikationen, die nach dem öffentlichen Recht eines Staates (z.B. Brandschutz) oder nach Übung (anerkannte Regeln der Baukunde im Bereich der Sicherheit) in einem Staat verbindlich sind.
- Technische Zulassungen: Das sind Produkte, denen nach einem bestimmten Verfahren (Art. 8 ff. Bauprodukterichtlinie) die europäische technische Zulassung erteilt wurde.

Im Jahr 1985 erliess der EG-Rat die Entschliessung "über eine neue Konzeption auf dem Gebiet der technischen Harmonisierung und der Normung" (Neue Konzeption).

Danach werden technische Spezifikationen von privaten Normeninstituten erarbeitet. Europäisch sind dies:
- das Europäische Komitee für Normung (CEN), und
- das Europäische Komitee für die elektrotechnische Normung (CENELEC).

Die Schweiz ist in beiden Institutionen Mitglied und durch die Schweiz. Normenvereinigung (SNV) vertreten. Den Fachnormenbereich "Bauwesen" vertritt in diesen Gremien der Schweiz. Ingenieur- und Architekten-Verein (SIA).

Im Rahmen des CEN sind bereits eine grössere Zahl von Normungsarbeiten im Gebiet des Bauwesens in Angriff genommen worden. Für die Schweiz ist die SNV gemäss Reglement des CEN verpflichtet, beim Erscheinen einer europäischen Norm die entsprechende schweizerische Norm zurückzuziehen und durch die europäische zu ersetzen. Europäische Normen werden deshalb, unabhängig von einem Beitritt zum EWR oder zur EG, künftig für die Schweiz vermehrt gültig werden. Eine wichtige Rolle spielt dabei für das Bauwesen die Bauprodukterichtlinie (BPR).

2. Neue Konzeption und Bauprodukterichtlinie

Die Neue Konzeption hält vier Grundprinzipien fest:
a) Die Harmonisierung der Rechtsvorschriften beschränkt sich auf die grundlegenden Sicherheitsanforderungen, denen die in Verkehr gebrachten Erzeugnisse genügen müssen. Für diese Erzeugnisse muss der freie Warenverkehr in der Gemeinschaft gewährleistet sein.
b) Die Ausarbeitung der technischen Spezifikationen wird zuständigen Gremien übertragen (CEN, CENELEC).
c) Die technischen Spezifikationen bleiben freiwillig (kein obligatorischer Charakter).
d) Wer nicht nach den Normen produziert, trägt die Beweislast für die Übereinstimmung seiner Erzeugnisse mit den grundlegenden Anforderungen der Richtlinie.

Die Neue Konzeption bewirkt eine Umkehr der Beweislast. Es ändert sich gegenüber der heutigen Rechtslage nichts (vorne: Beweislast). Wer nach den Normen plant oder produziert, hat die tatsächliche Vermutung für sich, dass er die grundlegenden Anforderungen an Sicherheit und Gebrauchstauglichkeit erfüllt.

Die Bauprodukterichtlinie regelt zusätzlich sechs wesentliche Anforderungen an die Gebrauchstauglichkeit der Bauwerke, nämlich (Anhang I zur BPR):

1. Mechanische Festigkeit und Standsicherheit
2. Brandschutz
3. Hygiene, Gesundheit und Umweltschutz
4. Nutzungssicherheit
5. Schallschutz
6. Energieeinsparung und Wärmeschutz.

Sogenannte "Grundlagendokumente" präzisieren diese wesentlichen Anforderungen näher. Im Bauwesen werden die Grundlagendokumente vom "Ständigen Ausschuss für das Bauwesen" erarbeitet. Er besteht aus je 2 Vertretern jedes Mitgliedstaates unter dem

Vorsitz eines Vertreters der EG-Kommission. Die Grundlagendokumente dienen der Vereinheitlichung der Terminologie und der Festlegung der Anforderungen nach dem Stand von Wissenschaft und Technik. Sie sollen weiter Methoden, wie Berechnungs- und Nachweismethoden, technische Entwurfsregeln etc. bezeichnen und als Leitlinien für die europäische technische Zulassung sowie für die Anerkennung nationaler technischer Spezifikationen dienen. Die Grundlagendokumente werden wie die Normen im Amtsblatt der europäischen Gemeinschaften veröffentlicht.

II. Verfahren zum Erlass von europäischen Normen und technischen Vorschriften

1. Grundlagen

Grundlage bildet die sogenannte Richtlinie über ein Informationsverfahren auf dem Gebiet der Normen und der technischen Vorschriften vom 22. März 1988 (Informationsrichtlinie). Sie regelt die Informationspflichten der nationalen Normierungsgremien an die Kommission und den Informationsfluss über erwünschte europäische oder beabsichtigte nationale Normierungsvorhaben. Weiter sind darin die Aufgaben des Ständigen Ausschusses und die Pflichten der nationalen Normierungsgremien beim Erlass einer europäischen Norm geregelt.

2. Nationale Normierungsverfahren

Für die Dauer der Erarbeitung einer europäischen Norm dürfen nationale Normenorganisationen im betreffenden Bereich keine Normen festlegen oder einführen. Diese Verpflichtung erlischt, wenn 6 Monate nach Ablauf einer vom Ständigen Ausschuss zur Bearbeitung festgesetzten Frist keine europäische Norm verabschiedet worden ist.

III. Einfluss der Europäischen Normierung auf das Schweizerische Normenwesen

1. Schutz- und Qualitätsniveau

Das in den Mitgliedstaaten bereits bestehende und begründete Schutzniveau darf durch den Erlass einer europäischen technischen Spezifikation nicht verringert werden. Insbesondere soll dabei nationalen und regionalen Unterschieden geografischer oder klimatischer Art oder in den Lebensgewohnheiten Rechnung getragen werden. Zu diesem Zweck können für jede wesentliche Anforderung Klassen in den Grundlagendokumenten oder in den Normen festgelegt werden. Damit haben schweizerische Experten in europäischen Normenkommissionen die Grundlage, um die Erhaltung des hohen schweizerischen Standards beizubehalten.

Eine andere Frage ist das Qualitätsniveau der technischen Normen. Die schweizerischen Normen, insbesondere die SIA-Normen im Bauwesen, zeichnen sich durch hohe wissenschaftliche und praktische Qualität aus, auch durch Klarheit und Einfachheit. Ob hier der schweizerische Standard in die europäischen Normen übernommen wird, erscheint eher zweifelhaft.

2. Information

Die SNV betreibt eine Informations- und Dokumentationsstelle für in- und ausländische technische Regeln (Schweiz. Informationszentrum für technische Regeln, SWITEC). Diese erteilt Behörden und Privaten Auskunft über bestehende und geplante in- und ausländische technische Vorschriften und Normen sowie Prüf- und Zertifizierungssysteme.

3. Übernahme europäischer Normen

Nach den Statuten des CEN sind die Mitgliedländer verpflichtet, genehmigte europäische Normen (EN) ins nationale Normenwerk zu übernehmen und widersprechende nationale Normen zurückzuziehen. Für die Übernahme der europäischen Normen ins nationale Normenwerk bestehen drei Möglichkeiten:

a) *Übernahme durch Ankündigung*
Die Übernahme erfolgt durch Publikation der entsprechenden Norm (Nummer und Titel) durch die SNV in der SWITEC-Information, d.i. der Anzeiger für technische Regeln der SNV. Die durch Ankündigung übernommenen Normen werden in der Schweiz nicht als eigene Normen herausgegeben. Interessenten können die entsprechenden deutschen (DIN) oder französischen (NF) Normen beziehen.

b) *Übernahme durch Anerkennungsblatt*
Sind mit der Übernahme einer europäischen Norm ergänzende Informationen nötig (nationales Vorwort, Ausserkraftsetzung bestimmter Teile von Schweizer Normen etc.), wird die Übernahme mit einem blauen Anerkennungsblatt, das die entsprechenden Informationen enthält, bekanntgegeben. Eine eigentliche schweizerische Norm wird nicht herausgegeben. Es wird auf die entsprechenden deutschen (DIN) oder französischen (NF) Normen verwiesen.

c) *Übernahme durch Herausgabe einer europäischen Norm als Schweizer Norm*
Die Herausgabe einer europäischen Norm als Schweizer Norm (SN/EN) erfolgt dann, wenn wesentliche Teile einer bestehenden Schweizer Norm ersetzt werden oder wenn ein grosser Interessentenkreis besteht. Diese SN/EN enthalten einen nationalen Bestandteil (Titelseite, nationales Vorwort, ev. nationaler Anhang) und einen europäischen Bestandteil (vom CEN ratifizierter deutscher oder französischer Text der EN).

Anerkennungsblätter und europäische Normen, die als Schweizer Normen herausgegeben werden, erhalten zusätzlich zur SN/EN Nummer eine SIA-Nummer (z.B. SIA-Norm 190.044 Steinzeugrohre und Formstücke sowie Rohrverbindungen für Abwasserleitungen und -kanäle = SN/EN 295).

4. Europäische Vornormen (ENV)

In bestimmten komplexen Normierungsbereichen hat das CEN beschlossen, eine erste Generation europäischer Normen als sogenannte Vornormen (ENV) zu veröffentlichen. Die dem CEN angeschlossenen Länder sind aufgefordert, die Vornormen auf Grund der nationalen Erfahrungen auf ihre Tauglichkeit zu prüfen, um so nationale Besonderheiten in die Norm einfliessen zu lassen und den in einigen Jahren erfolgenden Umstieg auf die später erscheinenden europäischen Normen einzuleiten. Die Vornormen ersetzen die nationalen Normen noch nicht. Zurzeit wichtigster Bereich, in dem europäische Vornormen veröffentlicht werden, sind die Tragwerksnormen (z.B. SN/ENV 1992-1 = SIA-Norm V 162.001 Planung von Stahlbeton- und Spannbetontragwerken).

RECHTSQUELLEN
Schweizerisches Obligationenrecht (OR).
HENNINGER Anton, Euro-Bau, Rechtsquellen zum europäischen Baurecht, Freiburg 1991.
Normenwerk des SIA (SIA-Normen).
Reglement für das Normenwerk des SIA (Gestaltung, Bearbeitung und Genehmigung), Reglement R35, April 1981.
EG-Richtlinie über die Koordinierung der Verfahren zur Vergabe öffentlicher Bauaufträge vom 18. Juli 1989 (Baukoordinierungsrichtlinie; BRK).
EG-Entschliessung über eine neue Konzeption auf dem Gebiet der technischen Harmonisierung und der Normung vom 7. Mai 1985 (Neue Konzeption).
EG-Richtlinie über ein Informationsverfahren auf dem Gebiet der Normung und der technischen Vorschriften vom 22. März 1988 (Informationsrichtlinie).
EG-Richtlinie zur Angleichung der Rechts- und Verwaltungsvorschriften der Mitgliedstaaten über Bauprodukte vom 21. Dezember 1988 (Bauprodukterichtlinie; BPR).

JUDIKATUR
Obergericht Luzern in Max X, 1958, Nr. 571, S. 434: Sorgfaltspflicht des Unternehmers.
BGE 106 IV 269: Strafrechtliche Verantwortlichkeit bei Verletzung anerkannter Regeln der Baukunde.
BGE 111 II 72 ff.: Pflicht des Fachmannes, die unerfahrene Vertragspartei vor Schaden zu bewahren.

LITERATUR
BÜHLER Theodor, Technische Normen, technische Vorschriften und Konformitätsnachweis nach EG-Recht, Zürich 1993; GAUCH Peter, Der Werkvertrag, 3. Aufl., Zürich 1985 (GAUCH, Werkvertrag); DERS. (Herausgeber), Kommentar zur SIA-Norm 118, Art. 38 - 156, Zürich 1992; DERS., Kommentar zur SIA-Norm 118, Art. 157 - 190, Zürich 1991; DERS., Die Baukoordinierungsrichtlinie der EG, in: Baurecht 1991, Seite 3 ff.; GAUCH Peter/TERCIER Pierre (Herausgeber), Das Architektenrecht, Freiburg 1986 (GAUCH/TERCIER); MARBURGER Peter, Die Regeln der Technik im Recht, Berlin 1979; MOOR Michael, Technische Normen und freier Warenverkehr in der EWG, Köln 1990; MÜLLER-VOELL Martina, Die Bedeutung technischer Normen für die Konkretisierung von Rechtsvorschriften, Diss. Heidelberg 1987; TERCIER Pierre, La loi, les normes et leurs compléments, in: Baurecht 1983, S. 63ff.

Haftung des Baumaterialverkäufers

Balthasar Trümpy

A) Baumaterialkauf

Der Vertragstypus des Kaufs ist in Art. 184 Abs. 1 OR definiert. Daraus ergibt sich für den Baumaterialkauf folgende Umschreibung:

Durch den Baumaterialkaufvertrag verpflichtet sich der Baumaterialverkäufer (Veräusserer, Händler), dem Käufer (Unternehmer, Handwerker, Bauherr) das Baumaterial zu übergeben sowie das Eigentum daran zu verschaffen, und der Käufer, dem Baumaterialverkäufer den Kaufpreis zu bezahlen.

Der Baumaterialkaufvertrag bezweckt somit, rein wirtschaftlich betrachtet, den Austausch von Kaufgegenstand und Kaufpreis, bzw. dient als rechtliches Instrument dem Ziel des Güterverkehrs (vgl. KELLER/LOERTSCHER, S. 3).

Der Kaufvertrag beinhaltet allerdings nicht den Güterverkehr (Austausch von Baumaterial und Geld) an sich, sondern - wie die Definition ausführt - lediglich die Verpflichtung der Parteien, eine bestimmte Erfüllungshandlung (Verfügungsakt) vorzunehmen. Es ist daher zwischen Verpflichtungsgeschäft (Kaufvertrag) einerseits und Verfügungsgeschäft (Tradition, Grundbucheintrag) anderseits zu unterscheiden.

Gleich wie im deutschen und österreichischen bewirkt auch im schweizerischen Recht der Abschluss eines Baumaterialkaufvertrages allein noch nicht, dass der Unternehmer Eigentümer des Baustoffes wird. Dazu bedarf es kumulativ zum obligatorischen Vertrag eines dinglichen Vorgangs, der Besitzübertragung (Tradition; Art. 714 Abs. 1 ZGB), d.h. grundsätzlich der Übergabe der Sache vom Veräusserer an den Erwerber. Anders ist dies im französischen Recht geregelt. Hier geht das Eigentum am Kaufgegenstand mit dem Vertragsabschluss auf den Käufer über.

Obwohl Verpflichtungs- und Verfügungsgeschäft rechtlich auseinandergehalten werden müssen, können sie zeitlich durchaus zusammenfallen. Man spricht dann von einem Handkauf (GUHL, S. 313). Ein Beispiel dafür stellt der Kauf von Baumaterial in einem Do-it-yourself-Geschäft dar. Der Käufer bezahlt an der Kasse und erhält die Ware.

Betont werden muss aber, dass selbst beim Handkauf neben dem dinglichen Rechtsgeschäft (Verfügungsgeschäft) immer auch ein obligatorisches (Verpflichtunsgeschäft) gegeben ist. Dies erlangt insbesondere dann Bedeutung, wenn der Baumaterialverkäufer nicht gehörig erfüllt, der Baustoff beispielsweise Mängel aufweist und der Käufer seine Gewährleistungsansprüche geltend macht (KELLER/LOERTSCHER, S. 4).

Nach der Natur des Kaufgegenstandes werden Grundstück- und Fahrniskauf unterschieden. Baumaterial stellt regelmässig die letztere der beiden Kaufarten dar, was einzig den Konsens von Veräusserer und Erwerber hinsichtlich Kaufgegenstand, Kaufpreis und deren Austausch für das Zustandekommen des Vertrags voraussetzt. Nicht erforderlich ist somit - anderslautende Parteivereinbarungen vorbehalten (Art. 16 OR) - die Einhaltung einer besonderen Form (Art. 11 Abs. 1 OR e contrario). Anders beim Grundstückkauf, zu dessen Gültigkeit es der öffentlichen Beurkundung bedarf (Art. 216 Abs. 1 OR).

Beim Fahrniskauf wird ferner zwischen Stückkauf (Spezieskauf) und Gattungskauf (Genuskauf) unterschieden. Gegenstand des Gattungskaufs ist eine Genussache bzw. ein gewisses Quantum einer gattungsmässig bestimmten Sache. Im Gegensatz dazu ist Inhalt des Stückkaufs eine individuell bestimmte, eine Speziessache. Der Baumaterialkauf stellt normalerweise einen Genuskauf dar (typisches Beispiel: Kauf von drei nicht weiter bestimmten Säcken Zement), kann aber auch ein Spezieskauf sein (Beispiel: Kauf der drei sich im Zeitpunkt des Vertragsabschlusses auf einem klar bezeichneten Palett befindenden Säcke Zement). Ob es sich bei einem bestimmten Vertrag um einen Gattungs- oder um einen Stückkauf handelt, hängt daher von der Parteivereinbarung ab und muss im Streitfall durch Auslegung des Vertrages ermittelt werden.

Die klare Abgrenzung zwischen Genus- und Spezieskauf ist darum wichtig, weil das Gesetz zum Teil unterschiedliche Rechtsfolgen an die beiden Kaufarten knüpft. So geht beispielsweise die Gefahr der Sache beim Stückkauf mit Abschluss des Vertrages auf den Erwerber über (Art. 185 Abs. 1 OR), beim Gattungskauf dagegen erst, wenn der Kaufgegenstand ausgeschieden und, falls er versendet werden soll, zur Versendung abgegeben ist (Art. 185 Abs. 2 OR; Näheres zu den unterschiedlichen Rechtsfolgen hinten, D) III. "Sachgewährleistungsansprüche", insbesondere zum Versendungskauf Ziff. 3 2. Abs. in fine).

B) Wirkungen des Kaufvertrages im allgemeinen

I. Pflichten des Verkäufers

Der Baumaterialverkäufer verpflichtet sich gegenüber dem Käufer, diesem den Baustoff zu übergeben (Sachverschaffungspflicht) sowie das Eigentum daran zu verschaffen (Rechtsverschaffungspflicht). Ferner schuldet der Veräusserer die Lieferung des quantitativ und qualitativ richtigen, vertraglich bestimmten Baumaterials zur richtigen Zeit am richtigen Ort.

Erfüllt der Verkäufer seine Pflicht nicht oder nicht gehörig, so bedeutet dies unter Umständen eine Vertragsverletzung, wofür er in bestimmten Fällen einzustehen hat.

II. Nicht- und nicht gehörige Erfüllung

Im Falle der Nichterfüllung wegen nachträglicher Unmöglichkeit hängt die Haftung des Veräusserers davon ab, ob ihn an der Unmöglichkeit der Erfüllung ein Verschulden trifft.

Bei unverschuldeter nachträglicher Unmöglichkeit braucht der Veräusserer den aus der Nichterfüllung entstandenen Schaden des Käufers nicht zu ersetzen (Art. 97 OR). Unverschuldete Unmöglichkeit liegt insbesondere dann vor, wenn die Kaufsache nach Vertragsabschluss zufällig untergegangen ist. Beim Gattungskauf kann allerdings nicht von Unmöglichkeit gesprochen werden, solange von der entsprechenden Gattung noch ein Stück existiert. Ist der Tatbestand der unverschuldeten nachträglichen Unmöglichkeit erfüllt, so hat der Erwerber den Kaufpreis zu bezahlen, sofern die Gefahr der Sache bereits auf ihn übergegangen ist (vorn, A) letzter Abs.; Art. 185 OR).

Verschuldet der Veräusserer die nachträgliche Unmöglichkeit der Erfüllung, hat der Erwerber Anspruch auf Ersatz des Schadens in der Höhe des positiven Vertragsinteresses (Art. 97 OR; BGE 104 II 198).

Erbringt der Baumaterialverkäufer - obwohl die Erfüllung möglich ist - seine Leistung nicht, nicht am richtigen Ort oder rein quantitativ falsch, kann der Unternehmer auf Erfüllung klagen (Art. 97 OR) bzw., falls der Händler in Verzug gerät, nach Art. 103 ff. OR - insbesondere nach Art. 107 - 109 OR - vorgehen. Die Voraussetzungen des Schuldnerverzugs sind in Art. 102 OR geregelt. Danach wird der Verkäufer, sofern die Forderung fällig ist, durch Mahnung des Erwerbers in Verzug gesetzt. Haben die Vertragsparteien einen bestimmten Lieferungstermin verabredet, liegt ein sogenanntes Verfalltagsgeschäft vor. Dies bewirkt, dass der Verzug ohne Mahnung eintritt, wenn der Baustoffhändler am Verfalltag nicht leistet (Art. 102 Abs. 2 OR).

Die Wirkungen des Verzugs sind in den allgemeinen Bestimmungen des OR (Art. 102 - 109 OR) folgendermassen geregelt:
- Der sich schuldhaft in Verzug befindende Baustoffhändler hat Schadenersatz wegen verspäteter Erfüllung zu leisten und haftet auch für den aus zufälligen, die Kaufsache betreffenden Ereignissen resultierenden Schaden. Von der Haftung für Zufall kann sich der Verkäufer durch den Nachweis, dass der Zufall die Kaufsache auch bei rechtzeitiger Erfüllung zum Nachteil des Käufers betroffen hätte, befreien.
- Diese allgemeinen Verzugsfolgen werden durch besondere, für vollkommen zweiseitige Verträge geltende Bestimmungen ergänzt (GAUCH/SCHLUEP, N 3009 ff.). Danach hat der Käufer die Möglichkeit, dem Verkäufer eine angemessene Frist zur nachträglichen Erfüllung anzusetzen. Wird auch bis zum Ablauf dieser Nachfrist nicht erfüllt, steht dem Erwerber ein doppeltes Wahlrecht zu (Art. 107 Abs. 2 OR). Er kann entweder die Lieferung des Baumaterials weiterhin verlangen oder durch unverzügliche Erklärung darauf verzichten. Ersteres bewirkt, das es bei der ursprünglichen Leistungspflicht und beim Verzug des Käufers bleibt. Letzteres verschafft dem Käufer eine zweite Wahlmöglichkeit. Er kann Ersatz des Erfüllungsinteresses fordern oder vom Vertrag zurücktreten und Ersatz des aus dem Dahinfallen des Vertrages erwachsenen Schadens beanspruchen (Art. 109 Abs. 2 OR).

Zu beachten ist Art. 190 OR, der die Wirkung des Verkäuferverzugs beim Verfalltagsgeschäft im kaufmännischen Verkehr speziell regelt und den beschriebenen allgemeinen Bestimmungen grundsätzlich vorgeht. Art. 190 OR setzt für die Ausübung der Wahlrechte des Käufers einzig voraus, dass sich der Veräusserer im Verzug befindet, d.h., die Ansetzung einer Nachfrist ist nicht erforderlich. In dieser Beziehung liegt die gleiche Rechtslage wie beim sogenannten Fixgeschäft (Art. 108 Ziff. 3 OR) vor. Ferner stellt der erwähnte Gesetzesartikel die Vermutung (praesumptio iuris) auf, der Erwerber verzichte auf die nachträgliche Lieferung und beanspruche Ersatz des Erfüllungsinteresses. Der Käufer kann diese Vermutung allerdings durch unverzügliche Erklärung entkräften und Erfüllung nebst Ersatz des Verspätungsschadens verlangen sowie nach herrschender Lehre auch vom Vertrag zurücktreten und Ersatz des negativen Interesses fordern.

Einen besonderen Fall der nicht gehörigen Erfüllung stellt die Lieferung der zwar vertraglich vereinbarten, aber mit Rechts- oder Sachmängeln behafteten Kaufsache dar. Dies wird als sogenannte Schlechterfüllung bezeichnet und vom Gesetz speziell geregelt (hinten, C) "Rechtsgewährleistung" und D) "Sachgewährleistung"). Zu Diskussionen führen kann sodann die qualitativ nicht gehörige Erfüllung beim Gattungskauf, weil die Abgrenzung zwischen blossem Qualitätsmangel, d.h. nicht gehöriger Erfüllung, und Erbringung einer andern Sache (aliud), also Nichterfüllung, oft unklar bleibt. Trotzdem ist die Unterscheidung zwischen Qualitätsmangel und aliud wichtig, da die beiden Sachverhalte nicht dieselben Rechtsfolgen zeitigen.

III. Abgrenzung von Schlechterfüllung und Erbringung einer andern Leistung

Liefert der Baumaterialhändler eine andere als die vertraglich geschuldete Sache, ein sogenanntes aliud (z.B. Gips statt Zement), liegt Nichterfüllung vor, was dem Käufer ermöglicht, auf Erfüllung (Art. 97 OR) zu klagen und bei Verzug des Käufers nach Art. 107 ff. OR vorzugehen. Nicht anwendbar sind hier grundsätzlich die Regeln über die qualitativ nicht gehörige Erfüllung (Schlechterfüllung; Art. 197 ff. OR; hinten, D) "Sachgewährleistung").

Im Gegensatz zum Spezieskauf bietet beim Gattungskauf - also beim typischen Baumaterialkauf - die Abgrenzung von aliud und Qualitätsmangel oft grosse Probleme. Ein aliud ist beim Gattungskauf immer dann gegeben, wenn der gelieferte Gegenstand nicht sämtliche vertraglich vereinbarten Gattungsmerkmale aufweist. Handelt es sich nun bei der Übergabe eines Isolationsmaterials mit dem Wärmeleitkoeffizienten 0,8 statt 0,3 um ein aliud und damit um Nichterfüllung oder um einen Qualitätsmangel, d.h. Schlechterfüllung? Ausländischer Zement statt Schweizer Zement, aliud oder Sachmangel?

Ergibt sich der Gattungsbegriff nicht aus der Verkehrsauffassung, muss mittels Vertragsauslegung ermittelt werden, durch welche Merkmale die Parteien die Gattung der Kaufsache bestimmt haben (GIGER, N 44, Vorbemerkungen zu Art. 197 - 210 OR).

In der Praxis tritt allerdings das Abgrenzungsproblem aliud/Qualitätsmangel in den Hintergrund, da das Bundesgericht aus Praktikabilitätsüberlegungen für den Fall der aliud-Lieferung beim Gattungskauf Konkurrenz zwischen Art. 97 ff. OR und 197 ff. OR annimmt (BGE 94 II 34 = Pra 57 (1968) Nr. 145 E. 4). Dem Käufer stehen somit auch bei der aliud-Lieferung (Nichterfüllung) sämtliche Mängelrechte (hinten, D) III. "Sachgewährleistungsansprüche") zu; insbesondere dasjenige, Nachlieferung währhafter Ware zu fordern (Art. 206 OR). In der Lehre stösst dieser rechtsdogmatisch eher fragwürdige Entscheid aber auf Kritik (vgl. GIGER, N 43, Vorbemerkungen zu Art. 197 - 210 OR; KELLER/LOERTSCHER, S. 90).

C) Rechtsgewährleistung

I. Begriff und Bedeutung

Rechtsgewährleistung (Rechtsmängelhaftung) beinhaltet das Einstehenmüssen des Baumaterialverkäufers gegenüber dem Erwerber, falls diesem ein Dritter aufgrund eines subjektiven Rechts (z.B. Eigentum) die Kaufsache entzieht. Gelingt es einem Dritten nämlich - kraft seines stärkeren subjektiven Rechts -, dem Käufer den Kaufgegenstand zu entziehen, ist der Verkäufer seiner Vertragspflicht der unbeschwerten Eigentumsbeschaffung an der Kaufsache nicht korrekt nachgekommen und hat somit den Vertrag nicht gehörig erfüllt. Dieser besondere Sachverhalt der nicht gehörigen Erfüllung erfährt im Gesetz (Art. 192 ff. OR) eine spezielle Normierung.

Die Regelung über die Rechtsgewährleistungspflicht kommt nur insoweit zur Anwendung, als der Käufer nicht bereits sachenrechtlich geschützt ist. So wird beispielsweise der gutgläubige Baumaterialkäufer, der den Baustoff zu Eigentum übertragen erhält, in seinem Erwerb auch dann geschützt, wenn dem Veräusserer das Baumaterial ohne jede Ermächtigung zur Übertragung anvertraut worden war (Art. 714 Abs. 2 ZGB i.V.m. Art. 933 ZGB). In Fällen, in denen das Sachenrecht den derivativen Eigentumserwerb des gutgläubigen Baumaterialkäufers nicht schützt (z.B. bei gestohlenen Sachen, Art. 933 ZGB), besteht immer noch die Möglichkeit, dass dieser, bevor ihm ein Dritter die Sache zu entziehen versucht, originär - durch Verarbeitung, Verbindung oder Vermischung (Art. 726 f. ZGB) - Eigentum erwirbt und daher trotzdem von einem gesetzlichen Schutz profitiert. Da der gutgläubige Käufer in den Genuss eines weitgehenden sachenrechtlichen Schutzes kommt, existieren nur sehr wenige praktische Anwendungsfälle der Rechtsgewährleistung. Es rechtfertigt sich daher, diese im Rahmen der vorliegenden Arbeit nur überblicksmässig zu behandeln. - Im weiteren hat der Baustoffhändler dem bösgläubigen Unternehmer, auch wenn er nicht sachenrechtlich geschützt ist, trotzdem keine Rechtsgewähr zu leisten, da das Gesetz eine solche im geschilderten Sachverhalt verneint (Art. 192 Abs. 2 OR; hinten, C) II. 2. Abs.).

II. Voraussetzungen

Wie bereits erwähnt, ist die primäre Voraussetzung der Rechtsgewährleistung, dass der Käufer nicht bereits vom Sachenrecht im Erwerb seines Eigentums geschützt wird. Weiter muss dem Käufer das Baumaterial streitig gemacht werden, was erst nach dessen Übergabe möglich ist. Meldet sich hingegen der besser berechtigte Dritte bereits vor der Lieferung und kann der Veräusserer aus diesem Grund seine Leistung nicht erbringen, so kommen die allgemeinen Bestimmungen über die Nicht- oder nicht gehörige Erfüllung zur Anwendung.

Das subjektive Recht des Dritten bzw. der Rechtsmangel muss bereits zur Zeit des Vertragsabschlusses vorhanden gewesen sein (Art. 192 Abs. 1 OR). Ferner darf der Käufer beim Vertragsabschluss die Gefahr der Entwehrung nicht gekannt haben, ansonsten muss der Veräusserer nur insofern Gewähr leisten, als er sich ausdrücklich dazu verpflichtet hat. Erhält der Erwerber demgegenüber erst nach dem Vertragsabschluss Kenntnis vom subjektiven Recht eines Dritten, besteht der Rechtsgewährleistungsschutz weiterhin.

Schliesslich hat der Dritte sein subjektives Recht an der Kaufsache geltend zu machen. Er muss sie entwehren, bzw. dem Käufer streitig machen (Art. 193f. OR; Näheres bei KELLER/LOERTSCHER, S. 51 ff.).

III. Rechtsgewährleistungsansprüche

Die Ansprüche des Baustoffkäufers im Falle der Entwehrung sind verschieden, je nachdem ob es sich um eine vollständige oder um eine teilweise handelt.

Bei vollständiger Entwehrung ist der Baumaterialkaufvertrag gemäss Art. 195 Abs. 1 OR mit Wirkung ex tunc als aufgehoben zu betrachten. Der Verkäufer hat dem Käufer den Kaufpreis samt Zins (gemäss Art. 73 OR grundsätzlich 5 Prozent pro Jahr) zurückzuerstatten (Art. 195 Abs. 1 Ziff. 1 OR) und sämtlichen durch die Entwehrung unmittelbar verursachten Schaden zu ersetzen (Art. 195 Abs. 1 Ziff. 2 - 4 OR). Für diesen Schaden haftet der Baustoffveräusserer verschuldensunabhängig, d.h. kausal. Darüber hinaus hat er auch - bei fehlender Exkulpation - für den weiteren Schaden einzustehen (Art. 195 Abs. 2 OR; zu den Begriffen unmittelbarer und weiterer Schaden vgl. hinten, D) III. "Sachgewährleistungsansprüche", insbesondere Ziff. 1, 5. und 6. Absatz).

Wird dem Käufer nur ein Teil des Kaufgegenstandes entzogen oder ist dieser mit einer dinglichen Last beschwert, für die der Verkäufer einzustehen hat, bleibt der Vertrag grundsätzlich bestehen (Art. 196 Abs. 1 OR). Der Veräusserer hat dem Erwerber den ihm durch die teilweise Entwehrung entstandenen Schaden zu ersetzen. Über dessen Bemessung enthält das Gesetz keine Bestimmung. Nach herrschender Lehre ist Art. 195 OR (vollständige Entwehrung) analog anzuwenden.

Ist nach Massgabe der Umstände anzunehmen, dass der Käufer, wenn er die teilweise Entwehrung im Zeitpunkt des Vertragsabschlusses vorausgeahnt hätte, den Kauf nicht getätigt hätte, kann der Erwerber vom Vertrag zurücktreten (Art. 196 Abs. 2 OR) und hat den Kaufgegenstand, soweit er nicht entwehrt worden ist, nebst dem bezogenen Nutzen dem Verkäufer zurückzugeben (Art. 196 Abs. 3 OR).

D) Sachgewährleistung

I. Begriff

Der Verkäufer muss für die Qualität der von ihm veräusserten Sachen Gewähr leisten. Liefert er einen Kaufgegenstand, der in qualitativer Hinsicht dem vertraglich vereinbarten nicht entspricht, bedeutet dies eine nicht gehörige Erfüllung (Schlechterfüllung), für die der Händler einzustehen hat.
Sachgewährleistung (Art. 197 Abs. 1 OR) beinhaltet die Haftung des Baumaterialverkäufers gegenüber dem Unternehmer bei:
- Fehlen zugesicherter Eigenschaften des Baustoffes,
- Vorhandensein körperlicher oder rechtlicher Mängel des Baustoffes, die dessen Wert oder Tauglichkeit zum vorausgesetzten Gebrauch aufheben oder erheblich mindern.

Der Händler hat auch für Mängel einzustehen, die er selbst nicht gekannt hat (Art. 197 Abs. 2 OR).

II. Voraussetzungen

Der Veräusserer haftet, wenn die gelieferte Ware mangelhaft ist, also beispielsweise eine von ihm zugesicherte Eigenschaft des Baustoffes fehlt (Art. 197 Abs. 1 OR). Haftungsvoraussetzung ist somit das Fehlen einer zugesicherten Eigenschaft. Beispiel: Der Baumaterialhändler sichert die Wetterbeständigkeit eines Baustoffes zu. Dieser erweist sich aber als nicht wasserresistent.
Zusicherung ist die ernsthafte Äusserung des Händlers, dass der Baustoff bestimmte, objektiv feststellbare Eigenschaften aufweise. Sie kann ausdrücklich oder stillschweigend erfolgen. Zusicherungen dürfen keinesfalls mit rein werblichen Sprüchen, die nicht wörtlich zu nehmen sind, verwechselt werden (BGE 88 II 416).
Eine weitere alternative Haftungsvoraussetzung stellt das Vorhandensein bestimmter Mängel dar. Diese müssen so beschaffen sein, dass sie den Wert oder die Tauglichkeit des Baustoffes zum vorausgesetzten Gebrauch aufheben oder erheblich mindern (Art. 197 Abs. 1 OR). Im Gegensatz zu den zugesicherten werden diejenigen Eigenschaften, deren Fehlen einen Mangel nach Art. 197 OR darstellt, vorausgesetzte Eigenschaften genannt.
Unter Wert des Baumaterials versteht Art. 197 Abs. 1 OR den objektiven Verkaufswert der Kaufsache und nicht etwa einen vom Käufer angenommenen subjektiven Wert

(GIGER, N 77 zu Art. 197 OR). Aufhebung des Wertes oder der Tauglichkeit bedeutet demzufolge objektive Wertlosigkeit (Verkehrswert = Fr. 0.--) bzw. völlige Unbrauchbarkeit. Eine erhebliche Minderung des Wertes oder der Gebrauchstauglichkeit der Kaufsache liegt vor, "wenn die Beeinträchtigung derart ist, dass der Käufer als redlicher Vertragspartner unter Berücksichtigung der Verkehrsanschauungen in der betreffenden Branche bei Kenntnis des Mangels den Kaufvertrag entweder gar nicht abgeschlossen oder sich jedenfalls nur zur Bezahlung eines tieferen Preises verpflichtet hätte" (KELLER/LOERTSCHER, S. 73).

Vorausgesetzter Gebrauch im Sinne des Gesetzes (Art. 197 Abs. 1 OR) ist derjenige Gebrauch eines Baumaterials, zu dem dieses entweder nach dem übereinstimmenden Parteiwillen oder - bei Fehlen einer entsprechenden Abrede - nach der Verkehrsauffassung tauglich sein sollte (GIGER, N 70 zu Art. 197 OR; BGE 26 II 746 f.; SJZ 61 (1965) S. 327 Nr. 151). Beispiel: Auch bei Fehlen einer einschlägigen Parteiabrede müssen Badezimmerfliesen feuchtigkeitsbeständig sein.

Mängel stellen immer eine Abweichung vom Vertrag dar. Sachmängel (Fehlen einer zugesicherten oder vorausgesetzten Eigenschaft) können rechtlicher, körperlicher oder wirtschaftlicher Natur sein (Näheres zu den einzelnen Mängeln bei SCHULIN/VOGT, Tafel B 7 A).

Rechtliche Mängel: Sachmängel rechtlicher Natur sind vor allem öffentlichrechtliche Bestimmungen, die Beschränkungen der Gebrauchs- oder Verfügungsmöglichkeit des Kaufgegenstandes beinhalten. Beispiel: Die verkaufte Maschine entspricht nicht den polizeilichen Sicherheitsvorschriften (BGE 95 II 119 ff.). Umstritten ist, ob ein rechtlicher Mangel auch aufgrund einer privatrechtlichen Vorschrift vorliegen kann (SCHULIN/VOGT, Tafel B 7 A N 6). Zu unterscheiden sind die rechtlichen Sachmängel von den Rechtsmängeln (vorn, C) "Rechtsgewährleistung"). Erstere hängen mit der Beschaffenheit der Kaufsache zusammen, und letztere bestehen darin, dass ein Dritter ein der Berechtigung des Käufers vorgehendes subjektives Recht am Kaufgegenstand hat.

Körperliche Mängel: Körperliche Mängel liegen bei beeinträchtigter technischer, chemischer oder physikalischer Beschaffenheit der Kaufsache vor, betreffen also die Physis. Beispiel: Der Glaseinsatz eines Warmluftcheminées hält der Verbrennungstemperatur des Holzes nicht stand. Die meisten praktischen Anwendungsfälle der Sachgewährleistung betreffen körperliche Mängel. Beachte aber: Selbst eine noch so grosse Beeinträchtigung der technischen, chemischen oder physikalischen Beschaffenheit des Kaufgegenstandes stellt nur dann einen Mangel dar, wenn dies tatsächlich eine Abweichung vom Vertrag bedeutet.

Wirtschaftliche Mängel: Auch wirtschaftliche Mängel fallen unter den Sachmangelbegriff von Art. 197 Abs. 1 OR. Von einem wirtschaftlichen Mangel spricht man, wenn der durch die Nutzung der Kaufsache erzielbare Betrag nicht dem üblichen Mass entspricht. Beispiel: Ein Mietshaus erreicht bei weitem nicht diejenige Rendite, die eine vergleichbare Liegenschaft üblicherweise erzielt.

Das Vorhandensein eines Mangels, was grundsätzlich der Käufer beweisen muss (Art. 8 ZGB; vgl. auch Art. 204 OR), bewirkt aber nicht immer eine Sachgewährleistungshaftung des Baumaterialhändlers. Dies ist nur der Fall, wenn der Mangel - zumindest in seiner Ursache - bereits im Zeitpunkt des Gefahrübergangs (vorn, A)

"Baumaterialkauf") bestanden hat. Beispiel: Wird das verkaufte und bereits ausgeschiedene bzw. zur Versendung abgegebene Bauholz derart vom Wurm befallen, dass eine bedeutende Wertminderung eintritt, trifft den Verkäufer keine Sachmängelhaftung. Bei Verschulden hat dieser allerdings nach Art. 97 OR für den bewirkten Schaden einzustehen.

Im weiteren haftet der Verkäufer nicht für Mängel, die der Käufer zur Zeit des Vertragsabschlusses gekannt hat (Art. 200 Abs. 1 OR). Mängel, die der Käufer bei Anwendung gewöhnlicher Aufmerksamkeit hätte kennen sollen, bewirken nur dann eine Haftung des Verkäufers, wenn dieser deren Nichtvorhandensein zugesichert hat (Art. 200 Abs. 2 OR) oder selbst sichere Kenntnis der Mängel hatte, diese aber dem Käufer arglistig verschwieg. Letzteres ergibt sich aus der Pflicht des Verkäufers, stets nach Treu und Glauben (Art. 2 Abs. 1 ZGB) zu handeln (Näheres bei KELLER/LOERTSCHER, S. 77).

Ferner muss der Baumaterialhändler nur dann für die Mangelhaftigkeit des Kaufgegenstandes einstehen, wenn der Erwerber, sobald es nach dem üblichen Geschäftsgang tunlich ist, die empfangene Sache prüft und allfällig festgestellte Mängel dem Verkäufer sofort anzeigt (Art. 201 Abs. 1 OR). Diese zwei Voraussetzungen stellen allerdings keine Rechtspflicht (klageweise durchsetzbar) des Käufers dar. Es handelt sich dabei um sogenannte Obliegenheiten (Prüfungs- und Rügeobliegenheit), deren Verletzung einzig einen Rechtsverlust des Käufers zur Folge hat (GIGER, N 5 zu Art. 201 OR). Die Kaufsache gilt nämlich hinsichtlich derjenigen Mängel, die bei übungsgemässer Untersuchung erkennbar sind, als genehmigt, soweit der Erwerber nicht rechtzeitig rügt (Art. 201 Abs. 2 OR), d.h. den Verkäufer trifft in diesem Fall keine Mängelhaftung. Eine Ausnahme stellt jedoch die absichtliche Täuschung des Käufers durch den Verkäufer dar. Hier findet eine Beschränkung der Gewährleistung wegen versäumter Anzeige nicht statt (Art. 203 OR). Die absichtliche Täuschung kann darin bestehen, dass der Käufer hinsichtlich der Sachqualität irregeführt oder von der Prüfung und rechtzeitigen Rüge abgehalten wird (GIGER, N 5 zu Art. 203 OR). Die Vorschriften über die Prüfungs- und Rügeobliegenheit des Käufers gelten in gleicher Weise für vorausgesetzte und für zugesicherte Eigenschaften (BGE 107 II 422 E. 2).

Prüfungsobliegenheit: Wie bereits erwähnt, muss der Käufer die Sache übungsgemäss untersuchen. Was darunter zu verstehen ist, bestimmt sich nach der Natur des Kaufgegenstandes und den Handelsbräuchen in der betreffenden Branche (BGE 76 II 222 f.; GIGER, N 45 zu Art. 201 OR; KELLER/LOERTSCHER, S. 79). An den geschäftsunerfahrenen Erwerber im nicht kaufmännischen Verkehr sind hinsichtlich der Untersuchung geringere Anforderungen zu stellen. Nie braucht ein Erwerber allerdings "nach geheimen Mängeln zu fahnden" (BGE 76 II 224) und in der Regel auch keinen Fachmann zur Prüfung heranzuziehen (BGE 63 II 408). Über den Zeitpunkt der Prüfungsvornahme bestimmt das Gesetz lediglich, dass diese, "sobald es nach dem üblichen Geschäftsgang tunlich ist" (Art. 201 Abs. 1 OR), erfolgen müsse. Sowohl für die Zeit als auch für die Untersuchung selbst stellt das Gesetz auf die Usanzen der Branche ab.

Usanz im Baumterialhandel: Damit der Baumaterialkäufer seiner Obliegenheit korrekt nachkommen kann, müssen somit die einschlägigen Usanzen der Branche bekannt sein. Meines Erachtens gilt folgendes: Bei einem Grossteil der Baustoffe ist - durch deren Natur bedingt - ein Test der Gebrauchsfähigkeit erst mit bestimmungsgemässer Verwendung (bei oder nach Verarbeitung) möglich (eine Geschirrspülmaschine kann grundsätzlich erst nach deren Einbau und nach Anschluss des Hauses an die Wasserleitung geprüft werden). Es ist ferner nicht üblich, dass angeliefertes Baumaterial vom Erwerber mit oder ohne Beizug eines Fachmannes sofort eingehend untersucht (chemische Analyse von Zement) oder gar probeweise verarbeitet wird (Anbringen des Fassadenputzes auf einer speziell zum Zweck der Prüfung erstellten Mauer; probeweises Einbauen eines Fensters in ein bewohntes Haus zur Überprüfung der Schalldurchlässigkeit). Hingegen ist es Usanz, Baumaterial bei der Lieferung sofort auf rein optische Beschädigungen oder sonstige evidente Mängel zu überprüfen (zerbrochene Backsteine, verbeulte Waschmaschine, bereits durch Feuchtigkeit hart gewordener Zement).

Rügeobliegenheit: Mängel müssen sofort nach ihrer Entdeckung dem Verkäufer angezeigt werden (Art. 201 Abs. 1 und 3 OR). Unerheblich ist dabei, ob es sich um Mängel handelt, die bei der übungsgemässen Untersuchung zum Vorschein kommen (offene Mängel) oder um solche, die dabei nicht erkennbar sind (geheime oder verdeckte Mängel). Die Rüge soll es dem Verkäufer ermöglichen, Art, Inhalt und Umfang der Beanstandung klar und bestimmt zu ermessen, um einen Entscheid hinsichtlich des Verhaltens gegenüber dem Vorwurf der Schlechterfüllung treffen zu können. Daraus folgt, dass der Käufer seine Rüge konkret umschreiben muss und eine abstrakte Reklamation (Beispiel: Die Ware ist unbrauchbar?!) nicht genügt. Aus Beweissicherungsgründen empfiehlt sich jedem Käufer, eine allfällige Mängelrüge - trotz gesetzlich nicht vorgeschriebener Form - schriftlich abzufassen.

Eine weitere Voraussetzung der Verkäuferhaftung für Sachmängel ist die noch nicht eingetretene Verjährung der Sachgewährleistungsklagen. Diese verjähren mit Ablauf eines Jahres nach Ablieferung des Kaufgegenstandes (Art. 210 Abs. 1 OR). Bedeutungslos ist, ob der Käufer innerhalb dieses Jahres allfällig vorhandene Mängel entdeckt hat oder nicht. Gewährleistungsansprüche können daher verjähren bzw. verwirken, bevor Mängel überhaupt zum Vorschein kommen.

Die gesetzliche Frist kann nach Lehre und Rechtsprechung sowohl verlängert als auch verkürzt werden. Eine Verlängerung darf allerdings die gesetzliche Maximalfrist von 10 Jahren (Art. 127 OR) nicht übersteigen (GIGER, N 43 zu Art. 210 OR). Eine Verkürzung kommt der Beschränkung der Gewährleistungshaftung (hinten, E) I. "Haftungswegbedingung") gleich und unterliegt daher denselben gesetzlichen Schranken (KELLER/LOERTSCHER, S. 96).

Gleich wie beim Ausschluss der Gewährleistung wegen versäumter Anzeige gilt auch hier die Ausnahme der absichtlichen Täuschung des Käufers durch den Verkäufer. Letzterer kann sich in diesem Fall nicht auf die mit Ablauf eines Jahres eintretende Verjährung berufen (Art. 210 Abs. 3 OR). Es kommt die allgemeine Verjährungsfrist von 10 Jahren (Art. 127 OR) zur Anwendung (BGE 107 II 231 ff.). Die absichtliche Täuschung kann sowohl in einer Irreführung bezüglich der Sachqualität als auch hinsichtlich der rechtzeitigen Geltendmachung der Sachgewährleistungsansprüche bestehen.

Bei Eintritt der Verjährung sind Sachgewährleistungsansprüche nicht mehr klageweise durchsetzbar. Immerhin kann aber ein verjährter Anspruch einredeweise geltend gemacht oder auch eingeklagt werden. Der Richter darf nämlich die Verjährung nicht von Amtes wegen berücksichtigen. Dies setzt allerdings voraus, dass der Käufer dem Händler innerhalb eines Jahres seit Ablieferung des Kaufgegenstandes die vorhandenen Mängel sofort nach deren Entdeckung angezeigt hat (Art. 210 Abs. 2 OR). Unterlässt das der Erwerber hingegen, weil unter Umständen in der genannten Frist noch gar keine Mängel festzustellen waren, sind die Sachgewährleistungsansprüche verwirkt, was der Richter immer prüfen muss (SCHULIN/VOGT, Tafel B 7 B N 7). Art. 210 OR enthält also eine Verwirkungsfrist hinsichtlich Sachgewährleistungsansprüche und eine Verjährungsfrist betreffend Klageerhebung.

III. Sachgewährleistungsansprüche

Sind die erwähnten Voraussetzungen erfüllt, liegt ein Fall der Gewährleistung wegen Mängeln einer Sache vor, was dem Käufer grundsätzlich folgende Rechte einräumt: Wandelungs- und Minderungsklagerecht sowie Recht auf Nachlieferung mängelfreier Ware (nur beim Gattungskauf). Die drei Mängelrechte stehen in einem alternativen Verhältnis zueinander, d.h. der Baustoffkäufer kann nur einen Anspruch geltend machen, er muss also eine Wahl treffen.

1. Wandelung

Der Käufer hat die Möglichkeit, mit der Wandelungsklage den Kauf rückgängig zu machen (Art. 205 Abs. 1 OR). Darunter ist die Aufhebung des Kaufvertrages mit Wirkung ex tunc zu verstehen (GIGER, N 15 zu Art. 205 OR). Der Baumaterialhändler muss den bereits empfangenen Kaufpreis samt Zinsen (5 Prozent gemäss Art. 73 OR) und der Erwerber den Baustoff nebst dem inzwischen bezogenen Nutzen zurückerstatten (Art. 208 Abs. 1 und 2 OR). Bei Baumaterial (nicht fruchttragend) besteht ein allfällig bezogener Nutzen regelmässig im Gebrauch. Beispiel: Gebrauch des drei Monate nach dem Kauf explodierenden Kühlschrankes. Den Käufer trifft keine Rücksendepflicht. Die Kaufsache ist daher da zu übergeben, wo sie sich im Zeitpunkt der Wandelung befindet (analoge Anwendung von Art. 74 Abs. 2 Ziff. 2 OR; BGE 109 II 32; GIGER, N 10 zu Art. 208 OR).

Da es sich bei der Wandelung um ein Klagerecht handelt, treten deren Wirkungen nicht bereits mit der entsprechenden Wahl des Käufers ein, sondern erst mit dem richterlichen Gestaltungsurteil. Ausserdem können sich die Parteien natürlich auch über die Wandelung einigen. Diese kommt also entweder durch vertragliche Einigung (Aufhebungsvertrag) der Parteien oder durch richterlichen Gestaltungsakt zustande.

Der Anspruch des Baustoffkäufers, mit der Wahl der Wandelungsklage den Kauf rückgängig zu machen, ist insofern eingeschränkt, als es dem Richter freisteht, auch wenn die Wandelungsklage angestrengt worden ist, bloss Ersatz des Minderwertes zuzusprechen, sofern die Umstände die Rückgängigmachung des Kaufs nicht rechtfertigen (Art. 205 Abs. 2 OR). Dies ist dann der Fall, wenn die Nachteile der Wandelung für den

Verkäufer ungleich schwerer wiegen als die Vorteile für den Käufer (KELLER/ LOERTSCHER, S. 83).

Ferner ist nicht Wandelung, sondern nur Minderung möglich, wenn die Sache durch Verschulden des Käufers untergegangen, von diesem weiter veräussert oder umgestaltet worden ist (Art. 207 Abs. 3 OR), oder wenn er auf die Wandelung ausdrücklich oder durch konkludentes Verhalten (z.B. Weiterbenutzung des mangelhaften Kaufgegenstandes ohne stichhaltigen Grund) verzichtet hat (BGE 105 II 91). Der Untergang der Sache infolge ihrer Mängel oder durch Zufall hindert demgegenüber die Wandelung nicht. Der Erwerber hat unter diesen Umständen nur das zurückzugeben, was ihm vom Kaufgegenstand verblieben ist (Art. 207 Abs. 1 und 2 OR).

Kumulativ zum Wandelungsklagerecht hat der Käufer Anspruch auf Schadenersatz. Gemäss Art. 208 Abs. 2 OR, der auf die Schadenersatzordnung bei vollständiger Entwehrung verweist (Art. 195 Abs. 1 OR), haftet der Baumaterialhändler für den unmittelbaren Schaden kausal. Für den weiteren (mittelbaren) Schaden legt Art. 208 Abs. 2 OR eine Verschuldenshaftung (Möglichkeit der Exkulpation) des Verkäufers fest.

Umstritten ist die Abgrenzung zwischen unmittelbarem und mittelbarem Schaden (Näheres bei KELLER/LOERTSCHER, S. 57 ff.):

- Unmittelbarer Schaden: Ein Teil der Lehre subsumiert unter den Begriff unmittelbarer Schaden das gesamte negative Vertragsinteresse, ein anderer Teil das negative Interesse ohne den entgangenen Gewinn, also den positiven Schaden (damnum emergens), und ein weiterer Teil wendet eine noch differenziertere Betrachtungsweise an. Danach ist derjenige Schaden unmittelbar, welcher in nächster Folge aus der Vertragsverletzung (Rechts- oder Sachmangel) entstanden ist.
- Mittelbarer Schaden: Die Meinungen schwanken zwischen positivem Interesse, entgangenem Gewinn im Rahmen des negativen Interesses (lucrum cessans) und einer Definition unter Zuhilfenahme der Nähe des Kausalzusammenhanges. Danach ist derjenige Schaden mittelbar, der als entferntere, weitere Folge der Vertragsverletzung erscheint.

Von besonderer Bedeutung ist die Abgrenzung von unmittelbarem und mittelbarem Schaden im Zusammenhang mit den sogenannten Mangelfolgeschäden. Hier geht es meist um grössere Geldbeträge. Daher ist es entscheidend, ob der Baumaterialhändler kausal oder "nur" bei Verschulden haftet.

Mangelfolgeschäden - erst mittelbar durch die Mangelhaftigkeit des Kaufgegenstandes verursachte Schäden - können sowohl unmittelbaren als auch mittelbaren Schaden darstellen:

- Beispiel für unmittelbaren Schaden: Das aus der Geschirrspülmaschine auslaufende oder wegen des undichten Daches ins Haus eindringende Wasser beschädigt Möbel, Tapeten, Teppiche.
- Beispiel für mittelbaren Schaden: Das in den obenerwähnten Beispielen einige Einrichtungsgegenstände beschädigende Wasser dringt in eine Steckdose ein, verursacht einen Kurzschluss und dadurch einen Brand. Die Isolation mit dem nicht vertragskonformen Wärmeleitkoeffizienten bewirkt, dass der nicht auf 24-Stunden-Betrieb ausgerichtete Brenner einen Defekt erleidet.

2. Minderung

Mit der Minderungsklage kann der Käufer Ersatz des Minderwertes der Sache fordern (Art. 205 Abs. 1 OR). Anders als bei der Wandelung bleibt hier aber der Kaufvertrag bestehen. Die Minderung bewirkt eine Herabsetzung des vom Käufer bereits bezahlten oder noch geschuldeten Kaufpreises und ist damit ein geeignetes gesetzliches Mittel, um das durch die Schlechterfüllung des Verkäufers gestörte Leistungsgleichgewicht wieder herzustellen (GIGER, N 16 zu Art. 205 OR).

Das Recht des Käufers, mit der Wahl der Minderungsklage eine Herabsetzung des Kaufpreises zu verlangen, ist insofern eingeschränkt, als bei gleichem Umfang von gefordertem Minderwert und Kaufpreis nur Wandelung möglich ist (Art. 205 Abs. 3 OR).

Auch bei der Minderung handelt es sich um ein Klagerecht. Diese kommt - gleich wie die Wandelung - entweder durch vertragliche Einigung der Parteien oder durch richterliches Gestaltungsurteil zustande.

Über die Berechnung der Höhe des Minderwertes enthält das Gesetz keine Vorschrift, d.h., es überlässt die Lösung dieses Problems der Rechtsanwendung. Lehre und Rechtsprechung stützen sich für die Bestimmung der Preisreduktion auf die sogenannte relative Berechnungsmethode (objektiver Wert der mangelfreien Sache : objektiver Wert der mangelhaften Sache = Kaufpreis : geminderter Kaufpreis; GIGER, N 20 f. zu Art. 205 OR). Diese hat den Vorzug, dass trotz der Minderung die vertragliche Preisabrede insoweit nicht angetastet wird, als deren Vorteile - seien es diejenigen des Verkäufers bei hohem oder seien es diejenigen des Käufers bei niedrigem Preis - verhältnismässig erhalten bleiben (GUHL, S. 362). Somit geht der kaufmännische Gehalt des Rechtsgeschäftes trotz der Minderung nicht verloren.

Nach einhelliger Lehre und Rechtsprechung stehen dem Käufer kumulativ zur - nicht Schadenersatz darstellenden - Preisreduktion Schadenersatzansprüche zu. Da diese im Kaufrecht bei der Minderung im Gegensatz zur Wandelung nicht erwähnt werden, fragt es sich, aus welcher Norm die Schadenersatzansprüche fliessen. Das Bundesgericht wendet Art. 97 OR (vgl. vorn, B) II. "Nicht- und nicht gehörige Erfüllung") an (BGE 82 II 136 E. 3a), d.h. die die vertragliche Ersatzpflicht des Schuldners regelnde Bestimmung des Allgemeinen Teils des OR. Die Allgemeinen Normen kommen ja - von Ausnahmen abgesehen - immer dann zur Anwendung, wenn die Besonderen den fraglichen Sachverhalt nicht regeln. Nach meines Erachtens richtiger Meinung eines Grossteils der Lehre ist hier allerdings eine derartige Ausnahme gegeben. Das Minderungsrecht enthält, was die kumulativen Schadenersatzansprüche anbelangt, eine echte Lücke, die angesichts der gleichen Interessenlage bei der Minderung und Wandelung durch analoge Anwendung von Art. 208 OR gefüllt werden muss (GIGER, N 56 zu Art. 208 OR; GUHL, S. 362; KELLER/LOERTSCHER, S. 88 f.). Gemäss Art. 97 OR hat der Baumaterialhändler für jeglichen Schaden nur bei Verschulden (Möglichkeit der Exkulpation) einzustehen. In Anwendung von Art. 208 OR haftet der Verkäufer dagegen für den unmittelbaren Schaden kausal und lediglich für den mittelbaren bei Verschulden.

3. Nachlieferung mängelfreier Ware

Beim Gattungskauf - also beim typischen Baumaterialkauf - hat der Erwerber die Möglichkeit, anstatt die Wandelungs- oder die Minderungsklage anzustrengen, Ersatz der mangelhaften Sache durch währhafte Ware derselben Gattung zu fordern (Art. 206 Abs. 1 OR). Unter dem Ausdruck vertretbare Sachen in Art. 206 OR muss richtigerweise Gattungsware verstanden werden.

Die Nachlieferung mängelfreier Ware ist aber nicht nur als Recht des Käufers, sondern auch als solches des Verkäufers ausgestaltet. Dieser kann sich, wenn die Gegenstände dem Käufer nicht von einem andern Ort zugesandt worden sind, durch sofortige Lieferung währhafter Ware derselben Gattung und Ersatz allen Schadens von jedem weiteren Anspruch des Käufers befreien (Art. 206 Abs. 2 OR). Dasselbe Recht steht dem Händler aber grundsätzlich auch bei Lieferung über kleinere Distanzen zu. Weist der Baustoffkäufer unter diesen Umständen mit dem Einwand des Distanzkaufs die nachgelieferte Ware zurück, kann dies rechtsmissbräuchlich sein (Art. 2 Abs. 2 ZGB; KELLER/LOERTSCHER, S. 90). Die Nachlieferung muss aber tatsächlich sofort erfolgen und nicht bloss angeboten werden. Liefert der Verkäufer auch beim zweiten Mal mangelhafte Ware, so hat er sein Nachlieferungsrecht verwirkt (GIGER, N 22 ff. zu Art. 206 OR). Nicht um einen Versendungs- oder Distanzkauf handelt es sich, wenn die Parteien abmachen, dass der Händler den Baustoff mit eigenen Lastkraftwagen an einen bestimmten Ort (z.B. Bauplatz) zu transportieren habe. Eine derartige Vereinbarung macht lediglich die vom Gesetz (Art. 74 OR) vorgesehene Hol- zur Bringschuld. Beim Distanzkauf dagegen muss der Verkäufer die Ware einem Dritten (Transportführer) zur Versendung abgeben, was als sogenannte modifizierte Holschuld (Versendungs- oder Schickschuld) bezeichnet wird (KELLER/LOERTSCHER, S. 17). Die aufgezeigte Unterscheidung ist nicht nur betreffend Nachlieferungsrecht des Verkäufers, sondern auch hinsichtlich Gefahrtragung (vorn, A) letzter Absatz, und B) II. 2. Abs.) von Bedeutung.

Kumulativen Schadenersatz zum Recht der Nachlieferung erwähnt das Gesetz nur für den Fall, dass der Verkäufer davon Gebrauch macht (Art. 206 Abs. 2 OR). Verlangt hingegen der Käufer Nachlieferung, stellen sich hinsichtlich der Schadenersatzansprüche die gleichen Probleme wie bei der Minderung. Diese werden vom Bundesgericht in Anwendung von Art. 97 OR und vom Grossteil der Lehre in analoger Anwendung von Art. 208 OR gelöst. Darüber hinaus wird Art. 208 OR auch angewandt, was den Umfang und die Voraussetzungen des Schadenersatzes nach Art. 206 Abs. 2 OR betrifft, d.h. wenn der Verkäufer das Nachlieferungsrecht beansprucht (GIGER, N 23 zu Art. 206 OR i.V.m. N 32 ff. zu Art. 208 OR).

E) Sonderfragen

I. Haftungswegbedingung

Es fragt sich, inwieweit die im zweiten, dritten und vierten Kapitel behandelte vertragliche Haftung des Verkäufers von den Parteien wegbedungen werden kann. Immer ist natürlich möglich, dass der Erwerber im nachhinein auf die Geltendmachung eines ihm zustehenden Anspruchs verzichtet. So kann der Käufer trotz Mangelhaftigkeit der Sache beispielsweise seine Mängelrechte schlechthin nicht geltend machen oder trotz der durch den Verkäufer verschuldeten nachträglichen Unmöglichkeit der Erfüllung keinen Schadenersatz beanspruchen. Welche Motivation den Käufer zu einem solchen Tun veranlasst, ist grundsätzlich unerheblich.

Vorgängig können sowohl die allgemeine Vertragshaftung (Art. 97 ff. OR) als auch die kaufrechtliche Rechtsmängel- (Art. 192 ff. OR) sowie Sachmängelhaftung (Art. 197 ff. OR) vertraglich wegbedungen werden, da die entsprechenden Normen dispositiver Natur sind. Eine Schranke der Wegbedingung ergibt sich für die Rechtsmängelhaftung aus Art. 192 Abs. 3 OR (absichtliches Verschweigen des Rechts des Dritten) und für die Sachmängelhaftung aus Art. 199 OR (arglistiges Verschweigen der Gewährsmängel). Weitere Schranken (Näheres bei KELLER/LOERTSCHER, S. 106 ff.) enthalten die Allgemeinen Bestimmungen des OR (z.B. Art. 21: Übervorteilung) und auch das ZGB (z.B. Art. 2: Rechtsmissbrauch).

II. Produktehaftung

Unter Produktehaftung versteht man die verschuldensunabhängige Haftung des Herstellers für den durch sein fehlerhaftes Produkt verursachten Schaden. Erfasst werden somit nicht Mängel bzw. der Schaden am Produkt selbst, sondern die sogenannten Mangelfolgeschäden.

Der Baumaterialhändler stellt seine Waren in der Regel nicht selber her; vielmehr bezieht er sie beim Produzenten, lagert zwischen und nimmt insbesondere eine Verteilfunktion wahr. Die meisten Produktemängel und Mangelfolgeschäden beruhen aber nicht auf einer falschen Zwischenlagerung, sondern sind Folge von Herstellungs-, Konstruktionsfehlern, unsachgemässem Umgang wegen Fehlens einer zureichenden Gebrauchsanleitung; Fehler also, die in der Sphäre des Produzenten gründen.

Es stellt sich daher immer wieder die Frage nach der Haftung des Produzenten gegenüber dem Konsumenten. Soweit es nicht zum ausdrücklichen oder stillschweigenden Abschluss eines "Garantievertrages" zwischen den beiden Parteien gekommen ist, besteht keine unmittelbare Vertragshaftung des Fabrikanten gegenüber dem Baustoffkäufer. Der Konsument kann allerdings aus Vertrag auf den Händler greifen und dieser aus Vertrag auf den Produzenten (Erfüllung der einschlägigen Voraussetzungen, vor allem der nicht eingetretenen Verjährung), was als mittelbare vertragliche Haftung des Produzenten gegenüber dem Konsumenten bezeichnet werden kann.

Unmittelbar haftet der Baustoffproduzent dem geschädigten Verbraucher sowie Dritten gegenüber ausservertraglich, d.h. gemäss den Allgemeinen Bestimmungen des OR betreffend die unerlaubte Handlung (deliktische "Produkte"-Haftung). Zur Anwendung kommen insbesondere die Verschuldenshaftung nach Art. 41 OR und die Geschäftsherrenhaftung (Kausalhaftung) nach Art. 55 OR (Näheres bei KELLER/SYZ, S. 147 ff.).

Aus beweistechnischer Sicht ist Art. 41 OR für den Geschädigten eher ungünstig, da dieser dem Hersteller ein Verschulden am Produktemangel nachweisen muss. Gemäss Art. 55 OR haftet der Hersteller dagegen verschuldensunabhängig. Allerdings steht ihm die Erbringung eines sogenannten Befreiungsbeweises offen. An diesen werden aber sehr hohe Anforderungen gestellt. Der Geschäftsherr muss nicht nur nachweisen, dass er die notwendige Sorgfalt in der Wahl (cura in eligendo), in der Instruktion (cura in instruendo) und in der Überwachung (cura in custodiendo) seiner Hilfspersonen angewendet, sondern auch, dass er seinen Betrieb zweckmässig organisiert hat (BGE 110 II 456). Die heutige Gerichtspraxis verunmöglicht es dem Hersteller weitgehend, den Befreiungsbeweis zu erbringen. Ein durch mangelhaftes Baumaterial Geschädigter hat somit in der Regel gute Aussichten, unter Berufung auf Art. 55 OR den Produzenten ins Recht zu fassen.

Oft ist folgender Sachverhalt anzutreffen: Der Unternehmer hat aus Werkvertrag - z.B. drei Jahre nach Abnahme - Nachbesserungsarbeiten am Bauwerk durchzuführen, weil beim verwendeten Baumaterial Mängel zum Vorschein gekommen sind. Aus Kaufvertrag kann der Unternehmer in diesem Fall keinen Anspruch gegen den Händler geltend machen, da die kaufrechtliche Gewährleistung bereits verjährt bzw. verwirkt ist (vorn, D) II. letzter Abs.). Ebenso kann sich der Unternehmer nicht auf Art. 55 OR berufen und vom Produzenten Schadenersatz verlangen. Durch die Nachbesserungsarbeiten hat er zwar einen in Geld messbaren Nachteil erlitten, es ist aber kein Eingriff in eines seiner geschützten Rechtsgüter erfolgt, womit eine Voraussetzung der Geschäftsherrenhaftung, die Widerrechtlichkeit, nicht erfüllt ist. Im Unterschied zum Werkeigentümer zählt der Unternehmer in unserm Beispiel nicht zu den direkt Geschädigten, sondern zu den indirekt bzw. Reflexgeschädigten, die grundsätzlich keinen Haftpflichtanspruch gemäss den Allgemeinen Bestimmungen des OR geltend machen können (KELLER/SYZ, S. 46 f. und S. 68).

Gegenüber dem Werkeigentümer haftet vorliegend neben dem Unternehmer grundsätzlich auch der Produzent. Der Unternehmer kann daher versuchen, auf den Hersteller Regress zu nehmen. Dies dürfte allerdings ebenfalls nicht gelingen, da der aus Vertrag Ersatzpflichtige den Schaden in der Regel vor dem Kausalhaftpflichtigen zu tragen hat (Art. 51 Abs. 2 OR). - Beachte aber: Die absolute Verjährungsfrist für Schadenersatzansprüche aus unerlaubter Handlung beträgt zehn Jahre (Art. 60 Abs. 1 OR). Kommen die Baumaterialmängel beispielsweise erst nach Verjährung der werkvertraglichen Mängelhaftung (Art. 371 Abs. 2 OR) zum Vorschein, haften unter Umständen der Unternehmer und der Hersteller sowie allenfalls auch der Händler solidarisch aus Art. 55 OR. In diesem Fall wird durch richterliches Ermessen bestimmt, ob und in welchem Umfang die Beteiligten Rückgriff gegeneinander haben (Art. 50 Abs. 2 OR).

Eine weitere Haftungsgrundlage bildet das neue Bundesgesetz über die Produktehaftpflicht, das im wesentlichen eine Transformation der diesbezüglichen Richtlinie des Rates der EG vom 25. Juli 1985 (vgl. ABl. Nr. L 210, S. 29 ff.) darstellt. Es beinhaltet eine schuldensunabhängige Haftung des Herstellers. Führt ein fehlerhaftes Produkt zur Verletzung bzw. Tötung einer Person oder zur Beschädigung bzw. Zerstörung einer Sache, die nach ihrer Art gewöhnlich zum privaten Ge- oder Verbrauch bestimmt und vom Geschädigten hauptsächlich privat verwendet worden ist, hat für den daraus resultierenden Schaden der Hersteller einzustehen (Art. 1 PrHG). Er haftet dagegen nicht für den Schaden am fehlerhaften Produkt selbst.

Hersteller im Sinne des Gesetzes sind neben dem Produzenten des Endprodukts, eines Grundstoffes oder eines Teilprodukts auch diejenigen Personen, die sich als Hersteller ausgeben, indem sie ihren Namen, ihr Waren- oder ein anderes Erkennungszeichen auf dem Produkt anbringen (Quasi-Hersteller) sowie der Importeur. Als solcher gilt, wer im Rahmen seiner geschäftlichen Tätigkeit u.a. zum Zweck des Verkaufs Waren in die Schweiz einführt. Erfasst werden auch Re-Importe.

Ein Händler, der Baumaterialien einführt, kann somit unmittelbar aufgrund des PrHG in Anspruch genommen werden. Der Geschädigte muss nicht an den Hersteller im Ausland gelangen, sondern hat die Möglichkeit, direkt auf den Importeur in der Schweiz zu greifen. Vorbehalten bleiben abweichende Bestimmungen in völkerrechtlichen Verträgen (vgl. dazu das Lugano-Übereinkommen).

Neben der Haftung als Importeur sowie als Quasi-Hersteller hat der Händler auch dann für das Produkt einzustehen, wenn der Schweizer Importeur bzw. Hersteller nicht feststellbar ist oder der Händler nach entsprechender Aufforderung des Geschädigten nicht innert angemessener Frist den Hersteller bzw. Lieferanten nennt. Der Baumaterialhändler haftet aber nicht anstelle eines in Konkurs geratenen Herstellers.

Zum Fehlerbegriff im Produktehaftpflichtgesetz: Ein Produkt hat dann einen Fehler, wenn es nicht die Sicherheit bietet, die man unter Berücksichtigung aller Umstände, insbesondere der Publikumspräsentation, des Gebrauchs, mit dem vernünftigerweise gerechnet werden kann, und des Zeitpunkts, in dem es in Verkehr gebracht wurde, zu erwarten berechtigt ist (Art. 4 PrHG). Somit spielt der Erwartungshorizont der Allgemeinheit eine entscheidende Rolle. Das bedeutet in der Praxis, dass der Hersteller sowohl für technische Fehler als auch für unklare Gebrauchsanweisungen sowie für eine übertriebene Werbung haftet, sofern dies zum schädigenden Ereignis geführt hat. Ein im Prinzip fehlerfreies Produkt kann durch falsche Präsentation fehlerhaft werden.

In Art. 5 PrHG sind einige Entlastungsmöglichkeiten aufgelistet. So haftet der Hersteller beispielsweise nicht, wenn er beweist, dass der Fehler darauf zurückzuführen ist, dass das Produkt verbindlichen, hoheitlich erlassenen Vorschriften entspricht oder nach dem Stand der Wissenschaft und Technik im Zeitpunkt, in dem das Produkt in Verkehr gebracht wurde, nicht erkannt werden konnte (keine Haftung für sogenannte Entwicklungsrisiken) oder erst durch Einbau des Grundstoffes bzw. Teilprodukts entstanden ist.

Vereinbarungen, welche die Haftpflicht gemäss PrHG gegenüber dem Geschädigten wegbedingen, sind nichtig (Art. 8 PrHG). Ansprüche nach Produktehaftpflichtgesetz verjähren drei Jahre nach dem Tag, an dem der Geschädigte Kenntnis vom Schaden, dem Fehler und vom Hersteller erlangt hat oder hätte erlangen müssen (Art. 9 PrHG).

Die relative Verjährungsfrist der Schadenersatzansprüche aus Geschäftsherrenhaftung (Art. 55 OR) beträgt dagegen nur ein Jahr (Art. 60 Abs. 1 OR). Zehn Jahre nach Inverkehrbringung des den Schaden verursachenden Produkts erlischt die Haftung des Herstellers (Art. 10 PrHG).

Das neue Produktehaftpflichtgesetz hebt die bisherigen Rechtsvorschriften nicht auf, sondern tritt zu den herkömmlichen Schadenersatzbestimmungen hinzu. Für den Geschädigten kann dies deshalb wichtig sein, weil das PrHG z.B. die Leistung von Genugtuung bei Körperverletzung und Schadenersatz betreffend gewerblich genutzte Sachen nicht vorsieht. Solche Ansprüche können einzig über die Allgemeinen Bestimmungen des Obligationenrechts (Art. 41 ff. OR) geltend gemacht werden. Insgesamt bringt das Produktehaftpflichtgesetz keine wesentliche Haftungsverschärfung, da bereits heute eine sehr strenge bundesgerichtliche Rechtsprechung zur Geschäftsherrenhaftung (Art. 55 OR) besteht. Immerhin stellt aber das PrHG dem Geschädigten eine weitere Anspruchsgrundlage zur Verfügung, was dessen Stellung verbessert.

III. Wiener Kaufrecht

Das Übereinkommen der Vereinten Nationen über Verträge über den internationalen Warenkauf (Wiener Kaufrecht) ist für die Schweiz am 1. März 1991 in Kraft getreten.

Es bezieht sich nur auf Kaufverträge, deren Parteien Niederlassung in verschiedenen Staaten haben, sofern diese Staaten Vertragsstaaten sind oder die Regeln des internationalen Privatrechts des Forumstaates zur Anwendung des Rechts eines Vertragsstaates führen (Art. 1 WKR).

Baumaterialien werden in der Regel nicht über grössere Distanzen transportiert. Für den schweizerischen Im- und Export von Baustoffen ist es daher von grosser Bedeutung, dass insbesondere die an die Schweiz angrenzenden Handelspartner (Bundesrepublik Deutschland, Frankreich, Italien, Österreich) ebenfalls Vertragsstaaten des Wiener Kaufrechts sind.

Gemäss Art. 4 WKR regelt das Übereinkommen ausschliesslich den Abschluss des Kaufvertrages (Art. 14 ff. WKR) sowie die aus ihm erwachsenden Rechte und Pflichten des Verkäufers und des Käufers (Art. 25 ff. WKR).

Der Verkäufer haftet für "Vertragswidrigkeiten", die bereits im Zeitpunkt des Überganges der Gefahr auf den Käufer bestanden haben (Art. 36 Abs. 1 WKR). Das Übereinkommen findet aber keine Anwendung auf die Haftung des Verkäufers für den durch die Ware verursachten Tod oder die Körperverletzung einer Person (Art. 5 WKR).

Der Käufer muss die Ware innerhalb einer so kurzen Frist, wie es die Umstände erlauben, untersuchen (Art. 38 Abs. 1 WKR) und dem Verkäufer Vertragswidrigkeiten innerhalb einer angemessenen Frist - also nicht sofort (vgl. vorn, D) II.) - nach Feststellung anzeigen (Art. 39 Abs. 2 WKR). Der Käufer verliert das Recht, sich auf eine Vertragswidrigkeit zu berufen, wenn er sie dem Verkäufer nicht spätestens innerhalb von zwei Jahren nach Übergabe der Ware anzeigt (Art. 39 Abs. 2 WKR).

Die Parteien können die Anwendung des Wiener Kaufrechts ausschliessen oder von seinen Bestimmungen abweichen bzw. deren Wirkung ändern (Art. 6 WKR).

RECHTSQUELLEN
BG vom 30. März 1911 betreffend Ergänzung des Schweizerischen Zivilgesetzbuches (Fünfter Teil: Obligationenrecht), SR 220 (OR).
Schweizerisches Zivilgesetzbuch vom 10. Dezember 1907, SR 210 (ZGB).
BG über die Produktehaftpflicht (Produktehaftpflichtgesetz, PrHG) vom 18. Juni 1993, BBl 1993 II 992, Inkrafttreten: voraussichtlich 1.1.1994 (PrHG).
Übereinkommen über die gerichtliche Zuständigkeit und die Vollstreckung gerichtlicher Entscheidungen in Zivil- und Handelssachen, SR 0.275.11 (Lugano-Übereinkommen).
"Wiener Kaufrecht": Übereinkommen der Vereinten Nationen über Verträge über den internationalen Warenkauf, SR 0.221.211.1 (WKR).

JUDIKATUR
BGE 26 II 746 ff.: Vorausgesetzter Gebrauch der Kaufsache.
BGE 63 II 408: Käufer ist nicht gehalten, einen Fachmann zur Prüfung der Kaufsache heranzuziehen.
BGE 76 II 223: Übungsgemässe Untersuchung der Kaufsache bestimmt sich nach den Handelsbräuchen in der betreffenden Branche.
BGE 76 II 224: Käufer muss nicht nach geheimen Mängeln fahnden.
BGE 82 II 136 E. 3a: Schadenersatzanspruch bei Kumulation mit Minderung.
BGE 88 II 416: Keine Gewähr für alle Hoffnungen, die durch eine Anpreisung erweckt werden.
BGE 94 II 34 = Pra 57 (1968) Nr. 145 E. 4: Auch bei einer aliud-Lieferung stehen dem Käufer sämtliche Mängelrechte gemäss Art. 206 OR zu.
BGE 95 II 119 ff.: Rechtlicher Mangel.
BGE 104 II 198: Schadenersatzanspruch des Käufers bei durch den Verkäufer verschuldeter nachträglicher Unmöglichkeit der Erfüllung.
BGE 105 II 91: Gebrauch der Kaufsache trotz erkannter Mängel ohne stichhaltigen Grund: nur Minderung - nicht Wandelung - möglich.
BGE 107 II 231 ff.: 10-jährige Verjährungsfrist bei absichtlicher Täuschung.
BGE 107 II 422 E. 2: Prüfungs- und Rügeobliegenheit gelten sowohl für vorausgesetzte als auch für zugesicherte Eigenschaften.
BGE 109 II 32: Rückgabepflicht des Käufers bei Wandelung ist Holschuld.
BGE 110 II 456: Sorgfaltsbeweis des Geschäftsherrn.

LITERATUR

AMTSBLATT DER EUROPÄISCHEN GEMEINSCHAFTEN, L 210, 7. August 1985 (ABl. Nr. L 210); BORER Peter, Haftpflichtrecht, insbesondere Produktehaftpflichtrecht, in: Die Europaverträglichkeit des schweizerischen Rechts, Zürich 1990, S. 495 ff. (BORER); V. CAEMMERER Ernst/SCHLECHTRIEM Peter, Kommentar zum einheitlichen UN-Kaufrecht, München 1990 (CAEMMERER/SCHLECHTRIEM); EGLI Anton, Kaufvertrag und Garantie nach der SIA-Norm 118, Baurecht I (1983), S. 3 ff. (EGLI, Baurecht 1); GAUCH Peter/SCHLUEP Walter R., Schweizerisches Obligationenrecht, Allgemeiner Teil ohne ausservertragliches Haftpflichtrecht, 2 Bde., 5. Aufl., Zürich 1991 (GAUCH/SCHLUEP); GIGER Hans, Das Obligationenrecht, Die einzelnen Vertragsverhältnisse, Kauf und Tausch - die Schenkung Art. 184 - 215 OR, Bern 1973-1979 (GIGER); GUHL Theo, Das Schweizerische Obligationenrecht mit Einschluss des Handels- und Wertpapierrechts, 8. Aufl., Zürich, 1991 (GUHL); KELLER Max/SYZ Carole, Haftpflichtrecht, ein Grundriss in Schemen und Tabellen, 3. Aufl., Zürich 1990 (KELLER/SYZ); KELLER Max/LOERTSCHER Thomas, Kaufrecht, Eine systematische Darstellung, 2. Aufl., Zürch 1986 (KELLER/LOERTSCHER); SCHULIN Hermann/VOGT Nedim Peter, Tafeln zum Schweizerischen Obligationenrecht II, Besonderer Teil ohne Arbeitsrecht, Zürich 1983 (SCHULIN/VOGT); TUOR Peter/SCHNYDER Bernhard, Das schweizerische Zivilgesetzbuch, 10. Aufl., Zürich 1986 (TUOR/SCHNYDER).

Um- und Ausbauten im laufenden Mietverhältnis

Beat Rohrer

A) Einleitung

Während der Dauer eines Mietverhältnisses kann sich aus verschiedenen Gründen das Bedürfnis ergeben, an der Mietsache bauliche Veränderungen vorzunehmen: Einerseits hat der Vermieter der ihm gesetzlich auferlegten Pflicht zum Unterhalt der Mietsache nachzukommen. Andererseits können ihn neue Anforderungen der Bau- und Lebensqualität dazu veranlassen, Verbesserungen bautechnischer Art (Isolationen) oder im Interesse einer ökologischeren Bewirtschaftung (Erneuerung von Heizungs- und Tankanlagen mit besserer Sicherheit und weniger Schadstoffemissionen) vorzunehmen. Auch die Bedürfnisse des Mieters können sich im Verlaufe der Mietzeit ändern, und es stellt sich die Frage, unter welchen Bedingungen der Mieter bauliche Veränderungen vornehmen darf.

Zu all diesen Fragen enthielt das bis zum Inkrafttreten des revidierten Miet- und Pachtrechts am 1. Juli 1990 geltende Recht keine vollkommene Regelung. Die Gesetzesrevision hat diesem Bereich nunmehr vermehrt Beachtung geschenkt. Es soll nachfolgend dargestellt werden, wie das revidierte Miet- und Pachtrecht die sich stellenden Fragen regelt und wie insbesondere bauliche Veränderungen sich auf die Mietzinsgestaltung auswirken können.

B) Um- und Ausbauten des Vermieters

I. Unterhalt der Mietsache

Art. 256 OR verpflichtet den Vermieter in grundsätzlicher Weise, das Mietobjekt während der Mietdauer "in einem zum vorausgesetzten Gebrauch tauglichen Zustand" zu erhalten. Die Bestimmung ist mit Bezug auf Mietverträge über Wohn- oder Geschäftsräume einseitig - zugunsten des Mieters - zwingend. Der Gesetzgeber geht davon aus, dass sich der Zustand des Mietobjektes nach dem konkreten Verwendungszweck der Mietsache richten soll. Der vorausgesetzte Gebrauch meint diejenige Art der Benützung des Mietobjektes, welche sich die Parteien beim Vertragsabschluss vorgestellt haben: Wenn Räume zum Betrieb eines Coiffeursalons vermietet werden, so müssen sie sich auch *zum Betrieb eines solchen Salons eignen*, d.h. mit der nötigen Infrastruktur, z.B. mit Wasseranschlüssen, versehen sein. Ferner muss die Verwendung des Mietobjektes in der vorgesehenen Art auch *nach den massgebenden öffentlichrechtlichen Vorschriften*, also insbesondere nach der Bau- und Zonenordnung, zulässig sein. Im Streitfall ist der "vorausgesetzte Gebrauch" durch die am Vertrauensprinzip orientierte Vertragsauslegung zu ermitteln, d.h., dass sämtliche konkreten Umstände des Vertragsabschlusses zu berücksichtigen sind (ZIHLMANN, S. 44). Dabei sind die spezifischen Eigenschaften der Mietsache zu würdigen, also das Alter, die Konstruktion, ihre bisherige Zweckbestimmung. Weiter von Bedeutung sind die Höhe des Mietzinses, allfällige, vom Mieter ausdrücklich gestellte Bedingungen und entsprechend abgegebene Zusicherungen des Vermieters, und ferner das Verhalten der Parteien nach Vertragsschluss bzw. nach Antritt der Mietsache. Der zum "vorausgesetzten Gebrauch taugliche Zustand der Mietsache" kann also nicht abstrakt bestimmt werden, sondern er ist immer mit Bezug auf den konkreten Einzelfall zu ermitteln (SVIT-KOMMENTAR MIETRECHT, N 21 zu Art. 256; BOTSCHAFT, Separatdruck, S. 35; LACHAT/STOLL, S. 76).

Das Gesetz auferlegt dem Mieter keine Prüfungs- und Rügepflicht nach Antritt der Mietsache. In zahlreichen Standardmietverträgen wird eine entsprechende Obliegenheit indessen vereinbart: Die Allgemeinen Bedingungen des vom Kantonalverband der Zürcher Hauseigentümervereine herausgegebenen Standardmietvertrages für Wohnungen enthalten eine solche Regelung: Soweit vom Mieter Mängel nicht in einem separaten Verzeichnis aufgeführt oder innert 14 Tagen nach Mietantritt dem Vermieter mit eingeschriebenem Brief gemeldet werden, wird angenommen, dass die Übergabe ordnungsgemäss und mängelfrei erfolgt sei. Damit wird die (widerlegbare) Vermutung aufgestellt, das Mietobjekt habe sich bei Mietantritt in einem vertragskonformen Zustand befunden.

Im Zusammenhang mit der Verpflichtung des Vermieters, die Mietsache während der Dauer des Mietverhältnisses zu unterhalten, stehen gewisse Nebenpflichten des Mieters. Er hat dem Vermieter Mängel, welche dieser zufolge der ihn treffenden Unterhaltspflicht zu beseitigen hat, zu melden und haftet für den Schaden, welcher durch Unterlassung einer solchen Meldung allenfalls entsteht (Art. 257g OR). Ferner hat der Mieter die Vornahme von Unterhaltsleistungen, die ihm rechtzeitig angezeigt werden, zu dulden (Art. 257h OR). Der Begriff "rechtzeitig" belässt im Streitfall dem Richter einen erheblichen Ermessensspielraum: Je dringender die Unterhaltsleistung ist (z.B. die Behebung einer Störung an einer nicht funktionierenden Heizung im Winter), desto kürzer ist die zu beachtende Anzeigefrist zur Vornahme der Reparatur.

II. Rechtsbehelfe des Mieters zur Durchsetzung der Unterhaltspflicht des Vermieters

Gerät die Mietsache in einen Zustand, der nicht mehr dem "vorausgesetzten Gebrauch" entspricht, so liegt ein *Mangel* vor. Das Mietobjekt ist mangelhaft, wenn es negativ vom Zustand, wie ihn die Parteien bei Abschluss des Vertrages vorausgesetzt haben, abweicht, bzw. wenn vom Vermieter zugesicherte Eigenschaften fehlen (vgl. zum Mangelbegriff ZÜST, S. 5 ff.; SVIT-KOMMENTAR MIETRECHT, N 4 zu Vorbemerkungen zu Art. 258 bis 259i OR; LACHAT/STOLL, S. 76 ff.). Ist die Mietsache mit einem solchen Mangel behaftet, so kann der Mieter einen *Erfüllungsanspruch* geltend machen und verlangen, dass der Vermieter den Mangel beseitigt. Er kann weiter eine den Auswirkungen der Mangelhaftigkeit entsprechende verhältnismässige Herabsetzung des Mietzinses verlangen und sodann, sofern den Vermieter ein Verschulden trifft, auch Schadenersatzansprüche geltend machen. Letzteres ist vor allem bei Geschäftsmietverträgen in der Praxis aktuell: Werden z.B. in der Mietsache eingelagerte Gegenstände durch eindringende Feuchtigkeit beschädigt, so haftet der Vermieter für den Schaden, wenn er die ihm bekannte Mangelhaftigkeit nicht behoben hat. Schaden kann auch durch eine Umsatzeinbusse entstehen, z.B. bei einem Ladengeschäft, das wegen eines vor dem Schaufenster plazierten Baugerüstes weniger frequentiert wird. Schliesslich kann der Mieter zur Durchsetzung seiner Ansprüche auch den Mietzins hinterlegen (Art. 259g - i OR).

Im Unterschied zum Schadenersatzanspruch setzt der Anspruch des Mieters auf verhältnismässige Mietzinsreduktion *kein Verschulden* des Vermieters voraus. Schwierigkeiten bereitet die Frage, nach welchen Kriterien der Umfang einer Reduktion des Mietzinses zu bemessen ist. Der Gesetzgeber definiert den Herabsetzungsanspruch als "verhältnismässig" und belässt dem Richter einen weiten Ermessensspielraum, eine Mietzinsherabsetzung im Einzelfall zu quantifizieren. In der Praxis werden für Beeinträchtigungen, bei denen das Innere der Mietsache nicht betroffen wird, also z.B. bei einer Aussenrenovation, welche mit Lärm, Schmutz und - bedingt durch ein Baugerüst - mit Lichtentzug verbunden ist, Reduktionen in der Grössenordnung von 10% bis 20% des Nettomietzinses gewährt. Wird dagegen auch die Benützung der dem Mieter zur Verfügung stehenden Räume und Flächen vorübergehend beeinträchtigt, so kann der Reduktionsanspruch in Einzelfall bis zu 50% erreichen (vgl. hierzu die allerdings besonders mieterfreundlich ausgewählten und daher nicht repräsentativen Beispiele bei LACHAT/STOLL, S. 98 f.; ferner SVIT-KOMMENTAR MIETRECHT, N 14 ff. zu Art. 259d OR, BGE 97 II 58).

Unter gewissen Umständen steht dem Mieter auch das Recht zu, auf dem Weg der *Ersatzvornahme* einen Mangel beseitigen zu lassen: Vorausgesetzt ist, dass der Vermieter den Mangel kennt und ihn nicht innert angemessener Frist beseitigt hat, und ferner, dass der Mangel die Tauglichkeit der Sache zum vorausgesetzten Gebrauch zwar vermindert, aber nicht erheblich beeinträchtigt. Auch diese vom Gesetz verwendeten Formulierungen (Art. 259b OR) sind im Einzelfall konkretisierungsbedürftig und belassen dem Richter im Streitfall einen erheblichen Ermessensspielraum. Es erscheint dabei als problematisch, dass der Mieter dem Vermieter die Kosten für Mangelbeseitigungsmassnahmen durch Ersatzvornahme aufzwingen kann, wenn lediglich eine nicht überaus schwerwiegende Beeinträchtigung der Mietsache zu beseitigen ist. *Nicht immer steht der Grad einer allfälligen Beeinträchtigung mit den Kosten für deren Beseitigung in einem vernünftigen Verhältnis.* Zu Recht wird in der Literatur gefordert, dass die Kosten der vom Mieter veranlassten Mängelbeseitigung dem Vermieter nur aufgezwungen werden können, wenn sie sich als verhältnismässig erweisen (SVIT-KOMMENTAR MIETRECHT, N 37 zu Art. 259b OR; LACHAT/STOLL empfehlen, vorgängig einen Kostenvoranschlag einzuholen und diesen dem Vermieter zu unterbreiten, a.a.O. S. 96).

Beispiel: Der Mieter beanstandet, dass die Schallisolation in seiner Wohnung ungenügend sei. Er hat dies erst während der Mietdauer realisiert, als nach einem Wohnungswechsel in der über seinem Mietobjekt gelegenen Wohnung ein älteres Ehepaar ausgezogen und eine Familie mit Kindern eingezogen ist. Falls es sich tatsächlich um einen Mangel handeln würde, so fiele er unter Art. 259b lit. b OR: Er würde die Tauglichkeit der Sache zum vorausgesetzten Gebrauch zwar vermindern, aber nicht erheblich beeinträchtigen. Nun ist evident, dass Massnahmen zur Verbesserung der Schallisolation unter Umständen sehr aufwendig und teuer sein können. Ausserdem wird damit nur selten eine wesentliche Verbesserung erreicht. In diesem Fall also entfällt das Recht auf Ersatzvornahme ohne richterliche Ermächtigung aus Gründen der Verhältnismässigkeit.

Als Postulat ergibt sich, dass die Rechtsprechung bei der Anwendung von Art. 259b lit. b OR ein angemessenes Kosten-Nutzenverhältnis für den Ersatzvornahmeanspruch des Mieters voraussetzen soll. Im Ergebnis sollen dem Vermieter also nur diejenigen Mängelbeseitigungskosten aufgezwungen werden können, die angesichts der Schwere des Mangels und im Hinblick auf das Ergebnis, welches mit den entsprechenden Massnahmen erwartet wird, in einer vernünftigen Relation stehen.

III. Das Recht des Vermieters zur Vornahme von Erneuerungen und Änderungen

Im Mietrecht werden zwei grundsätzlich verschiedene Kategorien von baulichen Leistungen des Vermieters differenziert: *Diejenigen baulichen Massnahmen, welche der Beseitigung von Störungen oder Mängeln dienen, obliegen dem Vermieter* gestützt auf die grundsätzlich geltende Unterhaltsverpflichtung im Sinne von Art. 256 OR. Im weiteren, aber mit Einschränkungen, zulässig ist es auch, dass der Vermieter während der Mietdauer sogenannte "Erneuerungen und Änderungen" an der Sache vornimmt. Begrifflich handelt es sich bei "Erneuerungen und Änderungen" nicht um Unterhaltsleistungen, also nicht um Massnahmen, die für die Erhaltung der Mietsache in dem zum vorausgesetzten Gebrauch tauglichen Zustand unabdingbar sind. Art. 260 OR betrifft vielmehr Renovationsarbeiten, die über die gewöhnliche Behebung eines bestehenden Mangels hinausgehen, vorab Modernisierungsarbeiten mit werterhaltendem, aber auch (alternativ oder kumulativ) mit wertverbesserndem Charakter (SVIT-KOMMENTAR MIETRECHT, N 21 ff. zu Art. 260-260a OR).

Beispiel: Eine Kücheneinrichtung kann nach Ablauf der ordentlichen Lebensdauer der einzelnen Einrichtungsgegenstände durchaus noch gebrauchstauglich sein. Insofern ist die Küche also nicht im Sinne des Gesetzes "mangelhaft", und der Mieter besitzt keinen Rechtsanspruch darauf, vom Vermieter die Renovation der Küche durchsetzen zu können. Auch wenn eine Küchensanierung somit nach Ablauf der ordentlichen Abnützungsdauer vorgenommen wird, handelt es sich rechtlich betrachtet um eine "Erneuerung und Änderung an der Mietsache". Ähnliches gilt mit Bezug auf den Ersatz einer Heizungsanlage - auch wenn ein solcher durch die Erfordernisse der Ökologie geboten scheint - und den Ersatz von Fenstern durch moderne Schall- und Wärmeisolationsfenster, ferner die Vornahme einer Fassadensanierung mit zusätzlicher Isolation etc.

Erneuerungen und Änderungen an der Sache darf der Vermieter nur vornehmen, wenn sie dem Mieter zumutbar sind und wenn das Mietverhältnis nicht gekündigt ist. Schwierigkeiten bereitet die Frage, wie zu beurteilen ist, ob entsprechende Massnahmen für den Mieter "zumutbar" sind. Auch dieser Begriff belässt dem Richter im Streitfall ein weites Ermessen. Er kann sich auf zwei verschiedene Elemente beziehen: Zunächst können damit gemeint sein die *Umtriebe und Erschwernisse in der Benützung der Mietsache während der Dauer der Umbauzeit*. Der Vermieter könnte demnach diejenigen Erneuerungen oder Änderungen an der Mietsache nicht vornehmen, die dem Mieter während einem laufenden Mietverhältnis nach objektiven Gesichtspunkten angesichts der ihm vertraglich eingeräumten Benützungsrechte schlechterdings nicht zugemutet werden können. Es liegt allerdings nicht im Interesse der Mieterschaft, dass an den Begriff der Zumutbarkeit zu geringe Anforderungen gestellt werden: Die Alternative bestünde nämlich darin, dass der Vermieter vorgängig der geplanten Erneuerungsarbeiten die Mietverhältnisse kündigt, um seine Umbauten ungestört durchführen zu können. Es dürfte eher im Interesse der Mieterschaft liegen, vorübergehend gewisse Beeinträchtigungen in Kauf zu nehmen und dafür im Mietobjekt zu verbleiben.

Vereinzelt wird die Auffassung vertreten, der Begriff der Zumutbarkeit beziehe sich auf *das Resultat der konkret durchgeführten Erneuerungsarbeiten*: Demnach müsse dem Mieter zumutbar sein, hernach in einem veränderten, wohl komfortableren Mietobjekt zu leben und die mit der Wertverbesserung zwangsläufig verbundene Anhebung des Mietzinses zu verkraften (in diesem Sinne LACHAT, MP 90, S. 37 ff., 44; LACHAT/STOLL, S. 119 f.). Schliesslich, so wird argumentiert, habe der Mieter beim Vertragsabschluss sich Überlegungen zum Preis-/Leistungsverhältnis angestellt, und es könne ihm nicht vom Vermieter eine völlig andere Mietsache zu einem völlig anderen Mietzins aufgezwungen werden.

Versteht man den Begriff der Zumutbarkeit im soeben beschriebenen zweiten Sinne, so bedeutet dies allerdings eine *gewichtige Beschränkung der Dispositionsfreiheit des Vermieters über sein Grundeigentum*. Müsste der Vermieter gewärtigen, dass der Mieter letztlich den Entscheid über die Art und Weise der Ausgestaltung des Mietobjektes beeinflusst, so würde dies dazu führen, dass Vermieter inskünftig zur Vermeidung derartiger Konsequenzen vermehrt veranlasst wären, vor Anhandnahme der Umbauarbeiten allen Mietern zu kündigen, um in der Folge nach durchgeführtem Ausbau das Mietobjekt neu auf dem Markt anbieten zu können. Als Konsequenz ergibt sich somit, dass

Art. 260 OR im richtig verstandenen Sinn einzig vorschreibt, *dass die mit der Vornahme von Um- und Ausbauten verbundenen vorübergehenden Einschränkungen dem Mieter zumutbar sein müssen*, wobei die Anforderungen an die Zumutbarkeit relativ hoch anzusetzen sind. Bei Auslegung des Begriffs der Zumutbarkeit ist zu beachten, dass es nicht im Interesse der Mieterschaft liegt, den Vermieter zu zwingen, Um- und Ausbauten nur noch nach erfolgten Kündigungen durchzuführen. Die vorliegende Auffassung wird gestützt durch den Umstand, dass das Parlament es ausdrücklich abgelehnt hat, dem Vermieter nur die Vornahme von für den Mieter zumutbaren und nützlichen Massnahmen zu erlauben (ZIHLMANN, S. 75 mit Hinweis auf Amtl. Bull. NR 1989, S. 501).

IV. Um- und Ausbauten zulasten der bisherigen Benützungsrechte des Mieters

Es ist denkbar, dass der Vermieter bauliche Änderungen vornehmen will, welche bisherige Benützungsrechte von Mietern beeinträchtigen. So kann er beispielsweise beabsichtigen, in einem den Mietern zur Mitbenützung zur Verfügung stehenden Vorgartengebiet Parkplätze zu erstellen. Im heutigen Zeitpunkt besonders aktuell ist der Wunsch vieler Vermieter, ein Dachgeschoss zu Wohnungen auszubauen, was mit der Konsequenz verbunden sein kann, dass Mieter bisher zur Verfügung stehende Estrichräume nicht mehr benützen können. Es stellt sich die Frage, ob und allenfalls unter welchen Bedingungen der Vermieter auch solche die Mieterrechte tangierenden Um- und Ausbauten vornehmen kann.

1. Geringfügige Eingriffe in die Rechtsstellung der Mieter

Betrifft der Eingriff, der mit den baulichen Änderungen zusammenhängt, lediglich *untergeordnete Nebenrechte der Mieter*, wie beispielsweise die Mitbenützung eines Vorgartengebietes, die Benützung einer Wäschehängeanlage, welche räumlich versetzt wird, die Umgestaltung eines Eingangsbereiches mit Ersatz eines Kiesweges durch einen Plattenweg oder den Entzug eines Wäschetrocknungsraumes für die Allgemeinbenützung, verbunden mit der Installation eines Wäschetumblers, so liegt ein Eingriff in die Mieterrechte vor, welcher *keiner Formalitäten* bedarf. Da die Benützungsrechte der Mieter in ihrem wesentlichen Gehalt von solchen untergeordneten Veränderungen nicht berührt werden, hat der Vermieter mit Bezug auf deren Vornahme weder irgendwelche Formalitäten zu beachten, noch ist er verpflichtet, den Mietzins zu reduzieren.

2. Weitergehende Eingriffe in die Mietsache

Beabsichtigt der Vermieter, eine bisher dem Mieter eingeräumte, *nicht unwesentliche Benützungsart einzuschränken*, ohne dass indessen der Fortbestand des Mietverhältnisses an sich in Frage zu stellen ist, so liegt der in Art. 269d Abs. 3 OR geregelte Fall vor:

Der Vermieter ändert den Mietvertrag einseitig zulasten des Mieters ab, indem er die bisherigen Leistungen vermindert. Der Vermieter beansprucht also eine sogenannte *andere einseitige Vertragsänderung*, die dem Mieter mit dem gesetzlich vorgeschriebenen *amtlichen Formular* unter Einhaltung der gesetzlich vorgeschriebenen Frist auf einen nächsten Kündigungstermin anzuzeigen ist. Die Literatur nennt als Anwendungsfall solcher anderer einseitiger Vertragsänderungen den Entzug von allgemein zugänglichen Räumen oder Flächen, wie Velokeller oder individuell gemietete Nebenräume, wie Estrich, Keller, Garagen etc. (LACHAT/STOLL, S. 269 mit Hinweisen, u.a. ZR 79 (1978), Nr. 119; ferner ZIHLMANN, S. 128).

Im Ergebnis ist festzuhalten, dass der in der Praxis häufig weit verbreitete Fall, bei welchem dem Mieter zufolge eines vorgesehenen Dachstockausbaues eine Estrichfläche entzogen wird, unter die anderen einseitigen Vertragsänderungen im Sinne von Art. 269d OR fällt. Solche Absichten können vom Vermieter auch gegen den Willen des Mieters einseitig durchgesetzt werden, wenn sie sich nach Massgabe der dargelegten Interessen nicht als missbräuchlich erweisen. Bei Erhalt der entsprechenden Formularanzeige steht dem Mieter das Recht zu, bei der zuständigen Schlichtungsbehörde die andere einseitige Vertragsänderung als missbräuchlich anzufechten. Das Gesetz legt indessen nicht fest, nach welchem Kriterium sich die Frage der Missbräuchlichkeit beurteilt. Letztlich wird wohl zu prüfen sein, ob dem Mieter der Eingriff als solcher unter Berücksichtigung sämtlicher verbleibender Benützungsrechte zumutbar ist und ob die vom Vermieter als Gegenleistung vorgeschlagene Reduktion des Mietzinses in einem angemessenen Verhältnis zur Beeinträchtigung der Benützungsrechte steht.

3. "Teilkündigungen"

Beabsichtigt der Vermieter, dem Mieter einen *wesentlichen Teil der Mietsache* zu entziehen, so muss er das Mietverhältnis *kündigen*, und zwar nach den gesetzlichen Vorschriften von Art. 266 ff. OR. Dem Mieter stehen daraufhin die Rechtsbehelfe der Anfechtung bzw. der Mieterstreckung im Sinne der Art. 271 ff. OR zu Gebot. Nicht ausgeschlossen ist es dabei, dass die Parteien in der Folge das Mietverhältnis mit verändertem Mietobjekt - nämlich reduziert um die vom Vermieter beanspruchten Flächen - weiterführen. Nur auf dem Wege einer Kündigung ist es somit möglich, dem Mieter einzelne Zimmer oder einen Anteil der von ihm gemieteten Büroräume zu entziehen. Ob im Einzelfall eine andere einseitige Vertragsänderung im Sinne von Art. 269d Abs. 3 OR anzuzeigen ist oder aber eine Kündigung ausgesprochen werden muss, beurteilt sich danach, ob anzunehmen ist, der Mieter hätte den Mietvertrag auch ohne das ihm nunmehr zu entziehende Benützungsrecht abschliessen wollen, allenfalls zu veränderten Konditionen. Ist die Benützung eines Estrichraumes für den Entschluss, eine Wohnung zu mieten, wohl kaum von entscheidender Bedeutung, so ist anderseits die Frage, ob eine Vier- oder Fünfzimmerwohnung zur Verfügung steht oder ob die für Bürozwecke nutzbare Fläche 120 oder 80 Quadratmeter beträgt, von grundlegender Bedeutung. Diesfalls kann also der Vermieter seinen Anspruch nur auf dem Wege der Kündigung und unter

Inkaufnahme der dem Mieter im Anschluss daran zur Verfügung stehenden Rechtsbehelfe durchsetzen (vgl. SVIT-KOMMENTAR MIETRECHT, N 54 zu Art. 269d OR).

C) Um- und Ausbauten des Mieters

I. Grundsatz

Der Gesetzgeber geht grundsätzlich davon aus, dass es Sache des Vermieters ist, das Mietobjekt in denjenigen Zustand zu versetzen, wie ihn die Parteien beim Abschluss des Vertrages als "zum vorausgesetzten Gebrauch" geeignet erachtet haben. Mehr und mehr hat indessen in der Rechtspraxis, vor allem im Bereich der Geschäftsmiete, sich das Bedürfnis ergeben, dass der Mieter mindestens den Endausbau eines Mietobjektes selber durchführt, weil damit dem Interesse entsprochen wird, dass der Mieter allein über die Art und Weise der für ihn notwendigen und nützlichen Einrichtung bestimmen kann.

Das revidierte Mietrecht hat im Bereich der Mieterausbauten nicht zwischen Wohnungsmiete und Geschäftsmiete unterschieden und somit den unterschiedlichen Bedürfnissen zwischen den beiden Mietkategorien nicht Rechnung getragen. Immerhin legt Art. 260a OR grundsätzlich klar, dass auch der Gesetzgeber davon ausgeht, es könnte der Mieter Erneuerungen und Änderungen an der Sache vornehmen.

II. Erfordernis der Zustimmung durch den Vermieter

Dass der Vermieter nicht eigenmächtig bauliche Veränderungen am Mietobjekt vornehmen kann, erscheint als Selbstverständlichkeit. Immerhin greift er ja in die Substanz des Eigentums des Vermieters ein. Der Zustimmungsvorbehalt rechtfertigt sich deshalb, weil nur der Vermieter in der Lage ist zu beurteilen, ob die vorgesehene Änderung bautechnisch überhaupt möglich ist, ob also beispielsweise statische Erfordernisse der Entfernung einer tragenden Wand entgegenstehen.

Nach dem Wortlaut des Gesetzes ist der Vermieter frei, die Zustimmung zu einer vom Mieter angeregten Änderung der Mietsache zu verweigern. Er muss dafür also nicht - wie etwa beim Zustimmungsgebot im Zusammenhang mit der Untervermietung oder der Abtretung (Art. 262 und 263 OR) - wichtige Gründe anführen können. Dies ist auch richtig so, ist doch mit der Zustimmung des Vermieters der Verzicht auf die Wiederherstellung des früheren Zustandes verbunden, soweit dies nicht schriftlich anders vereinbart wurde, und schliesslich muss der Vermieter gewärtigen, einen allfällig bei Beendigung des Mietverhältnisses bestehenden Mehrwert entschädigen zu müssen, was ihm nicht aufgezwungen werden darf.

III. Wiederherstellung des ursprünglichen Zustandes bei Mietende/ Entschädigungsanspruch

Auch wenn der Vermieter der Vornahme von Änderungen oder Erneuerungen an der Mietsache zustimmt, ist er nicht gezwungen, auf das Recht zu verzichten, bei Beendigung des Mietverhältnisses den ursprünglichen Zustand wieder herstellen zu lassen. Damit wird dem Umstand Rechnung getragen, dass letztlich der Vermieter über Art und Weise der Ausgestaltung des Mietobjektes zu bestimmen hat. Weiss der Mieter andererseits, dass er bei Auflösung des Mietvertragsverhältnisses den ursprünglichen Zustand wieder herstellen muss, so übernimmt er die Vornahme der Umbauarbeiten auf eigenes Risiko. Er muss insbesondere die Ausbaukosten während der Mietdauer vollständig abschreiben.

Sachenrechtlich betrachtet fallen alle Mietereinbauten in das Eigentum des vermietenden Eigentümers (Art. 671 Abs. 1 ZGB). Sind die Mietereinbauten mit der Sache fest verbunden, so entfällt ein Rechtsanspruch auf Wiederentfernung daher grundsätzlich. In Anlehnung an Art. 672 ZGB, welcher den gutgläubigen Einbau von Material auf fremdem Grundeigentum betrifft und dem Einbauenden einen Ersatzanspruch verschafft, bestimmt Art. 260a Abs. 3 OR, dass der Mieter einen Entschädigungsanspruch geltend machen kann, sofern die Sache bei Beendigung des Mietverhältnisses einen "erheblichen Mehrwert" aufweist und sofern der Vermieter den baulichen Veränderungen ausdrücklich zugestimmt hat.

Das Gesetz differenziert mit dem Begriff der "Beendigung des Mietverhältnisses" nicht, ob ein Entschädigungsanspruch des Mieters nur bei ordnungsgemässer Kündigung oder aber auch *bei einer vorzeitigen Vertragsauflösung*, die auch durch den Mieter, z.B. durch Zahlungsverzug (Art. 257d OR), verschuldet sein kann, besteht.

Soweit die vorzeitige Vertragsauflösung aus wichtigen Gründen im Sinne von Art. 266g OR erklärt wird, ist dem Richter immerhin gemäss Abs. 2 der erwähnten Bestimmung die Möglichkeit eingeräumt worden, die vermögensrechtlichen Folgen der vorzeitigen Kündigung - beidseits - unter Würdigung aller Umstände festzulegen. Der Wortlaut von Art. 260a Abs. 3 OR lässt vermuten, dass ein Entschädigungsanspruch des Mieters auch bei vorzeitiger Vertragsauflösung gegeben ist. Insofern dürfte die Rechtsprechung des Bundesgerichtes zum früher geltenden Mietrecht, in welchem entsprechende Ansprüche unter dem Titel der ungerechtfertigten Bereicherung beurteilt werden mussten, überholt sein (BGE 104 II 202 ff., 105 II 92 ff.).

Die Festlegung des Entschädigungsanspruches belässt dem Richter wiederum einen grossen Ermessensspielraum. Vorausgesetzt ist immerhin ein "erheblicher Mehrwert". Für die Berechnung des Mehrwertes können folgende Überlegungen Anhaltspunkte bieten:

Handelt es sich bei der Mieterschaft um eine juristische Person, so könnte darauf abgestellt werden, welcher Betrag der geleisteten Investition im Zeitpunkt der Beendigung des Mietverhältnisses *noch nicht buchhalterisch abgeschrieben worden ist*. Zu beachten ist immerhin, dass nicht alle von einer Mieterschaft vorgenommenen Investitionen objektiv betrachtet auch für einen anderen Mieter von Nutzen sind. Es müsste somit eine

Korrektur insofern vorgenommen werden, als nur diejenigen Leistungen, die auch für einen anderen Mieter dienlich sind, für die Berechnung des Mehrwertes in Betracht fallen.

Eine andere Möglichkeit besteht darin, dass der Mehrwert *aufgrund des höheren Mietzinses berechnet wird, welcher von einem Nachfolgemieter erhältlich gemacht werden kann.* Hierbei ist allerdings zu beachten, dass die Festlegung des Mietzinses grundsätzlich eher nach marktmässigen Kriterien erfolgt als einzig gestützt auf die Qualitätsverbesserung, welche das Mietobjekt durch die Einbauten des früheren Mieters erfahren hat (vgl. hiezu SVIT-KOMMENTAR MIETRECHT, N 82 f. zu Art. 260-260a OR; LACHAT/STOLL, S. 399 f.).

Als richtig erscheint es, den Mehrwert aufgrund der tatsächlich vorgenommenen Investitionen (anhand der Bauabrechnungen etc.) *durch einen Fachmann* schätzen zu lassen.

IV. Exkurs: Bauhandwerkerpfandrecht bei durch den Mieter veranlassten Einbauten

Es stellt sich die Frage, ob ein Unternehmer, der auf Veranlassung des Mieters - und ohne Wissen des Vermieters - in einer Mietsache bauliche Veränderungen vorgenommen hat, berechtigt ist, für seine Unternehmerforderung ein Bauhandwerkerpfandrecht im Sinne von Art. 837 Abs. 1 Ziff. 3 ZGB eintragen zu lassen. Das Bundesgericht hat sich im Entscheid 116 II 677 ff. grundlegend mit dieser Frage befasst und ist zu folgendem Ergebnis gelangt: Der mit dem Institut des Bauhandwerkerpfandrechtes verfolgte Schutzzweck gebietet es, dem Unternehmer, welcher durch seine Leistungen den Wert des Gebäudes erhöht hat, die grundpfandrechtliche Sicherheit im Sinne der erwähnten Gesetzesbestimmung zu gewähren, und zwar unabhängig davon, ob der Vermieter ausdrücklich oder stillschweigend der Vornahme solcher Arbeiten zugestimmt hat. Letzteres ist ja für den Unternehmer ohnehin in der Regel kaum feststellbar. Vorausgesetzt ist indessen immer, *dass die vom Unternehmer erbrachten Arbeiten eine Wertvermehrung bewirkt haben*, was nicht nach Massgabe der subjektiven Bedürfnisse des die Umbauarbeiten veranlassenden Mieters, sondern *nach objektiven Kriterien* zu beurteilen ist. Nur diejenigen Arbeiten, die nach dem gewöhnlichen Lauf der Dinge geeignet sind, den Wert der betreffenden Liegenschaft zu erhöhen, können die Eintragung eines Bauhandwerkerpfandrechtes rechtfertigen.

D) Mietzinsanpassungen nach Vornahme von Erneuerungen und Änderungen durch den Vermieter

I. Unterhaltsleistungen des Vermieters

Aufwendungen, welche der Vermieter für den laufenden Unterhalt zu erbringen hat, berechtigen nicht zu einem Mietzinsaufschlag. Da der Vermieter gesetzlich verpflichtet ist, das Mietobjekt während der Dauer des Mietverhältnisses in einem zum vorausgesetzten Gebrauch geeigneten Zustand zu erhalten, gehört die Verpflichtung zur Vornahme der laufenden Unterhaltsarbeiten zu den elementaren Vertragspflichten des Vermieters, welche bereits mit dem Nettomietzins abgegolten werden. Der Vermieter muss deshalb die mutmasslich anfallenden Kosten für den laufenden Unterhalt in die Mietzinskalkulation miteinbeziehen.

II. Wertvermehrende Investitionen

Werden vom Vermieter während des laufenden Mietverhältnisses Erneuerungs- oder Änderungsarbeiten vorgenommen, welche eine *Qualitätsverbesserung* für das Mietobjekt darstellen, so berechtigt dies zu einer Mietzinserhöhung. Entsprechende Leistungen des Vermieters fallen unter den Begriff der *Mehrleistungen*, die nach Art. 269a lit. b OR ausdrücklich den Anspruch auf eine Mietzinserhöhung verschaffen.

Das Gesetz enthält keine Angaben darüber, nach welcher Berechnungsmethode vom Vermieter vorgenommene Wertverbesserungen auf den Mietzins überwälzt werden können. Die Rechtsprechung hat dazu folgende Grundsätze entwickelt:

1. Schaffung neuer, bisher nicht vorhandener Einrichtungen

Werden vom Vermieter neue Einrichtungen vorgenommen, welche eine Qualitätsverbesserung darstellen, können sie in vollem Umfang - verzinst zu einem angemessenen Kapitalisierungssatz (vgl. D/III. nachfolgend) - auf die Mietzinse umgelegt werden. Als Beispiel sei etwa erwähnt der Einbau eines Liftes in eine Liegenschaft, welche zuvor nur durch ein Treppenhaus erschlossen gewesen ist (RAISSIG/SCHWANDER, S. 124).

2. Ersatz bestehender durch qualitativ hochwertigere Einrichtungen

Ersetzt der Vermieter bestehende Einrichtungen durch solche, welche einen höheren Qualitätsstandard aufweisen, so ist er lediglich berechtigt, denjenigen Anteil seiner Aufwendungen einer Mietzinserhöhung zugrunde zu legen, welcher der tatsächlichen

Wertverbesserung entspricht. Soweit die ersetzten Bauteile durch die ordentliche Altersabnützung ohnehin zu erneuern gewesen wären, stellen die anfallenden Kosten lediglich Unterhaltsleistungen dar. Es ist nicht immer einfach, den Anteil an Wertvermehrung bei einzelnen Investitionen zu ermitteln. Die Praxis behilft sich mit Standardwerten, die namentlich auch berücksichtigen, inwieweit die ersetzten Bauteile aufgrund ihres Alters ohnehin im Rahmen der ordentlichen Unterhaltspflicht hätten erneuert werden müssen (LACHAT/STOLL, S. 224).

3. Beispiele

Das klassische Beispiel für eine unter die hier beschriebene Kategorie fallende Erneuerungsarbeit stellt der Ersatz alter Fenster durch moderne Schall- und Wärmeisolationsfenster dar. Je nach dem Alter der ersetzten Fenster rechtfertigt sich nach den Richtlinien des Schweizerischen Hauseigentümerverbandes die Überwälzung eines Wertvermehrungsanteils von zwischen 40% und 80%. In der Literatur wird teilweise die Auffassung vertreten, innerhalb dieser Bandbreite richte sich der Ansatz nach der Dauer, die seit der letzten Erneuerung der entsprechenden Einrichtung verstrichen sei. Je älter die ersetzten Einrichtungen seien, desto niedriger sei der Ansatz zu wählen.

Diese Annahme ist insofern nicht ganz abwegig, als davon auszugehen ist, dass bei einer während langer Zeit nicht ersetzten Einrichtung mit den Mietzinseinnahmen ein höherer Unterhaltsanteil in der Form von Rückstellungen hat geäufnet werden können. Berücksichtigt man indessen die Verteuerung der Bauleistungen um die Inflation, so erweist sich dieses Argument nur teilweise als richtig. Wesentlicher erscheint es nämlich, die konkrete Wertverbesserung zu berechnen, also die Qualität der ersetzten Einrichtung derjenigen gegenüberzustellen, die vor dem Einsatz vorhanden war. Aus dem Grad der Qualitätsverbesserung wäre dann innerhalb der dem Richter zustehenden Ermessensbandbreite der massgebende Ansatz zu ermitteln (weitere Beispiele bei LACHAT/STOLL, S. 223 ff., SVIT-KOMMENTAR MIETRECHT, N 51 ff. zu Art. 269a OR).

III. Zum Kapitalisierungssatz bei der Überwälzung von Mehrleistungen

Nach Art. 14 VMWG können die Kosten von Mehrleistungen zu einem angemessenen Satz für Verzinsung, Amortisation und Unterhalt der Investition auf die Mietzinse überwälzt werden.

Für die *Verzinsung* ist auszugehen von den aktuellen Zinssätzen für erste Hypotheken. Entgegen der in der Rechtsprechung vertretenen Auffassung ist dabei nicht der sogenannte "Leitzinssatz" massgebend, wie er im Bereich der gesetzlich verankerten Überwälzungsmechanik für Hypothekarzinsentwicklungen - entgegen der in Art. 269a Abs. 1 lit. b OR festgelegten Grundregel - angewendet wird (vgl. hiezu BGE 118 II 45 ff., ZR 89 (1990) Nr. 124). Lässt sich immerhin in jenem Bereich die Annahme des "Leitzinssatzes" damit rechtfertigen, dass die Vermieter grundsätzlich Mietzinsanpassungen gestützt auf Hypothekarzinsveränderungen auch dann durchführen, wenn sie zufolge einer anderweitigen Finanzierung gar nicht davon betroffen sind, so ist im Zusammenhang mit Investitionen zu beachten, dass hiefür in der Regel Fremdkapital zum aktuellen marktgängigen Kapitalzins aufgenommen werden muss. Die Rechtsprechung erlaubt im übrigen, den Zinssatz für erste Hypotheken um ein halbes Prozent zu erhöhen, was dadurch zu erklären ist, dass im allgemeinen die Finanzierung für wertvermehrende Investitionen auf der Basis von nachrangigen Hypotheken erfolgt (SVIT-KOMMENTAR MIETRECHT, N 51 zu Art. 269a OR, S. 567).

Da die Investition über ihre Lebensdauer zu *amortisieren* ist, wird für die Berechnung der um ein halbes Prozent erhöhte massgebende Zinssatz für erste Hypotheken halbiert.

Der massgebende Ansatz für die Berücksichtigung richtet sich nach der *Lebensdauer* der Einrichtung. Bei einer angenommenen Lebensdauer von ca. 15 Jahren für Kücheneinrichtungen wäre somit ein Ansatz von 6% angemessen, wogegen für Fassadenisolation oder andere Fassadenteile mit einer Lebensdauer von 30-40 Jahren der Ansatz bei 2,5% bis 3% liegen dürfte.

Die Rechtsprechung erlaubt schliesslich, für die Kosten für Unterhalt und Verwaltung der zusätzlichen Investitionen einen durchschnittlichen Ansatz von einem Prozent pro Jahr einzusetzen (SVIT-KOMMENTAR MIETRECHT, N 51 zu Art. 269a OR, S. 567; LACHAT/STOLL, S. 225 ff., insbesondere Berechnungsbeispiele auf S. 227).

IV. Umfassende Überholungen

Nach Art. 14 Abs. 1 VMWG können *die Kosten umfassender Überholungen* zu einem Ansatz von 50% bis 70% als wertvermehrende Investitionen, wiederum kapitalisiert nach den soeben beschriebenen Grundsätzen, auf die Mietpreise umgelegt werden.

Als umfassende Überholung gilt nach der Rechtsprechung die Erneuerung oder Änderung mehrerer Bereiche einer Liegenschaft oder jedenfalls die Vornahme von verschiedenen Sanierungsarbeiten, welche wesentlich über das hinausgehen, was im Rahmen des normalen Unterhaltes zu leisten wäre (RAISSIG/SCHWANDER, S. 124). Bei umfassenden Gebäuderenovationen enthebt somit Art. 14 VMWG den Vermieter der Notwendigkeit, den wertvermehrenden Anteil im einzelnen auszuweisen und gestattet ihm, im Rahmen einer "Faustregel" die getätigten Investitionen in einer Bandbreite von 50% bis 70% als wertvermehrende Aufwendungen auf die Mietzinse umzulegen. Der Zweck dieser Bestimmung, welche bereits bei einer Revision des BMM im Jahre 1977 als Art. 10 VMM eingeführt worden war, besteht darin, grundsätzlich die Bereitschaft der Vermieter, Gebäuderenovationen vorzunehmen, zu fördern. Der Pauschalsatz soll dem Vermieter einen Anreiz zu Investitionen zwecks Erhaltung der Bausubstanz und Anpassung seiner Liegenschaft an den Stand der Zeit verschaffen (BGE 110 II 407, MP 1990, S. 205, Entscheid des Zürcher Obergerichtes, ZMP 2/92, S. 31 ff.).

Nach dem Gesetzeswortlaut ist die Anrufung von Art. 14 VMWG "in der Regel" möglich. Die Rechtsprechung geht allerdings davon aus, dass aus prinzipiellen Überlegungen nur mit äusserster Zurückhaltung von diesem Regelfall abgewichen werden soll, weil zu vermeiden ist, dass die vom Gesetz im Interesse der Transparenz zugunsten des Mieters getroffene Regelung einer uneinheitlichen Beurteilung weicht. Eine individuelle Bewertung von getätigten Investitionen soll daher nur dann, wenn *ausschliesslich werterhaltende Sanierungsarbeiten* ausgeführt worden sind, in Betracht fallen (Entscheid des Mietgerichtes des Bezirkes Zürich vom 1. November 1990, ZMP 2/92, S. 24 ff.). Im übrigen wird in der Rechtsprechung festgehalten, dass allein das Invesititionsvolumen ein Indiz dafür sein kann, dass die Regel von Art. 14 VMWG anwendbar ist (ZMP 2/92, a.a.O. S. 34).

Die Rechtsprechung neigt dazu, den eingeräumten Ermessensspielraum sehr *einseitig*, nämlich zugunsten des Mieters, zu handhaben. Selten wird nämlich der Anteil an Wertvermehrung höher als mit 60% bewertet. Dies ist falsch. Hat ein Vermieter praktisch eine Totalrenovation vorgenommen, also eine Innenrenovation mit Sanierung der sanitären Anlagen, Küche, Bad etc., dazu eine Aussenrenovation mit Fassadenisolation, Estrich- und Kellerdeckenisolation, neue schallhemmende und wärmeisolierende Fenster eingebracht und weitere Bereiche, wie Elektroanlagen, Heizanlage und Dachabläufe saniert, so ergibt sich zwingend, dass *der maximale Ansatz von 70% in Anschlag gebracht werden muss.*

Der vom Vermieter nicht im Rahmen der soeben dargestellten Grundregel auf die Mietzinse überwälzbare Anteil der umfassenden Überholung, nach Art. 14 VMWG somit 30% bis 50%, muss aus Rückstellungen bestritten oder kann im Rahmen der laufenden Unterhaltsaufwendungen abgeschrieben werden. In der Literatur wird in Verkennung der Gesamtzusammenhänge teilweise die Auffassung vertreten, es sei dem Vermieter nicht gestattet, im Rahmen seiner Ertragsberechnung auch Rückstellungen für künftig fällig werdende Unterhaltsleistungen einzusetzen. Diese Auffassung verkennt indessen, dass die mit Art. 14 VMWG verankerte "Faustregel" die Bildung von Rückstellungen geradezu voraussetzt (LACHAT/STOLL, S. 203, BGE 110 II 407). Es ist also inkonsequent, wenn dem Vermieter gestattet wird, die Kosten umfassender Überholungen lediglich zu einem Ansatz von 50% bis 70% auf die Mietzinse zu überwälzen, es ihm anderseits aber verwehrt wird, die aus eigenen Mitteln zu bestreitenden weiteren 30% bis 50% der Aufwendungen nicht durch Rückstellungen zu äufnen.

RECHTSQUELLEN
Art. 253 ff. OR.
Verordnung über die Miete und Pacht von Wohn- und Geschäftsräumen (VMWG) vom 9. Mai 1990.

JUDIKATUR
BGE 104 II 202 ff.: Umbau- und Renovationskosten zu Lasten des Mieters; Entschädigungsanspruch bei vorzeitigem Auszug verneint.
BGE 110 II 404 ff.: Überwälzung von umfassenden Überholungen.

Mietrechtspraxis 1992, S. 68 ff.: Sanierungsarbeiten nach erfolgter Kündigung/Sanierung als legitimer Kündigungsgrund.
Mietrechtspraxis 1992, S. 27 ff./32 ff.: Überwälzung umfassender Überholungen; Überlegungen zur Ausübung des Ermessens bei Anwendung von Art. 10 VMM.
Mietrechtspraxis 1991, S. 169 ff.: Wohungsumbau als Mangel, Hinterlegungsrecht.
Mietrechtspraxis 1988, S. 22 ff.: Termin für Mietzinserhöhung nach Umbauten.
Zürcher Mietrechtspraxis ZMP/92, S. 24 ff./31 ff.: Überwälzung der Kosten für umfassende Überholungen.

LITERATUR
GAUCH Peter, Mängelhaftung des Vermieters und mangelhafte Mietsache - einige Gedanken zum neuen Mietrecht, ZBJV 1992, S. 189 ff.; LACHAT David/STOLL Daniel, Das neue Mietrecht für die Praxis, 1. Aufl. 1991 (LACHAT/STOLL); RAISSIG Walter/SCHWANDER Urs, Massnahmen gegen Missbräuche im Mietwesen, 4. Aufl. 1984 (RAISSIG/SCHWANDER); SCHWEIZERISCHES MIETRECHT, Kommentar, hrsg. vom Schweizerischen Verband der Immobilientreuhänder SVIT (SVIT-KOMMENTAR MIETRECHT); ZIHLMANN Peter, Das neue Mietrecht, Zürich 1990 (ZIHLMANN); ZÜST Martin, Die Mängelrechte des Mieters von Wohn- und Geschäftsräumen, Bern/Stuttgart/Wien 1992 (ZÜST).

Das Urheberrecht des Architekten und des Ingenieurs

Eugen Marbach

A) Das Werk als Schutzobjekt des Urheberrechts

I. Die Legaldefinition

Als urheberrechtlich schützbare Werke gelten gemäss der Legaldefinition in Art. 2 URG "geistige Schöpfungen der Literatur und Kunst, die individuellen Charakter haben". Diese generelle Umschreibung wird dabei in einem Kanon urheberrechtlich schützbarer Schöpfungen konkretisiert; an dieser Stelle sind auch die Werke der Baukunst ausdrücklich aufgelistet (Art. 2 Abs. 2 lit. e URG). Dass dem Architekten an seinem Werk ein Urheberrecht zukommen kann, steht daher im Grundsatz ausser Diskussion.

Etwas weniger klar ist die Situation beim Ingenieur. Immerhin nennt der erwähnte Kanon der urheberrechtsfähigen Kategorien ausdrücklich auch Werke mit technischem Inhalt, wie Zeichnungen, Pläne, Karten oder plastische Darstellungen (Art. 2 Abs. 2 lit. h). In der Literatur besteht daher weitgehend Einigkeit, dass, rein abstrakt betrachtet, auch dem Werk des Ingenieurs Urheberrechtsschutz zukommen kann. Allerdings sind im Fall des Ingenieurs sehr enge Grenzen gesetzt.

Nebst diesem Grundsatzentscheid, dass an Werken der Baukunst Urheberrechtsschutz prinzipiell möglich ist, ergibt sich aus der Legaldefinition zudem die wichtigste qualitative Voraussetzung: Schutzfähig sind ausschliesslich Werke, welche individuellen Charakter haben.

II. Individualität als qualitative Schutzvoraussetzung

1. Individualität und Originalität

Das Erfordernis genügender Individualität eines Werkes verlangt Verschiedenheit von anderen bestehenden oder möglichen Schöpfungen (bei gleicher Aufgabenstellung).

Hebt sich das Werk von anderen Lösungen ab, besteht Gestaltungsspielraum, und ist die konkrete Darstellung nicht bloss Ausdruck äusserer Zwänge, so ist ein Werk individuell im Sinne der Legaldefinition.

Individualität ist nicht synonym mit Originalität. Originalität kann begrifflich nur dann vorliegen, wenn die Individualität des Werkes ein gewisses Ausmass erreicht. Definitionsgemäss können also nur individuelle Werke auch originell sein. Jedes originelle Werk ist zugleich individuell, doch umgekehrt ist nicht jedes individuelle Werk auch originell (KUMMER, S. 36). Von juristischem Interesse ist daher nur der Begriff der Individualität; hierfür ist Originalität allerdings ein zwingendes Indiz.

2. Wertfreiheit

Der urheberrechtliche Werkbegriff ist neutral. Das Gesetz schützt die individuelle, geistige Schöpfung unabhängig von ihrem Wert oder Zweck. Die Frage, wie ein Werk nach ästhetisch-qualitativen Kriterien zu gewichten ist, spielt somit urheberrechtlich betrachtet keine Rolle. Dem Recht genügt Verschiedenheit, und es ist insoweit ohne Interesse, ob das Werk gehaltvoll ist oder nicht. Auch der Zweck ist urheberrechtlich bedeutungslos: Der Architekt eines Gefängnistraktes zum Beispiel geniesst grundsätzlich den gleichen Schutz wie derjenige einer Repräsentativbaute.

3. Relative Beurteilung

Welches Ausmass an Individualität ein Werk erreichen muss, beurteilt sich nicht absolut, sondern relativ. Ausschlaggebend ist nach bundesgerichtlicher Praxis der Spielraum des Schöpfers: "Wo ihm von vornherein der Sache nach nur wenig Raum verbleibt, wird der urheberrechtliche Schutz schon gewährt, wenn bloss ein geringer Grad selbständiger Tätigkeit vorliegt" (BGE 117 II 468).

III. Individualität des Bauwerkes

Diese urheberrechtliche Voraussetzung genügender Individualität besteht grundsätzlich auch beim Bauwerk. Dem Architekten, dessen Arbeit oft in hohem Masse durch sachliche Vorgaben determiniert ist, kommt allerdings die relative Beurteilungsweise des Bundesgerichtes stark entgegen: "Das Urheberrecht verlangt vom Architekten nicht, dass er eine ausgeprägt originelle Leistung (originalité marquée) erbringt, sondern lässt einen geringeren Grad selbständiger Tätigkeit (simple originalité) genügen" (BGE 117 II 468). Urheberrechtsschutz bedingt also in keiner Weise, dass im Werk der persönliche Stil des Architekten zum Ausdruck kommt. Es genügt vielmehr, wenn der Auftrag individuellen Gestaltungsspielraum belässt und derselbe auch genutz wird.

Wann diese Individualität besteht, kann im Fall des Architekten oder Ingenieurs letztlich nur anhand des konkreten Einzelfalles sinnvoll beurteilt werden. Im Vordergrund steht meistens die bauliche Gestaltung der Aussenhülle, also von Fassade und Dach. Unbestrittenerweise kann aber auch der Raumaufteilung oder selbst dem Innenausbau eines Bauwerkes Urheberrechtsschutz zukommen; bei grösseren Überbauungen gründet die Individualität zuweilen auch im Gesamtkonzept, respektive im Zusammenspiel verschiedener Baukörper und deren Einordnung in die Landschaft.

Die verlangte Individualität fehlt, wo sich die Architektenleistung in der Abwandlung bekannter Formen und Gestaltungselemente erschöpft. In diesem Sinne wurde die urheberrechtliche Schutzfähigkeit eines Schema-Einfamilienhauses verneint (Obergericht Aargau, in: SMI 1975, S. 160), ebenso einem Wohnblock banalsten Zuschnittes (Entscheide der Gerichts- und Verwaltungsbehörden des Kantons Schwyz, 1973/74, S. 24). Mit Recht wurde ausgeführt, dass geringfügige Abweichungen bei Mass und Anordnung von Fenstern, Türen etc. keine Individualität im urheberrechtlichen Sinne begründen.

Ebenso liegt es auf der Hand, dass Individualität fehlt, wo jeglicher Gestaltungsspielraum abgeht. Wenn die Fassadengestaltung durch die Denkmalpflege, feuerpolizeiliche Vorschriften oder sonstige öffentlich-rechtliche Auflagen vorgegeben ist, so bleibt kein Raum für den Urheberrechtsschutz, selbst wenn die Detaillösung vom Architekten mit Mühe und Aufwand erarbeitet worden ist.

An diesem Erfordernis genügenden Gestaltungsspielraums scheitert insbesondere der Schutz des Ingenieurs sehr oft: Sein Werk ist eben im Regelfall primär durch mathematisch-technische Gesetzmässigkeiten bestimmt und weniger durch individuelle Ideen. Eine Bogenstaumauer kann leicht und elegant wirken, doch nicht wegen der gestalterischen Leistung des Ingenieurs, sondern wegen der natürlichen Ausgewogenheit mathematischer Gesetzmässigkeit. Trotz aller Schönheit fehlt hier der Berechnung des Ingenieurs die vom Urheberrecht verlangte Individualität; Spielraum für alternative Lösungen besteht praktisch keiner.

Die vom Urheberrecht verlangte Individualität fehlt aber auch bei technisch bedingten Gestaltungsformen. Solche Lösungen sind vorbehältlich des Patentschutzes gemeinfrei. Denn es fehlt die erforderliche Individualität, sobald die Gestaltung durch die technische Funktion vorgegeben ist und kein Freiraum für abweichende Lösungen verbleibt, ohne dass die technische Funktionstauglichkeit geschmälert wird.

B) Gegenstand des Urheberrechtsschutzes

Urheberrechtlich geschützt ist ausschliesslich die konkrete Darstellung im Sinne eines Arbeitsergbnisses. Das Konzept als solches, welches der konkreten Darstellung zugrunde liegt, entzieht sich demgegenüber in aller Regel dem Rechtsschutz. Das Urheberrecht schützt nicht die Idee, sondern die konkrete Gestaltung; es ist so gesehen Formschutz.

Nach wie vor sehr illustrativ sind insoweit die bundesgerichtlichen Überlegungen zum urheberrechtlichen Schutz der Mickey-Mouse (BGE 77 II 377 ff.). Die abstrakte

Idee Walt Disneys, "Tiere in menschenähnlicher Gestalt und mit menschenähnlichen Funktionen zu verkörpern", ist urheberrechtlich - da Konzept - nicht monopolisierbar. Jedem anderen Trickfilmzeichner steht es frei, das gleiche zu tun. Urheberrechtlich schutzfähig ist demgegenüber - da konkrete Darstellung -, die zeichnerische Umsetzung des Konzeptes, also die eigentliche Mickey-Mouse-Figur.

Dieser fehlende Urheberrechtsschutz von blossen Ideen, Konzepten und Anweisungen gilt auch im Fall der Leistung des Architekten und Ingenieurs. Nicht schützbares Konzept in diesem Sinne bildet zum Beispiel die Idee, den Lift nicht ins Gebäude zu integrieren, sondern aussen an der Fassade hochzuziehen. Diese Idee, der Lift werde aussen an der Fassade hochgezogen, ist als reine Anweisung gemeinfrei. Jeder dritte Architekt kann das gleiche tun, ohne das Urheberrecht seines Vorbildes zu verletzen. Urheberrechtlich geschützt ist jedoch die konkrete Ausgestaltung bezüglich Anordnung, Materialwahl etc.

Reines Konzept in diesem Sinne bilden insbesondere auch alle architektonischen Stilelemente, und zwar sowohl traditionelle wie auch neu geschaffene. Wer ein Simmentaler-Bauernhaus erstellt, kopiert nicht ein konkretes Bauwerk, sondern übernimmt die überlieferten Gestaltungselemente der lokalen Tradition. Diese sind gemeinfrei. Ebensowenig begeht derjenige Architekt eine Urheberrechtsverletzung, welcher sich an die architektonischen Regeln des Bauhaus-Stiles anlehnt, ohne ein konkretes Objekt zu kopieren. Der Stil als solcher bildet eben Konzept und entzieht sich als reine Anweisung dem Urheberrechtsschutz.

Diese Schranke fehlendes Konzeptschutzes wird oft unterschätzt.

C) Entstehung des Urheberrechtes

Der Urheberrechtsschutz entsteht mit Schöpfung des Werks (Art. 29 URG). Administrative Voraussetzungen bestehen keine; insbesondere bedarf es keiner Registrierung.

Das Urheberrecht wächst dabei derjeingen Person an, die das Werk geschaffen hat. Haben an der Schöpfung eines Werkes mehrere Personen mitgewirkt, so steht ihnen das Urheberrecht gemeinschaftlich zu.

Diese Regelung gilt grundsätzlich auch im Arbeitsverhältnis. Der angestellte Architekt erwirbt daher grundsätzlich die Urheberrechte an seinen Plänen, obschon er für seine Gestaltungsarbeit ja bezahlt wird. Die gesetzliche Lösung entspricht daher den wirtschaftlichen Realitäten oft in keiner Weise. Es empfiehlt sich deshalb, im Arbeitsvertrag des Architekten oder Ingenieurs das Thema Urheberrecht sehr sorgfältig zu regeln: Das Urheberrecht ist übertragbar (Art. 16) und kann im voraus an den Arbeitgeber abgetreten werden.

D) Inhalt des Urheberrechtes

Die Wirkungen des Urheberrechts sind sehr unterschiedlicher Natur. Der Autor erhält einmal eine Ausschliesslichkeit an seinem Werk und kann frei bestimmen, ob und wie dasselbe ausgeführt, vervielfältigt oder sonstwie kommerziell genutzt wird. Im Verletzungsfall besitzt er einen Verbotsanspruch. Daneben hat das Urheberrecht aber auch eine ideelle Komponente und schützt den Urheber in seiner Beziehung zum Werk (als seinem geistigen Kind). Insbesondere hat der Urheber Anspruch auf Anerkennung der Urheberschaft, ebenso - im Grundsatz - auf integrale Erhaltung seines Werkes. Die Lehre spricht im letzteren Zusammenhang von Urheberpersönlichkeitsrechten.

I. Verwertungsrechte

Der Urheber hat das ausschliessliche Recht zu bestimmen, ob, wann und wie sein Werk verwendet wird (Art. 10 Abs. 1 URG). So kann der Autor eines Romans z.B. darüber entscheiden, wer die Verlagsrechte erhält, ob er eine Taschenbuchausgabe will oder nicht, ob er Verfilmungsrechte abtritt, ob der Name des Romanhelden gleichzeitig als Marke für Kaugummi eingesetzt werden soll etc.

Diese Vielfalt der Verwertungsmöglichkeiten besteht im Fall des Bauwerkes höchstens in Ausnahmefällen: Die Schöpfung des Architekten geht eben auf einen konkreten Auftrag zurück, sein Werk ist massgeschneidert und bildet nur auf der konkreten Parzelle im konkreten baulichen Umfeld eine sinnvolle Lösung. Faktisch sind daher die Möglichkeiten zur Zweitverwertung meistens stark eingeschränkt. Gleiches gilt für die Frage der Veröffentlichung, ist doch der Architekt im Regelfall zur Ausführung verpflichtet.

Im Grundsatz hat jedoch der Architekt das gleiche ausschliessliche Bestimmungsrecht wie jeder andere Urheber. So kann er z.B. ein Bauwerk mehrfach ausführen, was sich der Besteller, vorbehältlich anderweitiger vertraglicher Absprachen, gefallen lassen muss.

Von echter wirtschaftlicher Bedeutung ist für den Architekten der Verbotsanspruch: Das Urheberrecht schützt ihn davor, dass sein Projekt nach erfolgter Präsentation durch einen Dritten ausgeführt wird. Solches ist nur dann zulässig, wenn dem Architekten sein Urheberrecht abgekauft wird, oder aber, wenn sich das Bearbeitungsrecht sonstwie aus den Vertragsbedingungen ergibt.

Eine Besonderheit gilt für die Abbildung von Bauwerken, welche sich - entsprechend dem Regelfall - bleibend an oder auf allgemein zugänglichem Grund befinden (Art. 27 URG). Die Bilder solcher Bauwerke dürfen frei verbreitet werden, obschon dies dogmatisch eine urheberrechtlich relevante Nutzungshandlung darstellt. Verkauft der Hotelier Postkarten seines Hauses, so ist dies deshalb keine Urheberrechtsverletzung, auch wenn der abgebildete Bau klarerweise geschützt ist.

II. Ideelle Befugnisse

1. Anerkennung der Urheberschaft

Der Urheber hat das Recht auf Anerkennung seiner Urheberschaft am eigenen Werk. Dieser Anspruch steht im Grundsatz selbstverständlich auch dem Architekten zu. Wird er genannt, so muss die Angabe der Wahrheit entsprechen (BGE 58 II 306; BGE 84 II 570). Hält sich der Architekt jedoch selbst zurück, wie dies oft der Fall ist, so kann er auch nicht erwarten, dass sein Name vom Bauherrn speziell hervorgestellt wird.

Besondere Probleme ergeben sich, wenn das Bauwerk von einem ganzen Architektenteam gemeinsam erarbeitet wird. Usanzgemäss wird hier die Urheberschaft vom Projektleiter für sich beansprucht. Ein Projekt von Botta gilt als sein Werk, auch wenn ein ganzes Team angestellter Architekten mitgearbeitet hat. Zu einer rechtlichen Überprüfung dieser Usanz kam es bis heute nie.

2. Werkintegrität

Im Zusammenhang des Bauwerkes ist der Anspruch des Urhebers auf Werkintegrität stark eingeschränkt: Ausgeführte Werke der Baukunst dürfen vom Eigentümer geändert werden (Art. 12 Abs. 3 URG). Vorbehalten bleiben einzig Fälle, welche als eigentliche Entstellung des Werkes zu qualifizieren sind und den Architekten in seiner Persönlichkeit verletzen.

Diese Einschränkung des urheberrechtlichen Integritätsanspruches beim Bauwerk rechtfertigt sich im wesentlichen aus zwei Gründen: Einmal deshalb, weil das Bauwerk regelmässig im Hinblick auf einen bestimmten Gebrauchszweck errichtet wurde, welcher sich wesentlich radikaler ändern kann als zum Beispiel derjenige eines literarischen Werkes. Insbesondere aber gilt es zu berücksichtigen, dass das Bauwerk untrennbar mit dem Grundeigentum verbunden ist und deshalb nur ganz bedingt ausgetauscht und ersetzt werden kann. Beide Aspekte verlangen eine gewisse Flexibilität. Es kann dem Eigentümer nicht grundsätzlich verwehrt werden, seine Liegenschaft veränderten Bedürfnissen anzupassen.

Der Eigentümer ist auch nicht verpflichtet, den individuellen Charakter des Bauwerkes zu bewahren. Die Handschrift des Urhebers darf gelöscht werden. Der Urheber kann sich nur Änderungen widersetzen, welche das Werk im eigentlichen Sinne verstümmeln oder entstellen und ihn deshalb in seiner Persönlichkeit verletzen.

E) Alternative Anspruchsgrundlagen

Wie dargelegt wurde, sind nicht alle Leistungen des Architekten und Ingenieurs urheberrechtlich geschützt. Um Missbräuche zu verhindern, braucht es deshalb eines ergänzenden Rechtsschutzes; diesen gewährt das Bundesgesetz gegen den unlauteren Wettbewerb (UWG) mit seiner Regelung des Leistungsschutzes (Art. 5 UWG).

Ein Schutzbedürfnis besteht insbesondere dann, wenn der Architekt oder der Ingenieur im Rahmen der Offertstellung urheberrechtlich nicht geschützte Berechnungen, Konstruktionszeichnungen, Planskizzen etc. übergeben muss, deren Erarbeitung für ihn mit erheblichem Aufwand verbunden war. Der Wettbewerb würde verzerrt, wenn ein solches Arbeitsergebnis von einem Dritten frei verwertet werden könnte. In Fällen dieser Art gewährt deshalb das UWG flankierende Abwehransprüche, welche auch dann greifen, wenn die Leistung des Architeken oder des Ingenieurs urheberrechtlich nicht schützbar ist. Als ergänzende Anspruchsgrundlage ist deshalb im Konfliktsfall stets auch das UWG zu berücksichtigen.

RECHTSQUELLEN
Bundesgesetz über das Urheberrecht und verwandte Schutzrechte vom 9. Oktober 1992 (SR 231.1.).
Berner Übereinkunft zum Schutze von Werken der Literatur und der Kunst vom 9. September 1886 (SR 0.231.13).
Botschaft zu einem Bundesgesetz über das Urheberrecht und verwandte Schutzrechte vom 19. Juni 1989 (Bundesblatt 1989 III 477 ff.).
Bundesgesetz gegen den unlauteren Wettbewerb vom 19. Dezember 1968 (SR 241).

JUDIKATUR
Alle angeführten Entscheide betreffen noch das alte Urheberrechtsgesetz vom 7. Dezember 1922; sie bleiben jedoch auch unter neuem Recht von Interesse.
BGE 113 II 196: Le Corbusier-Möbel. Grundsätzliche Ausführungen zum urheberrechtlichen Werkbegriff. Geschützt ist die konkrete Darstellung, welche das Ergebnis geistigen Schaffens von individuellem Gepräge bildet oder als Ausdruck einer neuen originellen Idee zu werten ist. Individualität oder Originalität sind die Wesensmerkmale des urheberrechtlich geschützten Werkes.
BGE 56 II 418: Basler-Wohnblock. Ausführungen zum Begriff des Bauwerkes. Das Urheberrecht schützt die Raumgestaltung als solche nach ihrer sachlichen und ästhetischen Seite; es geht somit weit über den rein ornamentalen oder ästhetisch monumentalen Bereich hinaus.
BGE 100 II 167: Ladenumbau. Ausführungen zur Frage, wann ein Bauwerk die erforderliche Individualität aufweist: Der Schutz ist nicht an die Voraussetzung geknüpft, dass der Architekt eine ausgeprägt originelle Leistung ("originalité marquée") erbringt.

Es genügt ein geringerer Grad selbständiger Tätigkeit ("simple originalité"). Lediglich dort, wo sich die Arbeit in einer "handwerklichen" (routinemässigen) Abwandlung vorbekannter Linien erschöpft, entfällt auch der Urheberrechtsschutz.

BGE 84 II 77: Martinskirche Visp. Der Urheber, ebenso der Miturheber hat das Recht auf Anerkennung seiner Urheberschaft. Dieser Anspruch verbleibt auch im Übertragungsfall beim Urheber.

BGE 117 II 466: Schulhausumbau Rapperswil. Es besteht kein urheberrechtlicher Anspruch des Architekten auf ungeschmälerte Werkintegrität. Bei einem Konflikt zwischen eigentumsbezogenen Nutzungsinteressen einerseits und urheberpersönlichkeitsrechtlichem Integritätsanspruch andererseits gilt es, eine Interessenabwägung vorzunehmen. Dabei geht im Zweifelsfall die Verfügungsfreiheit des Eigentümers dem Integritätsanspruch des Architekten vor. Der Architekt hat auch keinen Anspruch, mit der Projektierung der Werkänderung beauftragt zu werden.

BGE vom 25. April 1991 i.S. Baumann c/ SBB und Mitbeteiligte: Luzerner Bahnhof (abgedruckt in: Schweizerische Mitteilungen über Immaterialgüterrecht (SMI), 1991 S. 388).

Der Integritätsanspruch ist nur dann verletzt, wenn eine individuelle Beeinträchtigung konkret nachgewiesen ist. Städtebauliche Überlegungen sind bei dieser urheberrechtlichen Beurteilung ohne Relevanz.

LITERATURVERZEICHNIS

BACHMANN Markus, Architektur und Urheberrecht, Diss. Freiburg 1979; CHERPILLOD Ivan/DESSEMONTET François, Les droits d'auteurs, in: Das Architektenrecht, S. 297 ff.; DAVID Lucas, Die Baukunst im Urheberrecht, in: Festschrift 100 Jahre URG, Bern 1983, S. 263 ff.; KUMMER Max, Das urheberrechtlich schützbare Werk, Bern 1968; LUTZ Martin, Über das Urheberrecht des Architekten bei der Änderung von Bauwerken, in: Festschrift Pedrazzini, S. 617 ff.; TROLLER Alois, Immaterialgüterrecht, 3. Aufl., Band I 1983, Band II 1985; DERS., Probleme des urheberrechtlichen Schutzes von Werken der Baukunst, SIA-Dokumentation Nr. 45, Zürich 1980.

Das Bauhandwerkerpfandrecht

Hans-Peter Buchschacher

A) Einleitung

Art. 837 Abs. 1 Ziff. 3 ZGB räumt für die Forderungen der Handwerker oder Unternehmer den *gesetzlichen* Anspruch auf die Eintragung eines Grundpfandes zulasten des Grundstückes ein, auf welchem sie tätig werden oder waren. Der Anspruchsberechtigte muss sich dabei diese Realsicherheit nicht vertraglich verschaffen. Der Anspruch auf die Eintragung eines Grundpfandes steht ihm von Gesetzes wegen zu (vgl. HOMBERGER, Note 30 zu Art. 961 ZGB). Dabei räumt das Gesetz dem Berechtigten nur einen Anspruch auf die Eintragung eines Pfandrechtes in das Grundbuch ein. Das Grundpfand selber entsteht nicht von Gesetzes wegen, d.h. nicht automatisch. Durch die Eintragung realisiert der Berechtigte seinen realobligatorischen Anspruch auf Eintragung im Grundbuch. Das Grundpfand selber entsteht somit erst mit der Eintragung im Grundbuch, und zwar nur unter der Voraussetzung, dass die Eintragung spätestens innert drei Monaten nach Arbeitsvollendung erfolgt (Art. 839 Abs. 2 ZGB). Das Baugrundstück dient dabei für den Werklohn für die Bauarbeiten, welche den Wert eines Baugrundstückes vermehren, als Realsicherheit. Der jeweilige Eingentümer des Baugrundstückes muss die Eintragung des Bauhandwerkerpfandrechtes unabhängig davon erdulden, ob der Grundeigentümer mit dem Berechtigten in einer vertraglichen Beziehung steht. Beim Anspruch auf Eintragung eines Bauhandwerkerpfandrechtes handelt es sich um eine sogenannte Realobligation; pfandberechtigt ist somit insbesondere auch der Subunternehmer (LIVER, ZBJV 1981, S. 117).

In diesem Beitrag werden ausgewählte Fragen des Bauhandwerkerpfandrechtes mit Praxisbezug behandelt. Es geht dabei um folgende Themenbereiche:
- Die geschützten Bauarbeiten (B hienach)
- Die pfandberechtigten Rechtspersonen (C hienach)
- Das belastete Grundstück (D hienach)
- Der belastete Grundeigentümer (E hienach)
- Die Dreimonatefrist (F hienach)
- Das Eintragungsprozedere (G hienach)
- Die Sicherheitsleistung (H hienach)
- Das Vorrecht (I hienach)

B) Die geschützten Bauarbeiten

I. Die Vertragsarten

Der Anspruch auf die Gewährung des Bauhandwerkerpfandrechtes knüpft in erster Linie an das Vorliegen einer pfandrechtsgeschützten Bauleistung an. Aus diesem Grunde kommt es nicht auf die dieser zugrunde liegenden Vertragsart an (ZOBL, S. 115; ZR 1980 Nr. 12 S. 22). Es ist deshalb unbedeutend, ob eine Leistung dem Werkvertragsrecht zugeordnet wird (wie z.B. die Planungsarbeit des Architekten). Entscheidend ist allein die Frage, ob es sich um eine bauhandwerkerpfandrechtsgeschützte Bauleistung handelt. Das Baupfand sichert Forderungen der Handwerker und Unternehmer, die zu Bauten oder anderen Werken auf einem Grundstück Material und Arbeit oder Arbeit allein geliefert haben (Art. 837 Abs. 1 Ziff. 3 ZGB). Nach dem allgemeinen Sprachgebrauch sind dies Bauarbeiten (SCHUMACHER, Das Bauhandwerkerpfandrecht, Nr. 90 sowie SIA-Norm 118 Art. 1 Abs. 1).

II. Die Bauarbeiten

Aus der Eigenart der pfandgeschützten Leistungen ergibt sich, dass diese meistens aufgrund eines Werk- oder Werklieferungsvertrages erbracht werden, wobei Generalunternehmer- und Totalunternehmerverträge ebenfalls als Werkverträge qualifiziert werden (ZOBL, S. 115). Gemäss Art. 837 Abs. 1 Ziff. 3 ZGB werden dabei Material und Arbeit oder Arbeit allein für Bauten oder andere Werke auf einem Grundstück angesprochen. Bauarbeiten sind somit auch ohne die Lieferung bzw. Verarbeitung von Material pfandgesichert, wie z.B. Aushubarbeiten, Abbrucharbeiten, das Verlegen von Armierungseisen, Bauaustrocknung, Baureinigung, Gerüstbau etc. (SCHUMACHER, Nrn. 101 ff.). Kaufpreisforderungen sind deshalb nicht pfandrechtsgeschützt, weil die blosse Lieferung von Material keinen Anspruch auf Verrichtung des Bauhandwerkerpfandrechts begründet (Art. 837 Abs. 1 Ziff. 3 ZGB). Ebensowenig geniessen die Forderungen der Arbeitnehmer aus Arbeitsvertrag Pfandrechtsschutz, da diese nicht zu den selbständigen Unternehmern und Handwerkern im Sinne des Gesetzes gehören (ZOBL, S. 115). Da jedoch - wie erwähnt - der Vertragstypus nicht entscheidend ist, sondern die Frage, ob eine Bauleistung vorliegt, muss bei der Frage, ob blosse Lieferung von Material vorliegt oder Material und Arbeit, darauf abgestellt werden, ob die Arbeiten und Lieferungen ein spezifisches zusammengehörendes Ganzes bilden. Ist diese Voraussetzung erfüllt, besteht der Anspruch unabhängig davon, ob die Leistungen und Lieferungen auf einem oder mehreren Werkverträgen beruhen, und sogar unabhängig davon, ob einzelne Lieferungen werkvertraglicher oder kaufvertraglicher Natur sind (SCHUMACHER, Nr. 151).

III. Einzelfragen

1. Werklieferungsvertrag/Kaufvertrag

Sofern nur vertretbare Sachen für einen Bau geliefert werden, besteht kein Bauhandwerkerpfandrechtsanspruch. Dies trifft für die reinen Baulieferanten oder Baustofflieferanten zu, die z.B. Sand, Backsteine, Holz, Farbe etc., aber auch vorfabrizierte Türen, Fenster etc. oder serienmässig hergestellte Maschinen, Apparate oder Materialien, wie Radiatoren, Klosetts, Lampen etc. herstellen. Dagegen ist bei Materiallieferungen, die als Spezialanfertigungen für einen bestimmten Bau bezeichnet werden können, ein Bauhandwerkerpfandrechtsanspruch zu bejahen, da nicht nur Material alleine, sondern Arbeit (= Spezialanfertigung) und Material geliefert werden, wie etwa Frischbeton (ZR 1980, S. 25), Armierungseisen (BG 103 II 233), Türen, Fenster und Schränke etc., welche nach Mass geschreinert werden. Soweit vertretbare Sachen im Rahmen eines Werkvertrages vom Unternehmer bzw. Handwerker mit dem Baugrundstück so in Verbindung gebracht werden, dass sie zu dessen Bestandteil werden, liegt die Lieferung von Material *und* Arbeit im Rahmen eines Werklieferungsvertrages vor, welche Lieferung, da mit Arbeit verbunden, pfandrechtsgeschützt ist.

2. Architekten/Bauingenieure

Die Planungsarbeiten von Architekten und Ingenieuren werden nach bundesgerichtlicher Rechtsprechung dem Werkvertragsrecht zugeordnet. Dies ist jedoch - wie erwähnt - für die Frage des Bauhandwerkerpfandrechtsanspruches nicht die entscheidende Frage. De lege lata gehen Lehre und Rechtsprechung überwiegend und praktisch einhellig davon aus, dass diese Leistungen nicht bauhandwerkerpfandrechtsgeschützt sind. Das Bundesgericht betont (BGE 65 II 1 ff.), dass es sich bei der Arbeit des Architekten, welche in der Anfertigung von Plänen sowie in der Bauaufsicht besteht, nicht um eine Arbeit handle, welche nach ihrer Vollendung mit dem Bau körperlich verbunden sei wie z.B. die Bauleistungen der Handwerker und der Unternehmer. Auch aufgrund der Materialien sei erwiesen, dass der Architekt vom Pfandrechtsschutz bewusst ausgeschlossen worden sei. Nach seiner sozialen Stellung gegenüber dem Bauherrn erscheine der Architekt des mit Art. 837/841 ZGB bezweckten Schutzes nicht oder jedenfalls nicht in dem Masse bedürftig wie der Bauhandwerker und Unternehmer. Eine Ausdehnung des Bauhandwerkerpfandrechtsschutzes zugunsten des Architekten sei nur über eine Gesetzesrevision möglich (ZOBL, S. 19; SCHUMACHER, Nrn. 180-185; BGE 65 II 1 ff.).

3. Gemischte Leistungen

Sofern der Handwerker oder Unternehmer für das gleiche Bauwerk sowohl pfandrechtsberechtigte Bauarbeiten als auch andere Leistungen und Lieferungen erbringt, die für sich allein nicht pfandberechtigt sind, wie insbesondere vertretbare Materiallieferungen oder Projektierungs- oder Bauleitungsarbeiten, sind grundsätzlich alle Leistungen, somit auch die für sich allein nicht pfandrechtsberechtigten Leistungen und Lieferungen pfandberechtigt. Illustrativ ist das diesbezügliche Beispiel in SCHUMACHER, Nr. 191: Reine Transportleistungen sind vom Bauhandwerkerpfandrecht ausgeschlossen; transportiert jedoch der Baumeister selber Baustoffe, Bauplatzinstallationen (Kran, Baubaracke etc.) mit seinen eigenen Fahrzeugen auf die Baustelle, ist diese Teilleistung ein typischer Bestandteil seiner gesamten Leistung und deshalb pfandrechtsgeschützt.

Wichtig ist jedoch die Tatsache, dass das Schwergewicht der Gesamtleistung des Unternehmers in Bauarbeiten liegt und dass die nicht pfandrechtsgeschützten Leistungen im Zusammenhang mit einer - überwiegenden - Bauarbeit stehen, unwesentlich, ob dies in einem einheitlichen oder in mehreren Verträgen geschieht (vgl. BGE 103 II 33 ff.).

Der General- oder Totalunternehmer erbringt neben den eigentlichen Bauarbeiten auch Planungarbeiten sowie Bauleitungsarbeiten und vor allem Koordinationsarbeiten, welche Leistungen - da die Bauleistung überwiegt - ebenfalls pfandrechtsgeschützt sind. Sofern somit der Totalunternehmer Architekturleistungen erbringt, sind diese für diesen Ausnahmefall pfandrechtsgeschützt (ZR 1980, S. 153; BGE 106 II 123 ff.).

C) Die pfandberechtigten Rechtspersonen

I. Allgemeines

Gemäss Art. 837 Abs. 1 Ziff. 3 ZGB ist pfandrechtsgeschützt der Handwerker oder Unternehmer. Der Pfandrechtsberechtigte muss nach derselben Bestimmung zu Bauten oder anderen Werken auf einem Grundstück Material und Arbeit oder Arbeit allein geliefert haben. Ausschlaggebend ist einzig der Charakter der Leistungen als spezifische Bauarbeiten, nicht die berufliche Ausbildung, Erfahrung etc. Geschützt ist gemäss dem Wortlaut und klaren Willen des Gesetzgebers nur der selbständige Unternehmer, weshalb Arbeiter und Angestellte aufgrund von Einzelarbeitsverträgen - wie erwähnt - nicht pfandrechtsgeschützt sind. Der Begriff des selbständigen Handwerkers und Unternehmers ist damit eng mit der Frage der geschützten Bauleistung verknüpft (ZR 1980, S. 24).

II. Unmittelbare und mittelbare Baugläubiger

Unmittelbare Baugläubiger sind solche, welche den Eigentümer zum Schuldner haben. Sie stehen in erster Linie im Genuss des Bauhandwerkerpfandrechtes (Art. 837 Abs. 1 Ziff. 3 ZGB; BGE 105 II 264 ff.; ZR 1980 Nr. 12). Die mittelbaren Baugläubiger, denen das Bauhandwerkerpfandrecht ebenfalls zusteht, haben nicht den Grundeigentümer, sondern einen von diesem verschiedenen Unternehmer zum Schuldner (ZOBL, S. 81). Bei diesem kann es sich um einen Generalunternehmer, Totalunternehmer oder anderen Baubeteiligten handeln. Die mittelbaren Baugläubiger werden auch als Subunternehmer oder Unterakkordanten bezeichnet (ZOBL, S. 81; SCHUMACHER, Nr. 285).

Hat der Baugläubiger weder einen Unternehmer noch den Grundeigentümer, sondern z.B. einen Mieter, Pächter oder Dienstbarkeitsberechtigten des Baugrundstückes zum Schuldner, so ist er grundsätzlich nicht pfandrechtsgeschützt (Art. 837 Abs. 1 Ziff. 3 ZGB; BGE 56 II 166 ff.; ZR 1927 Nr. 128; ZOBL, S. 81). Gemäss bundesgerichtlicher Rechtsprechung ist die Leistung gegenüber einem Mieter unter drei Voraussetzungen pfandrechtsgeschützt (BGE 116 II 677 ff.):
1. Zustimmung des Grundeigentümers;
2. Das Arbeitsergebnis muss in das Eigentum des Grundeigentümers fallen;
3. Die Arbeit muss zu einer dauernden Vermehrung des Grundstückwertes führen.

III. Abtretung der gesicherten Forderung

Das Bauhandwerkerpfandrecht ist ein Nebenrecht, welches mit der Werkpreisforderung unzertrennbar, d.h. akzessorisch verbunden ist. Wird die pfandrechtsgeschützte Forderung abgetreten, geht auch das gesetzliche Grundpfandrecht auf den Erwerber über (Art. 170 Abs. 1 OR; ZOBL, S. 119; SCHUMACHER, Nr. 304; BGE 53 II 472).

Wird die Bauforderung abgetreten, bevor das Bauhandwerkerpfandrecht im Grundbuch definitiv eingetragen ist, so erwirbt der Zessionar der Forderung automatisch auch den realobligatorischen Eintragungsanspruch als deren Nebenrecht (LEEMANN, Art. 837 Note 55 f.; ZOBL, S. 119).

In der Praxis wird vielfach in allgemeinen Geschäftsbedingungen eine Globalzession aller bestehenden und zukünftigen Werklohnforderungen z.B. an die den Geschäftskredit gewährende Bank vorgenommen. Die Abtretung an eine Bank bewirkt nach SCHUMACHER, Nr. 314, auch ohne Notifikation, d.h. Mitteilung der Zession an den Schuldner, den unwiderbringlichen Verlust des Bauhandwerkerpfandrechtes, sofern die Bank nicht innerhalb der Dreimonatefrist das Bauhandwerkerpfandrecht anmeldet. Aktivlegitimiert ist nach SCHUMACHER, Nr. 314, nach der Zession vor der definitiven Eintragung des Bauhandwerkerpfandrechtes allein die Bank. ZOBL (zitiert in SCHUMACHER, Nr. 314) vertritt die gegenteilige Meinung, wonach der Zedent in eigenem Namen als indirekter Stellvertreter des Zessionars klagen könne, solange die Abtretung dem Schuldner nicht angezeigt worden sei (ZOBL, Das Fahrnispfand, Systematischer Teil, Nr. 1585 mit Verweisen).

D) Das belastete Grundstück

1. Das Pfandobjekt

Gegenstand des Bauhandwerkerpfandrechtes bildet grundsätzlich jenes Grundstück, welchem die pfandberechtigte Bauleistung physisch erbracht worden ist. Aus der ratio legis folgt jedoch, dass jenes Grundstück zu belasten ist, dem der durch die Bauhandwerker geschaffene Mehrwert im Ergebnis zukommt, weshalb das eigentliche Baugrundstück nicht immer mit dem Belastungsobjekt identisch sein muss. Dies trifft insbesondere für das selbständige und dauernde Baurecht zu, wo der Mehrwert nich beim dienenden Grundstück realisiert wird, sondern beim Baurechtsgrundstück selber. Das Bauhandwerkerpfandrecht ist deshalb nicht beim dienenden Grundstück, sondern auf dem Grundbuchblatt des selbständigen und dauernden Baurechtes einzutragen. Objekt des Bauhandwerkerpfandrechtes bilden dabei Grundstücke, wie sie in Art. 655 ZGB aufgelistet sind (Liegenschaften, selbständige und dauernde Rechte, insbesondere Baurechte, Bergwerke sowie Miteigentumsanteile an Grundstücken). Zu den Miteigentumsanteilen an Grundstücken gehören das Gesamteigentum, das gewöhnliche Miteigentum und das Stockwerkeigentum.

2. Das Pfandobjekt bei der Gesamtüberbauung

Als Grundsatz ist festzuhalten, dass bei einer Gesamtüberbauung auf mehreren Grundstücken kein Gesamtpfand zugelassen ist. Dies bedeutet, dass die Pfandsumme nicht auf allen Grundstücken in der gesamten vollen Pfandsumme eingetragen werden darf. Dies ist ausnahmsweise gemäss Gerichtspraxis nur im provisorischen Eintragungsverfahren möglich (SCHUMACHER, Nr. 396; BGE 102 II 281). Der Pfandberechtigte ist jedoch diesbezüglich gut beraten, möglichst rasch die Pfandsumme auf den einzelnen belastenden Liegenschaften auf deren verhältnismässigen Anteil des Mehrwertes der geleisteten Arbeiten zu reduzieren. Grundsätzlich ist jedoch - wie erwähnt - das Gesamtpfandrecht ausgeschlossen, d.h., die einzelne Parzelle darf nur verhältnismässig mit dem Mehrwert der für sie geleisteten Arbeit belastet werden (BGE 102 Ia 85).

3. Grundstücke in der öffentlichen Hand

Nach gefestigter Lehre und Rechtsprechung kann an Grundstücken, welche Gegenstand des Verwaltungsvermögens oder des Gemeingebrauchs (= öffentliche Sachen im engen Sinn) sind, kein Bauhandwerkerpfandrecht eingetragen werden. Dies ist nur bei Grundstücken im Finanzvermögen möglich (BGE 103 II 227 ff., 102 Ib 11 f., 95 I 101).

E) Der belastete Grundeigentümer

I. Allgemeines

Der Anspruch des Unternehmers auf Errichtung eines Bauhandwerkerpfandrechtes richtet sich gegen den jeweiligen Eigentümer des Grundstückes, auf dessen Boden Material und Arbeit zu Bauten oder anderen Werken geliefert worden sind (BGE 92 II 230). Der Grundeigentümer muss dabei nicht notwendigerweise mit dem Schuldner identisch sein, welcher dem Handwerker den Werklohn schuldet. Es handelt sich somit beim Bauhandwerkerpfandrecht um eine gesetzliche Realobligation (LIVER, Die Grunddienstbarkeiten, Einleitung, Note 157; ZR 1971, S. 299 und 1980, S. 22). Dies hat auf Seiten des Grundeigentümers die vielfach negative Folge, dass auch der Rechtsnachfolger des Bauherrn, z.B. ein Käufer des Grundstückes, damit belastet wird, oder - noch unangenehmer - der Grundeigentümer, der seinen Vertragspartner bereits bezahlt hat. Dies hat wiederum zur Folge, dass der belastete Grundeigentümer nicht Vertragspartner des pfandberechtigten Unternehmers sein muss, was insbesondere dann der Fall ist, wenn ein Subunternehmer vom Unternehmer eingeschaltet wird. Der Anspruch des Subunternehmers besteht unabhängig davon, ob der Grundstückeigentümer den Unternehmer bezahlt hat oder nicht (BGE 95 II 31, 87, 228; BGE 105 II 267 und BGE 106 II 127). Auch nach der Eröffnung eines Konkurses über den Grundeigentümer kann das Bauhandwerkerpfandrecht noch eingetragen werden (BGE 95 II 31 ff.).

II. Der Schutz gegen Doppelzahlung

Da ein Anspruch des Subunternehmers auch nach Zahlung des Unternehmers besteht, ein Bauhandwerkerpfandrecht zur Eintragung zu bringen, existiert ein Bedürfnis des Grundeigentümers, sich gegen Doppelzahlungen zu schützen, was auch das Bundesgericht befürwortet hat (BGE 95 II 92). Was nun die prophylaktischen Massnahmen zur Bannung der Gefahr der Doppelzahlung betrifft, hat das Bundesgericht im Entscheid BGE 95 II 87 ff. verschiedene Wege gewiesen:

1. Garantie des Generalunternehmers

Der Bauherr kann sich im GU-Vertrag durch den Generalunternehmer garantieren lassen, dass sämtliche Unterakkordanten bezahlt werden. Dies kann allenfalls mit einer Bankgarantie abgesichert werden, sofern die Zahlungsfähigkeit des Generalunternehmers nicht restlos feststeht.

2. Recht des Bauherrn zur Bezahlung der Unterakkordanten

Der Bauherr kann sich im GU-Vertrag ermächtigen lassen, die pfandrechtsberechtigten Unterakkordanten direkt zu bezahlen, wobei sich mit jeder geleisteten Zahlung die Forderung des Generalunternehmers gegenüber dem Bauherrn entsprechend reduzieren müsste.

3. Treuhänder

Der Generalunternehmer und der Bauherr können auch einen Dritten bestimmen, welchem die Baugelder mit dem treuhänderischen Auftrag übergeben werden, die Unterakkordanten sowie den Generalunternehmer nach Massgabe des Baufortschrittes zu bezahlen. Auch dieser Schutz ist, wie alle anderen prophylaktischen Schritte, nicht absolut, da eine Schadenersatzpflicht des Treuhänders nur so viel wert ist, wie die Zahlungsfähigkeit des Treuhänders ausgewiesen ist. Dazu kommen die Unwägbarkeiten eines Schadenersatzprozesses.

4. Überwachung des Baukredites durch die baukreditgebende Bank

Um sich dem Anfechtungsrecht der Baugläubiger gemäss Art. 841 ZGB nicht auszusetzen, hat vor allem die baukreditgebende Bank alles Interesse daran sicherzustellen, dass der Baukredit bestimmungsgemäss verwendet wird (ZOBL, S. 103). Auch diese Prophylaxe ist nicht vollkommen, wie SCHUMACHER in Nr. 485 unter Hinweis auf ein unveröffentlichtes Urteil des Bundesgerichtes vom 20. Mai 1980 feststellt.

5. Hinterlegung

Schliesslich wurde die Möglichkeit erwogen, wonach der Bauherr den dem Generalunternehmer noch geschuldeten Restpreis bei einem Dritten hinterlegt, wobei dieser dem Generalunternehmer den hinterlegten Betrag nur gegen Nachweis der Befriedigung sämtlicher Unterakkordanten ausbezahlen darf (BGE 95 II 91). Diese Variante ist in der Praxis selten anzutreffen (ZOBL, S. 104).

F) Die Dreimonatefrist

I. Allgemeines

Gemäss Art. 839 Abs. 2 ZGB hat die Eintragung bis spätestens drei Monate nach der Vollendung der Arbeiten zu geschehen. Die Dreimonatefrist ist damit mit der Eintragung im Grundbuch (Tagebucheintrag genügt) gewahrt. Sie beginnt mit der Vollendung der Arbeit.

II. Die Vollendung der Arbeiten

Massgeblich ist die letzte funktionell wesentliche Arbeit. So ist die Funktionskontrolle einer Heizungsanlage - obwohl im zeitlichen Umfang eine geringfügige Arbeit - als funktionell wesentlich zu bezeichnen, weshalb sie die Dreimonatefrist erneut auslöst. Gemäss Lehre und Rechtsprechung sind folgende Kriterien massgebend (Aufzählung nicht abschliessend):
1. Je höher der Material- und Zeitaufwand, je eher muss die Arbeit als nicht nebensächlich und nicht geringfügig und damit fristauslösend bezeichnet werden (BGE 106 II 26).
2. Je klarer der funktionelle Stellenwert der letzten Arbeit, je eher ist diese letzte Arbeit als fristauslösend zu bezeichnen (BGE 102 II 209).
3. Sofern die umstrittenen Arbeiten bloss der Vervollkommnung dienen, sind diese Arbeiten nicht als fristauslösend zu bezeichnen (BGE 101 II 255).
4. Sofern ein Arbeitsunterbruch durch den Unternehmer verursacht wurde, löst die Arbeitsaufnahme des Unternehmers die Eintragungsfrist nicht erneut aus (BGE 101 II 26).
5. Unwesentlich ist der Zeitpunkt der Baustellenräumung durch den Unternehmer (BGE 102 II 209).
6. Die dreimonatige Eintragungsfrist beginnt nicht erst mit der Anzeige der Vollendung, geschweige denn mit der Abnahme. Der Bezug des Bauwerkes ist für den Beginn der Dreimonatefrist unmassgeblich (ZR 1980, S. 276).
7. Weder das Ausmessen noch die Rechnungstellung gehören zur fristauslösenden Vollendung (ZR 1980, S. 276).
8. Nachbesserungsarbeiten, d.h. die Behebung von Garantiemängeln, gehören nicht zur Vollendung und lösen die Dreimonatefrist nicht erneut aus (BGE 106 II 26).

III. Mehrere Bauwerke / mehrere Grundstücke

Bauarbeiten des gleichen Unternehmers für mehrere Bauwerke auf einer einzigen oder mehreren Parzellen aufgrund eines oder mehrerer Werkverträge unterliegen gesonderten Fristen (SCHUMACHER, Nr. 669; BGE 106 II 127). Dasselbe gilt für das Stockwerkeigentum. Danach läuft die Frist für alle Stockwerkeigentümer nicht mit der letzten Arbeit des Unternehmers im ganzen Haus gleichzeitig (BGE 112 II 214 ff.). Das Gegenteil gilt nur für die gemeinschaftlichen Bestandteile des Stockwerkeigentums (e contrario BGE 112 II 214 ff.).

G) Das Eintragungsprozedere

I. Das Eintragungsverfahren

Das Ziel des Eintragungsverfahrens ist der Grundbucheintrag. Dieser kann unter Beachtung der föderalistisch-strukturierten Eintragungsverfahren nach dem in jedem Kanton prozessual eigenen Verfahren in einem ersten Stadium superprovisorisch ohne Anhörung der Gegenpartei verfügt und zur Eintragung gebracht werden. In einem provisorischen Verfahren, in welchem die Ansprüche glaubhaft gemacht werden müssen, wird die vorläufige Berechtigung des Unternehmers geprüft. Alsdann erfolgt das ordentliche Verfahren, bei welchem alle Beweismittel zugelassen sind. Wichtig ist die Tatsache, dass die Eintragung nur fristgerecht erfolgt, wenn zwischen der Vollendung der Arbeit und dem Tagebucheintrag im Grundbuch nicht mehr als drei Monate verstreichen. Sofern eine Anerkennung, d.h. eine Eintragungsbewilligung des Grundeigentümers, vorliegt, ist kein Gerichtsverfahren notwendig, sondern kann die Eintragung im Tagebuch direkt mit der Eintragungsbewilligung - fristgerecht - vorgenommen werden.

II. Feststellung der Pfandsumme

Die Pfandsumme stellt die oberste Belastungsgrenze dar. Zu den pfandberechtigten Forderungspositionen gehören neben dem eigentlichen Werkpreis die Vergütung für Regiearbeiten, Bestellungsänderungen, Entschädigung für Nebenleistungen, Vergütung der Baustoffe, der Teuerungsausgleich, die Entschädigung für ausserordentliche, nicht voraussehbare Umstände, Prämien, die Warenumsatzsteuer und Konventionalstrafen, sofern sie pauschalierte Vergütungen für einen vom Unternehmer nicht zu vertretenden Grund wie Arbeitsunterbruch darstellen, nicht jedoch Kostenersatzforderungen wie Anwalts- und Gerichtskosten sowie Schadenersatzansprüche (vgl. SCHUMACHER, Noten 800 bis 815). Der Verzugszins ist pfandrechtsgeschützt.

H) Die Sicherheitsleistung

Die Eintragung im Grundbuch darf nur erfolgen bzw. ist zu löschen, wenn die Forderung vom Eigentümer anerkannt oder gerichtlich festgestellt ist und nicht vom Eigentümer für die angemeldete Forderung hinreichende Sicherheit geleistet wurde (Art. 839 Abs. 3 ZGB). Die hinreichende Sicherheit kann zu jedem Zeitpunkt gestellt werden. In der Garantie ist genau festzuhalten, ob damit der Pfandrechtsanspruch definitiv anerkannt wird oder das Verfahren gerichtlich in dem Stadium fortgesetzt werden muss, in welchem es sich befindet.

I) Das Vorrecht

Kommen die Forderungen der Handwerker und Unternehmer bei der Pfandverwertung zu Verlust, so ist der Ausfall aus dem den Wert des Bodens übersteigenden Verwertungsanteil der vorgehenden Pfandgläubiger zu ersetzen, sofern das Grundstück durch ihre Pfandrechte in einer für sie erkennbaren Weise zum Nachteil der Handwerker und Unternehmer belastet worden ist (Art. 841 Abs. 1 ZGB). Die Ursache des Verlustes des Unternehmers muss darauf zurückgeführt werden können, dass der den Wert des Bodens übersteigende Versteigerungserlös von den vorrangigen Grundpfandgläubigern nicht zur Bezahlung der Handwerker, sondern zur Befriedigung anderer Gläubiger verwendet worden ist, wodurch die Bauhandwerker benachteiligt worden sind. Diese Benachteiligung muss für die vorrangigen Grundpfandgläubiger erkennbar gewesen sein. Diese müssen mindestens fahrlässig die Bauhandwerker benachteiligt haben (SCHUMACHER, Nr. 960). Dadurch kann vor allem in der heutigen Zeit allenfalls verhindert werden, dass das Bauhandwerkerpfandrecht illusorisch wird.

Sofern jedoch die Landhypothek bereits auf einem übersetzten Kaufpreis der Hochkonjunkturphase beruht, nützt auch dieses Vorrecht nichts mehr. Vielfach ist heute bei Steigerungen festzustellen, dass das Bauhandwerkerpfandrecht wegen der Überbewertung des Bodenwertes, verkörpert in der Landhypothek, jeden realistischen Schutz des Baupfandgläubigers verhindert! Der Handwerker ist deshalb heutzutage gut beraten, entweder einen solventen Vertragspartner zu besitzen oder sich durch andere Sicherheiten wie Fertigstellungsgarantien zu schützen. Dies ist jedoch wegen der Flaute in der Bauindustrie ein fast nicht zu realisierendes Unterfangen. Hier hilft nur eine gute Zahlungskontrolle der Buchhaltung nach der Bauaufnahme weiter.

RECHTSQUELLEN
Schweizerisches Zivilgesetzbuch vom 10. Dezember 1907, SR 210 (ZGB).
BG vom 30. März 1911 betreffend die Ergänzung des Schweizerischen Zivilgesetzbuches (Fünfter Teil: Obligationenrecht), SR 220 (OR).
Verordnung betreffend das Grundbuch vom 22. Februar 1910, SR 211.432.1 (GBV).

JUDIKATUR
BGE 65 II 1: Die Honorarforderung des Architekten ist nicht bauhandwerkerpfandrechtsberechtigt (Art. 837 Abs. 3 und Art. 839 ZGB).
BGE 92 II 227 ff. (im Gegensatz zu BGE 56 II 163 ff.): Der Vermieter und Grundeigentümer hat die Eintragung eines Bauhandwerkerpfandrecht zu dulden, sofern er den entsprechenden Arbeiten zugestimmt oder diese in Kauf genommen hat (bestätigt und präzisiert mit Bundesgerichtsurteil vom 20. Dezember 1990: Bedingung dafür ist, dass die Arbeiten mit Zustimmung des Grundeigentümers erfolgt sind, ihr Ergebnis in sein Eigentum fällt und dies zu einer dauernden Vermehrung des Grundstückwertes führt = BGE 116 II 677).
BGE 94 I 50: Art. 59 BV: Die Klage auf Bezahlung einer Geldsumme, welche bauhandwerkerpfandrechtsgesichert ist, ist keine persönliche Ansprache.
BGE 95 II 31: Eine provisorische Eintragung eines Bauhandwerkerpfandrechtes ist auch nach der Konkurseröffnung des Grundstückeigentümers möglich.
BGE 101 II 255: Bei einer Dreimonatefrist gemäss Art. 839 Abs. 2 ZGB handelt es sich um eine Verwirkungsfrist, die nicht unterbrochen werden kann.
BGE 106 II 123/ZR 1980 Nr. 12/BGE 104 II 348: Beim Sukzessivlieferungsvertrag ist die letzte Lieferung massgebend. Dasselbe gilt, wenn zwar mehrere Werkverträge vorliegen, deren Leistungsgegenstände aber eine wirtschaftliche Einheit bilden (z.B. sukzessive Lieferung von Frischbeton).
BGE 105 II 264/BGE 104 II 348/BGE 103 II 33/ZR 1980 Nr. 8O: Liefert jemand Material, das er für einen bestimmten Bau individuell hergestellt hat, so wird dem Werklieferanten der Pfandrechtsanspruch dann gewährt, wenn die Sache auch tatsächlich Bestandteil des Grundstückes geworden ist, wobei es keine Rolle spielt, ob der Werklieferant oder ein Dritter den Einbau vorgenommen hat. Das gilt insbesondere für den Totalunternehmervertrag.
BGE 103 II 33 ff.: Bei einheitlichem Vertrag sowohl Schutz pfandrechtsgeschützter Bauleistungen als auch planerischer und bauleitender Arbeiten (Architekten- und Ingenieurtätigkeit) oder Lieferung vertretbarer Sachen.
BGE 105 II 267/BGE 104 II 354/BGE 95 II 89/ZR 1981 Nr. 18: Der Unterakkordant ist selbst dann berechtigt, das Bauhandwerkerpfandrecht in vollem Betrag eintragen zu lassen, wenn sein Vormann bereits bezahlt worden ist. Daraus folgt, dass der Grundeigentümer dem Risiko der faktischen Doppelzahlungspflicht ausgesetzt ist. Hierin liegt eines der Hauptprobleme des Bauhandwerkerpfandrechtes.

BGE 95 II 87 ff.: Massnahmen gegen das Doppelzahlungsrisiko des Grundeigentümers: a) Garantie des Generalunternehmers, b) Recht des Bauherrn zur Direktbezahlung der Unterakkordanten, c) Treuhänder, d) Überwachung des Baukredites durch die baukreditgebende Bank, e) Hinterlegung.
BGE 112 II 214 ff.: Die Frist läuft für alle Stockwerkeigentümer nicht mit der letzten Arbeit des Unternehmers im ganzen Haus gleichzeitig. Das Gegenteil gilt nur für die gemeinschaftlichen Bestandteile des Stockwerkeigentums.
BGE 116 II 677: Vgl. vorne bei BGE 92 II 227 ff.

LITERATUR
AMMON Kurt, Grundriss des Schuldbetreibungs- und Konkursrechts, Bern 1980; BISE Henri, De l'hypothèque l'égale des entrepreneurs et des artisans dans le Code civil suisse, Diss. Fribourg 1912; BRÜGGER Paul, Genügt zur Errichtung des Bauhandwerkerpfandrechtes die richterliche Feststellung der massgebenden Pfandsumme?, ZBGR 1980, S. 62 f.; DREHER Jürg, Das Bauhandwerkerpfandrecht im Spannungsfeld zwischen Baugewerbe und Bauherren, Zürich 1981; DÜRR K., Der Werkvertrag, 2. Aufl., Bern 1966; EGGER August, Der privatrechtliche Schutz der Bauhandwerker mit besonderer Rücksicht auf die neue schweizerische Civilgesetzgebung, Zürich 1901; GAUCH Peter, Der Werkvertrag, 3. Aufl., Zürich 1985; GAUCH Peter/SCHLUEP Walter R., Schweizerisches Obligationenrecht, Allgemeiner Teil, Bd. I und II, 5. Aufl., Zürich 1991; GAUCH Peter/TERCIER Pierre (Hrsg.), Das Architektenrecht/le droit de l'architecte, Fribourg 1986; GAUTSCHI Georg, Berner Kommentar, Obligationenrecht, II. Abteilung: Die einzelnen Vertragsverhältnisse, 3. Teilband: Werkvertrag und Auftrag (Art. 363-379 OR), Bern 1972; GIOVANOLI Silvio, Zum gesetzlichen Grundpfandrecht der Bauhandwerker, Blätter für Schuldbetreibung und Konkurs (BlSchK) 1970, S. 33 ff.; GROSSEN Jacques-Michel, Quelques problèmes actuels concernant l'hypothèque légale des artisans et entrepreneurs, ZBGR 1973, S. 65 ff.; HÄFLIGER Charles, Le rang et le privilège de l'hypothèque légale des artisans et entrepreneurs, Etude des articles 840 et 841 du Code civil, Diss. Lausanne 1957; DE HALLER, Jean-Claude, L'hypothèque légale de l'entrepreneur, Des solutions nouvelles à de vieux problèmes?, Referat am Schweiz. Juristentag vom 3. Oktober 1982, ZSR 1982, II, S. 189 ff. (vgl. Nr. 5); HOFMANN Paul, Die gesetzlichen Grundpfandrechte des Art. 837 ZGB, insbesondere das Bauhandwerkerpfandrecht, Diss. Zürich 1940; HOMBERGER Arthur, Zürcher Kommentar, Besitz und Grundbuch, 2. Aufl., 1938; HOMBERGER Arthur/MARTI Hans, Grundpfandverschreibung III, Bauhandwerkerpfandrecht, Schweizerische Juristische Kartothek Nr. 638, Genf 1942; KAPPELER Rudolf, Das Bauhandwerkerpfandrecht bei Gesamtüberbauungen, insbesondere die Dreimonatefrist nach Art. 839 Abs. 2 ZGB, ZBGR 1976, S. 257 ff.; LEEMANN Hans, Berner Kommentar, Sachenrecht, II. Abteilung, Die beschränkten dinglichen Rechte (Art. 730-918 ZGB), Bern 1925; LEHNER Othmar, Das Objekt des Bauhandwerkerpfandrechtes nach dem Schweizerischen Zivilgesetzbuch, SJZ 1961, S. 133 ff.; LIVER Peter, Die Begründung des Bauhandwerkerpfandrechtes, ZBJV 1962, S. 209 ff.; DERS., Das Eigentum, in: Schweizerisches Privatrecht (SPR), Bd. V/1, Basel 1977, S. 1 ff.; DERS., Zürcher

Kommentar, Die Grunddienstbarkeiten, Art. 730-792 ZGB, 2. Aufl., 1980 (zit.: Grunddienstbarkeiten); MEIER-HAYOZ Arthur, Berner Kommentar zum Sachenrecht, Systematischer Teil und Allgemeine Bestimmungen, Art. 641-654 ZGB, 5. Aufl., Bern 1981; MEIER-HAYOZ Arthur/REY Heinz, Berner Kommentar zum Sachenrecht, Grundeigentum, IV: Stockwerkeigentum, Lieferung 1 + 2, Bern 1987 und 1988; MEISTER Chr.P., Vorsorgliche Massnahmen bei immobiliar-sachenrechtlichen Streitigkeiten, Verfügungsbeschränkung, Vorläufige Eintragung, Kanzleisperre, Diss. Zürich 1977; OFTINGER Karl/BÄR Rudolf, Das Fahrnispfand, Zürcher Kommentar, 3. Aufl., Zürich 1981; OTTIKER Moritz, Pfandrecht und Zwangsvollstreckung bei Miteigentum und Stockwerkeigentum, Diss. Zürich 1972; DERS., Zum Bauhandwerkerpfandrecht beim Stockwerkeigentum, ZBGR 1971, S. 193 ff.; PEDRAZZINI Mario M., Werkvertrag, Lizenzvertrag, in: Schweizerisches Privatrecht (SPR), Bd. VII/1, Basel 1977, S. 495 ff.; PETER-RÜETSCHI Tina, Über das Bauhandwerkerpfandrecht, "Stockwerkeigentum" 1978, S. 71 ff.; PIOTET Paul, Le privilège de l'entrepreneur et l'acquisition par des tiers de titres de gage créés au dépens de son hypothèque légale, ZBGR 1972, S. 141 ff.; DERS., L'hypothèque légale et l'entrepreneur en cas de travaux et fournitures relatifs aux conduites traversant le fonds d'autrui, JT 1972, I, S. 322 ff.; DERS., L'entrepreneur, a-t-il droit à l'hypothèque légale en cas de construction sur le fonds d'autrui ou de faillite du propriétaire?, JT 1970, I, S. 130 ff.; DERS., Le droit à l'hypothèque légale et le privilège de l'entrepreneur, notamment quand l'immeuble est acquis par un tiers ou réalisé dans une exécution forcée, ZBGR 1968, S. 193 ff.; POUDRET Jean-F., Patrimoine administratif et hypothèque légale des artisans et entrepreneurs, in: Mélanges (Festschrift) Henri Zwahlen, Lausanne 1977, S. 501 ff.; RASCHEIN Rolf, Das Bauhandwerkerpfandrecht in der Zwangsverwertung von Grundstücken, Blätter für Schuldbetreibung und Konkurs (BlSchK), 1972, S. 33 ff.; REBER H.J., Rechtshandbuch für Bauunternehmer, 3. Aufl., Dietikon 1975; REY Heinz, Die Grunddienstbarkeiten, Berner Kommentar, Systematischer Teil, und Art. 730 f. ZGB, 2. Aufl., Bern 1981; SCHEIDEGGER Otto, Das Baugläubigerpfandrecht im schweizerischen ZGB, ZSR 1913, S. 1 ff.; SCHLUEP W.R./SCHAUB R.PP., Der Architektenvertrag, der Ingenieurvertrag, der Generalunternehmervertrag, der Totalunternehmervertrag, Schweizerisches Privatrecht (SPR), Bd. VII/2, Basel 1979, S. 900 ff.; SCHNEEBELI Hans, Der Schutz der Baugläubiger im Schweizerischen Zivilgesetzbuch unter vergleichender Berücksichtigung des deutschen Gesetzes über die Sicherung der Bauforderungen vom 1. Juni 1909, Diss. Zürich 1914; SCHROFF Christian, Das Bauhandwerkerpfandrecht auf öffentlichen Grundstücken, ZBJV 1981, S. 144 ff.; SCHUMACHER Rainer, Das Bauhandwerkerpfandrecht, 2. Aufl., Zürich 1982; DERS., Erst die letzte Lieferung von Frischbeton löst die Dreimonatefrist aus, BR 1982, S. 10 ff., Nachdruck in "Schweizer Baublatt" Nr. 46 vom 11. Juni 1982, S. 46 ff.; STAHEL Max, Das Bauhandwerkerpfandrecht nach schweizerischem Recht, Zürich 1913; THOMAS J., Zur Bundesgerichtspraxis über das Verhältnis der Bauhandwerker zu den Hypothekargläubigern, SJZ 1948, S. 97 ff.; TUOR Peter/SCHNYDER Bernhard, Das Schweizerische Zivilgesetzbuch, Nachdruck der 10. Auflage, Zürich 1986; VON TUHR Andreas/ PETER Hans/ESCHER Arnold, Allgemeiner Teil des Schweizerischen Obligationenrechtes, Bd. I-III, 3. Aufl., Zürich 1974/1979 (zit. VON TUHR/PETER bzw. ESCHER,

OR I bzw. II); WEBER Rolf, Die Stockwerkeigentümergemeinschaft, Diss. Zürich 1979; WIELAND Carl, Kann die Eintragung des Pfandrechtes der Bauhandwerker auch dem dritten Erwerber einer Liegenschaft gegenüber verlangt werden? SJZ 1912, S. 81-83; WIPFLI Peter, Das gesetzliche Pfandrecht für Leistungen der Bauhandwerker an mehreren Liegenschaften und an Liegenschaften mit Eigentumswohnungen, ZBGR 1971, S. 65 ff.; ZOBL Dieter, Das Bauhandwerkerpfandrecht de lege lata und de lege ferenda, Referat am Schweiz. Juristentag vom 3. Oktober 1982, ZSR 1982 II, S. 1 ff. (vgl. Nr. 5); DERS. Das Fahrnispfand, Systematischer Teil und Art. 884-887 ZGB, 2. Aufl. des Berner Kommentars zum Sachenrecht, Bern 1982.

Das Recht der ausservertraglichen Schädigung beim Bauen

Urs Ch. Nef / Vito Roberto

A) Einführung

Durch die mangelhafte Ausführung eines Werkes verletzt der Unternehmer den Vertrag. Die Haftung gegenüber dem Besteller richtet sich diesfalls nach den besonderen Regeln über die Mängelhaftung (Art. 367 ff. OR). Der Unternehmer hat aber nicht nur das Werk mängelfrei herzustellen und rechtzeitig abzuliefern; ihn treffen auch eine Reihe von Nebenpflichten. Dazu gehört (neben den im Gesetz besonders geregelten Pflichten: Art. 365 Abs. 2 und 3, 369 OR) unter anderem die Pflicht, die geeigneten Vorkehrungen zu treffen,
- um Schädigungen des Bestellers (an Leib, Leben, Eigentum) zu vermeiden,
- um Schädigungen Dritter zu vermeiden, für die der Besteller (z.B. nach Art. 58 OR oder Art. 679 ZGB: vgl. hinten D und E) einzustehen hätte (GAUCH, N 587 f.; vgl. auch die entsprechenden Schutz- und Fürsorgemassnahmen in SIA-Norm 118, Art. 103 ff.).

Die Verletzung des Werkvertrages durch den Unternehmer kann gleichzeitig auch eine *ausservertragliche (deliktische) Haftung* begründen; der Unternehmer haftet in diesem Fall dem Besteller sowohl aus Vertrag als auch aus Delikt. Insoweit als Dritte geschädigt werden, können - mangels vertraglicher Beziehung - grundsätzlich nur deliktische Ansprüche bestehen. Von diesen deliktischen Haftungsarten handelt dieser Beitrag.

Vorweg ist anzumerken, dass eine Vielzahl von - teilweise etwas zufällig erscheinenden - Haftungsnormen bestehen. Die generelle und subsidiäre Haftungsart ist die *Verschuldenshaftung* gemäss Art. 41 OR. Daneben bestehen sog. Kausalhaftungen, die kein Verschulden voraussetzen. Im Bauvertragsrecht sind vor allem die *einfachen Kausalhaftungen* von Bedeutung, die - in der einen oder anderen Form - eine gewisse Unsorgfalt oder einen Mangel voraussetzen (zu den strengen Kausalhaftungen, sog. Gefährdungshaftungen, die vor allem an das Innehaben oder Betreiben gefährlicher technischer Anlagen oder Transportmittel anknüpfen, vgl. OFTINGER/STARK, Bd. II/2 und II/3, 4. Auflage, Zürich 1989/91).

B) Die allgemeine Haftungsnorm (Art. 41 OR)

I. Allgemeines

Alle Haftungsarten setzen zumindest einen Schaden (II), eine Widerrechtlichkeit (III) sowie einen adäquaten Kausalzusammenhang zwischen der haftungsbegründenden Ursache und dem Schaden (IV) voraus. Bei der allgemeinen Haftungsnorm in Art. 41 OR bildet das Verschulden (V) die haftungsbegründende Ursache, bei den einfachen Kausalhaftungen die Unsorgfalt bzw. der Mangel.

II. Schaden

Schaden im Rechtssinne ist eine *finanzielle Einbusse*. Er besteht zum einen aus der Reduktion des Vermögens und zum anderen aus dem entgangenen Gewinn. Andere Nachteile nicht-finanzieller Natur sind kein Schaden, begründen aber allenfalls einen Genugtuungsanspruch (Art. 47, 49 OR).

Der Geschädigte hat seinen Schaden zu beweisen (Art. 42 Abs. 1 OR). Der Schaden gilt als erwiesen, wenn genügend Anhaltspunkte vorliegen, die auf seinen Eintritt schliessen lassen, und dieser Schluss sich mit einer gewissen Überzeugungsgewalt aufdrängt (BGE 40 II 355; 98 II 37). Im Einzelfall kann der Nachweis des Schadens schwierig oder unmöglich sein (z.B. bei den finanziellen Folgen einer Körperverletzung). Der Richter darf daher gemäss Art. 42 Abs. 2 OR den nicht ziffermässig nachweisbaren Schaden mit Rücksicht auf den gewöhnlichen Lauf der Dinge schätzen.

Von der Schadensberechnung zu unterscheiden ist die *Schadensbemessung*. Grundsätzlich ist der ganze Schaden zu ersetzen. Der Richter kann indessen nach Massgabe des Verschuldens, des Selbstverschuldens des Geschädigten, des mitwirkenden Zufalls sowie sonstiger Umstände die Höhe des Schadenersatzes herabsetzen (Art. 43, 44 OR). Bezüglich des *Schadensbegriffs* bestehen einige schwierige Abgrenzungsfragen:
- In der Regel darf die Schadenshöhe aufgrund der notwendigen Reparaturkosten ermittelt werden. Dies gilt aber dann nicht, wenn diese Kosten den Wert der beschädigten Sache erheblich übersteigen. Zu ersetzen sind in diesem Fall bei wertbeständigen Sachen (Kunstgegenstände, Möbel usw.) die vollen Wiederbeschaffungskosten, bei nicht wertbeständigen Sachen (Fahrzeuge, Maschinen usw.) der buchhalterische Vorunfallwert (sog. Zeitwert).
- Der Wert einer Sache ist in der Regel nach den Beschaffungskosten zu bestimmen. Hat die Sache im Zusammenhang mit dem übrigen Vermögen des Geschädigten einen höheren Wert, ist dieser zu ersetzen. Nicht massgebend für die Schadensberechnung ist hingegen eine persönliche, ausserhalb wirtschaftlicher Überlegungen stehende Hochschätzung (sog. *Affektionsinteresse*) des Geschädigten.

- Unklar ist die Ersatzfähigkeit des *Nutzungsausfalles*. Wichtigstes Beispiel bildet die Beschädigung eines Fahrzeuges; nach herrschender Meinung kann die Miete für einen Ersatz nur gefordert werden, wenn das Fahrzeug wirtschaftliche Vorteile einbrachte, vor allem im Beruf (vgl. OFTINGER, S. 256). Offen ist, ob bei Nutzungsausfall eines Hauses, einzelner Zimmer, einer Garage oder eines Schwimmbades ein ersatzfähiger Schaden vorliegt (vgl. dazu GAUCH/SCHLUEP, N 2636 ff. m.w.N.). Im Bauvertragsrecht kann diese Frage insbesondere im Zusammenhang mit einer verspäteten Ablieferung des Werkes Bedeutung erlangen.
- Ein stark umstrittenes Sonderproblem ist der sog. *Reflexschaden*. Es geht dabei um die Frage, welche geschädigten Personen Ansprüche geltend machen können. Um Haftpflichtansprüche nicht ins Unermessliche wachsen zu lassen, ist grundsätzlich nur anspruchsberechtigt, wer durch das schädigende Ereignis *direkt* betroffen wird. Die Frage, ob indirekt Geschädigte nicht auch anspruchsberechtigt sind, wird vor allem anhand des folgenden Beispiels diskutiert: Ein Bagger beschädigt ein elektrisches Kabel; die dadurch belieferte Fabrik erleidet einen Produktionsausfall. Je nach dem, ob das Kabel dem Elektrizitätswerk oder der Fabrik gehört, ob die Maschinen nur still stehen oder durch den Stillstand Maschinen oder Materialien beschädigt werden, kann Schadenersatz auch für den Produktionsausfall beansprucht werden (vgl. zu dieser unbefriedigenden Abgrenzung BGE 101 Ib 252; 102 II 85; GAUCH/SWEET, Deliktshaftung für reinen Vermögensschaden, Festschrift für Max Keller, Zürich 1989, S. 117 ff. m.w.N.; KRAMER, Reine Vermögensschäden als Folge von Stromkabelbeschädigungen, recht 1984, S. 128 ff.).

III. Widerrechtlichkeit

Während im vertraglichen Schadenersatzrecht die Vertragsverletzung genügt, um eine Einstandspflicht zu begründen, muss bei der ausservertraglichen Haftung der Schaden widerrechtlich zugefügt werden.

Der Begriff der Widerrechtlichkeit ist im Gesetz nicht definiert und in der Lehre stark umstritten. Nach der herrschenden Auffassung und ständigen Rechtsprechung des Bundesgerichts gilt folgendes: Ein schädigendes Verhalten ist dann widerrechtlich, wenn es *gegen geschriebene oder ungeschriebene Gebote oder Verbote der Rechtsordnung* verstösst, die dem Schutz des verletzten Rechtsgutes dienen (BGE 95 III 91). Unabhängig von einer etwaigen Normverletzung ist der Eingriff in ein absolut *geschütztes Rechtsgut* (wie Leben, körperliche Integrität, Persönlichkeit, Besitz und Eigentum - nicht aber das Vermögen schlechthin) in jedem Fall widerrechtlich.

Nicht jede Schädigung ist also widerrechtlich. Beim *reinen Vermögensschaden* ist die Voraussetzung der Widerrechtlichkeit nur erfüllt, wenn gegen eine Norm verstossen wird (BGE 112 II 128). Keine widerrechtliche Handlung ist deshalb die blosse Verletzung einer Vertragspflicht (BGE 74 II 26).

Schwierige Fragen stellen sich im Zusammenhang mit *Schädigungen durch Unterlassungen*. Grundsätzlich besteht keine allgemeine Rechtspflicht, andere vor Schaden zu bewahren. Unterlassungen können indessen dann rechtswidrig sein, wenn sie gegen ein besonderes Gebot der Rechtsordnung verstossen, durch das jemand zu einem Tun verpflichtet wird (BGE 80 II 39). Bestimmungen über die Pflicht zum Handeln finden sich vor allem in polizeirechtlichen Schutzvorschriften (z.B. müssen Baustellen auf öffentlichen Strassen nachts beleuchtet sein; vgl. dazu ausführlich SCHUMACHER, Kommentar zur SIA-Norm 118, Art. 106 N 11 ff.).

Umstritten ist, ob sich die Rechtswidrigkeit einer Schädigung auch aus dem sog. *Gefahrensatz* ergeben kann. Danach hat jedermann, der einen gefährlichen Zustand schafft oder unterhält, die nötigen Schutzmassnahmen zu ergreifen, um Schädigungen Dritter zu vermeiden. Wenngleich in der jüngeren Rechtsprechung eine gewisse Verwirrung herrscht, sollte der Gefahrensatz nicht zur Beurteilung der Widerrechtlichkeit, sondern nur für das Verschulden herangezogen werden. Ansonsten würde die Schädigung mit der Widerrechtlichkeit zusammenfallen, da in der Regel vor dem Eintritt eines Unfalles ein gefährlicher Zustand besteht (vgl. OFTINGER/STARK, S. 11).

In Fällen, in denen zwar keine Widerrechtlichkeit vorliegt, das Rechtsgefühl aber dennoch eine Ersatzpflicht verlangt, kann sich eine Haftung auch aus Art. 41 Abs. 2 OR ergeben, wonach eine gegen die guten Sitten verstossende, absichtliche Schädigung zum Ersatze verpflichtet. Eine *Verletzung der guten Sitten* kann indessen nur ausnahmsweise und mit grösster Zurückhaltung bejaht werden (BGE 95 III 92).

Negative Voraussetzung der Widerrechtlichkeit bildet das Fehlen eines *Rechtfertigungsgrundes* - z.B. Einwilligung des Verletzten, Erfüllung einer gesetzlichen Pflicht, Notwehr, Notstand, Wahrung überwiegender Interessen (BGE 101 II 197).

IV. Adäquater Kausalzusammenhang

Eine Haftung kann nur für Schäden bestehen, die durch die unerlaubte Handlung kausal bewirkt wurden. Schon das Rechtsgefühl verlangt, dass nicht jede Kausalkette eine Haftpflicht begründet; erforderlich ist vielmehr ein *adäquater* Kausalzusammenhang. Ein Umstand ist demnach haftungsbegründend, wenn er nach dem gewöhnlichen Lauf der Dinge und der allgemeinen Erfahrung geeignet ist, den eingetretenen Erfolg zu bewirken, so dass der Eintritt dieses Erfolges als durch die fragliche Ursache wesentlich begünstigt erscheint (BGE 112 II 442).

Das Adäquanzerfordernis kann ihre haftungsbegrenzende Funktion nur ungenügend wahrnehmen, da die Gerichte geneigt sind, auch bei singulären Kausalverläufen, d.h. bei aussergewöhnlichen Folgen eines Umstandes, die Adäquanz nicht auszuschliessen. So hat das Bundesgericht die Adäquanz in einem Fall bejaht, in dem ein Arbeitnehmer ein schweres Tor lediglich an die Aussenseite der Bauabschrankung lehnte, ein Windstoss in der Folge das Tor umwarf und einen Passanten verletzte (BGE 57 II 36).

Ein Schaden kann oft auf mehrere (sog. konkurrierende) adäquate Ursachen zurückgeführt werden. Überwiegt aber eine oder mehrere der Ursachen in ihrer Intensität derart, dass sie die anderen Ursachen in den Hintergrund treten lassen, spricht man von der *Unterbrechung des Kausalzusammenhanges* (BGE 116 II 524). In Frage kommen diesbezüglich grobes Selbstverschulden des Geschädigten, grobes Drittverschulden sowie höhere Gewalt.

V. Verschulden

Bei der Verschuldenshaftung gemäss Art. 41 Abs. 1 OR bildet das schuldhafte Verhalten des Schädigers die *haftungsbegründende Ursache*. Schuldhaftes Verhalten oder kurz Verschulden ist ein von der Rechtsordnung missbilligtes Verhalten. Es setzt subjektiv Urteilsfähigkeit des Handelnden und objektiv ein Abweichen von einem als angebracht gedachten Durchschnittsverhalten voraus.

Je nach Intensität des Verschuldens kann zwischen Vorsatz, Grobfahrlässigkeit und leichter Fahrlässigkeit unterschieden werden. Nicht ganz einfach gestaltet sich die Frage nach dem Massstab, an dem die Fahrlässigkeit gemessen werden kann. Nach allgemeiner Auffassung ist nicht auf die konkreten Fähigkeiten des Haftpflichtigen abzustellen; vielmehr bestimmt sich das Mass der Sorgfalt nach *objektiven Kriterien* (BGE 115 II 64). Die Objektivierung verlangt eine Würdigung des konkreten Verhaltens nach generellen, objektiven Massstäben.

Die Rechtsprechung nahm jedoch Differenzierungen hinsichtlich der Objektivierung vor. So muss man sich persönliche Kenntnisse und Fähigkeiten, die über dem Durchschnitt liegen, anrechnen lassen. Ob ein konkretes Verhalten vorwerfbar und damit fahrlässig ist, bestimmt sich daher nach dem Durchschnittsmenschen mit den betreffenden individuellen Eigenschaften (Art. 2 ZGB; vgl. GAUCH/SCHLUEP, N 2755 f. m.w.N.).

VI. Gerichtsurteile

Zur *Widerrechtlichkeit/Gefahrensatz*: BGE 102 II 85: Die Beschädigung eines elektrischen Kabels bei Tiefbauarbeiten, wodurch bei Strombezügern ein Betriebsunterbruch eintritt, verstösst gegen Art. 239 StGB; BGE 109 IV 125: Wer die Richtlinien der Verordnung über die Unfallverhütung beim Graben- und Schachtbau sowie bei ähnlichen Arbeiten nicht beachtet, verstösst gegen Art. 229 StGB (Verletzung anerkannter Regeln der Baukunde); BGE 95 II 93: Ein Unternehmer, der in einem unvollendeten Gebäude keine provisorische Abschrankung zwischen dem noch offenen Kellerhals und dem Windfang anbringt, schafft für andere Personen eine Gefahr für Leib und Leben; BGE 63 II 204: Massnahmen zum Schutze des Publikums gegen die Gefahren einer Baustelle sind nicht notwendig, wenn das Areal dem Publikum nicht offensteht; BGE 108 II 305: keine Widerrechtlichkeit liegt vor, wenn der Bauherr keine Vorkehren trifft, damit die vom Generalunternehmer zu bezahlenden Handwerker auch wirklich befriedigt werden.

Adäquater Kausalzusammenhang liegt vor: BGE 93 II 89: zwischen der Stauung eines harmlosen Teiches, ohne entsprechende Schutzvorkehren zu treffen, und der Folge, dass sich Kinder auf die Eisfläche wagten und im tiefen Wasser ertranken; BGE 66 II 114: zwischen der Lagerung leerer Benzinfässer auf einem öffentlichen Platz und der

Explosion, die sich ereignete, weil ein Kind ein Zündholz in ein Fass warf; BGE 75 II 68: keine Adäquanz zwischen dem Liegenlassen von Stangen in einem umzäunten Bahngelände und den Verletzungen, die ein Kind erleidet, das die Abzäunung übersteigt und eine Stange gegen die Hochspannungsleitung hält; BGE 98 II 291: ebenfalls keine Adäquanz zwischen dem Verhalten eines Baggerführers, der den Bagger für kurze Zeit verlässt, ohne den Motor abzustellen, und dem Unfall, der sich ereignet, weil ein Dritter sich an der Maschine zu schaffen macht.

Verschulden: BGE 91 II 291: Der Transport eines ungenügend befestigten Baggers auf einem ungeeigneten Tiefgangwagen ist grobfahrlässig; BGE 104 II 259: Der Führer einer Dampfwalze, der beim Rückwärtsfahren nicht genügend darauf achtet, was sich hinter der Walze befindet, begeht eine leichte Fahrlässigkeit.

C) Die Geschäftsherrenhaftung (Art. 55 OR)

I. Allgemeines

Ein Unternehmen kann für den Schaden haften, der durch das Verhalten seiner Hilfsperson entsteht. Es handelt sich dabei um die generelle ausservertragliche Haftpflicht des Geschäftsherrn für fremdes Verschulden. Davon zu unterscheiden ist die entsprechende Haftung im vertraglichen Verhältnis (Art. 101 OR), die weiter geht als die Geschäftsherrenhaftung im Sinne von Art. 55 OR.

II. Die Beteiligten

Geschäftsherr ist der Inhaber des Geschäfts; er kann eine natürliche oder juristische Person sein. In aller Regel handelt es sich dabei um den Arbeitgeber. Denkbar ist aber auch ein Auftragsverhältnis (vgl. BGE 61 II 342). Kein Geschäftsherr ist z.B. der Bauherr in bezug auf den selbständigen Unternehmer und dessen Personal (BGE 99 II 134).

Die *Hilfsperson* muss zum Geschäftsherrn in einem Subordinationsverhältnis tatsächlicher oder rechtlicher Natur stehen; diese Voraussetzung ist regelmässig zwischen dem Arbeitnehmer und dem Arbeitgeber, aber auch etwa bei der temporären Arbeit zwischen dem Arbeitnehmer und dem Kunden des Temporärunternehmens gegeben (NEF, S. 137 f.).

III. Anwendungsbereich, Abgrenzungen

Der Geschäftsherr haftet für das Verhalten der Hilfsperson nur, wenn diese *in Ausübung ihrer dienstlichen oder geschäftlichen Verrichtungen* einen Schaden herbeiführt; keine Einstandspflicht besteht für das private Tun der Untergebenen (diesfalls hat man sich direkt an die Hilfsperson zu halten; anwendbar ist Art. 41 OR).

Von der Geschäftsherrenhaftung zu unterscheiden ist die Haftung der juristischen Person für das *widerrechtliche Verhalten ihrer Organe* (Art. 55 ZGB). Das Verhalten der Organe, z.B. des Verwaltungsrates, Geschäftsführers oder Prokuristen wird der juristischen Person zugerechnet.

IV. Der Sorgfaltsbeweis

Haftungsbegründende Ursache ist die Unsorgfalt des Geschäftsherrn. Der Geschäftsherr kann sich von der Haftpflicht befreien, wenn er nachzuweisen vermag, dass auf seiner Seite bei der *Auswahl, Instruktion* und *Überwachung* der Hilfsperson alle notwendige Sorgfalt aufgewendet wurde. Dies läuft auf eine Umkehr der Beweislast hinaus.

In neuerer Zeit hat das Bundesgericht den Befreiungsbeweis noch um das Kriterium der *zweckmässigen Betriebsorganisation* erweitert. Zudem stellte es die Anforderungen an die Sorgfalt in einzelnen Fällen so hoch, dass dem Geschäftsherrn der Befreiungsbeweis praktisch entzogen wird. So haftet z.B. der Hersteller eines Schachtrahmens, wenn eine einbetonierte Aufhängeschlaufe ausreisst. Der Hersteller von Produkten sei - so das Bundesgericht - verpflichtet, "alle nötigen und zumutbaren Massnahmen zu ergreifen, um Herstellungsfehler zu verhindern, oder zu verunmöglichen, dass mangelhafte Erzeugnisse verkauft werden" (BGE 110 II 464). Der Produzent als Geschäftsherr habe entweder für eine wirksame Endkontrolle zu sorgen oder, wenn er eine solche Kontrolle nicht vornehmen wolle oder könne, eine sicherere Konstruktion des Produktes zu wählen. Diese Rechtsprechung ist deshalb problematisch, weil sie im Ergebnis auf eine (dem Gesetzgeber vorbehaltene) Einführung der Produktehaftung hinausläuft.

V. Gerichtsurteile

Sorgfaltspflichtverletzung bejaht: BGE 97 II 221: Baumeister begnügt sich mit ungenauen Plänen über den Verlauf der Leitungen und weist seine Arbeiter nicht an, bei den Grabungen besondere Vorsicht walten zu lassen; BGE 95 II 93: Generalunternehmer unterrichtet den Bauleiter nicht über das Anbringen von Abschrankungen zur Verhütung von Bauunfällen; BGE 96 II 355: Bauunternehmer vergewissert sich nicht, ob das von ihren Arbeitern erstellte Gerüst den Sicherheitsvorschriften entspricht; BGE 110 II 456: *verneint*, wenn sich der Geschäftsherr auf seine zuverlässigen, langjährigen Arbeiter verlässt, ohne sie ständig zu ermahnen und zu überwachen.

D) Die Werkeigentümerhaftung (Art. 58 OR)

I. Allgemeines

Der Eigentümer eines *mangelhaften Werkes* haftet für Schäden, die auf den Mangel zurückzuführen sind. Haftungsbegründende Ursache ist der Werkmangel. Im Gegensatz zur Geschäftsherrenhaftung sieht das Gesetz keinen Befreiungsbeweis vor.

II. Das Werk

Der Werkbegriff in Art. 58 OR ist verschieden von demjenigen des Werkvertrages (Art. 363 ff. OR). Werke gemäss Art. 58 OR sind *stabile, mit der Erde direkt oder indirekt verbundene, künstlich hergestellte oder angeordnete Gegenstände* (OFTINGER/ STARK, S. 188). Im einzelnen gilt folgendes:
- Eine relative Stabilität genügt: Neben Gebäuden und Strassen sind z.B. auch Baugerüste (BGE 96 II 359), Fahrnisbauten (Art. 677 ZGB) oder eine dauerhaft befestigte Leiter (BGE 63 II 96 ff.) Werke, nicht aber eine mobile Kreissäge (OFTINGER/STARK, S. 189 f.) oder Fahrzeuge.
- Eine indirekte Verbindung mit dem Erdboden genügt: Als Werke gelten also z.B. Liftanlagen (91 II 206), Skilifte (OFTINGER/STARK, S. 194), Schwebebahnen (BGE 60 II 221) oder elektrische Freileitungen (BGE 94 II 153).
- Die künstliche Herstellung oder Anordnung von Gegenständen liegt etwa vor bei Gräben, Stollen, Tunnels, Wälle, Dämme (OFTINGER/STARK, S. 194) oder einem Schwimmbassin (BGE 64 II 198); Wiesen können dann Werke sein, wenn sie als Fussballplätze oder Skipisten maschinell hergerichtet und mit Stangen und Abschrankungen versehen sind; einen Grenzfall stellt der Golfplatz dar (NEF, S. 140).

III. Der Mangel

Der Werkeigentümer haftet für den Schaden, der durch *fehlerhafte Anlage oder Herstellung* oder durch *mangelhaften Unterhalt* des Werkes verursacht wird. Ob ein Werk fehlerhaft angelegt oder mangelhaft unterhalten ist, ist im Hinblick auf den Zweck zu beurteilen, den es zu erfüllen hat. Der Werkeigentümer hat insbesondere dafür einzustehen, dass das Werk bei bestimmungsgemässem Gebrauch genügende Sicherheit bietet. Er hat jedoch nicht jeder denkbaren Gefahr vorzubeugen, sondern darf Risiken ausser acht lassen, die von den Benützern des Werks mit einem Mindestmass an Vorsicht vermieden werden können (BGE 118 II 38; NEF, S. 140). An die Sicherheit öffentlicher Gebäude oder privater Gebäude mit Publikumsverkehr sind indessen höhere Anforderungen zu stellen. Zu berücksichtigen ist sodann, ob die Beseitigung der Mängel oder das Anbringen von Sicherheitsvorrichtungen technisch möglich ist und die entsprechenden Kosten in einem vernünftigen Verhältnis zum Schutzinteresse der Benützer und zum Zweck des Werkes stehen (BGE 117 II 400).

IV. Die Beteiligten

Die Haftpflicht trifft grundsätzlich den *Eigentümer* des Werkes. Dazu zählt auch der bauberechtigte Eigentümer eines Gebäudes (Art. 779 ZGB). Bei übergreifenden Teilen verschiedener Sachen (etwa wenn Äste eines Baumes in eine Strasse hineinragen) ist derjenige Werkeigentümer, dem die Werkanlage als Ganzes dient bzw. der für den Unterhalt zu sorgen hat (BGE 91 II 284). Bei einem Wegrecht ist der unterhaltspflichtige *Servitutsberechtigte* Werkeigentümer im Sinne von Art. 58 OR (BGE 91 II 286: offen gelassen, ob neben dem Dienstbarkeitsberechtigten auch der Eigentümer haftbar ist). Keinen Unterschied macht, ob das Werk im Eigentum eines Privaten oder des Gemeinwesens steht. Art. 58 OR ist auch auf öffentliche Sachen anwendbar; eine grössere Bedeutung hat dabei die *Haftung der Gemeinwesen* als Strasseneigentümer erlangt.

Der Bauunternehmer ist im Regelfall nicht Eigentümer der erstellten Werke, da grundsätzlich alles, was mit dem Boden fest verbunden wird, infolge des Akzessionsprinzips in das Eigentum des Grundeigentümers fällt. Die Haftung gemäss Art. 58 OR trifft nicht ihn, sondern den Eigentümer, der in der Regel der Besteller sein dürfte. Gleichwohl ist die Werkeigentümerhaftung auch für den Unternehmer von Bedeutung: Wird nämlich der Besteller wegen eines Werkmangels schadenersatzpflichtig, so kann er gegebenenfalls Regress auf den Unternehmer nehmen (dazu hinten).

V. Gerichtsurteile

Der *Werkeigentümer haftet* gegenüber Dritten: BGE 55 II 80: vorbehaltlos für Mängel, die seine Architekten oder seine Baumeister verschuldet haben; BGE 69 II 394: auch wenn Dritte eigenmächtig ein Geländer entfernen.

Mangel bejaht: BGE 88 II 417: Schalterhalle einer Bank mit einem Bodenbelag aus schlüpfrigen Steinplatten; BGE 69 II 394: fehlendes Geländer im Treppenhaus; BGE 84 II 265: Strasse, deren Fahrbahn zum Teil durch einen nachts nicht beleuchteten Kieshaufen in Anspruch genommen wird; BGE 91 II 474: zu eng dimensionierter Durchlass bei einem künstlich angelegten Bachbett; BGE 117 II 399: eine einzelne Stufe im Vorraum der Toiletten eines Hotels, sofern die Stufe optisch nicht genügend hervorgehoben und kein Warnschild angebracht ist; BGE 118 II 36: ins Freie führende Tür, die so angelegt ist, dass die Benützer beim Schritt ins Freie einer Gefahr ausgesetzt sind, z.B. weil sie ohne Vorwarnung auf eine Durchgangsstrasse gelangen oder auf eine glitschige Eisschicht geraten; Pra 80, Nr. 45: Verwendung von "Verglimit" im Strassenbelag (um die Glatteisgefahr zu bekämpfen), die bei warmer Witterung eine erhöhte Gleitgefahr zur Folge hat.

E) Die Grundeigentümerhaftung (Art. 679 ZGB)

I. Allgemeines

Von der Werkeigentümerhaftung zu unterscheiden ist die Grundeigentümerhaftung. Es handelt sich dabei um eine Haftung des Grundeigentümers für sein eigenes Verhalten und dasjenige seiner Handwerker *gegenüber Nachbarn*, die infolge einer *Eigentumsüberschreitung* geschädigt werden.

II. Die Eigentumsüberschreitung

Haftungsbegründende Ursache ist die Überschreitung des Grundeigentumsrechts. Die Schranken der Eigentumsausübung ergeben sich vor allem aus Art. 684 OR. Danach ist jedermann verpflichtet, bei der Ausübung seines Eigentums sich aller übermässigen Einwirkung auf das Eigentum der Nachbarn zu enthalten. Im einzelnen gilt folgendes:
- Ob eine bestimmte Einwirkung *übermässig* ist, beurteilt sich nach Treu und Glauben, d.h. nach der Empfindsamkeit eines Durchschnittsmenschen (objektiv) und nach den Umständen, unter Abwägung der Interessen der Parteien (individuell). Besondere Bedeutung kommt der Lage und Beschaffenheit des Grundstücks zu - in Industriezonen ist die Grenze zwischen übermässigen und nicht übermässigen Einwirkungen eben ganz anders zu ziehen als in einer reinen Wohnzone (STARK, N 803).
- Die Einwirkung, die vom Grundstück ausgeht, kann *körperlicher* (z.B. Staub, Russ, herumfliegende Steine, Erschütterungen, Abgase) oder *unkörperlicher* (z.B. Lärm, Geruch) Natur sein.
- Für Einwirkungen, die von Baustellen ausgehen, gelten spezielle Regeln (dazu nachstehend).

III. Einwirkung von Baustellen

In dicht überbauten Gebieten ist eine Bautätigkeit ohne eine gewisse Beeinträchtigung der Nachbargrundstücke nicht möglich. Das Bundesgericht erklärte zu Recht in diesen Gebieten *selbst übermässige Einwirkungen als rechtmässig* und damit als Eigentumsausübung, die von den Nachbarn zu dulden ist (BGE 91 II 106). Die in Art. 679 ZGB vorgesehene Unterlassungsklage ist folglich bei Einwirkungen von Baustellen nicht anwendbar, anderenfalls in gewissen Gebieten überhaupt nicht mehr gebaut werden könnte.

Aus Billigkeitsgründen bejahte indessen das Bundesgericht eine *Schadenersatzpflicht* des Bauherrn bei ausserordentlichen Einwirkungen, die zu einer beträchtlichen Schädigung des Nachbarn führen. Begründung für die Haftpflicht sei das Vorliegen eines vom Gesetzgeber nicht geregelten, privatrechtlichen, aber der Expropriation ähnlichen Tatbestands und damit eine Gesetzeslücke im Sinne von Art. 1 Abs. 2 ZGB, die durch den Richter auszufüllen ist (BGE 114 II 236 f.).

IV. Die Beteiligten

Anspruchsberechtigt ist der *geschädigte Nachbar*. Als Nachbargrundstücke gelten nicht nur die unmittelbar angrenzenden, sondern unter Umständen (bei Ferneinwirkungen) auch im weiteren Umkreis liegende Grundstücke. Geschützt und damit zur Klage legitimiert ist sowohl der *Eigentümer* als auch derjenige, der ein *obligatorisches* (Mieter, Pächter) oder *beschränktes dingliches Recht* (z.B. Nutzniessung) am Grundstück hat (BGE 83 II 379 f.). Nicht aktivlegitimiert ist folglich z.B. der Passant, der wegen einer ungenügend gesicherten Baustelle von einem Stein getroffen wird (hingegen könnten die Art. 41, 55 oder 58 OR Anwendung finden).

Haftpflichtig ist der *Grundeigentümer* und der Inhaber eines *beschränkten dinglichen Rechts*. Umstritten ist, ob auch lediglich obligatorisch Berechtigte der Haftpflicht von Art. 679 ZGB unterstehen (bejahend BGE 104 II 21; a.M. z.B. V. TUHR/PETER, Allgemeiner Teil des Schweizerischen Obligationenrechts, Bd. I, 3. Auflage, Zürich 1979, S. 461 N 30).

V. Gerichtsurteile

BGE 93 II 230: Keine Verantwortlichkeit des Grundeigentümers, der einen durch Naturereignisse entstandenen Gefahrenzustand (verwittertes Gestein auf einem Felskopf drohte abzustürzen) nicht beseitigte (offengelassen, ob eine Haftung wegen unterlassener Warnung besteht); BGE 114 II 230: Der Umbau einer Liegenschaft an der zürcherischen Bahnhofstrasse hatte einen beträchtlichen Erwerbsausfall bei einem benachbarten Modegeschäft zur Folge, weshalb der Grundeigentümer schadenersatzpflichtig wurde.

F) Verjährung (Art. 60 OR)

Auf die vorstehend dargestellten Haftungsarten kommen die Verjährungsfristen von Art. 60 OR zur Anwendung (dies gilt insbesondere auch für die Haftung aus Art. 679 ZGB; BGE 111 II 436). In Art. 60 OR sind drei verschiedene Fristen vorgesehen:

- Die *einjährige* (relative) Frist beginnt dann, wenn der Geschädigte Kenntnis vom Schaden und von der Person des Ersatzpflichtigen erlangt.
- Die *zehnjährige* (absolute) Frist beginnt mit der schädigenden Handlung zu laufen, selbst wenn der Geschädigte keine Kenntnis von der Schädigung hat.
- Beruht der Schadenersatzanspruch auf einer strafbaren Handlung, für die das Strafrecht eine längere Verjährung vorschreibt, gilt diese Frist auch für den zivilrechtlichen Anspruch (Art. 60 Abs. 2 OR).

Nachzutragen bleiben die folgenden Punkte: Die Verjährung der Regressforderung (dazu hinten H) beginnt zu laufen, sobald der in Anspruch genommene Haftpflichtige seine Leistung erbracht hat; es gilt die gleiche Frist wie für den Haftpflichtanspruch des Geschädigten (STARK, N 1125). Zulässig und in der Praxis verbreitet sind Verjährungsverzichtserklärungen; ansonsten würde wegen der kurzen Verjährungsfrist in manchen Haftpflichtfällen nicht genügend Zeit für eine aussergerichtliche Erledigung zur Verfügung stehen.

G) Mehrheit von Haftungsgründen

I. Der Grundsatz

Ein Tatbestand wird oftmals von verschiedenen Haftungsnormen erfasst; z.B. als Vertragsverletzung einerseits und als unerlaubte Handlung andererseits. Verschiedene Haftungsgründe können grundsätzlich im Verhältnis der Alternativität (Anspruchskonkurrenz) oder Exklusivität zueinander stehen; ausgeschlossen ist die Kumulation. Beim Zusammentreffen verschiedener ausservertraglicher Haftungsnormen ist diese Frage von geringer praktischer Bedeutung (ausführlich dazu OFTINGER, S. 477 ff.).

II. Vertragliche und ausservertragliche Ansprüche

Das Verhältnis der vertraglichen Haftung zu den einfachen Kausalhaftungen (insbesondere den Haftungsgründen gemäss Art. 41, 55 und 58 OR) ist - gerade im Bauvertragsrecht - aus verschiedenen Gründen bedeutsam: Fraglich ist vor allem, ob die strengen werkvertraglichen Vorschriften über die Genehmigung des Werkes und die Verjährung der Mängelrechte (Art. 370 f. OR) sowie die vertraglichen Haftungsbeschränkungen mittels der ausservertraglichen Haftungsnormen umgangen werden können.

Nach herrschender Auffassung und ständiger Praxis besteht zwischen den vertraglichen und ausservertraglichen Haftungsnormen *Anspruchskonkurrenz* (vgl. z.B. GUHL/ MERZ/KOLLER, S. 203). Da die Ansprüche im gleichen Rangverhältnis nebeneinander stehen, hat die Verwirkung der werkvertraglichen Mängelrechte bei Verletzung der Rügepflicht keinen Einfluss auf den deliktischen Anspruch. Auch verjähren ausservertragliche Ansprüche selbständig nach Art. 60 OR (ein Jahr ab Kenntnis des Schadens und des Ersatzpflichtigen, aber maximal zehn Jahre), nicht nach Art. 371 OR (ein bzw. fünf Jahre ab Abnahme des Werkes). Eine etwaige Freizeichnung für Vertragsverletzungen erstreckt sich indessen nach vorwiegender Meinung regelmässig auch auf konkurrierende Deliktsansprüche. Da die Parteien vermutungsweise etwas Vernünftiges vereinbaren und sich deshalb nicht mit einer halben Lösung begnügen wollen, wird es in der Regel ihre Meinung sein, dass die Haftungsbeschränkung sowohl für die vertragliche als auch für die ausservertragliche Haftung gilt (BGE 107 II 168; OFTINGER, S. 490; GAUCH, N 1878 m.w.N.). Diese Auffassung vermag unseres Erachtens insofern nicht zu befriedigen, als ein geschädigter Dritter besser gestellt wird als der Vertragspartner (vgl. dazu auch GAUTSCHI, Berner Kommentar, Bern 1971, OR 398 N 25c). Eine gewisse Bedeutung erlangt diese Frage praktisch nur bezüglich Eigentumsverletzungen, da einerseits Haftungsbeschränkungen für Körperschäden ohnehin nichtig sind (Verstoss gegen Art. 27 ZGB) und andererseits reine Vermögenschäden (vorbehältlich einer speziellen Gesetzesnorm) keine ausservertragliche Haftung begründen (vgl. vorne).

H) Mehrheit von Ersatzpflichtigen

I. Allgemeines

Ein Schadensfall kann durch mehrere Haftpflichtige - gemeinsam oder unabhängig voneinander - bewirkt werden. In zahlreichen Fällen ist neben dem Verursacher der Schädigung auch die Haftung eines Kausalhaftpflichtigen (z.B. des Geschäftsherrn oder Werkeigentümers) oder die Leistung eines vertraglich Verpflichteten (Versicherung) denkbar. Fraglich ist das Verhältnis der verschiedenen Ansprüche zueinander.

II. Aussenverhältnis

Im Aussenverhältnis haften mehrere Schädiger dem Geschädigten *solidarisch* (Art. 143 ff. OR). Der Geschädigte kann daher vom Solidarhaftpflichtigen seiner Wahl Schadenersatz im Umfang seines Anspruchs fordern. Sämtliche Haftpflichtigen bleiben dem Geschädigten solange verpflichtet, bis der ganze Schadenersatzanspruch geleistet ist (Art. 144 OR). Im einzelnen gilt folgendes:

- Eine solidarische Haftung besteht immer dann, wenn mehrere Haftpflichtige für den Schaden aufkommen müssen - z.B. der Arbeiter (Art. 41 OR) neben dem Unternehmer (Art. 55 OR).
- Der Richter kann die Haftpflicht eines aus Verschulden Haftpflichtigen reduzieren, wenn dieser in Konkurrenz zu einem haftpflichtigen Dritten steht und das Verschulden als besonders leicht erscheint (OFTINGER, S. 345; NEF, S. 146).
- Die Leistung eines Haftpflichtigen an den Geschädigten befreit alle. Der Leistende kann auf dem Regresswege die übrigen Haftpflichtigen für ihren Anteil am Schadenersatz belangen (Innenverhältnis).

III. Innenverhältnis

Die Grundsätze für den internen Ausgleich finden sich in den Art. 50 und 51 OR. Danach ist bei gemeinsamem Verschulden der Grad des Verschuldens der verschiedenen Beteiligten massgebend. Beruht die Haftung auf verschiedenen Rechtsgründen, trägt *im ersten Rang* derjenige den Schaden, der aus *Verschulden* haftet (Art. 41 OR), *im zweiten Rang* derjenige, der aus *Vertrag* für den Schaden einstehen muss und *im dritten Rang* derjenige, der aufgrund des Gesetzes, d.h. *kausal* haftet (vgl. zur Problematik dieser Bestimmungen BGE 115 II 45 ff.). Im einzelnen gilt folgendes:

- Der Kausalhaftpflichtige, den kein eigenes Verschulden trifft, kann auf den aus Vertrag oder Verschulden Ersatzpflichtigen Rückgriff nehmen; der aus Vertrag Ersatzpflichtige auf den aus Verschulden Haftpflichtigen.
- Im Innenverhältnis erfolgt die Aufteilung des Schadenersatzes nicht nach dem Grundsatz der Solidarität, sondern anteilsmässig; d.h., wer den Geschädigten befriedigt, muss jeden einzelnen Regressanteil vom betreffenden Ersatzpflichtigen einfordern.

RECHTSQUELLEN
Schweizerisches Zivilgesetzbuch vom 10. Dezember 1907, SR 210 (ZGB).
BG vom 30. März 1911 betreffend die Ergänzung des Schweizerischen Zivilgesetzbuches (Fünfter Teil: Obligationenrecht), SR 220 (OR).
Ordnung für Leistungen und Honorare der Architekten, SIA-Norm 118, Ausgabe 1977/ 1991 (SIA-Norm 118).

JUDIKATUR
Diese befindet sich jeweils am Ende der einzelnen Abschnitte.

LITERATUR
GAUCH Peter, Der Werkvertrag, 3. Aufl., Zürich 1985; GAUCH Peter/PRADER Duri/EGLI Anton/SCHUMACHER Rainer, Kommentar zur SIA-Norm 118, Art. 38-156, Zürich 1992; GAUCH Peter/SCHLUEP Walter R., Schweizerisches Obligationenrecht, Allgemeiner Teil, 5. Aufl., Zürich 1991; GUHL Theo/MERZ Hans/KUMMER Max/KOLLER Alfred/DRUEY Jean N., Das Schweizerische Obligationenrecht, 8. Aufl., Zürich 1991; KELLER Alfred, Haftpflicht im Privatrecht, Bd. I, 4. Aufl., Bern 1979, Bd. II, Bern 1987; NEF Urs Ch., Obligationenrecht für Ingenieure und Architekten, 2. Aufl., Zürich 1993; OFTINGER Karl, Schweizerisches Haftpflichtrecht, Bd. I, 4. Aufl., Zürich 1975; OFTINGER Karl/STARK Emil W., Schweizerisches Haftpflichtrecht, Bd. II/1, 4. Aufl., Zürich 1987; REY Heinz, Die Grundlagen des Sachenrechts und das Eigentum, Bern 1991; STARK Emil W., Ausservertragliches Haftpflichtrecht, Skriptum, 2. Aufl., Zürich 1988.

Baulandverkauf und Steuer

Beat Koller

A) Einführung

Ein lateinisches Sprichwort lautet: "Quidquid agis prudenter agas et respice finem" (Was Du auch tust, handle klug und schau auf das Ende). Offenbar haben also schon die alten Römer sich gelegentlich unüberlegt in Unternehmungen hineingestürzt, ohne über den Ausgang ein klares Bild zu haben.

Die Mahnregel gilt natürlich auch heute noch. Indessen ist oft gerade in der Baubranche das Gegenteil zu beobachten. Einige Bauunternehmer, Architekten, Ingenieure und Generalunternehmer stürzen sich gelegentlich sehr unüberlegt in Unternehmungen, die sie nie bis zum Ende durchgedacht haben. Meistens ist die Aussicht (oder Notwendigkeit), eine Bauleistung zu erbringen, derart verlockend (oder dringend), dass alles andere keine Rolle mehr spielt. Solange am Konjunkturhimmel die Sonne scheint, werden solche Unüberlegtheiten von einem gnädigen Schicksal meistens verziehen und manchmal gar - ungerechtfertigterweise - noch belohnt. Sobald aber die dunklen Wolken am Konjunkturhimmel aufziehen, wird der Übermut von gestern bestraft, und mancher, dem die Glücksgöttin in guten Zeiten hold war, muss den Gürtel enger schnallen oder gar den Gang zum Konkursamt antreten.

Zu den gängigen Unüberlegtheiten in der Baubranche gehört, die steuerlichen Auswirkungen von Geschäften ausser acht zu lassen. Steuern sind etwas, das ganz weit weg ist, und vor lauter Freude, einen Bauherrn oder Investor gefunden zu haben, interessiert das oft nicht. Dringender sind dann die baulichen oder preislichen Probleme, die sich unmittelbar stellen.

Mit dem vorliegenden Buchbeitrag hoffe ich, dem einen oder anderen Leser aus der Baubranche einen Denkanstoss zu geben, um neben den fachlichen und preislichen Überlegungen auch die steuerlichen Aspekte in die Überlegungen einzubeziehen. Der vorliegende Buchbeitrag über den Baulandverkauf ist in diesem Sinne Mahnung für alle geschäftlichen Taten und Untaten aufzufassen.

Mit den Liegenschaftenverkäufen befassen sich vorab die 26 kantonalen Steuergesetze, wobei jeweils das Steuergesetz desjenigen Kantons massgebend ist, in dem sich die veräusserte Liegenschaft befindet. Bei einem Grundstücksverkauf ist also jeweils in erster Linie das Steuergesetz des Liegenschaftenkantons zu konsultieren. Selbstverständlich muss jeweils auch das Steuerecht des Bundes im Auge behalten werden. Hinzu kommt, dass Grundstückgewinne bei natürlichen Personen in der Baubranche auch noch bei den Sozialversicherungsabgaben erfasst werden. Regelmässig erheben die Notare und Grundbuchämter zudem Gebühren, die ebenfalls kantonal geregelt sind. Schlussendlich können auch noch andere spezielle Umstände zu einer finanziellen Belastung führen (z.B. Militärpflichtersatz, Vermögensnachbesteuerung, wiedereingebrachte Abschreibungen). In Anbetracht der Vielzahl der Regelungen würde es ein ganzes Buch füllen, alle kantonalen Steuergesetze zu erfassen und auch noch den Einfluss der Bundessteuern, Sozialversicherungsabgaben, Notariats- und Grundbuchgebühren und aller weiteren möglichen Belastungen umfassend darzustellen. Es würde eindeutig zu weit gehen, den Baulandverkauf gesamtschweizerisch und in allen seinen Facetten darstellen zu wollen.

Vorliegendenfalls beschränke ich mich in geographischer Hinsicht auf den Kanton Zürich; das folgende gilt also nur, wenn Bauland, das im Kanton Zürich gelegen ist, verkauft wird. Handelt es sich um Baulandverkäufe in anderen Kantonen, muss auf das dortige Steuergesetz und die dort jeweils herrschende Gerichtspraxis abgestellt werden. Bei den diversen Steuerarten setze ich einen Schwerpunkt bei den Handänderungs- und Grundstückgewinnsteuern; die übrigen Steuern und Abgaben werden nur ansatzweise erörtert. In sachlicher Hinsicht beschränke ich mich auf den Verkauf von Bauland und die in diesem Zusammenhang auftretenden Spezialprobleme.

B) Baulandverkauf und Interessenlage

Ein normaler Käufer erwirbt in der Regel Bauland, um darauf ein Eigenheim zu errichten oder um es in der Zukunft mit einem Gewinn weiterzuverkaufen. Demgegenüber sehen die in der Baubranche tätigen Baumeister, Generalunternehmer, Architekten und Ingenieure im Bauland eher ein Vehikel, um ihre spezifischen Bauleistungen an den Mann zu bringen. Natürlich möchte man - wenn möglich - auch mit dem Land einen schönen Gewinn erzielen. Aber in erster Linie möchte der Baumeister sich die Baumeisterarbeit, der Generalunternehmer den GU-Vertrag, der Architekt den Architekturauftrag sichern. Aus dieser spezifischen Interessenlage folgt, dass in der Baubranche Landverkäufe meistens mit Nebenverträgen verbunden sind (z.B. Baumeisterverpflichtung, GU-Auftrag, Architekturverpflichtung etc.).

Um eine Bauleistung zu "verkaufen", ist es nicht unbedingt erforderlich, dass das Land gekauft und mit Projekt, Baumeisterverpflichtung oder GU-Auftrag wieder veräussert wird. Das gleiche Resultat kann erreicht werden, indem das Land anderswie "angebunden" wird (z.B. mittels eines Kaufrechtsvertrages).

C) Normaler Baulandverkauf

I. Notariats- und Grundbuchgebühr

Beim Verkauf von Bauland ist es unabdingbar, dass der zuständige Notar den Verkauf beurkundet und der Eigentümerwechsel im Grundbuch aufgenommen wird. Für diese Verrichtung wird im Kanton Zürich eine Notariats- und eine Grundbuchgebühr erhoben. Die Notariats- und Grundbuchgebühr betragen zusammen 0.35% des Verkaufspreises des Grundstücks. Bei einem Baulandverkauf für 1 Mio Franken betragen die Notariats- und Grundbuchgebühr also Fr. 3500.-.

Im Kaufvertrag wird jeweils abgemacht, wer diese Gebühren trägt. In der Regel trägt der Verkäufer und der Käufer je die Hälfte.

II. Handänderungssteuer

Beim Verkauf einer Liegenschaft im Kanton Zürich wird eine Handänderungssteuer erhoben. Die Handänderungssteuer wird vom Verkaufserlös berechnet. Der Handänderungssteuersatz beträgt:

2,0% bei einer Besitzesdauer von 5 Jahren und weniger;
1,5% bei einer Besitzesdauer von über 5, aber weniger als 10 Jahren;
1,0% bei einer Besitzesdauer von über 10 Jahren.

Bei einem Verkaufserlös von 1 Mio Franken und einer Besitzesdauer von drei Jahren beträgt die Handänderungssteuer also Fr. 20'000.-.

Im Vertrag wird jeweils abgemacht, wer die Handänderungssteuer trägt. In der Regel übernimmt der Verkäufer die halbe Handänderungssteuer und der Käufer trägt die andere Hälfte.

III. Grundstückgewinnsteuer

Wird ein im Kanton Zürich gelegenes Grundstück mit Gewinn verkauft, erhebt die Liegenschaftengemeinde eine Grundstückgewinnsteuer.

Die Grundstückgewinnsteuer ist eine teure Steuer! Auf den ersten 50'000 Franken Gewinn gibt es einen gewissen Progressionsrabatt, aber für die Gewinnanteile über 50'000 Franken beträgt der Steuersatz 40% des Gewinns (bei einer Besitzesdauer von 2 - 5 Jahren). Der Normalsteuersatz bei einem Gewinn über Fr. 50'000 wird nach folgender Formel ausgerechnet:

Normalsteuer = (Gewinn x 40%) - 5300

Zu dieser Normalsteuer gibt es je nach Besitzesdauer einen Zuschlag oder eine Ermässigung. Bei einer Besitzesdauer von weniger als einem Jahr beträgt der Zuschlag auf der Normalsteuer 50% und bei einer Besitzesdauer von weniger als zwei Jahren 25%. Eine Ermässigung von 5% auf die Normalsteuer gibt es erstmals bei einer Besitzesdauer von fünf Jahren. Für jedes zusätzliche Jahr erhöht sich die Ermässigung um 3% und erreicht bei einer Besitzesdauer von 20 Jahren die maximale Ermässigung von 50%.

Beispiel: Ein Grundstück wird nach 13-jährigem Besitz mit einem Grundstückgewinn von Fr. 100'000.- verkauft:

Normalsteuer	Fr. 34'700.-
./. 29% Ermässigung (13 Jahre Besitz)	Fr. 10'063.-
Zu bezahlende Grundstückgewinnsteuer	Fr. 24'637.-

IV. Bundessteuer

Architekten, Ingenieure, Baumeister, Bauhandwerker, Notare und Liegenschaftenmäkler gelten in der Praxis fast regelmässig als "Liegenschaftenhändler" und haben demzufolge den erzielten Grundstückgewinn bei der direkten Bundessteuer als Erwerbseinkommen zu versteuern.

Der Grundstückgewinn wird bei der direkten Bundessteuer nicht separat besteuert; er wird vielmehr zusammen mit dem übrigen Einkünften erfasst. Als Faustregel sollte man eine Steuer von 10% des Grundstückgewinns einrechnen. Selbstverständlich kann die direkte Bundessteuer erheblich geringer ausfallen, falls die übrigen Einkünfte gering sind oder gar Verluste erlitten wurden.

V. Sozialversicherungsbeiträge

Natürliche Personen, die als Liegenschaftenhändler betrachtet werden, zahlen auf dem Grundstückgewinn grundsätzlich auch noch Sozialversicherungsbeiträge (AHV/IV/EO). Zwar sind Sozialversicherungsbeiträge keine Steuern im Rechtssinn, aber die Auswirkungen sind identisch, sodass es sich rechtfertigt, auch diese Abgaben unter dem gewählten Titel zu erwähnen.

Als Faustregel sollte man 9% des Grundstückgewinns als Sozialversicherungsabgaben einrechnen.

D) Verkauf mit Architekturprojekt

Zusammen mit Bauland werden häufig auch Architekturprojekte verkauft. Steuerlich hat das folgende Auswirkungen:

Nach der Praxis des Verwaltungsgerichts des Kantons Zürich sind mitverkaufte Architekturprojekte Bestandteil der Liegenschaft, und der grundsteuerlich massgebende Verkaufserlös ist demzufolge die Summe von Landpreis und dem Preis für das mitverkaufte Architekturprojekt (Dies gilt auch, wenn der Verkauf des Architekturprojekts im öffentlich beurkundeten Verkaufsvertrag nicht erwähnt und anderweitig vereinbart wird).

Für die Handänderungssteuer heisst das, dass sie nicht nur auf dem Landpreis erhoben wird, sondern auch auf dem Preis für das Architekturprojekt.

Die Konsequenz für die Grundstückgewinnsteuer ist die, dass als Verkaufserlös die Summe von Landpreis und Preis für das Architekturprojekt angenommen wird. Anderseits ist das Architekturprojekt natürlich eine wertvermehrende Aufwendung und demzufolge bei den Anlagekosten zu berücksichtigen.

Beispiel: Ein Architekt verkauft Bauland für 1 Mio Franken. Gemäss Kaufvertrag ist im Kaufpreis ein Architekturprojekt enthalten. Der Wert des betreffenden Architekturprojekts (berechnet nach SIA-Norm 102, Kostentarif) beträgt Fr. 150'000.-.

In diesem Fall beträgt der massgebende liegenschaftliche Verkaufserlös 1 Mio Franken. Der Architekt kann aber den Wert des Architekturprojekts, nämlich Fr. 150'000.-, als wertvermehrende Aufwendung geltend machen, und der Grundstückgewinn verringert sich infolgedessen um diesen Betrag. Anderseits muss der Architekt in diesem Fall aber die Fr. 150'000.- beim Architekturbüro als Einnahme einbuchen, und die Einnahme unterliegt - zusammen mit den übrigen Einkünften - der Einkommenssteuer.

Beispiel: Ein Bauunternehmer verkauft Bauland. Im Kaufvertrag wird vereinbart, dass der Käufer für das Land Fr. 750'000.- bezahlt; für ein mitverkauftes Architekturprojekt muss der Käufer den Bauunternehmer noch separat mit Fr. 250'000.- entschädigen. Für das Bauprojekt hat der Bauunternehmer einem Architekten Fr. 150'000.- bezahlt.

In diesem Fall werden Landpreis und Entschädigung für das Architekturprojekt zusammengerechnet; der grundsteuerlich massgebende Verkaufserlös beträgt also 1 Mio Franken. Als Anlagekosten werden dem Bauunternehmer lediglich die dem Architekten bezahlten Honorare von Fr. 150'000.- als wertvermehrende Aufwendungen im Rahmen der Anlagekosten angerechnet. Fazit: Der Gewinn auf dem Bauprojekt wird als Grundstückgewinn besteuert; es hat dem Bauunternehmer nichts genützt, das Bauprojekt teuer verkaufen zu wollen.

E) Verkauf mit Baumeister- oder Architekturverpflichtung

Baumeister, Generalunternehmer, Architekten, Ingenieure und Bauhandwerker sind daran interessiert, dass ihr Geschäft ausgelastet ist. In den Verkaufsverträgen über Bauland finden sich deshalb fast regelmässig Klauseln, wonach sich der Verkäufer im Hinblick auf ein zukünftiges Bauprojekt bestimmte Bauleistungen versprechen lässt. Eine solche Klausel lautet etwa: "Der Käufer verpflichtet sich, bei einer allfälligen späteren Überbauung des Grundstücks sämtliche Baumeister- und Zimmereiarbeiten dem Verkäufer zu Konkurrenzpreisen zu übertragen" oder "Der Käufer hat heute mit dem Verkäufer einen Architekturvertrag über die Errichtung eines Mehrfamilienhauses auf dem Kaufgrundstück abgeschlossen".

Solche oder ähnliche Abmachungen, mit denen der Verkäufer sich einzelne Bauleistungen versprechen lässt, sind grundsteuerlich unbeachtlich. M.a.W., der Werkpreis für die Baumeisterarbeit oder das Architekturhonorar wird also nicht noch etwa als zusätzlicher Verkaufserlös betrachtet, und der Werkpreis bzw. das Architekturhonorar für solche zukünftigen Leistungen unterliegen weder der Handänderungs- noch der Grundstückgewinnsteuer. Allerdings wird dabei vorausgesetzt, dass die Tarife für die Bauleistungen das übliche Mass nicht überschreiten. Überhöhte Vergütungen werden auf das übliche Mass gekürzt, und der Überschuss wird zum Verkaufspreis des Grundstücks hinzugeschlagen.

Beispiel: Der Architekt verkauft für 2 Mio Franken Bauland. In einem separaten Vertrag übernimmt er die Planung einer Neubaute zum Pauschalhonorar von Fr. 500'000.-. Gemäss SIA-Norm 102 (Kostentarif) würde das übliche Architekturhonorar Fr. 290'000.- betragen. In diesem Fall ist der Überschuss von Fr. 210'000.- als weiterer Erlös für das Bauland zu werten, und der massgebende Verkaufspreis beträgt somit Fr. 2'210'000.-.

F) Verkauf mit GU-Auftrag

Wird Bauland verkauft und im Zusammenhang mit dem Landverkauf ein Werkvertrag über die Erstellung einer Baute abgeschlossen, so werden unter Umständen Landpreis und Werkpreis zusammengerechnet und das Geschäft so behandelt, wie wenn ein fertiges Haus verkauft worden wäre.

Beispiel: Ein Architekt verkauft eine Bauparzelle für Fr. 170'000.-. Gleichzeitig schliesst er mit dem Erwerber einen Generalunternehmervertrag über die Erstellung eines Einfamilienhauses zum Pauschalpreis von Fr. 530'000.- ab.

In diesem Fall werden Land- und Werkpreis zusammengerechnet und der grundsteuerlich massgebende Verkaufserlös beträgt Fr. 700'000.-. Handänderungssteuerbasis ist demzufolge der Betrag von Fr. 700'000.-. Bei der Grundstückgewinnsteuer geht das Steueramt ebenfalls von einem massgebenden Verkaufserlös von Fr. 700'000.- aus. Bei den anrechenbaren Anlagekosten wird nicht auf den vereinbarten Pauschalpreis abgestellt; vielmehr kann der Architekt lediglich die effektiven Baukosten geltend machen (inkl. einem Eigenhonorar für Architekturleistungen). Ein im Pauschalwerkpreis versteckter Gewinn wird im Resultat also als Grundstückgewinn besteuert.

Damit Land- und Werkpreis zusammengerechnet werden, müssen drei Voraussetzungen kumulativ erfüllt sein:
- Kauf- und Werkvertrag müssen so voneinander abhängen, dass es ohne den einen nicht zum Abschluss des andern gekommen wäre; und
- das Geschäft muss im Ergebnis dem Verkauf einer fertigen Baute oder Hauses gleichkommen; und
- Landverkäufer und Werkunternehmer müssen faktisch oder wirtschaftliche identisch sein.

Schliesst der Landverkäufer mit dem Erwerber auch einen GU-Vertrag ab, wird von der Rechtsprechung sehr schnell angenommen, dass es ohne den Landverkauf nicht zum Abschluss des GU-Vertrages gekommen wäre und umgekehrt. Dies ergibt sich oft unmittelbar aus den konkreten Umständen, z.B., wenn Land für eine Stockwerkeinheit verkauft wird, die erst auf dem Plan existiert, oder wenn Land für einen Teil einer komplexen Gesamtüberbauung in Frage steht. Manchmal ergibt sich die gegenseitige Abhängigkeit auch aus der zeitlichen Abfolge, indem z.B. der Verkauf und der Abschluss des GU-Vertrages gleichzeitig erfolgen. Aber auch wenn der GU-Vertrag erst ein paar Wochen oder Monate nach dem Verkauf unterzeichnet wird, wird gegenseitige Abhängigkeit angenommen, falls der Käufer/Besteller rechtlich oder faktisch schon vorher gebunden war.

Das Kriterium der "fertigen Baute" soll den GU-Vertrag von den Verträgen über einzelne Bauleistungen abgrenzen (vorstehend E). Um eine "fertige Baute" dürfte es sich demzufolge auch handeln, wenn der GU-Vertrag beispielsweise lediglich den Innenausbau nicht mitumfasst.

Schlussendlich müssen Landverkäufer und Werkunternehmer (GU) faktisch oder wirtschaftlich identisch sein. Faktische Identität liegt dann vor, wenn der Landverkäufer in höchsteigener Person als Generalunternehmer auftritt. Wirtschaftliche Identität besteht insbesondere dann, wenn der GU eine juristische Person ist und diese vom Landverkäufer beherrscht wird. Aber auch wenn rechtlich getrennte Personen als Landverkäufer und GU auftreten, liegt wirtschaftliche Identität dann vor, wenn sie sich - auch stillschweigend - zu einer einfachen Gesellschaft zusammengefunden haben. Um als einfache Gesellschaft eingestuft zu werden, genügen nach der neuesten Praxis des Verwaltungsgerichts des Kantons Zürich schon ganz lapidare und selbstverständliche Abreden zwischen Landverkäufer und GU.

Die Folge der Zusammenrechnung bei der Handänderungssteuer ist, dass die Handänderungssteuer nicht nur auf dem Landpreis, sondern auf der Summe von Land- und Werkpreis erhoben wird. Falls die Parteien nicht zum vornherein damit gerechnet haben, führt dies gelegentlich zu sehr unschönen Auseinandersetzungen zwischen Landverkäufer, Generalunternehmer und Käufer/Besteller.

Bei der Grundstückgewinnsteuer gilt in diesen Fällen die Summe von Land- und Werkpreis als Verkaufserlös. Anderseits können die Baukosten natürlich als wertvermehrende Aufwendungen bei den Anlagekosten geltend gemacht werden. Sind Landverkäufer und GU faktisch und rechtlich getrennte Personen, wird als wertvermehrende Aufwendung der zwischen GU und Käufer/Besteller vereinbarte Werkpreis als Anlagekosten angerechnet; die Zusammenrechnung ist in diesem Fall also ohne Konsequenz für die Grundstückgewinnsteuer.

Anders verhält es sich, wenn der Landverkäufer selbst oder eine von ihm beherrschte Firma baut. In diesen Fällen gilt nicht einfach der vereinbarte Werkpreis als wertvermehrende Aufwendung; vielmehr wird im Detail abgerechnet. D.h. insbesondere, dass der Landverkäufer Rechnungen und Zahlungsbelege für alle Drittleistungen beibringen muss; allfällige Eigenleistungen dürfen zu ihrem wirklichen Wert eingestellt werden (das GU-Honorar ist allerdings auf 2,5% der Bausumme beschränkt). Im Resultat wird also ein im Werkvertrag enthaltener Gewinn als Grundstückgewinn besteuert. Die Besteuerung eines im Werkvertrag enthaltenen Gewinns ist in den meisten Fällen nachteilig, da bei kurzzeitigem Besitz (0 - 5 Jahre) die Grundstückgewinnsteuer rund 40 - 60% beträgt (nebst direkter Bundessteuer und allenfalls Sozialversicherungsabgaben). Es kann aber auch durchaus vorteilhaft sein, insbesondere wenn langjähriger Besitz veräussert wird und die Grundstückgewinnsteuer auf 20% sinkt. In diesen Fällen fährt man manchmal günstiger als bei der Staatssteuer (maximale Steuerbelastung Staatssteuer für natürliche Personen bei ca. 30% und für juristische Personen bei ca. 24%). Ausserdem hat sich schon mancher Generalunternehmer beim Werkvertrag verkalkuliert, und er war im nachhinein froh, einen Verlust beim GU-Vertrag mit dem antizipierten Grundstückgewinn aufrechnen zu können.

Beispiel: Ein Baumeister verkauft nach dreijährigem Besitz ein Grundstück für Fr. 400'000.- (= Anlagekosten). Gleichentags schliesst die Bauunternehmung Z AG mit dem Landerwerber einen GU-Vertrag über die Erstellung eines Einfamilienhauses für Fr. 800'000.- ab. Im GU-Pauschalpreis ist ein Gewinn von Fr. 200'000.- enthalten. Der Baumeister ist Alleinaktionär der Z AG.

Die Handänderungssteuer von 2% wird in diesem Fall auf dem Betrag von Fr. 1'200'000.- erhoben. Ausserdem muss bei der Grundstückgewinnsteuer aufgrund der effektiven Bauaufwendungen abgerechnet werden, sodass der Gewinn von Fr. 200'000.- zum Vorschein und als Grundstückgewinn zur Besteuerung kommt. Die Grundstückgewinnsteuer beträgt in diesem Fall rund 40% des Gewinns. Da der Gewinn als Grundstückgewinn des Baumeisters besteuert worden ist, wird die vom Baumeister beherrschte Z AG bei der Staatssteuer um Fr. 200'000.- entlastet.

Beispiel: Ein Grundeigentümer (Landwirt) hat durch die Vermittlung eines Mäklers einem Architekturbüro die Erlaubnis erteilt, auf seinem Land zu projektieren. Auf eigene

Rechnung und Risiko projektiert das Architekturbüro eine Reiheneinfamilienhaussiedlung als Gesamtüberbauung und lässt diese bewilligen. In der Folge sucht und findet der Vermittler, der im Auftrag des Architekturbüros tätig ist, kauf- und bauwillige Interessenten. Diese schliessen mit dem Architekturbüro einen GU-Vertrag ab und kaufen dann das entsprechende Baugrundstück vom Grundeigentümer. In den Grundstückkaufverträgen zwischen dem Verkäufer und den diversen Erwerbern wurde dem Verkäufer ein Rückkaufsrecht eingeräumt für den Fall, dass der Käufer vom GU-Vertrag zurücktritt. Ferner wurde dem Verkäufer das Recht eingeräumt, auf dem Grundstück die für die Gesamtüberbauung notwendigen Anmerkungen und Dienstbarkeiten eintragen zu lassen.

In diesem konkreten Fall hat das Verwaltungsgericht eine wirtschaftliche Identität zwischen Landverkäufer und Architekturbüro bejaht (obwohl sich der Landwirt und die Architekten nie getroffen oder gesehen haben). Begründet wurde dies damit, dass Verkäufer und Architekten stillschweigend eine einfache Gesellschaft begründet hätten, was durch das Rückkaufsrecht und die Vollmacht zur Eintragung von Anmerkungen und Dienstbarkeiten bewiesen werde. In concreto hat der Entscheid dann dazu geführt, dass die Handänderungssteuer auch auf dem GU-Werkpreis erhoben wurde. Hingegen hatte die Zusammenrechnung bei der Ermittlung der Grundstückgewinnsteuer im Resultat keine Auswirkungen; da das Architekturbüro vom Verkäufer rechtlich und faktisch völlig getrennt war, wurde bei der Grundstückgewinnsteuer der volle vereinbarte Werkpreis als wertvermehrende Aufwendung eingestellt.

G) Kettenhandel

Es kommt in der Baubranche gelegentlich vor, dass Kaufverträge mit Substitutionsklausel und aufgeschobener Eigentumsübertragung (z.B. bis zum Vorliegen einer Baubewilligung) abgeschlossen werden. In der Folge wird das Substitutionsrecht ausgeübt; ein Dritter tritt in den Vertrag ein, der auch das zivilrechtliche Eigentum erwirbt. In einem solchen Fall liegen zwei grundsteuerpflichtige Handänderungen vor: Zuerst die Übertragung vom Verkäufer auf den Erstkäufer und dann die Übertragung vom Erstkäufer auf den Zweitkäufer.

Die Steuerpraktiker bezeichnen den geschilderten Sachverhalt mit dem Ausdruck "Kettenhandel". Selbstverständlich kann der gleiche wirtschaftliche Effekt auch mit einem Kaufrechtsvertrag (mit oder ohne Substitutionsklausel) erreicht werden.

Ob der Erstkäufer das Grundstück mit oder ohne Gewinn weitergegeben hat, spielt prinzipiell keine Rolle. Auch kommt es nicht auf das Motiv der Weiterveräusserung an. Schlussendlich nützt es auch nichts, den ersten Kaufvertrag oder den Kaufrechtsvertrag aufzuheben und einen neuen Vertrag zwischen Verkäufer und Zweiterwerber abzuschliessen; solange die Aufhebung des ersten Kaufvertrages oder Kaufrechtsvertrages dazu dient, dem Zweiterwerber die Kaufmöglichkeit zu verschaffen, wird trotzdem auf einen Kettenhandel geschlossen.

Ein Kettenhandel wird besteuert, wie wenn das Grundstück zweimal verkauft worden wäre. Zuerst wird der Eigentumsübergang vom Verkäufer auf den Ersterwerber besteuert, d.h., dass eine Handänderungssteuer und eine vom Verkäufer zu bezahlende Grundstückgewinnsteuer erhoben wird. Dann wird der Eigentumsübergang vom Ersterwerber auf den Zweiterwerber besteuert: Als Veräusserungserlös gilt der Landkaufpreis zuzüglich aller weiteren Leistungen des Zweiterwerbers an den Ersterwerber (z.B. eine Entschädigung für den Eintritt in den Vertrag). Der Handänderungssteuersatz beträgt beim Kettenhandel meist 2%, da kaum je längere Besitzeszeiten angetroffen werden. Ob eine Grundstückgewinnsteuer erhoben wird, hängt davon ab, ob der Ersterwerber einen Zwischengewinn erzielt hat; hat der Ersterwerber vom Zweiterwerber keine weitere Entschädigung erhalten, hat er auch keinen Grundstückgewinn erzielt und es wird keine Grundstückgewinnsteuer erhoben.

Beispiel: Ein Architekt beurkundet einen Kaufvertrag über eine Baulandparzelle zum Preis von Fr. 300'000.-; die Eigentumsübertragung wird aufgeschoben bis zum Vorliegen einer Baubewilligung. In der Folge findet der Architekt binnen eines Jahres einen bauwilligen Interessenten, der ihm einen GU-Auftrag für Fr. 800'000.- erteilt, in den Landkaufvertrag eintritt und das Grundstück zivilrechtlich erwirbt.

In diesem Fall liegen zwei Eigentumsübergänge vor, die besteuert werden: Erstens wird der Eigentumsübergang vom Landverkäufer auf den Architekten besteuert (Handänderungssteuer auf der Basis von Fr. 300'000.- / Grundstückgewinnsteuer ebenfalls auf der Basis von Fr. 300'000.- und vom Landverkäufer zu bezahlen). Zweitens wird der Eigentumsübergang vom Architekten auf den Zweitkäufer besteuert. Das ist in diesem Fall tragisch, da die Steuerlast insgesamt sehr hoch wird. Einerseits ist eine Handänderungssteuer von - infolge der unterjährigen Besitzesdauer - 2% auf dem Betrag von Fr. 1'100'000.- zu bezahlen (Zusammenrechnung von Land- und Werkpreis). Anderseits wird bei der Grundstückgewinnsteuer wohl die Eigenleistung des Architekten als wertvermehrende Aufwendung angerechnet, aber ein weiterer Gewinn aus der GU-Tätigkeit unterliegt der Grundstückgewinnsteuer, und zwar wird die Normalsteuer plus ein Zuschlag von 50% - wegen der unterjährigen Besitzesdauer - erhoben. Im Beispielfall bleibt dem Architekten nach Bezahlung sämtlicher Steuern dann nicht mehr viel.

Internationale Aspekte des Bauvertragsrechts

Die (kollisionsrechtlich) anzuwendende Rechtsordnung bei Bauverträgen

Markus Wirth / Patrick Grawehr

Vorbemerkungen

Die nachfolgenden Ausführungen beschränken sich in kollisionsrechtlicher Hinsicht auf die Frage des anwendbaren Rechts, und in baurechtlicher Hinsicht auf diejenigen Bauverträge, welche im internationalen Verkehr von gewisser Bedeutung sind, d.h. den Bauwerkvertrag, den Generalunternehmervertrag sowie den (Ingenieur- und Architekten-) Projektierungsvertrag, welche nachfolgend zusammenfassend als *Bauvertrag* bezeichnet werden.
Die Parteien dieser Verträge, d.h. der Bauherr auf der einen Seite bzw. der Bauunternehmer, Generalunternehmer, Ingenieur oder Architekt auf der andern Seite werden nachfolgend einheitlich als *Bauherr* bzw. *Unternehmer* bezeichnet.

A) Einführung

Bauverträge im "internationalen Verhältnis" (Art. 1 Abs. 1 IPRG) erlangen zusehends an Bedeutung. Dies ist einerseits auf die fortschreitende Öffnung der Märkte, namentlich im Bereich der öffentlichen Bauten (Stichwort EG/EWR), zurückzuführen, andererseits auf die zunehmende Komplexität heutiger Bauvorhaben und die damit einhergehende Spezialisierung der am Bau beteiligten Personen. Internationale Bauvorhaben erstrecken sich regelmässig über längere Zeiträume - mehrere Jahre -, und daran sind regelmässig eine Vielzahl von Personen beteiligt. Diese Umstände schaffen ein besonders hohes Konfliktpotential. Sehr häufig entstehen im Laufe der Realisierung solcher Projekte Meinungsverschiedenheiten über Umfang, Abgrenzung und Qualität der zu erbringenden Bauleistungen. Diese enden nicht selten in Rechtsverfahren - vor staatlichen Gerichten oder in internationalen Verhältnissen häufig auch vor Schiedsgerichten. Dabei stellt sich immer als eine der ersten Fragen, welches Recht auf den Bauvertrag anwendbar ist.

Gemäss schweizerischem IPRG (Art. 1 Abs. 2 IPRG) bestimmt sich die anwendbare Rechtsordnung in erster Linien nach allfälligen Staatsverträgen und Konventionen. Subsidiär sind die Kollisionsnormen des IPRG betreffend Verträge anwendbar. Danach unterstehen Bauverträge dem von den Parteien gewählten Recht (Art. 116 Abs. 1 IPRG). Fehlt es an einer gültigen Rechtswahl, wird an das Recht des Staates, mit dem der Vertrag am engsten zusammenhängt, angeknüpft (Art. 117 Abs. 1 IPRG).

Wir beschäftigen uns somit in einem ersten Teil mit den massgeblichen *Staatsverträgen und Konventionen (B)*. Danach betrachten wir die *subjektive (C)* und die *objektive Anknüpfung (D)*. Abschliessend wenden wir uns einigen *Sonderfragen (E)* zu.

B) Staatsverträge und Konventionen

I. Überblick

Es bestehen, soweit ersichtlich, weder Staatsverträge noch Konventionen, welche spezifisch kollisionsrechtliches oder materielles Bauvertragsrecht enthalten. Hinzuweisen ist immerhin auf das *Wiener Kaufrecht-Übereinkommen vom 11. April 1980 (II)* und das *Haager Übereinkommen betreffend das auf internationale Kaufverträge über bewegliche körperliche Sachen anzuwendende Recht vom 15. Juni 1955 (III)*.

Ebenfalls erwähnt seien hier die *Conditions of Contract for Works of Civil Engineering Construction, Fourth (1987) Edition* der *Fédération Internationale des Ingénieurs-Conseil ("FIDIC-Conditions") (IV)*. Sie sind zwar weder Staatsverträge noch Konvention, doch handelt es sich um die in der Praxis bedeutendsten Allgemeinen Geschäftsbedingungen für internationale Bauverträge.

II. Wiener Kaufrecht-Übereinkommen

Dieses Übereinkommen, welches für die Schweiz am 1. März 1991 in Kraft getreten ist, enthält *materiellrechtliche* Normen betreffend den internationalen Warenkauf.

Gemäss Art. 3 Abs. 1 ist es auch auf *Werklieferungsverträge* anwendbar, es sei denn, der Besteller habe einen *wesentlichen* Teil der für die Herstellung notwendigen Stoffe selbst zu liefern. Ob ein Werklieferungsvertrag unter das Abkommen fällt oder nicht, entscheidet sich in erster Linie nach dem Wertverhältnis zwischen den vom Besteller und den vom Unternehmer zu liefernden Grundstoffen.

Art. 3 Abs. 2 bestimmt, dass das Übereinkommen ebenfalls Anwendung findet auf *gemischte Verträge mit kaufrechtlichen und Dienstleistungselementen*, es sei denn, der *überwiegende* Teil der Pflichten der Partei, welche die Ware liefert, bestehe in der Ausführung von Arbeiten oder anderen Dienstleistungen. Nach Ansicht der Lehre kann von einem überwiegenden Anteil der Dienstleistungselemente erst gesprochen werden, wenn dieser "*deutlich* über 50% liegt" (SCHLECHTRIEM/HERBER, N 4 zu Art. 3).

Zu beachten ist, dass gemäss Art. 6 die Parteien die Anwendung des Übereinkommens ausschliessen können.

III. Haager Übereinkommen

Dieses Übereinkommen beinhaltet *kollisionsrechtliche* Normen betreffend internationale Warenkäufe. Gestützt auf Art. 1 Abs. 3 ist es auch auf *Werklieferungsverträge* anwendbar, sofern die Partei, die sich zur Lieferung verpflichtet, die zur Herstellung oder Erzeugung erforderlichen Rohstoffe zu beschaffen hat.

IV. FIDIC-Conditions

Die FIDIC-Conditions sind *Allgemeine Bauvertragsbedingungen*, vergleichbar der SIA-Norm 118. Sie haben ihren Ursprung in den Conditions of Contract of the English Institution of Civil Engineers; somit ist ihnen das traditionelle englische Vertragssystem Vorbild. Dies kann bei internationalen Bauverträgen, deren Statut nicht dem anglo-amerikanischen Rechtskreis entstammt, zu Ungereimtheiten und damit einem entsprechenden Anpassungsbedarf führen.

Selbstverständlich bilden die FIDIC-Conditions nur und insoweit Vertragsbestandteil, als sie die Parteien in den Vertrag übernommen haben. Sie enthalten keine Rechtswahlklausel. Streitigkeiten sind durch ein Schiedsgericht nach der Vergleichs- und Schiedsordnung der Internationalen Handelskammer zu schlichten.

C) Subjektive Anknüpfung

I. Überblick

Soweit sich aus Staatsverträgen und Konventionen sowie den besonderen Kollisionsregeln der Art. 118 - 122 IPRG nichts anderes ergibt, können die Parteien das auf Bauverträge anwendbare Recht selbst festlegen (Art. 116 Abs. 1 IPRG). Bezüglich *Gültigkeit (II)* bestimmt das IPRG, dass die Rechtswahl ausdrücklich sein oder sich eindeutig aus dem Vertrag oder aus den Umständen ergeben muss. Im übrigen untersteht die Frage der Gültigkeit dem gewählten Recht (Art. 116 Abs. 2 IPRG). Was den *Zeitpunkt (III)* der Rechtswahl anbelangt, kann diese jederzeit getroffen oder geändert werden. Eine nach Vertragsabschluss getroffene oder geänderte Rechtswahl wirkt auf den Zeitpunkt des Vertragsabschlusses zurück, soweit dadurch Rechte Dritter nicht beeinträchtigt werden (Art. 116 Abs. 3 IPRG). Gesondert einzutreten ist auf die Frage des *Schweigens auf einen Rechtswahlantrag (VI)* und die *Form des Rechtswahlvertrages (V)*.

II. Gültigkeit der Rechtswahl

1. Ausdrückliche Rechtswahl

Um den Deutlichkeitserfordernissen des Art. 116 Abs. 2 IPRG zu genügen, empfiehlt es sich, das anwendbare Recht im Bauvertrag *ausdrücklich* anzuführen. Die *Rechtswahlklausel* ist *eindeutig* zu formulieren. Dies gilt namentlich, wenn das anwendbare Recht nicht direkt genannt, sondern ein Anknüpfungsbegriff (Beispiel: Sitz des Unternehmens) verwendet wird. Es darf, um beim Beispiel zu bleiben, nicht zweifelhaft sein, welcher Unternehmer gemeint ist und wo sich dessen Sitz befindet.

2. Stillschweigende Rechtswahl

Eine stillschweigende Rechtswahl ist nur ausreichend, wenn sie sich *eindeutig* aus dem Vertrag oder aus den Umständen ergibt, d.h. wenn "die Parteien einen bewussten Rechtswahl-Willen hatten und diesen äussern wollten" (BGE 87 II 201). Dieser noch vor Erlass des IPRG aufgestellte Grundsatz gilt auch für das neue Recht (vgl. SCHNYDER, S. 97). Damit ist die Bestimmung des anwendbaren Rechts nach dem *hypothetischen Parteiwillen* ausgeschlossen. Ebensowenig vereinbaren die Parteien durch die Festlegung des *Gerichtsortes* auch schon die Massgeblichkeit der lex fori (BGE 111 II 179). Diese Annahme rechtfertigt sich nur, wenn weitere Elemente auf die lex fori hinweisen.

Internationale Bauverträge enthalten häufig eine *Schiedsgerichtsklausel*. Durch die Wahl eines Schiedsgerichtes legen die Parteien nur dann auch die massgebende Rechtsordnung fest, wenn es sich um ein ständiges, mit einer bestimmten Rechtsordnung fest verbundenes Schiedsgericht handelt (VISCHER/VON PLANTA, S. 171).

3. Massgeblichkeit des gewählten Rechts

Soweit sich das IPRG zu den Anforderungen an eine Rechtswahl nicht äussert, untersteht letztere, wie gesagt, dem *gewählten Recht*. Dieses Statut entscheidet somit beispielsweise, ob eine rechtsgenügende Willenseinigung vorliegt und auf welche Mängel des Rechtswahlvertragsabschlusses sich die eine oder andere Partei berufen kann.

III. Zeitpunkt der Rechtswahl

Gemäss Art. 116 Abs. 3 IPRG kann die Rechtswahl *jederzeit* getroffen oder geändert werden. Der letztmögliche Zeitpunkt bestimmt sich nach kantonalem Prozessrecht bzw. im Rahmen eines Schiedsverfahrens nach dem dafür massgeblichen Verfahrensrecht.

Vereinbaren die Parteien nach Vertragsabschluss die Anwendbarkeit einer Rechtsordnung oder ändern sie eine bereits getroffene Rechtswahl, so wirkt dieses Statut auf den Zeitpunkt des Vertragsabschlusses zurück. Allerdings bleiben die aufgrund der bisherigen Rechtsordnung entstandenen *Rechte Dritter* vorbehalten. Enthält beispielsweise ein Grundstückkaufvertrag eine Architekten- oder Unternehmerklausel mit direktem Forderungsrecht zugunsten eines Dritten, so hat die Vereinbarung einer andern Rechtsordnung für den Grundstückkaufvertrag (Art. 119 Abs. 2 IPRG) keinen Einfluss auf das direkte Forderungsrecht des Architekten oder Bauunternehmers.

IV. Schweigen auf einen Rechtswahlantrag

Schweigt die eine Partei auf einen Rechtswahlantrag der Gegenpartei, so kann sich erstere für die Wirkungen des Schweigens auf das Recht des Staates berufen, in welchem sie ihren gewöhnlichen Aufenthalt hat (Art. 123 IPRG).

Von Bedeutung ist diese Bestimmung namentlich bei Verwendung *Allgemeiner Vertragsbedingungen*, welche eine Rechtswahlklausel enthalten. Stellt ein deutscher Unternehmer dem schweizerischen Bauherrn seine Allgemeinen Geschäftsbedingungen zu, welche eine Rechtswahlklausel zugunsten des deutschen Rechts enthalten, und reagiert der Schweizer darauf nicht, kann sich dieser auf schweizerisches Recht berufen, wenn es um die Frage geht, ob er dieser Rechtswahl durch Schweigen zugestimmt hat. Er braucht sich diesbezüglich nicht die deutsche lex causae (vgl. § 362 HGB) entgegenhalten zu lassen. Selbstverständlich findet diese Sonderanknüpfung ihre Schranke im Rechtsmissbrauchsverbot.

V. Form des Rechtswahlvertrages

Bezüglich Form des Rechtswahlvertrages ist auf das zur Form der Bauverträge Gesagte (hinten, II. Form der Bauverträge) zu verweisen.

D) Objektive Anknüpfung

I. Überblick

Fehlt eine Rechtswahl, untersteht der Vertrag gemäss Art. 117 Abs. 1 IPRG dem Recht des Staates, mit dem er am engsten zusammenhängt. Gemäss Abs. 2 desselben Artikels gilt der *Grundsatz (II)*, dass der engste Zusammenhang mit dem Staat besteht, in dem die Partei, welche die charakteristische Leistung erbringen soll, ihren gewöhnlichen Aufenthalt hat, oder - wenn sie den Vertrag aufgrund einer beruflichen oder gewerblichen Tätigkeit geschlossen hat - in dem sich ihre Niederlassung befindet. Im Sinne einer *Ausnahme (III)* widerspiegelt die charakteristische Leistung in einigen Fällen nicht den engsten Zusammenhang; der Vertrag hat eine nähere Beziehung zu einer anderen Rechtsordnung.

II. Grundsatz

Um die charakteristische Leistung bei Bauverträgen festzulegen, ist auf Art. 117 Abs. 3 lit. c IPRG zurückzugreifen. Danach sind Auftrag, Werkvertrag und ähnliche Dienstleistungsverträge durch die *Dienstleistung* bestimmt. Die Dienstleistung wird beim Bauwerkvertrag durch den Bauunternehmer, beim Generalunternehmervertrag durch den Generalunternehmer und beim Projektierungsvertrag durch den Architekten bzw. Ingenieur erbracht. Da die genannten Personen den Vertrag regelmässig aufgrund ihrer beruflichen oder gewerblichen Tätigkeit abschliessen, ist das Recht am Orte ihrer *Niederlassung*, nicht ihres gewöhnlichen Aufenthaltes, entscheidend.

Eine *natürliche Person* hat ihre Niederlassung in dem Staat, in dem sich der *Mittelpunkt ihrer geschäftlichen Tätigkeit* befindet (Art. 20 Abs. 1 lit. c IPRG). Dieser Mittelpunkt ist in erster Linie der Ort, an dem sich die Geschäfts- bzw. Verwaltungsräume befinden.

Für *Gesellschaften* bestimmt Art. 21 Abs. 3 IPRG, dass sich deren Niederlassung in dem Staat, in dem sie ihren Sitz oder eine *Zweigniederlassung* haben, befindet.

Das IPRG umschreibt den Begriff der Gesellschaft in Art. 150. Es gelten als Gesellschaften organisierte Personenzusammenschlüsse und organisierte Vermögenseinheiten. Für einfache Gesellschaften ist erforderlich, dass sie sich eine Organisation gegeben haben. Ein *Baukonsortium* im Sinne des schweizerischen Rechts qualifiziert somit in aller Regel als Gesellschaft gemäss IPRG (REYMOND, S. 163).

Sitz der Gesellschaft ist der in den Statuten oder im Gesellschaftsvertrag bezeichnete Ort. Soweit sich Statuten bzw. Vertrag darüber nicht äussern, ist auf den Ort, an dem die Gesellschaft tatsächlich verwaltet wird, abzustellen (Art. 21 Abs. 2 IPRG). Der tatsächliche Verwaltungsort eines Baukonsortiums kann sich beispielsweise am Lageort der Baustelle oder am Niederlassungsort des bauleitenden Konsortialmitgliedes befinden.

Soweit eine *Zweigniederlassung* des Unternehmers oder des bauleitenden Konsortialmitgliedes die den Bauvertrag charakterisierenden Leistungen erbringt, unterliegt der Bauvertrag dem Recht des Zweigniederlassungsortes.

III. Ausnahme

Vorweg ist zu bemerken, dass der *Ausnahmeklausel von Art. 15 IPRG* im Anwendungsbereich der objektiven Anknüpfungsregel keine eigenständige Bedeutung zukommt. Denn wenn ein Sachverhalt gemäss Art. 117 IPRG mit einem bestimmten Recht am engsten zusammenhängt, kann er keinen engeren Zusammenhang im Sinne von Art. 15 Abs. 1 IPRG mit einem anderen Recht haben. Zu fragen ist somit nach Ausnahmen von der Anknüpfung an den gewöhnlichen Aufenthalt bzw. die Niederlassung der die charakteristische Leistung erbringenden Partei.

Befinden sich Niederlassungsort des Unternehmers und Lageort des Bauobjektes nicht im gleichen Staate und erbringt der Unternehmer seine Leistungen bezüglich verwendete Zeit, eingesetztes Personal und erarbeitete Werte grossmehrheitlich am Lageort, ist zu prüfen, ob der jeweilige Vertrag die engste Beziehung zum Lageort hat.

An die Anwendung der lex rei sitae ist ebenfalls zu denken, wenn die Mitglieder eines Baukonsortiums in etwa gleichwertige Leistungen erbringen und ihre Niederlassungen in verschiedenen Ländern haben.

E) Sonderfragen

I. Umfang der Verweisung

1. Im allgemeinen

Das verwiesene Recht regelt das *schuldrechtliche Verhältnis* zwischen den Vertragsparteien. Dieses umfasst unter anderem Konsens und Willensmängel, Vertragsinhalt (inkl. Umfang der Gestaltungsfreiheit), Gefahrentragung, Vertragserfüllung bzw. Nichterfüllung und ihre Folgen sowie Vertragsbeendigung und ihre Folgen.

Eigene Kollisionsnormen kennt das IPRG namentlich für Fragen betreffend Handlungsfähigkeit (Art. 35 f. IPRG), Schweigen auf einen Antrag (Art. 123 IPRG; vorne), Form des Vertrages (Art. 124 IPRG; hinten), Erfüllungs- und Untersuchungsmodalitäten (Art. 125 IPRG; hinten), Stellvertretung (Art. 126 IPRG), Abtretung (Art. 145 IPRG), Währung (Art. 147 IPRG) und Verjährung (Art. 148 IPRG).

2. Beschränkungen

Das anwendbare Recht wird in seiner Anwendung möglicherweise beschränkt durch den schweizerischen ordre public (Art. 17 IPRG), schweizerische lois d'application immédiate (Art. 18 IPRG) und allenfalls durch zwingendes ausländisches Recht (Art. 19 IPRG). Die praktische Bedeutung dieser Bestimmungen dürfte allerdings klein sein, namentlich weil die Bauvorschriften des Lageortes bereits aufgrund der ordentlichen Anknüpfungsregeln zu beachten sind (s. hinten).

Da Streitigkeiten aus Bauverträgen häufig durch ein *Schiedsgericht* geschlichtet werden, sei in diesem Zusammenhang die Frage aufgeworfen, ob und in welchem Ausmass ein Schiedsgericht mit Sitz in der Schweiz zwingende Bestimmungen einer von den Parteien nicht gewählten Rechtsordnung anzuwenden hat. Als zwingende Bestimmungen in diesem Sinne kommen z.B. in Frage: das Verbot wettbewerbsbehindernder Massnahmen gemäss EG-Recht, ausländische Devisenvorschriften oder zwingende Vorschriften betreffend die Auflösung von Gesellschaftsverhältnissen.

Gemäss Art. 187 Abs. 1 IPRG entscheidet das Schiedsgericht die Streitsache nach dem von den Parteien gewählten Recht, oder, bei Fehlen einer Rechtswahl, nach dem Recht, mit dem die Streitsache am engsten zusammenhängt. Die Schiedsrichter sind nicht verpflichtet, dabei die IPRG-Regeln anzuwenden. Sie können, müssen sie aber nicht als *unverbindliche Richtlinien* beiziehen. Dies gilt selbstverständlich auch für Art. 19 IPRG. Die in dieser Bestimmung vorgesehene Möglichkeit der Berücksichtigung zwingenden ausländischen Rechts ist keineswegs allgemein, d.h. von der Mehrzahl der Rechtsordnungen anerkannt.

Nach der traditionellen *Vertragsstatuttheorie* sind drittstaatliche zwingende Normen grundsätzlich unbeachtlich. Sie können in Betracht gezogen werden, insofern sie die Vollstreckung eines Vertrages verunmöglichen oder unsittlich werden lassen.

Nach der neuen *Theorie der Sonderanknüpfung drittstaatlicher Eingriffsnormen* sind solche Normen grundsätzlich zu berücksichtigen. Erst wenige IPR-Gesetze enthalten eine diesbezügliche Bestimmung, so neben dem IPRG beispielsweise Art. 7 des EG-Schuldvertragsübereinkommens von 1980. Dagegen haben Deutschland, Österreich und Luxemburg auf eine solche Regel verzichtet.

Bis heute ist unseres Wissens kein Schiedsgerichtsentscheid ergangen, in dem zwingende drittstaatliche Normen berücksichtigt wurden. Es ist demnach festzuhalten, dass ein Schiedsgericht mit Sitz in der Schweiz *nicht* verpflichtet ist, in Anlehnung an Art. 19 IPRG solche Normen zu beachten.

II. Form der Bauverträge

Getreu dem Grundsatz *in favorem negotii* genügt es gemäss Art. 124 Abs. 1 IPRG, wenn der Vertrag bezüglich Form dem auf den Vertrag anwendbaren Recht oder dem Recht am Abschlussort entspricht. Bei Distanzverträgen reicht bereits die Beachtung der Formerfordernisse des Rechts *eines* der beiden Aufenthaltsorte der Parteien (Art. 124 Abs. 2 IPRG).

Schreibt allerdings die lex causae zum *Schutze einer Vertragspartei* eine besondere Form vor, richtet sich die Formgültigkeit ausschliesslich nach diesem Recht, es sei denn, dieses lasse die Anwendung eines anderen Rechts zu (Art. 124 Abs. 3 IPRG). Diese allgemeine Ausnahmeregel dürfte im Bereich der Bauverträge nur von geringer Bedeutung sein, da solche Verträge regelmässig keiner besonderen Form bedürfen.

Hinzuweisen ist auf Art. 119 Abs. 3 IPRG. Danach unterstehen Verträge über Grundstücke oder deren Gebrauch der *lex rei sitae*, soweit dieses Recht nicht die Anwendung eines anderen Rechts zulässt. Für in der *Schweiz* gelegene Grundstücke richtet sich die Form nach *schweizerischem Recht*. Ein Kaufvertrag betreffend ein schweizerisches Grundstück bedarf somit der öffentlichen Beurkundung gemäss Art. 216 OR, auch wenn ansonsten dieser Kaufvertrag, z.B. gestützt auf eine Rechtswahl, einer ausländischen Rechtsordnung untersteht. Sofern der Grundstückkaufvertrag mit einem Bauvertrag oder einer Architekten- bzw. Unternehmerklausel kombiniert ist, bedürfen diese zusätzlichen Vertragsbestimmungen ebenfalls der öffentlichen Beurkundung, soweit sie eine Gegenleistung für die Übertragung des Grundstückes darstellen.

III. Öffentlich- und privatrechtliche Bauvorschriften des Lageortes

Die innerstaatlichen Bauvorschriften des Lageortes, seien sie öffentlich- oder privatrechtlicher Natur, sind auch dann zu beachten, wenn der Bauvertrag von einer anderen Rechtsordnung beherrscht wird.

Dies gilt für schweizerische öffentlichrechtliche Vorschriften aufgrund von Art. 18 IPRG. Die Behörden des Lageortes erteilen Baubewilligungen gemäss ihren Verfahrensregeln und gestützt auf ihre Bau- und Raumplanungsvorschriften.

Für den Eigentümer oder den sonst am Grundstück dinglich Berechtigten gelten die privatrechtlichen Baubeschränkungen gestützt auf Art. 99 Abs. 1 IPRG, wonach dingliche Rechte an Grundstücken der *lex rei sitae* unterstehen.

Regelmässig verpflichtet der Bauherr den Unternehmer im Bauvertrag auf die Einhaltung der Bauvorschriften am Lageort des Grundstücks. Auch wenn es an einer solchen Vereinbarung fehlt, sind solche Normen im Sinne von *Erfüllungs- und Untersuchungsmodalitäten* gemäss Art. 125 IPRG vom Unternehmer zu beachten (REITMANN/MARTINY, Nr. 489).

IV. Submission

Während des Submissionsverfahrens stehen die Parteien in einem *vorvertraglichen Verhandlungsverhältnis*. Dieses Verhältnis untersteht grundsätzlich dem Vertragsstatut, d.h. dem auf den beabsichtigten Bauvertrag anwendbaren Recht. Dies gilt auch für eine allfällige Haftung aus treuwidrigem Verhalten (culpa in contrahendo).

Vielfach, insbesondere im internationalen Verhältnis, stellt der Bauherr für das Submissionsverfahren besondere *Submissionsbedingungen* auf oder verweist auf vorformulierte Allgemeine Submissionsbedingungen (die vorne erwähnten FIDIC-Conditions enthalten keine solchen Bedingungen). Führen diese Vorschriften eine Rechtswahlklausel auf und stimmen ihnen die Submittenten (in der Regel durch konkludentes Verhalten) zu, oder vereinbaren die Parteien gesondert die Anwendung eines bestimmten Rechts, so beurteilt sich das Submissionsverhältnis nach diesem Recht, sofern die Rechtswahl den Anforderungen von Art. 116 IPRG genügt (s. vorne). D.h., die Parteien können bereits während des Submissionsverfahrens das für den Bauvertrag massgebliche Recht festlegen oder für die Submission ein vom (Bau-) Vertragsstatut abweichendes Recht bestimmen (vgl. Art. 116 Abs. 3 1. Satz IPRG: "Die Rechtswahl kann *jederzeit getroffen oder geändert* werden").

V. Subunternehmer

Namentlich bei grösseren Bauvorhaben schliesst der Bau- oder Generalunternehmer mit Subunternehmern Verträge über bestimmte Teilbereiche des zu errichtenden Werkes ab. Für diese *rechtlich selbständigen* Bauverträge gelten grundsätzlich die angeführten subjektiven und objektiven Anknüpfungsregeln (s. vorne).

In Ausnahmefällen, d.h. wenn der Subunternehmervertrag so eng mit dem Hauptvertrag verflochten ist, dass nicht mehr von einem selbständigen Vertrag gesprochen werden kann, ist dieser Subunternehmervertrag *akzessorisch* an das Statut des Hauptvertrages anzuknüpfen. Eine solch enge Beziehung darf jedoch nicht leichtfertig angenommen werden. Dem Subunternehmer fehlt regelmässig der Einblick in die Beziehungen zwischen Hauptunternehmer und Bauherr. Namentlich wenn Sub- und Hauptunternehmer ihre Niederlassung im gleichen Lande haben, ist von der Anwendbarkeit der Rechtsordnung dieses Landes auszugehen.

RECHTSQUELLEN
BG über das internationale Privatrecht ("IPRG") vom 18. Dezember 1987, SR 291.
Übereinkommen der Vereinten Nationen über Verträge über den internationalen Warenkauf ("Wiener Kaufrecht") vom 11. April 1980, SR 0.221.211.1.
Haager Übereinkommen betreffend das auf internationale Kaufverträge über bewegliche körperliche Sachen anzuwendende Recht vom 15. Juni 1955, SR 0.221.211.4.

JUDIKATUR
BGE 111 II 175: Gerichtsstandsvereinbarung ist lediglich Indiz für die Anwendung der lex fori.
BGE 87 II 194: Verweisungsvertrag setzt voraus, dass die Parteien einen bewussten Rechtswahl-Willen hatten und diesen äussern wollten.

LITERATUR

BRABANT André, Le contrat international de construction, Bruxelles 1981; DUTOIT Bernhard/KNOEPFLER François/LALIVE Pierre/MERCIER Pierre, Répertoire de droit international privé suisse, Bd. 1, Le contrat international, L'arbitrage international, Bern 1982; KELLER Max/SCHULZE Carsten/SCHAETZLE Marc, Die Rechtsprechung des Bundesgerichts im Internationalen Privatrecht, Bd. II, Obligationenrecht, Zürich 1977; REITHMANN Christoph/MARTINY Dieter, Internationales Vertragsrecht, 4. Aufl., Köln 1988; REYMOND Philippe, Les personnes morales et les sociétés dans le nouveau droit international privé en Suisse, bei DESSEMONTET François, Le nouveau droit international privé suisse, 2. unveränd. Aufl., Lausanne 1989; SCHNYDER Anton K., Das neue IPR-Gesetz, Zürich 1988; VISCHER Frank/VON PLANTA Andreas, Internationales Privatrecht, 2. Aufl., Basel und Frankfurt a. Main 1982; VON CAEMMERER Ernst/SCHLECHTRIEM Peter, Kommentar zum Einheitlichen UN-Kaufrecht, München 1990; WIEGAND Christian, Das anwendbare materielle Recht bei internationalen Bauverträgen - Zur international-privatrechtlichen Anknüpfung bei Bauexportverträgen, bei BÖCKSTIEGEL Karl-Heinz, Vertragsgestaltung und Streiterledigung in der Bauindustrie und im Anlagenbau, Köln u.a. 1984.

Das Bauvertragsrecht der Bundesrepublik Deutschland

Wolfgang Heiermann

A) Grundlagen

I. Das Verhältnis von öffentlichem und privatem Baurecht

Wenn vom Bauvertragsrecht oder privatem Baurecht die Rede ist, so wird eine andere Materie des Baurechts bereits begrifflich ausgeschlossen: das öffentliche Baurecht. Es fällt leicht, beide Materien voneinander zu unterscheiden. Das öffentliche Baurecht enthält die Regeln und Beschränkungen, denen die bauliche Nutzung der Grundstücke im öffentlichen Interesse unterworfen ist. Das Bauvertragsrecht behandelt die Rechtsbeziehungen der an der Planung und Durchführung eines Bauwerks Beteiligten. Beide Materien stehen sich weitgehend selbständig gegenüber, haben aber vielfältige Berührungspunkte. Das wichtigste Merkmal des Verhältnisses zwischen öffentlichem und privatem Baurecht besteht darin, dass das letztere in das erstere sozusagen eingebettet ist. Das heisst, dass sich die Privatautonomie der am Bau Beteiligten nur im Rahmen der öffentlich-rechtlichen Vorschriften entfalten kann. Als Beispiele für die Auswirkungen öffentlich-rechtlicher Bindungen auf das Bauvertragsrecht sollen hier zwei Stichworte genügen: Wird eine Baugenehmigung später als erwartet erteilt, kommt es regelmässig zu Bauzeitverzögerungen. Etwaige Schäden hat der Bauherr dem Bauunternehmer im Regelfall zu ersetzen. Kommt es während der Bauausführung zu Änderungen der Baugenehmigung, so muss der Bauherr für die hierdurch bedingten Erschwernisse und Mehrleistungen des Bauunternehmers aufkommen.

II. Gesetzliches Werkvertragsrecht und Verdingungsordnung für Bauleistungen (VOB)

1. Unzulänglichkeit des gesetzlichen Werkvertragsrechts

Normative Grundlage des Bauvertrags ist zunächst des Werkvertragsrecht des Bürgerlichen Gesetzbuchs (BGB). Die §§631 bis 650 BGB regeln allerdings nicht speziell das

Bauvertragsrecht, sondern allgemein das Werkvertragsrecht. Sie behandeln also das Anfertigen eines Ölporträts, das Schneidern eines Massanzugs oder die Entwicklung von Computersoftware im wesentlichen nicht anders als den Bau einer Hängebrücke, das Bohren eines Eisenbahntunnels oder die Errichtung einer Messehalle. Daraus lässt sich ersehen, dass die gesetzlichen Werkvertragsvorschriften den Besonderheiten eines Bauvorhabens und den Interessen der am Bau Beteiligten nur bedingt gerecht werden können. Das BGB-Werkvertragsrecht kennt, um nur ein Beispiel herauszugreifen, kein ordentliches Kündigungsrecht und trägt somit der Tatsache, dass die Errichtung von Bauleistungen häufig langfristige Vertragsverbindungen erfordert, die praktischerweise auch einer Kündigung offenstehen sollten, nicht ausreichend Rechnung.

2. Entstehung der VOB

Schon früh wurde es deshalb als eine Notwendigkeit empfunden, für die Vergabe und Durchführung von Bauleistungen differenzierte, den Bedürfnissen des Bauvertragsrechts entsprechende Grundsätze und Vorschriften zu schaffen. Bereits Anfang der zwanziger Jahre konstituierte sich zu diesem Zweck der Reichsverdingungsausschuss. Er verabschiedete im Jahre 1926 die *Verdingungsordnung für Bauleistungen* (VOB). Nachfolger des Reichsverdingungsausschusses wurde nach dem Krieg der *Deutsche Verdingungsausschuss für Bauleistungen (DVA)*. Er setzt sich, wie schon sein Vorgänger, aus Vertretern der öffentlichen Verwaltung und aus Repräsentanten von Wirtschafts- und Berufsverbänden zusammen. Der DVA stellte im Jahre 1952 eine Neufassung der VOB vor, die in ihrer Grundstruktur auch heute noch Gültigkeit hat. Die fortschreitende technische Entwicklung, die sich wandelnde Rechtsprechung und die Rechtssetzung durch die Europäischen Gemeinschaften machten allerdings mehrfache Überarbeitungen des Textes notwendig. In der jüngsten Fassung wurden die aktuellen EG-Richtlinien zur Liberalisierung des Auftragswesens im Binnenmarkt eingearbeitet.

3. Bestandteile der VOB

Die VOB besteht aus drei Teilen: den "Allgemeinen Bestimmungen für die Vergabe von Bauleistungen" (Teil A), den "Allgmeinen Vertragsbedingungen für die Ausführung von Bauleistungen" (Teil B) und den "Allgemeinen Technischen Vertragsbedingungen für Bauleistungen" (Teil C).

Teil A regelt in seinen 4 Abschnitten das Vergabeverfahren, also das Verfahren bis zum Zustandekommen des Bauvertrags. Hier finden sich beispielsweise Vorschriften über die Öffentliche Ausschreibung, über Angebots- und Zuschlagsfristen, den Eröffnungstermin, den Zuschlag oder die Aufhebung der Ausschreibung. Teil A wendet sich in erster Linie an die öffentliche Hand, die aufgrund interner Dienstanweisungen zur Einhaltung der darin enthaltenen Bestimmungen verpflichtet ist. Die Nichtbeachtung dieser Bestimmungen kann nach den Grundsätzen der culpa in contrahendo zu Schadensersatzansprüchen des Bieters führen.

Teil B enthält in 18 zum Teil sehr umfangreichen Paragraphen eine ausführliche Regelung der Rechte und Pflichten der Vertragsparteien. Dieser Teil erfasst das eigentliche Bauvertragsrecht. Er enthält Vorschriften beispielsweise über Einheits- und Pauschalpreisverträge, über Überwachungs- und Anordnungsrechte des Auftraggebers, über die rechtlichen Folgen von Behinderungen und Verzögerungen bei der Bauausführung und die Abrechnungs- und Zahlungsmodalitäten. Teil B wendet sich an alle Baubeteiligten.

In Teil C der VOB sind die Allgemeinen Technischen Vertragsbedingungen (ATV) aufgeführt. ATV sind technische Normen des Deutschen Instituts für Normung, die nach einzelnen Handwerkszweigen bzw. technischen Tätigkeitsbereichen im Rahmen der Bauausführung aufgegliedert sind. Sie werden laufend erneuert. In der Sache handelt es sich hierbei um einen Unterfall dessen, was rechtlich vom Begriff der "anerkannten Regeln der Technik" erfasst wird. Sie sind Bestandteil eines jeden VOB-Bauvertrags. Ihre Nichtbeachtung löst Gewährleistungsansprüche des Auftraggebers aus.

4. Rechtsnatur der VOB

Die VOB ist ihrer Rechtsnatur nach weder ein Gesetz noch eine sonstige Rechtsvorschrift. Sie ist auch kein Gewohnheitsrecht oder Handelsbrauch. Für sich betrachtet handelt es sich bei der VOB lediglich um eine Empfehlung des Deutschen Verdingungsausschusses. Sie wird zum Vertragsbestandteil erst durch Vereinbarung zwischen den Vertragspartnern. Im Bereich des öffentlichen Auftragswesens wird die Anwendung der VOB regelmässig durch Dienstanweisung angeordnet. Insoweit hat die VOB den Charakter von (internen) Verwaltungsvorschriften. Wird die VOB, insbesondere ihre Teile A und B, zum Bestandteil eines Vertrags, so kommt ihr der Charakter von Allgemeinen Geschäftsbedingungen zu.

5. Praktische Bedeutung der VOB

Die drei Teile der Verdingungsordnung für Bauleistungen fassen zusammen, was im Bauvertragswesen aufgrund allgemeiner Erfahrung als zweckdienlich und gerecht empfunden wird. Sie suchen, wie der BGH schon früh festgestellt hat, einen "der Eigenart des Bauvertrags angepassten, gerechten Ausgleich zwischen den Belangen des Bauherrn und des Bauunternehmers zu schaffen" (BGH NJW 1959, 142). In aller Regel sind beide Parteien eines Bauvertrags gut beraten, wenn sie die VOB zur Grundlage ihrer gegenseitigen Rechtsbeziehungen machen.

III. Einschränkung der Vertragsfreiheit durch das Gesetz zur Regelung des Rechts der Allgemeinen Geschäftsbedingungen (AGB-Gesetz)

1. Zweck und Inhalt des AGB-Gesetzes

Seit 1977 ist das Gesetz zur Regelung des Rechts der Allgemeinen Geschäftsbedingungen (AGB-Gesetz) in Kraft. Es hat gerade im Bereich des Bauwesens eine besondere

Bedeutung. Das AGB-Gesetz ist eine Folge der weiten Verbreitung von vorformulierten Vertragsklauseln, dem "Kleingedruckten". Vorformulierte Vertragsbedingungen verfolgen zum einen das Ziel, den Geschäftsverkehr zu vereinheitlichen und damit auch zu vereinfachen. Sie werden zum anderen aber auch meist in der Weise ausgestaltet, dass dem Vertragspartner des Verwenders nach Möglichkeit alle wirtschaftlichen Risiken einer Geschäftsbeziehung aufgebürdet werden. Wegen der weiten Verbreitung solcher Vertragsbedingungen kann der Kunde, will er überhaupt noch am Wirtschaftsleben teilnehmen, derartigen Vertragsbedingungen auch nicht mehr ausweichen. Da vorformulierte Vertragsklauseln in der Praxis kaum verhandelbar sind, gilt überwiegend das Prinzip: "Take it or leave it!". Hier setzt das AGB-Gesetz an, indem es zum Schutz der Vertragsfreiheit die vorformulierten Vertragsklauseln einer Wirksamkeitskontrolle unterwirft. Vereinfacht ausgedrückt besagt das AGB-Gesetz folgendes: Vorformulierte Vertragsklauseln, die den Vertragspartner des Verwenders entgegen Treu und Glauben unangemessen benachteiligen, sind unwirksam. Von Bedeutung ist die Inhaltskontrolle durch das AGB-Gesetz etwa im Hinblick auf Vertragsstrafeklauseln, Bestimmungen über die Verkürzung der gesetzlichen Gewährleistungsfristen oder Regelungen, durch welche der Abnahmezeitpunkt verschoben wird. Das AGB-Gesetz lässt derartige vertragliche Risikoverlagerungen nur in sehr begrenztem Umfang zu.

2. VOB und AGB-Gesetz - Die VOB "als Ganzes"

Die VOB enthält vorformulierte Vertragsbedingungen im Sinne des AGB-Gesetzes. Deshalb ist auch die VOB, wenn sie kraft Parteiwillens Vertragsbestandteil geworden ist, grundsätzlich einer Inhaltskontrolle unterworfen. Gerade im Hinblick auf die VOB ist das AGB-Gesetz aber nur beschränkt anwendbar. Denn die VOB ist ein im Ganzen gesehen ausgewogenes Regelwerk, das weder den Auftraggeber noch den Auftragnehmer einseitig bevorzugt. Aus diesem Grund soll nach der Rechtsprechung des BGH keine Inhaltskontrolle anhand des AGB-Gesetzes stattfinden, wenn die VOB "als Ganzes" vereinbart wird.

Das bedeutet nun umgekehrt, dass die einzelnen Bestimmungen den Anforderungen des AGB-Gesetzes gerecht werden müssen, wenn die VOB nicht im Ganzen, sondern nur ausschnittsweise Vertragsbestandteil ist. Hier kann es in der Tat zu Kollisionen kommen. Für sich betrachtet hält beispielsweise die Bestimmung des §13 Nr. 4 VOB/B, die in Abweichung zur fünfjährigen Gewährleistungsfrist gemäss §638 Abs. 1 BGB eine nur zweijährige Verjährungsfrist für Mängel an Bauwerken vorsieht, einer Inhaltskontrolle anhand des AGB-Gesetzes nicht stand. Diese Rechtsfolgen muss derjenige einkalkulieren, der die VOB nur unter wesentlichen Abänderungen zum Vertragsbestandteil gemacht wissen will.

B) Die Rechtsbeziehungen der am Bau Beteiligten

I. Allgemeines

Bauwerke entstehen aus dem Zusammenwirken einer Vielzahl von Personen. Sie alle erbringen für das Entstehen des Bauwerks ihre jeweils spezifische unternehmerische Leistung. Die Zahl der in dieser Weise am Bau Beteiligten wird zunehmend grösser. Diese Entwicklung hat ihre Ursachen zum einen in der *technischen Spezialisierung*, welche wiederum eine fortschreitende Aufspaltung der einzelnen unternehmerischen Leistungen bedingt: Die Planungsaufgaben werden auf Architekten und sogenannte Sonderfachleute (Statiker, Heizungsingenieure, Fachleute für Akustik und Schwingungstechnik, Schall- und Wärmeschutz, Be- und Entlüftung) übertragen, die Aufgaben der Bauausführung werden getrennt nach einzelnen Gewerken auf Hauptunternehmer, Nebenunternehmer und Nachunternehmer verteilt. Zum anderen hat diese Entwicklung ihre Ursache hinsichtlich der Unübersichtlichkeit in einer zunehmenden *rechtlichen Ausdifferenzierung* der Unternehmereinsatzformen. Zu nennen sind der Generalübernehmer, der Bauträger, der Baubetreuer oder der geschlossene Immobilienfonds.

Auf die Einzelheiten und praktischen Konsequenzen der zuletzt genannten rechtlichen Ausdifferenzierung kann hier nicht näher eingegangen werden. Sie betrifft in erster Linie Fragen des Steuer-, Immobilien- und Gesellschaftsrechts. Zum Teil überlagern diese Fragen das Bauvertragsrecht, ohne es in seinem sachlichen Gehalt zu verändern. Sie werden in der Praxis dann relevant, wenn es beispielsweise bei der Errichtung von Wohnungseigentum um die Frage geht, welche Gewährleistungsansprüche selbständig von einem einzelnen Eigentümer geltend gemacht werden können (vgl. BGH NJW 1990, 1663) und welche Ansprüche eines förmlichen Beschlusses der Wohnungseigentümergemeinschaft bedürfen (vgl. BGH NJW 1983, 453). Zum eigentlichen Bauvertragsrecht gehören diese und ähnliche Fragen aber nicht. Sie sollen hier deshalb nicht vertieft werden.

II. "Auftraggeber" und "Auftragnehmer" als Partner des Bauvertrags

Als juristisch-abstrakte Bezeichnung für die Partner des Bauvertrags haben sich im deutschen Recht die Begriffe *Auftraggeber* und *Auftragnehmer* eingebürgert. Die Begrifflichkeit entstammt der VOB. Die Terminologie des gesetzlichen Werkvertragsrechts, das von "Besteller" und "Unternehmer" spricht (§631 BGB), ist im Bauvertragsrecht dagegen weniger geläufig. Vermeiden sollte man nach Möglichkeit das Wort "Bauherr", auch wenn es häufig als Synonym für "Auftraggeber" verwendet wird. Der Terminus "Bauherr" stammt aus dem öffentlichen Baurecht und bezeichnet diejenige natürliche oder juristische Person, die Träger von Rechten und Pflichten aufgrund der Normen des Bauordnungsrechts ist. Nicht jeder Auftraggeber aber ist notwendig auch

"Bauherr", wie das Beispiel des Generalunternehmers zeigt. Er ist im Verhältnis zum Subunternehmer Auftraggeber, ohne gleichzeitig "Bauherr" zu sein.

III. Einzelne Unternehmereinsatzformen

1. Fachunternehmer

Die von der VOB (§4 Nr. 3 VOB/A) favorisierte Unternehmereinsatzform ist die Beauftragung des *Fachunternehmers*. Der Fachunternehmer führt die ihm übertragene Bauleistung im eigenen Betrieb als "Alleinunternehmer" aus. Meistens wird ihm ein sogenanntes Fachlos übertragen, also eine Bauleistung, die einem bestimmten Fachgebiet zuzuordnen ist. Zu nennen sind zum Beispiel Maurer-, Zimmer-, Sanitär- oder Dachdeckerarbeiten. Die vertragliche Beziehung zwischen Auftraggeber und Fachunternehmer ist der Grundtypus des Bauvertrags.

2. Generalunternehmer

Praktisch bedeutsam ist auch der Einsatz des *Generalunternehmers* oder Hauptunternehmers. Als Generalunternehmer wird derjenige Unternehmer bezeichnet, der sämtliche für die Herstellung eines Bauwerks erforderlichen Bauleistungen zu erbringen hat ("schlüsselfertige Herstellung") und auch wesentliche Teile hiervon selbst ausführt. Er errichtet zum Beispiel den Rohbau selbst und vergibt die übrigen Arbeiten an Zimmerleute, Schreiner, Sanitär- und Elektrofirmen. Der Generalunternehmervertrag ist für den Auftraggeber deshalb interessant, weil ihm bei der Durchführung eines Bauvorhabens nur ein einziger Vertragspartner gegenübersteht, der für die rechtzeitige und mängelfreie Herstellung der gesamten Baumassnahme einzustehen hat.

3. Subunternehmer

Die Vertragspartner des Generalunternehmers heissen *Subunternehmer* oder Nachunternehmer. Das Vertragsverhältnis zwischen Generalunternehmer und Subunternehmer bezeichnet man als Subunternehmer- oder Nachunternehmervertrag. Es ist gegenüber dem Hauptauftrag rechtlich selbständig. Der Generalunternehmer ist also im Verhältnis zum Subunternehmer Auftraggeber, der Subunternehmer im Verhältnis zum Generalunternehmer Auftragnehmer. Zwischen Nachunternehmer und Hauptauftraggeber bestehen keine vertraglichen Beziehungen. Nach §4 Nr. 8 VOB/B bedarf die Auftragsvergabe des Hauptauftragnehmers an Nachunternehmer im Regelfall der schriftlichen Zustimmung des Hauptauftraggebers.

4. Arbeitsgemeinschaft (ARGE)

Vor allem bei grossvolumigen Aufträgen werden Bauleistungen häufig auch an eine *Arbeitsgemeinschaft* (ARGE) vergeben. Eine ARGE ist ein Zusammenschluss von Fachunternehmern mit dem Ziel, Bauaufträge für gleiche oder verschiedene Fachgebiete oder Gewerbezweige gemeinsam auszuführen. Ihre Rechtsform ist regelmässig die Gesellschaft bürgerlichen Rechts. Die Mitglieder der ARGE haften dem Auftraggeber gegenüber dann als Gesamtschuldner. Die ARGE kann gegenüber dem Auftraggeber als Fachunternehmer fungieren oder aber als Generalunternehmer selbst Subunternehmer einschalten. Auch der Vertrag mit der ARGE entspricht dem Grundtypus des Bauvertrags.

IV. Die Vertragsgestaltung

1. Bestimmung der Leistung

Da Bauwerksleistungen im Regelfall nicht standardisierbar sind, kommt der konkreten Bestimmung der seitens des Auftraggebers gewünschten Leistung vorrangige Bedeutung für den Bauvertrag zu. Zentrale Bedeutung hat hierbei das *Leistungsverzeichnis*, welches durch die vertragliche Einbeziehung von *Zeichnungen* und *Berechnungen* konkretisiert oder ergänzt werden kann. In der Praxis wird die Bauleistungspflicht des Auftragnehmers häufig durch Verweis auf *Zusätzliche Vertragsbedingungen* und technische Regelwerke wie *Zusätzliche Technische Vertragsbedingungen* ergänzt. Auf die Präzision und die Vollständigkeit der Leistungsbesschreibung muss grösste Sorgfalt verwendet werden. Nur eine präzise Leistungsbeschreibung gewährleistet die spätere Gebrauchstüchtigkeit und Mängelfreiheit des Bauwerks, und nur eine vollständige Leistungsbeschreibung garantiert, dass der Kostenrahmen des Auftraggebers nicht durch spätere Nachträge gesprengt und der Erfolg des Projekts nicht aus Geldmangel in Frage gestellt wird.

2. VOB und AGB-Gesetz als Massstab und Schranke der Vertragsgestaltung

Es wurde bereits darauf hingewiesen, dass die VOB ein ausgewogenes, den Interessen beider Vertragsparteien gerecht werdendes Regelwerk ist. Man kann den Parteien eines Bauvertrags deshalb ruhigen Gewissens empfehlen, die VOB zur Grundlage ihrer Vertragsbeziehungen zu machen. Es wurde auch darauf aufmerksam gemacht, dass die Vertragsgestaltung durch Formularverträge mit gewissen Risiken verbunden ist, weil solche Verträge einer Inhaltskontrolle durch das AGB-Gesetz unterworfen sind. Dieses Risiko wird insbesondere dann virulent, wenn die Vertragsgestaltung zu einer wesentlichen Abänderung der VOB führt. Man kann deshalb sagen, dass die VOB der Massstab und das AGB-Gesetz die Schranke des typischen Bauvertrags sind. Wer als Partner eines Bauvertrages diese Vorgaben beachtet, bewegt sich auf gesichertem Terrain, ohne gleichzeitig das mühselige und riskante Geschäft der Vertragsgestaltung betreiben zu müssen.

3. Vertragsgestaltung als Lückenfüllung

Allerdings dispensiert selbst die unveränderte Übernahme der VOB die Vertragspartner nicht vollständig von der Obliegenheit der Vertragsgestaltung im konkreten Fall. Insbesondere der Auftraggeber muss wissen, dass allein die Vereinbarung der VOB ihm nicht das Recht gibt, vom Auftragnehmer eine Sicherheitsleistung oder, im Fall der Verzögerung, eine Vertragsstrafe zu verlangen. Zwar enthält die VOB ausdrückliche Bestimmungen über Sicherheitsleistungen (§16 VOB/B) und Vertragsstrafen (§11 VOB/B). Diese Bestimmungen setzen aber voraus, dass Sicherheitsleistung und Vertragsstrafe zwischen den Parteien vereinbart sind. Gleiches gilt im Hinblick auf die Bauausführungsfristen (§5 VOB/B). Auch sie müssen selbstverständlich eigens vereinbart werden.

4. Vertragsgestaltung aufgrund spezifischer Interessenlagen

In der Praxis des Bauwesens gibt es Fallgestaltungen, denen die VOB nicht in vollem Masse gerecht wird. Dies gilt vor allem für das Verhältnis zwischen Generalunternehmer und Subunternehmer. Bevor der Generalunternehmer ein Angebot abgeben kann, muss er zunächst die Bedingungen kennen, unter denen die einzelnen Subunternehmer ihren Teil der Leistung erbringen wollen. Der Generalunternehmer hat nun ein Interesse daran, den Subunternehmer an dessen Angebot zeitlich so lange zu binden, bis die Entscheidung des Hauptauftraggebers gefallen ist. Hier ist zunächst daran zu denken, dass der Generalunternehmer mit dem Subunternehmer entsprechend lange Bindefristen vereinbart. Möglich ist es auch, dass der Nachunternehmervertrag nur unter der aufschiebenden Bedingung geschlossen wird, dass über die Nachunternehmerleistung ein Bauvertrag zwischen dem Generalunternehmer und dem Hauptunternehmer geschlossen wird. Im Hinblick auf die *Mitwirkungspflichten des Auftraggebers* (z.B. Zurverfügungstellen der Ausführungsunterlagen, Aufrechterhaltung der allgemeinen Ordnung auf der Baustelle) sollte zwischen Generalunternehmer und Subunternehmer vereinbart werden, dass die vertraglichen Mitwirkungspflichten des Auftraggebers *(Generalunternehmers)* auch durch den Hauptauftraggeber erfüllt werden. Schliesslich ist auf die Notwendigkeit einer *Parallelschaltung der Verjährungsfristen bei der Mängelgewährleistung* hinzuweisen. Der Generalunternehmer hat ein Interesse daran, dass er bei einer Inanspruchnahme durch den Hauptunternehmer wegen mangelhaft ausgeführter Arbeiten des Subunternehmers gegen diesen seinerseits Rückgriff nehmen kann. Weil im Regelfall die Abnahme der Subunternehmerleistung vor der Gesamtabnahme erfolgt und deshalb die Verjährungsfrist für Gewährleistungsansprüche gegen den Subunternehmer früher beginnt und damit früher endet, muss der Generalunternehmer das hierdurch entstehende Haftungsrisiko durch entsprechende Vertragsgestaltung möglichst ausschalten. Dies kann entweder durch eine vertraglich vereinbarte Verlängerung der Gewährleistungsfrist für Leistungen des Subunternehmers erfolgen oder durch eine Koppelung des Beginns der Verjährungsfrist an die Abnahme der Generalunternehmerleistung durch den Hauptauftraggeber. Werden in diesem Zusammenhang allgemeine Geschäftsbedingungen verwendet, so sind einer Vertragsgestaltung allerdings enge Grenzen gesetzt (vgl. BGH NJW 1989, 1603).

C) Die Vertragsabwicklung

I. Herstellung des vereinbarten Werks

Die Herstellung des vereinbarten Werks ist die Hauptpflicht des Auftragnehmers. Allerdings muss der Auftragnehmer bei einem VOB-Vertrag damit rechnen, dass sich seine Leistungspflicht gegenüber der vertraglichen Vereinbarung ändert oder erweitert. § 1 Nrn. 3 und 4 VOB/B heben nämlich den Grundsatz des pacta sunt servanda insoweit auf, als der Auftraggeber hiernach befugt ist, Änderung des Bauentwurfs anzuordnen oder zusätzliche Leistungen zu verlangen. Man spricht hier von den *Eingriffsrechten des Auftraggebers*. Die Regelungen der § 1 Nrn. 3 und 4 VOB/B berücksichtigen, dass unvorhergesehene Umstände in Bezug auf die Örtlichkeiten oder den Baugrund geänderte Arbeitsweisen erforderlich machen können und dass nicht stets alle Einzelleistungen, die zur wunschgemässen Herstellung des Bauwerks erforderlich sind, vor Beginn der Bauausführung festgelegt werden können.

II. Vergütung von Bauleistungen

Der Herstellungspflicht des Auftragnehmers steht die Vergütungspflicht des Auftraggebers als dessen Hauptpflicht gegenüber. Im Hinblick auf die Vergütungsarten lassen sich die Bauverträge einteilen in Einheitspreisverträge, Pauschalverträge, Stundenlohnverträge und Selbstkostenerstattungsverträge, wobei nur die beiden erstgenannten von praktischer Bedeutung sind. Beim *Einheitspreisvertrag* werden zum Zwecke der Bemessung der vom Auftraggeber geschuldeten Vergütung für technisch und wirtschaftlich einheitliche Teilleistungen, deren voraussichtliche Menge nach Mass, Gewicht oder Stückzahl vom Auftraggeber in den Verdingungsunterlagen anzugeben ist, Einheitspreise festgesetzt. Die Vergütung bestimmt sich nach dem Umfang der tatsächlich erbrachten Leistungen. Hiervon unterscheidet sich der *Pauschalvertrag* insoweit, als bei der Ausführung auftretende Mengenänderungen bei der Vergütung grundsätzlich keine Berücksichtigung finden. Allen Vertragsarten ist jedoch gemeinsam, dass vom Auftraggeber herrührende Änderungen oder Erweiterungen der Leistungspflicht auch zu einem zusätzlichen Vergütungsanspruch des Auftragnehmers führen.

III. Abnahme

Abnahme (§640 BGB, §12 VOB/B) ist die körperliche Entgegennahme der vom Auftragnehmer erbrachten Leistung durch den Auftraggeber mit der Erklärung, dass er die Bauleistung als in der Hauptsache vertragsgemäss anerkenne (BGH BauR 1983, 573). Die Abnahme spielt im Werkvertragsrecht eine zentrale Rolle: Die Abnahme ist Voraussetzung für die Fälligkeit der Vergütung, mit der Abnahme geht die Leistungsgefahr auf den Auftraggeber über, ab diesem Zeitpunkt trägt der Auftraggeber die Beweislast für die vertragsgerechte Erfüllung. Die Abnahme ist massgeblich für den Beginn der Gewährleistungsfrist (§638 Abs. 1 Satz 2 BGB; §13 Nr. 4 VOB/B). Die bei der Abnahme nicht vorbehaltenen Ansprüche wegen bekannter Mängel oder verwirkter Vertragsstrafen können später nicht mehr geltend gemacht werden (§§640 Abs. 2, 341 Abs. 3 BGB, §§12 Nr. 5 Abs. 3, 11 Nr. 4 VOB/B). Verweigert der Auftraggeber unberechtigterweise die Abnahme, so kann der Auftragnehmer gerichtlich auf Abnahme klagen. Befindet sich der Auftraggeber mit der Abnahme in Verzug, was gemäss §284 BGB Mahnung und Fristsetzung voraussetzt, treten die geschilderten Abnahmewirkungen zugunsten des Auftragnehmers gleichwohl ein. Der Vergütungsanspruch des Auftragnehmers scheitert in einem solchen Fall also nicht daran, dass tatsächlich eine Abnahme nicht stattgefunden hat.

IV. Gewährleistung

Ist das Werk mit Mängeln behaftet, schuldet der Unternehmer deren Beseitigung. Mängel liegen gemäss §13 Nr. 1 VOB/B dann vor, wenn das Werk nicht die zugesicherten Eigenschaften hat, wenn es nicht den anerkannten Regeln der Technik entspricht oder wenn es mit Fehlern behaftet ist, welche den Wert oder die Tauglichkeit des Bauwerks einschränken. Die Gewährleistungsfrist für Baumängel beträgt nach der gesetzlichen Regelung des §638 BGB fünf Jahre, nach der Bestimmung des §13 Nr. 4 VOB/B dagegen nur zwei Jahre. Für den Auftraggeber, der etwa kurz vor Ablauf der Gewährleistungsfrist Mängel feststellt, besteht nach § 13 Nr. 5 Abs. 1 VOB/B die Möglichkeit, die Verjährungsfrist dadurch auszudehnen, dass er den Auftragnehmer schriftlich zur Mängelbeseitigung auffordert. Im übrigen kann nach den allgemeinen Bestimmungen die Verjährung durch Klageerhebung oder durch Einleitung eines selbständigen Beweisverfahrens unterbrochen werden. Der Mangel ist hinreichend bezeichnet, wenn der Auftraggeber auf die sogenannte "Mangelerscheinung" verweist. Er muss also bei Undichtigkeit eines Flachdachs nicht im einzelnen darlegen, dass die Dichtungsbahnen nicht ordentlich verklebt oder die Lüftungsschächte nicht abgedichtet worden seien. Es reicht hier vielmehr aus, dass der Auftraggeber auf die durchfeuchteten Stellen in den darunterliegenden Räumen verweist. Kommt der Unternehmer einer Aufforderung zur Mängelbeseitigung nicht nach, darf der Auftraggeber die Mängel auf Kosten des Unternehmers beseitigen lassen. Greift der Auftraggeber allerdings ohne vorherige Aufforderung zur Selbsthilfe, ist der Unternehmer von seiner Pflicht zur Mängelbeseitigung befreit und muss auch nicht die entstandenen Kosten tragen.

V. Ansprüche bei Leistungsstörungen

Störungen des Vertragsverhältnisses beruhen häufig darauf, dass die Vertragsparteien die ihnen obliegenden Verpflichtungen nicht oder nicht rechtzeitig erfüllen. Derartigen Leistungsstörungen kann die jeweilige Vertragspartei auf unterschiedliche Weise begegnen: Kommt der Auftragnehmer bei einem VOB-Vertrag mit seiner Leistungspflicht in Verzug, so kann der Auftraggeber nach §6 Nr. 6 VOB/B Ersatz des Verzugsschadens verlangen. Er kann aber auch unter den Voraussetzungen des §8 Nr. 3 VOB/B den Vertrag kündigen. Gerät der Auftraggeber in Zahlungsverzug, kann der Auftragnehmer nach §16 Nr. 5 Abs. 3 VOB/B Ersatz des Verzugsschadens verlangen und weitergehende Leistungen verweigern. Ausserdem ist er unter den Voraussetzungen des §9 VOB/B zur Kündigung berechtigt. In der Praxis kommt es häufig vor, dass die anspruchsführende Partei die formalen Voraussetzungen ihres Begehrens nicht einhält und deshalb im späteren Rechtsstreit unterliegt. So tritt Verzug regelmässig erst nach *Fristsetzung* und *Mahnung* ein (§286 BGB). Die Kündigung des Vertragsverhältnisses setzt zudem meist eine mit einer Nachfristsetzung verbundene *Ablehnungsandrohung* voraus (§§5 Nr. 4 i.V.m. 8 Nr. 3 VOB/B; §9 Nr. 2 Satz 2 VOB/B). Es ist deshalb für alle Beteiligten ratsam, in Fällen unregelmässiger Vertragsabwicklung möglichst viel Schriftverkehr in Bezug auf den streitigen Gegenstand zu produzieren, indem die jeweiligen Standpunkte und Ansprüche deutlich gemacht und die beabsichtigten Schritte angekündigt werden. Nur auf diese Weise kann im übrigen die Beweislage im Hinblick auf ein späteres Gerichtsverfahren ausreichend gesichert werden. Häufig lässt sich ein zeitraubendes und kostensteigerndes Gerichtsverfahren durch die Kommunikation mit dem Vertragspartner aber gerade vermeiden. Hierzu mag auch die frühzeitige Einschaltung des Rechtsberaters in Form der *Baubegleitenden Rechtsberatung* (vgl. hierzu HEIERMANN, in: Handelsblatt vom 30.3.1987, S. 31; QUACK, Grundlagen des privaten Baurechts; VYGEN, Bauvertragsrecht, Rdn. 917) ihren Teil beitragen.

LITERATUR

HEIERMANN Wolfgang/RIEDL Richard/RUSAM Martin, Handkommentar zur VOB, 6. Aufl., Wiesbaden und Berlin 1992; INGENSTAU Heinz/KORBION Hermann, VOB Kommentar, 11. Aufl., Düsseldorf 1989; KLEINE-MÖLLER Nils/MERL Heinrich/OLEMAIER Winfried, Handbuch des privaten Baurechts, München 1992; KORBION Hermann/HOCHSTEIN Reiner, VOB-Vertrag, 5. Aufl., Düsseldorf 1991; LOCHER Horst, Das private Baurecht, 4. Aufl., München 1988; NICKLISCH Fritz/WEICK Günter, VOB Teil B, 2. Aufl., München 1991; QUACK Friedrich, Grundlagen des privaten Baurechts, 1992; VYGEN Klaus, Bauvertragsrecht nach VOB und BGB, 2. Aufl., Wiesbaden und Berlin 1991.

Das private Baurecht in Österreich

Manfred Straube

A) Einleitung

Auch im österreichischen Recht gehört das Bauvertragsrecht zu den komplexesten Rechtsmaterien: Sowohl die vielfältigen Vertragsinhalte als auch die in der Regel grosse Anzahl von Baubeteiligten bewirken oft schwierige Rechtsprobleme. Überdies kann aus der relativ langen Erfüllungsdauer ein stärkeres Spannungsverhältnis zwischen praktischem Sachverhaltsverlauf und den rechtlichen Regelungen folgen, als dies sonst im Vertragswesen üblich ist.

In der Folge sei nun ein komprimierter Überblick über wesentliche Aspekte des Bauvertragsrechtes in Österreich gegeben. Da es weder sinnvoll noch möglich ist, alle rechtlichen Ebenen des Baugeschehens in der hier gebotenen Kürze Schritt für Schritt abzuhandeln, soll vielmehr der Versuch unternommen werden, anhand des aktuellen Standes der Rechtsentwicklung zum Bauvertragsrecht das Problembewusstsein der Bauschaffenden für eine komplexe Materie zu wecken, deren einzelne Teilbereiche nicht gesondert betrachtet werden dürfen. Dem Fachmann des Bauvertragsrechtes mögen die Hinweise den Zugang zur österreichischen Rechtsentwicklung erleichtern. Dies umso mehr, als die österreichische Rechtswissenschaft dem Bauvertragsrecht, der grossen wirtschaftlichen Bedeutung und den technischen Besonderheiten des Bauwesens bisher nur sporadisch Aufmerksamkeit geschenkt hat. Grund hiefür ist nicht zuletzt, dass das Österreichische Allgemeine Bürgerliche Gesetzbuch selbst zwar mit seinem Werkvertragsrecht auch den Bauvertrag regeln wollte, jedoch den Besonderheiten des Bauwesens keine Rechnung getragen hat, sodass die bei der Ausführung von Bauleistungen auftretenden rechtlichen Probleme nicht in umfassender Weise geregelt wurden. Über die individuelle und institutionalisierte Vertragsgestaltung und die aktuelle Judikatur bildet sich nunmehr pragmatisch eine Art speziellen Bauvertragsrechts heraus - eine Entwicklung, der die folgende Darstellung durch Erfassung von Vertragsproblemen und neuesten Judikaturansätzen Rechnung tragen will.

B) Rechtsgrundlagen des Bauvertrages

Die Rechtsgrundlagen des Bauvertrages ergeben sich aufgrund vertraglicher Vereinbarung bzw. gesetzlich vorgegebener Inhalte. Die Reihenfolge der Geltung der Vertragsgrundlagen läuft stets von der spezielleren zur allgemeineren Bestimmung. Verträge bzw. auch einzelne Vertragsbestimmungen enthalten diesbezüglich oft Festlegungen der Reihenfolge. Dementsprechend kommen als Grundlage üblicherweise in Betracht:

I. Vereinbarte Vertragsinhalte (Willensübereinstimmung)

- Auftragsschreiben
- Individuelle Vereinbarung
- Vereinbarte Normen

II. Allgemeine Geschäftsbedingungen (AGB)

1. Zum Begriff

Diese vom Unternehmer einseitig verfassten oder von Institutionen vornormierten Klauseln, deren Inhalt das zivilrechtliche Verhältnis der Vertragspartner regelt, gelten nur Kraft beiderseitiger Vereinbarung durch die Parteien. Es ist jedoch ausreichend "wenn der Unternehmer vor Vertragsabschluss erklärt, nur zu seinen AGB zu kontrahieren und sich der Partner darauf mit ihm einlässt"[1]. Ausserdem muss die Möglichkeit bestehen, vom Inhalt der AGB Kenntnis zu erlangen.

Im österreichischen Bauvertrag spielt eine besondere Form der Allgemeinen Geschäftsbedingungen, die sogenannten ÖNORMEN - und zwar ihr *Werkvertragsnormenteil* - eine dominierende Rolle.

2. ÖNORMEN

ÖNORMEN sind jene Normen, die aufgrund einer gesetzlichen Ermächtigung vom Österreichischen Normungsinstitut herausgegeben und als solche bezeichnet werden. Die Normerzeugung erfolgt einerseits durch den Vorstand, das Präsidium, die Geschäftsführer und den Beirat für Normenprüfung und andererseits durch die Fachnormenausschüsse für die einzelnen Fachgebiete. Die Mitglieder letzterer sind Fachleute der am betreffenden Sachgebiet interessierten Standesvertretungen, der Bundes- und

---

[1] KOZIOL-WELSER, Grundriss des bürgerlichen Rechts I^9 111. *Die hochgestellte Ziffer bedeutet die Zahl der Auflagen.*

Landesverwaltungsstellen und Vertreter der Wissenschaft, sodass der Normeninhalt auf breitester Basis konsensualisiert ist. ÖNORMEN können *Inhalts- und Verfahrensnormen* sein.

Die *Inhaltsnormen* werden nach *rechtlichen und technischen Normen* unterschieden:
- Die *technischen ÖNORMEN* regeln die "Standardisierung der technischen Baudurchführung"; ihnen kommt daher in der Regel verbindlicher Charakter zu. Überdies sind die "technischen ÖNORMEN und DIN als konkludente Vereinbarung von Eigenschaften als Massstab für die Sorgfaltspflicht des Unternehmers heranzuziehen"[2]. Im Regelfall kann davon ausgegangen werden, dass die technischen ÖNORMEN eine Zusammenfassung üblicher Sorgfaltsanforderungen an den Werkunternehmer darstellen[3].
- Die *rechtlichen ÖNORMEN* (Werkvertragsnormen) sind vorformulierte Vertragsinhalte zur Gestaltung des vertraglichen Rechtsverhältnisses der Vertragsparteien, wie etwa die für das Bauwesen relevanten Normenwerke:

ÖNORM A 2060 "Allgemeine Vertragsbestimmung für Leistungen"
ÖNORM B 2110 "Allgemeine Vertragsbestimmungen für Bauleistungen"

Diese Werkvertragsnormen sind rechtlich als Allgemeine Geschäftsbedingungen (AGB) zu klassifizieren und werden durch Parteienvereinbarung Vertragsgrundlage. Sie stehen damit den sonstigen Vertragsbestimmungen gleich. Sie werden jedoch ohne entsprechende Vereinbarung aufgrund ihrer allgemeinen oftmaligen Anwendung auch als Interpretationshilfe zur Auslegung unklarer oder mangelhafter Verträge herangezogen.

Neben diesen Inhaltsnormen gibt es auch *Verfahrensnormen*, wie ÖNORM A 2050 "Vergebung von Leistungen". Diese regelt ohne Beschränkung auf bestimmte Sachgebiete jede Art der Vergebung von Leistungen, ist jedoch - abgesehen von einzelnen öffentlichen Vergabebereichen - nicht bindend[4].

III. Gesetzliche Regelungen

Das private Baurecht ist im Allgemeinen Bürgerlichen Gesetzbuch (ABGB), insbesondere dem allgemeinen Teil und dem Schuldrecht, speziell in den Bestimmungen über den Werkvertrag, sowie im Schadenersatzrecht und im Sachenrecht geregelt:
- Allgemeiner Teil: §§861 bis 937, 1002 bis 1044 ABGB
- Vertragliches Schuldrecht: §§1053 bis 1089, 1151 bis 1171 ABGB
- Gesetzliches Schuldrecht: §§1293 bis 1336, 1036 ff, 1041, 1431 ff. ABGB
- Sachenrecht: §§340 bis 446 ABGB

Weitere Regelungen finden sich in den Sonderprivatrechten, wie z.B.:

---

[2] FEIL, Der Werkvertrag 28.
[3] OGH 30.1.1990, 5 Ob 515/90 in ecolex 1990/543.
[4] Ein besonderes Vergabegesetz zur Regelung der Modalitäten der öffentlichen Auftragsvergabe nach EG-Vorbild ist derzeit in Österreich in Vorbereitung.

- Handelsgesetzbuch (HGB), das den Vertragsabschluss unter Kaufleuten regelt (§§1 ff., 343 bis 383)
- Arbeitsrecht
- Privatversicherungsrecht
- Konsumentenschutzgesetz (KSchG), das Verträge zwischen Unternehmern und Verbrauchern regelt und dem Schutz des Konsumenten vor dem wirtschaftlich mächtigeren Unternehmer dient.
- Produkthaftungsgesetz
- Wohnungseigentumsgesetz
- Wohnungsgemeinnützigkeitsgesetz
- Förderungsrecht

C) Die Baubeteiligten

Für den Bauvertrag ist - wie erwähnt - die *Vielfalt der baubeteiligten Personen* charakteristisch. Gerade die hiedurch bewirkten multifunktionalen Rechtsbeziehungen bewirken die Vielzahl der Rechtsprobleme.

I. Übersicht

Der Bauherr muss sich zur Bauausführung "befugter" Personen bedienen. Die Durchführung eines Bauvorhabens bedarf für den Bauherrn daher der Einschaltung einer Vielzahl von Gewerbetreibenden (Baugewerbe, Baunebengewerbe) bzw. Zivilechnikern (Architekt, Statiker, Zivilingenieur). Der Bewältigung dieser komplexen Vertragssituation können verschiedene Abwicklungsformen dienen, wie die im Bauvertragsrecht gängigen Begriffe Alleinunternehmer, Hauptunternehmer, Generalunternehmer, Leistungsgemeinschaften (Arbeitsgemeinschaften), Nebenunternehmer, Subunternehmer, Totalunternehmer etc. (vgl. ÖNORM A 2060 1.2.3).

II. Verhältnis Bauherr/Generalunternehmer und Generalunternehmer/ Subunternehmer

Im Verhältnis zwischen Generalunternehmer und Subunternehmer liegt ein Werkvertrag vor, dessen Inhalt die Werkserrichtung eines Teiles des vom Generalunternehmer dem Besteller geschuldeten Werkes ist[5]. Hierbei kommt dem Generalunternehmer die

---

[5] OGH SZ 27/106.

Stellung des Bestellers und dem Subunternehmer die Stellung des Unternehmers zu. Zwischen Bauherrn/Generalunternehmer und Generalunternehmer/Subunternehmer liegen zwei selbständige Vertragsverhältnisse vor[6]. Der Bauherr muss aber nicht darauf hinweisen, dass nicht er, sondern der Generalunternehmer Bauherr ist[7]. Im Verhältnis zum Bauherrn sind die Subunternehmer Gehilfen des Generalunternehmers im Sinne des §1313a ABGB, d.h., der Generalunternehmer haftet für das Verschulden seines Subunternehmers dem Besteller gegenüber wie für sein eigenes Verschulden. Die Fürsorgepflicht des Bestellers besteht nicht nur gegenüber dem Werkunternehmer, sondern auch gegenüber dessen Gehilfen (also auch Subunternehmern)[8]. Ein Werkunternehmer schliesst aber mit seinem Erfüllungsgehilfen (auch wenn dies ein selbständiger Subunternehmer ist) keinen Vertrag mit Schutzwirkung zugunsten des Bestellers ab[9]. Dies folgt daraus, dass der zu schützende Dritte nicht Vertragspartner der beiden Kontrahenten sein darf, sofern nicht zumindest vertraglich das Gegenteil vereinbart sei.

Aus der Selbständigkeit der beiden Verträge folgt auch, dass ein Unternehmer nicht von sich aus verpflichtet ist, die den Zuschlag erteilende Stelle oder den Bauherrn darüber zu informieren, dass er einen Subunternehmer heranziehen will, wenn der Auftraggeber auf einer solchen Aufklärung nicht besteht.

Daraus folgt, dass die Informationspflicht hinsichtlich des Einsetzens eines Subunternehmers keine vorvertragliche, sondern eine solche ist, die aus dem geschlossenen Vertrag, wenn dieser den Einsatz von Subunternehmern erlaubt, folgt. Das bedarf aber keiner besonderen Vereinbarung, denn wenn es der Vertrag nicht verbietet, darf jeder seine Leistung nach Belieben selbst oder durch Gehilfen bewirken. Wer eine Leistung anbietet, bringt daher weder zum Ausdruck, dass er persönlich, noch dass er mittels eines Subunternehmers erfüllen werde[10].

Da es sich, wie gesagt, um zwei selbständige Verträge handelt, steht es dem Generalunternehmer zu, unabhängig von seinem mit dem Besteller abgeschlossenen Vertrag alle ihm aus seinem mit dem Subunternehmer abgeschlossenen Werkvertrag zustehenden Rechte gegen diesen selbst dann geltend zu machen, wenn es ihm gelang, mit dem Besteller einen Gewährleistungsverzicht zu vereinbaren. Dieser Grundsatz ist nur insoweit eingeschränkt, als zu berücksichtigen ist, dass die Subunternehmerverträge zusammen mit dem Hauptvertrag ein Netzwerk von Verträgen bilden, das auf die Realisierung des Gesamtwerkes gerichtet ist, und dass im Lauf der Projektdurchführung im Hauptvertrag zahlreiche Ergebnisse eintreten können, die jedenfalls praktisch die Subunternehmerleistungen berühren, weshalb die strikte Trennung der Verträge nicht in jedem Fall sachgerecht sein kann. Eine partielle Verknüpfung der Verträge kann damit notwendig oder jedenfalls billig und geboten sein[11]. Eine solche Verknüpfung ist z.B. dann geboten, wenn im Subunternehmervertrag ausdrücklich darauf hingewiesen wird,

---

[6] OGH EvBl 1985/75.
[7] OGH RdW 1990/342.
[8] OGH SZ 14/71; JBl 1963/570.
[9] SZ 51/176.
[10] WBl 1987/213 ff. mit Anmerkung von WILHELM.
[11] OGH 29.11.1989, 1 Ob 704/89, NICKLISCH, NJW 1985/2363, JBl 1990/588.

dass die Vertragsbestimmungen sowie die technischen Vorbemerkungen gleichlautend wie die des Generalunternehmers sind und das Angebot des Generalunternehmers an den Bauträger Gegenstand des Subunternehmervertrages wurde. Bestand der Bauherr dem Generalunternehmer gegenüber nicht auf Verbesserung, also auf vertragsgemässe Leistungserbringung, dann schlägt diese Abänderung auf den Subunternehmervertrag insoweit durch, als der Generalunternehmer nun nicht mehr von ihm ein Werk fordern könne, das er selbst dem Bauherrn nicht mehr zu erbringen hat. Gelang es in der Folge dem Generalunternehmer bezüglich der dem Bauherrn statt der Verbesserung zustehenden Preisminderung eine für ihn günstigere Vereinbarung zu treffen, so bedeutet dies nicht, dass er das durch sein Verhandlungsgeschick Erreichte dem Subunternehmer zugute kommen lassen muss, indem er diesem gegenüber nur jenen Preisminderungsanspruch geltend macht, dem er selbst durch den Bauherrn ausgesetzt war[12].

Im Verhältnis General-/Subunternehmer liegt hinsichtlich des Entgelts in der Zusage des Generalunternehmers gegenüber dem Subunternehmer, nach Eingang von Zahlungen seitens der Bauherrschaft diese sofort an den Subunternehmer weiterzubezahlen, weder eine Vereinbarung eines Treuhandverhältnisses noch eine Abtretung der Werklohnforderung des Generalunternehmers gegenüber der Bauherrschaft an den Subunternehmer. Es handelt sich dabei einerseits um die Zusicherung unverzüglicher Zahlung und andererseits um die Vereinbarung, dass der Subunternehmer nicht auf Zahlung drängen kann, bevor der Hauptunternehmer Zahlung erhält. Die Disposition des Generalunternehmers über seine Forderungen gegenüber der Bauherrschaft wird dadurch nicht berührt[13].

Der Subunternehmer, der vom Generalunternehmer den Auftrag erhält, eine Teilleistung des dem Generalunternehmer obliegenden Werkes auszuführen, steht nur mit dem Generalunternehmer, nicht aber mit dem Bauherrn in vertraglichen Beziehungen. Dem Generalunterunternehmer stehen dem Subunternehmer gegenüber alle vertraglichen Rechte, somit auch das, nur unter den Voraussetzungen des §1170 (2) ABGB[14] einen höheren als den vereinbarten Werklohn zahlen zu müssen, grundsätzlich auch dann zu, wenn seine Ansprüche (einschliesslich derer für Mehrleistungen) vom Bauherrn erfüllt wurden.

D) Vertragstypen

Viele Rechtsstreitigkeiten lassen sich durch klare Vertragsbestimmungen meist zum Vorteil beider Vertragspartner vermeiden. Daher kommt dem Inhalt des Bauvertrages

---

[12] OGH 29.11.1989, 1 Ob 704/89 in ecolex 1990/143 ff.

[13] OGH 25.3.1981, 3 Ob 619/80; HS 13243.

[14] Sobald sich eine Überschreitung des Kostenvoranschlages als unvermeidlich herausstellt, hat der Unternehmer dies dem Besteller unverzüglich anzuzeigen, widrigenfalls er jeden Anspruch wegen der Mehrarbeit verliert (vgl. §1170a/2 ABGB).

zentrale Bedeutung zu. Zunächst hängt die Ausgestaltung des Vertrages vom gewählten Vertragstyp ab. Im Zusammenhang mit dem privaten Baurecht sind aufgrund der im Gesetz vorgesehenen Vertragsgestaltungsfreiheit grundsätzlich mehrere Vertragstypen relevant, insbesondere Kauf-, Werk-, Werklieferungs-, Baubetreuungs-, Bauträger- und Bevollmächtigungsvertrag.

I. Übersicht

Die baurelevanten Vertragstypen der österreichischen Rechtsordnung und ihre Definitionsmerkmale entsprechen im wesentlichen jenen in der Schweiz oder in Deutschland. Es sind dies vor allem: der *Kaufvertrag* (§§ 1053 bis 1089 ABGB), der *Werkvertrag* (§§ 1165 bis 1171 ABGB), der *Werklieferungsvertrag* (in Österreich nicht ausdrücklich gesetzlich geregelt), der *Baubetreuungsvertrag*, der *Bauträgervertrag* und der *Bevollmächtigungsvertrag* (§§ 1002 bis 1034 ABGB).

Für die österreichische Judikatur ist charakteristisch, dass Zuordnungsfragen, insbesondere hinsichtlich der unterschiedlichen Rechtsfolgen, stark betont werden.

II. Abgrenzung des Werkvertrages vom Kaufvertrag

"Die Grenzziehung zum Kaufvertrag bereitet mitunter Schwierigkeiten, weil beide Vertragstypen auf Lieferung" einer Sache gerichtet sein können"[15].

Als allgemeiner Grundsatz lässt sich aufstellen, dass es vom Verhältnis der Leistungen des Vertragsverhältnisses abhängt, ob in strittigen Fällen ein Werkvertrag, ein Kaufvertrag oder ein gemischter Vertrag vorliegt.

Schuldet der Unternehmer nur die Herstellung aus vom Besteller beigestelltem Material, so liegt unzweifelhaft ein Werkvertrag vor. Ebenso "liegt Werkvertrag und nicht Kauf vor, wenn das Werk in einem Verhalten besteht, welches nicht Gegenstand einer Eigentumsübertragung sein kann (Beförderung etc.), oder bei einem Werk das Material nur eine untergeordnete Rolle spielt (Bauplan, Papier für Gutachten etc.). Das soeben Gesagte ist nicht nur bei "geistigen Werken" der Fall, denn auch die Farbe für den Hausanstrich ist im Vergleich zur Arbeit von untergeordneter Bedeutung"[16].

Gleiches gilt, wenn sowohl der Unternehmer als auch der Besteller Stoff für das Werk zur Verfügung stellen, aber die Hauptsache vom Besteller stammt.

"Bei Erstellung von Werken auf dem Grund und Boden des Bestellers gelten diese immer als Hauptsachen"[17].

---

[15] KOZIOL-WELSER, Grundriss des bürgerlichen Rechts I^9, 397.
[16] KREJCI in Rummel, ABGB^2, RZ 124 zu §§1165/1166.
[17] ADLER-HÖLLER in Klang V2, 389; KREJCI in Rummel, ABGB^2, RZ 125 zu §§1165/1166.

Kann allerdings die Beistellung des Stoffes durch einen Partner nicht als Hauptsache qualifiziert werden, so kann ein etwaiger höherer Wertanteil einer Sache nicht als Massstab dafür herangezogen werden, dass ein Werk- oder Kaufvertrag vorliegt[18].

Die Abgrenzung wird erst dann schwierig, wenn der Unternehmer das Werk aus eigenem Stoff herstellt und dadurch neben die Herstellungspflicht noch die der Eigentumsübertragung an den Besteller tritt. Für diesen Fall stellt §1166 ABGB die Zweifelsregel auf, dass ein Kaufvertrag anzunehmen ist. Die durch §1166 ABGB aufgestellte Zweifelsregel kann nicht nur durch ausdrückliche Vereinbarungen durchbrochen werden, sondern auch dadurch, dass der Schwerpunkt des Vertrages auf der Herstellung, unter Berücksichtigung der besonderen Bedürfnisse und Wünsche des Bestellers, beruht. Gegenstand eines solchen Werkvertrages ist kein Massenprodukt. Bloss geringe Anpassungen der Sache an die Wünsche des Bestellers rechtfertigen nicht schon die Annahme eines Werkvertrages[19].

Werk- und Kaufvertrag können auch nebeneinander bestehen, wenn ein Kaufvertrag über den Werkstoff und ein Werkvertrag über die Herstellung des Werkes vorliegen. Eine unterschiedliche Verrechnung von Material und Werk indiziert das Vorliegen eines Kaufvertrages und eines Werkvertrages unabhängig voneinander. "Sind jedoch die Materialkosten gering, so ist auch dann ein einheitlicher Werkvertrag anzunehmen, wenn die Materialkosten besonders verrechnet und bezahlt werden"[20].

Als Beispiele für das Vorliegen eines Werkvertrages statt eines Kaufvertrages sind anzuführen: die Verlegung eines vom Unternehmer beizustellenden Fussbodenbelages, die Verlegung von Fliessen und Platten, Bau einer Maschine nach eigenen Entwürfen, Errichtung eines Bauwerkes etc.

Umgekehrt sind für das Vorliegen eines Kaufvertrages statt eines Werkvertrages folgende Beispiele anzuführen: die Lieferung und Aufstellung einer Maschine oder eines Portals, der Erwerb einer Sportanlage samt kleineren Montagen, ohne dass besondere Wünsche des Bestellers berücksichtigt worden wären; "auch wer eines Künstlers Werke vorweg erwirbt, schliesst diesbezüglich keine Werkverträge ab, weil eine Verpflichtung des Künstlers, bestimmte Werke zu schaffen, damit nicht begründet wird"[21].

III. Abgrenzung des Werkvertrages vom Bevollmächtigungsvertrag (Auftrag)

Der Auftrag konkurriert nur im entgeltlichen Bereich mit dem Werkvertrag. Zwischen dem entgeltlichen Auftrag und dem Werkvertrag ist die "Geschäftsbesorgung" Abgrenzungsmerkmal.

---

[18] Ebenso OGH EvBl 1957/257; KREJCI in Rummel, ABGB², RZ 125 zu §§1165/1166.

[19] So OGH SZ 27/223; SZ 38/69; FEIL, Werkvertrag, 22.

[20] KREJCI in Rummel, ABGB², RZ 128 zu §§1165/1166; ZBl 1935/230.

[21] ADLER-HÖLLER in Klang V² 387; KREJCI in Rummel, ABGB², RZ 130 zu §§1165/1166.

Ein Werkvertrag liegt daher vor, wenn es sich um rein tatsächliche Handlungen bzw. Naturalakte handelt; ein Auftrag hingegen hat die Vornahme von Rechtsgeschäften oder anderen Rechtshandlungen zum Inhalt.

Ist beides miteinander verbunden, kommt es auf das Überwiegen an. Bildet die Geschäftsbesorgung den unwesentlichen Teil des Werkes, gehen die Bestimmungen über den Werkvertrag vor. Überwiegt jedoch die Geschäftsbesorgung, sind die Bestimmungen über den Auftrag mit Ausschluss jener über den Werkvertrag anzuwenden.

Ungeachtet der vertraglichen Zuordnungsfragen und seiner zahlreichen, vornehmlich in der praktischen Handhabung entwickelten Besonderheiten ist der *Bauvertrag* in den überwiegenden Fällen ein *Werkvertrag* in Ausgestaltung zum *Werklieferungsvertrag* im Sinne der §§1165 ff. ABGB.

Seiner rechtlichen Beurteilung liegen daher neben den vertraglichen Vereinbarungsinhalten insbesondere die gesetzlichen Regelungen des ABGB zum Werkvertragsrecht und zum allgemeinen Vertragrecht zugrunde.

In der Folge sind daher vertragsrechtliche Schwerpunkte in ihrer Anwendung auf den Bauvertrag darzustellen.

E) Der Vertragsabschluss

I. Das Verfahren in Österreich laut ABGB

Ein Werkvertrag kommt gemäss §861 ABGB durch die Abgabe übereinstimmender Willenserklärungen der Vertragschliessenden zustande.

Die einleitende Willenserklärung, auch Anbot, Angebot oder Offerte genannt, ist ein Vorschlag, einen Vertrag bestimmten Inhalts abzuschliessen. Das Angebot kann sowohl vom Unternehmer als auch vom Besteller ausgehen. Eine Offerte ist jedoch nur dann zur Annahme geeignet, wenn sie sowohl inhaltlich ausreichend bestimmt ist, als auch in ihr ein endgültiger Bindungswille des Antragstellers zum Ausdruck kommt. Die auf das Anbot folgende Erklärung des Vertragspartners gibt Auskunft darüber, ob er dieses annimmt oder nicht.

Anhand des folgenden praktischen Beispieles wird dargestellt, dass sich der Abschluss eines Bauwerkvertrages nach den Regeln des ABGB in drei Stufen vollzieht:
- Der Bauherr oder dessen Architekt übersenden dem Bauunternehmer eine Baubeschreibung mit einem in Teilleistungen aufgegliederten Leistungsverzeichnis, mit der Aufforderung, ein Angebot für die ausgeschriebene Leistung abzugeben. Es kann aber auch der Unternehmer zur Erstellung des Leistungsverzeichnisses aufgefordert werden.

Dazu sei nochmals festgehalten, dass in der Übersendung des Leistungsverzeichnisses oder in der Aufforderung zur Erstellung eines solchen kein Angebot zum Vertragsabschluss vorliegt, sondern erst eine Aufforderung zur Abgabe eines Angebots.

- Als nächsten Schritt versieht der Bauunternehmer das Leistungsverzeichnis mit seinen Angebotspreisen und sendet dieses als Angebot dem Bauherrn zurück.
- Der Bauherr nimmt das Angebot selbst oder durch seinen bevollmächtigten Architekten an.

Voraussetzung für den wirksamen Vertragsabschluss ist, dass Angebot und Annahme sich inhaltlich decken. Dies kann naturgemäss auch durch konkludente Handlungen bewirkt werden, was in der Baupraxis häufig bei der Ausführung von mit Nachtragsanboten offerierten Bauleistungen der Fall ist.

II. Haftungsfragen bei Vertragsabschluss

Grundsätzlich ist niemand verpflichtet, ein Angebot anzunehmen, was sich aus dem im Allgemeinen Bürgerlichen Recht verankerten Gedanken der vertraglichen Privatautonomie ergibt. Es ist davon auszugehen, dass niemand verpflichtet ist, einen ganz bestimmten Vertrag nur deshalb abzuschliessen, weil er schon Vorverhandlungen über den Vertragsinhalt geführt hat, die beim anderen Teil den Eindruck hervorrufen konnten, es werde wahrscheinlich zum Vertragsabschluss kommen. Auch ohne Grund kann in der Regel jeder Vertragspartner die Vorverhandlungen auch noch im letzten Moment abbrechen und den Vertrag scheitern lassen, ohne ersatzpflichtig zu werden.

Anderes gilt allerdings dann, wenn ein Vertragspartner dem anderen gegenüber eine jener Pflichten verletzt hat, die auch schon vor Abschluss des Vertrages zwischen den in Vertragsverhandlungen stehenden Parteien bestehen.

Die Geschäftspartner treten schon mit der Aufnahme rechtsgeschäftlichen Kontaktes in ein beiderseitiges Schuldverhältnis, und zwar unabhängig von einem etwaigen späteren Vertragsabschluss. Diese vorvertraglichen Pflichten sind keine "Hauptleistungspflichten", sondern blosse Aufklärungs-, Schutz- und Sorgfaltspflichten, die den unselbständigen vertraglichen Nebenpflichten entsprechen.

"Auf Grund des vorvertraglichen Schuldverhältnisses hat ein Teil den anderen vor dem Abschluss des Geschäftes vor allem über die Beschaffenheit des in Aussicht genommenen Leistungsgegenstandes aufzuklären und ihm rechtliche Hindernisse mitzuteilen, die einem Vertragsabschluss im Wege stehen"[22]. Es ist aber nur über solche Umstände aufzuklären, die auf den Entschluss des Geschäftspartners Einfluss haben könnten. Eine Pflicht zur Aufklärung besteht insbesondere dann, wenn der Partner nach den Grundsätzen des redlichen Geschäftsverkehrs dies erwarten durfte.

Weiters darf ein Teil das Vorliegen eines Abschlusswillens nicht vortäuschen. Er wird auch ersatzpflichtig, wenn er beim Vertragspartner das Vertrauen auf den Vertragsabschluss erweckt und ihn dadurch in "Sicherheit wiegt", obwohl er selbst noch gar nicht zum Vertragsabschluss entschlossen ist, und dieser dadurch zu Dispositionen veranlasst wird, und er dann ohne triftigen Grund den Vertragsabschluss verweigert. Ein triftiger, die Haftung für den Nichtabschluss beseitigender Grund liegt insbesondere

---

[22] KOZIOL-WELSER, Grundriss des bürgerlichen Rechts I^9 206; ÖJZ 1973/282 f.

dann vor, wenn ein solcher bei Auftreten nach Vertragsabschluss zur Auflösung des Vertrages führen könnte; aber auch bei Wegfall einer bloss bei einer Partei bestehenden Zweckvorstellung im Sinne des §936 ABGB.

Ein triftiger Grund für den Nichtabschluss ist aber auch dann zu bejahen, wenn der Vertragsschluss nicht aus sachfremden Überlegungen gescheitert ist, sondern neu aufgetretene Umstände den Vertragsabschluss unzumutbar erscheinen lassen. Nur Umstände, die allein aus der Sphäre des Schutzpflichtigen stammen, können dabei nicht berücksichtigt werden. Sollten triftige Gründe vorhanden gewesen sein, wäre allerdings auch zu prüfen, ob der Schutzpflichtige seinen Vertragspartner unverzüglich nach ihrem Auftreten davon in Kenntnis gesetzt hat und dadurch weitere Aufwendungen verhindert hat[23].

Hatte die Vertragspartei aber tatsächlich die Absicht gehabt, den Vertrag abzuschliessen, dann wäre die Erweckung des Vertrauens auf den Abschluss des Vertrages weder rechtswidrig noch schuldhaft gewesen, es sei denn, diesem Vertragspartner hätten die triftigen Gründe für den Nichtabschluss bereits zu diesem Zeitpunkt bekannt sein müssen.

Der solcherart Geschädigte erhält den Vertrauensschaden, d.h., er ist so zu stellen, wie wenn das Vertrauen auf die Gültigkeit des Geschäftes nicht erweckt worden wäre. Als typische Vertrauensschäden gelten alle nutzlosen Aufwendungen für die Vorbereitung oder Abwicklung eines dann nicht oder nicht gültig zustande gekommenen Vertrages, das sind Kosten und Spesen für die Vertragserrichtung, sonstige Auslagen, wie z.B. Reisekosten, Kosten der Vorbereitung der eigenen Leistungserbringung oder der Übernahme der Leistung des Geschäftspartners[24].

F) Rechte und Pflichten der Vertragsparteien

I. Überblick

Unternehmersphäre	*Bestellersphäre*
Persönliche Ausführung und Herstellung nach den anerkannten Regeln der Technik oder zulässige Weitergabe (§1165 ABGB)	Stoffbeistellung, Pflicht zur Aufklärung und Mitwirkung (§§1166, 1168/2 ABGB)
Fürsorgepflicht gegenüber dem Besteller, sonstigen Baubeteiligten und	Fürsorgepflicht gegenüber dem Unternehmer, sonstigen Baubeteiligten

---

[23] OGH JBl 1992/118 f., WILHELM in ecolex 1991/598.

[24] so KOZIOL-WELSER, Grundriss des bürgerlichen Rechtes I[9] 208 f.

Dritten (§1169 iVm §1157; §1295 ABGB)	und Dritten (§1169 iVm §1157; §1295 ABGB)
Warnpflicht (§1168a 3. Satz ABGB)	
Ablieferung des Werkes/Eigentumsübertragung (§§426 ff., §§1165 ff. ABGB)	Abnahmeobliegenheit (oder -pflicht) (§1419, §§918 ff. ABGB)
Rechnungslegung (§§1165 ff. ABGB)	Zahlung des Entgelts (§1152, §1170 ABGB)
Behebung von Leistungsstörungen (insbesondere Gewährleistung und Schadenersatz) (§1167 iVm §922 ff.; §§1295 ff. ABGB)	
Sphärenbezogene Verantwortungsbereiche (§§1168, 1168a ABGB)	Sphärenbezogene Verantwortungsbereiche (§§1168, 1168a ABGB)

II. Warnpflicht

Den Werkunternehmer trifft gemäss §1168a ABGB die Pflicht, den Besteller zu warnen, falls der zu bearbeitende Stoff offenbar untauglich ist oder Anweisungen des Bestellers offenbar unrichtig sind, widrigenfalls den Werkunternehmer die Haftung für "alle Schäden" trifft. Dies bedeutet, dass die Verletzung der Warnpflicht durch den Werkunternehmer dazu führt, dass er

- für den daraus entstehenden Mangel gewährleistungsrechtlich einzustehen hat,
- bei Verschulden dem Besteller schadenersatzpflichtig wird, und darüber hinaus
- seinen Werklohnanspruch verliert.

Die von der Lehre entwickelten Grundsätze über die sich aus Schuldverhältnissen ergebenden Schutz- und Sorgfaltspflichten kommen bei allen Verträgen, insbesondere bei dem Kaufvertrag und dem Werkvertrag, zur Anwendung. Die Bestimmung des §1168a Satz 3 ABGB bringt daher nur darüber hinaus diese allgemeine Schutz- und Sorgfaltspflicht in der speziell auf den Werkvertrag zugeschnittenen Warnpflicht zum Ausdruck. Von den Vertragspartnern wird danach ein entsprechendes Mass an Aufmerksamkeit, Rücksichtnahme und Sorgfalt nicht nur bei der Erbringung der Hauptleistung verlangt, sondern auch bei jedem weiteren Verhalten, das mit der Durchführung des Vertragsverhältnisses in einem mehr oder minder engen Zusammenhang steht[25].

Die Warnpflicht setzt sich zunächst aus der Untersuchungspflicht (ob der Stoff für die Erfolgsherstellung geeignet ist, bzw. ob eine Anweisung die Herbeiführung des Erfolgs

---

[25] OGH SZ 54/179.

gefährden oder vereiteln kann) und dann aus der Hinweispflicht, wobei die Ursachen und der Gewissheitsgrad des zu erwartenden Misserfolges darzulegen sind, zusammen.

Die Warnpflicht des Unternehmers besteht auch gegenüber dem sachkundigen oder einem sachkundig vertretenen Besteller, wenn er ausreichende Sachkenntnis besitzt, um die Untauglichkeit der Stoffe sowie die Unrichtigkeit bzw. Unvollständigkeit seiner Anweisungen zu erkennen[26].

Ist ein Werk durch mehrere Unternehmer herzustellen, und wäre diesen im Zuge ihrer Pflicht zur Kooperation die Untauglichkeit des bestellten Werkes erkennbar gewesen, dann haften sie für die Warnpflichtverletzung solidarisch[27].

Da in der österreichischen Rechtsordnung grundsätzlich jeder nur für das eigene, nicht aber für fremdes Verhalten einzustehen hat, regelt das ABGB in den §§1313a und 1315 die Haftung des Geschäftsherrn für seinen Gehilfen. "Diese Haftung für fremdes Verhalten hat vor allem deswegen grosse praktische Bedeutung, weil ein Geschädigter weitaus grössere Aussicht hat, einen Schadenersatzanspruch gegen den meist wirtschaftlich starken Geschäftsherrn durchzusetzen, als gegen den wirtschaftlich schwächeren Gehilfen"[28].

Erfüllungsgehilfe ist eine Person, der sich der Geschäftsherr zur Erfüllung eines bestehenden Schuldverhältnisses bedient. Für diesen haftet der Geschäftsherr, sofern das schädigende Verhalten des Erfüllungsgehilfen mit der Erfüllung des Schuldverhältnisses in Zusammenhang steht, wie für eigenes Verschulden.

Auch selbständige Unternehmer können Erfüllungsgehilfen sein[29], da die Haftung des Geschäftsherrn für Gehilfen nicht deren wirtschaftliche Abhängigkeit und Weisungsgebundenheit von ihm bedingt.

Die Haftung nach §1313a ABGB ist als Folge der grundsätzlichen Erlaubnis des Gesetzes, sich bei der Erfüllung einer Verbindlichkeit fremder Personen bedienen zu dürfen, zu verstehen. Bedeutung kommt ihr auch im Verhältnis Generalunternehmer/Subunternehmer zu: Setzen Generalunternehmer Subunternehmer ein und bleiben sie alleinige Vertragspartner des Bestellers, so haften sie für die Subunternehmer, unabhängig davon, ob diesen gegenüber ein Weisungsrecht besteht oder nicht.

Erleidet ein Geschäftsherr durch einen Dritten und seinen eigenen Gehilfen einen Schaden, so ist nach herrschender Lehre und jüngster Rechtsprechung in Analogie zu §1313a ABGB das Gehilfenverhalten dem Geschäftsherrn nachteilig anzurechnen[30].

Wenn der Gehilfe Interessen des Geschäftsherrn wahrnehmen soll und dabei ein Fehlverhalten setzt, lässt sich die Zurechnung des Verschuldens des Gehilfen als Mitverschulden des Geschäftsherrn damit rechtfertigen, dass letzterer auch den Nutzen aus dem Gehilfenverhalten zieht und ihm daher die Zurechnung des Gehilfenverhaltens eher zuzumuten ist als dem Dritten.

---

[26] OGH JBl 1987/44; SZ 58/7.

[27] OGH JBl 1992/114.

[28] KOZIOL-WELSER, Grundriss des bürgerlichen Rechts I^9 479.

[29] OGH JBl 1986/789, MietSlg 39.184.

[30] OGH 10.10.1991, 7 Ob 27/91 in ecolex 1992/89.

Dieser Grundsatz gilt nunmehr auch ausserhalb von Schuldverhältnissen, also bei Delikten[31]. Dafür spricht, dass der Geschädigte den Gehilfen, dem er seine Güter anvertraut hat, selbst aussucht und auch den Nutzen aus seiner Tätigkeit zieht. "Soweit jedoch derjenige, dem eine Sache anvertraut ist, diese im eigenen Interesse einsetzen darf - er also nicht Interessen des Geschädigten verfolgt, er streng genommen kein Gehilfe ist -, versagt dieser Gedanke. Dennoch ist auch hier die Person wie ein Gehilfe zuzurechnen, weil es näher liegt, demjenigen den Nachteil zuzurechnen, der einem anderen die Sache freiwillig überlassen und sie damit einer Gefahr ausgesetzt hat"[32].

Das Mitverschulden von Erfüllungsgehilfen des Bestellers hat dieser zu vertreten[33]. Der Werkbesteller, der zur Abwicklung seiner Vertragsbeziehung mit dem Unternehmer einen Sachverständigen beizieht, hat auch für dessen Fachkunde einzustehen, weil dieser die Pflichten des Bauherrn mit der Koordination der Bauarbeiten übernimmt[34]. Das Mitverschulden des Architekten ist somit dem geschädigten Besteller zuzurechnen.

Auch einem Generalunternehmer, der durch mangelhafte Leistung eines Subunternehmers einen Nichterfüllungsschaden erleidet, kann ein (zur Schadensteilung führendes) Mitverschulden zur Last liegen, wenn er die unsachgemässe Arbeit des Subunternehmers nicht erkannte und so zum teilweisen Misslingen des Werkes beitrug[35].

Selbst mangels ausdrücklicher Vereinbarung hat der Werkunternehmer die verkehrsüblichen Eigenschaften nach den anerkannten Regeln der Technik herzustellen. Wenn der Erfolg trotz Beachtung der anerkannten Regeln der Technik nicht erreicht werden kann, weil die Regeln der Technik zum Zeitpunkt der Werksherstellung verbesserungsbedürftig sind, hat in Anlehnung an die deutsche Lehre dieses Risiko der Werkunternehmer zu tragen[36]. Davon war jedoch nur die gewährleistungsrechtliche Haftung des Unternehmers betroffen. Eine Schadenersatzpflicht wurde mangels Verschulden des Werkunternehmers an der Verbesserungsbedürftigkeit der allgemein anerkannten Regeln der Technik abgelehnt[37]. Nach neuer Judikatur trifft den Bauunternehmer überhaupt keine Verletzung der Warnpflicht, wenn die Anwendung eines bestimmten Materials im Zeitpunkt der Vertragserfüllung dem damaligen Stand der Technik entsprochen hat. In einer Zeit des Überganges von einer Baumethode, die noch den anerkannten Regeln der Technik entsprach, zu einer anderen aber ist der Werkunternehmer jedenfalls verpflichtet, den Werkbesteller über neue, noch nicht anerkannte und wirtschaftlich unangemessene Methoden zu informieren, wenn der Besteller darauf hingewiesen hatte, dass ihm an der Herstellung eines bestimmten technischen Erfolges besonders gelegen war[38].

---

[31] OGH 10.10.1992, 7 Ob 27/91 in ecolex 1992/89.
[32] REISCHAUER in Rummel, ABGB, RdZ 7 zu §1304.
[33] OGH JBl 1984/556.
[34] OGH JBl 1992/114.
[35] OGH 22.10.1991, 4 Ob 561/91 in ecolex 1992/16.
[36] KURSCHEL, Die Gewährleistung beim Werkvertrag, 23 ff.
[37] OGH RdW 1988/289.
[38] OGH 22.2.1990, 6 Ob 512/90 in ecolex 1990/347.

Besteht der Besteller trotz ordnungsgemässer Warnung durch den Unternehmer auf Durchführung der Arbeiten am oder mittels des ungeeigneten Stoffes bzw. auf Ausführung gemäss seinen Weisungen, trägt der Besteller das volle Risiko des Misslingens. Wenn das Misslingen nach menschlichem Ermessen als gewiss anzusehen ist, *darf* der Werkunternehmer darüber hinaus in analoger Anwendung des §1168 (2) ABGB vom Vertrag zurücktreten. Dieser Rücktritt ergibt sich auch in Analogie zu §918 (2) ABGB wegen Vertrauensverlustes, sofern die (weitere) Durchführung der Arbeiten die Rechtsgüter des Bauunternehmers gefährdet. Der Werkunternehmer muss jedoch die Weiterarbeit bzw. Befolgung der Weisung verweigern, wenn es zu einer Gefährdung der Rechtsgüter Dritter käme[39].

Hätte der Besteller bei pflichtgemässer Warnung ein anderes als das schliesslich vereinbarte Werk in Auftrag gegeben, so kann er dessen Herstellung zu den Sowieso-Kosten nur verlangen, wenn er (noch in erster Instanz) irrtumsrechtliche Vertragsanpassung begehrt. Nur unter dieser Voraussetzung kann in weiterer Folge dem Werklohnanspruch mangelnde Fälligkeit entgegengehalten werden[40].

III. "Abnahmeobliegenheit-Abnahmepflicht"

Die österreichische Rechtsordnung[41] kennt grundsätzlich keine "Pflicht" des Bestellers, das vertragsgemäss hergestellte Werk abzunehmen. Der Verzug ist daher im allgemeinen nur eine "Obliegenheitsverletzung", die gemäß §1419 ABGB zur Folge hat, dass der Besteller die Preisgefahr trägt, und der Unternehmer nur noch für grob sorgfaltswidriges Verhalten einzustehen hat. Darüber hinaus bleibt der Entgeltanspruch des Unternehmers aufrecht und steht letzterem das Recht zu - sofern technisch möglich -, das Werk bei Gericht zu hinterlegen.

Da der Gläubigerverzug grundsätzlich bloss eine "Obliegenheitsverletzung" darstellt, löst er keine Schadenersatzpflicht des Bestellers aus. Für Aufwendungen, die der Unternehmer im Interesse des Bestellers gemacht hat, kann er als Geschäftsführer ohne Auftrag Vergütung verlangen. Wurde jedoch eine "Abnahmepflicht" vereinbart oder ist schon bei Vertragsabschluss klar, dass die Nichtannahme den Unternehmer erheblich schädigen würde, so hat der Unternehmer ein durchsetzbares "Recht auf Abnahme".

---

[39] Iro Block, ÖJZ 1983/505 ff.
[40] OGH 29.1.1992, 1 Ob 628/91 in ecolex 1992/316.
[41] Im Gegensatz zu §640 BGB.

IV. Abrechnungsprobleme

1. Preisarten

Der Besteller ist zur Zahlung des vereinbarten, allenfalls mangels Vereinbarung angemessenen Entgelts verpflichtet. Der Art nach kann der Preis ein Einheitspreis, Pauschalpreis oder Regiepreis sein.

Einheitspreis ist der Preis für die Einheit einer Leistung, die in Stück-, in Zeit-, Gewichts- oder in anderen Masseinheiten erfassbar ist. Der endgültige Gesamtpreis lässt sich daher erst nach Fertigstellung ermitteln.

Pauschalpreis[42] ist der für eine Gesamtleistung (Teilleistung) in einem Betrag angegebene Preis. Der Pauschalpreis steht bereits bei Vertragsabschluss fest und verpflichtet den Unternehmer, das Risiko höherer als der ursprünglich kalkulierten Aufwendungen zu tragen. Der vereinbarte Pauschalpreis ist verbindlich, auch wenn sich herausstellt, dass die übernommenen Arbeiten die veranschlagten Mengen erheblich (z.B. 33%) über- oder unterschritten haben[43]. Eine nachträgliche Anpassung einer Pauschalpreisvereinbarung ist nur unter folgenden Umständen möglich[44]:

- bei Änderungswünschen des Bestellers, die erheblich sind,
- bei Mehrleistungen oder zeitlichen Verzögerungen, die auf Umstände in der Bestellersphäre zurückzuführen sind, und
- bei Irrtum.

Regiepreis ist der Preis für eine Leistung, die nach dem tatsächlichen Aufwand zuzüglich Wagnis und Gewinn ermittelt wird. Entscheidend ist somit der tatsächliche Anfall. Die weiteren Kosten werden durch Zuschläge abgegolten. Daher trägt der Besteller das "Kostenrisiko".

Die genannten Preisarten können "fest" oder "veränderlich" sein. Der *feste Preis* bleibt ohne Rücksicht auf etwa eintretende Änderungen der Preisgrundlagen unter allen Umständen unveränderlich. Dem gegenüber kann der *veränderliche Preis* bei Änderung der vereinbarten Preisgrundlagen nachträglich geändert werden.

2. Mehrkosten - Kostenvoranschlag

Nach der Durchführung eines Bauvorhabens stellt sich öfters heraus, dass die unmittelbar vor Baubeginn veranschlagten Kosten erheblich überschritten worden sind. Diese Art der Kostenüberschreitung kann ihre Ursache in Mehrleistungen, in Mehrkosten oder in der Kompensation von Schadenersatzforderungen des Unternehmers haben. Nach der

---

[42] STRAUBE-OBERNDORFER in ÖIAZ 1988/266 ff. differenzieren zwischen Pauschalpreis und Kostenvoranschlag mit gewährleisteten Preisen. Im einzelnen unterscheidet sich der Vertrag mit gewährleistetem Preis vom "echten" Pauschalvertrag durch Offenlegung der Berechnung des Werklohnes und Klarstellung der Preise der Einzelleistungen.

[43] OGH EvBl 1987/653.

[44] KARASEK in ecolex 1991/235.

gesetzlichen Regelung (§1170a ABGB) hängt die Geltendmachung von Mehrkosten grundsätzlich von der vertraglichen Vereinbarung ab[45].

In der Praxis wird dem Vertrag häufig ein Kostenvoranschlag zugrundegelegt. Die darin enthaltenen Kosten sind dabei nach technisch-kaufmännischen Gesichtspunkten zu kalkulieren, die erforderlichen Arbeiten und Materialien nach Art, Zahl, Gewicht, etc. so genau wie möglich festzustellen und abzuschätzen[46].

Da das Erstellen des Kostenvoranschlages oft mit umfangreichen Arbeiten verbunden ist, ist die Frage nach seiner Entgeltlichkeit von grosser Bedeutung. Für Verbrauchergeschäfte hat der österreichische Gesetzgeber im KSchG klar angeordnet, dass der Konsument nur dann ein Entgelt zu zahlen hat, wenn er vorher auf diese Pflicht hingewiesen wurde. Ausserhalb des Anwendungsbereiches des KSchG ist zu differenzieren, ob der Kostenvoranschlag bloss als Offerte zum Abschluss eines Werkvertrages zu werten ist oder nicht ausschliesslich Offertcharakter hat und daher ein selbständiges Werk bzw. ein mit Vorarbeiten verbundener Kostenvoranschlag ist. Im ersten Fall ist im Zweifel Unentgeltlichkeit[47], im zweiten Fall dagegen Entgeltlichkeit anzunehmen.

Für das vom Besteller zu leistende Entgelt für die Werkerbringung ist die Frage der Verbindlichkeit von Kostenvoranschlägen relevant. Denn hat der Unternehmer für die Richtigkeit eines solchen Voranschlages garantiert, so kann er auch bei unvorhergesehener Grösse oder Kostspieligkeit der veranschlagten Arbeiten kein höheres Entgelt verlangen. Der OGH judiziert jedoch, dass auch bei garantierten Kostenvoranschlägen eine Erhöhung des Entgelts verlangt werden könne, wenn der Mehraufwand auf Umstände in der Bestellersphäre zurückzuführen ist. Dies ist selbst ohne unverzügliche Anzeige einer unvermeidlichen beträchtlichen Kostensteigerung zulässig[48]. Unverbindliche Kostenvoranschläge dienen dagegen lediglich einer grundsätzlichen Orientierung über die etwa zu erwartenden Kosten. Trotzdem kann der Besteller in gewissem Umfang auf die Richtigkeit dieser unverbindlichen Kostenvoranschläge vertrauen. Er kann berechtigterweise zumindestens davon ausgehen, dass der Unternehmer nur aus sachlich gerechtfertigten Gründen vom Kostenvoranschlag abweicht. Geringfügige und unvermeidliche Überschreitungen muss der Besteller akzeptieren. Wird eine beträchtliche Überschreitung unvermeidlich, so muss dies dem Werkbesteller angezeigt werden, wobei es auf die Gründe der Überschreitung nicht ankommt. In der blossen Mitteilung des Unternehmers, er könne die Preise des Kostenvoranschlages nicht einhalten, liegt keine Anzeige einer unvermeidlichen beträchtlichen Überschreitung des Kostenvoranschlages. Das Unterlassen der Anzeige führt zum Verlust des den Kostenvoranschlag übersteigenden Entgeltanspruches. Erweist sich eine beträchtliche Überschreitung als unvermeidbar, so hat der Besteller nunmehr ein Wahlrecht. Entweder erklärt er sich mit den Mehrkosten einverstanden oder er tritt vom Vertrag, unter Vergütung der bisherigen Leistungen, des Unternehmers zurück.

---

[45] STRAUBE-OBERNDORFER, ÖIAZ 1988/266 ff.

[46] OGH SZ 55/83.

[47] OGH SZ 30/63.

[48] OGH RdW 1985/302.

Nach allgemeinem Zivilrecht ist im Zweifel diese Garantie für die Richtigkeit eines Kostenvoranschlages allerdings nicht anzunehmen[49]. Insbesondere spricht die Kalkulation, beruhend auf Angaben des Bestellers, gegen die Übernahme der Gewähr. Die Beweislast für die Übernahme der Garantie trägt der Besteller.

Liegt jedoch ein *Verbrauchergeschäft* im Sinne des KSchG vor, so gilt die Richtigkeit eines Kostenvoranschlages als gewährleistet, wenn nicht das Gegenteil ausdrücklich erklärt wurde. Grundsätzlich spricht nichts dagegen, auch schlüssige Erklärungen des Unternehmers zu akzeptieren. Da es der Schutzzweck des KSchG jedoch erfordert, dass schlüssige Erklärungen nicht leichtfertig angenommen werden, hat der Unternehmer zu beweisen, dass er die Richtigkeitsgarantie des Kostenvoranschlages auch für den Verbraucher in hinreichend verständlicher Art ausgeschlossen hat[50].

3. Rechnungslegung - Fälligkeit - Verjährung der Entgeltforderung

Die Forderung auf Entgelt entsteht bereits mit dem Abschluss des Vertrages[51]. Das Entgelt ist im Zweifel im nachhinein fällig, doch besteht eine Vorschusspflicht, wenn das Werk in Abteilungen verrichtet wird oder Auslagen damit verbunden sind, die der Unternehmer gemacht hat, aber nicht selbst tragen muss. Da das Wesen des Vorschusses in der Vorauszahlung eines noch nicht fälligen Entgelts besteht, kann ein Vorschuss nicht mehr begehrt werden, wenn bereits die Schlussrechnung gelegt und damit die Abrechnung bereits geleisteter Vorschüsse durchgeführt werden könnte[52].

Die *Fälligkeit des Werklohnes* tritt im Zweifel nach Fertigstellung und Übergabe des Werkes an den Besteller ein. Dies insbesondere, wenn im vorhinein ein Pauschalpreis vereinbart wurde, sodass es nach Beendigung des Werkes keiner gesonderten Rechnungslegung mehr bedarf. Steht die Höhe des Werklohnes jedoch nicht von Anfang an fest, wird der Entgeltanspruch erst mit Rechnungslegung, das heisst mit Übermittlung der Rechnung an den Besteller, fällig[53].

Hinsichtlich des Umfanges der Rechnungslegungspflicht ist festzuhalten, dass der Besteller Anspruch auf eine ordnungsgemäss zusammengestellte, formell vollständige Rechnung unter Vorlage der Belege oder mit Möglichkeit der Einsichtnahme in diese hat[54]. Die ordentliche Rechnungslegung hat alle Angaben zu enthalten, die eine objektive Überprüfung der Rechnungen ermöglichen.

Die Rechnungslegung hat innerhalb verkehrsüblicher Frist zu erfolgen, wobei der Umfang der Arbeiten, die Jahreszeit (z.B. Bausaison) und Ähnliches zu berücksichtigen sind. Wurde ein Zeitpunkt für die Rechnungslegung vereinbart, so beginnt die Fälligkeit des Entgeltanspruches zu diesem Zeitpunkt zu laufen. Der Unternehmer kann nicht vor-

---

[49] OGH EvBl 76/27.
[50] KREJCI in Rummel, ABGB², RdZ 9 zu §1170a.
[51] OGH SZ 58/169.
[52] OGH JBl 1991/793.
[53] OGH WBl 1988/207.
[54] KREJCI in Rummel, ABGB², RdZ 12 zu §1170.

her Zahlung verlangen, und der Besteller kommt nicht in Verzug[55]. Im Fall verspäteter Rechnungslegung ist die Fälligkeit mit jenem Zeitpunkt anzunehmen, in dem die Rechnungslegung objektiv möglich gewesen wäre.

Die Frist für die Rechnungslegung ist für die Verjährung des Entgeltanspruches von Bedeutung, weil mit Fälligkeit Klagemöglichkeit eintritt[56] und daher die Verjährung des Werklohnes erst mit dessen Fälligkeit zu laufen beginnt. Wurde ein Zeitpunkt für die Rechnungslegung vereinbart, so beginnt zu diesem Zeitpunkt nicht die Fälligkeit, sondern auch die Verjährung des Werklohnes[57]. Im Fall verspäteter bzw. ungebührlich verzögerter Rechnungslegung wird, unabhängig von der Fälligkeit, Verjährung ab jenem Zeitpunkt anzunehmen sein, in welchem dem Werkunternehmer Rechnungslegung objektiv möglich ist[58].

Hat der Besteller ein mangelhaftes Werk übernommen, wegen des Mangels das Entgelt zurückbehalten[59] und Verbesserung verlangt, wird das Entgelt erst nach Behebung der festgestellten Mängel fällig. Auch die Verjährung des Werklohnes beginnt nicht vor der Verbesserung. "Gerät der Unternehmer mit der Verbesserung in Verzug, so verjährt der Entgeltanspruch nach der Judikatur ab dem Zeitpunkt, ab dem die Mängelbehebung objektiv möglich gewesen wäre"[60]. "Dies gilt jedoch nicht, wenn der Unternehmer mangelfreie Leistung behauptet und seinen nicht offenbar mutwilligen Standpunkt durch Klage auf Zahlung des Werklohns manifestiert. Stellt sich in diesem Prozess doch die Mangelhaftigkeit heraus, so muss der Unternehmer zwar binnen angemessener Frist ab dem endgültigen Feststehen seiner Pflicht zur Mängelbehebung verbessern, kann aber danach seinen Werklohnanspruch noch geltend machen"[61].

4. Anerkenntnis des Werklohns

Mit der vorbehaltlosen Zahlung der Schlussvergütung nach vorausgegangener Prüfung und Feststellung der Höhe der Schlussrechnung bestätigt der Werkbesteller das Bestehen einer Schuld in dieser Höhe. Dies wird grundsätzlich als Schuldanerkenntnis gewertet, sodass der Besteller mit allen Einwendungen rechtlicher oder tatsächlicher Art ausgeschlossen ist, die er bei Abgabe des Anerkenntnisses, also bei Leistung der Schlusszahlung, kannte, oder mit denen er rechnete bzw. rechnen musste.

Durch eine einvernehmliche Einigung auf in der Schlussrechnung korrigierte Preise wird kein Anerkenntnis des Werklohns hergestellt[62]. Ein echtes Anerkenntnis ist nur

---

[55] OGH WBl 1982/429.
[56] OGH 1988/207.
[57] OGH JBl 1982/429.
[58] OGH JBl 1986/450; EvBl 1981/157.
[59] Zum Zurückbehaltungsrecht ausführlicher Kapitel V/1./b).
[60] KOZIOL-WELSER, Grundriss des bürgerlichen Rechts I[9] 399; OGH SZ 54/35; OGH WBl 1988/207, WBl 1989/149.
[61] KOZIOL-WELSER, Grundriss des bürgerlichen Rechtes, I[9] 399; OGH WBl 1989/149.
[62] OGH 25.1.1990, 7 Ob 730/89 in ecolex 1990/283.

zur Bereinigung eines ernsthaft entstandenen konkreten Streites oder Zweifels über den Bestand einer Forderung möglich. Es setzt die Absicht des Erklärenden voraus, unabhängig von dem bestehenden Schuldgrund eine neue selbständige Verpflichtung zu schaffen, wodurch damit das anerkannte Rechtsverhältnis auch für den Fall gilt, dass es nicht bestanden haben sollte[63]. Eine solche einvernehmliche Einigung kann jedoch nicht als Absicht verstanden werden, dass der festgestellte Betrag unabhängig von allfälligen Gewährleistungsansprüchen und anderen Einwendungen dem Unternehmer zu bezahlen ist.

V. Gewährleistung und Schadenersatz

1. Gewährleistung

a) Allgemein

Bei Gewährleistungsfällen handelt es sich um Leistungsstörungen, wobei der Schuldner wohl die Leistung erbringt; diese ist jedoch mangelhaft. Wann eine Leistung "mangelhaft" ist, bestimmt sich danach, ob sie einerseits "die gewöhnlich vorausgesetzten" Eigenschaften oder andererseits die "besonders bedungenen" Eigenschaften aufweist. Weitgehend deckt sich daher die "Mangelhaftigkeit" mit der "Vereinbarungswidrigkeit" der Qualität einer Leistung. Bei Vorliegen eines Mangels räumt das Gesetz dem Gläubiger die Gewährleistungsansprüche ein (§§922 ff., §1167 ABGB). Die Gewährleistung bedeutet somit das Einstehen des Werkunternehmers für die Mangelfreiheit der eigenen Leistung. Sie kann sich als Verbesserungsanspruch, Anspruch des Werkbestellers auf Nachtrag des Fehlenden (Quantitätsmangel), Preisminderungsanspruch bzw. als Wandlungsanspruch darstellen.

Nach der neuen Lehre und Rechtsprechung ist Preisminderung statt Wandlung zulässig, sofern der Vertragsgegenstand für den Erwerber noch brauchbar ist und einen Wert hat. Im Gegensatz zum allgemeinen Gewährleistungsrecht kann der Besteller bei jedem wesentlichen Mangel, sofern er nur das Werk zumindest unbrauchbar macht oder einer ausdrücklichen Bedingung zuwiderläuft, wandeln. Unbehebbarkeit ist nicht erforderlich. Andererseits kann er schon Preisminderung verlangen, wenn er nicht wandeln will. Voraussetzung für den Verbesserungsanspruch sind Verhältnismässigkeit des Aufwandes und Fristsetzung. Der Verbesserungsaufwand ist dann "unverhältnismässig", wenn er in keinem Verhältnis zu dem dadurch für den Besteller zu erzielenden Vorteil aus der Verbesserung und dem Nachteil besteht, den für ihn der Mangel bedeutet. Die Höhe der Behebungskosten allein ist nicht ausschlaggebend, sondern es ist vor allem auf die Wichtigkeit einer Behebung des Mangels für den Besteller Bedacht zu nehmen[64].

Vorsicht ist zur Vermeidung von Klagsänderungen dahingehend geboten, dass z.B. im Wandlungsbegehren ein Begehren auf Preisminderung nicht inbegriffen ist und die

---

[63] OGH SZ 51/176.
[64] OGH JBl 1990/461.

Umstellung daher Klagsänderung ist[65]. Nach geltend gemachter Preisminderung kann wegen desselben Mangels nicht mehr Verbesserung begehrt werden[66].

Hätte die Herstellung eines mangelfreien Werkes von Anfang an höhere Kosten erfordert, so sind diese Mehrkosten (auch "Sowieso-Kosten" genannt) dem Werkunternehmer grundsätzlich zu ersetzen, es sei denn, es wurde eine Pauschalpreisvereinbarung getroffen[67]. "Anderes gilt nur, wenn die Umstände, die zum Mehraufwand führen, auf einer Weisung oder dem Stoff des Bestellers beruhen und der Unternehmer seine Warnpflicht nicht verletzt hat"[68]. In diesem Fall besteht Anspruch auf die Mehrkosten trotz Pauschalvereinbarung[69].

Die Gewährleistungsfrist beginnt mit Ablieferung des Werkes oder seiner Beendigung, und zwar auch dann, wenn der Mangel zu diesem Zeitpunkt vom Gewährleistungsberechtigten nicht erkannt werden konnte. Nur bei Zusicherung einer bei Ablieferung nicht feststellbaren Eigenschaft ist der Fristbeginn kraft konkludenter Parteiendisposition auf den Zeitpunkt verlegt, der das Erkennen des Mangels mit Sicherheit gestattet[70]. Die gesetzliche Frist zur Geltendmachung von Mängeln ist für unbewegliche Sachen oder Arbeiten an solchen (z.B. Dachdeckerarbeiten, Installationen) 3 Jahre und für bewegliche Sachen, und zwar auch dann, wenn diese durch eine nicht mehr dem Veräusserer obliegende Tätigkeit Bestandteil einer unbeweglichen Sache werden (z.B. der Kauf von Ziegeln), 6 Monate.

b) Zurückbehaltungsrecht

Da aufgrund eines Werkvertrages sowohl Werkunternehmer als auch Besteller zur Leistung verpflichtet sind, kann dem Erfüllungsbegehren desjenigen Partners, der seine eigene Leistung nicht oder nicht ordnungsgemäss erbracht hat, vom anderen Teil die Einrede des nicht oder nicht gehörig erfüllten Vertrages entgegengehalten werden. Auch nach Übergabe einer mangelhaften Sache steht dem Besteller die Einrede zu, bis der Werkunternehmer seiner Gewährleistungsverpflichtung nachkommt.

Es muss sich jedoch um solche Pflichten handeln, zwischen denen ein Austauschverhältnis besteht[71]. Darunter werden die Hauptpflichten und wesentlichen Nebenpflichten, jedoch nicht sogenannte Schutzpflichten verstanden.

Wenn der Besteller Wandlung oder Preisminderung verlangt, bzw. bei Unmöglichkeit oder Unverhältnismässigkeit nur mehr verlangen kann[72], unerhebliche Mängel vorliegen, deretwegen nicht Verbesserung begehrt werden kann[73], oder sich der Besteller un-

---

[65] OGH 20.6.1990, 2 Ob 566/90 in ecolex 1990/606.

[66] OGH JBl 1990/254.

[67] WILHELM in ecolex, 1990/402.

[68] KURSCHEL, Die Gewährleistung beim Werkvertrag, 73.

[69] OGH WBl 1987/210.

[70] OGH JBl 1991/383.

[71] OGH SZ 61/15.

[72] OGH JBl 1992/248.

[73] OGH 31.1.1991, 8 Ob 628/90 in ecolex 1991/315.

berechtigt weigert, die Verbesserung vornehmen zu lassen, so besteht mangels Leistungspflicht kein Zurückbehaltungsrecht.

"Nach neuerer, aber nicht herrschender Auffassung kann der Besteller wegen eines Mangels nicht das gesamte Entgelt, sondern nur einen entsprechenden Teil zurückbehalten, es sei denn, dass die Leistung zur Gänze ausgetauscht werden muss oder vor der Verbesserung unbrauchbar ist"[74]. Nach der herrschenden Meinung steht dem Werkbesteller die Zurückbehaltung der gesamten Gegenleistung zu[75]. Die Grenze bildet jedoch die rechtsmissbräuchliche Ausübung des Zurückbehaltungsrechtes.

Rechtsschikanöse Ausübung liegt aber - in Abkehr von der jahrelangen Rechtsprechung - nicht nur vor, wenn die Schädigungsabsicht den einzigen Grund der Rechtsausübung bildet, sondern bereits dann, wenn zwischen den vom Handelnden verfolgten eigenen Interessen und den beeinträchtigten Interessen des anderen ein ganz krasses Missverhältnis besteht. Dieses ganz krasse Missverhältnis ist zu bejahen, wenn der Werkunternehmer nur Mängel zu vertreten hat, die vom Werkbesteller 14 Monate gar nicht gerügt wurden, deren Behebung keine besonderen Fachkenntnisse und kein besonderes Vertrauensverhältnis zwischen den beiden zur Voraussetzung hat und die auch nur einen unbedeutenden Verbesserungsaufwand (ÖS 500,-- bei einem zurückbehaltenen Betrag von über ÖS 100.000,--) erfordern. Ist die Ausübung des Leistungsverweigerungsrechtes rechtsmissbräuchlich, so wird der Werklohn trotz dieser Mängel mit Fertigstellung und Rechnungslegung fällig.

Das Zurückbehaltungsrecht kann zwischen nicht dem KSchG[76] unterliegenden Parteien ausgeschlossen werden[77]. Bei Vereinbarung eines Haftrücklasses kann die Vertragsauslegung ergeben, dass das Zurückbehaltungsrecht auf diesen Betrag beschränkt ist.

c) Haftrücklass

Der Haftrücklass dient als Sicherstellung für den Fall, dass der Werkunternehmer die aus der Gewährleistung obliegenden Pflichten nicht erfüllt. Als Mittel zur Sicherstellung kann nicht nur Bargeld, sondern auch eine Bankgarantie gegeben werden. Wenn die Bankgarantie den Haftrücklass ersetzt, muss der begünstigte Besteller Mängel nur behaupten[78]. Die Bankgarantie dient also nur der Ablösung des Haftrücklasses, der sonst unabhängig von der Entdeckung von Mängeln vom Besteller einbehalten werden dürfte.

Das Recht auf Rückhalt des Haftrücklasses besteht nur, wenn dies vertraglich vereinbart wurde, mindestens die ÖNORMEN, die einen Einbehalt des Haftrücklasses zugunsten des Werkbestellers vorsehen, Vertragsinhalt wurden.

---

[74] KOZIOL-WELSER, Grundriss des bürgerlichen Rechts I^9 230; KOZIOL in ÖJZ 1985/743 ff.

[75] OGH WBl 1987/34; KURSCHEL, Die Gewährleistung beim Werkvertrag 86 ff.

[76] Das KSchG, das nur Rechtsgeschäfte zwischen Unternehmern und Verbrauchern regelt, bezweckt den Schutz des Verbrauchers vor dem diesem überlegenen Unternehmer.

[77] OGH SZ 55/27.

[78] OGH RdW 1987/156.

Der Haftrücklass kann im Fall von Mängeln erst nach erfolgreicher Verbesserung herausgefordert werden[79].

Geht ein Werkunternehmer als Gesellschafter einer Arbeitsgemeinschaft in Konkurs, bedarf der Rücktritt vom Werkvertrag nach der österreichischen Konkursordnung (§21 KO) nicht der Zustimmung der anderen Arbeitsgemeinschaftspartner, da er keine Auflösung des gesamten Schuldverhältnisses (Werkvertrag zwischen den ARGE-Partnern und dem Besteller), sondern bloss die Herauslösung der Masse aus der Erfüllungspflicht bewirkte. Anstelle vertraglicher Gewährleistungsansprüche tritt ein konkursrechtlicher Schadenersatzanspruch. Dieser ist im Zweifel von der Vereinbarung einer Haftrücklassgarantie mitumfasst, da dadurch der Anspruch auf den notwendigen Verbesserungsaufwand gedeckt sein soll, gleich aus welchem Grund letztlich die Verbesserung durch den Unternehmer unterbleibt (z.b. Konkurs, Verweigerung der Verbesserung). Hat daher der Besteller die Haftrücklassgarantie in Anspruch genommen, kann der Masseverwalter im Konkurs eines Arbeitsgemeinschaftspartners von diesem nicht Herausgabe des Haftrücklasses verlangen. Anders wäre dies nur, wenn vereinbart worden wäre, dass für bestimmte Leistungen und deren Mängel nur ein bestimmtes Arbeitsgemeinschaftsmitglied einzustehen hat und der Haftrücklass nach Wegfall des Sicherungszweckes nur diesem Mitglied zustehen soll[80].

d) Beweissicherung

Die rechtzeitige Sicherung von Beweisen hat für das gesamte Bauvertragsrecht erhebliche Bedeutung. Gerade im Baurecht kommen Streitpunkte oftmals erst nach Jahren hervor und erschwert das Fortschreiten der Bauarbeiten die spätere Feststellung des zu einem bestimmten Zeitpunktes bestehenden Zustandes einzelner Bauleistungen. Ebenso ist es aufgrund der kurzen Bauzeiten und des Ineinandergreifens der verschiedenen Leistungen notwendig, allfällige Leistungsstörungen sofort festzuhalten, um eventuell später den erforderlichen Beweis erbringen zu können.

Die Versäumung von Massnahmen der Beweissicherung ist oftmals Grund für einen späteren Prozess, der verloren geht. Denn Recht bekommt bei Gericht nicht auf jedenfall schon derjenige, der einen rechtmässigen Anspruch hat, sondern im Zweifel nur, wer diesen Anspruch auch beweisen kann. Bleibt eine streitige Behauptung unbewiesen, dann kommt es darauf an, wen die Beweislast trifft. Bleibt unklar, ob z.B. eine Bauleistung mangelhaft oder mangelfrei erbracht worden ist, entweder weil kein Beweismittel (mehr) zur Verfügung steht oder weil die durchgeführte Beweisaufnahme kein klares, das Gericht überzeugendes Ergebnis gebracht hat, dann treffen die Nachteile denjenigen, dem die Beweislast obliegt, der also den Beweis zu führen hatte, aber nicht erbringen konnte.

Zur Beweissicherung stehen den Beteiligten grundsätzlich 2 Möglichkeiten offen:
- Private Beweissicherung, insbesondere Beauftragung eines Privatgutachtens, und
- gerichtliche Beweissicherung gemäss §§384 ff. ZPO.

---

[79] OGH JBl 1984/204.
[80] OGH 23.5.1991, 7 Ob 538/91 in ecolex 1992/160.

Besteht jedoch Gefahr, dass man mit einer gerichtlichen Beweissicherung zu spät kommt, empfiehlt es sich, das streitige Werk bzw. den Mangel zumindest von Zeugen besichtigen und fotografieren und darüber einen Aktenvermerk verfassen zu lassen. Stärkere Beweiskraft kommt einem Privatgutachten zu. Solch ein Privatgutachten ist jedoch nicht mit der gerichtlichen Beweissicherung zu verwechseln. Ein privat beauftragter Sachverständiger ist in einem allfälligen Zivilprozess nur Zeuge.

Der Anspruch auf gerichtliche Beweissicherung gemäß §§384 ff. ZPO ist gegeben:
- wenn zu besorgen ist, dass das Beweismittel verloren oder die Benützung desselben erschwert werde, oder
- wenn der gegenwärtige Zustand einer Sache festgestellt werden soll und der Antragsteller ein rechtliches Interesse an dieser Feststellung hat.

Was unter "rechtlichem Interesse" zu verstehen ist, wird aus §228 ZPO abgeleitet[81]. Beweissicherung kann in jeder Lage eines Rechtsstreites, aber auch vor Beginn eines solchen durchgeführt werden.

Die Kosten der gerichtlichen Beweissicherung hat der Antragsteller zu tragen. Dem Gegner sind die notwendigen Kosten ebenfalls vorerst zu ersetzen. Diese Kosten sowie auch allfällige Kosten eines Privatgutachtens können im Hauptprozess als vorprozessuale Kosten vom Antragsteller geltend gemacht werden. Beweissicherungskosten können (wie andere vorprozessuale Kosten) auch selbständig eingeklagt werden, wenn feststeht, dass es nicht zum Prozess über den Hauptanspruch kommen wird[82].

Die Bedeutung der Beweissicherung zeigt sich insbesondere darin, dass durch eine rechtzeitige Beweissicherung ein langwieriger Hauptprozess überhaupt verhindert werden kann.

2. Abgrenzung zwischen Gewährleistung und Garantie

Nach herrschender Lehre und Rechtsprechung[83] ist zwischen dem echten und unechten Garantievertrag zu unterscheiden. Der echte Garantievertrag bewirkt die Begründung einer selbständigen Schuld, welche von der Verbindlichkeit des ursprünglichen Schuldverhältnisses unabhängig ist. In diesen Verträgen verpflichtet sich jemand, für den Eintritt eines bestimmten Erfolges einzustehen oder die Gefahr eines künftigen Schadens zu übernehmen. Diese Garantie, die neben das ursprüngliche Schuldverhältnis (z.B. den Werkvertrag) tritt, wird meist von dritter Seite abgegeben.

Davon ist der sogenannte unechte Garantievertrag, auch Garantiezusage genannt, zu unterscheiden. Dieser modifiziert meist die Gewährleistungsvorschriften, insbesondere verlängert oder verkürzet er die gesetzlichen Gewährleistungsfristen. Manchmal wird aber auch dafür eingestanden, dass innerhalb des Garantiezeitraumes, unabhängig da-

---

[81] Zum Beispiel hat der Auftraggeber sicherlich Anspruch auf Beweissicherung, mit der festgestellt werden soll, dass ein Werk bei Übergabe mangelhaft ist.

[82] OGH 4.9.1991, 7 Ob 573/91 in ecolex 1992/17.

[83] SZ 50/92, JBl 1978/36, KOZIOL, Der Garantievertrag 3.

von, ob der Fehler schon im Zeitpunkt der Leistung vorhanden war, keine Mängel auftreten.

Die Bedeutung der Vereinbarung einer Garantiefrist ist immer eine Frage der Vertragsauslegung. Das Wort Garantie, insbesondere im Zusammenhang mit einer Frist, wird vielfach als Verbesserung der Bestellerrechte aus der Gewährleistung dahin verstanden, dass die Güte des Werkes nicht nur bei Übergabe vorhanden ist, sondern während des gesamten Zeitraumes anhält. Der Käufer bzw. Besteller muss nicht den Beweis erbringen, dass der Mangel bereits im Zeitpunkt der Übergabe vorhanden war. Ohne besondere Umstände kann aber die Garantiezusage für einen bestimmten Zeitraum nicht auch dahin verstanden werden, dass der Vertragspartner über die Gewährleistungsfolgen hinaus eine zusätzliche Haftung für alle Folgen eines Mangels übernehmen will[84].

3. Gewährleistung und Schadenersatz

Nach Lehre und neuerer Rechtsprechung bestehen beim Werkvertrag Gewährleistungsrechte und Schadenersatzansprüche wegen Nichterfüllung in voller Konkurrenz (Konkurrenztheorie) nebeneinander, sodass der Besteller selbst nach Ablauf der Gewährleistungsfrist jedenfalls innerhalb der 3-jährigen Verjährungsfrist des §1489 ABGB vom Unternehmer das Erfüllungsinteresse verlangen kann, sofern der Mangel auf dessen rechtswidriges und schuldhaftes Verhalten zurückzuführen ist[85]. In dieser wichtigsten zivilrechtlichen Entscheidung der letzten Jahre hat der OGH diese seit langem strittige Frage nun im Sinne der herrschenden Lehre beantwortet. Bislang war nur der Mangelfolgeschaden vom Schadenersatzrecht umfasst, aber nicht der Schaden, der an der Mangelhaftigkeit des bestellten Werkes selbst liegt. "Der Begriff des Mangelfolgeschadens wurde jedoch in letzter Zeit sehr weit interpretiert"[86], sodass es diese Entwicklung geboten erscheinen liess, die volle Konkurrenz anzuerkennen. Durch die Kombination von Gewährleistungsrechten und Schadenersatzansprüchen darf der Gläubiger jedoch nicht bereichert werden.

Konsequenz dieser Entscheidung ist, dass in der Forderung des Deckungskapitals für den Verbesserungsaufwand das Begehren auf Ersatz des Erfüllungsinteresses liegt. Auch die Mangelfolgeschäden betreffen das Erfüllungsinteresse. Zum Erfüllungsinteresse gehört nicht nur der Wert des Gutes; zu ihm gehört auch, nicht durch fehlerhafte Leistungen beeinträchtigt zu werden.

Auch Neuherstellung bei Unmöglichkeit der Verbesserung kann mit Schadenersatz begehrt werden[87].

In Anlehnung an die genannte Entscheidung wurde bis vor kurzem vertreten, dass der Besteller unter der Voraussetzung des Vorliegens von Verschulden sofort den für die Behebung des Mangels durch Dritte notwendigen Betrag verlangen kann, ohne den

---

[84] OGH JBl 1991/385.
[85] OGH vom 7.3.1990 1 Ob 536/90 in JBl 1990/648.
[86] KURSCHEL in ecolex 1990/276.
[87] OGH JBl 1990/653.

Unternehmer vorher zur Verbesserung auffordern zu müssen. "Nach der bisherigen Rechtsprechung konnte der Aufwandersatz nur gefordert werden, wenn der Werkunternehmer mit der Verbesserung in Verzug war, was ein Verbesserungsbegehren voraussetzte"[88].

Die jüngste Rechtsprechung schliesst sich hinsichtlich dieser Frage wieder an die Rechtsprechung vor Anerkennung der Konkurrenztheorie an, indem dem Besteller die Verbesserungskosten nur bei Verbesserungsverzug des Unternehmers zugesprochen werden. Anspruch auf Ersatz der Kosten der selbst vorgenommenen oder durch Dritte vorgenommenen Verbesserungen hat der Besteller nach jüngster Judikatur nur, wenn er den Unternehmer vorher vergeblich zur Verbesserung aufgefordert hat. Hat der Besteller ohne solche Aufforderung selbst oder durch Dritte verbessert, so hat er sich damit gegen den Verbesserungsanspruch (und in weiterer Folge gegen den Anspruch auf Vergütung des Verbesserungsaufwandes) entschieden und ist auf Preisminderung beschränkt. Bei deren Berechnung sind die Verbesserungskosten, aber auch eine durch die Verbesserung herbeigeführte Werterhöhung zu berücksichtigen[89].

Dieser Grundsatz, wonach der Verbesserungsaufwand nur zu ersetzen sei, wenn der Schuldner bereits zur Verbesserung aufgefordert wurde, lässt sich jedoch mit dem Grundgedanken der Konkurrenztheorie vereinbaren, da es vernünftig ist, dem Schuldner die Chance einzuräumen, die Verbesserung selbst (billiger) zu bewerkstelligen und die Verbesserung als Schadenersatz angesprochen werden kann[90].

Im Zusammenhang mit der Konkurrenztheorie war nunmehr auch der Beginn der Verjährungsfrist für den Schadenersatzanspruch bei erfolglosem Verbesserungsversuch neu zu überdenken.

Die Verjährungsfrist beginnt gemäss §1489 ABGB zu dem Zeitpunkt, in dem dem Anspruchsberechtigten der Schaden und der Schädiger, also der anspruchsbegründende Sachverhalt, soweit bekannt sind, dass eine Klage mit Aussicht auf Erfolg erhoben werden kann. Da nach der Judikatur der Konkurrenztheorie schon das Vorhandensein eines Mangels einen ersatzfähigen Schaden darstellt, muss auch die Verjährung des Ersatzanspruches bei Kenntnis des Bestellers von diesem Mangel beginnen und nicht erst mit dessen Kenntnis von der Unfähigkeit oder Weigerung des Gewährleistungspflichtigen, ihn zu beheben.

Mit der Konkurrenztheorie und der damit verbundenen Aussage hinsichtlich des Beginns der Verjährungsfrist ist jedoch die jüngste Rechtsprechung[91] unvereinbar. Diese stellt für den Beginn der Verjährungsfrist von Schadenersatzansprüchen auf den Zeitpunkt ab, zu dem dem Besteller erkennbar ist, dass der Erfolg der Verbesserung misslungen ist. Als Begründung wird eine Abgrenzung zu einer Entscheidung[92], die auch nach jener zur Konkurrenztheorie und vor dieser zuletzt genannten ergangen ist, vorgenommen. Diese setzt den Verjährungsbeginn von Schadenersatzansprüchen mit

---

[88] KURSCHEL in ecolex 1990/277.
[89] OGH 7.3.1991, 6 Ob 592/90 in ecolex 1991/385; OGH 20.2.1992, 8 Ob 562/90 in ecolex 1992/557.
[90] WILHELM in ecolex 1992/545.
[91] OGH 20.11.1991, 1 Ob 679/90 in ecolex 1992/86.
[92] OGH 20.6.1991, 2 Ob 517/91 in ecolex 1992/86.

dem Zeitpunkt fest, zu dem feststeht, dass es zur Verbesserung des Werkes nicht kommen wird, somit der Besteller die endgültige Weigerung des Unternehmers einer (oder auf weitere) Mängelbehebung vorzunehmen, erkennt. Diese Auffassung lehnt die genannte OGH-Entscheidung mit der Begründung ab, dass es nicht vom Belieben des Bestellers abhängen kann, den Beginn der Verjährungsfrist des Schadenersatzanspruches ungeachtet der Kenntnis des Schadens und des Schädigers auf diese Weise nach Willkür hinauszuschieben. Ein solches Hinausschieben war aber nach der früheren Rechtsprechung dadurch möglich, dass der Besteller nach Scheitern des Verbesserungsversuches weitere Aufforderungen zur Mängelbehebung stellte. Erst nach deren Erfolglosigkeit lag die Kenntnis von der endgültigen Weigerung vor, die zum Verjährungsbeginn führte.

Weiters wird darauf hingewiesen, dass bei einem Verbesserungsversuch des Unternehmers die Gewährleistungsfrist mit dem Ende der ergebnislosen Mängelbehebung neu zu laufen beginnt. Dies dürfte wohl eines der tragenden Argumente gewesen sein, warum von der Aussage der Konkurrenztheorie, dass die Verjährungsfrist mit Kenntnis der Mangelhaftigkeit des Werkes beginnt, abgewichen wurde.

Diese kurze Judikaturübersicht der wichtigsten Entscheidungen nach der Manifestierung der Konkurrenztheorie in der österreichischen Rechtsprechung zeigt, dass es noch einige Zeit dauern wird, bis die Konkurrenztheorie mit all ihren Auswirkungen in der österreichischen Rechtsprechung Fuss fassen wird.

4. Schadenersatz

a) Allgemein

Gewährleistung und Garantie sind die gesetzlichen bzw. vertraglichen Rechtsfolgen für mangelhafte Leistung, ohne dass es auf ein Verschulden des Leistenden ankäme. Trifft den Schuldner jedoch zusätzlich an der mangelhaften Leistung ein Verschulden, kann der Gläubiger neben den Ansprüchen aus Gewährleistung und Garantie noch *Schadenersatz* (§§1295 ff. ABGB) für den Mangel und die Mangelfolgeschäden geltend machen.

Voraussetzung ist, dass die Bedingungen, die zum Schadenersatzanspruch führen, erfüllt sind:
- Vorliegen eines Schadens,
- Rechtswidrigkeit des Handelns des Schädigers,
- adäquate Kausalität der schädigenden Handlung im Hinblick auf das eingetretene Schadenereignis,
- Verschulden des Schädigers (Vorsatz, grobe oder leichte Fahrlässigkeit),
- Beweis des Verschuldens des Schädigers durch den Geschädigten.

b) Beweislast

Der Beweis des Verschuldens obliegt grundsätzlich dem Geschädigten. Führt jedoch ein Schuldner seinem Gläubiger durch Verletzung vertraglicher Pflichten - damit sind auch vertragliche Schutz- und Sorgfaltspflichten, die Verletzung von Schutzgesetzen und vorvertragliche Pflichten gemeint - Schaden zu, muss der Schädiger beweisen, dass ihn daran kein Verschulden trifft. Andernfalls geriete der Schuldner aufgrund der schwer durchschaubaren Sphäre des Gläubigers bezüglich des Verschuldens in Beweisnotstand.

Betraut der Besteller mehrere Unternehmen mit der Herstellung eines Werkes, so wird in ständiger Rechtsprechung eine wechselseitige Aufnahme dieser Unternehmer und ihrer Leute in den von den Interessen und Rechtspflichten des Bestellers umfassten Kreis geschützter Dritter bejaht. Jeder Unternehmer hat sich daher so zu verhalten, dass ein weiterer, bei der Werkherstellung tätiger Unternehmer oder dessen Leute nicht zu Schaden kommen. Ereignet sich ein solcher Schaden, so muss der Unternehmer, dessen Gehilfe ihn verursacht hat, beweisen, dass die im Verkehr erforderliche Sorgfalt eingehalten worden ist und ihn daher kein Verschulden trifft[93].

Dagegen obliegt der Beweis der Pflichtverletzung und der Kausalität dem Gläubiger. Der Besteller hat den obliegenden Kausalitätsbeweis schon dann erbracht, wenn er beweist, dass die Vertragsverletzung des Werkunternehmers ernstlich mögliche Schadensursache war; der Unternehmer kommt bei einer solchen Beweislage dem von ihm zu führenden Gegenbeweis erst durch den Nachweis nach, dass eine andere mögliche Schadensursache nach dem typischen Geschehensablauf die Wahrscheinlichkeit der Vertragsverletzung als Schadensursache in den Hintergrund drängt[94].

c) Verkehrssicherungspflichten

Wer, sei es auch erlaubterweise, eine Gefahrenquelle schafft bzw. eine seiner Verfügung unterliegende Anlage dem Zutritt eines Personenkreises eröffnet, hat dafür zu sorgen, dass daraus kein Schaden entsteht. Gegen die möglichen Gefahren sind die erforderlichen Vorkehrungen zu treffen.

Der Schaffung der Gefahrenquelle steht die Übernahme ihrer Betreuung sowie die Übernahme der Gefahrenquelle selbst und deren Besitz gleich. "Wer rechtliche und faktische Verfügungsmöglichkeit über die Gefahrenquelle hat, kann sich seiner Verantwortung nicht dadurch entledigen, dass er die Quelle sich selbst überlässt; er muss sie - falls er es nicht anderen überträgt bzw. übertragen kann - entweder weiter betreuen oder beseitigen"[95].

Hat sich der Generalunternehmer ausbedungen, das Hausrecht auf der Baustelle auszuüben, treffen ihn daher die allgemeinen Verkehrssicherungspflichten; er haftet dann auch bei Weitergabe des Auftrages, wenn er eine ungeeignete Person ausgewählt hat oder Anweisungs- oder Überwachungspflichten verletzt, wobei ihn der Entlastungsbe-

---

[93] OGH 16.1.1991, 1 Ob 664/90 in ecolex 1991/241.
[94] OGH RdW 1992/108.
[95] REISCHAUER in Rummel, ABGB, RdZ 4 zu §1294.

weis trifft, sobald feststeht, dass die Schadensursache in der Unterlassung notwendiger Vorkehrung zur Schadensabwehr lag[96].

5. Schadenersatz und Produkthaftung

Zusätzlich zur Schadenersatzpflicht der Vertragspartner kann noch die Ersatzpflicht des Herstellers eines Produktes für Schäden hinzutreten, die durch Fehler dieses Produktes entstanden sind. Diese Sonderform erweiterter Schadenersatzhaftung setzt nach neuerer Rechtslage (Produkthaftungsgesetz 1988) kein Verschulden des Produzenten am Fehler seines Erzeugnisses (Der "Fehler" ist als Ursache eines Schadens durch ein in Verkehr gebrachtes Produkt zu verstehen, im Gegensatz zum gewährleistungsrechtlichen "Mangel" an einer dem anderen als Vertragserfüllung geleisteten Sache.) voraus, bei dessen Verwendung ein Schaden eingetreten ist (Erfolgs- oder Gefährdungshaftung). Die Produkthaftung kann nach neuerer Rechtslage nur in sehr engen Grenzen vertraglich ausgeschlossen werden.

Die Produkthaftung spielt für die Errichtung von Bauwerken keine Rolle, wohl aber für die Herstellung von deren Baustoffen bzw. Baumaterialien.

G) Zusammenfassung

Schon diese kurze Betrachtung des österreichischen Bauvertragsrechtes im Zusammenhalt mit anderen baurelevanten Rechtsvorschriften macht deutlich, wie stark dieser Bereich an der Entwicklung des Vertragsrechtes beteiligt ist. Gerade dieser moderne, anwendungs- und praxisorientierte Bereich im Grenzgebiet von Technik und Recht zeigt trotz aller Überwucherung durch verschiedenste Allgemeine und Besondere Vertragsbedingungen die aktuelle Bedeutung und das Gewicht auch der bewährten alten Zivilrechtskodifikationen. Wer in Österreich die rechtliche Seite des Baugeschehens durchdringen will, muss sich des Zusammenspiels von individuellem Vertrag, vornormierten Vertragsinhalten und gesetzlichen Basisregelungen bewusst sein[97].

---

[96] OGH RdW 1991/322.

[97] Der Autor dankt der Rechtsanwaltskanzlei Dr. Walter Lattenmayer, Wien, für Hinweise und Frau Mag. Ulla Merwald für die umfassende Materialaufbereitung sehr herzlich.

Europäisches Bauvergabewesen

Anton Henninger

A) Einführung

I. Begriff

Unter Europäischer Bauvergabe wird das System von EG-Erlassen verstanden, welches die *Vergabe von öffentlichen Aufträgen im Baubereich* direkt regelt oder die Bauvergabe beeinflusst. Diese Erlasse sind zum grössten Teil Richtlinien.
Richtlinien geben nach Art. 189 EWG-V nur Zielsetzungen an und müssen durch die Mitgliedstaaten in Landesrecht umgesetzt werden. Nicht unter den Begriff fallen die Erlasse, welche in den einzelnen Mitgliedstaaten zur Umsetzung der Richtlinien dienen. Wenn von Mitgliedstaaten gesprochen wird, sind auch die EFTA-Staaten gemeint, die durch das EWR-Abkommen wie EG-Mitgliedstaaten die EG-Erlasse im öffentlichen Vergabewesen umzusetzen und zu befolgen haben.

II. Ziel

Das Ziel des europäischen Bauvergabewesens ist die *Liberalisierung* der Vergabe von öffentlichen Bauaufträgen. Im ganzen EWR-Raum sollen Bauaufträge ab einem bestimmten Schwellenwert *ohne Diskriminierung* von Angehörigen aus anderen EWR-Staaten nach bestimmten Regeln vergeben werden. Die Regelung des Bauvergabewesens ist ein Teil eines weitumfassenden Regelungsprogramms zur Liberalisierung des gesamten öffentlichen Auftragswesens und zum Abbau von protektionistischen Massnahmen, das seinerseits Bestandteil der *Verwirklichung des Europäischen Binnenmarktes* respektive des *Europäischen Wirtschaftsraumes* ist.
Die Liberalisierung und damit die *Öffnung* der öffentlichen Märkte soll zu mehr *Wettbewerb* und dadurch zu *Einsparungen* auch bei der Verwirklichung der öffentlichen Bauvorhaben führen.

III. Ökonomische Aspekte

1. Wirtschaftliche Bedeutung in der EG

Gemäss der Mitteilung der Kommission über die sozialen und regionalen Aspekte des *öffentlichen Auftragswesens* [KOM (89) 400, Mitteilung vom 22. September 1989] werden *15% des Bruttoinlandproduktes* der Gemeinschaft für den Bereich des Beschaffungswesens verwendet. 1989 entsprach dies einem Wert von *592 Milliarden ECU* (1 ECU = 1,8 CHF). Von diesem Betrag waren 260 bis 380 Milliarden Gegenstand von Verträgen, die in einem offiziellen Vergabeverfahren vergeben wurden. Der Rest wurde für Miete, Strom, Telefon, Post, Versicherung etc. aufgewendet. 75% dieser Aufträge wurden direkt an nationale Unternehmen vergeben, 25% wurden europaweit ausgeschrieben, 2% des Gesamtwertes wurden ausserhalb der nationalen Grenzen vergeben.

Durch den Wegfall von protektionistischen Massnahmen und der Einführung einer Liberalisierung der öffentlichen Märkte wurden in der gleichen Mitteilung *Einsparungen* (inkl. Verteidigungssektor) von mehr als *22 Milliarden ECU* vorhergesagt. Diese Einsparungen sollen zu einer Belebung der Wirtschaft und zur Schaffung von *400'000 neuen Arbeitsplätzen* führen.

Ende 1992 wurden diese Prognosen zwar nicht vollständig relativiert, aber mit Hinblick auf die kurze Geltungsdauer der Vergaberichtlinien wurde darauf hingewiesen, dass die Realisierung dieser Einsparungen eine gewisse Anlaufzeit benötigt.

2. Wirtschaftliche Bedeutung in der Schweiz

Der Eigenbedarf von Bund (inkl. PTT und SBB), Kantonen und Gemeinden an Bauleistungen und beweglichen Gütern betrug 1990 rund *30 Milliarden CHF*, dies entspricht *10% des Bruttoinlandproduktes* und deckt einen Drittel der Gesamtausgaben ab. 2,5 Milliarden CHF wurden durch den Bund, 2,077 Milliarden durch die Kantone und 5,839 Milliarden durch die Gemeinden für Bauleistungen ausgegeben. Gesamthaft wurde somit 1990 im Umfang von 12,416 Milliarden CHF für öffentliche Auftraggeber gebaut. Jeder vierte "verbaute" Franken stammt von einem öffentlichen Auftraggeber. Diese Zahlen belegen die überragende Bedeutung des öffentlichen Auftragswesens, besonders im Baubereich für die Schweiz.

Im Hinblick auf den EWR wurde durch das "Wirtschaftswissenschaftliche Zentrum der Universität Basel" die Schätzung angestellt, dass bei einer völligen Öffnung des öffentlichen Auftragswesens die öffentliche Hand jährlich *9,7 Mia. sparen könnte*. Diese Einsparung entspricht *17% der Gesamtsteuereinnahmen* des Bundes, der Kantone und der Gemeinden. Die Schätzung geht von Einsparungen in der Höhe von 30% aus. Andere Einschätzungen gehen von *Einsparungen in der Höhe von höchstens 10%* aus (SBB, Schreiben vom 20. Januar 1992).

IV. Liberalisierung neben EG-/EWR-Vertrag

1. EFTA-Konvention

Die Mitgliedstaaten der EFTA sahen 1960 in der EFTA-Konvention erste Liberalisierungsmassnahmen vor. Art. 14 der EFTA-Konvention enthält ein *Diskriminierungsverbot* für öffentliche Körperschaften beim Einkauf von Waren. 1966 wurde im sogenannten Lissabonner-Abkommen dieser Art. 14 näher präzisiert. Das Diskriminierungsverbot ist für *Zentralstellen (Bund)* verbindlich. Kantone, Gemeinden und davon abhängige Anstalten sind aufgefordert, können aber nicht gezwungen werden, das Verbot zu befolgen.

Die EFTA-Konvention und das Lissabonner-Abkommen enthalten *keine spezifischen Vergabeverfahrensvorschriften* und überlassen den einzelnen Mitgliedstaaten prinzipiell die freie Wahl bei der Ausgestaltung der Submissionsverfahren, der Bekanntmachung und der Bestimmung der Zulassungs- und Zuschlagskriterien. Die EFTA-Konvention sieht *kein Rechtsmittelverfahren* wegen Verletzungen von Art. 14 der EFTA-Konvention vor. Einzig durch nichtbindende Konsultations- und Beschwerdeverfahren sollen bei Uneinigkeiten Lösungen gefunden werden (siehe Art. 31 der EFTA-Konvention und zum ganzen MICHEL, S. 27 f. und 37 f.).

2. GATT-Abkommen

Das Allgemeine Zoll- und Handelsabkommen enthält keine besonderen Bestimmungen über das öffentliche Auftragswesen. Die Verhandlungen der Tokio-Runde haben 1979 zum Abschluss eines Abkommens über das öffentliche Auftragswesen geführt. Dieser sogenannte *GATT-Kodex* ist nur von zwölf Unterzeichnern ratifiziert worden (EG-Gemeinschaften, USA, Japan, Kanada, Norwegen, Schweden, Finnland, Österreich, Schweiz, Hongkong, Israel, Singapur). In der Schweiz wurde das Abkommen am 12. Dezember 1979 ratifiziert und ist Bestandteil unserer systematischen Rechtssammlung. 1988 trat ein Protokoll in Kraft, das den GATT-Kodex bezüglich Schwellenwerten (Herabsetzung auf 130'000 SZR), Verlängerung der Ausschreibungsfristen und der Veröffentlichung von Auskünften in Zusammenhang mit vergebenen Aufträgen geändert hat.

Gegenstand des Abkommens (GATT-Kodex) ist ein Diskriminierungsverbot und das Gebot zur Inländerbehandlung von ausländischen Anbietern bei der Vergabe von Lieferaufträgen (Art. II des GATT-Kodex) ab einem Schwellenwert von 130'000 SZR. Dienstleistungen fallen unter die GATT-Regeln, wenn sie mit der Lieferung der Ware verbunden sind und den Wert der Ware nicht übersteigen. Betroffen sind nicht nur Beschaffungen in Form von Kauf, sondern auch bei Leasing, Miete, Miete-Kauf (Art. I GATT-Kodex).

Geltung hat der GATT-Kodex für Einkaufsstellen der Zentralverwaltung (Bund). Die Beschaffungsstellen der Zentralverwaltungen, die dem Abkommen unterstehen, wurden in Listen für jedes Land festgehalten (siehe Art. I Abs. 1 lit. b GATT-Kodex). Art. III GATT-Kodex regelt die Ausnahmen der Anwendbarkeit.

Der GATT-Kodex enthält *Regeln über die Verfahren der Auftragsvergabe*. Art. V Abs. 1 GATT-Kodex unterscheidet zwischen offenem, selektivem und freihändigem Verfahren, der Qualifikation der Lieferanten, der Bekanntmachung von geplanten Beschaffungen, der Ausgestaltung von Vergabeunterlagen, Fristbestimmungen im Rahmen dieser Bekanntmachungen, Einreichung, Entgegennahme und Öffnung der Angebote und der Zuschlagserteilung (siehe die Einzelheiten in Art. V Abs. 2 ff. des GATT-Kodex).

Art. VI GATT-Kodex sieht einen *Vergabevermerk und eine Begründungspflicht* vor. Diese letztgenannten Bestimmungen unterscheiden sich nur unwesentlich von den Regeln in den EG-Vergaberichtlinien; beispielsweise sind auch im GATT-Kodex die Zuschlagskriterien der niedrigste Preis oder das wirtschaftlich günstigste Angebot (siehe Art. V Abs. 15 lit. f GATT-Kodex und Art. 29 Abs. 1 der Baukoordinierungsrichtlinie).

Wie bei der EFTA-Konvention fehlt es an einem rechtlich durchsetzbaren Rechtsmittelverfahren zur Durchsetzung des GATT-Kodex. Vorgesehen sind *Konsultations- und Streitbeilegungsverfahren* (Panelverfahren). Die Einzelheiten, wie Zusammensetzung des Ausschusses und der Sondergruppen sowie für den Verfahrensablauf sind in Art. VII GATT-Kodex geregelt.

B) Die Grundlagen des europäischen Bauvergabewesens

I. Gesamtübersicht

Das EG-Bauvergabewesen beruht auf *drei Säulen*:
- den *Allgemeinen Bestimmungen* des EWG-V respektive des EWR-Abkommens, die auch direkt für die Vergabe von öffentlichen Bauaufträgen angewendet werden;
- einem *System von Richtlinien*, welches die Vergabe von Bauaufträgen ab einem bestimmten Schwellenwert einheitlichen Vergaberegeln unterwirft;
- verschiedenen *flankierenden Massnahmen* in Form von EG-Erlassen, die andere Bereiche harmonisieren (Anerkennung von Diplomen, Normierung) und somit zur Verwirklichung der Liberalisierung der öffentlichen Märkte beitragen, und erklärende Erlasse, welche die Anwendung der EG-Vergaberichtlinien erleichtern sollen.

Als Basis für alle drei Säulen dienen die entsprechenden Rechtsmittelverfahren.

II. Die Allgemeinen Bestimmungen des EWG-/EWR-Vertrages

1. Allgemeines

Das öffentliche Beschaffungswesen wird im EWG-Vertrag weder geregelt, noch auch nur erwähnt. Spekulationen über die Gründe für das Fehlen dieser Regeln gibt es viele: Die Absicht, den Bereich des öffentlichen Vergabewesens bewusst den Mitgliedstaaten zu überlassen, oder die politische Unmöglichkeit, für eine solche Regelung eine Einigung zu finden, sind die meistgenannten (GUTKNECHT, S. 12; STOLZ, S. 5 f.). Trotz des Fehlens einer entsprechenden Bestimmung im EWG-Vertrag hat sich der Europäische Gerichtshof bei der Beurteilung von Sachverhalten der öffentlichen Vergabe verschiedentlich auf die Allgemeinen Bestimmungen des EWG-Vertrages berufen.

Die Allgemeinen Bestimmungen kommen dann zur *Anwendung, wenn die Vergaberichtlinien als Ganzes nicht zur Anwendung gelangen*, weil sie noch nicht in Kraft waren, oder die Schwellenwerte nicht erreicht sind, oder *wenn für einen entsprechenden Sachverhalt die Richtlinie keine spezifische Regel vorsieht* (STOLZ, S. 16 und 145, mit einer Zusammenstellung der Rechtsprechung). Die Bedeutung der Allgemeinen Bestimmungen wird auch dadurch unterstrichen, dass die Vergaberichtlinien immer im Sinne der Allgemeinen Bestimmungen ausgelegt werden müssen (siehe dazu das EuGH-Urteil vom 10. Februar 1982, Rechtssache 76/81, SA Transporoute v. Ministère des travaux publics).

Damit die Allgemeinen Bestimmungen als Grundlage zur Beurteilung eines Sachverhaltes dienen können, muss es sich um eine Allgemeine Bestimmung handeln, der *direkte Anwendbarkeit zugeschrieben* wird und einen *Sachverhalt betreffen, der in den Anwendungsbereich des EWG-V fällt* (vgl. BLECKMANN, S. 503 ff.).

2. Das Diskriminierungsverbot (Art. 7 EWG-V)

Art. 7 EWG-V verbietet jede Diskriminierung aus Gründen der Staatsangehörigkeit. Gemäss der Rechtsprechung des EuGH kann das *Diskriminierungsverbot* nur angerufen werden, wenn keine andere Allgemeine Bestimmung des EWG-Vertrages zur Anwendung gelangt (SCHWEITZER, S. 257; BEUTLER, S. 308 ff.; STOLZ, S. 6 ff.).

3. Das Verbot mengenmässiger Beschränkungen und Massnahmen gleicher Wirkung (Art. 30 EWG-V)

Unter Massnahmen gleicher Wirkung wird jede *Handelsregelung* der Mitgliedstaaten verstanden, die geeignet ist, den *innerstaatlichen Handel unmittelbar* oder mittelbar, *tatsächlich oder potentiell zu behindern* (für Einzelheiten siehe BLECKMANN, S. 423 ff.).

Im Bereich der Vergabe von öffentlichen Aufträgen geht es meist um die Frage, ob bestimmte Klauseln in den Ausschreibungsunterlagen geeignet sind, die Einfuhr von Waren zu beeinträchtigen. Dies ist unter anderem dann der Fall, wenn nur mit inländischen Produkten gebaut werden kann (siehe die Übersicht über die Rechtsprechung der EuGH-Urteile).

4. Die Niederlassungs- und Dienstleistungsfreiheit (Art. 52 und 59 EWG-V)

Im Bereich der Vergabe von öffentlichen Bauaufträgen gewährt die Niederlassungsfreiheit dem Ausländer, der sich im Vergabestaat niedergelassen hat - und die Dienstleistungsfreiheit dem Ausländer, der seinen Sitz im Ausland hat - das Recht, sich *ohne Diskriminierungen um einen öffentlichen Bauauftrag zu bewerben*. Unter anderem garantieren die Dienstleistungs- und Niederlassungsfreiheit, dass ein Unternehmer aus einem anderen Mitgliedstaat mit seinem *gesamten Personal frei in das Land einreisen kann*, wo die Leistungen erbracht werden sollen (siehe die Übersicht über die Rechtsprechung des EuGH und BLECKMANN, S. 454 ff. und S. 480 ff.).

III. Die Vergaberichtlinien

1. Übersicht

Die Baukoordinierungsrichtlinie deckt in der Form einer allgemein gültigen Richtlinie die Mehrzahl der öffentlichen Bauaufträge ab. Die Lieferung von Erzeugnissen an die öffentliche Hand wird durch die *Lieferkoordinierungsrichtlinie* dem europaweiten Wettbewerb untergeordnet. Durch diese Richtlinie wird verhindert, dass durch spezielle Vereinbarungen anstelle von Bauaufträgen Lieferaufträge vergeben werden.

Durch die *Dienstleistungsrichtlinie* werden in Form eines Auffangtatbestandes alle anderen öffentlichen Aufträge der EG-Kontrolle unterstellt. Wichtig in Zusammenhang mit der Vergabe von Bauaufträgen ist, dass Projektierungsarbeiten, die nicht im Rahmen eines General- oder Totalunternehmervertrages vergeben werden, unter die Dienstleistungsrichtlinie fallen.

Die *Sektorenrichtlinie* befasst sich mit der EG-weiten Ausschreibung und Vergabe von öffentlichen Bau-, Liefer- und Dienstleistungsaufträgen von Auftraggebern aus den Sektoren Wasser-, Energie- und Verkehrsversorgung sowie aus dem Telekommunikationssektor. Eine erste Fassung der Sektorenrichtlinie (90/531/EWG) regelte nur die Vergabe von Bau- und Lieferaufträgen in den genannten Sektoren. Heute besteht ein Vorschlag für eine Sektorenrichtlinie (92/C/34), in dem die Bestimmungen des Vorschlages für eine Sektorendienstleistungsrichtlinie [KOM (91) 347 endg.] eingearbeitet sind.

2. Die Baukoordinierungsrichtlinie

Die *Baukoordinierungsrichtlinie* ist in fünf Abschnitte aufgeteilt. Der erste Abschnitt (Art. 1-6) bestimmt unter dem Titel "Allgemeine Bestimmungen" unter anderem Begriffe, wie öffentlicher Auftrag, öffentlicher Auftraggeber und Bauwerk. Es wird der

Anwendungsbereich, in Art. 4a der Schwellenwert von 5. Mio. ECU (= ca. 9 Mio. SFR) bestimmt und die verschiedenen Vergabe- (offenes, nichtoffenes) und Verhandlungsverfahren definiert und die Begründungspflicht in Art. 5a statuiert.

Der zweite Abschnitt (Art. 10) befasst sich mit den gemeinsamen Vorschriften auf technischem Gebiet. Diese Vorschriften bestimmen, auf welche technischen Spezifikationen in den Vergabeunterlagen verwiesen werden kann.

Im dritten Abschnitt (Art. 12-19) wird der äussere Ablauf des Vergabeverfahrens geregelt: Die Bekanntmachung der Vergabeabsicht und der Vergabe eines Auftrages im Amtsblatt, die einzuhaltenden Fristen (Art. 13 bis 15) sowie der Inhalt der Bekanntmachungen.

Unter dem Titel "Gemeinsame Teilnahmebestimmungen" nennt die Baukoordinierungsrichtlinie im vierten Abschnitt (Art. 20-29) die *Eignungs- und Zuschlagskriterien*. Dieser Abschnitt widmet sich dem materiellen Vergabeverfahren. Die Eignungskriterien geben an, unter welchen Bedingungen (Konkurs, Verfehlungen im Rahmen der beruflichen Tätigkeit etc.) ein Unternehmer von der Teilnahme an einem Vergabeverfahren ausgeschlossen werden kann. Von den Teilnehmern kann der Nachweis ihrer Eignung durch den Nachweis ihrer technischen und wirtschaftlichen Leistungsfähigkeit verlangt werden. Nach welchen Kriterien die Aufträge vergeben werden, bestimmen die Zuschlagskriterien. Es sind dies das wirtschaftlich günstigste Angebot oder der niedrigste Preis. Im gleichen Abschnitt werden Einzelfragen, wie die Einreichung von Varianten, Bekanntgabe von Unteraufträgen und Bietergemeinschaften geregelt.

In den *Schlussbestimmungen* in Abschnitt V (Art. 30-34) werden Fragen wie Umsetzungszeitpunkt und statische Informationen geregelt.

3. Besonderheiten der Lieferkoordinierungs- und Dienstleistungsrichtlinie

Die *Lieferkoordinierungs-* und die *Dienstleistungsrichtlinie* sind im Aufbau und Inhalt sehr *nahe mit der Baukoordinierungsrichtlinie verwandt*. Nachfolgend sollen neben dem Schwellenwert einige Besonderheiten genannt werden.

Die *Lieferkoordinierungsrichtlinie* kennt auch das offene, nichtoffene und das Verhandlungsverfahren. Das offene Verfahren geniesst im Unterschied zur Baukoordinierungsrichtlinie absolute Priorität (Art. 6).

Die *Dienstleistungsrichtlinie* sieht in Art. 8 eine zweistufige Anwendung vor. Bei bestimmten, in Anhang I A der Dienstleistungsrichtlinie aufgezählten Dienstleistungsaufträgen müssen sämtliche Vergaberegeln der Richtlinie befolgt werden. Zu diesen Dienstleistungsaufträgen gehören unter anderem Architektur, technische Beratung und Planung, integrierte technische Leistungen, Stadt- und Landschaftsplanung, zugehörige wissenschaftliche und technische Beratung, technische Versuche und Analysen, Datenverarbeitung. Für bestimmte andere (z.B. Rechtsberatung) und die übrigen Dienstleistungen müssen nach Art. 9 einzig gewisse Vergabevorschriften berücksichtigt werden (unverbindliche Bekanntmachung der geplanten Vergabe von Aufträgen ab einem bestimmten Schwellenwert). Die Dienstleistungsrichtlinie kommt bei der Durchführung von *Wettbewerben* zur Anwendung (siehe Art. 13 und HENNINGER, Baurecht 1992, S. 111).

Für die Baukoordinierungsrichtlinie und die Lieferkoordinierungsrichtlinie bestehen Entwürfe für *kodifizierte Fassungen* für Bauaufträge (92/C 46/04) und für Lieferaufträge (92/C 277/01). In diesen Neufassungen werden die Inhalte der Dienstleistungsrichtlinie, der Baukoordinierungsrichtlinie und der Lieferkoordinierungsrichtlinie einander angepasst.

4. Besonderheiten der Sektorenrichtlinie

Die Sektorenrichtlinie ist bezüglich Inhalt und Aufbau nahe mit den anderen Vergaberichtlinien verwandt. Da die Sektorenrichtlinie sowohl für die Vergabe von Bau-, Liefer- und Dienstleistungsaufträgen gilt, werden in ihr alle spezifischen Regeln der anderen Richtlinien zusammengetragen. Aus diesem Grund ist sie umfangreicher.

Der *Hauptgrund für eine besondere Regelung im Bereich der Sektoren* besteht gemäss der Präambel zur Sektorenrichtlinie darin, dass die Einrichtungen, die die jeweiligen Leistungen erbringen, *teils dem öffentlichen, teils dem Privatrecht unterliegen*. Dies führt zu Problemen bei der Bestimmung des *Anwendungsbereiches*. Dieser ist detailliert und auf komplexe Weise geregelt. Er wird einesteils über die Bezeichnung der der Sektorenrichtlinie unterstellten Auftraggeber in Verbindung mit gewissen Tätigkeiten bestimmt, anderenteils über die Nennung von spezifischen Aufträgen, die vergeben oder über die Wettbewerb durchgeführt werden soll, beschrieben (Art. 2 bis 11 der Sektorenrichtlinie; vgl. zur Sektorenrichtlinie HENNINGER, Baurecht 1991, S. 51).

Die Auftraggeber können im Unterschied zur Baukoordinierungsrichtlinie bei der Sektorenrichtlinie *frei zwischen dem offenen, nichtoffenen und dem Verhandlungsverfahren wählen*, vorausgesetzt, dass vorher ein Aufruf zum Wettbewerb erfolgt ist (Art. 15 Abs. 1). Die Sektorenrichtlinie sieht eine Bestimmung über die Behandlung von Angeboten aus Drittstaaten vor (siehe C/I.2).

IV. Flankierende Massnahmen

1. Übersicht

Die Liberalisierung der öffentlichen Märkte wird nicht allein durch die Öffnung der Vergabesysteme erreicht. Eine ganze Anzahl von anderen EG-Erlassen wurde zwar nicht im Hinblick auf das Vergabewesen erlassen, spielen aber für die Öffnung der öffentlichen Märkte eine nicht unbedeutende Rolle. Für die Bestimmung der technischen Vorschriften bei der Vergabegrundlage sind die *Bereiche Normierung und Zertifizierung* wesentlich. Im Hinblick auf die Eignungskriterien in den Vergaberichtlinien kann die *Anerkennung von Diplomen* von ausschlaggebender Bedeutung sein. Eine andere Kategorie von flankierenden *EG-Rechtsakten* wurde speziell zum Verständnis und zur Vereinfachung der Anwendung der Vergaberichtlinien erlassen.

2. Normierung und Zertifizierung

Die Liberalisierung der öffentlichen Märkte kann durch unterschiedliche Normen und den daraus entstehenden Handelshemmnissen erschwert werden. Die EG versucht durch verschiedene Erlasse eine Harmonisierung zu erreichen. Wichtigste Grundlage bildet die *Entscheidung des Rates über die Neukonzeption für die technische Harmonisierung*. Neu sollen in den Richtlinien die grundlegenden Sicherheitsanforderungen festgelegt werden. Die genauere Umschreibung geschieht in technischen Normen, die in den Normgremien wie CEN/CENELEC ausgearbeitet werden. Dieses Konzept wird ergänzt durch eine *Entschliessung des Rates über ein Gesamtkonzept für die Konformitätsbewertung* und einen *Beschluss des Rates über die Ausgestaltung der in den technischen Harmonisierungsrichtlinien zu verwendenden Konformitätsbewertungsverfahren*. Diese letztgenannten Erlasse dienen dazu, einheitliche Anforderungen an die Konformitätsbewertungsverfahren und die damit beauftragten Stellen zu garantieren. Durch eine *Informationsrichtlinie* soll ein Informationsaustauschverfahren auf dem Gebiet der Normen und technischen Vorschriften eingerichtet werden.

In Zusammenhang mit der europaweiten Vergabe von öffentlichen Bauaufträgen ist die *Bauproduktenrichtlinie* von Bedeutung. Für die Bestimmung der technischen Spezifikationen verweist die Baukoordinierungsrichtlinie in Art. 10 ausdrücklich auf diese Richtlinie. Die Bauproduktenrichtlinie nennt unter anderem die Voraussetzungen dafür, dass ein Bauprodukt auf den Markt kommen darf und frei zirkulieren kann.

3. Anerkennung von Diplomen

Eine *Allgemeine Anerkennungsrichtlinie* regelt das Verfahren und die Voraussetzungen für die Anerkennung von Hochschuldiplomen, Prüfungszeugnissen oder gleichwertigen Befähigungsausweisen in den Mitgliedstaaten. Diplome von Ingenieuren werden auf der Grundlage dieser Allgemeinen Anerkennungsrichtlinie gegenseitig anerkannt (siehe für Einzelheiten BERSCHEID, S. 114 ff.; PLOTKE, S. 20 ff.).

Eine besondere *Architektenrichtlinie* regelt das Verfahren und die Voraussetzungen für die Anerkennung der Diplome und Befähigungsausweise auf dem Gebiet der Architektur (für Einzelheiten siehe BERSCHEID/KIRSCHBAUM, S. 92 ff.).

4. Ergänzende Erlasse

Verschiedene EG-Erlasse ergänzen mit dem Ziel, die Anwendung der Vergaberichtlinien zu erklären und zu vereinfachen, das Vergabesystem. Ein Vademekum erklärt das System der Vergabe öffentlicher Aufträge in der EG.

In der Mitteilung der Kommission über die regionalen und sozialen Aspekte werden die wirtschaftlichen Auswirkungen der Liberalisierung des öffentlichen Auftragswesens aufgezeigt.

Die Empfehlung und die Anlage zur Empfehlung über die *Standardisierung der Bekanntmachungen öffentlicher Aufträge* gibt Anleitungen und Beispiele, wie die öffentlichen Aufträge bekannt gemacht werden sollen, und führt eine einheitliche Nomenklatur ein.

Die Kommission bereitet ein Arbeitspapier für eine Gemeinschaftsaktion für die *Vorprüfung von Bauunternehmen* vor.

V. Durchsetzung und Rechtsschutz

1. Verfahren nach dem EWG-Vertrag

Die Kommission hat als Hüterin der EWG-Verträge (Art. 155 EWG-V) auch die Einhaltung des sekundären EG-Rechtes und somit auch der Richtlinien zu garantieren. Im EWR-Vertrag sind ähnliche Überprüfungsmechanismen vorgesehen (siehe Art. 105 ff. des EWR-Abkommens). Kommt die Kommission zur Ansicht, dass ein Mitgliedstaat seinen Verpflichtungen nicht nachgekommen ist und führen Aufforderungen der Kommission zu keinem Erfolg, kann die Kommission beim EuGH ein *Vertragsverletzungsverfahren nach Art. 169 EWG-V* anstrengen (für Einzelheiten des Verfahrens siehe BEUTLER, S. 246; SCHWEITZER, S. 136 ff.; zur Problematik der Dauer des Verfahrens STOLZ, 143 ff.).

Der Europäische Gerichtshof ist zuständig für die Auslegung des Gemeinschaftsrechtes (Art. 177 EWG-V). Stellt sich in einem Verfahren vor einer nationalen Behörde die Frage nach der Auslegung des Gemeinschaftsrechtes, so kann die nationale Behörde dem Europäischen Gerichtshof im sogenannten *Vorabentscheidungsverfahren nach Art. 177 EWG-V* die Frage zur Entscheidung (Auslegung) vorlegen (für Einzelheiten siehe BEUTLER, S. 235 ff.; SCHWEITZER, S. 150 ff.). Zur Problematik der zeitlichen Verzögerung und des Umstandes, dass die nationalen Gerichte nicht ohne Not dieses Verfahren anstrengen, siehe GUTKNECHT, S. 106 ff.; STOLZ, S. 143 ff.

Im Rahmen von *Art. 186 EWG-V kann der EuGH vorsorgliche Massnahmen* erlassen. Solche Massnahmen haben bereits verschiedentlich zur Suspendierung von Vergabeverfahren geführt (Verfügung des Präsidenten des EuGH vom 20. Juli und 13. September 1988 in der Rechtssache 194/88, Kommission der Republik Italien und Verfügung des Präsidenten des EuGH vom 16. Februar und 13. März 1987 in der Rechtssache 45/87, Kommission v. Irland).

2. Die Rechtsmittelrichtlinie

Um eine wirksame und rasche Überprüfung der EG-Vergaberegeln in den Mitgliedstaaten zu garantieren und damit auch die Durchsetzung des EG-Vergaberechtes zu gewährleisten, wurde die Rechtsmittelrichtlinie erlassen. Die Rechtsmittelrichtlinie enthält die *minimalen Verfahrensvorschriften*, denen ein Nachprüfungsverfahren in den Mitgliedstaaten im Bereich der Vergabe von Bau-, Liefer- und Dienstleistungsaufträgen ausserhalb der Sektoren genügen muss. Jeder, der ein Interesse an einem bestimmten öffentlichen Auftrag hat oder hatte, und dem durch einen behaupteten Rechtsverstoss ein Schaden entstanden ist bzw. zu entstehen droht, kann ein Nachprüfungsverfahren einleiten (siehe Art. 1 Abs. 1 und 3). Die Richtlinie sieht in Art. 2 vor, dass die Mitgliedstaaten die nötigen Schritte einleiten müssen, dass vorsorgliche Massnahmen ergriffen und rechtswidrige Entscheidungen aufgehoben werden können sowie Schadenersatz zugesprochen werden kann (vgl. GAUCH, Abschnitt V). Die Wirkungen der genannten Massnahmen bestimmen sich gemäss Art. 2 Abs. 6 nach dem Recht des einzelnen Mitgliedstaates.

Der *EG-Kommission* wird die Befugnis eingeräumt, bei einem klaren Verstoss gegen die Vergaberegeln vor Abschluss des Vertrages einzugreifen (siehe zu den Einzelheiten HENNINGER, Baurecht 1991, S. 107).

3. Die Sektorenrechtsmittelrichtlinie

Die Sektorenrechtsmittelrichtlinie dient der Durchsetzung der EG-Vergaberegeln im Bereich der Sektoren. Sie enthält teilweise gleiche und ähnliche Verfahrensvorschriften wie die Rechtsmittelrichtlinie. Neben anderen Besonderheiten ist in der Sektorenrechtsmittelrichtlinie in Art. 4 ein *Bescheinigungsverfahren*, in dem die Eurokompatibilität der Prüfungsverfahren bestätigt wird, vorgesehen, und dem Einzelnen wird in Art. 9 das Recht eingeräumt, bei der Kommission ein *Schlichtungsverfahren* zu beantragen (siehe zu den Einzelheiten HENNINGER, Baurecht 1992, S. 50).

4. Die unmittelbare Anwendbarkeit

Richtlinien müssen durch die Mitgliedstaaten in Landesrecht umgesetzt werden. Setzt ein Staat die Richtlinien nicht oder nicht korrekt um, so kann sich der Einzelne gegenüber dem Staat direkt auf die Richtlinien berufen. Voraussetzung ist, dass die *Frist zur Umsetzung der Richtlinie abgelaufen* ist und die Bestimmungen der Richtlinien *klar, präzise und unbedingt* formuliert sind. Diese Voraussetzungen sind für die meisten Bestimmungen der Vergaberichtlinien gegeben (SCHWEITZER, S. 115; BEUTLER, S. 225 ff.; HARTLEY, S. 183; GUTKNECHT, S. 18; vgl. das EuGH-Urteil vom 20. September 1991, Rechtssache 31/87, Gebroeders Beentjies und das EuGH-Urteil vom 22. Juni 1989, Rechtssache 103/88, Fratelli Constanzo Spa.).

C) Die Situation der Schweiz

I. Die Schweiz ohne EWR-Vertrag

1. Keine Unterstellung unter die EG-Vergaberegeln

Als einziger Staat Westeuropas ist die Schweiz nicht Partner des Vertrages über den Europäischen Wirtschaftsraum. Sie untersteht im Bereich der öffentlichen Märkte nicht den EG-Vergaberegeln. Dies hat zur Folge, dass einesteils die *EG-Regeln nicht befolgt werden und somit europaweit vergeben werden müssen*, andernteils können sich die Schweizer Unternehmer im EWR-Raum *nicht auf die Rechte dieser EG-Regeln berufen*. Dies kann zu einer Benachteiligung, ja zu einem Ausschluss der Schweizer Unternehmen auf den öffentlichen Märkten im EWR-Raum führen.

Gewisse EG-Länder erwarten als Folge der Zulassung von Schweizer Unternehmen zu ihren öffentlichen Märkten Zugeständnisse der Schweiz im Hinblick auf eine Öffnung der schweizerischen öffentlichen Märkte. Sollte keine Öffnung der schweizerischen öffentlichen Märkte erfolgen, so wird mit *Retorsionsmassnahmen* gedroht.

2. Die Schweiz als Drittland

Die Schweiz gilt im Sinne von *Art. 28 der Sektorenrichtlinie als Drittland* ohne bilaterales oder multilaterales Abkommen, das einen vergleichbaren und tatsächlichen Zugang für Unternehmen aus der Gemeinschaft auf ihre Märkte gewährleistet. Ein Lieferangebot, dessen Warenanteil zu 50% und mehr aus Drittländern stammt, kann zurückgewiesen werden.

Sind Angebote mit einem Drittwarenanteil von mehr als 50% und "rein europäische" Angebote gleichwertig, so ist das *"rein europäische" Angebot zu berücksichtigen*, ausser Inkompatibilität oder technische Schwierigkeiten würden zu Problemen bei Betrieb und Wartung oder zu unverhältnismässigen Kosten führen. Gleichwertigkeit wird auch bei einer Preisdifferenz von 3% angenommen.

II. Die Schweiz als EFTA-Mitglied

1. EFTA-Konvention

Als Mitglied der EFTA hat sich die Schweiz zur Einhaltung der EFTA-Konvention verpflichtet. *Es ist davon auszugehen, dass diese Konvention auch nach dem "Nein" der Schweiz zum EWR weiterhin zwischen den EFTA-Staaten gilt.* Viele Spekulationen und Gerüchte gehen aber dahin, dass die EFTA aufgelöst respektive ein Mitgliederwechsel stattfinden wird. Bis zum heutigen Zeitpunkt bestehen noch keine klaren offiziellen Stellungnahmen.

2. Luxemburger Follow-up

Im Rahmen der Zusammenarbeit zwischen den EG- und EFTA-Staaten wurde an einer Konferenz in Luxemburg im Jahre 1987 (Luxemburger Follow-up) vereinbart, dass auf *bilateraler Ebene ein Programm zur Vereinheitlichung der Rechtsordnungen von EG- und EFTA-Staaten* verwirklicht werden soll. Dieses Programm sah u.a. die Liberalisierung des öffentlichen Beschaffungswesens vor. Da heute alle anderen EFTA-Staaten im

EWR sind, ist kaum damit zu rechnen, dass es im Rahmen der EFTA zu einem solchen bilateralen Abkommen kommen wird.

III. Die Schweiz als GATT-Vertragspartei

1. Geltender GATT-Kodex

Der geltende GATT-Kodex (siehe die Ausführungen unter A/IV.) wird durch das "Nein" der Schweiz zum EWR aufgewertet. Der GATT-Kodex bleibt die *einzige Grundlage zur Liberalisierung der öffentlichen Märkte*, in dem auch die EG Partner sind. Es ist aber zu unterstreichen, dass die Vergabe von öffentlichen Bauaufträgen durch den GATT-Kodex nicht erfasst ist.

2. Ausdehnung des GATT-Kodex

Im Rahmen der laufenden Verhandlungen der Uruguay-Runde wird auch über die Ausdehnung des GATT-Kodex verhandelt. Folgende Neuerungen sind geplant:
- Der GATT-Kodex soll auch für die regionalen und lokalen Auftraggeber gelten. Ebenfalls erfasst werden sollen Auftraggeber im Bereich Wasser-, Energie-, Verkehrsversorgung und Telekommunikation.
- Der Anwendungsbereich soll auf Bau- und Dienstleistungsaufträge ausgedehnt werden.
- Es soll ein wirksamer Rechtsmittelmechanismus eingeführt werden.
- Die Schwellenwerte sollen nach unten gesenkt werden.

Es ist damit zu rechnen, dass die *EG-Vergaberegeln zur allgemeinen Grundlage für den GATT-Kodex werden.*

IV. Revitalisierungs- und Liberalisierungsprogramme

1. Revitalisierungsprogramm des Bundesrates

Im Frühjahr 1993 hat der *Bundesrat sein Programm zur Revitalisierung der Wirtschaft* vorgestellt. Dieses Programm sollte nach der Ablehnung des EWR-Vertrages eine Isolation der Schweiz verhindern, neue Impulse für die Wirtschaft bringen, den Wettbewerb fördern und die entsprechenden rechtlichen Grundlagen schaffen. Im Bereich der öffentlichen Märkte soll durch eine Revision der Vergabeverordnungen die Vergabe öffentlicher Aufträge liberalisiert und der Wettbewerb verstärkt werden.

2. Schaffung eines Binnenmarktes Schweiz für das Vergabewesen

Unter den Kantonen sind Bemühungen im Gange, die eine *Liberalisierung des öffentlichen Vergabewesens* unter den Kantonen anstreben.

3. Die Ausschreibung des AlpTransit

Der Bundesbeschluss vom 4. Oktober 1991 sieht unter dem Titel "Wettbewerb" in Art. 13 Abs. 2 vor: "Für in- und ausländische Bewerber sind gleichwertige Wettbewerbsbedingungen zu verlangen."

RECHTSQUELLEN

Für den Bereich der flankierenden Massnahmen werden die Rechtsquellen nicht detailliert angegeben. Sämtliche EG-Erlasse finden sich in Euro-Bau.

Übereinkommen vom 12. April 1979 im Rahmen des *GATT* über das öffentliche Beschaffungswesen (SR 0.632.231.42).

EFTA-Konvention, Artikel 14, öffentliche Unternehmungen.

Richtlinie des Rates vom 26. Juli 1971 (71/305/EWG) über die Koordinierung der Verfahren zur *Vergabe öffentlicher Bauaufträge*, geändert durch die Richtlinie vom 18. Juli 1989 (89/440/EWG).

Richtlinie des Rates vom 21. Dezember 1976 über die Koordinierung der Verfahren zur Vergabe öffentlicher *Lieferaufträge* (77/62/EWG), geändert am 22. Juli 1980, 20. Mai 1988 und 31. Juli 1992 durch die Richtlinien (80/767/EWG, 88/295/EWG und Entscheidung der Kommission (92/456/EWG).

Richtlinie des Rates vom 18. Juni 1992 über die Koordinierung der Verfahren zur Vergabe öffentlicher *Dienstleistungsaufträge* (92/50/EWG).

Richtlinie des Rates vom 21. Dezember 1989 zur Koordinierung der Rechts- und Verwaltungsvorschriften für die Anwendung der Nachprüfungsverfahren im Rahmen der Vergabe öffentlicher Liefer- und Bauaufträge [*Rechtsmittelrichtlinie*, früher Eingriffsrichtlinie (89/665/EWG)].

Richtlinie des Rates vom 17. September 1990 betreffend die Auftragsvergabe durch Auftraggeber im Bereich der Wasser-, Energie- und Verkehrsversorgung sowie im Telekommunikationssektor (90/531/EWG), [*Sektorenrichtlinie*, kodifizierter Text (92/C/04)].

Richtlinie des Rates vom 25. Februar 1992 zur Koordinierung der Rechts- und Verwaltungsvorschriften für die Anwendung der Gemeinschaftsvorschriften über die Auftragsvergabe durch Auftraggeber im Bereich der Wasser-, Energie- und Verkehrsversorgung sowie im Telekommunikationssektor [*Sektorenrechtsmittelrichtlinie* (92/13/EWG)].

[EuGH-]JUDIKATUR
"Dundalk": Urteil vom 22. September 1988, Rechtssache 45/8, EG-Kommission v. Irland. *Vorschriften über technische Spezifikationen (Normen, die nur durch Einheimische erfüllt werden können) in Vergabeunterlagen dürfen nicht zu einer Behinderung des freien Warenverkehrs führen* (Verbot von mengenmässigen Einfuhrbeschränkungen und Massnahmen gleicher Wirkung gemäss Art. 30 des EWG-V).
"Du Pont de Nemours"/"Laboratori Bruneau": Urteil vom 20. März 1990, Rechtssache C-21/88, Du Pont de Nemours v. Unita Sanitaria Locale Nr. 2 von Carrara. Urteil vom 11. Juli 1991, Rechtssache C-351/88, EG-Kommission v. Italien. Eine nationale Regelung, die bestimmt, dass *ein gewisser prozentualer Anteil der öffentlichen Aufträge ansässigen Betrieben* eines bestimmten Staatsgebietes vorbehalten ist, verstösst gegen das Prinzip des freien Warenverkehrs (Verbot von mengenmässigen Einfuhrbeschränkungen und Massnahmen gleicher Wirkung gemäss Art. 30 des EWG-V).
"Seco, Desquenne & Giral": Urteil vom 3. Februar 1992, Rechtssache 62 und 63/81, Aktiengesellschaften frz. Rechts Seco, Desquenne & Giral v. Etablissement d'assurance contre la vieillesse et l'invalidité. Mit dem freien Dienstleistungsverkehr ist vereinbar, die *Rechtsvorschriften über die Mindestlöhne oder die von den Sozialpartnern geschlossenen Tarifverträge* von allen Unternehmen zu verlangen, die in einem anderen Staatsgebiet ansässig sind oder auch nur vorübergehend in einem anderen Mitgliedstaat tätig sind. Nicht verlangt werden kann die Zahlung des *Arbeitgeberanteils an den Beiträgen zur Sozialversicherung* von Arbeitgebern, die in einem anderen Mitgliedstaat ansässig sind und bereits nach diesen Rechtsvorschriften Beiträge bezahlt haben, und wenn die Beiträge in dem Staat, in dem diese Leistung erbracht wird, entrichtet werden, für diese Arbeitnehmer keinen Anspruch auf einen sozialen Vorteil begründen.
"Rush Portugesa": Urteil vom 27. März 1990, Rechtssache C-113/89, Firma Rush Portugesa Lda. v. Office national d'immigration. Ein in einem anderen Mitgliedstaat ansässiger Unternehmer kann mit seinem *eigenen Personal in jedem anderen Mitgliedstaat* seine Dienstleistungen erbringen. Es dürfen keine Bedingungen bezüglich der Einstellung von Arbeitskräften an Ort und Stelle oder der Einholung einer Arbeitserlaubnis auferlegt werden. Den Mitgliedstaaten ist es erlaubt, ihre Rechtsvorschriften und Tarifverträge mit den geeigneten Mitteln durchzusetzen.
"Kommission v. Italien 1989 und 1992": Urteil vom 5. Dezember 1989, Rechtssache C-3/88, EG-Kommission v. Italien. Urteil vom 3. Juni 1992, Rechtssache C-360/89, EG-Kommission v. Italien. Ein Erlass, der vorsieht, dass sich ein Auftrag nur mit einem Unternehmen abschliessen lässt, das ganz oder *mehrheitlich in staatlichem oder öffentlichem Besitz* ist oder ein Erlass, der vorsieht, dass ein gewisser Anteil der öffentlichen Aufträge nur an *Unternehmen mit Sitz am Ort* erteilt werden, wo die Aufträge ausgeführt werden sollen, verletzt die Niederlassungs- und Dienstleistungsfreiheit.
"Kommission v. Italien 1983": Urteil vom 28. März 1983, Rechtssache 274/83, EG-Kommission v. Italien. Wird ein Auftrag nach dem Kriterium des wirtschaftlich günstigsten Angebotes gemäss Art. 29 der Baukoordinierungsrichtlinie vergeben, so hat der Auftraggeber die Möglichkeit, nach qualitativen wie quantitativen Kriterien, die je nach Auftrag wechseln, einen Ermessensentscheid zu treffen. Er darf nicht allein an das quantitative Kriterium des Durchschnittspreises gebunden sein.

"Beentjes": Urteil vom 20. September 1988, Rechtssache 31/87, Gebroeders Beentjes BV v. Niederländische Staat. Das Kriterium *"für die auszuführenden Arbeiten erforderliche spezifische Erfahrung"* ist im Hinblick auf die Prüfung der fachlichen Eignung der Unternehmer ein zulässiges Kriterium für die Bewertung der technischen Leistungsfähigkeit. Das Kriterium des *"günstigsten Angebotes"* kann mit der Richtlinie vereinbar sein, wenn es das Beurteilungsermessen zum Ausdruck bringt, über welches die öffentlichen Auftraggeber verfügen, um nach objektiven Gesichtspunkten das wirtschaftlich günstigste Angebot zu ermitteln und somit kein willkürliches Auswahlelement enthält. Die Bedingung der *Beschäftigung von Langzeitarbeitslosen* ist mit der Richtlinie vereinbar, wenn sie nicht unmittelbar oder mittelbar zu einer Diskriminierung der Bieter aus anderen Mitgliedstaaten führt. Sie muss in der Bekanntmachung der Ausschreibung angegeben werden.

"Fratelli Costanzo"/"Dona Alfonso": Urteil vom 22. Juni 1989, Rechtssache 103/88, Fratelli Costanzo S.p.A. v. Stadt Mailand/Urteil vom 18. Juni 1991, Rechtssache C-295/89, Impresa Dona Alfonso v. Comune di Monfalcone. Bei einem *ungewöhnlich niedrigen Angebot* gemäss Art. 29 Abs. 5 der Baukoordinierungsrichtlinie muss die Überprüfung des Angebotes auf der Grundlage eines *kontradiktatorischen Verfahrens* erfolgen und darf nicht allein aufgrund eines mathematischen Kriteriums geschehen.

"Kommission v. Spanien 1992": Urteil vom 18. März 1992, Rechtssache C-24/91, EG-Kommission v. Spanien. Bei zeitlich dringlichen Fällen soll zuerst überprüft werden, ob nicht die in Art. 15 der Baukoordinierungsrichtlinie vorgesehenen verkürzten Fristen genügen. Der Verzicht auf eine Ausschreibung gemäss der Baukoordinierungsrichtlinie kann nur in den dringendsten Fällen erlaubt werden.

LITERATUR
BERSCHEID Gerard, Freie Berufe in der EG, Bonn 1991; BEUTLER Bengt, Die Europäische Gemeinschaft: Rechtsordnung und Politik, 3. Auflage, Baden-Baden 1987; BLECKMANN Albert, Europarecht, 5. Auflage, Köln 1990; FISCHER Peter, Die Liberalisierung des öffentlichen Beschaffungswesens im neuen EG-Recht, in: Österr. Zeitschrift für Wirtschaftsrecht 1991, S. 1; GUTKNECHT Brigitte, Das Vergaberecht der EG - Bestand und Anpassungsbedarf für Österreich, Graz 1991; GAUCH Peter, Die EG-Baukoordinierungsrichtlinie, in: Baurecht 1991, S. 3; HARTLEY T.C., The foundations of the European Community, 2. Auflage, Cambridge 1988; HENNINGER Anton, Übersicht über das Euro-Baurecht, in: Baurecht 1990, S. 55 (Henninger, BR 1990); DERS., Die EG-Bauproduktrichtlinie, in: Baurecht 1990, S. 80 (Henninger, BR 1990); DERS., Die Sektorenrichtlinie, in: Baurecht 1991, S. 51 (Henninger, BR 1991); DERS., Die Rechtsmittelrichtlinie, in: Baurecht 1991, S. 107 (Henninger, BR 1991); DERS., Die Sektorenrechtsmittelrichtlinie, in: Baurecht 1992, S. 50 (Henninger, BR 1992); DERS., Die Dienstleistungsrichtlinie, in: Baurecht 1992, S. 111 (Henninger, BR 1992); DERS., Euro-Bau, Rechtsquellen zum Europäischen Baurecht, Zürich 1991; MEYER H.G., Die neue Bauproduktrichtlinie, in: Bauphysik 10/1988, Heft 6; MICHEL Nicolas, L'ouverture européenne des marchés publics suisses, Freiburg 1991; PLOTKE Herbert, Gegenseitige Anerkennung von Diplomen und Berufserfahrung in

der Europäischen Wirtschaftsgemeinschaft und ihre Auswirkungen auf die Schweiz, Basel 1991; PROBST Peter, Die volkswirtschaftliche Bedeutung des Submissions- und Einkaufswesens in der Schweiz, in: Einkäufer-Revue 1992, S. 43; SCHWEITZER Michael, Europarecht, 3. Auflage, Frankurt 1990; STOLZ Kathrin, Das öffentliche Auftragswesen in der EG, Baden-Baden 1991.

ABKÜRZUNGEN
ABL: Amtsblatt der Europäischen Gemeinschaft; *CC*: Kommentar der Kommission; *CEN*: Comité européen de normalisation; *CENELEC*: Comité européen de normalisation électronique; *ECU*: Unité monétaire européenne; *EFTA*: Europäische Freihandelsassoziation; *EG*: Europäische Gemeinschaften; *EUGH*: Europäischer Gerichtshof; *EWG*: Europäische Wirtschaftsgemeinschaft; *EWG-V*: Vertrag zur Gründung der Europäischen Wirtschaftsgemeinschaft; *EWR*: Europäischer Wirtschaftsraum; *EWR-V*: Vertrag über den Europäischen Wirtschaftsraum; *FHA*: Freihandelsabkommen zwischen der Schweiz und der EG; *GATT*: General Agreement on Tariffs and Trade; *SZR*: Sonderziehungsrechte (GATT-Währung); *TED*: Tenders Electronic Daily.

Internationale Bauverträge; Streitvermeidung und Schiedsgerichtsbarkeit

Pierre A. Karrer

Schweizerische Unternehmer und Ingenieurunternehmungen sind nicht selten im Rahmen von grossen Bauvorhaben im Ausland, namentlich in Entwicklungsländern, tätig. Solche internationale Bauvorhaben und ihre vertraglichen Regelungen weichen erheblich von zumal kleineren schweizerischen Bauvorhaben und den auf sie anwendbaren SIA Normen ab. Sie sind ausserordentlich komplex, die Verträge daher ungewöhnlich umfangreich und unübersichtlich. Anwendbar sind zudem häufig das FIDIC Red Book (darüber später) oder sonstwie von der angelsächsischen Praxis beeinflusste Regelwerke.

Als anwendbares Recht wählen ausländische Parteien dagegen gerne das schweizerische materielle Recht, also das schweizerische Obligationenrecht.

Die Streitvermeidung und Streiterledigung wird im Vertrag detailliert geregelt. So wird oftmals ein internationales Schiedsgericht mit Sitz in einer schweizerischen Stadt vorgesehen. Dessen Tätigkeit untersteht alsdann neben einer Schiedsordnung dem schweizerischen Schiedsverfassungsrecht des zwölften Kapitels des Bundesgesetzes über das Internationale Privatrecht.

Das Verfahren vor dem Schiedsgericht selbst ist dagegen in der Regel frei aus Elementen verschiedener Rechtstraditionen gestaltet.

A) Besonderheiten Internationaler Bauverträge

Grosse internationale Bauprojekte, namentlich in Entwicklungsländern, stellen des öfteren erhebliche *Infrastrukturprobleme*: An Ort und Stelle fehlt es an Ingenieur-Kapazität, Baumaschinen, Transportkapazität, Baumaterialien, Energieerzeugung, qualifiziertem Personal, Wohn-Infrastruktur. Vielfach müssen erst Strassen gebaut werden. Auch Transportmittel stehen lokal meist nur beschränkt zur Verfügung und müssen daher importiert werden.

I. Beteiligte Parteien

Demzufolge tritt neben den *Besteller* ("owner", "principal", "employer") - in vielen dieser Fälle eine staatliche Stelle, deren Identität, Kompetenzen und Vertretung nicht immer mit der erwünschten Klarheit feststehen - eine Ingenieurunternehmung, *"Engineer"* genannt. Diese berät den Besteller bei der Ausarbeitung der Submissionsunterlagen, bei der Evaluation der Eingaben, beim Zuschlag an verschiedene Unternehmer, und ist durch einen *"Engineer's representative"* (FIDIC Red Book, clauses 2.2 bis 2.5.) an Ort und Stelle, am "site" vertreten. Auf diese und weitere Funktionen der Schlüsselfigur "Engineer" wird zurückzukommen sein.

Der *Unternehmer* ("Contractor") ist oft ein Konsortium (eine einfache Gesellschaft - aber welchen Rechts?). Er erhält bisweilen nur einen Teil der Arbeiten (oftmals "lot" oder "region" genannt) zugeschlagen. Aldann muss er in häufig engen Verhältnissen mit anderen Unternehmern aus anderen Ländern und Kulturen zusammenarbeiten.

Zahlreiche *Subunternehmer* ("Subcontractors") und Subsubunternehmer sind ebenfalls anzutreffen, einige, namentlich lokale, vom Besteller vorgeschrieben, ("nominated subcontractors" genannt), einige auch nur inoffiziell ("silent subcontractors"). Materialien und Fertigteile werden von Zulieferfirmen ("Subsuppliers") bezogen ("procurement"), was wiederum einem anderen Recht unterstehen mag als der Werkvertrag, etwa dem Wiener Übereinkommen über Verträge über den Internationalen Warenkauf. Der Preis ("price") wird demzufolge nur zu einem Teil in Devisen bezahlt, zum anderen Teil in nicht konvertibler lokaler Währung (die nur für Personen etwas Wert ist, die im Lande selbst Geld ausgeben müssen oder wollen, FIDIC Red Book, clause 71).

Die lokalen Verhältnisse (Land und Leute) können schwere Probleme aufwerfen; sie sind anfänglich nur unvollständig bekannt und können erst noch rapide ändern. So werden im Rahmen solcher Grossprojekte jeweils eine ganze Reihe von *Experten, Prüfstellen* und *Beratern* ("consultants") beigezogen.

Die *Finanzierung* solcher Projekte kann nur auf internationaler Ebene und auf breiter Basis geregelt werden. Denn meist ist ja das Ziel solcher Projekte, einer Region wirtschaftlichen Aufschwung zu ermöglichen. Erst die Realisierung des Projektes selbst bringt somit das Geld, das es kostet. Dies führt zum Typus des "Build, operate and transfer"-Vertrages.

Im Zusammenhang mit der Finanzierung des Projektes sind zahlreiche *Banken* und *Exportkreditversicherungsgesellschaften* (häufig staatliche) verschiedener Länder beteiligt.

II. Submission

Bei den geschilderten Verhältnissen kann nicht erstaunen, dass die Verträge zwischen Besteller und Hauptunternehmer in der Regel durch die Besteller für die *Submission* ("tender") vorgeformt werden, die hiezu die Hilfe eines Engineers in Anspruch nehmen.

Die *Fédération Internationale des Ingénieurs Conseils* mit Sitz in Lausanne, die "Engineers" aus aller Welt vereinigt, namentlich aus den angelsächsischen Ländern, hat einen Mustervertrag für Bauarbeiten ausgearbeitet, der allgemein als "Red Book" bezeichnet wird. (Daneben besteht ein Mustervertrag für "Electrical and Engineering Works", als "Yellow Book" bekannt.). Das FIDIC Red Book ist als ausgewogenes Regelwerk gedacht, das die Interessen der Besteller und der Unternehmer in gleicher Weise berücksichtigt, aber auch dem Engineer die dominierende Stellung sichert, die dieser namentlich im angelsächsischen Bereich sowohl in nationalen Bauprojekten und als auch im internationalen Bereich geniesst (FIDIC Red Book, clause 2).

Das Submissionsverfahren wird durch das FIDIC Red Book nicht geregelt, sondern unterliegt den eigenen Regelungen des Bauherrn.

III. Vertragsdokumentation

Ein grösserer *internationaler Bauvertrag* besteht neben dem "Contract Agreement" in aller Regel aus (FIDIC Red Book, clause 5):
- Letter of Acceptance
- Tender
- Special Conditions of Contract
- General Conditions of Contract (beispielsweise Part 1 des FIDIC Red Book)
- Specifications/technical conditions of contract, drawings, master time schedule, etc.

Im Vertrag ist festgehalten, welche Leistungen total global, pauschal ("fixed fee", "lump sum"), auf Abrechnung oder nach Ausmass ("daywork, remeasurement") zu erbringen sind. Die Berechnungsgrundlagen nach Einzelposten ("bill of quantities") sind auch bei Pauschalverträgen bekannt.

Ist einem Hauptunternehmer ein Vertrag (wie gesagt, über ein "lot" oder über eine "region") zugeschlagen worden, wird in dessen *Verträgen* mit seinen *Konsorten* ("partners") und *Subunternehmern* auf den Hauptvertrag ("main contract") Bezug genommen (dieser gilt entsprechend auch für andere Rechtsverhältnisse). Schon vor dem Zuschlag können aber Vorverträge abgeschlossen und Leistungen eingebracht worden sein.

Im Vertrag ist ein Arbeitsplan enthalten, der vorsieht, dass nach jeder Etappe ("milestone") ein *"interim certificate"* vom Engineer ausgestellt wird, das den Unternehmer zur Entgegennahme von bestimmten Teilzahlungen ("downpayment", "instalment" "interim payment") - gewöhnlich unter Abzug eines Garantierückbehaltes von meist 10% - berechtigt (FIDIC Red Book, clause 48.2.). Nach Vollendung des Werkes erhält der Unternehmer in ähnlicher Weise ein "taking over certificate" (FIDIC Red Book, clause 48.1) oder "completion certificate", worauf eine "maintenance", "guarantee" oder "defects liability period" (FIDIC Red Book, clause 49) eintritt, in welcher allfällige Mängel auszubessern sind. Nach Abschluss der "maintenance period" erhält der Unternehmer die Schlusszahlung.

Ausserdem hat der Unternehmer in der Regel drei verschiedene Arten von Bankgarantien zu stellen, deren Inhalt genau vorgeschrieben ist: Diese sind meist als "guarantees on first demand" ausgestaltet, was leicht zu Missbräuchen führt.

Allfällige Ansprüche des Bestellers gegen einen Submittenten, der trotz Zuschlag die Arbeit nicht aufnimmt, werden durch einen sog. *"bid bond"* sichergestellt.

Hat der Besteller zu Anfang der Arbeiten eine Abschlagszahlung bezahlt, um dem Unternehmer die Mobilisierung und gewisse Vorarbeiten vorzufinanzieren, was dem Besteller aber noch keine Werte schafft, wird dem Unternehmer die Rückzahlung eines "advance payment" oder "provisional sum" (FIDIC Red Book, clause 58) durch einen *"advance payment bond"* sichergestellt.

Der *"performance bond"* ("performance security", FIDIC Red Book, clause 10) sichert dem Besteller die vertragsgemässe Leistung, indem der Unternehmer veranlasst wird, auch den letzten Teil der übernommenen Arbeiten zu erbringen.

B) Streitvermeidung

I. Probleme der Vertragsabwicklung

Im Laufe komplexer internationaler Bauvorhaben tauchen unvorhersehbare *Probleme* auf, die an Ort und Stelle gelöst werden müssen.

Regelmässig wird das Recht des Bestellers für Projektänderungen ("alterations", "variations", "modifications", "change orders") vorgesehen, doch kann bereits hier Streit darüber entstehen, ob es sich um ein voraussehbares Risiko oder eine Projektänderung handelt, die auch durch die Vertragsverletzung einer Partei notwendig werden kann. Strittig kann auch werden, ob ein "change order" überhaupt erteilt worden ist.

Probleme entstehen namentlich durch mangelhafte oder verzögerte Leistungen. Diese wirken sich in Mehrkosten und Verzögerungen bei anderen Beteiligten aus, ähnlich Projektänderungen. Alsdann können Aufholprogramme ausgearbeitet werden, wobei wiederum streitig werden kann, ob diese überhaupt vereinbart wurden.

Verzögerungen können zu Vertragsstrafen ("penalties") oder Schadenersatzpauschalen ("liquidated damages") führen, die allenfalls auf andere abgewälzt werden können.

Schwierig ist die konkrete Schadensberechnung. Relevant kann je nach dem anzuwendenden Recht die Frage sein, wen ein Verschulden trifft, welcher Schaden voraussehbar ("forseeable") war, direkt oder indirekt ("consequential") oder adaequat kausal verursacht. Ausserordentlich weit kann ein Verzögerungsschaden gehen: Infolge der Verzögerung fallen z.B. gewisse Arbeiten in eine Jahreszeit, in der die Arbeitsproduktivität geringer ist, in der, etwa für einen Weihnachtsurlaub, demobilisiert und remobilisiert werden muss, in der höhere Wohnkosten anfallen. Infolge von Verzögerungen kann bei der Unterkunft Platzmangel entstehen, sodass Arbeitskräfte in grösserer Distanz untergebracht werden müssen, was zu längeren Busfahrten, höheren Buskosten und kürzeren effektiven Arbeitszeiten führt, etc. etc.

Dazu kommen Leistungsstörungen aller Art durch Naturkatastrophen, politische Umwälzungen, Streiks - im Gastland und an anderen Orten.

Dies sind nur einige Beispiele: jeder Fall bringt neue Probleme.

II. Methoden der Streitverhinderung und -erledigung

Diese Probleme zu vermeiden und zu lösen hilft zunächst der Vertrag selbst, namentlich das FIDIC Red Book durch *detaillierte Regelungen*: Verzögerungen bei der Erstellung von Zeichnungen (clause 6.3.), Probleme am site (clauses 11.1. bis 12.2.), Arbeitsplan (clause 14), Probleme mit Arbeitnehmern (clause 16), Vermessung (clause 17), force majeure, höhere Gewalt (genannt "employers' risks": clause 20.4.), Versicherung (clauses 21 bis 25.4.), Strassen- und Transportprobleme (clause 30), Koordinationsprobleme mit anderen Unternehmern (clauses 31 bis 33), Tests (clauses 36.3 bis 38.2.), Arbeitsunterbrüche (clause 40), Verzögerungen (clauses 41 bis 48), Mängel (clauses 49 und 50), Projektänderungen (clauses 51 bis 52), Baumaschinen etc. (clause 54), Spezialrisiken (clause 65).

Bei der Risikoverteilung im Bauvertrag sollten folgende Punkte nicht übersehen werden: Wer hat wofür "design responsibility"? Wer trägt das Risiko für die verschiedenen Kategorien von Steuern? Für neue Steuern? Wer trägt das Risiko für bürokratische Verzögerungen (z.B. bei der Verzollung von Material bei der Einreise) oder beim Export von Baumaschinen (clause 4)?

Vor Vertragsabschluss sind mit anderen Worten "worst case"-Szenarien mit Juristen, aber auch mit Risk-Analytikern durchzudenken und zu rechnen. Ist einmal mit der Projektrealisation begonnen worden, darf die Möglichkeit künftiger Streiterledigung nicht verdrängt werden. Da es später ausserordentlich schwierig werden kann, die auf der Baustelle aufgetretenen Probleme und Verhältnisse zu rekonstruieren, sind die Parteien gut beraten, der Dokumentation von Anfang an Beachtung zu schenken. Experten sind einzufliegen, Briefe zu schreiben, Fotos zu schiessen, "quantity surveyors" zu verwenden, Forderungen ("claims") auszuarbeiten und zu präsentieren, Zeugenadressen zu sammeln und aktuell zu halten.

Gemeinsam können *Schiedsgutachten* eingeholt werden.

Eine Beweisaufnahme zu ewigem Gedächtnis mag erforderlich werden. Neben den Möglichkeiten in dieser Beziehung, die das lokale Recht zur Verfügung stellt, besteht im Verfahren über die *"technical expertise"* der Internationalen Handelskammer ein Mechanismus, durch welchen die Internationale Handelskammer neutrale Experten mit einem wohlumschriebenen Tätigkeitsbereich berufen kann, deren Bericht für ein späteres Schiedsgericht zwar nicht bindend, aber immerhin wertvoll sein kann.

Es besteht bei der Internationalen Handelskammer auch ein *"pre-arbitral referee"* - ein Verfahren für bindende einstweilige Massnahmen. Jedes dieser erwähnten Verfahren setzt das Einverständnis der Parteien voraus.

Allfällige Differenzen werden zunächst durch *Verhandlungen* zu lösen versucht. Zunächst an den "site meetings" durch die "site representatives" der Beteiligten. Es werden Vereinbarungen getroffen, die nicht immer der im Vertrag selbst vorgesehenen Form entsprechen und deren Inhalt bisweilen auslegungsbedürftig ist. Die an Ort und Stelle ausgearbeiteten Dokumente sind in ihrer rechtlichen Bedeutung und Beweiskraft nicht immer eindeutig. Mancher solchermassen erzielte Vergleich trägt in sich bereits den Keim neuen Streites.

Gewöhnlich wird versucht, unerledigte Differenzen in speziellen *"claims conferences"* durch globale Verhandlungen zu lösen.

Denkbar ist auch ein *"dispute review board"* an Ort und Stelle mit einem eingeflogenen Neutralen.

Alsdann erfolgt eine *"determination"* durch den "engineer's representative" in informeller Weise.

Der nächste Schritt ist eine formelle *"engineer's decision"* durch den "engineer" i.S. von clauses 53 und 67, die innert Frist vor das Schiedsgericht gebracht werden kann.

Dem folgt der Versuch einer *gütlichen Einigung* ("amicable settlement") i.S. von clause 67.2. Die Suche nach einem "amicable settlement" kann mit Hilfe neutraler Personen erfolgen, etwa im Sinne einer *Mediation, Conciliation oder Mini-Trial*.

C) Internationale Schiedsgerichtsbarkeit

Unerledigte Streitfälle unterliegen gemäss clause 67.3. der *internationalen Schiedsgerichtsbarkeit*.

I. Typen

Die im FIDIC Red Book vorgesehene Schiedsgerichtsbarkeit ist in erster Linie jene der *Internationalen Handelskammer* in Paris. Diese wohlbekannte private Schiedsinstitution verwaltet pro Jahr rund 350 Schiedsverfahren, wovon fast ein Fünftel im Baubereich. Legen die Parteien den Schiedsort nicht fest, wird dieser durch ein Verwaltungsgremium ("Internationaler Schiedsgerichtshof der Internationalen Handelskammer" genannt) festgelegt. Es empfiehlt sich, wie dies das FIDIC Red Book zu clause 67 erwähnt, den Schiedsort festzulegen.

Möglich ist selbstverständlich auch die Wahl eines "ad hoc" Schiedsgerichtes, etwa nach den UNCITRAL Arbitration Rules, oder eines Schiedsgerichtes der Zürcher Handelskammer oder einer anderen Institution.

II. Besonderheiten der Bauschiedsgerichtsbarkeit

Internationale Bauschiedsverfahren werden in aller Regel auf englisch durchgeführt.

Bauschiedsgerichtsverfahren gehören zu den schwierigsten internationalen Schiedsverfahren. Der *Umfang des Prozessstoffes* ist schwer zu bewältigen. In sehr grossen Verfahren wird der Inhalt jedes Dokumentes nach verschiedenen Kriterien durch "paralegals" kodiert und gespeichert oder aber full-text eingescannt, ja, es werden Dokumente bildmässig erfasst ("imaging"). Die einzelnen claims, die ja auf ganz verschiedenen Rechtsgründen beruhen können, werden einzeln mit Nummern und Namen versehen und gewöhnlich in Gruppen behandelt. Es zeigt sich in der Praxis immer wieder, dass das Unvermögen der Parteien, sich über einzelne, grosse claims einig zu werden, die Lösung zahlreicher kleinerer verzögert und verunmöglicht. Die Taktik und Technik der Streiterledigung hat somit für ein internationales Bauschiedsgericht grosse Bedeutung.

Für Vorgänge auf der Baustelle ist der *Zeugenbeweis* zumeist unerlässlich. Der Wahrheitsfindung mag eine Zeugenkonfrontation dienen.

Die Experten können von den Parteien ernannt oder durch das Schiedsgericht selbst bestellt werden. Erfahrungsgemäss ist die Instruktion, Durchführung und Abnahme einer technischen *Expertise* durch ein Schiedsgericht ein anspruchsvoller und zeitraubender Vorgang, der früh begonnen werden sollte. Bei der Auswahl eines geeigneten Experten (oder mehrerer) empfiehlt es sich, zunächst das Anforderungsprofil festzulegen und erst anschliessend die Person auszuwählen.

Zu prüfen ist jeweils, ob über gewisse Fragen vorweg Schiedssprüche gefällt werden können. Zur Erledigung durch *"preliminary award"* eignet sich nicht nur die Frage der Konstitution und Zuständigkeit des Schiedsgerichtes, sondern auch die Frage, ob dem Grundsatze nach ein Betrag geschuldet ist, "an debeatur", und die Frage nach der Verantwortlichkeit für gewisse Vorgänge mit grosser Verzögerungswirkung auf die Bauausführung. Ein Computerprogramm kann alsdann helfen, den kritischen Weg zu verschiedenen Zeitpunkten zu lokalisieren und die Wirkung einer Verzögerung auf den kritischen Weg zu analysieren, um eine Beurteilung der Verzögerungswirkungen zu ermöglichen.

Für spätere Behandlung hingegen eignet sich die Frage nach der Höhe des geschuldeten Betrages, dem "quantum", wobei die Schriftsätze der Parteien häufig in diesem Punkt noch der Ergänzung bedürfen.

Bei der Rechtsanwendung steht die *Vertragsinterpretation* im Vordergrund. Dabei ist von der generellen Struktur des Bauprojektes auszugehen. In welchem Verhältnis standen die verschiedenen Parteien zueinander? Wer konnte welche Risiken unter Kontrolle halten? Wurden einzelne Risiken verlagert oder geteilt? Wurden Schwellen eingebaut, um geringfügige Änderungen zu verhindern?

Bei der Beurteilung von Gesprächen und angeblichen Vereinbarungen auf der Baustelle ist zu fragen, welcher Sinn vernünftigerweise einer Aussage von der anderen Partei beigemessen werden konnte. Wurde man sich auf pragmatische Weise einig? War man der Meinung, die ganze Frage könne nochmals aufgerollt werden? Hat eine Partei auf formlose Weise auf erhebliche Ansprüche verzichtet oder deren Geltendmachung aufgeschoben, um die Projektvollendung nicht zu verzögern?

Zu beachten ist auch auf der Seite der Zahlungen eine Unterscheidung zwischen vorläufigen Abschlagszahlungen und der definitiven Abrechnung, wie sie sich aus dem Schiedsspruch ergibt.

Gegenüber diesen Fragen hat das *anwendbare materielle Recht* eine verhältnismässig geringe Bedeutung. Es macht in internationalen Bauprozessen gewöhnlich wenig Unterschied, ob der Vertrag dem einen oder dem anderen Recht unterliegt.

III. Mehrparteienschiedsgerichtsbarkeit

In internationalen Bauschiedssachen stellen sich in einer Minderheit von Fällen Probleme der *Mehrparteienschiedsgerichtsbarkeit*. Im Streit steht etwa der Besteller mit dem Unternehmer, dieser aber auch mit dem Subunternehmer. Wie in einer Streitigkeit zwischen zwei Parteien (etwa jener mit dem Besteller) entschieden wird, wirkt sich auf die andere Streitigkeit zwischen einer der Parteien und einer dritten Partei aus (etwa jene mit dem Subunternehmer). Je nach Situation kann darum einer Partei daran gelegen sein, eine dritte Partei in das Verfahren einzubeziehen. Die Situation kann aber auch so liegen, dass eine Partei es vorzieht, ihre Differenz nur mit einer anderen Partei auszutragen, um die Rückwirkungen auf die Streitigkeit mit der dritten Partei ausschalten oder dosieren zu können.

Bei der Mehrparteienschiedsgerichtsbarkeit stellen sich insbesondere folgende Probleme: Keine Partei ist verpflichtet, an einem Schiedsverfahren teilzunehmen, wenn sie nicht Partei einer Schiedsvereinbarung ist. In verschiedenen Entscheidungen haben Schiedsgerichte ihre Zuständigkeit mitunter auch für Verfahren über Parteien bejaht, die zwar die Schiedsvereinbarung nicht unterzeichnet, wohl aber an der Vertragserfüllung mitgewirkt hatten - etwa als Mitglieder einer Gruppe von Gesellschaften des gleichen Konzerns. Zu Recht?

Alle Parteien sind gleich zu behandeln. Bedeutet dies aber, dass in jedem Falle jede Partei berechtigt sein muss, ihren parteiernannten Schiedsrichter zu bezeichnen, wenn eine andere Partei in dieser Weise berechtigt war? Mit anderen Worten, ist es möglich, zwei Beklagte zu zwingen, nur einen Schiedsrichter zu ernennen, wenn der Kläger einen Schiedsrichter frei hat ernennen können? Kann auf diese Rechte verzichtet werden und, wenn ja, wie ausdrücklich hat dies zu geschehen?

Ein Schiedsverfahren hat kontradiktorisch zu sein. Wie werden in einem Mehrparteienverfahren die prozessualen Parteirechte sichergestellt?

Für Mehrparteienschiedsverfahren haben die Gesetzgeber mit seltenen Ausnahmen nichts vorgesehen. Auch die Schiedsreglemente, namentlich jenes der Internationalen Handelskammer und die UNCITRAL Arbitration Rules, schweigen sich darüber aus. Immerhin hat die Zürcher Handelskammer in ihrer internationalen Schiedsgerichtsverordnung eine Mehrparteienschiedsgerichtsbarkeit mit drei neutralen Schiedsrichtern vorgesehen. Das FIDIC Red Book enthält keine Lösung, sondern macht zu clause 67 folgende Bemerkung:

"It may also be considered desirable in some cases for other parties to be joined into an arbitration between the Employer and the Contractor, thereby creating a multi-party arbitration. While this may be feasable, multi-party arbitration clauses require skillful draftsmenship on a case-by-case basis. No satisfactory standard form of multi-party arbitration clause for international use has yet been developed."

RECHTSQUELLENVERZEICHNIS

ASCE (American Society of Civil Engineers), Avoiding and resolving disputes during construction, 345 E 47th Street, New York, NY 10017-2398;

FIDIC Red Book, Part I, General Conditions, 4th Edition 1987, reprinted 1992, Fédération Internationale des Ingénieurs-Conseils, P.O. Box 86, CH-1000 Lausanne 12;

IPRG Bundesgesetz über das Internationale Privatrecht, SR 291;

IBA Rules of Evidence, International Bar Association, 2 Harewood Place, Hanover Square, London W1R 9HB;

ICC Rules of Concilitation and Arbitration, Second edition, June 1990, International Chamber of Commerce, 38, Cours Albert 1er, F-75008 Paris

ICC Reglement Technical Expertise, International Chamber of Commerce, 38 Cours Albert 1er, F-75008 Paris;

ICC Reglement Prearbitral Referee, International Chamber of Commerce, 38 Cours Albert 1er, F-75008 Paris;

UNCITRAL Rules, International Trade Law Branch, Office of Legal Affairs, United Nations, Vienna, International Center, P.O. Box 500, A-1400 Vienna;

ZHK, Zürcher Handelskammer, International Arbitration Rules, Bleicherweg 5, Postfach 4031, CH-8022 Zürich.

JUDIKATUR
BGE 116 II 634.

LITERATURVERZEICHNIS
BÜHLER Theodor, Vertragsrecht im Maschinenbau und Industrieanlagenbau, Schulthess Polygraphischer Verlag, Zürich 1987; CORBETT E.C., FIDIC 4th - A Practical Legal Guide, Sweet and Maxwell, London, 1991, Sweet & Maxwell Ltd. of South Quay Plaza, 183 Marsh Wall, London E14 9FT; FIDIC, Guide to the use of FIDIC, Conditions of Contract for Works of Civil Engineering Construction, 4th Edition, 1989, Fédération Internationale des Ingénieurs-Conseils, P.O. Box 86, CH-1000 Lausenne 12-Chailly; HÜRLIMANN Roland, Das Schiedsgutachten als Weg zur aussergerichtlichen Beilegung von Baustreitigkeiten, in: "Baurecht", 4/9, Seite 108 bis 110; LALIVE/POUDRET/REYMOND, Le droit de l'arbitrage interne et international en Suisse, Editions Payot Lausanne, 1989; LORENZ Werner, International Encyclopedia of Comparative Law, Contracts for Work on Goods and Building Contracts, Volume VIII, Chapter 8, 1980; NICKLISCH Fritz, Hrsg./Ed., Der Komplexe Langzeitvertrag, C.F. Müller Juristischer Verlag, Heidelberg 1987; SCHAUB Rudolf P., Der Engineeringvertrag, Schweizer Schriften zum Handels- und Wirtschaftsrecht, Band 35, Hrsg. Prof. Dr. Peter Forstmoser, Schulthess Polygraphischer Verlag, Zürich 1979; VAN DEN BERG Albert, General editor, II. Effective proceedings in construction cases, International Coucil for Commercial Arbitration, Congress series no. 5, 1991, Kluwer Law and Taxation Publishers, Deventer, The Netherlands; Bulletin der ASSOCIATION SUISSE DE L'ARBITRAGE, Basel; INTERNATIONAL CONSTRUCTION LAW REVIEW, London.

Zivilprozess und Vollstreckung

Aspekte des Bauzivilprozesses

Beat Rohrer

A) Das Verfahren des Bauzivilprozesses im allgemeinen

I. Einleitende Vorbemerkungen

Die Regelung des Zivilprozessrechts fällt in die Zuständigkeit der Kantone. Daher ist das Zivilprozessverfahren von Kanton zu Kanton verschieden ausgestaltet, wenn auch in den Grundzügen Ähnlichkeiten bestehen. Die vorliegende Betrachtung lehnt sich an das *Zivilprozessrecht des Kantons Zürich* an, welches in der im Jahre 1976 revidierten *Zivilprozessordnung* und im *Gerichtsverfassungsgesetz* kodifiziert ist. Zum Zivilprozessrecht gehören auch als Nebenerlasse die Verordnung über die Gerichtsgebühren und die das kantonale Anwaltsgesetz ergänzende Verordnung über die Anwaltsgebühren.
Die vorliegende Bearbeitung befasst sich ausschliesslich mit Fragen der ordentlichen staatlichen Gerichtsbarkeit. Nicht näher eingetreten wird auf das *Schiedsgericht*, also auf die den Vertragsparteien vorbehaltene Möglichkeit, gemeinsam eine *Schiedsabrede* zu treffen und die Beurteilung von Streitigkeiten einem in dieser Vereinbarung näher bezeichneten Schiedsgericht zu übertragen.

II. Kein besonders ausgestaltetes Bauzivilprozessrecht

Die Erstellung eines Bauwerkes kennzeichnet sich dadurch, dass eine Vielzahl von Spezialisten mit jeweils eigenem Verantwortlichkeitsbereich gemeinsam eine Reihe von gestalterischen, technischen und organisatorischen Problemen zu bewältigen haben. Mangelhafte Ausführung von Bauten oder Bauteilen oder Störungen durch äussere Einflüsse können erhebliche Schäden mit entsprechenden Kostenfolgen bewirken. Dem Bauen als einem äusserst komplexen Vorgang wohnt somit stets ein gewisses Potential an Fehlern und Problemen inne, über deren Ursache und Verantwortung unter den Parteien strittige Auffassungen bestehen können. Führt dies in letzter Konsequenz zu einem Bauprozess, bildet in der Regel eine *Forderung auf Geldzahlung* dessen Gegenstand. Anspruchsgrundlage kann dabei z.B. eine Frage der Vertragserfüllung oder die Haftung für unerlaubte Handlung gegenüber Drittpersonen, mit denen kein Vertragsverhältnis besteht, sein.

Obwohl bei Auseinandersetzungen zwischen den am Bau beteiligten Vertragsparteien oder aber mit Dritten, die durch die Bauarbeiten sonstwie betroffen sind, eine in sich geschlossene, stark von speziellen technischen Gegebenheiten und Abläufen geprägte Materie zu beurteilen ist, gibt es innerhalb der kantonal geregelten Zivilprozessordnungen *kein speziell ausgestaltetes Bauzivilprozessrecht*. Streitigkeiten aus dem privaten Baurecht wickeln sich nach den allgemein gültigen Vorschriften des Zivilprozessrechtes ab.

III. Aufwendige Verfahren mit langer Dauer und hohen Kosten

Wer eine Forderung gerichtlich durchsetzen will, hat dem Gericht seinen Klageanspruch detailliert zu begründen. Für den Bauprozess bedeutet dies, dass dem Richter eine mitunter erhebliche Fülle von Akten vorgelegt werden muss, deren Kenntnis für eine verlässliche Prüfung des eingeklagten Anspruches unabdingbar ist. So bilden der Werkvertrag mit dem detaillierten Leistungsverzeichnis, Regierapporte, Teuerungsberechnungen, Pläne, Berichte von Experten (geologische Untersuchungen), aber auch Protokolle von Besprechungen, Korrespondenz (Abmahnungen) und schliesslich die eventuell zum Vertragsinhalt erhobenen SIA-Normen regelmässig Bestandteil der oft umfangreichen Rechtsschriften, mit denen eine Klage begründet wird. Dabei wird der Richter mit einer Materie konfrontiert, die ihm weitgehend fremd ist, für deren Beurteilung er nicht einmal über elementarste fachliche Spezialkenntnisse verfügt. Bedingt durch den meist komplizierten Sachverhalt und den aufgrund der erwähnten Dokumentation reichhaltigen Prozessstoff, aber auch bedingt durch die fehlenden Fachkenntnisse des Richters, welche einen erhöhten Aufwand erforderlich machen, gehören Bauprozesse *zu den aufwendigsten Prozessverfahren überhaupt*. Dies wiederum führt dazu, dass Bauprozesse regelmässig auch durch eine besonders *lange Verfahrensdauer* gekennzeichnet sind.

Dass sowohl für die Behebung von Baumängeln als auch in noch höherem Masse für die Abgeltung von Schäden, die unbeteiligte Dritte im Zusammenhang mit Bauarbeiten erlitten haben, hohe Beträge aufgewendet werden müssen, wirkt sich bei gerichtlicher Geltendmachung entsprechender Forderungen in zweierlei Hinsicht aus: Einerseits wickelt sich der Prozess wegen des hohen Streitwertes im sogenannten *schriftlichen Verfahren* ab, was zu einer zusätzlichen Verlängerung der Prozessdauer führt, denn es werden den Parteien zur Erstattung ihrer Prozessschriften Fristen gesetzt, die - ohne dass an das Vorliegen zureichender Gründe besondere Anforderungen gestellt werden - vom Gericht auf Verlangen mehrfach erstreckt werden. Andererseits wirkt sich die Streitsumme entscheidend auf die *Prozesskosten* aus. Sowohl die vom Gericht erhobenen Gebühren als auch die der obsiegenden Partei zugesprochene Prozessentschädigung, soweit letztere infolge Beizuges eines Anwaltes nach der entsprechenden Verordnung bemessen wird, richten sich nach dem Tarif, der *im Verhältnis zum Streitwert progressiv ausgestaltet* ist.

Die Kosten im Bauzivilprozess erhöhen sich meist noch dadurch, dass für die Beurteilung verschiedener, für den Prozessausgang relevanter Umstände das *Gutachten eines neutralen Experten* eingeholt werden muss. Die Kosten für ein solches Gutachten werden dabei ebenso wie z.B. ausgerichtete Zeugenentschädigungen und die weiteren Gerichtsgebühren dem *Unterliegenden* auferlegt bzw. zwischen den Parteien im Verhältnis, wie sie mit ihren Standpunkten durchdringen, verteilt.

Nicht selten stehen die mit einem Prozess verbundenen Kosten, namentlich wenn sich alle beteiligten Parteien durch Anwälte vertreten lassen, in einem Missverhältnis zum Streitwert. Dies zwingt die Parteien dazu, vor der Prozesseinleitung alle Möglichkeiten zur gütlichen Einigung auszuschöpfen und die entsprechenden Verhandlungen mit der Bereitschaft zu führen, grosszügige Zugeständnisse einzugehen.

B) Die am Prozess beteiligten Parteien

I. Das Problem

Nehmen wir an, ein Bauherr, der in Bausachen nicht über spezielle Fachkenntnisse verfügt, stelle einige Zeit nach Fertigstellung eines Bauwerkes fest, dass im Keller Feuchtigkeit eindringt. Vorsorglich macht er alle Vertragsparteien, die nach seiner Meinung für diesen Schaden möglicherweise verantwortlich sein könnten, insbesondere den Architekten, den Ingenieur und den Bauunternehmer, auf diesen Mangel aufmerksam. Alle in diesem Sinne kontaktierten Vertragspartner stellen sich jedoch auf den Standpunkt, sie hätten für den Schaden nicht einzustehen. Für den Bauherrn stellt sich nun die Frage, gegen welchen seiner Vertragspartner er seine Ansprüche gerichtlich geltend machen soll, wer also in der Sprache des Prozessrechtes "passivlegitimiert" ist. Da ein Anspruch erfolgreich nur gegen denjenigen prozessual durchgesetzt werden kann, gegen den er aufgrund der materiellen Rechtslage (also zum Beispiel gestützt auf Vertrag oder infolge Haftung für sogenannte unerlaubte Handlung im Sinne von Art. 41 ff. OR) besteht, müsste der Bauherr vor Einleitung des Prozesses schon die - erst im Prozess zu beurteilende - Frage nach der Verantwortlichkeit beantworten können, will er nicht riskieren, gegen den Falschen vorzugehen. Für solche und ähnliche Situationen bietet nun das Prozessrecht jedoch Möglichkeiten an, die den Kläger vom Risiko, den Falschen zu belangen, befreien und gleichzeitig verhindern, dass über dieselbe Frage mehrere Prozesse gegen die einzelnen Beteiligten, allenfalls sogar an verschiedenen Gerichtsstellen, geführt werden müssen.

II. Die Streitgenossenschaft

Mehrere Personen können gemeinsam im gleichen Prozessverfahren als Kläger in Erscheinung treten oder als Beklagte belangt werden, wenn sich die erhobenen Ansprüche im wesentlichen auf die gleichen *Tatsachen* und *Rechtsgründe* stützen. Als weitere Voraussetzung verlangen die Zivilprozessordnungen, dass mit Bezug auf alle Beteiligten die gleiche *Verfahrensart* vorgeschrieben und die *nämliche Zuständigkeit des Gerichtes* gegeben ist.

Sobald die Fragen der Mängel- oder Schadenshaftung im Zusammenhang mit der Erstellung eines Bauwerkes strittig sind, ist die Voraussetzung, wonach sich der eingeklagte Anspruch auf die gleichen Tatsachen und Rechtsgründe stützen muss, ohne weiteres erfüllt. Die konkurrierende Haftung für einen Schaden bildet geradezu einen klassischen Anwendungsfall der sogenannten subjektiven Klagenhäufung, d.h. des prozessualen Vorgehens gegen eine sogenannte *einfache Streitgenossenschaft* (STRÄULI/ MESSMER, N5 zu §40 ZH-ZPO). Da unter Umständen letztlich nur einer der ins Recht gefassten möglichen Verantwortlichen für den Schaden haftet, kann der geltend gemachte Anspruch auch *alternativ* gegen diese Beklagten erhoben werden.

Problematisch ist allenfalls die Voraussetzung, wonach das gleiche Gericht für die Beurteilung der erhobenen Ansprüche zuständig sein muss. Der verfassungsmässig verankerte Wohnsitzgerichtsstand (Art. 59 BV) kann dazu führen, dass die örtliche Zuständigkeit für jeden der Beteiligten eine andere ist. Das Prozessrecht räumt dem Bauherrn zur Vermeidung dieser Erschwernisse zwei Möglichkeiten ein:

a) Es kann mit allen beteiligten Vertragspartnern entweder im Vertrag selbst oder allenfalls vor Einleitung des Prozesses eine schriftlich abgefasste *Gerichtsstandsvereinbarung* getroffen werden. Häufig werden im Interesse dieser Vereinfachung der Verfahrensabläufe in den massgebenden Werkverträgen bzw. im Zusammenhang mit der Beauftragung von Architekten und Ingenieuren Gerichtsstandklauseln abgeschlossen, wonach der *Ort der gelegenen Sache* (d.h. der Standort des Bauwerkes) als Gerichtsstand für sämtliche sich an seine Erstellung anschliessenden Prozessverfahren vereinbart wird (Art. 37 Abs. 2 der SIA-Norm 118 sieht für den Fall, dass vertraglich nichts anderes vereinbart wird, als Gerichtsstand den Wohnsitz der beklagten Partei, bei deren Wohnsitz im Ausland den Ort des Bauwerkes vor).

b) Soweit für die einzelnen zu belangenden Parteien im Kanton Zürich ein Gerichtsstand gegeben ist (und zwar unabhängig von dem den Gerichtsstand begründenden Umstand, also beispielsweise Wohn- oder Geschäftssitz, Gerichtsstandklausel etc.), kann der Kläger beim Obergericht verlangen, dass ein gemeinsamer Gerichtsstand für alle Beteiligten bezeichnet werde. Es handelt sich dabei um den sogenannten Gerichtsstand der amtlichen Anweisung (vgl. §14 ZPO-ZH).

Die Möglichkeit, einen Anspruch gegen mehrere Streitgenossen ans Recht zu setzen, dient dazu, einerseits die Rechtsstellung des - in der Regel nicht fachkundigen - Bauherrn nicht unnötig zu erschweren. Ausserdem liegt das entsprechende Vorgehen im Interesse der *Prozessökonomie*, da die wesentlichen sich stellenden Fragen gegenüber allen möglichen Beteiligten in einem einzigen Prozessverfahren beurteilt werden können.

III. Streitverkündung und Nebenintervention

Einfacher präsentiert sich die Ausgangslage für denjenigen Bauherrn, der lediglich ein einziges Werkvertragsverhältnis mit einem *Total- oder Generalunternehmer* eingegangen ist. Es bietet sich für ihn der Vorteil, dass bei Auftreten allfälliger Mangelhaftigkeiten sämtliche Ansprüche ausschliesslich gegen seinen einzigen Vertragspartner geltend zu machen sind. In dieser Situation ist allerdings der Total- oder Generalunternehmer darauf angewiesen, seinerseits gegen den oder die für den Schaden, gestützt auf die entsprechenden Vertragsverhältnisse, haftpflichtigen *Subunternehmer* vorzugehen. Auch in dieser Situation liegt es im Interesse der Prozessökonomie, die beteiligten Drittunternehmer am Prozess teilnehmen zu lassen, damit die Frage einer allfälligen Beteiligung an der Schadenshaftung in einem einzigen Verfahren beurteilt werden kann. Häufig wird für die genaue Ermittlung der Schadensursache ja ein *Gutachten* einzuholen sein, welches sich über *sämtliche Ursachen der Mangelhaftigkeit* und die bestehenden Verantwortlichkeiten, aus denen sich die entsprechenden Ansprüche ableiten lassen, ausspricht. Aus dieser Sicht erscheint zweckmässig, dass sich die allenfalls verantwortlichen Subunternehmer am Prozess beteiligen können.

Das Prozessrecht räumt für solche und ähnliche Prozessituationen die Möglichkeit ein, dass sich Dritte, die vom Ausgang eines zwischen zwei Parteien hängigen Streitverfahrens betroffen sein könnten, am Prozessverfahren beteiligen können. Bei der sogenannten *Nebenintervention* kann derjenige, der ein rechtliches Interesse daran glaubhaft machen kann, dass in einem zwischen anderen Personen rechtshängigen Prozess die eine Partei obsiege, sich dieser *zur Unterstützung* anschliessen. Ein solches rechtliches Interesse besteht immer dann, wenn der Betroffene eine Regressklage durch die im Prozess unterliegende Partei zu gewärtigen hat (STRÄULI/MESSMER, N1 zu §ZH-ZPO). Bei der Nebenintervention erklärt der Nebenintervenient damit *von sich aus*, am bereits anhängigen Prozess teilnehmen zu wollen. Ist die Nebenintervention zulässig, kann der Nebenintervenient zugunsten der unterstützten Partei sogenannte Angriffs- und Verteidigungsmittel vorbringen und allenfalls auch Rechtsmittel einlegen. *Das von ihm Vorgetragene gilt als von der Hauptpartei erklärt*, soweit es von dieser nicht ausdrücklich bestritten wird oder sich mit deren Prozesshandlungen als unvereinbar erweist.

Nimmt ein allenfalls von einem Regressanspruch bedrohter Dritter nicht von sich aus an einem laufenden Prozess teil, kann ihm diejenige Partei, die ihn für den Fall ihres Unterliegens belangen will oder auch dessen Anspruch befürchtet, *den Streit verkünden*. Ob die streitverkündende Partei an dieser Massnahme ein Interesse hat, wird nicht geprüft. Der Dritte, der sogenannte Streitberufene oder *Litisdenunziat*, hat gegenüber dem Gericht die Erklärung abzugeben, ob er am Prozess teilnimmt oder nicht. Tritt er dem Prozess bei, entspricht seine Stellung derjenigen des Nebenintervenienten.

Die Wirkungen der Streitverkündung bestimmen sich *nach dem materiellen*, also nach dem Zivilrecht. Die Rechtskraft des Urteils zwischen den Hauptparteien erstreckt sich daher nicht auf den Streitberufenen, und zwar auch dann nicht, wenn er am Prozess nicht teilnimmt. Im Verhältnis zwischen dem allenfalls Unterliegenden und dem Streitberufenen wird die Rechtslage *nicht verbindlich festgestellt*. Dem Streitberufenen sind jedoch gegenüber demjenigen, von dem er in Anspruch genommen wird, alle Einwendungen verwehrt, welche im Hauptprozess beurteilt worden sind, sofern die Streitverkündung rechtzeitig erklärt und der ungenügende Prozessausgang nicht durch schuldhaftes Verhalten des Streitverkünders verursacht worden ist (VOGEL, N 89, S. 138).

C) Wie verschafft sich das Gericht die für die Urteilsfindung erforderlichen Fachkenntnisse?

I. Der zu beurteilende Prozessstoff

Welche Lebensvorgänge, sogenannte Tatsachen, das Gericht seinem Urteil zugrunde legen darf, bestimmen die Prozessordnungen im Rahmen sogenannter *Prozessmaximen*. Analog zu dem im schweizerischen Vertragsrecht verwirklichten Grundsatz der *Privatautonomie* sind die Parteien frei zu bestimmen, ob, wann und in welchem Umfang sie als Kläger Rechte gerichtlich geltend machen bzw. als Beklagte solche Ansprüche anerkennen wollen. Es gilt der Grundsatz: "Wo kein Kläger ist, da ist kein Richter" (VOGEL, N8, S. 147). Nach der *Dispositionsmaxime* ist das Gericht an die Anträge der Parteien gebunden. Es darf dem Kläger also nicht mehr zusprechen, als er selber verlangt, bzw. nicht weniger, als der Beklagte anerkannt hat.

Es ist im Zivilprozess nicht Aufgabe des Richters, den *Sachverhalt*, der dem streitigen Rechtsverhältnis zugrunde liegt, von Amtes wegen zu erforschen (mit Ausnahme speziell im materiellen Recht geregelter Bereiche, bei denen die sogenannte Offizialmaxime oder - dieser verwandt - die Untersuchungsmaxime dies verlangt). Die Parteien sollen, da sie ja an einem für sie günstig lautenden Ausgang des Verfahrens interessiert sind, alle Tatsachen und Umstände, welche sie selbst für den Ausgang des Prozesses als wichtig erachten, im Prozess vorbringen.

Was von den Parteien nicht vorgetragen wird, existiert nach der anwendbaren *Verhandlungsmaxime* für den Richter nicht. Weil die Verhandlungsmaxime in einem Spannungsverhältnis zum grundlegenden Gebot der Wahrheitsfindung steht, wird sie in den Prozessordnungen dadurch eingeschränkt, dass dem Richter eine *Fragepflicht* auferlegt ist, wo das Vorbringen einer Partei unklar, offensichtlich unvollständig oder unbestimmt erscheint.

Die Prozessordnungen sehen in der Regel vor, dass die von den Parteien im Prozess erhobenen Behauptungen bestimmten Anforderungen an die Substantiierung zu genügen haben. Es obliegt dabei der Ausgestaltung des kantonalen Prozessrechtes, die Anforderungen an die Substantiierung festzulegen; bundesrechtlich dürfen diese Anforderungen nicht mit Art. 8 ZGB im Widerspruch stehen. Bundesrechtskonform ist das Erfordernis, dass eine Bestreitung so konkret erhoben werden muss, dass sich daraus bestimmen lässt, welche einzelnen Behauptungen des Klägers bestritten werden sollen. Insbesondere bei Bauabrechnungen ist somit eine Regelung zulässig, die verlangt, dass der Besteller detailliert erklärt, welche Positionen er nicht anerkennt, damit der Unternehmer alsdann im Beweisverfahren die entsprechenden Beweise führen kann. Es genügt allerdings darzulegen, was bestritten wird, aber nicht zwingend, weshalb die Bestreitung erfolgt. Mit Bezug auf Abrechnungsstreitigkeiten kann das kantonale Prozessrecht verlangen, dass der Beklagte im einzelnen darlegt, welche Arbeiten der Kläger nicht erbracht oder doppelt verrechnet hat. Allgemeine Bestreitungen der geltend gemachten Abrechnungen genügen somit nicht (BGE 117 II 113, kommentiert in Baurecht 2/92, Nr. 90, S. 45).

II. Die Rechtsanwendung von Amtes wegen

Der Grundsatz, wonach die Parteien das Wesentliche des Prozessstoffes im Rahmen ihrer Parteivorträge vorzubringen haben, gilt nicht für Rechtsfragen. Gewisse Zivilprozessordnungen verbieten den Parteien sogar, sich zur Rechtslage zu äussern. Es gilt der *Grundsatz, dass das Gericht das materielle Recht des Bundes und der Kantone von Amtes wegen anzuwenden hat*. Fehlende Rechtskenntnis soll den Parteien also im Stadium, in welchem sie ihre Ansprüche gerichtlich durchsetzen, nicht schaden (VOGEL, S. 116 mit Hinweisen auf die Rechtsprechung).

Rechtsanwendung besteht in der Feststellung des anzuwendenden Rechtes und in der Anwendung dieses Rechtes auf den konkreten Einzelfall (Subsumtion). Im Rahmen der Rechtsanwendung hat das Gericht zu beurteilen, *welche Tatsachen*, die von den Parteien behauptet bzw. deren Vorhandensein bestritten wird, *eingetreten sind* und *welche Rechtsfolgen sich daran anknüpfen*.

III. Die Bedeutung des Beweises im Zivilprozess

Da das Gericht den zu beurteilenden Sachverhalt nicht von Amtes wegen feststellt, hat es von den Behauptungen auszugehen, welche die Parteien in den Prozess einbringen. Es liegt in der Natur der Sache, dass sich die Parteistandpunkte gerade in den entscheidenden Fragen diametral widersprechen. Im *Beweisverfahren* wird daher Beweis erhoben über erhebliche streitige Tatsachen, von denen der Ausgang des Verfahrens abhängig ist.

Was im Prozess nicht bewiesen werden kann, darf dem Urteil nicht zugrunde gelegt werden. Es ist daher von entscheidender Bedeutung, wer das Vorhandensein bestimmter Tatsachen zu beweisen hat, *weil sich die Beweislosigkeit zu Ungunsten der beweisbelasteten Partei auswirkt*. Der Beweis gilt als erbracht, wenn das Gericht nach entsprechender *Beweiswürdigung* vom Vorhandensein einer bestimmten Tatsache überzeugt ist. Der Beweis kann erbracht werden durch *Urkunden*, durch *Zeugen*, durch einen *Augenschein* des Gerichtes, durch das *Gutachten* eines unabhängigen Fachmannes, und in sehr beschränktem Masse auch durch die *Aussagen der am Prozess beteiligten Parteien*.

Im Bauprozess ist die Gefahr, dass zahlreiche, für den Prozessausgang entscheidende Tatsachen oder Vorgänge nicht bewiesen werden können, besonders gross. Der laufende Baufortschritt erschwert oder verunmöglicht die Feststellung bereits erbrachter Leistungen hinsichtlich Quantität und Qualität. Da zahlreiche Spezialisten gleichzeitig oder nacheinander Bauleistungen erbringen, lässt sich im nachhinein oft kaum mehr beurteilen, wer welche Arbeiten ausgeführt oder Unterlassungen begangen hat. Schliesslich vernachlässigen es die Beteiligten unter dem nicht selten bestehenden Zeitdruck, über Umstände, aus denen später Ansprüche hergeleitet werden, eine Aktenlage zu schaffen, z.B. durch Bestätigung von mündlich in Abweichung zu den Vertragsgrundlagen getroffenen Absprachen oder durch schriftlich erklärte Abmahnungen für festgestellte Unzulänglichkeiten. Die Erfahrung zeigt, dass sich im Prozessverfahren, welches oft erst Jahre nach den massgebenden Ereignissen das Stadium des Beweisverfahrens erreicht, aufgrund bloss mündlicher Aussagen von Zeugen die entscheidenden Tatsachen in der Regel rechtsgenügend nicht mehr beweisen lassen.

Über die Frage, wer für welche Behauptungen beweisbelastet ist, existiert eine reichhaltige Rechtsprechung. Wesentlicher indessen ist, dass in der Rechtsprechung auch Grundsätze zu sogenannten *Vermutungen* entwickelt worden sind, bei deren Vorhandensein allenfalls eine Beweislastumkehr eintritt. Letzteres ist allerdings nur bei den sogenannten gesetzlichen Vermutungen der Fall. Unterzeichnete Regierapporte und Ausmassblätter vermögen keine derart qualifizierte Vermutung für die Richtigkeit des Verurkundeten für sich in Anspruch zu nehmen. Sie schaffen aber eine erhebliche tatsächliche oder Erfahrungsvermutung für die Richtigkeit der darin dokumentierten Tatsachen. Sie stellen gewichtige Beweismittel für die Richtigkeit der darin verurkundeten Leistungen dar. Im Prozessverfahren kann aber die Gegenpartei den Gegenbeweis - beispielsweise durch eine Expertise über das tatsächliche Ausmass - führen.

Vorhandene unterzeichnete Regierapporte und Ausmassblätter entbinden somit den Unternehmer nicht von seiner Verpflichtung, den Hauptbeweis für die Richtigkeit der mit den erwähnten Urkunden dokumentierten Leistungen und damit seine Anspruchsgrundlage zu beweisen. Der Unternehmer trägt somit selbst bei unterzeichneten Regierapporten und Ausmassblättern das Risiko der Beweislosigkeit (vgl. ZR 89, 1990, Nr. 37, Baurecht 2/92, Anmerkung zu Nr. 91, S. 45). Eine andere, sogenannte *tatsächliche Vermutung* besteht darin, dass bei der Sachmängelhaftung der Preis der Sache ihrem objektiven Wert und die Kosten der Mängelbehebung der Wertdifferenz zwischen mängelfreier und mangelhafter Sache entspricht (BGE 111 II 162, VOGEL, N 52a, S. 233).

IV. Fachgericht oder Beizug von Sachverständigen von Fall zu Fall?

Im Bauzivilprozess erfordert die Beurteilung der für den Ausgang erheblichen Tatsachen in der Regel ein spezifisches *Fachwissen*, sind doch Baupläne, Offertgrundlagen, Verträge, Baubeschriebe, SIA-Normen etc. zu beurteilen. Der staatliche Richter kann über das erforderliche spezielle Wissen nicht verfügen. Es stellt sich das Problem, wie sich das Gericht die für die Beurteilung des Falles erforderlichen Fachkenntnisse verschafft.

Es wäre denkbar, in den Kantonen Fachgerichte zu schaffen, welche sich ausschliesslich mit Fragen aus dem Gebiet des privaten Baurechts beschäftigen. Würde man jedoch für sämtliche Bereiche, welche ein spezielles Fachwissen im Falle gerichtlicher Streitigkeiten erfordern, eigene Fachgerichte einrichten wollen, wären eine unübersichtliche Gerichtsorganisation sowie die Notwendigkeit, eine Vielzahl zusätzlicher Richter und Gerichtsbeamter zu bestellen, die Folge. Immerhin bestehen in vier Kantonen spezielle *Handelsgerichte*, welche Streitigkeiten aus Handel und Gewerbe beurteilen (VOGEL, S. 64). Ihre Zuständigkeit bestimmt sich durch den *Handelsregistereintrag* einer oder beider Parteien, die Zugehörigkeit des strittigen Lebensvorganges zur *Geschäftstätigkeit* einer der Parteien und allenfalls durch einen bestimmten *Minderstreitwert*.

Das Handelsgericht des Kantons Zürich setzt sich aus einer bestimmten Anzahl von Oberrichtern und - je nach dem zu beurteilenden Fachgebiet - aus *Fachrichtern der entsprechenden Berufsgattung* zusammen. Das Handelsgericht vereinigt somit die Rechtskenntnisse des staatlichen Richters und die spezifischen Kenntnisse eines Fachmannes der entsprechenden Branche. Es bietet sich hier der Vorteil, dass die Beurteilung gewisser technischer Fragen nicht einem unabhängigen Sachverständigen übertragen werden muss, sondern - rascher und billiger - mit dem Fachwissen des Gerichtes vorgenommen werden kann.

Namentlich in städtischen Verhältnissen bestehen die ordentlichen Gerichte zunehmend ausschliesslich aus Juristen, welche über ein eigenes Fachwissen in Baufragen nicht verfügen; soweit der Ausgang eines Verfahrens von der Beurteilung solcher Fragen abhängig ist, muss das *Gutachten eines Sachverständigen* eingeholt werden. Es besteht hier eine gewisse Gefahr, dass nicht nur die Beurteilung der sich stellenden technischen Fragen, *sondern die Entscheidungskompetenz schlechthin auf den Sachverständigen übertragen wird*, dass der Experte also dem Richter den Subsumtionsentscheid abnimmt (LOCHER, S. 339; VOGEL, N 158, S. 255). Dies nicht zuletzt deshalb, weil aus der Sicht der juristisch nicht geschulten Experten die Grenze zwischen rein technischen Fragen und den sich an ihre Beantwortung anschliessenden rechtlichen Folgerungen oft fliessend verläuft. Damit der Gutachter nicht zum Richter wird, ist notwendig, dass vor seinem Beizug die von ihm zu beurteilenden Fakten sehr präzis aus dem Prozessstoff herausgeschält und ihm in Form klarer und *eindeutig abgegrenzter Fragestellungen* unterbreitet werden. Aus dem vorgelegten Gutachten dürfen nur diejenigen Ausführungen für das Urteil beigezogen werden, welche ausschliesslich diese gestellten Fragen beantworten.

D) Vorsorgliche Beweisabnahme

I. Voraussetzungen

Wie dargelegt, entscheidet sich der Ausgang des Bauzivilprozesses häufig aufgrund eines im Rahmen des Beweisverfahrens einzuholenden Gutachtens. Allerdings kann die durch das schriftliche Verfahren bedingte *lange Verfahrensdauer* unter gewissen Umständen für eine betroffene, d.h. in den meisten Fällen für die klagende Partei wesentliche Nachteile bringen. Gerade dann, wenn sich Mangelhaftigkeiten zeigen, deren Auswirkungen nicht schlüssig beurteilt werden können, wie z.B. bei Mauerrissen oder Feuchtigkeitserscheinungen, ist ein Zuwarten mit der Sanierung bis zum Zeitpunkt, in welchem das Prozessverfahren das Stadium des Beweisverfahrens erreicht hat, nicht zumutbar, weil sich häufig der Schaden erheblich vergrössert und die Sanierungskosten sich entsprechend erhöhen.

Für solche Fälle bietet das Prozessrecht eine namentlich im Bereich der privaten Baurechtsstreitigkeiten häufig in Anspruch genommene Möglichkeit an: *Die vorsorgliche Beweisabnahme*. Gemäss §231 der Zivilprozessordnung des Kantons Zürich ist vorgesehen, dass der Einzelrichter im summarischen Verfahren Beweise abnehmen kann, bevor ein Prozess hängig wird, soweit die klagende Partei einen Anspruch auf rasche Feststellung des Tatbestandes glaubhaft machen kann, was sich in einzelnen Fällen, namentlich im Werkvertragsrecht, gestützt auf Art. 367 OR, auch aus Bundesrecht ergeben kann. Anspruch auf eine vorsorgliche Beweisabnahme kann erheben, wer glaubhaft macht, die Abnahme des Beweises sei später erschwert oder unmöglich (vgl. VOGEL, S. 234 mit Hinweis auf die in den einzelnen Kantonen geregelte örtliche Zuständigkeit).

Im Rahmen der vorsorglichen Beweisabnahme können alle vom Prozessrecht vorgesehenen Beweismittel, die auch in einem späteren Hauptprozess angerufen werden können, erhoben werden. Lediglich die sogenannte Beweisaussage, also die qualifizierte und mit Strafandrohung versehene Aussage einer der Prozessparteien verbietet sich, und zwar deshalb, weil die Berechtigung, eine Beweisaussage abzunehmen, allenfalls erst im Rahmen des Hauptprozesses selbst festgestellt werden kann. Als hauptsächliche Beweismittel im Rahmen der vorsorglichen Beweisabnahme kommen das *Gutachten eines Sachverständigen* und der *Augenschein* des Gerichtes in Betracht.

Eine weitere Möglichkeit der Beweissicherung stellt die Aufnahme eines amtlichen Befundes dar. Dabei wird durch eine Urkundsperson ein bestehender Zustand protokollarisch (eventuell auf Bauplänen oder Skizzen) und meist auch photographisch festgehalten, ohne dass über die Ursachen oder Hintergründe der getroffenen Feststellungen Aussagen gemacht werden. Wird z.B. vor Inangriffnahme eines Bauvorhabens auf diese Weise ein Rissprotokoll sämtlicher benachbarter Bauten aufgenommen, lässt sich später einwandfrei nachweisen, welche Risse sich nach dem Aufnahmetermin - vermutlich eben durch Einwirkungen der Bauarbeiten - neu gebildet oder vergrössert haben. Diese Art der Beweissicherung eignet sich *nur für Feststellungen, die ohne Fachkenntnisse getroffen werden können*.

II. Die Vorteile der vorsorglichen Beweisabnahme

Die Durchführung einer vorsorglichen Beweisabnahme bietet dem Besteller im Werkvertrag verschiedene Vorteile: Zunächst wird einmal der aktuelle und für die einzuleitende Klage Anlass bildende Zustand des Werkes festgestellt und durch einen Gutachter beurteilt. Dies hat zur Folge, dass nach dem Vorliegen einer Expertise, allenfalls ergänzt aufgrund der Zusatzfragen der Parteien, der Bauherr, je nach Ausgestaltung seiner vertraglichen Rechte, die Nachbesserung des Werkes durch einen Dritten vornehmen lassen kann, ungeachtet des noch während längerer Zeit laufenden Prozesses. Damit muss also nicht der mangelhafte Zustand für die ganze Verfahrensdauer unverändert in Kauf genommen werden.

Ein weiterer Vorteil besteht darin, dass der Bauherr, gestützt auf die erstellte Expertise, Klarheit gewinnt, welcher von den am Bauwerk beteiligten Vertragspartner mutmasslich für den entstandenen Schaden verantwortlich ist. Das Gutachten erlaubt den Vertragspartnern die Beurteilung ihrer Prozessaussichten und veranlasst daher die Parteien nicht selten, sich zur Vermeidung eines kostspieligen und zeitaufwendigen Prozesses einvernehmlich an der Mängelbehebung zu beteiligen. Der Ausgang eines allfälligen Prozessverfahrens wird ja durch das erstellte Gutachten weitgehend präjudiziert. Soweit die in Anspruch genommenen Vertragspartner nicht andere, den erhobenen Anspruch ausschliessende Einreden erheben können, wie beispielsweise die Einrede der Verjährung oder der verspätet erhobenen Mängelrüge, besteht daher die Aussicht, dass das Urteil den Erkenntnissen des Gutachters folgen wird. Nicht selten erhält daher ein im Rahmen eines vorsorglichen Beweisabnahmeverfahrens eingeholtes Gutachten faktisch die Wirkung eines sogenannten Schiedsgutachtens, dem sich die Parteien im Rahmen einer gütlichen Einigung unterziehen. Gerade im Hinblick auf die Förderung der prozessverhütenden Wirkung der vorsorglichen Beweisabnahme wird daher gefordert, dass an deren Zulassung keine hohen Anforderungen gestellt werden (BAURECHT 3/90, Nr. 119, S. 81 mit Hinweis auf einen Entscheid des Luzerner Obergerichtes; ferner LGVE 1977 I Nr. 369).

Im Interesse der Prozessverhütung kann von den Prozessparteien auch vereinbart werden, dass das Beweissicherungsverfahren ausgedehnt wird und weitere Fragen, wie z.B. nach Sanierungsmöglichkeiten und deren Kosten oder nach Verantwortlichkeiten der Beteiligten, begutachtet werden (BAURECHT 3/90, Nr. 121, S. 81, und Bemerkungen zu den Nr. 119 bis 122, ebenda). Dieses Interesse *allein* genügt indessen nicht für die Anordnung einer vorsorglichen Beweissicherung (BAURECHT 2/92, Nr. 89, S. 44). Einem solchen wird jedoch die in Art. 367 Abs. 2 OR vorgesehene richterliche Anordnung der Prüfung des Werkes durch einen Experten gerecht.

Es ergibt sich somit, dass sich das Instrument der vorsorglichen Beweisabnahme vor allem in Situationen aufdrängt, bei welchen sich eine prozessuale Auseinandersetzung um einen sichtbaren, bezüglich der Ursachen aber strittigen Mangel, der nicht für die ganze Prozessdauer in Kauf genommen werden kann, anbahnt. Die vorsorgliche Beweisabnahme erlaubt es, den aktuellen Zustand *beweismässig definitiv* festzuhalten - wie es in der früheren zürcherischen Zivilprozessordnung hiess, *"zum ewigen Gedächt-*

nis". Durch ein im Rahmen des vorsorglichen Beweisabnahmeverfahrens eingeholtes Gutachten lässt sich der mutmassliche Ausgang des Prozessverfahrens besser einkalkulieren. Dies wiederum kann Ausgangspunkt dafür sein, dass die betroffenen Parteien in erheblich höherem Masse zu konstruktiven Vergleichsgesprächen bereit sind, als wenn jeder sein Hauptaugenmerk darauf richtet, die eigene Verantwortlichkeit in Abrede zu stellen.

III. Beweissicherung auf privater Basis?

Die Parteien können den im Prozessverfahren auftretenden Beweisschwierigkeiten zunächst dadurch wirksam vorbeugen, dass sie *sämtliche wesentlichen Erklärungen schriftlich festhalten*. Insbesondere sollen alle getroffenen Absprachen, mit denen die bestehenden vertraglichen Grundlagen geändert oder ergänzt werden, den Beteiligten durch eingeschriebene Briefe bestätigt oder aber in Form von gemeinsam unterzeichneten Protokollen festgehalten werden. Wesentlich ist auch, dass die Bauherrschaft während der Bauausführung alle Beteiligten stets auf festgestellte Mängel oder aber auch bloss auf Unklarheiten schriftlich aufmerksam macht.

Es stellt sich die Frage, ob ein ähnliches Resultat, wie es auf dem Wege der vorsorglichen Beweisabnahme erreicht wird, nicht auch dadurch erzielt werden kann, dass der Bauherr ausserhalb eines laufenden Verfahrens selber einen mit dem Bauvorhaben nicht befassten Sachverständigen mit der Erstellung einer Expertise beauftragt. Dies in der Meinung, gestützt auf das Ergebnis liessen sich die Prozessaussichten überzeugend beurteilen und es sei - eine seriöse Begutachtung vorausgesetzt - zu erwarten, dass in einem späteren Prozessverfahren das Resultat nicht wesentlich anders ausfallen könne.

Diesem Vorgehen stehen gewichtige Einwände entgegen. Das auf privater Basis erstellte Gutachten erhält im Prozessverfahren keinen besonderen Beweiswert. Das sogenannte Parteigutachten stellt nichts anderes dar als eine etwas qualifizierter und besser substantiiert vorgetragene Sachdarstellung einer der beiden Prozessteilnehmer. Regelmässig werden denn auch die durch ein Privatgutachten belegten Behauptungen von der Gegenpartei bestritten, und es wird eingewendet, beim vorgelegten Gutachten handle es sich um ein *Gefälligkeitsgutachten*, welches ein mit der betroffenen Partei befreundeter Fachmann erstellt habe. Das Vorliegen eines Parteigutachtens entbindet somit das Gericht nicht davon, im späteren Stadium des Beweisverfahrens ein Gutachten von einem neutralen Fachmann einzuholen. Das im Rahmen des vorsorglichen Beweisabnahmeverfahrens eingeholte Gutachten erhält demgegenüber im späteren Prozess den *vollen Beweiswert*.

Die unterschiedliche Behandlung des von einer Partei selber in Auftrag gegebenen Gutachtens gegenüber dem gerichtlichen Gutachten, welches im Rahmen einer vorsorglichen Beweisabnahme eingeholt wird, rechtfertigt sich aufgrund besonders ausgestalteter Verfahrensvorschriften. Der gerichtliche Sachverständige erstellt seine Expertise unter der *Strafandrohung von Art. 307 StGB*, womit für die Erstattung eines wissentlich falschen Gutachtens eine Strafe bis zu fünf Jahren Zuchthaus angedroht wird.

Der private Gutachter, welcher seine Expertise in einem zivilrechtlichen Auftragsverhältnis für die eine Partei erstellt, untersteht dieser Strafandrohung nicht. Dadurch erhält das gerichtlich erstattete Gutachten einen wesentlich höheren Beweiswert.

Beim gerichtlich eingeholten Gutachten erhalten die Parteien Gelegenheit, bei der Ernennung des Experten mitzuwirken, diesen also abzulehnen, falls ihrer Ansicht nach gewichtige Umstände gegen die Ernennung sprechen. Sodann ist den Parteien auch Gelegenheit geboten, der Experteninstruktion beizuwohnen und dem Experten nach Vorlage der Expertise Zusatz- und Ergänzungsfragen zu stellen. Bei Einholung eines Parteigutachtens sind diese *Grundsätze des rechtlichen Gehörs* nicht gewahrt.

Nicht unwesentlich ist schliesslich auch die Frage der *Kostentragung*. Das von einer Partei in Auftrag gegebene Gutachten muss regelmässig von dieser selbst bezahlt werden, und zwar unabhängig vom späteren Prozessausgang. Alle vorprozessualen Bemühungen werden lediglich im Rahmen der nach einem vorgegebenen Tarif bemessenen *Prozessentschädigung*, also grundsätzlich ohne Berücksichtigung eines allenfalls besonderen Aufwandes, abgegolten. Wie dargelegt, werden die Kosten des gerichtlich eingeholten Gutachtens den Parteien im Verhältnis des Prozessausganges belastet.

E) Schlussbemerkungen

Vordergründig scheint das Ziel des Bauprozesses darin zu bestehen, dass der Richter den zwischen den Parteien strittigen Sachverhalt beurteilt und einer "gerechten" Entscheidung zuführt. Effektiv geht es jedoch darum, in Würdigung der beiderseitigen Kosten- und Beweisrisiken *den beeinträchtigten Rechtsfrieden wiederherzustellen*. Wer sich mit dem Gedanken befasst, einen Bauprozess einzuleiten, sollte vorgängig folgendes bedenken:

Das erste Ziel, die "gerechte" Entscheidung, kann nicht immer erreicht werden. Zum einen ist die "Gerechtigkeit" keine absolute Grösse; zu viele strittige Fragen lassen in guten Treuen verschiedene vertretbare Beurteilungen zu. Zum andern kann die Wahrheitsfindung durch ungenügende Beweisbarkeit beeinträchtigt werden. Hierin liegt, namentlich für die beweisbelastete Partei, das grösste Prozessrisiko.

Ein unternehmerisch sinnvolles Resultat kann auch dadurch wieder hergestellt werden, dass sich die Parteien - ohne an ihren Extremstandpunkten festzuhalten - gütlich einigen oder einvernehmlich die wesentlichen Streitfragen von einem gemeinsam beauftragten Experten für alle Beteiligten verbindlich feststellen lassen. Dadurch werden die vorerwähnten Risiken hinsichtlich Beweisbarkeit, aber auch die notwendigerweise mit jedem Prozess verbundenen hohen Kosten zugunsten eines kostengünstigeren Verfahrens eliminiert. Dem richtig verstandenen Interesse aller Parteien ist mit einer kaufmännischen Lösung - niedrige unproduktive Prozesskosten und klar feststehendes Resultat - jedenfalls dann besser gedient, wenn hinsichtlich der strittigen Fragen komplexe Abklärungen unumgänglich sind und die rechtliche Beurteilung auf einer wenig klaren und unvollständigen Aktenlage aufgebaut werden muss.

RECHTSQUELLEN
Bundesgesetz über die Organisation der Bundesrechtspflege vom 16. Dezember 1943, SR 173.110.
Gesetz über den Zivilprozess (Zivilprozessordnung/ZPO) vom 13. Juni 1976, ZH-GS 271 (ZH-ZPO) (Kanton Zürich).
Gerichtsverfassungsgesetz vom 13. Juni 1976, ZH-GS 211.1 (Kanton Zürich).
Verordnung über die Gerichtsgebühren vom 30. Juni 1976, ZH-GS 211.11 (Kanton Zürich).
Gesetz über den Rechtsanwaltberuf (Anwaltsgesetz) vom 3. Juli 1976, ZH-GS 215.1 (Kanton Zürich).
Verordnung über die Anwaltsgebühren vom 22. Dezember 1976, ZH-GS 215.3 (Kanton Zürich).

LITERATUR
GULDENER Max, Schweiz. Zivilprozessrecht, 3. Aufl., Zürich 1979; DERS., Beweiswürdigung und Beweislast nach Schweiz. Zivilprozessrecht, Zürich 1955; HAUSER Willy/HAUSER Robert, Gerichtsverfassungsgesetz (Kanton Zürich), Zürich 1978; KUMMER Max, Grundriss des Zivilprozessrechts nach den Prozessordnungen des Kantons Bern und des Bundes, 3. Aufl., Bern 1978; LOCHER Horst, Das private Baurecht, 3. Aufl., München 1983, S. 339-365; STRÄULI Hans/MESSMER Georg, Kommentar zur Zürcherischen Zivilprozessordnung, 2. Aufl., Zürich 1982; VOGEL Oscar, Grundriss des Zivilprozessrechts, 3. Aufl., Bern 1992; WALDER Hans-Ulrich, Zivilprozessrecht, 4. Aufl., Zürich 1992.

Die Zwangsvollstreckung von Werklohn und Honorar sowie der vertragstypischen Leistungen des Architekten, Ingenieurs und Unternehmers

Stephen V. Berti

A) Zum Wesen der Zwangsvollstreckung

Die Rechtsordnung unterscheidet sich von anderen Normenordnungen dadurch, dass der Staat Zwangsmittel zwecks deren Durchsetzung zur Verfügung stellt. Zwangsvollstreckung ist die Verhängung und Durchsetzung von Sanktionen als Folge der Missachtung rechtlicher Anordnungen und vertraglicher Verpflichtungen. Das Verfahren der Zwangsvollstreckung ist ein formalisiertes. Der Gläubiger muss für seine Forderung auf Leistung, Duldung oder Unterlassung einen rechtsgenüglichen Vollstreckungstitel schaffen. Gestützt hierauf eröffnet ihm der Staat eine Verfahrensmöglichkeit, die gestattet, dass die für die spezifische Rechtsverletzung vorgesehenen Sanktionen ihre Wirkung gegen den Schuldner entfalten können. Das rechtsstaatliche Vollstreckungsverfahren ist die Kompensation für die verpönte Selbsthilfe, die nur gestattet ist, wenn nach den gegebenen Umständen amtliche Hilfe nicht rechtzeitig erlangt und nur durch Selbsthilfe eine Vereitelung des Anspruches oder eine wesentliche Erschwerung seiner Geltendmachung verhindert werden können (Art. 52 Abs. 3 OR).

B) Das System der Zwangsvollstreckung nach schweizerischem Recht (Überblick)

Art. 97 Abs. 1 OR sieht bei Ausbleiben der Erfüllung der Obligation vor, dass der Schuldner für den daraus entstehenden Schaden dem Gläubiger Ersatz zu leisten hat, sofern er nicht beweist, dass ihm keinerlei Verschulden zur Last fällt. Abs. 2 stellt klar, dass die Art der Zwangsvollstreckung unter den Bestimmungen des Schuldbetreibungs- und Konkursrechtes und den eidgenössischen und kantonalen Vollstreckungsvorschriften steht.

Dem Bundesgesetzgeber ist zwar von Verfassungs wegen die Kompetenz eingeräumt worden, über die Zwangsvollstreckung schlechthin zu legiferieren. Indessen hat er sich darauf beschränkt, die Zwangsvollstreckung von Forderungen zu normieren, welche auf eine Geldzahlung oder eine Sicherheitsleistung gerichtet sind (Art. 38 Abs. 1 SchKG). Alle übrigen Forderungen auf Leistung, Duldung oder Unterlassung werden nach Massgabe des kantonalen Vollstreckungsrechts durchgesetzt.

Der materiell-rechtliche Schlüssel zu dem Vollstreckungstitel ist der *Erfüllungsanspruch*. Das Obligationenrecht von 1911 geht im Gegensatz zum alten OR von 1881 (s. BGE 32 I 659, von rechtsgeschichtlichem Interesse) vom Prinzip aus, dass eine Forderung in erster Linie in natura zu erfüllen sei (s. etwa BGE 56 II 56 E. 7). Die Umwandlung der geschuldeten Leistung in eine Schadensersatzpflicht (sekundäre Leistungspflicht) tritt grundsätzlich hinter den primären Erfüllungsanspruch zurück. Dem liegt die rechtspolitische Entscheidung zugrunde, es sei möglichst entgegenzuwirken, dass es im Belieben des Schuldners steht, durch blosse Nichterfüllung seiner Verbindlichkeit deren Umwandlung in eine Verpflichtung zu Schadensersatz herbeizuführen.

C) Die bundesrechtliche Zwangsvollstreckung von Geldforderungen

Die bundesrechtliche Zwangsvollstreckung gemäss SchKG greift Platz, wenn Geldforderungen etwa des Architekten oder Ingenieurs gegen den Bauherrn auf Zahlung von Honorar oder des Unternehmers gegen den Bauherrn auf Ausrichtung des Werklohns erzwungen werden sollen. Vorgängig der Einleitung der Betreibung ist es sinnvoll, sich anhand eines Auszuges aus dem Betreibungsregister ein Bild über die Vollstreckungssituation des Schuldners zu verschaffen. Bei Leistung eines Nachweises, dass der Ersuchende eine Forderung gegen den genannten Schuldner hat - wobei Glaubhaftmachung genügt -, erteilt das zuständige Betreibungsamt über die Anzahl der hängigen Betreibungen und Pfändungen sowie über das Vorliegen von Verlustscheinen Auskunft.

Das Vollstreckungsverfahren wird durch die Einreichung eines Betreibungsbegehrens beim Betreibungsamt am Wohnsitz (Art. 46 Abs. 1 SchKG) bzw. Sitz (Art. 46 Abs. 2 SchKG) des Schuldners eingeleitet. Besteht für die Forderung ein Faustpfand, so *kann* die Betreibung wahlweise auch am Orte, wo sich das Pfand oder der wertvollste Teil desselben befindet, angehoben werden (Art. 51 Abs. 1 SchKG). Bei grundpfandversicherten Forderungen hingegen *muss* die Betreibung am Belegenheitsort des verpfändeten Grundstückes (Art. 51 Abs. 2 SchKG) durchgeführt werden. Ein allfälliger Wohnsitzwechsel des Schuldners bewirkt nur eine Änderung des Betreibungsortes, solange die Pfändung noch nicht angekündigt oder die Konkursandrohung noch nicht ausgesprochen wurde (Art. 53 SchKG). Gegen den flüchtigen Schuldner wird der Konkurs an dessen letztem Wohnsitze eröffnet (Art. 54 SchKG). Wohnt der Schuldner im Ausland, hat er aber in der Schweiz eine Geschäftsniederlassung, so kann er für deren Verbindlichkeiten an ihrem Sitz betrieben werden. Dabei kommt es nicht darauf an, ob diese Geschäftsniederlassung im Handelsregister eingetragen ist (BGE 114 III 8). Hat ein ausländischer Schuldner für die Erfüllung einer Verbindlichkeit in der Schweiz ein Spezialdomizil gewählt, so kann er für diese Verbindlichkeit am Orte der Spezialniederlassung betrieben werden. Der Forderungsbetrag ist jedoch immer in Schweizer Währung anzugeben (Art. 67 Abs. 1 Ziff. 3 SchKG).

Das *Betreibungsbegehren* (offizielles Formular No 1) muss die Bezeichnung von Gläubiger und Schuldner, Forderungssumme und Grund der Forderung enthalten. Die Einreichung des Begehrens (Postabgabe genügt) bewirkt die Unterbrechung der Verjährung im Umfang der Forderungssumme (Art. 135 Ziff. 2 OR). Das Betreibungsamt hat dem Begehren dadurch Folge zu leisten, dass es spätestens an dem auf dessen Eingang folgenden Tage dem Schuldner einen *Zahlungsbefehl* zustellt (Art. 71 Abs 1 SchKG). Dieser enthält nebst den Angaben des Betreibungsbegehrens die Aufforderung an den Schuldner, binnen 20 Tagen den Gläubiger für die Forderung samt Betreibungskosten zu befriedigen (oder, falls die Betreibung auf Sicherheitsleistung geht, sicherzustellen); ferner die Mitteilung, dass der Schuldner, sofern er die Forderung oder einen Teil davon bestreiten will, dies innerhalb 10 Tagen nach Zustellung des Zahlungsbefehls dem Betreibungsamt zu erklären hat, indem er *Rechtsvorschlag* (eine Art Einsprache) erhebt. Der Zahlungsbefehl enthält im übrigen die Androhung, dass, wenn der Schuldner weder dem Zahlungsbefehl nachkommt noch Rechtsvorschlag erhebt, die Betreibung ihren Fortgang nehmen werde (Art. 69 SchKG). Solcher Fortgang besteht in der Androhung der Pfändung bei Schuldnern, die nicht in einer der in Art. 39 Abs 1 SchKG spezifizierten Eigenschaften im Handelsregister eingetragen sind, und in der Androhung des Konkurses, wenn der Schuldner kraft Handelsregistereintrages der Generalexekution des Konkurses unterstellt ist.

Erhebt der Schuldner Rechtsvorschlag, so hat der Gläubiger den *ordentlichen Prozessweg* zu beschreiten, es sei denn
a) seine Forderung beruhe auf einem vollstreckbaren gerichtlichen Urteil, welchem Vergleiche oder gerichtliche Schuldanerkennungen gleichgestellt sind (Art. 80 SchKG);
b) seine Forderung beruhe auf einer durch öffentliche Urkunde festgestellten oder durch Unterschrift bekräftigten Schuldanerkennung, d.h. namentlich auf einem schriftlichen Vertrag (Art. 82 SchKG).

Im ersten Fall wird *definitive Rechtsöffnung* gewährt, wenn nicht der Betriebene durch Urkunden beweist, dass die Schuld seit Erlass des Urteils getilgt oder gestundet worden oder verjährt ist. Im zweiten Fall spricht der Richter die *provisorische Rechtsöffnung* aus, sofern der Betriebene nicht Einwendungen, welche die Schuldanerkennung entkräften, sofort glaubhaft macht.

Die provisorische Rechtsöffnung wird zur definitiven, wenn der Schuldner nicht binnen 10 Tagen die Aberkennungsklage einreicht. Wesentlich bei diesem Vorgang ist, dass nun der Schuldner als Kläger auftreten muss, während der Gläubiger als Beklagter auftreten kann, d.h., die Parteirollen (nicht aber die Beweislast, die sich unabhängig von der Parteirolle nach Art. 8 ZGB richtet) vertauscht sind. Im Falle der Abweisung der Aberkennungsklage wird die Rechtsöffnung definitiv, und der Gläubiger kann beim Betreibungsamt Fortsetzung der Betreibung verlangen, welche dann entweder auf dem Wege der Pfändung oder des Konkurses ihren Fortgang nimmt.

Schliesslich ist noch darauf hinzuweisen, dass im Zusammenhang mit Betreibungen im Bauvertragsrecht die Verordnung des Bundesgerichtes über die Zwangsverwertung von Grundstücken (SR 281.42), die Verordnung des Bundesgerichtes über die Pfändung und Verwertung von Anteilen an Gemeinschaftsvermögen (SR 281.41) sowie allenfalls das Bundesgesetz über die Schuldbetreibung gegen Gemeinden und andere Körperschaften des kantonalen öffentlichen Rechts (SR 282.11) je nach Sachlage von Bedeutung sein können.

D) Die kantonalrechtliche Zwangsvollstreckung anderer als auf Geldleistung gerichteter Forderungen

Die Kantone haben die Gesetzgebungskompetenz bezüglich der Vollstreckung von nicht auf Geld gerichteten Forderungen unter Vorbehalt übergeordneten Bundesrechtes. Die Vollstreckung von Forderungen, die nicht auf eine Geldzahlung gerichtet sind, regeln die Kantone im allgemeinen in ihren Zivilprozessordnungen. Einen Überblick über die Rechtsquellen gibt VOGEL, *op. cit.*, 13-16.

Die Androhung von Vollstreckungssanktionen setzt voraus, dass das Bundeszivilrecht die *Realvollstreckung* der in Frage kommenden Forderung gestattet. Dies ist etwa bei Forderungen, die auf ein persönliches Tun gerichtet sind (z.B. die Übertragung der Bauleitung an einen Architekten oder an einen Ingenieur), *nicht* der Fall.

Als Beispiel einer kantonalen Vollstreckungsordnung wird nachstehend diejenige des Kantons Zürich skizziert:

Im Kanton Zürich steht zur Vollstreckung rechtskräftiger gerichtlicher Entscheide das *Befehlsverfahren* am Bezirksgericht vor dem Einzelrichter zur Verfügung (§222 ZPO ZH). Das Befehlsverfahren ist eine Abart des summarischen Verfahrens, was insbesondere bedeutet, dass das Begehren beim Richter direkt (d.h. ohne den Weg über den Friedensrichter), schriftlich oder mündlich anhängig gemacht werden kann. Die Anwesenheit des Klägers an der Verhandlung ist nicht unbedingt erforderlich; bei Fernbleiben wird aufgrund der Akten entschieden. Der Richter hat jedoch die Möglichkeit, den Kläger vorzuladen unter Androhung, dass bei Ausbleiben auf sein Begehren nicht eingetreten werde (§207 ZPO). Bleibt hingegen der Beklagte ohne genügende Entschuldigung fern oder beantwortet er das Begehren nicht auf erste Aufforderung hin, so wird Anerkennung der Sachdarstellung des Klägers und Verzicht auf Einreden angenommen (§208 ZPO ZH).

Gegen den Entscheid des Einzelrichters kann beim Obergericht Rekurs erhoben werden, sofern der Streitwert mehr als Fr. 8'000.- beträgt (§272 Abs. 1 ZPO ZH).

Ist das Begehren des Klägers begründet, so kann der Richter den Beklagten unter Androhung von Bestrafung wegen Ungehorsams gemäss Art. 292 des Strafgesetzbuches zur Erfüllung seiner Pflichten anhalten. Auf Antrag des Vollstreckungsklägers kann er sodann eine Ordnungsbusse androhen, deren Betrag maximal Fr. 200.- pro Tag betragen darf, und welche nicht im voraus, sondern nur nachträglich festgesetzt werden kann (STRÄULI/MESSMER, Kommentar zur Zürcherischen Zivilprozessordnung, N. 11 zu Art. 306). Wenn der Beklagte die Erfüllung verweigert, so hat der Richter die Möglichkeit, Dritte damit zu beauftragen oder den Kläger zur Auftragserteilung zu ermächtigen (§307 ZPO ZH).

E) Praktische Fragen der Zwangsvollstreckung im schweizerischen Bauvertragsrecht

1) Aus dem oben Gesagten ergibt sich, dass die Eintreibung von Werklohn oder von Honoraren von renitenten Schuldnern notfalls immer im Verfahren des Schuldbetreibungs- und Konkursrechts zu erfolgen hat, da es sich um Leistungen handelt, welche auf eine Geldzahlung gerichtet sind.

2) Welches sind nun die vertragstypischen Leistungen des Architekten, Ingenieurs oder Unternehmers, die nach kantonalen Rechtsnormen zu vollstrecken wären? Aufgabe des Architekten sowie auch des Ingenieurs wird es in den meisten Fällen sein, Pläne auszufertigen und allenfalls auch deren Realisierung zu leiten oder zu überwachen, unter Umständen im Sinne eines Generalunternehmers. In der Rechtsprechung war bisweilen umstritten, ob der Vertrag mit dem Architekten als Werkvertrag oder als Auftrag zu qualifizieren sei. In BGE 63 II 176 hat sich das Bundesgericht 1937 dafür ausgesprochen, dass an sich ein Werkvertrag vorliege, sofern die Leistung des Architekten nur auf die Ausfertigung von Skizzen und Detailplänen gerichtet sei, hingegen eher ein Auftragsverhältnis, wenn dem Architekten neben diesen Arbeiten auch die Erstellung eines Kostenvoranschlages, die Vergebung der Arbeiten an die Unternehmer und die Oberaufsicht übertragen werden. Im Jahre 1972 hat es sich dann vorbehaltlos für Auftragsrecht entschieden (BGE 98 II 350 insbesondere E. 3). Im Jahre 1983 hingegen hat das Bundesgericht dann wieder festgehalten, dass ein Architekturvertrag, der sich beispielsweise auf das Erstellen von Plänen oder die Bauaufsicht beschränkt, problemlos entweder dem Werkvertragsrecht oder dem Auftragsrecht zuzuordnen sei; schwieriger werde es, wenn der Architekt mit Projektierung und Ausführung insgesamt beauftragt sei (BGE 109 II 462, E. 3d). Es spricht sich dann gegen die Notwendigkeit einer einheitlichen Qualifikation aus und sieht ein gemischtes Vertragsverhältnis vor: *"wo wie bei der Mängelhaftung nur einzelne Leistungen des Architekten zu beurteilen sind, ist eine Spaltung der Rechtsfolgen denkbar, indem sich etwa die Haftung für einen Planfehler aus Werkvertrag, jene für unsorgfältige Bauaufsicht aus Auftrag ergeben kann"* (ibid., bestätigt in BGE 110 II 380). Es besteht Grund zur Annahme, dass für den Vertrag mit einem Ingenieur analog entschieden würde. Die praktische Bedeutung der Vertragsqualifikation zeigt sich etwa im folgenden:

3) Durch die Übernahme eines Auftrages verpflichtet sich der Beauftragte, nach den Regeln der Kunst und mit aller Sorgfalt für den Auftraggeber tätig zu werden. Es wird jedoch kein bestimmtes Resultat dieser Tätigkeit versprochen, ja der Auftrag kann sogar von beiden Seiten jederzeit widerrufen werden (Art. 404 Abs. 1 OR). Geschieht dies zur Unzeit, sieht das Gesetz einzig einen Anspruch auf Schadenersatz für den Geschädigten vor (Art. 404 Abs. 2 OR). Hieraus erhellt, dass für Leistungen aus einem Auftragsverhältnis kaum Raum für eine zwangsweise Durchsetzung einer Realerfüllung besteht. Kommt es zu einer Vollstreckung von fälligen Forderungen, so wird es sich immer um Geldleistungen handeln, die nach Schuldbetreibungs- und Konkursverfahren einzutreiben sind.

4) Für Forderungen aus Werkvertrag ergeben sich hingegen andere Möglichkeiten. Hier verpflichtet sich der Unternehmer in der Regel persönlich zur Errichtung eines mängelfreien Werkes (Art. 364 OR), sei dies nun ein Haus, eine andere Baute, ein Modell oder ein Plan. Das Gesetz gibt dem Bauherrn in gewissen Fällen neben Forderungen auf Schadenersatz auch Handhaben zur *realen* Durchsetzung dieses Anspruches oder von Teilansprüchen:

- Soweit der Unternehmer die Lieferung des Stoffes übernommen hat, haftet er dem Besteller für die Güte desselben und hat Gewähr zu leisten wie ein Verkäufer. Einen allfälligen Rest hat er dem Besteller zurückzugeben (Art. 365 Abs. 1 und 2 OR).
- Weist das Werk minder erhebliche Mängel auf, so kann der Besteller dessen unentgeltliche Verbesserung verlangen, sofern dies dem Unternehmer nicht übermässige Kosten verursacht (Art. 368 Abs. 2 und 3 OR).

Ein besonderes Institut ist das Recht zur Ausführung des Werkes durch einen Dritten. Lässt sich nämlich *"während der Ausführung des Werkes eine mangelhafte oder sonst vertragswidrige Erstellung durch Verschulden des Unternehmers bestimmt voraussehen, so kann der Besteller eine angemessene Frist zur Abhilfe ansetzen oder ansetzen lassen mit der Androhung, dass im Unterlassungsfalle die Verbesserung oder die Fortführung des Werkes auf Gefahr und Kosten des Unternehmers einem Dritten übertragen werde"* (Art. 366 Abs. 2 OR). Der Besteller wird in diesem Falle den Dritten bezahlen und die entstandenen Kosten beim ersten Unternehmer einziehen. Bei einem zahlungsunwilligen Schuldner wird dies dann zu einer Betreibung auf eine Geldleistung führen.

5) Bauverträge unterstehen dem OR nur mittelbar, wenn die SIA-Norm für anwendbar erklärt wird. Auch dieses Normwerk gibt dem Bauherrn ein Recht auf Mängelbehebung (SIA-Norm 118 Art. 161, 169 und 174). Art. 169 der SIA-Norm 118 gibt sodann unter bestimmten Umständen auch die Möglichkeit zur Ersatzvornahme durch einen Dritten.

6) Das Erfordernis eines Zwangsvollstreckungstitels hat zur Frage geführt, ob Art. 98 OR nur vor dem Vollstreckungsrichter oder auch vor dem Sachrichter angerufen werden kann. In einem Urteil aus dem Jahre 1985 hat das Luzerner Obergericht entschieden, *"dass sich der Gläubiger grundsätzlich im ordentlichen Verfahren die Ermächtigung zur Ersatzvornahme erteilen lassen kann. Sind die tatsächlichen Verhältnisse sofort feststellbar und die Anspruchsgrundlage liquid, kann das Recht auch im Befehls-*

verfahren durchgesetzt werden" (SJZ 84 [1987] 203). In der Besprechung dieses Urteils weist GAUCH darauf hin, dass sich Art. 97 OR nicht ausschliesslich an den Sachrichter, sondern auch an den Vollzugsrichter wende, denn die Ermächtigung zur Ersatzvornahme setze ein (Sach-)Urteil gegen den Schuldner voraus. Allerdings steht es dem Gläubiger frei, sein Ersatzbegehren bereits mit der Leistungsklage zu verbinden.

Man darf somit festhalten, dass sich - wie in andern Bereichen des Wirtschaftslebens - die Zwangsvollstreckung von Geldleistungen nach SchKG und von Realerfüllungsansprüchen nach den jeweils anwendbaren kantonalen Verfahrensregeln richtet. Gewisse Besonderheiten ergeben sich aus an anderer Stelle behandelten Instituten des materiellen Rechts oder aus Lebensumständen (etwa Bauhandwerkerpfandrecht und Sachgewährleistung beim Werkvertrag oder Subkontrahierung), welche im Bauwesen eine Rolle spielen und den Weg zum Ziel der Zwangsvollstreckung - die Befriedigung des Anspruches - allenfalls erleichtern.

RECHTSQUELLENVERZEICHNIS
Bundesgesetz über Schuldbetreibung und Konkurs vom 11. April 1889 (SR 281.1).
Bundesgesetz über die Schuldbetreibung gegen Gemeinden und andere Körperschaften des kantonalen öffentlichen Rechts vom 4. Dezember 1947 (SR 282.11).
Verordnung des Bundesgerichtes über die Pfändung und Verwertung von Anteilen an Gemeinschaftsvermögen vom 17. Januar 1923 (SR 281.41).
Verordnung des Bundesgerichts über die Zwangsverwertung von Grundstücken vom 23. April 1920/4. Dezember 1975 (SR 281.42).
Jeweilige Zivilverfahrensgesetze der 26 Kantone und Halbkantone (Nachweise auf neuestem Stand bei VOGEL, zit. im Literaturverzeichnis, 13-16), und namentlich §§ 300-309 der Zürcherischen Zivilprozessordnung vom 13. Juni 1976.

JUDIKATUR
Obergericht Luzern in LGVE 1985 I, Nr. 11, S. 24 ff. = ZbJV 1986, 103 30 ff. = SIZ 83 (1987) 201-203 mit Anmerkung von GAUCH Peter, recht 1987, 24-28.
BRÜGGER Ernst, Schweizerische Gerichtspraxis zum SchKG 1946-1984, Adligenswil (Schuko Verlag) 1984, Nachträge 1984-199, Adligenswil 1992.

LITERATURVERZEICHNIS
AMONN Kurt, Grundriss des Schuldbetreibungs- und Konkursrechts, 4. Aufl., Bern 1988; FRITZSCHE Hans/WALDER Hans Ulrich, Schuldbetreibung und Konkurs nach schweizerischem Recht, Band 1, 3. Aufl., Zürich 1984 (Band 2, 3. Auflage angesagt auf Anfang 1993); GILLIERON Pierre-Robert, Poursuite pour Dettes, Faillites et Concordat, Lausanne 1985; JÄGER Karl/DAENIKER Marta/)WALDER Hans Ulrich, Textausgabe des SchKG und weitere Bundesgesetze, vollständig oder in Auszügen, 12. Aufl., Zürich 1990; STRÄULI Hans/MESSMER Georg, Kommentar zur Zürcherischen

Zivilprozessordnung vom 13. Juni 1976, 2. Aufl., Zürich 1982; VOGEL Oscar, Grundriss des Zivilprozessrechts und des internationalen Zivilprozessrechts der Schweiz, 3. Aufl., Bern 1992; WALDER Hans Ulrich/JENT-SORENSEN Ingrid, Tafeln zum SchKG, 4. Aufl., Zürich 1990.

Ingenieur, Architekt und Unternehmer als Gerichtsexperten

Christian Widmer

A) Der Begriff Gerichtsexperte

I. Einleitung

Es ist müssig zu erklären, wie wichtig der Experte gerade in Bausachen ist. Dies hat zweierlei Ursachen. Einerseits nimmt die Komplexität der Probleme in Bausachen immer mehr zu. Von den Behörden werden immer höhere Anforderungen an das Bauen oder auch an die Vorabklärungen gestellt. Daraus resultieren Auseinandersetzungen zwischen Unternehmer und Bauherr, die teilweise schon vor Baubeginn den Einsatz von Gerichts- oder auch privaten Experten notwendig machen, damit für ein späteres Verfahren die Beweise rechtzeitig gesichert werden können. Grössere Bauwerke sind heute kaum noch abzuwickeln, ohne dass dabei nicht früher oder später Probleme auftauchen, sei dies infolge Mängel am Werk oder sei dies infolge strittiger Honorarfragen (HÜRLIMANN, S. 130). Anderseits neigen die Gerichte immer mehr dazu, die Verantwortung an Gutachter abzutreten, indem sie die Beweiswürdigung, die eigentlich dem Richter zusteht, den Experten überlassen (CEPPI, S. 33; DIGGELMANN, S. 5). Damit können sie viel Aufwand und vor allem Zeit sparen. Aber auch der Anwalt tendiert mehr und mehr dazu, den Gutachter als Hilfsmittel bei der Prozessführung beizuziehen, insbesondere dann, wenn seiner Partei eine Beweispflicht obliegt, d.h., wenn er seine Behauptung beweisen muss und dieser Beweis durch einfache Urkunden oder Zeugen nicht oder nur schwierig zu erbringen ist. Dies ist vor allem dann der Fall, wenn er den Kausalzusammenhang zwischen einer Ursache und einer Wirkung (sprich Schaden) beweisen muss. Gerade bei Bausachen ist dieser Kausalzusammenhang von grosser Wichtigkeit.

Grundsätzlich kann also gesagt werden, dass der Experte immer dann gebraucht wird, wenn es etwas zu beweisen gilt, und zwar vor allem im Hinblick auf ein Gerichtsverfahren. Nach Art. 8 ZGB hat derjenige die Beweispflicht, von Ausnahmen abgesehen, der etwas behauptet. In der Schweiz ist das Gerichtsverfahren kantonal geregelt. Die Vorschriften über den Gerichtsexperten sind daher vor allem in der Zivilprozessordnung der jeweiligen Kantone zu finden. Die Aufgabe des Gerichtsexperten ist daher von Kanton zu Kanton unterschiedlich genormt. Je nachdem, für welches Gericht der Experte tätig ist, untersteht er einer anderen kantonalen Regelung. Die Unterschiede wirken sich für die Tätigkeit des Experten aber nicht massgeblich aus. Lediglich in formalen und Entschädigungsfragen haben die verschiedenen Prozessordnungen für den Experten spürbare Auswirkungen. Dass ein Experte unabhängig und gewissenhaft arbeiten muss, ist ein allgemein gültiger Grundsatz, der sich aufgrund der Bestimmungen des Bundesrechtes (Art. 394f. OR) ergibt. In der nachfolgenden Abhandlung konzentrieren wir uns auf die Vorschriften des Kantons Zürich.

Es fragt sich nun, was ein Gerichtsgutachter ist. Der Gerichtsgutachter unterscheidet sich in verschiedener Hinsicht vom Parteigutachter, aber auch vom Schiedsgutachter. Das Hauptmerkmal des Gerichtsexperten liegt darin, dass er vom Gericht bestellt wird. Der Partei- und Schiedsgutachter hingegen wird von den Parteien selber bestimmt und beauftragt. Dies hat verschiedene Auswirkungen, einmal auf die Beweiskraft des Gutachtens, dann auf die Frage, wer den Experten bezahlt, aber auch auf die Haftung des Experten.

II. Der Parteigutachter

Der Parteigutachter ist ein Sachverständiger, der von einer Partei - ausserhalb eines Gerichtsverfahrens - zur Abklärung einer Sachfrage herbeigezogen wird. Das Parteigutachten hat demnach keine Rechtswirkung für Dritte. Vor Gericht gilt das Parteigutachten als Parteibehauptung und stellt somit keinen Beweis im rechtlichen Sinne dar, an den der Richter gebunden ist, auch wenn das Guchtachten noch so gut ist (STRÄULI/ MESSMER, Vorbemerkungen zu §171 N 2; HÜRLIMANN, S. 137; BGE 95 II 368; BGE 105 II 3). Der Richter darf im Zivilprozess grundsätzlich nur bewiesene Behauptungen schützen, mit der Ausnahme, wenn der Richter davon (von der Behauptung) sichere Kenntnisse hat (§133 ZPO). Beim Handelsgericht sind die Anforderungen an die eigenen Kenntnisse des Richters höher, da die Fachrichter Sachverständige sind. Immerhin kann ein solches Parteigutachten dem Richter wichtige Erkenntnisse vermitteln, welche das Urteil beeinflussen können. Aus dem Parteigutachten können daher Tatsachenfeststellungen hervorgehen, die dem Sachverständigen im Gericht sog. sichere Kenntnisse geben, die das Urteil beeinflussen. Dies ist immer dann der Fall, wenn die Feststellung eines Mangels nicht bestritten ist und der Parteigutachter in überzeugender und nachprüfbarer Weise die Ursache ermitteln kann. Insofern kann ein Parteigutachten - obwohl damit kein Beweis erbracht wird - sehr wertvolle Erkenntnisse im Prozess liefern (HÜRLIMANN, S. 144).

Versierte Anwälte kennen aber einen Kunstgriff, damit ein Parteigutachten trotzdem Einfluss auf den Ausgang des Prozesses hat. Der Parteigutachter kann nämlich als Zeuge vor Gericht berufen werden und seine Wahrnehmungen bezeugen. Im Gegensatz zu Laien kann der Experte über die gemachten eigenen Wahrnehmungen hinaus auch sein spezialisiertes Wissen als Zeuge einbringen, also seine Feststellungen, die er im Gutachten gemacht hat, als Zeuge vortragen. Das Gericht hat dann nach herrschender Lehre

(STRÄULI/MESSMER, §165 N 5 ff.; GAUCH, Werkvertrag N 1034, BGE 94 I 421) auch seine Wissenserkenntnisse als Beweis zu würdigen. Das Instrument des Parteigutachters als Zeuge im Prozess ist aber eher zweifelhaft, da der Richter aufgrund seiner freien Beweiswürdigungskompetenz eher dazu neigt, den Parteigutachter als befangen zu betrachten (latente Neigung zur Parteilichkeit infolge Honorarabhängigkeit), seinen Aussagen also oft weniger Bedeutung zukommt als einem vom Gericht bestellten wirklich neutralen Experten. Der Parteigutachter ist daher auch eher geeignet bei nicht strittigen Expertisen. Also z.B., wenn im Sinne von Art. 367 Abs. 2 OR für die Prüfung des Werkes bei der Bauabnahme, was ja bekanntlich wichtig ist für die spätere Geltendmachung von Mängeln, vom Bauherrn ein Experte beigezogen wird. Für den Prozess ist das Instrument Parteigutachter aber schlecht geeignet.

III. Der Schiedsgutachter

Um zu vermeiden, dass die Expertise im Prozess nicht als Parteibehauptung degradiert wird, gibt es die Möglichkeit des Schiedsgutachters. Der Schiedsgutachter wird - wie der Parteigutachter - ebenfalls von den Parteien und nicht vom Gericht ernannt und beauftragt (§258 ZPO). Im Gegensatz zum Parteigutachten hat das Schiedsgutachten aber volle Beweiskraft vor Gericht (HÜRLIMANN, S. 143). Das heisst, der Richter ist an die Expertise gebunden. Das Schiedsgutachten ist keine Parteibehauptung, sondern eine für das Gericht verbindliche Tatsachenfeststellung. Das Schiedsgutachten untersteht - im Gegensatz zum Gerichtsgutachten - auch nicht der Beweiswürdigung durch das Gericht (STRÄULI/MESSMER, §258 N 5). Der Richter ist an das Schiedsgutachten gebunden und hat nichts mehr zu würdigen. Dies heisst aber auch, dass ein Schiedsgutachten nicht oder nur sehr schwer umgestossen werden kann. Das Schiedsgutachten ist sowohl für die Parteien als auch für das Gericht verbindlich, es sei denn, es liegen Ausstandsgründe gegen den Schiedsgutachter vor, die erst nachträglich bekannt wurden, oder wenn das Gutachten nicht ordnungsgemäss zustandegekommen ist und es sich als offensichtlich unrichtig erweist (§258 ZPO; STRÄULI/MESSMER, §258 N 6b; HÜRLIMANN, S. 143; BGE 71 II 295; BGE 67 II 146). Verfahrensmängel, die zur Anfechtung des Gutachtens führen, sind etwa: Vorzugstellung einer Partei, Überschreitung des Auftrages, Verweigerung oder Unterlassung der Anhörung der Parteien, ungenügende Vorabklärung (Nichtberücksichtigung von massgeblichen Akten in der Untersuchung).

Gemäss Definition ist ein Schiedsgutachter ein Experte, der durch vertragliche Abrede zwischen den Parteien zur Abklärung rechtserheblicher Tatsachen herbeigezogen wird (HÜRLIMANN, S. 142). Der Schiedsgutachter ist also kein Schiedsrichter, der einen Entscheid fällt. Der Schiedsgutachter behandelt somit keine Rechts-, sondern nur Tatsachenfragen. Eine Schiedsgerichtsklausel liegt dann vor, wenn sich die Parteien zusätzlich noch dem abschliessenden Urteil durch einen Schiedsrichter unterwerfen. Wo dies nicht der Fall ist, liegt eine Schiedsgutachtenabrede vor. Massgebend ist dabei, dass der Schiedsgutachter durch Vereinbarung zwischen den Parteien beauftragt wird. Nicht jede Einigung auf einen gemeinsamen Experten ergibt aber ein für beide Parteien verbindliches Schiedsgutachten. Es muss ausdrücklich dem Willen der Parteien entsprechen, dass sie das Gutachten des gemeinsam gewählten Experten akzeptieren (STRÄULI/MESSMER, §258 N 2; BGE 71 II 295). Das Einverständnis der Gegenseite zum Vorschlag eines Experten entspricht nicht dieser Anforderung. Ein solches Gutachten ist kein Schieds-, sondern ein Parteigutachten. Die Schiedsgutachterklausel kann Bestandteil eines Vertrages sein oder eben erst im Streitfall von den Parteien vereinbart werden.

Das Instrument Schiedsgutachten hat in der Praxis grosse Bedeutung. Dadurch kann zumeist ein teures und aufwendiges Gerichtsverfahren erspart werden, denn die Parteien wissen dann, dass auch der Richter an die Tatsachenfeststellung des Schiedsgutachters gebunden ist, ein Prozess somit von Anfang an ziemlich aussichtslos ist, sofern nicht erhebliche Verfahrensmängel oder inhaltliche Willkür geltend gemacht werden kann. Es lohnt sich also oft, sich im Streitfall mit der Gegenpartei auf ein gemeinsames Gutachten zu einigen. Ein Schiedsgutachten ist nur dann sinnlos, wenn es vorwiegend um die Abklärung von Rechtsfragen geht.

IV. Der amtliche Befund

Sehr beliebt und weit verbreitet ist auch der amtliche Befund. Im Unterschied zum Gutachten (Schieds-, Partei- oder Gerichtsgutachten) ist der amtliche Befund keine Experten- oder Sachverständigenabklärung, sondern eine reine Tatsachenfeststellung eines Beamten (in Zürich ist das der Stadt- oder Gemeindeammann, also der Betreibungsbeamte, §234 ZPO). Wenn innert Stunden oder Tagen etwas festgehalten werden muss, was später in einem Prozess als Beweis verwendet werden soll, so ist der amtliche Befund besser geeignet, Beweis zu bieten, als etwa lediglich ein oder mehrere Zeugen, die sich zu gegebener Zeit nach Jahren sowieso nicht mehr genau an das Ereignis erinnern können (Siehe dazu HÜRLIMANN, S. 138).

Der amtliche Befund ist ein von einer Amtsperson aufgenommener Rapport, ev. mit Fotos, "wenn möglich" im Beisein der Parteien (§234 ZPO). Der amtliche Befund hat die Beweiskraft einer öffentlichen Urkunde und wird in einem Prozess wie ein richterlicher Augenschein frei gewürdigt (STRÄULI/MESSMER, §234 N 4). Ein typischer Fall des amtlichen Befundes ist der Wasserschaden bei schlechtem Wetter. Der Amtsmann wird gerufen wenn es regnet. Dieser hat dann die gemachten Feststellungen, wie z.B. feuchter Boden, Wasser läuft den Wänden nach hinunter, usw. zu rapportieren und ev. auch zu fotografieren. Im Gegensatz zum Experten ist es aber nicht Sache des Gemeindeammanns zu beurteilen, warum der Boden feucht ist. Insofern handelt es sich beim amtlichen Befund zwar auch um eine sofortige Beweissicherung, nicht aber um eine Expertise.

B) Die Bestellung des Gerichtsexperten

I. Die vertragliche Grundlage des Gutachtervertrages

Nach dem Gesagten folgt, dass der Gerichtsexperte ausschliesslich vom Gericht, in der Praxis meistens auf Antrag einer Partei, bestellt wird (§171 ZPO). Der Gutachter - der den Auftrag des Gerichtes ablehnen kann - steht in einem privatrechtlichen Vertragsverhältnis zum Gericht und nicht zu einer Partei (anderer Meinung CEPPI, S. 160). Die Tatsache, dass die Tätigkeit des Gerichtsexperten durch kantonale Normen geregelt wird, ändert daran nichts. Dabei handelt es sich um einen Werkvertrag im rechtlichen Sinne, so jedenfalls nach GAUCH (GAUCH, Werkvertrag, N 31, 49, 528; so auch HÜRLIMANN, S. 136). In der Lehre ist dies aber umstritten. Nach anderer Auffassung (GUHL/MERZ/KUMMER, Das Obligationenrecht, 8. Auflage, Zürich 1991, S. 478; DIGGELMANN, S. 19/20) handelt es sich beim Gutachtervertrag um einen Auftrag nach Art. 394 OR. Diese Meinung ist nicht überzeugend. Bei der Arbeit des Gutachters handelt es sich eher um das Zusammentragen von Fakten mit Wertungen aufgrund wissenschaftlichen oder fachtechnischen Wissens und eher weniger um kreatives, schöpferisches Gestalten wie beim Auftrag (Siehe dazu BGE 114 II 55). Die werkvertragliche Komponente überwiegt beim Gutachtervertrag. Es wäre im Ergebnis auch sehr stossend, wenn der Experte seinen Gutachtensauftrag jederzeit widerrufen könnte (Art. 404 OR).

II. Die vorsorgliche Beweisabnahme

Es zeigt sich nun immer mehr, dass der Gerichtsexperte in einem frühen Stadium des Prozesses, ja oft und sinnvollerweise schon vor dem Gerichtsverfahren bestellt wird. Dazu bietet das Gesetz die Möglichkeit der vorsorglichen Beweisabnahme.

Nach §231 ZPO kann dem Richter am Ort des bevorstehenden Prozesses oder beim Richter, der in der Lage ist, den Beweis am schnellsten abzunehmen, ein Begehren gestellt werden, es sei ein Experte zu ernennen, der zu gewissen Fragen ein Gutachten erstellt. Der Antragsteller unterbreitet dem Richter die Fragestellung und schlägt diesem eine Auswahl von Experten vor (nicht obligatorisch). Die Kosten des Gutachtens und des Gerichtes (dem Antragsgegner steht kein Entschädigungsanspruch zu (STRÄULI/MESSMER, §233 N 5) werden vom Antragsteller bezogen (Kaution). Er kann diese Kosten im Hauptprozess geltend machen. Je nachdem, ob er obsiegt oder unterliegt, bekommt er dann diese Kosten von der Gegenpartei zurückerstattet. Es empfiehlt sich daher, die Gutachterkosten explizit als Nebenbegehren zur Hauptklage zu verlangen (STRÄULI/MESSMER, §233 N 5).

Der Einzelrichter im summarischen Verfahren (im Kanton Zürich) ordnet sodann "in der Regel ohne Anhörung der Gegenpartei" (§233 Abs. 1 ZPO) das Gutachten an, wenn glaubhaft gemacht wurde, dass ein nicht wiedergutzumachender Schaden droht, sofern nicht unverzüglich eine Expertise gemacht wird, also die Beweiserhebung später erschwert oder verunmöglicht wird. Dies ist immer dann der Fall, wenn es um Mängel geht und diese Mängel wieder behoben werden müssen, damit nicht noch grösserer Schaden entsteht (man denke dabei z.B. an ein undichtes Dach oder an einen Wasserschaden in einer Wohnung, die bewohnt wird). Der drohende Schaden besteht somit primär im Verlust des Beweismittels (HÜRLIMANN, S. 141). In der Praxis wird die vorsorgliche Beweisabnahme meistens gewährt. Die vorsorgliche Beweisabnahme ist in der Praxis daher sehr häufig anzutreffen und wird von den Gerichten auch begrüsst (siehe BAURECHT 3/90, S. 81). Es ist nämlich nicht selten, dass aufgrund einer Expertise die Parteien sich einigen, so dass es gar nicht zum Prozess kommt. Mit einem überzeugenden Gutachten kann der Prozess oft vermieden werden.

Nach Eingang des Antrages entscheidet der Richter "in der Regel" ohne vorherige Anhörung der Gegenpartei (§233 Abs. 1 ZPO); in der Praxis des Kantons Zürich wird die Gegenpartei aber meistens angehört, indem dieser Gelegenheit zu Ergänzungsfragen geboten wird. Hat der Richter entschieden, dass eine vorsorgliche Beweisabnahme durchgeführt wird (gegen diesen Entscheid gibt es keinen Rekurs §272 Abs. 2 Ziff. 2 ZPO; es gelten die Regeln der Beweisabnahme §143 Abs. 2 in Verbindung mit §140 ZPO), so schlägt er einen oder mehrere Experten vor (er ist dabei nicht an die Vorschläge des Antragstellers gebunden). Den Parteien wird vom Richter sodann Frist angesetzt (in der Regel 10 Tage), Einwände gegen die fachliche Eignung sowie die Person des Gutachters zu erheben (STRÄULI/MESSMER, §172 N 4). Sind die Einwände unbegründet oder nicht massgebend, so ernennt der Richter den Gutachter nach eigenem Ermessen und instruiert diesen. Begründet sind die Einwände, wenn nachgewiesen werden kann, dass der Experte mit der Gegenpartei eng verbunden (familiär, Verwaltungsrat, Sportsfreunde, usw.) oder sogar abhängig ist (Mieter usw., enge Geschäftsbeziehungen) (siehe dazu BGE 97 I 4; 97 I 323; 94 I 424), oder wenn feststeht, dass dieser Experte eben gerade diese Fragen nicht kompetent beantworten kann, da er z.B in einer anderen Branche spezialisiert ist. Unbegründet sind die Einwände, wenn lediglich z.B behauptet wird, der Experte habe schon einmal eine - für den Einsprecher negative - Expertise gemacht.

Im Prozess unterliegt das Gutachten der Beweiswürdigung durch den Richter (also im Gegensatz zum Schiedsgutachten) (HÜRLIMANN, S. 142/143). Der Richter kann somit trotz Gutachten ein Urteil fällen, das nicht unbedingt der Feststellung des Gutachters entspricht. Der Richter hat in diesem Fall aber seine vom Gutachten abweichende Meinung genau zu begründen, ansonsten er Gefahr läuft, den Beweis (Gutachten) willkürlich gewürdigt zu haben (ZR 41 (1942) Nr. 55). In der Praxis ordnet der Richter daher von sich aus ein neues Gutachten an (oft auch Obergutachten genannt, da dieselben Fragen durch einen neuen Gutachter geprüft werden, das Gutachten somit "überprüft wird"). Der Ausdruck Obergutachten ist aber dann fehl am Platz, wenn zusätzlich weitere Sachverhalte zu klären sind, wenn er Zweifel am Gutachten hat und ihm die notwendigen Fachkenntnisse fehlen, dieses zu widerlegen (§181 Abs. 2 ZPO; CEPPI, S. 180).

III. Der Gutachter im Prozess

Auch während des Verfahrens können die Parteien im Rahmen ihrer Beweisanträge die Anordnung einer Expertise verlangen (§171 ZPO). Der Richter ist aber nicht unter allen Umständen verpflichtet, dem Antrag auf Anordnung einer Expertise stattzugeben (CEPPI, S. 109). Aber nicht nur die Parteien können einen Gerichtsexperten vorschlagen. Auch das Gericht selber kann sich die Hilfe eines Sachverständigen sichern. Der Richter ist nach §171 ZPO aber verpflichtet, einen Experten beizuziehen, wenn es zur Beweiserhebung besondere Kenntnisse braucht, über die weder das Gericht noch einzelne seiner Mitglieder verfügen (HÜRLIMANN, S. 140; BGE 91 II 2; ZR 68 (1969) Nr. 103). Die Anordnung der Expertise durch den Richter auf eigene Initiative ist in Bausachen aber eher selten, da nach der Verhandlungsmaxime der Richter in Zivilstreitigkeiten nur über den Prozessstoff zu urteilen hat, der ihm von den Parteien unterbreitet wird (§54 ZPO). Ist also eine Behauptung nicht hieb- und stichfest bewiesen, so ist in jedem Fall ratsam, eine Expertise zu beantragen, ansonsten der Beweispflichtige Gefahr läuft, dass der Richter die Klage abweist. Gerade in Bausachen ist die Expertise ein taugliches und oft verwendetes Mittel, den fehlenden Beweis durch eine Expertise trotzdem zu erbringen.

Als Gerichtsexperten können nur natürliche Personen berufen werden (§172 Abs. 1 ZPO; STRÄULI/MESSMER, §172 N 2; DIGGELMANN, S. 8 und 9; CEPPI, S. 69; HÜRLIMANN, S. 133). Die EMPA kann daher nicht Gerichtsexperte sein, sondern nur ein Angestellter der EMPA (DIGGELMANN, S. 9). Es besteht grundsätzlich auch keine Pflicht für den Experten, den Auftrag anzunehmen, ausser wenn es sich um bestellte Experten, wie den Kantonschemiker, den kant. Gerichtsmediziner oder den ETH-Professor handelt, die aufgrund ihrer amtlichen Stellung gutachten müssen (§173 ZPO). Hingegen ist der Experte, der den Auftrag angenommen hat, verpflichtet, den Auftrag selbständig auszuführen. Er darf seine Arbeit also nicht von seinem Partner oder Angestellten ausführen lassen (DIGGELMANN, S. 9 und 13). Lediglich Hilfspersonen für technische Arbeiten, wie Schreiben, Zeichnen, Material suchen usw., also Sekretärinnen, Assistenten usw. dürfen beschäftigt werden, wobei diese auch der Geheimhaltungspflicht unterstehen.

Die Expertenauswahl obliegt dem Richter. Er ist nicht an die Vorschläge der Parteien gebunden. Der Experte wird sodann vom Richter in Pflicht genommen. Das heisst, der Experte wird vom Richter unter Androhung von Strafe ermahnt, das Gutachten nach bestem Wissen und Gewissen zu erstellen und dabei die Geheimhaltungspflicht zu wahren (§174 ZPO). Sodann wird der Experte vom Richter entweder mündlich (am Handelsgericht Zürich in der Regel) oder aber schriftlich instruiert. Die Formulierung der Expertenfragen ist Sache des Richters. Diese richten sich nach dem Beweisthema. Diejenige Partei, die den Gutachter für die Führung ihres Beweises wünscht, stellt dem Richter die Fragen, die abzuklären sind. Darauf gibt der Richter der Gegenpartei ebenfalls Gelegenheit, zusätzliche Fragen an den Experten zu stellen (dieses Prozedere hat sich in der Praxis auch vermehrt bei der vorsorglichen Beweisabnahme eingebürgert). Der Richter entscheidet aber schlussendlich, welche Fragen zugelassen werden und welche nicht (§175 ZPO).

C) Die Aufgabe des Gerichtsexperten

I. Der Gutachtensauftrag

Die Fragen an den Experten werden in der Praxis also meistens von der Partei gestellt, die den Beweis führen muss und somit interessiert ist, dass gewisse Sachen geklärt werden (CEPPI, S. 113). Über die Zulassung der Fragen entscheidet aber der Richter. Es können dem Experten nicht beliebig Fragen gestellt werden. Die beliebte Frage "Ist es richtig, dass der Beklagte mir Fr. 10'000.- schuldet?" kann nicht zugelassen werden. Dies zu prüfen ist Sache des Richters und nicht des Experten. Der Experte hilft dem Richter, die tatsächlichen Feststellungen zu treffen. Der Richter - und nur er - hat sodann die rechtlichen Überlegungen zu machen. Keinesfalls darf der Experte daher rechtliche Erwägungen in sein Gutachten mit einbeziehen.

Die Abgrenzung zwischen Rechtsfragen und Tatsachenfragen wirft in der Praxis am meisten Probleme auf. Es kommt immer wieder vor, dass der Experte Schlüsse zieht, die in den Kompetenzbereich des Richters fallen. Das Paradebeispiel dazu ist die Frage, ob das Werk einen Mangel aufweise. Dies zu beurteilen ist nicht Sache des Experten, sondern des Richters. Ob ein Werk einen Mangel aufweist, kann nur durch Vertragsauslegung eruiert werden. Ein Werkmangel liegt bekanntlich nur dann vor, wenn das Werk nicht vertragskonform ist. Vertragsauslegung ist aber Sache des Richters und nicht des Experten. Dieser hat sodann lediglich den gegenwärtigen Zustand des Werkes festzustellen oder allenfalls eine Veränderung gegenüber vorher. Es obliegt dann dem Richter zu beurteilen, ob dieser Zustand ein Mangel ist oder nicht (GAUCH, N.1043). In der Praxis besteht die "Unsitte", dass der Richter tendiert, dem Experten auch Rechtsfragen zu stellen, indem er dem Gutachter die Fragen so geschickt stellt, dass das Urteil gerade vorweggenommen wird und der Richter daher nur noch die gemachten Überlegungen ins Urteil übernehmen muss. Eine solche Rechtsprechung ist aber kaum mit dem Grundsatz 'iura novit curia' vereinbar.

Die Fragestellung ist Gegenstand und zugleich Grenze der Tätigkeit des Gutachters. Der Experte darf nicht von sich aus Stellung nehmen zu Themen, zu denen er nicht gefragt ist. Der Experte bekommt sodann vom Richter diejenigen Akten, die er zur Untersuchung braucht. Sollte der Experte aber noch weitere, dem Gericht nicht vorliegende Akten, wie z.B Statistiken oder Unterlagen, die bei einem Dritten sind, also z.B bei dem am Streit nicht beteiligten Handwerker usw. benötigen, so hat sich der Experte vom Richter berechtigen zu lassen, diese Unterlagen herauszuverlangen. Das Gesetz besagt sodann, dass Dritte die zur Abklärung notwendigen Unterlagen im Rahmen der Zumutbarkeit herauszugeben haben (§177 ZPO), wobei sie bei Weigerung durch Busse bestraft werden können. Diese formellen Grundsätze sind aber in der Praxis im Interesse der Effizienz nicht immer fördernd. So wird es vom Richter meistens begrüsst und formell nachträglich bestätigt, wenn der Experte von sich aus Nachforschungen bei Dritten (anderen Handwerkern usw.) anstellt (siehe dazu STRÄULI/MESSMER, § 176 N 3). Da aber solche Drittpersonen unter Umständen auch als Zeugen im Prozess auftreten müssen, eine vorangehende Kontaktnahme durch den Experten den Zeugen somit beeinflussen kann, ist dem Gutachter geraten, solche eigenmächtigen Befragungen und Einsichtnahmen in deren Akten ohne vorangehende Kontaktaufnahme mit dem Richter tunlichst zu lassen (CEPPI, S. 122). Dabei genügt die telefonische Einholung des Einverständnisses durch den Richter (mit entsprechender Protokollnotiz durch das Gericht!).

Sind für den Experten die Unterlagen ausreichend, so kann er sein Gutachten verfassen. In der Praxis führt der Experte oft auch einen Augenschein durch, an dem die Parteien (nicht aber der Richter!) anwesend sein können und dem Experten an Ort Fragen stellen dürfen. Meistens richtet aber der Experte Fragen an die Parteien, damit er ein umfassendes Bild erhält. Zur Durchführung eines Augenscheins mit den Parteien muss sich der Experte die Ermächtigung durch den Richter holen, wobei ihm Auflagen gemacht werden können (§ 176 Abs. 1 ZPO). Keiner Ermächtigung bedarf der Gutachter, wenn er zwischen vergleichswilligen Parteien vermitteln will (STRÄULI/MESSMER § 176 N 5; siehe auch CEPPI, S. 53). Dabei hat der Gutachter aber vorsichtig zu agieren, da eine gewisse Beeinflussung des Gutachters durch die eine oder andere Partei nicht auszuschliessen ist. Gespräche zwischen den Parteien und dem Experten sind erlaubt und manchmal geradezu notwendig. Nicht erlaubt ist hingegen die einseitige Kontaktaufnahme zwischen dem Experten und einer Partei (CEPPI, S. 127). Es ist also höchst verpönt und widerspricht dem Grundsatz der Neutralität (rechtliches Gehör), wenn sich der Experte mit einer Partei an den Tisch setzt und über das Gutachten diskutiert (DIGGELMANN, S. 7; HÜRLIMANN, S. 132).

II. Der Aufbau einer Expertise

Gesetzliche Formvorschriften für die Erstellung eines Gutachtens gibt es nicht. Der Aufbau eines Gutachtens ist daher weitgehend vom konkreten Thema abhängig. In der Praxis haben sich aber gewisse Regeln entwickelt. So ist es üblich, dass der Expertise die Fragestellung vorausgeht. Dies ermöglicht die Kontrolle, ob der Experte die ihm gestellte Aufgabe verstanden hat. Wenn sich der Gutachter darüber selber nicht im klaren ist, so hat er den Richter zu konktaktieren und zu befragen, wie etwas gemeint sei. Es gibt nichts Schlimmeres für einen Experten, als wenn seine Arbeit zur Überarbeitung zurückgewiesen werden muss, da er am Thema vorbei begutachtet hat. Soll eine Expertise lediglich über Usanzen oder Fachnormen, wie SIA usw. Auskunft erstatten, so ist es sinnvoll, dass die Antworten gerade nach jeder einzelnen Frage erfolgen. Meistens aber stehen die Fragen voran, dann kommen die Erwägungen im gesamten, also ohne speziell auf eine Frage einzugehen, und am Schluss die Folgerungen mit den einzelnen, kurzen und prägnanten Antworten wie ja oder nein. Erklärungen in den Antworten mit vielen "wenn" und "aber" sind womöglich zu unterlassen, da dies ja gerade nicht der Sinn eines Gutachtens ist. Die Abwägung ist Sache der Begründung und nicht der Antwort auf eine klare Frage. Die Frage nach dem heutigen Verkehrswert einer Liegenschaft ist daher nicht beantwortet, wenn festgestellt wird, dass dies sowohl Fr. 1 Mio als auch Fr. 2 Mio sein kann. Der Richter verlangt eine klare Antwort, ansonsten er das Gutachten zur Überarbeitung zurückweist. Dass der Verkehrswert einer Liegenschaft zwischen Fr. 1 und 2 Mio. liegen kann, ist eben gerade nicht gefragt. Zur Feststellung dieser Tatsache braucht es keinen Fachmann. Es wird also die Expertenmeinung beansprucht, die aussagt, wie genau dieser Verkehrswert nun ist. Grundsätzlich besteht die Aufgabe des Experten somit darin, dem Gericht abstrakte Erfahrungssätze zu vermitteln oder Erfahrungssätze zugleich auf einen konkreten Sachverhalt anzuwenden (STRÄULI/MESSMER, Vorbemerkungen zu §171 ZPO N 1).

III. Die Anforderungen an ein Gutachten

Der Experte selber muss als Fachmann höchsten Anforderungen genügen (HÜRLIMANN, S. 131). SIA-Richtlinie 155 umschreibt die Expertenpflichten und das Anforderungsprofil eines Experten (siehe auch die Ausführungen bei HÜRLIMANN, S. 134). Entsprechend muss auch das Gutachten sowohl fachtechnisch als auch wissenschaftlich überzeugend sein. Wichtig ist daher, dass der Experte die Quellen, die er für seine Überlegungen benützt hat, angibt. Folgerungen ohne Quellenangaben haben beim Richter, der die Richtigkeit als Laie ja nicht überprüfen kann, zumeist den Anschein von subjektiven Meinungen. Der Experte muss daher seine Begründungen auf wissenschaftliche Literatur, Fachstudien, Lehrmeinungen, andere Gutachten, Berechnungen oder Referenzfälle usw. abstützen und diese Quellen auch deutlich nennen. Je besser ihm das gelingt, um so eher hat die Expertise auch die Chance, unwidersprochen zu bleiben. Es liegt also im Interesse des Gutachters, so oft und soviele Quellenangaben wie möglich zu machen. Zudem sollte das Gutachten verständlich und nachvollziehbar sein und, falls Schriftlichkeit verlangt wird, auch mit Schreibmaschine geschrieben sein. In jedem Fall muss das Gutachten datiert und unterzeichnet sein. Es ist auch davon auszugehen, dass der Richter nicht alle Fachausdrücke kennt, solche sind daher zu erklären. Nicht zu erläutern sind aber mathematische Berechnungen. Dies würde zu weit führen. Bei Tatbestandsaufnahmen sollte der Experte womöglich immer mit Fotos arbeiten. Bei bildlichen Darstellungen eines Schadenfalls kann daher auf umfangreiche Erklärungen verzichtet werden, was das Gutachten aufwertet.

Der Richter überprüft das Gutachten nach folgenden Kriterien:
- formale Vollständigkeit
- Grundlagen der Beantwortung (Quellenangabe)
- logische, dem Laien plausible Gedankenführung
- lückenlose Begründung
- überzeugende Auseinandersetzung mit Einwendungen (DIGGELMANN, S. 16).

Ist das Gutachten nicht vollständig, so weist es der Richter zur Überarbeitung zurück (§ 181 Abs. 1 ZPO). Hält er das Gutachten aber für ungenügend, so bestellt er ein neues Gutachten (§ 181 Abs. 2 ZPO).

IV. Die Mitwirkung des Gerichtsexperten im Verfahren

Der Gerichtsexperte ist, im Gegensatz zum Parteigutachter, ein Gehilfe des Richters. Er hat sich strikte an die Anweisungen des Richters zu halten. Im Hinblick auf ein beschleunigtes Verfahren kann der Richter dem Experten Frist ansetzen. Bei Verzug kann der Richter dem Experten sogar eine Busse auferlegen und den Auftrag widerrufen (§ 179 ZPO). Diese kantonale Bestimmung hat ihre rechtliche Grundlage - ausgehend von der Annahme, der Gutachtervertrag sei ein Werkvertrag - in Art. 366 OR. In der Praxis wird von diesem Instrument kaum Gebrauch gemacht. Der Gutachter kann sich also Zeit nehmen, was das Verfahren oft in die Länge zieht.

Nach Abgabe des Gutachtens an den Richter haben die Parteien selbstverständlich das Recht auf Einsicht (§ 180 ZPO). Dies bedeutet, dass sie dazu auch Stellung nehmen dürfen und sollen. Der Richter überprüft dann aufgrund der Stellungnahmen und nach eigenem Ermessen, ob das Gutachten ergänzt werden muss oder ob es die gestellten Fragen in genügend verständlicher und überzeugender Weise beantwortet. Sollte es sich auch nach der Überarbeitung erweisen, dass das Gutachten immer noch nicht den Anforderungen des Gerichtes entspricht, so kann der Richter einem anderen Experten ein neues Gutachten in Auftrag geben (§ 181 Abs. 2 ZPO). Der Experte kann sodann auch zur Verhandlung beigezogen werden (§ 182 ZPO), was in der Praxis auch meistens der Fall ist, wo er dann vor versammeltem Gremium seine Überlegungen nochmals erläutern kann und zu den kritischen Fragen der Parteien Stellung zu nehmen hat. Dies ist ein direkter Ausfluss aus dem Grundsatz des rechtlichen Gehörs gemäss Art. 4 der Bundesverfassung. Verstrickt sich der Gutachter dabei in Widersprüche oder stellt sich heraus, dass der Gutachter einen oder mehrere wichtige Aspekte ausser acht gelassen hat, so wird dies sicher Auswirkungen auf die Beweiswürdigung durch den Richter haben. Bei erheblichem Zweifel ist der Richter sogar verpflichtet, das Gutachten zur Überarbeitung zurückzuweisen und allenfalls durch eine Oberexpertise überprüfen zu lassen. Die Parteien haben keinen Anspruch, eine Oberexpertise zu verlangen (HÜRLIMANN, S. 146).

Die Anordnung einer Oberexpertise (oder einfach eines neuen Gutachtens über dieselben Fragen) läuft praktisch gleich ab wie die erste Expertise. Es ist aber festzuhalten, dass der Richter auch nicht an die Oberexpertise gebunden ist und nach wie vor die Beweise nach freiem Ermessen würdigt. Es wäre aber schon etwas merkwürdig, wenn das Gericht einer von ihr angeordneten Oberexpertise nicht folgen würde. Auch eine Partei kann eine Oberexpertise verlangen. Der Richter ist aber nicht an diesen Antrag gebunden (siehe oben). Wenn er sein Urteil ohne die Berücksichtigung des Antrages auf Oberexpertise fällt, so handelt er lediglich dann willkürlich, also verletzt seine Ermessenskompetenz, wenn es sich herausstellt (bei der Rechtsmittelinstanz), dass das 1. Gutachten offensichtlich falsch und willkürlich war (STRÄULI/MESSMER, § 181 N 4). Da der Richter die Beweise nach freiem Ermessen würdigt, ist dies in der Praxis aber eher selten, auch wenn sich später herausstellt, dass die Überlegungen des Experten nicht über alle Zweifel erhaben, aber immerhin nicht offensichtlich falsch und somit willkürlich waren.

D) Die Verantwortlichkeit und Honorierung des Gerichtsexperten

I. Die Verantwortlichkeit des Gutachters

Der Experte untersteht einer strengen zivilrechtlichen und strafrechtlichen Verantwortung.

Nach Art. 307 StGB kann ein Gutachter, der wissentlich, also vorsätzlich ein falsches Gutachten abliefert (Bestechungsfall), mit Zuchthaus bis zu fünf Jahren oder mit Gefängnis bestraft werden. Nach Art. 320 StGB droht dem Gutachter Gefängnis oder Busse, wenn er ein Geheimnis offenbart, das er in amtlicher Stellung (also nur der Gerichtsexperte und nicht der Partei- oder Schiedsgutachter; diese können strafrechtlich nicht belangt werden, sondern haften allenfalls für Schadenersatz) wahrgenommen hat. Die Geheimhaltungspflicht ist sehr streng. Der Experte darf z.B. nicht einmal erzählen, dass die zwei Parteien vor Gericht einen Prozess ausfechten (DIGGELMANN, S. 21).

Der Benachteiligte kann den Experten (sowohl Gerichts- als auch Privatgutachter) ausserhalb des Prozesses, also in einem anderen Verfahren, auf Schadenersatz verklagen. Die rechtliche Grundlage der Haftung stützt sich beim Privatgutachter auf das Schweiz. Obligationenrecht und beim Gerichtsexperten auf das kantonale Haftungsgesetz vom 14. September 1969 (letzte Revision in Kraft seit dem 1.7.1991). Im Falle des Gerichtsexperten haftet der Kanton, denn obwohl das Rechtsverhältnis privatrechtlichen Grundsätzen folgt, kommt das kantonale Haftungsgesetz zur Anwendung, da für den Schaden des Experten primär der Richter als Staatsangestellter haftet. Der Staat hat sich sodann beim Gutachter schadlos zu halten (Regress). Beim Privatgutachten kommen die Regelungen über die Vertragshaftung gemäss Art. 97 ff. OR zur Anwendung. Einen Gutachter auf Schadenersatz zu verklagen ist aber ein Ding der Unmöglichkeit. Einerseits muss nachgewiesen sein, dass der Experte seine Sorgfaltspflichten verletzt und somit seinen Vertrag mit dem Auftraggeber verletzt hat. Sodann muss der Geschädigte nachweisen, dass er durch die Vertragsverletzung einen Schaden erlitten hat. Doch dies dürfte dem Auftraggeber schwer fallen, besteht im Prozess eben gerade die Möglichkeit, ein solch mangelhaftes Gutachten durch den Richter korrigieren zu lassen, so dass gar kein Schaden entstehen kann. Denn auch wenn das Gutachten nachgewiesenermassen mangelhaft oder sogar falsch ist, kann der Gutachter kaum auf Schadenersatz verklagt werden, da der Richter schlussendlich entscheidet und nicht der Gutachter. Dessen Entscheide können aber durch Rechtsmittel korrigiert werden (denkbar ist allenfalls eine Haftung wegen Verzögerung im Sinne von §179 ZPO). Diese Ausführungen hier sind daher eher theoretischer Natur und spielen in der Praxis keine grosse Rolle.

Durch die Annahme des Expertenvertrages unterstellt sich der Gutachter den Regelungen der Zivilprozessordnung. Daher untersteht der Gerichtsexperte der disziplinarischen Aufsicht des Gerichtsexperten. Mögliche Disziplinarstrafen sind der Verweis, Ordnungsbussen (§179 Abs. 1 ZPO) und Honorarabzüge (DIGGELMANN, S. 23).

II. Die Honorierung des Gutachters

Die Honorierung des Gutachters beim Privat- und Schiedsgutachten richtet sich nach Parteiabsprache, in der Praxis aber meistens nach den Ansätzen der Fachverbände, also des SIA, Baumeisterverband usw. (DIGGELMANN, S. 20). Der Schieds- und Privatgutachter wird von der Partei, die ihn bestellt hat, bezahlt (HÜRLIMANN, S. 149). Endet die Auseinandersetzung ohne Prozess durch Vergleich, so ist auch die Expertenhonorierung in den Vergleich mit einzubeziehen. Kommt der Vergleich gerade wegen der Expertise zustande und ergibt sich somit eine klare Schuldzuweisung, so rechtfertigt sich, dass derjenige die Expertenkosten übernimmt, der die Anordnung des Gutachtens verschuldet hat (nachträgliche Anerkennung der durch das Gutachten gestärkten Parteibehauptung). Hier muss aber klar unterschieden werden, warum der Experte herbeigerufen wurde. Hat der Besteller lediglich einen Experten gerufen, damit dieser die Prüfung der Bauabnahme im Sinne von Art. 367 Abs. 2 OR vornimmt, so muss der Gutachter vom Auftraggeber bezahlt werden, mit der Ausnahme, falls der Experte bei der Abnahme Mängel feststellt. In diesem Fall sind die Expertenkosten ein Mängelfolgeschaden (GAUCH, Werkvertrag, N 1034) und müssen vom Unternehmer, der für den Mangel haftet, übernommen werden (HÜRLIMANN, S. 149). Bei Mängeln ist die Anordnung der Expertise immer dann gerechtfertigt, wenn der haftbare Unternehmer den Mangel oder sein Verschulden bestreitet und sich somit weigert, den Mangel zu beheben. Kritisch wird es lediglich dann, wenn der Unternehmer den von ihm verschuldeten Mangel zwar eingesteht und diesen auch beheben will, der Schaden infolge Mängel weiterer Unternehmer aber weit grösser ist und somit lediglich die Abgrenzung des Schadens zwischen den beteiligten Mängelverursachern strittig ist. In diesem Fall ist die Anordnung der Expertise für den Besteller notwendig und somit auch von diesem zu bezahlen, da das Vorliegen eines Mangels vom Besteller bewiesen werden muss. Grundsätzlich kann somit gesagt werden, dass ausserhalb des Gerichtsverfahrens derjenige die Kosten der Expertise zu tragen hat, der durch sein Verhalten zur Begutachtung berechtigten Anlass gegeben hat (HÜRLIMANN, S. 148 f.). Dabei dürfen keine hohen Anforderungen an die Pflicht zur Erstattung der Kosten gestellt werden (HÜRLIMANN, S. 150).

Kommt es zum Prozess, so übernimmt derjenige Teil die Expertenkosten, der unterliegt (§64 ZPO in Verbindung mit §201 Ziff. 2 GVG). Derjenige, der die Expertenkosten bereits bezahlt hat, kann (und muss!) diesen Aufwand im Prozess zusätzlich als Nebenbegehren (Ersatz der ausgelegten Kosten) oder explizit als Prozessentschädigung geltend machen (STRÄULI/MESSMER, §233 N 5 ZPO). Die Expertenkosten sind somit Teil des Rechtsbegehrens des Klägers, falls dieses Gutachten bereits vor dem Prozess auf Antrag einer Partei oder gemeinsam (Schiedsgutachten) erstellt worden war. Dies gilt insbesondere auch für ein Gutachten im Rahmen der vorsorglichen Beweisabnahme, denn mit der vorsorglichen Beweisabnahme wird der Hauptprozess nicht eingeleitet. Wird das Gutachten vom Richter auf eigene Initiative oder auf Antrag einer Partei erstellt, so werden die Aufwendungen für die Expertise auch ohne explizites Begehren des Klägers dem Unterliegenden - als Teil der Prozesskosten - (§201 Ziff. 2 GVG) auferlegt.

Der Gerichtsexperte wird vom Gericht entlöhnt. Dazu verlangt das Gericht in der Regel von der Partei, welche den Experten beantragt, eine Kaution in der Höhe der vermuteten Gutachterkosten (§83 ZPO). Im Urteil wird dieser Kostenvorschuss dann berücksichtigt. Kann diese Kaution nicht oder nicht innert Frist geleistet werden, so wird die Expertise nicht durchgeführt, was sich natürlich katastrophal auf den Prozess auswirken kann, da der Beweis für die Behauptung dadurch nicht erbracht werden kann. Die Honorierung des Gerichtsexperten richtet sich im Kanton Zürich nach §8 und 9 der Verordnung des Obergerichtes betreffend die Entschädigung von Zeugen und Sachverständigen vom 19. Dezember 1956 (Kant. Gesetzessammlung 211.12). Diese Verordnung besagt aber lediglich, dass die Sachverständigen nach Art und Umfang ihrer Bemühungen entschädigt werden. Daher wird auch der Gerichtsexperte in der Praxis nach den jeweils geltenden Verbandstarifen entlöhnt. Da der Experte in der Regel frei ist, einen Antrag anzunehmen, ergibt sich das Honorar grundsätzlich durch freie Vereinbarung. Der Richter seinerseits ist aber an die oben erwähnte Verordnung gebunden. Ein guter Richter macht mit dem Experten die Grundsätze der Entlöhnung bereits bei der Beauftragung ab. Manchmal wird auch ein Pauschalbetrag vereinbart; so kann der Richter absehen, wie teuer die Expertise zu stehen kommt, damit er die Ansetzung der Kaution vornehmen kann.

Gegen die Festsetzung der Entschädigung im Urteil steht dem Experten selber der Rekurs nach §272 ZPO offen, den Parteien dagegen nur die Beschwerde nach §206 GVG (STRÄULI/MESSMER, §173 N 4).

RECHTSQUELLEN
Zivilprozessordnung des Kantons Zürich (ZPO) (3. 1992).
Gerichtsverfassungsgesetz des Kantons Zürich (GVG) (12.1991).
Obligationenrecht (OR). Verordnung des Obergerichtes des Kantons Zürich betreffend die Entschädigung der Zeugen und Sachverständigen vom 19. Dezember 1956, Fassung gemäss Beschluss vom Obergericht vom 27. Oktober 1972.

JUDIKATUR
BGE 114 II 55: Abgrenzung Werkvertrag-Auftrag.
BGE 107 Ia 212: Beweiswürdigung bei mehreren Gutachten.
BGE 105 II 3; 95 II 368: Parteigutachten sind keine Beweismittel.

BGE 101 IV 130; BGE 107 Ia 212: Wann ist der Richter an das Gerichtsgutachten gebunden?
BGE 97 I 4; 97 I 323; 94 I 424: Ablehnung des Gutachters.
BGE 96 II 270: Örtliche Zuständigkeit für die Expertenbestellung.
BGE 91 II 2/83: Die Anordnung einer Expertise durch den Richter.
BGE 71 II 294: Inhalt der Schiedsabrede.
ZÜRCHERISCHE RECHTSPRECHUNG: (ZR) 41 (1942) Nr. 55: Es müssen triftige Gründe vorliegen, damit der Richter von einem Gutachten abweichen darf; ZR 54 (1955) Nr. 183: Der Gutachtervertrag ist ein Werkvertrag i.S. von Art. 363 ff. OR; ZR 68 (1959) Nr. 103; Die Anordnung der Expertise durch den Richter/Verpflichtung; ZR 85 (1986) Nr. 35: Anforderung an technische Gutachten; ZR 88 (1989) Nr. 5: Die Bedeutung des Gerichtsgutachtens im Prozess.

LITERATUR
CEPPI Pia, Das Sachverständigengutachten im Zivilprozess. Eine vergleichende Studie im deutschen, französischen, italienischen und schweizerischen Recht, Diss. Basel 1967; DIGGELMANN Peter, Referat vom 1.9.90, gehalten vor der Expertenkommission des Schweiz. Techn. Verbandes (STV); GAUCH Peter, Der Werkvertrag, 3. Aufl., Zürich 1985 (GAUCH, Werkvertrag); DERS., Der Unternehmer im Werkvertrag, 3. Aufl., Zürich 1985 (GAUCH, Unternehmer); GULDENER Max, Schweiz. Zivilprozessrecht, 3. Aufl., Zürich 1979; HÜRLIMANN Roland, Der Experte - Schlüsselfigur des Bauprozesses, in: Festschrift zum 50. Geburtstag von P. Gauch, S. 129 ff., Das Schiedsgutachten, in: Baurecht 4/92;; HABSCHEID Walther J., Schweiz. Zivilprozess- und Gerichtsorganisationsrecht, Basel/Frankfurt a.M. 1986; IMBODEN Max, Bedeutung und Problematik juristischer Gutachten, in: Festgabe zum 70. Geburtstag von Max Gutzwiler, Basel 1959, 503 ff., spez. 507 ff.; RUEDE/HADENFELD, Schweiz. Schiedsgerichtsrecht, Zürich 1980; SCHEIBLER Kurt, Die Expertentätigkeit, in: Verbandszeitschrift des STV Nr.12/1990; STRÄULI/MESSMER, Kommentar zur Zürcherischen Zivilprozessordnung, 2. Aufl., Zürich 1982; VOGEL Oskar, Grundriss des Zivilprozessrechtes, 2. Aufl., Bern 1988; WALDER Hans Ulrich, Zivilprozessrecht, Zürich 1983; Zeitung des Bernischen Juristenvereins (ZBJV) 98, 1962, S. 203 (Parteigutachten haben die Bedeutung von Parteibehauptungen); ZBJV 128, 1992 S. 346 ff. (Die Einholung eines Gutachtens als Lösung im Sozialversicherungsrecht); BAURECHT, Zeitschrift der Universität Freiburg, Jahrgang 81 S. 14 No. 10 (A) (Tragung der Kosten); Nr. 89 19 No. 13 (Oberexpertise); Nr. 89 68 No. 96 (Rechtsfragen); Nr. 90 81 No. 120, 90 81 No. 121, 90 81 No. 122 (Vorsorgl. Beweisabnahme); Nr. 92 44 No. 89 (Beweissicherung oder Prüfung des Werkes nach Art. 367 OR); SIA-DOKUMENTATION D O16, Die Tätigkeit als Experte, Zürich 1987 (div. Autoren); SIA-Richtlinie 155 (Ausgabe 1987).
EXPERTENVERZEICHNISSE: Schweiz. Kammer technischer und wissenschaftlicher Gerichtsexperten (SKGE), case postale 116, 1015 Lausanne; Expertenkammer Schweiz. Technischer Verband (STV), Weinbergstr. 41, 8008 Zürich; Collège Suisse des Experts Architectes (CSEA), Chemin Auguste-Pidou 8, 1000 Lausanne 6.

Vom gleichen Autor:

Rechtsordnung
Eine Einführung in das schweizerische Recht mit Tafeln und Beispielen
1992, 288 Seiten, 65 Tafeln, Format A4, broschiert, Fr. 52.–, ISBN 3 7281 1603 3

Dieses Lehrbuch vermittelt in knapper und übersichtlicher Form den Zugang zum schweizerischen Recht und zur Rechtsordnung.
Es richtet sich an alle, die unser Recht verstehen und mit ihm arbeiten möchten, sei dies in Studium, Beruf oder Politik. Es wendet sich somit an Studierende aller Stufen und Fachrichtungen – Ingenieure, Ökonomen, Soziologen, Naturwissenschafter, Juristen usw. – wie auch an Praktiker in Verwaltung und Unternehmung und an Politiker.
Im ersten Teil wird die Rechtsordnung systematisch dargestellt, im zweiten folgen 65 Tafeln mit den Kernaussagen des Rechts, und im dritten finden sich Beispiele, die veranschaulichen, wie das abstrakte Recht Wirklichkeit wird.

Bewährung des Rechts
Wirklichkeit – Problemlösungsfähigkeit – Politikrelevanz
1992, 656 Seiten, Abbildungen und graphische Darstellungen, Format 17 x 24 cm, broschiert, Fr. 78.–, ISBN 3 7281 1792 7

Sachprobleme fordern das Recht: Boden, Lebensraum, Umwelt, Verkehr, Sicherheit, Verletzlichkeit von Staat und Wirtschaft usw. Die Rechtsordnung muss sich mit diesen Fragen befassen. Ist sie dazu in der Lage? Welchen Beitrag kann die Rechtswissenschaft leisten?
Dieses Werk vermittelt eine Fülle von Informationen. Gleichzeitig versucht es, Entwicklungsperspektiven zu verfolgen und grundsätzliche Fragen zu diskutieren wie beispielsweise Macht und Ohnmacht des Rechts.

Planung als politisches Mitdenken
1994, 144 Seiten, Format 12 x 18,5 cm, broschiert, Fr. 24.–, ISBN 3 7281 2060 X

Politikverdrossenheit, Stimmabstinenz, Parteimüdigkeit: das sind verbreitete Stichworte. Die Abwendung von Staat und Politik ist aber keine Lösung. Langfristig zerstört sie den Grundkonsens. Es ist deshalb notwendig, zum politischen Mitdenken zurückzufinden. Dies betrifft insbesondere die Auseinandersetzung mit der Zukunft, also die Planung. Sie bewährt sich, wenn sie am Puls der Politik bleibt; sie gewinnt sogar neue Konturen, wenn sie sich als Mitdenkerin statt als Besserwisserin versteht.
Aufsätze zum Recht des Lebensraumes, zur Ethik der Raumplanung, zur Planungsphilosophie, zur strategischen Führung in der Politik, zur Verkehrsverfassung und zur Sicherheitspolitik möchten diese Grundhaltung veranschaulichen.